云和年鉴

YUNHE YEARBOOK

2021

中共云和县委　云和县人民政府　主办

云和县党史和地方志研究室　编

方志出版社
Publishing House of Local Records

图书在版编目（CIP）数据

云和年鉴. 2021 / 云和县党史和地方志研究室编. —
北京 : 方志出版社, 2021.12
ISBN 978-7-5144-5059-0

Ⅰ. ①云… Ⅱ. ①云… Ⅲ. ①云和县－2021－年鉴
Ⅳ. ①Z525.54

中国版本图书馆 CIP 数据核字(2021)第 265548 号

责任编辑：刘方圆
责任校对：刘玉霞
责任印制：梅中英
出 版 者：方志出版社
地　　址：北京市朝阳区潘家园东里 9 号（国家方志馆 4 层）
邮　　编：100021
网　　址：http://www.zgfzcb.cn
发　　行：方志出版社图书营销中心（010-67110500）
印　　刷：丽水旺盛印刷有限公司
开　　本：889 毫米×1194 毫米　　1/16
印　　张：22.5
字　　数：604 千字
版　　次：2021 年 12 月第 1 版
印　　次：2021 年 12 月第 1 次印刷
定　　价：150.00 元

编辑说明

一、《云和年鉴(2021)》以马克思列宁主义、毛泽东思想、邓小平理论、“三个代表”重要思想、科学发展观、习近平新时代中国特色社会主义思想为指导,坚持辩证唯物主义和历史唯物主义的立场、观点和方法,客观、全面、翔实地记述了云和县2020年政治、经济、社会、文化等诸多方面的发展状况,记载云和县社会主义现代化建设进程,总结2020年云和县发生的大事、要事、新事及面临的新问题、新情况,记载了取得的新成就、新进展、新经验,反映了云和县各条战线的风貌,是一部了解2020年云和县的重要地情资料书。

二、本年鉴分类编辑,框架结构由卷首、百科、卷尾三个部分组成,除特载采用综合性文章外,其他类目均采用条目体。百科部分设类目、分目、条目三个层次。

三、本年鉴设特载、大事记、中国共产党云和县委员会、云和县人民代表大会、云和县人民政府、政协云和县委员会、民主党派、群众团体、人力资源和社会保障、法治、军事、农村经济·气候、水利、工业经济·招商引资、贸易、交通、邮电、城乡建设·环境保护、经济管理、财政·税务、金融·保险、教育·科技、文化·旅游·体育、融媒体、卫生健康·医疗保障、社会生活、乡镇街道、文件选编、附录。

四、本年鉴稿件由县有关部门、单位和乡镇街道提供,均经各供稿单位领导审阅,主要统计数字以云和县统计局资料为准。

▲ 2020年1月13日，县委书记叶伯军（右三）检查节前安全生产工作　　（县委办 提供）

▲2020年8月6日，县委副书记、县长上官国明（右二）督查省市县民生实事落实情况　（县府办　提供）

▲2020年12月10日，县人大常委会主任叶晓勇（右二）调研村级组织换届选举情况　　（县人大办 提供）

▲2020年5月28日，县政协主席王新荣（右二）调研指导佛儿岩游客接待中心评审工作（县政协办 提供）

目　录

特　　载

加快跨越发展　打造“重要窗口”
谱写高水平全面建设社会主义
现代化云和篇章
——2021 年 1 月 18 日在
县委十四届十三次全体
（扩大）会议上 ………………（1）
云和县人民代表大会常务
委员会工作报告
——2021 年 4 月 27 日在
云和县第十六届人民代表
大会第六次会议上 ………（12）
2021 年政府工作报告
——2021 年 4 月 27 日在
云和县第十六届人民代表
大会第六次会议上 ………（19）
政协第九届云和县委员会常务
委员会工作报告
——2021 年 4 月 26 日在
政协第九届云和县委员会
第五次会议上 ……………（33）
2020 年云和县国民经济和社会
发展统计公报 ……………（40）

大　事　记

1 月 ……………………………（51）
2 月 ……………………………（52）
3 月 ……………………………（53）
4 月 ……………………………（54）
5 月 ……………………………（54）
6 月 ……………………………（55）
7 月 ……………………………（57）
8 月 ……………………………（58）
9 月 ……………………………（59）
10 月 …………………………（60）
11 月 …………………………（61）
12 月 …………………………（61）

中国共产党云和县委员会

县委重要会议 ………………（64）
县委全委（扩大）会议 ………（64）
全县领导干部会议 ……………（64）
县委常委会会议 ………………（65）
县委主要工作 ………………（68）
概况 ……………………………（68）
经济建设 ………………………（68）
城乡建设 ………………………（68）
改革创新 ………………………（69）
社会治理 ………………………（69）
党的建设 ………………………（70）
县委办公室工作 ……………（70）
概况 ……………………………（70）
三办工作 ………………………（70）
机要保密 ………………………（71）
督查考核 ………………………（71）
信息服务 ………………………（71）
法规国安 ………………………（71）
档案行政 ………………………（71）
纪检监察工作 ………………（72）
中共云和县第十四届纪律检查
委员会第六次全体（扩大）
会议 …………………………（72）
政治监督更加有力 ……………（72）
清廉合力更加凝聚 ……………（72）
四风纠治更加深入 ……………（72）
群众获得感更加充足 …………（73）
政治体检更加透彻 ……………（73）
压倒性胜利更加巩固 …………（73）
体制改革更加深入 ……………（73）
执纪本领更加过硬 ……………（74）
组织工作 ……………………（74）

概况 ……(74)
基层组织建设 ……(74)
干部选用管理 ……(75)
人才队伍建设 ……(75)
宣传思想文化工作 ……(76)
概况 ……(76)
筑牢思想根基 ……(76)
强化舆论宣传 ……(77)
保障网络安全 ……(77)
弘扬社会文明 ……(77)
坚守文化阵地 ……(78)
夯实基层基础 ……(78)
统战工作 ……(78)
概况 ……(78)
汇聚同心抗疫力量 ……(79)
推进乡贤参治工作 ……(79)
助力民营经济发展 ……(79)
促进民族乡村振兴 ……(79)
夯实统战工作基础 ……(80)
信访工作 ……(80)
概况 ……(80)
做好常规工作 ……(81)
落实重点工作 ……(81)
强化特色工作 ……(81)
机构编制工作 ……(82)
概况 ……(82)
深化机构改革工作 ……(82)
盘活机构编制资源 ……(82)
规范机构编制管理 ……(83)
打造机构编制铁军 ……(83)
党校工作 ……(83)
概况 ……(83)
疫情防控 ……(83)
创优评估 ……(84)
党校迁建 ……(84)
文明创建 ……(84)
教育培训 ……(84)
教研科研 ……(84)
党的建设 ……(84)
队伍建设 ……(85)
老干部工作 ……(85)
概况 ……(85)
党的政治建设 ……(85)
党风廉政建设 ……(86)
意识形态工作 ……(86)
服务保障工作 ……(86)
文化阵地建设 ……(86)
志愿服务活动 ……(86)
队伍素质建设 ……(87)
档案与史志工作 ……(87)
概况 ……(87)
档案公共服务 ……(87)
档案基础工作 ……(87)
档案信息化建设 ……(88)
史志工作 ……(88)

云和县人民代表大会

县人大重要会议 ……(90)
云和县第十六届人民代表大会第五次会议 ……(90)
县人大常委会会议 ……(90)
县人大主要工作 ……(91)
特定问题调查 ……(91)
工作评议 ……(91)
监督检查和视察调研 ……(91)
议案建议办理 ……(92)
代表工作 ……(92)
自身建设 ……(92)

云和县人民政府

县政府重要会议 ……(93)
县政府常务会议 ……(93)
县政府专题会议 ……(95)
县政府其他会议 ……(96)
县政府重要活动 ……(97)
1—12 月重要活动……(97)
县政府重大成果 ……(99)
云和县创成“国家慢性病综合防控示范区” ……(99)
云和县入选第三批节水型社会建设达标县 ……(99)
云和县建成全国首个农村产权（淘宝）网络竞价平台 ……(99)
云和梯田景区通过国家 AAAAA 级旅游景区景观质量评审 ……(99)
云和县创成“省无违建县” ……(99)
云和县被命名为“2020 年度浙江省新时代美丽乡村示范县” ……(99)
县政府办公室工作 ……(99)
概况 ……(99)
办文办会 ……(99)
信息报送 ……(100)
督促检查 ……(100)
行政服务 ……(100)
概况 ……(100)
全面从严治党 ……(100)
政务服务能力提升 ……(100)
公共资源交易管理 ……(101)
机关事务管理 ……(101)

概况 ……………………………(101)
后勤管理 …………………………(101)
后勤服务 …………………………(102)
疫情防控…………………………(103)
自身建设 …………………………(103)
综合指挥体系和大数据建设 ……………………(104)
概况…………………………………(104)
数字政府建设 ……………………(104)
新媒运营管理 ……………………(104)
全面从严治党 ……………………(104)
疫情防控工作 ……………………(105)
结对帮扶工作 ……………………(105)

政协云和县委员会

县政协重要会议 ………………(106)
县政协九届四次会议 ……………(106)
县政协常委会会议 ………………(106)
县政协主席会议 …………………(107)
县政协主要工作 ………………(107)
思想建设 …………………………(107)
服务大局 …………………………(108)
协商议政 …………………………(109)
凝聚共识 …………………………(109)
固本强基 …………………………(110)

民主党派

中国民主同盟云和县基层委员会 ……………………(111)
概况 ……………………………(111)
学习教育 …………………………(111)
参政议政 …………………………(111)
社会服务 …………………………(111)
信息宣传 …………………………(112)
组织建设 …………………………(112)
盟员成果 …………………………(112)

群众团体

云和县总工会 …………………(113)
概况 ……………………………(113)
疫情防控工作 ……………………(113)
职工疗(休)养工作 ………………(113)
劳模技艺传承 ……………………(114)
职工技能比武 ……………………(114)
职工技能培训 ……………………(114)
立功竞赛活动 ……………………(114)
会员实名工作 ……………………(114)
法制宣传活动 ……………………(114)
工资集体协商 ……………………(114)
安全事故调查 ……………………(114)
职工帮扶工作 ……………………(114)
走访慰问活动 ……………………(115)
职工医疗互助 ……………………(115)
干部队伍建设 ……………………(115)
文化阵地建设 ……………………(115)
共青团云和县委 ………………(115)
概况 ……………………………(115)
强化思想引领 ……………………(115)
深化青年服务 ……………………(116)
助推青年成长 ……………………(116)
夯实基层基础 ……………………(116)
狠抓从严治团 ……………………(116)
云和县妇女联合会 ……………(117)
概况 ……………………………(117)
巾帼心向党行动 …………………(117)
巾帼促和谐行动 …………………(117)
巾帼创新业行动 …………………(118)
改革再深化行动 …………………(118)
疫情防控工作 ……………………(119)
云和县科学技术协会 …………(119)
概况 ……………………………(119)
科普建设 …………………………(119)
全民科学素质提升行动 …………(120)
学会工作 …………………………(120)
科普活动 …………………………(121)
疫情防控 …………………………(121)
云和县工商业联合会（总商会） ……………………(121)
概况 ……………………………(121)
参政议政 …………………………(121)
服务企业 …………………………(121)
教育培训 …………………………(122)
组织建设 …………………………(122)
公益事业 …………………………(122)
云和县文学艺术界联合会 ……………………(122)
概况 ……………………………(122)
自身建设 …………………………(123)
协会管理 …………………………(123)
文艺宣传 …………………………(123)
文艺创作 …………………………(123)
云和县残疾人联合会 …………(124)
概况 ……………………………(124)
惠残民生 …………………………(125)
康复服务 …………………………(125)
基础建设 …………………………(125)
文化助残 …………………………(126)
疫情防控 …………………………(126)
党建引领 …………………………(126)
云和县红十字会 ………………(126)
概况 ……………………………(126)
党建引领 …………………………(127)

疫情防控 ……………………(127)
救灾救助 ……………………(127)
救护培训 ……………………(127)
三献工作 ……………………(128)
社会宣传 ……………………(128)

人力资源和社会保障

人力资源和社会保障 ………(129)
概况 …………………………(129)
就业创业提优 ………………(129)
人才队伍提升 ………………(129)
社会保险提效 ………………(130)
劳动维权提力 ………………(130)
效能改革提速 ………………(131)
干部队伍提振 ………………(131)

法　　治

县委政法委 ………………(132)
概况 …………………………(132)
夯实平安建设基层基础 ……(132)
筑牢社会和谐稳定防线 ……(132)
创建县域社会治理样板 ……(132)
打造矛调中心示范窗口 ……(133)
建设县级综合指挥平台 ……(133)
提升政法队伍核心战力 ……(133)
公安 ………………………(134)
概况 …………………………(134)
全力以赴战疫情 ……………(134)
勇于亮剑打犯罪 ……………(134)
科技赋能固根基 ……………(134)
法治引领促规范 ……………(134)
党建统领强队伍 ……………(135)
检察 ………………………(135)
概况 …………………………(135)
服务经济社会发展 …………(135)
维护社会公平正义 …………(136)
促进社会和谐稳定 …………(136)
创新检察工作机制 …………(137)
打造过硬检察铁军 …………(137)
法院 ………………………(138)
概况 …………………………(138)
维护社会公平正义 …………(138)
服务经济社会发展 …………(139)
深化司法体制改革 …………(139)
锻造过硬法院铁军 …………(140)
司法 ………………………(141)
概况 …………………………(141)
依法治县工作 ………………(141)
依法行政工作 ………………(141)
法治宣传教育 ………………(142)
公共法律服务 ………………(142)
矛盾纠纷化解 ………………(143)
社区矫正帮教 ………………(143)
扫黑除恶斗争 ………………(143)
司法队伍建设 ………………(143)

军　　事

人民武装 …………………(144)
概况 …………………………(144)
党管武装 ……………………(144)
政治建设 ……………………(144)
军事训练 ……………………(144)
队伍建设 ……………………(144)
民兵参建 ……………………(145)
拥军优属 ……………………(145)
国防教育 ……………………(145)
正风肃纪 ……………………(145)
安全保障 ……………………(145)
人民防空 …………………(146)
概况 …………………………(146)
人防宣传中心建设 …………(146)
人防工程项目管理 …………(146)
人民防空应急演练 …………(146)
人防知识宣传教育 …………(146)
人防信息化建设 ……………(146)
巡察反馈问题整改 …………(146)
退役军人事务 ……………(147)
概况 …………………………(147)
优抚安置 ……………………(147)
双拥共建 ……………………(147)
精准服务 ……………………(147)
改革创新 ……………………(147)
就业创业 ……………………(148)
固本强基 ……………………(148)
武警 ………………………(148)
概况 …………………………(148)
政治建设 ……………………(148)
训练执勤 ……………………(149)
安全管理 ……………………(149)
后勤保障 ……………………(149)
班子建设 ……………………(149)

农村经济•气候

农业农村 …………………(151)
概况 …………………………(151)
粮食生产 ……………………(151)
农业主导产业 ………………(151)
特色种植养殖 ………………(151)
畜牧业生产 …………………(152)
农产品质量安全监管 ………(152)
农业农村安全生产 …………(152)

农文旅融合发展 ……………(152)
农业经营主体培育 …………(153)
农业科技服务工程 …………(153)
美丽乡村建设 ………………(153)
精准扶贫工作 ………………(153)
农业农村改革 ………………(154)
林业 ……………………………(154)
概况 ……………………………(154)
机构编制规定 ………………(154)
生态林业建设 ………………(154)
林业产业提升 ………………(154)
森林资源管护 ………………(155)
服务职能优化 ………………(155)
疫情防控工作 ………………(155)
气候 ……………………………(156)
2020年气候特点 ……………(156)
2020年气候要素实况 ………(156)
2020年主要天气气候事件 …(158)
2020年气候影响评价 ………(159)

水　　利

水利 ……………………………(161)
概况 ……………………………(161)
水利工程建设 ………………(161)
河道综合整治 ………………(161)
美丽河湖创建 ………………(161)
农村饮用水工程 ……………(161)
水利水电安全生产 …………(162)
概况 ……………………………(162)
水利水电安全生产 …………(162)
行政执法 ………………………(162)
概况 ……………………………(162)
行政执法管理 ………………(162)
水环境保护 …………………(163)
防汛防台抗旱 ………………(163)
概况 ……………………………(163)
水雨情 …………………………(163)
防汛防台抗旱 ………………(163)

工业经济·招商引资

工业经济 ………………………(165)
概况 ……………………………(165)
企业复工复产 ………………(165)
产业转型升级 ………………(165)
全面从严治党 ………………(166)
意识形态工作 ………………(166)
结对帮扶工作 ………………(166)
法治政府建设 ………………(166)
“最多跑一次”改革 …………(166)
其他重点工作 ………………(167)
招商引资 ………………………(167)
概况 ……………………………(167)
招商项目谋划 ………………(167)
招商项目洽谈 ………………(167)
招商要素保障 ………………(168)
招商服务优化 ………………(168)
合作平台创新 ………………(168)
产业项目建设 ………………(168)
工业园区 ………………………(168)
概况 ……………………………(168)
疫情防控 ………………………(169)
项目建设 ………………………(169)
招商引资 ………………………(170)
环境整治 ………………………(170)
安全生产 ………………………(170)
党的建设 ………………………(170)
电力 ……………………………(170)
概况 ……………………………(170)
安全生产 ………………………(171)
电网建设 ………………………(171)
经营管理 ………………………(171)
服务保障 ………………………(172)
三个建设 ………………………(172)

贸　　易

国内贸易 ………………………(173)
概况 ……………………………(173)
培育企业“上限” ……………(173)
供销 ……………………………(173)
概况 ……………………………(173)
资金互助 ………………………(173)
山海协作 ………………………(174)
为农服务 ………………………(174)
社会维稳 ………………………(174)
烟草专卖 ………………………(175)
概况 ……………………………(175)
生产经营逆势而上 …………(175)
市场监管成效显著 …………(175)
从严治党纵深推进 …………(175)
企业治理精实高效 …………(176)
石油经营 ………………………(176)
概况 ……………………………(176)
产权更正 ………………………(176)
新“一站一策”工作 …………(176)
加油站迁建 ……………………(176)
市场整顿 ………………………(176)
安全管理 ………………………(176)
党建工作 ………………………(176)
疫情防控 ………………………(177)
对外贸易 ………………………(177)

概况 ……(177)
稳外贸增长 ……(177)

交　通

交通 ……(178)
概况 ……(178)
疫情防控 ……(178)
项目建设 ……(178)
行业治理 ……(179)
民生服务 ……(179)
从严治党 ……(179)
公路管理 ……(180)
运输管理 ……(180)
港航管理 ……(181)
城乡公交 ……(181)

邮　电

邮政 ……(182)
概况 ……(182)
企业更名 ……(182)
金融业务 ……(182)
寄递业务 ……(182)
传统业务 ……(182)
电商业务 ……(183)
党建工作 ……(183)
内部管理 ……(183)
疫情防控 ……(183)
电信 ……(183)
概况 ……(183)
党建工作 ……(183)
市场营销 ……(184)
疫情防控 ……(184)
通信建设 ……(184)
移动 ……(184)
概况 ……(184)
疫情防控 ……(184)
市场服务 ……(184)
网络建设 ……(185)
党建工作 ……(185)
联通 ……(185)
概况 ……(185)
班子调整 ……(185)
疫情防控 ……(185)
业务发展 ……(185)
战略合作 ……(185)
服务社会 ……(186)

城乡建设·环境保护

城乡建设 ……(187)
概况 ……(187)
城市改造工作 ……(187)
生态环境建设 ……(187)
民生实事项目 ……(187)
美丽乡村建设 ……(188)
公用事业管理 ……(188)
园林绿化建设 ……(188)
建筑业 ……(189)
房地产业 ……(189)
土地与房屋征收 ……(189)
概况 ……(189)
征收工作 ……(189)
征收政策 ……(189)
征收安置 ……(189)
党的建设 ……(190)
巡察整改 ……(190)
环境保护 ……(190)
概况 ……(190)
全县环境状况 ……(190)
污染防治工作 ……(191)
生态文明建设 ……(191)
环境执法监管 ……(192)
环境管理服务 ……(192)
城市管理 ……(192)
概况 ……(192)
党建引领强服务 ……(192)
违建治控抓创建 ……(193)
市容管理提品质 ……(194)
依法行政促规范 ……(194)

经济管理

发展和改革 ……(195)
概况 ……(195)
机构改革 ……(195)
规划编制与课题研究 ……(195)
经济运行分析 ……(195)
项目建设与管理 ……(196)
加快服务业发展 ……(196)
重点改革工作 ……(196)
童话云和“大花园”建设 ……(197)
新能源开发利用 ……(197)
市场价格监管 ……(197)
粮油安全管理 ……(197)
信用体系建设 ……(198)
应急物资储备 ……(198)
统计 ……(198)
概况 ……(198)
统计调查 ……(198)
统计管理 ……(198)
统计服务 ……(199)

统计法治 ……………………(199)
队伍建设 ……………………(199)
审计 ……………………(200)
概况 ……………………(200)
预算执行审计 ……………………(200)
民生专项审计 ……………………(200)
投资领域审计 ……………………(200)
经济责任审计 ……………………(200)
内部审计工作 ……………………(200)
审计质量管理 ……………………(201)
审计理论研究 ……………………(201)
审计效能提升 ……………………(201)
领导机制建设 ……………………(201)
党风廉政建设 ……………………(201)
干部队伍建设 ……………………(201)
疫情防控工作 ……………………(201)
自然资源和规划 ……………………(202)
概况 ……………………(202)
编制“大规划” ……………………(202)
严格“大保护” ……………………(202)
落实“大保障” ……………………(203)
深化“大改革” ……………………(204)
强化“大服务” ……………………(205)
应急管理 ……………………(205)
概况 ……………………(205)
机构改革 ……………………(205)
应急管理体系建设 ……………………(206)
安全隐患排查治理 ……………………(206)
安全治理能力建设 ……………………(206)
应急基层基础建设 ……………………(207)
安全知识宣传教育 ……………………(207)
市场监管 ……………………(207)
概况 ……………………(207)
凝聚队伍建设“一条心” ……………………(208)
盘活疫情防控“一盘棋” ……………………(208)
做细市场发展“一本账” ……………………(208)
织密经济秩序“一张网” ……………………(209)
发力转型升级“一体化” ……………………(209)

财政·税务

财政 ……………………(211)
概况 ……………………(211)
组织财政收入 ……………………(211)
服务经济发展 ……………………(211)
保障民生支出 ……………………(212)
保障重点项目 ……………………(212)
强化财政监管 ……………………(212)
深化财政改革 ……………………(212)
防范财政风险 ……………………(212)
深化国企改革 ……………………(213)
强化国资管理 ……………………(213)
加强队伍建设 ……………………(213)
税务 ……………………(213)
概况 ……………………(213)
税收收入 ……………………(213)
减税降费 ……………………(213)
纳税服务 ……………………(214)
税源管理 ……………………(214)
依法治税 ……………………(214)
数字管税 ……………………(214)
出口退税 ……………………(214)
疫情防控 ……………………(214)
党的建设 ……………………(214)
队伍建设 ……………………(215)
荣誉表彰 ……………………(215)

金融 · 保险

综述 ……………………(216)
概况 ……………………(216)
“三权”抵押贷款 ……………………(216)
“信用社会”创建 ……………………(216)
金融改革创新 ……………………(216)
地方金融监管 ……………………(217)
银行 ……………………(217)
中国工商银行云和支行 ……………………(217)
中国农业银行云和支行 ……………………(217)
中国建设银行云和支行 ……………………(217)
中国农业发展银行云和信贷组 ……………………(217)
中国邮政储蓄银行云和支行 ……………………(217)
浙江稠州商业银行云和支行 ……………………(218)
浙江泰隆商业银行云和支行 ……………………(218)
云和农村商业银行 ……………………(218)
云和联合村镇银行 ……………………(218)
温州银行云和支行 ……………………(218)
保险 ……………………(219)
中国人民财产保险股份有限公司云和支公司 ……………………(219)
中国人寿保险股份有限公司云和支公司 ……………………(219)
中国人寿财产保险股份有限公司云和支公司 ……………………(219)

教育·科技

教育……(220)
概况……(220)
党建基础更坚固……(220)
资源配置更有力……(220)
教育提质更高效……(221)
立德树人更全面……(221)
品牌建设更突显……(221)
师资队伍更出彩……(222)
智慧教育更灵活……(222)
惠民政策更贴心……(222)
疫情防控更细致……(223)
科技……(223)
概况……(223)
科技创新环境……(223)
创新主体培育……(223)
木玩创意设计大赛……(224)
木玩产业创新服务综合体建设……(224)
科技合作交流……(224)
科技特派员工作……(224)
科技项目管理……(225)
科技成果转化……(225)
科技人才工作……(225)
科技服务宣传……(225)
结对帮扶工作……(225)
党的建设……(226)
荣誉表彰……(226)

文化·旅游·体育

文化旅游和体育……(227)
概况……(227)
党建引领文旅事业发展……(227)
文旅创建取得历史突破……(227)
文旅发展后劲不断增强……(228)
公共民生得到有力保障……(228)
文旅营销活动爆点不断……(229)
行业监管体系日臻完善……(229)

融媒体

融媒体……(230)
概况……(230)
内宣工作……(230)
外宣工作……(231)
事业建设……(231)
队伍建设……(231)
安全播出……(232)

卫生健康·医疗保障

卫生健康……(233)
概况……(233)
疫情防控……(233)
“健康云和”建设……(233)
医疗卫生改革……(234)
民生实事项目……(234)
基本公共卫生……(234)
老龄健康服务……(234)
人才队伍培养……(234)
基础设施建设……(235)
人口家庭服务……(235)
卫生监督……(235)
疾病防控……(235)
妇幼保健……(235)
爱国卫生……(236)
医疗保障……(236)
概况……(236)
疫情防控……(236)
医疗保障……(236)
基金监管……(237)
医保服务……(237)
医保改革……(237)

社会生活

关心下一代工作……(239)
概况……(239)
青少年思想道德教育……(239)
走访慰问活动……(239)
网吧义务监管……(240)
帮困助学工作……(240)
民政工作……(240)
概况……(240)
民生保障不断增强……(240)
养老事业取得实效……(241)
社会治理富有成效……(241)
专项事务统筹推进……(242)
服务效能明显增强……(242)
移民工作……(242)
概况……(242)
落实移民扶持政策……(242)
推动移民创业致富……(242)
壮大移民集体经济……(243)
建设移民美丽家园……(243)
维护移民群体稳定……(243)
住房公积金工作……(243)
概况……(243)

推进缴存业务扩面 …………(243)
规范提取业务流程 …………(243)
强化内部风险防控 …………(244)
优化便民服务举措 …………(244)
深化党风廉政建设 …………(244)
加强意识形态工作 …………(244)
配合全县重点工作 …………(244)

乡镇街道

浮云街道 ……………………(245)
概况 ……………………………(245)
疫情防控保 卫战……………(245)
项目攻坚决胜战 ……………(245)
城乡环境决胜战 ……………(246)
基层治理决胜战 ……………(246)
基层党建决胜战 ……………(246)
脱贫攻坚决胜战 ……………(247)
元和街道 ……………………(247)
概况 ……………………………(247)
疫情防线全面牢筑 …………(247)
发展后劲稳步增强 …………(247)
治理能力不断提升 …………(248)
民生福祉持续改善 …………(248)
党的建设纵深推进 …………(249)
白龙山街道 …………………(249)
概况 ……………………………(249)
防疫复产统筹推进 …………(249)
发展动能不断聚积 …………(249)
城乡颜值持续提升 …………(250)
民生事业稳步推进 …………(250)
基层治理有效探索 …………(250)
党的建设全面加强 …………(251)
凤凰山街道 …………………(251)
概况 ……………………………(251)
疫情防控 ………………………(251)
经济发展 ………………………(252)
项目攻坚 ………………………(252)
环境治理 ………………………(252)
民生保障 ………………………(253)
固本强基 ………………………(253)
队伍建设 ………………………(254)
崇头镇 ………………………(254)
概况 ……………………………(254)
经济社会企稳回暖 …………(254)
镇村面貌明显提升 …………(255)
生态产业提质增效 …………(255)
民生福祉不断增进 …………(256)
政府建设全面加强 …………(256)
石塘镇 ………………………(256)
概况 ……………………………(256)
经济发展态势良好 …………(257)
农村面貌持续改善 …………(257)
社会事业蓬勃发展 …………(258)
基层治理有力有序 …………(258)
党的建设纵深推进 …………(259)
紧水滩镇 ……………………(259)
概况 ……………………………(259)
疫情防控有力有序 …………(259)
项目建设扎实推进 …………(260)
生态环境明显改善 …………(260)
产业经济提速发展 …………(260)
民生福祉持续增进 …………(261)
政府效能不断提升 …………(261)
赤石乡 ………………………(262)
概况 ……………………………(262)
勠力同心防疫情 ……………(262)
多措并举稳发展 ……………(263)
整治环境创美景 ……………(263)
以人为本谋福祉 ……………(263)
改革创新强治理 ……………(264)
持之以恒提效能 ……………(264)
安溪畲族乡 …………………(264)
概况 ……………………………(264)
疫情防控严抓不怠 …………(264)
项目建设扎实推进 …………(265)
社会治理日益深化 …………(265)
民生福祉持续改善 …………(265)
政府效能不断提升 …………(266)
雾溪畲族乡 …………………(266)
概况 ……………………………(266)
新冠疫情防控 ………………(266)
生态价值转化 ………………(267)
饮用水源保护 ………………(267)
经济社会发展 ………………(267)
民生福祉提升 ………………(268)
基层社会治理 ………………(268)

文件选编

中共云和县委
　关于高水平推进新时代人大
　工作和建设的意见 ………(269)
中共云和县委
　关于认真学习贯彻党的
　十九届四中全会精神
　高水平推进县域
　治理现代化的决定 ………(273)
中共云和县委
　关于新时代加强和改进人民
　政协工作的实施意见 ……(283)
中共云和县委　云和县人民政府
　关于加快集聚科技创新创业
　人才打造新型城镇化样板
　县域的实施意见 …………(287)

云和县人民政府办公室
关于印发云和县违法建筑
处置办法的通知 …………(291)
云和县人民政府办公室
关于印发云和县实施乡村
振兴战略之产业兴旺政策
26 条(修订)的通知………(295)
云和县人民政府办公室
关于印发云和县农村
困难家庭危房治理改造
实施办法的通知 …………(301)
云和县人民政府办公室
关于进一步规范最低生活
保障救助工作的通知 ……(305)

附　录

2020 年度先进名录 ………(313)
全国先进集体 ………………(313)
全国先进个人 ………………(313)
全省先进集体 ………………(313)
全省先进个人 ………………(314)
全市先进集体 ………………(315)
全市先进个人 ………………(316)
县级先进 ……………………(317)
2020 年云和县党政群团
机关及企事业局(部门)、
乡镇领导人
名录 ………………………(330)
社区居委会领导人
名录 ………………………(340)
行政村领导人名录…………(340)
统计资料选辑………………(342)

特　　载

加快跨越发展　打造“重要窗口”
谱写高水平全面建设社会主义现代化云和篇章

——2021年1月18日在县委十四届十三次全体(扩大)会议上的报告

中共云和县委书记　叶伯军

这次全会的主要任务是：以习近平新时代中国特色社会主义思想为指导，深入学习贯彻党的十九届五中全会和省委十四届八次全会、市委四届九次全会精神，听取县委常委会工作报告，审议通过《中共云和县委关于制定国民经济和社会发展第十四个五年规划和二〇三五年远景目标的建议》，进一步动员全县上下坚决扛起新发展阶段云和跨越式发展的新使命新任务，奋力谱写高水平全面建设社会主义现代化云和篇章。

一、收官“十三五”，高水平全面建成小康社会胜利在望

刚刚过去的2020年，是极不平凡的一年。这一年，面对错综复杂的国际国内环境特别是突如其来的新冠肺炎疫情，全县上下认真贯彻落实中央和省委、市委重大决策部署，统筹推进疫情防控和经济社会发展，交出了“两战赢”“双胜利”的高分答卷，全年实现地区生产总值87亿元，增长5.8%，位居全市第一；一般公共预算收入8.1亿元，增长26.5%，位居全市第二；城镇居民人均可支配收入46584元，增长5.5%，位居全市第一；农村居民人均可支配收入22022元，增长7.6%，位居全市第六。“十三五”规划以上四项主要指标均超额完成目标任务，完成率分别为108.7%、135.7%、104.7%、101.5%。

一年来，县委常委会带领全县党员干部群众，勠力同心、奋力拼搏、攻坚克难，干成了3件牵动全局、值得铭记的大事：

——**尤为不易的是新冠肺炎疫情防控取得阶段性成果。**县委常委会认为，必须坚持人民至上、生命至上，切实把确保人民生命安全放在第一位。新冠肺炎疫情发生后，县委常委会把疫情防控作为压倒一切的头等大事来抓，第一时间成立疫情防控指挥部，建立战时指挥体系，一线指挥、一线督导、一线落实，团结带领全县人民众志成城、共克时艰，全面打赢疫情防控的人民战争、总体战、阻击战。精准落实“动态排查+硬核隔离+精密智控”，严格实行“一码一测一口罩”管理，推进冷链物防、入境人防一

体防控，慎终如始抓好常态化疫情防控，我县成为全省11个无确诊病例和疑似病例的县（市、区）之一。回顾携手抗疫的艰辛历程，全县广大党员干部群众用实际行动诠释了伟大抗疫精神和浙西南革命精神，必将激励着我们更加坚定地迈向新的征程。

——倍感振奋的是云和梯田创AAAAA取得关键性突破。县委常委会认为，云和梯田创AAAAA是为云和捧回一个"金饭碗"的务实之举，是我们肩上义不容辞的历史使命。县委常委会扛起非常之责、下足非常之功，谋划建设以云和梯田为龙头，灵漈山、白鹤尖为两翼的"454"大梯田高等级景区集群，稳步推进一级游客接待中心、观云索道等重点项目，"梅源芒种开犁节"填补二十四节气"国遗"（国家非物质文化遗产）名录空白，云和梯田顺利通过国家AAAAA级旅游景区景观质量评审，全域AAAAA迈出关键一步。回顾前阶段创建历程，我们深切感受到，大干快干方能以干得助，必须高扬"丽水之干"奋斗旗帜，在新征程上继续奋发有为、实干图强。

——更加可喜的是高水平全面建成小康社会取得决定性成就。县委常委会认为，到2020年全面建成小康社会，是我们党向人民、向历史作出的庄严承诺，必须坚决打赢精准脱贫攻坚战，确保全面小康路上不漏一户、不落一人。县委常委会深入学习习近平总书记关于脱贫攻坚系列重要讲话精神，带头开展"两不愁三保障"突出问题大走访和低收入农户"一户一策一干部"结对帮扶，扎实推进"八个万元"富民增收行动、低收入农户高水平全面小康攻坚行动、"消薄"攻坚提升行动，"四个清零"全面完成，脱贫攻坚、决胜小康取得决定性成就。我县"联连帮"智慧救助做法获国务院职转办工作简报专题刊载。县委作为全省唯一的县级单位被推荐参加全国脱贫攻坚先进集体评比。回顾共同奔小康历程，我们深切感受到，以人为本、执政为民，必须坚决扛起带领人民群众创造美好生活的重大政治责任，向共同富裕不断迈进。

一年来，县委常委会保持战略定力，精心谋划部署，果断采取行动，付出艰苦努力，全力以赴做好"六稳"工作、落实"六保"任务，在以下五大方面取得新进展新突破。

一是抢抓复工复产，经济运行企稳回升。县委常委会认为，发展是解决一切问题的基础和关键，必须在有效应对复杂严峻形势中下好先手棋、打好主动仗。⑴县域经济全面复苏。在疫情防控出现积极变化之际，第一时间成立"争先创优"行动指挥部，制定实施夺取疫情防控和经济社会发展"双胜利"等政策措施，深入开展领导干部走访联系服务企业行动，支持企业渡过难关，分别兑付"五减""两直"政策资金3.5亿元、3.98亿元；新增企业贷款4.13亿元，增长34.7%。全县经济发展经受住了疫情冲击，实现"半年正、全年胜"。⑵生态产业扩量提质。深入谋划新工业平台，完成汇源等低效用地"腾笼换鸟"9家，整治"低散乱"企业54家。开工建设木玩产业创新孵化基地、华宏轧钢生产线等产业项目，成功举办浙江云和出口网上交易会、"木玩与幼教"高峰论坛等活动，兴昌轴承入选省隐形冠军企业，实现"规上"（规模以上）工业增加值增长8.7%，位居全市第二。在全市率先出台《进一步支持旅游产业发展的激励措施》，编制完成《云和湖国家级旅游度假区总体规划》，云和湖生态康养小镇项目完成签约，佛儿岩通过国家AAAA级旅游景区景观质量评审，崇头、紧水滩、赤石创成省AAAA级景区镇。深化农文旅融合发展，修订乡村振兴产业兴旺政策，打好"粮菜猪"增产保供组合拳，安溪后塘农旅融合项目、正邦伏布生猪养殖项目开工建设，云和梯田农村产业融合发展示范园入围省级创建名单，实现"丽水山耕"销售额8.71亿元，创成2020年度农业绿色发展先行县。⑶重点项目稳步推进。严格落实县领导领办重点项目机制，深入实施扩大有效投资"抢时间、补增量"行动，210省道被列入省综合交通规划，温武吉铁路、235国道等项目前期有序推进，紧水滩水冷式绿色数据中心项目开工建设，商贸物流城二期、城东幼儿园等项目建成投用，实现固定资产投资增长8.3%，位居全市第二。

二是强化融合互促，城乡品质明显提升。县委常委会认为，云和在城乡融合方面有先发优势和深厚基础，必须坚持生态优先，推进城镇村三级联动、各美其美。(1)生态底色更加靓丽。全力打好污染防治攻坚战，扎实推进城乡环境综合整治，全面完成中央环保督察信访交办和现场反馈问题整改，启动省级“无废城市”创建，基本建成全市首个全域“污水零直排区”，均溪国控断面水质稳步提升，入选国家第三批节水型社会建设达标县，获评省清新空气示范区。我县在中央宣传部、生态环境部联合举办的习近平生态文明思想研讨会上作交流发言。(2)城乡融合更加深入。滚动推进城市有机更新，大庆寺三期、白水、南门东等区块棚改项目乘势推进，电信新村、鲤鱼山小区等老旧小区改造项目全面完成，全民健身文化中心、小镇客厅等项目主体落成，城市整体形象不断提升。高标准实施美丽城镇建设三年行动，崇头镇创成新时代美丽城镇省级样板，赤石玫瑰小镇创成国家AAA级旅游景区。深入推进新时代美丽乡村“三带三园”建设，建成特色精品村3个、花园乡村6个、省级善治示范村11个，获评2020年度全省深化“千万工程”建设新时代美丽乡村工作考核优秀县，有望创成省新时代美丽乡村示范县。强势攻坚“三改一拆”，清零销号违建别墅，创成全市第一个省“无违建县”。统筹推进“大搬快聚富民安居”工程和“两进两回”行动，帮助1950名高山深山远山群众搬出大山、融入城镇。(3)基础设施更加完善。瓯江绿道主线、云龙二期等项目全线贯通，后交二期项目全面完工，“四好农村路”成为串联村景、激活产业的“幸福路”。建成崇头站和复兴站综合供能服务站，天然气项目成功通气。纵深推进“三大革命”，开工城区污水零直排PPP项目，新改建城市污水管网5.41千米，提升改造城乡公厕24座，生活垃圾资源化处置实现市场化运作。

三是加强蓄能增势，改革创新活力迸发。县委常委会认为，改革创新是破解难题、推动发展的有效路径，必须敢闯敢试、善作善成。(1)新型城镇化样板县域建设全面起势。召开县委十四届十二次全会，部署打造全国山区新型城镇化样板县域“重要窗口”各项任务，出台人才、土地新政，与国家发改委城市和小城镇改革发展中心签订战略合作协议，启动编制全国山区新型城镇化发展指数，努力以云和“小窗口”出彩为省、市“重要窗口”添彩。(2)重点改革蹄疾步稳。纵深推进“最多跑一次”改革，机关内部非涉密事项实现“一网通办”，公共资源交易在全市率先实现“最多跑一次”，一般企业投资项目审批实现“最多80天”。深入探索生态产品价值实现机制改革，成功出让全国首宗“生态地”，出台全省首个生态产品政府补偿性采购办法，建立全市首家“两山银行”，发放“两山贷”5000余万元。启动新时代城乡产权制度改革，建立农村耕地、林地、宅基地有偿退出与流转机制，在全国首创农村产权抵（质）押融资免担保模式，在全省率先实施村级财务预决算，运行农村产权线上交易平台，有效激活农村产权要素市场。(3)开放创新高效联动。主动融入长三角，签订云和工业园区与上海真如铁三角科技园合作协议，全省首个民族乡村振兴“飞地”产业园正式揭牌，云北木玩智创空间项目开工建设。与景宁签订《云景特色风情聚落区合作备忘录》，云景一体化迈出坚实步伐。强化精准招商，引进大项目4个，实际利用市外内资8.1亿元、外资275万美元。深化政产学研用协同创新，木玩产业创新服务综合体项目加快推进，新增国家高新技术企业7家、省科技型中小企业14家，全年R&D经费投入增长30%。

四是坚持共建共享，社会治理和谐惠民。县委常委会认为，推动县域治理现代化是“民生课题”，必须注重解决群众最急最忧最盼的紧迫问题，不断提升人民群众获得感、幸福感和安全感。(1)民生保障水平全面提升。52项省市民生实事全面完成。精准实施就业优先战略，新增城镇就业2000余人，城镇登记失业率为1.79%。持续推进社保扩面提质，稳妥做好被征地农民参保工作，基本养老保险、医疗保险和“浙丽保”参保率分别达98.8%、99.6%和82.5%。深入推进农村饮用水达标提标行动，水质合格率达100%、达标人口覆盖率达95%。(2)公共服务供给全面优化。出台学前教育深化改革规范发展、义务教育公民同招等政策，探索城乡义务教育共同体建设，城南九年一贯制学校初中部、云和中学整体改造工程等项目建成投用，教育服务供给不断改善。稳健运行县医疗健康集团，创成国家慢性病综合防控示范区、省健康促进县。建立“三助公益服务”、暖巢等制度，探索创新山区留守老人特色养老模式。深入弘扬践行浙西南革命精神，全面提升新时代文明实践中心、农村文化礼堂等建管用育水平，成功举办云和梯田山地自行车赛、环云和湖铁人三项邀请赛，文体服务更加惠民更具活力。(3)社会治理效能全面增强。深入推进全国乡村治理体系建设试点，创新推出街乡共治、乡事城办、乡贤参治等特色做法，科学规范乡镇(街道)“属地管理”，基层治理现代化水平不断提升。扎实有序开展第七次全国人口普查。召开县委全面依法治县委员会第二次会议，加强《宪法》《民法典》学习宣传，实现乡镇(街道)合法性审查全覆盖。加强县级矛盾纠纷调处化解中心规范化建设，新建县综合指挥中心，深入推进扫黑除恶专项斗争，严格开展安全生产巡查，统筹做好食药品安全、防灾减灾等工作，高质量夺取全省首批一星“平安金鼎”，有望连续三年创成全国信访工作“三无县”。

五是突出从严从实，党的建设纵深推进。县委常委会认为，全面从严治党是推动各项事业高质量发展的根本保障，必须一以贯之、久久为功。(1)政治建设持续加强。全面落实党委“第一议题”制度，召开党的十九届五中全会精神、《习近平谈治国理政》第三卷等专题学习会，探索建立领导干部政治素质档案，推动“不忘初心、牢记使命”主题教育常态化制度化。严格落实意识形态主体责任制，牢牢把握意识形态工作主动权，“白鹤尖兵”获评省级网评特战队。持续深化政企干部“双向挂职”，全力构建“大统战”工作格局。常态化落实党委议军、军事日活动等“七项制度”。(2)基层党建持续提升。深入实施“组织力提升工程”，在全市率先开展农村发展党员违规违纪问题排查整顿，平稳有序完成村社组织换届工作，创新开展“哨响就到”活动，基层党组织战斗力有效提升。县委党校迁建工程稳步推进，通过省办学质量创优评估。(3)干部队伍持续优化。坚持实干实绩导向，在全市率先开展“90后”优秀年轻干部、乡镇副职及党外干部比选工作，选派优秀干部一线历练、上挂锻炼，全年新提任(进一步使用)县管干部56人。高质量完成“三超两乱”问题整治。全力招才引智，入选省级引才计划1人、全国青年岗位能手1人。(4)风清云和持续深化。严格落实全面从严治党责任制，“四责协同”机制不断完善。坚决有力、举一反三完成省委巡视反馈问题整改。充分发挥“四项监督”作用，创新推出“大数据+大脚板”精准监督、村务监督“四联”工作法等特色做法，查处违反中央八项规定精神及“四风”问题21起、处理干部37人，立案审查调查66件，给予党纪政务处分57人，移送检察机关依法审查起诉5人。

同时，县委常委会认为打铁必须自身硬，必须以上率下，毫不松懈抓好自身建设。我们带头增强“四个意识”、坚定“四个自信”、做到“两个维护”，努力学懂弄通做实习近平新时代中国特色社会主义思想，全面推动中央、省委、市委各项决策部署落地生根；带头弘扬斗争精神，推动“四服务”活动走深走实，积极有效应对各种风险挑战；带头贯彻落实民主集中制，认真执行县委议事规则，密切协作、相互配合，巩固促进团结进取良好局面；带头严格执行中央八项规定精神和廉洁自律各项规定，自觉接受各方面监督，努力为全县党员干部作表率。

同志们，以上这些成绩的取得，是习近平新时代中国特色社会主义思想科学指导的结果，是中央、省委、市委坚强领导的结果，是全县各级党组织和广大党员干部万众一心、担当实干、奋勇争先的结果。在此，我代表县委常委会，向同志们致以崇高的敬意和衷心的感谢！

在肯定成绩的同时，我们也清醒看到工作中存在的问题和不足：一是产业链与人才链、创新链融合还不够紧密，高质量绿色发展的要素保障、动力支撑仍需进一步增强，地区生产总值与生态系统生产总值“两个较快增长”压力较大。二是城乡品质仍有较大提升空间，教育医疗等公共服务领域的优质供给还不能完全满足群众需求。三是整体智治理念仍需强化，各类风险防控化解机制有待完善，县域治理现代化水平还需进一步提高。四是有的党员干部宗旨意识、实干精神不够强，创新思维、担当魄力和治理能力与现代化建设要求还有差距，全面从严治党还要向纵深推进。对此，我们将在今后工作中采取强有力措施加以解决。

二、关于建议稿的起草说明及需要重点说明的问题

“十四五”时期是云和高水平全面建成小康社会之后、乘势而上开启高水平全面建设社会主义现代化新征程的第一个五年，也是我县加快跨越式发展、打造“重要窗口”的关键时期。县委围绕大局所需、云和所能、人民所盼、未来所向，研究制定了“十四五”规划建议，精心描绘了云和未来五年乃至十五年的发展蓝图。下面，我就建议稿有关情况，向全会作说明。

（一）建议稿的起草过程

县委对“十四五”规划建议高度重视，将起草工作纳入重要议事日程，成立由我担任组长的起草领导小组，同时组织县委办、县深改中心、县发改局等单位成立起草工作专班。建议稿起草期间，我们先后召开专题座谈会、县委务虚会，就制定规划建议深入开展研讨、作出总体安排，为高质量起草建议稿打好基础。特别是党的十九届五中全会和省委十四届八次全会、市委四届九次全会以及中央、省委经济工作会议召开以后，我们又多次召开全县领导干部会议、县委常委会会议，学习贯彻有关会议精神，研究建议稿起草工作。2020 年 12 月下旬，经过认真研究、反复修改，我们将建议稿印发至县党政领导、人大政协主要领导，以及各乡镇（街道）、各部门，广泛征求意见建议。2021 年 1 月，我们先后召开住建、文旅、农业农村等系统“十四五”工作思路汇报会和离退休老干部、社会各界人士代表意见征求座谈会，研究谋划“十四五”发展思路。在充分吸收各方意见建议基础上，进一步修改完善，经县委常委会会议审议通过，形成提交本次县委全会审议的讨论稿。

从征求意见情况看，各方面对建议稿给予充分肯定。大家一致认为，建议稿立足云和实际、聚焦云和问题、谋划云和未来，具有很强的前瞻性、战略性、指导性，是我县开启高水平全面建设社会主义现代化新征程的纲领性文件。大家普遍希望，通过制定建议，明确“十四五”主要目标和 2035 年远景目标，提出一批引领性、带动性、标志性的战略抓手，为今后五年乃至更长时期发展提供重要遵循。

在征求意见过程中，我们收集到许多好的意见建议，主要集中在以下几个方面：一是建议一以贯之实施“小县大城”发展战略，深入推进以人为核心的新型城镇化，完善教育、医疗等优质公共服务供给，加快城乡全面融合发展。二是建议优化城乡空间布局，高度彰显全域 AAAAA 特色，全力破解高铁等交通掣肘，加快与市区、景宁的双向融合。三是建议强化创新驱动、转型发展，着力解决人才、土地、资金等要素制约问题，做大做强木玩等传统产业，实现生态工业倍增。四是建议加强“和”文化引领，深化数字赋能基层社会治理，强化招商引资，不断增强高质量绿色发展、跨越式发展的动力和活力。对于这些建议，我们全面汇总、逐条分析，做到能吸收的尽量吸收，还有一些意

见，下一步将吸收到“十四五”规划纲要或专项规划中。

（二）建议稿的起草原则和基本框架

在建议稿起草过程中，我们注重把握“五个坚持”原则，努力编制一份贯彻上级要求、切合云和实际、顺应人民期盼的规划建议。一是坚持谋划一域与服务全局相统一。从全局谋划一域、以一域服务全局，将云和放在全国、全省、全市发展大局中进行谋划，找准角色定位，提升云和特色竞争优势，体现云和在全局中的担当作为。二是坚持传承延续与开拓创新相衔接。深化提升“小县大城”发展战略，进一步明确打造全国山区新型城镇化样板县域“重要窗口”的时间节点、实施步骤，推进牵一发而动全身的重点工作，接好“十三五”发展接力棒，谱写“十四五”发展新篇章。三是坚持长远展望与近期谋划相结合。面向未来十五年远景目标、聚焦今后五年发展，突出远期可实现、中期见实效、近期能实施的战略抓手，实现高水平全面建设社会主义现代化良好开局。四是坚持扬长优势与补齐短板相协调。深刻领会“八八战略”中蕴含的优势论，聚焦我县比较优势的创造性转化，最大程度发挥云和生态、产业、资源等优势，最大努力补齐交通、人才等短板，化优势为胜势、变短板为长板。五是坚持维护安全与推动发展相促进。强化风险意识和底线思维，把困难估计得更充分一些，把风险思考得更深入一些，注重堵漏洞、补弱项，有效防范化解各类风险挑战，确保社会主义现代化事业顺利推进。

在框架结构上，建议稿与中央、省委、市委“十四五”规划建议基本一致，分三大板块、十个部分。第一板块为总论，包括导语和第一部分，主要是概括总结“十三五”时期发展成就，分析新发展阶段机遇挑战，提出2035年远景目标、“十四五”时期总体要求及主要目标。第二板块为分论，包括第二至第九部分，分别从城乡融合、生态经济、基础设施、生态文明、改革开放、文化繁荣、公共服务、平安云和等八个方面展开。第三板块为结尾，包括第十部分和结束语，主要阐述加强党的全面领导，凝聚建设高水平现代化和“重要窗口”强大合力，确保规划目标任务落到实处等内容。

（三）需要重点说明的几个问题

建议稿按照新发展理念的内涵要求，分领域提出八个方面重点任务。这里，我就其中几个问题作重点说明。

第一，关于童话云和县域发展总品牌。县第十四次党代会提出的建设童话云和奋斗目标，根植于“小县大城”发展战略，与其一脉相承，涵盖了大花园、新型城镇化样板县域等阶段性目标，贯穿着云和发展的过去、现在和未来，具有深厚的思想土壤、历史根源和现实基础，是云和县域发展总品牌。县委综合分析国际国内形势和云和发展条件，考虑分两个阶段来建设童话云和：一是从“十四五”开始到2035年，在高水平全面建成小康社会的基础上，再奋斗15年，基本建成童话云和。二是从2035年到本世纪中叶，在基本实现高水平现代化的基础上，再奋斗15年，全面建成童话云和。这“两步走”安排，与建设高水平现代化保持一致，我们必须毫不动摇地坚持、一以贯之地推进，最大限度凝聚起万众一心建设童话云和的强大力量。

第二，关于“十四五”和2035年远景目标。考虑到未来一个时期不稳定不确定因素较多，存在不少风险隐患，建议稿对标中央、省委、市委“十四五”规划建议，采用定性表述为主、蕴含定量的方式，提出了“十四五”主要目标、总体定位和2035年远景目标。其中，“十四五”时期，我县的主要目标是：生态文明建设成效显著，现代化生态经济体系初步构建，县域治理体系不断完善，人民生活水平持续提升，基本建成全国山区新型城镇化样板县域。预计到2025年，全县地区生产总值突破120亿元，人均生产总值突破10万元，科学研究与试验发展经费支出占比居全省山区26个县前列，城乡居民收入差距比缩小至1.9。“十四五”时期，我县的总体定位是：擦亮“小县大城”“木玩名城”“全域AAAAA”“抗战省城”

4张金名片，打造全国山区新型城镇化样板、全域AAAAA童话大花园、国际木制玩具名城。2035年的远景目标是：跨越式发展迈上新的大台阶，城乡全面融合走在全省前列，现代化县域治理体系全面形成，人与自然和谐共生基本实现，与全省同步基本实现高水平社会主义现代化，成为全国山区新型城镇化样板县域“重要窗口”，基本建成童话云和。由于县委建议是把方向、管宏观、定战略的，编制“十四五”规划纲要和专项规划时，可以在认真测算基础上提出相应的量化目标。

第三，关于“十四五”战略抓手。“十四五”时期，我们要乘势而上、开拓创新，抓紧抓牢抓实“十大战略抓手”：一是谋划建设“科创绿谷”。抢抓数字化、生态化“时代风口”，开展“青年云和”行动，加快推进紧水滩水冷式绿色数据中心项目和木玩产业创新服务综合体项目，支持华宏公司建设钢铁研究院，以三大项目鼎立之势托举县域科创“硬核”，打造云和“科创绿谷”。二是实施生态工业倍增计划。谋划推进云景生态产业平台开发，推动木玩产业向价值链两端攀升，培育壮大以钢压延为主体的现代制造业产业集群，力争到2025年工业总量突破400亿元。三是构建全域AAAAA大格局。举全县之力推进云和梯田创AAAAA，确保用1—2年时间将云和梯田打造成国家AAAAA级旅游景区。大力推进云和湖国家级旅游度假区创建、以AAAAA级旅游景区标准加快建设木玩童话小镇，创建AAAAA级景区城，打造长三角生态休闲旅游目的地。四是推动城乡融合发展。稳步推进城市更新、产城融合，加快完善市政基础设施，提升县城品质能级。深化“百镇样板、千镇美丽”行动，打造“六镇六景”升级版。大力实施乡村建设行动，以微改造“绣花功夫”打造新时代美丽乡村。系统谋划推进杭丽云高铁、温武吉铁路、235国道、322国道、通用机场等重大交通基础设施，全面畅通县域交通网。建设完善新型基础设施网，让城市更智慧、生活更美好。五是深化具有云和高辨识度的特色改革。聚焦重点领域关键环节，实施新时代乡村集成改革，深化生态产品价值实现机制改革，激发高质量绿色发展强劲动能。六是打造长三角绿色生态屏障。以创建国家级“两山”实践创新基地、省级“无废城市”以及全域“污水零直排区”为抓手，大力实施蓝天、碧水、净土、清废四大行动，深入开展绿色创建行动，让生态文明建设成为全民共识和行动自觉。七是培育“和”文化县域人文品牌。抢抓瓯江山水诗路文化带建设契机，推动“和”文化从谋篇布局的“大写意”转入精深细腻的“工笔画”，全方位物化、活化“和”文化，让“和”文化更广泛地内化于心、外化于行。八是构建推进共同富裕体制机制。正确处理公平与效率的关系，探索构建先富帮后富、减缓相对贫困的长效机制，进一步缩小城乡居民收入差距，加快教育、医疗、养老等公共服务均等化、优质化，不断满足人民群众美好生活需要。九是探索现代化治理模式。牢牢把握制度建设这个根本、效能提升这个关键，推进“县乡一体、条抓块统”改革，突出整体智治、数字赋能、系统治理，坚决守牢政治安全、经济安全、社会稳定等底线，推动云和从平安迈向长安。十是深入推进风清云和建设。巩固深化“不忘初心、牢记使命”主题教育成果，建立健全保障“两个维护”的制度机制。锲而不舍落实中央八项规定精神，坚持“四责协同”，贯通“四项监督”，精准运用“四种形态”，打造干部清正、政府清廉、政治清明、社会清朗的风清云和。

三、奋进“十四五”，开启高水平全面建设社会主义现代化新征程

2021年是具有特殊重要性的一年。从时间节点看，2021年是“十四五”开局、现代化新征程开启之年，是建党100周年，同时也是“小县大城”发展战略实施20周年；从形势变化看，立足“两个大局”，疫情变化和外部环境存在诸多不确定性，挑战和机遇前所未

有；从增长势头看，2020年的低位运行为2021年的高位增长腾出了空间，必须在“稳”的基础上增强“进”的动能，谋划确定“跳一跳够得着”、体现高质量绿色发展要求的目标指标，加快质量变革、效率变革、动力变革，努力迈好第一步、展现新气象。

基于以上分析，县委常委会提出2021年全县工作的总体思路：坚持以习近平新时代中国特色社会主义思想为指导，全面贯彻党的十九大和十九届二中、三中、四中、五中全会精神，认真落实省委十四届八次全会、市委四届九次全会部署，坚持稳中求进工作总基调，立足新发展阶段，贯彻新发展理念，构建新发展格局，以推动高质量绿色发展为主题，以深化供给侧结构性改革为主线，以改革创新为根本动力，以满足人民日益增长的美好生活需要为根本目的，深化“小县大城”发展战略，聚焦聚力高质量绿色发展、跨越式发展、现代化发展，坚持系统观念，落实落细“十大战略抓手”，巩固拓展疫情防控和经济社会发展成果，扎实做好“六稳”工作、全面落实“六保”任务，乘势而上深化全国山区新型城镇化样板县域建设，为高水平全面建设社会主义现代化开好局、起好步，以优异成绩庆祝建党100周年。

县委常委会建议，2021年主要预期目标：地区生产总值增长8.5%以上，规模以上工业增加值增长12%以上，固定资产投资增长10%以上，城镇和农村居民人均可支配收入分别增长7%左右、9.5%左右，一般公共预算收入增长与经济增长基本同步。

具体要在以下五个方面“开创新局面”：

一是聚焦绿色生态，在构建现代化经济体系上开创新局面。推动生态产业大发展。启动实施生态工业倍增计划，加快传统制造业数字化赋能、智能化改造，推进木玩与幼教、文创、电商等领域深度融合，推动轴承、钢压延等迈向产业链中高端，大力培育隐形冠军、专精特新等成长型企业，加快从块状经济向产业集群迈进。以云和梯田创AAAAA引领全域AAAAA建设，扎实推进一级游客接待中心、云和湖生态康养小镇、木玩展示体验馆等重点旅游项目建设，提升通景公路等级，大力培育高山避暑、滨湖度假等优质业态，加快佛儿岩创AAAA步伐，力争云和梯田捧回AAAAA“金字招牌”。严守耕地保护红线，稳定粮食生产，推进高标准农田以及三门、安溪、田垟等田园综合体建设，推动雪梨、茶叶等品种培优、品质提升，培育壮大“云和师傅”农业区域公用品牌。推动重点项目大建设。坚持“一把手”招商，大力开展以商引商、产业链招商，推动三江口旅游综合体、废旧汽车拆解等项目找到“好婆家”，加快形成产业集聚效应和补链强链效应。健全问题交办、专题协商等机制，创新运用“揭榜挂帅”工作机制，完善项目全生命周期服务体系，提升土地、资金、用能等全要素保障水平，加快紧水滩引调水工程、龙泉溪二期治理、“大搬快聚富民安居”小区等项目建设，推动中心粮库迁建、石塘交通中心码头等项目尽快投运、尽早见效。推动平台能级大提升。深入推进平台“二次创业”，全面启动老木制玩具城区块“退二优二”工作，加快实施木玩产业创新孵化基地、电商产业园、高胥移民湾土方平整等项目，推动赤龙山区块产城融合开发项目取得实质性进展，力争将云和工业园区升级为省级经济技术开发区。深化“亩均论英雄”改革，健全要素资源优化配置机制，探索布局“数字化车间”“未来工厂”等“两业”融合应用场景。

二是聚焦全面融合，在建设品质城乡上开创新局面。擦亮最美生态底色。坚决打好生态环境巩固提升持久战，启动国家级“两山”实践创新基地创建，统筹治水治土治气治废，深化全域“污水零直排区”创建，力争重夺“大禹鼎”，争创首批省级“无废城市”，确保创成全省大花园典型示范县。绘好美丽城乡画卷。稳步推动城市有机更新，加快老旧小区改造提升步伐，谋篇布局小徐区块未来社区场景，梳理历史老街记忆，全面融入童话元素，提升县城品质能级。以乡村建设行动为抓手全面推进乡村振兴，以深化“千万工程”牵引新时代乡村建设，探索数字乡村发展新模式，支持石塘镇、安溪乡创建新时代美丽城镇省级样板，加快“三农”工作高质量绿色发展。推进“大搬快聚富民安居”工程，深化“两进两回”行动，推动乡村闲置资产“二次创业”。编制完成国土空间规划，统筹推进全域土地综合整治和宅基地建设用地复垦，做好垦造耕地、农村乱占耕地建房等整改工作，全面提高土地利用效率。补齐基础设施短板。做好“治山理水、显山露水”文章，增强城市道路、绿地、停车场等有效供给，提升城市韧性和承载能力，构建“10分钟幸福生活圈”。完善城市管理长效机制，推进“智慧市政”建设，提升城市精细化管理水平。加强交通设施补短，推进杭丽云高铁、温武吉铁路、322国道等重大项目前期，开工建设235国道、局龙线金水坑至龙门段，推动浮云溪绿道全线提升，争创“四好农村路”国家级示范县。

三是聚焦改革创新，在增强内生动力上开创新局面。深化改革激发新活力。回顾总结“小县大城”发展战略实施20周年成功经验，举办全国山区新型城镇化发展论坛，发布全国首个山区新型城镇化发展指数，积极争取国家新型城镇化试点、省级新时代乡村集成改革试点，深化农村产权制度改革，推进城乡一体“同城同权同贷”金融服务，努力为全国山区新型城镇化示范先行。加快党政机关数字化转型，推进政务服务2.0建设，深化机关内部“一件事”集成改革，全面提升党政整体智治水平。健全生态产品价值实现机制，探索用能权交易和碳达峰、碳中和路径，推进“两山银行”实体化运营。做好国企改革“后半篇文章”，不断提高国有资本市场化运作水平和资源配置效率。扩大开放引育新动能。深度融入长三角一体化发展，深化与上海普陀、宁波北仑等结对地区全方位、多领域合作，探索共建“生态补偿特别合作区”，努力打造更多类型的“科创飞地”“人才飞地”。主动承接市区基础设施、公共服务等领域的溢出效应，以云景高速公路差异化收费、云景城际公交等“交通先行”推进云景一体化，努力打造具有区域竞争力的新增长极。深入实施优化营商环境“10+N”便利化行动2.0版和信用建设“531X”工程，实现一般企业投资项目审批“最多70天”，努力打造最优营商环境。创新驱动打造新引擎。加快推进紧水滩水冷式绿色数据中心项目，谋划启动“科创绿谷”建设。围绕产业链布局创新链，推动“头部企业”与高校院所合作，加快建设木玩产业创新服务综合体，争设中国云和（木制玩具）知识产权快速维权中心。深入开展科技型企业阶梯式培育，支持龙头企业建设钢铁研究院、创新联合体。坚持人才培养和引进双轮驱动，加强人才全生命周期、全过程服务，全力做大人才“基本盘”。

四是聚焦民生改善，在促进共同富裕上开创新局面。抓好常态化疫情防控。时刻绷紧疫情防控之弦，深化“动态排查、硬核隔离、精密智控、人物并防”云和打法，全面落实冷链物防闭环管控，稳妥有序推进疫苗接种工作，牢牢守住不发生疫情底线。巩固脱贫攻坚成果。构建以共同富裕为导向的持续增收机制，深入实施就业优先战略和更加积极的就业政策，落实低保标准自然增长、“渐退期”等保障政策，健全防止返贫动态监测和帮扶造血机制，强化社会救助和社保兜底，推动低收入农户持续稳定增收。推进村级集体经济巩固提升三年行动，实现市场化经营机制进一步定型、经营性收入占比进一步提高。持续回应群众期盼。优化教育资源布局，加快实验小学分校项目建设和新建初中项目前期，深化教育教学改革，探索木玩游戏、研学等特色品牌，实施小学“强基”、初中“壮腰”工程，强化高水平技术技能人才成长基地建设，提升初高中教育教学水平。深化医药卫生体制改革，加快推进中医院迁建、人民医院病房扩建等项目，持续开展爱国卫生运动，确保通过第五轮国家卫生县城复审。积极应对人口老龄化，创新公建民营、医养结合等模式，健全养老服务体系。落实基本养老保险全国统筹和失业保险、工伤保险省级统筹等政策，健全多层次社会保障体系。把精神富裕作为更高层次的目标追求，深入实施“文化基因解码工程”，努力优化公共文化服务，满足群众多样性精神文化需求。创新基层社会治理。高质量完成全国乡村治理体系建设试点。迭代升级“一中心四平台一网格”，加快建设县域治理“智慧大脑”，不断提升智能化数字化治理水平。坚持和完善信访工作机制，推动矛盾纠纷“全链条解决”。协同推进依法治县、依法执政、依法行政，全面开展政法队伍教育整顿，深化全县域“枫桥警务”模式，常态化机制化推进扫黑除恶，健全完善闭环管控的大平安机制，系统性防范和化解食药品安全、消防火灾、道路交通、安全生产等各领域风险，提升突发事件应急处置水平，确保实现平安建设“十六连冠”。

五是聚焦党建引领，在凝聚发展合力上开创新局面。恪守绝对忠诚的政治品格。全面落实“不忘初心、牢记使命”长效机制，学深悟透习近平新时代中国特色社会主义思想，不断提高政治判断力、政治领悟力、政治执行力，以“两个维护”的政治自觉确保政令畅通、令行禁止。高标准开展庆祝中国共产党建党100周年系列活动。守正创新做好意识形态工作，推动意识形态工作责任制落实落细。巩固和发展最广泛的爱国统一战线，构建统战共同体。发挥县委统揽全局、协调各方的领导核心作用，全力支持人大、政府、政协和监委、法院、检察院依法依章程履行职能，充分发挥工商联、无党派人士参政议政作用，认真做好老干部、党管武装、民族宗教等工作，高质量推进新时代党的群团工作，确保党的全面领导更加坚强有力。锻造担当有为的干部队伍。高质量做好县乡领导班子集中换届，推进“五强”领导班子建设。树立正确用人导向，突出“五个过硬”，聚焦“七种能力”，完善知事察人的选人用人体系，建立健全优秀年轻干部日常发现、比选提名、动态调整全链条机制，锻造一支与高水平现代化建设相匹配的高素质专业化干部队伍。健全容错纠错、澄清正名等机制，落实关心关爱、谈心谈话等制度，促进“两个担当”良性互动。筑牢全面过硬的基层堡垒。扎实做好村社组织换届“后半篇文章”，构建“一肩挑”监督和退出机制。健全完善“街乡共治、村社联盟”，全面加强城乡、机关、两新等各领域党建工作，加快构建党建统领的基层智治体系。创新推行“红领先锋大赶考”，开展亮点工作述职大比拼，不断提升党组织战斗力。巩固山清水秀的政治生态。深化构建“四责协同”机制，层层压实管党治党政治责任。严格推进本届党委任期内巡察全覆盖，推动“四项监督”有机贯通。综合运用“四种形态”，常态化开展警示教育，一体推进不敢腐、不能腐、不想腐，巩固发展反腐败斗争压倒性胜利。坚决防止“四风”问题反弹回潮，持续纠治形式主义、官僚主义，统筹深化清廉单元建设，健全基层减负增效长效机制，推动党风政风持续向上向好。

雄关漫道真如铁，而今迈步从头越。站在“两个一百年”历史交汇点上，云和开启了高水平建设社会主义现代化的新征程，比任何时候都更接近梦想，也比任何时候都更需要精神感召、精神鼓舞和精神支撑。开启新征程，必须充分激扬求是挺进、跨越赶超的高昂斗志。坚决克服得过且过、贪图安逸的消极思想，坚决摒弃按部就班、墨守成规的保守主义，牢固树立“没有实现加快发展也是一种风险，没有追求实现加快跨越式发展的意识、决心和胆略更是极端危险”和“发展阶段不可逾越、发展阶梯可以跨越”的理念，敢于善于同强的比、向高的攀、与勇的争、跟快的赛，做到干在实处、走在前列、勇立潮头，力争实现“一年一个样、三年大变样、五年大跨越”。开启新征程，必须团结凝聚闯关夺隘、攻城拔寨的磅礴伟力。大力发扬为民服务孺子牛、创新发展拓荒牛、艰苦奋斗老黄牛的精神，增强“越是艰险越向前”的奋进姿态和“乱云飞渡仍从容”的斗争定力，只争朝夕、敢想敢干，一往无前、攻坚克难，变压力为动力、变被动为主动、变平凡为非凡，在高水平现代化新征程中用行动书写忠诚担当，用实干成就光荣梦想。开启新征程，必须锻造弘扬唯实惟先、善作善成的团队文化。时刻保持对党忠诚，时刻保持坚定信仰，一切从实际出发，秉持奋勇争先、全力抢先、持续领先的追求，把工作着力点放到研究解决改革发展稳定的重大难题上，放到研究解决群众生产生活的紧迫问题上，推动形成唯实惟先的思想自觉、善作善成的行动自觉，努力让“跟跑”的工作争先进位、“并跑”的工作全力抢先、“领跑”的工作持续领先。

同志们，非凡“十三五”已圆满收官，壮阔“十四五”正扬帆起航，让我们更加紧密地团结在以习近平同志为核心的党中央周围，在省委、市委的坚强领导下，高扬“丽水之干”奋斗旗帜，大力弘扬践行浙西南革命精神，以生成性学习、创造性张力、跨越性思维干出新气象、干出新作为，奋力谱写高水平全面建设社会主义现代化云和篇章，以优异成绩向建党100周年献礼！

名词解释

1.**“八个万元”增收行动**：一亩山万元钱、十箱蜂万元钱、百斤鱼万元钱、千斤粮万元钱、万袋菌万元钱、新三宝万元钱(农家乐民宿、来料加工、农村电子商务)、农合联万元钱、活产权万元钱。

2.**“四个清零”**：农村家庭人均年收入8000元以下清零、“两不愁三保障”突出问题清零、集体经济薄弱村清零和零就业家庭清零。

3.**“五减”“两直”**：“五减”即减税、减费、减租、减息、减支；“两直”即资金直达市县基层、直接惠企利民。

4.**隐形冠军**：长期专注于某一细分行业产品的研发、生产和经营，具有较高的市场份额和市场领袖地位的中小企业。

5.**“无废城市”**：以创新、协调、绿色、开放、共享的新发展理念为引领，通过推动形成绿色发展方式和生活方式，持续推进固体废物源头减量和资源化利用，最大限度减少填埋量，将固体废物环境影响降至最低的城市发展模式。

6.**“两进两回”行动**：科技进乡村、资金进乡村，青年回农村、乡贤回农村。

7.**“四责协同”机制**：党委主体责任、纪委监督责任、党委书记第一责任以及班子成员“一岗双责”责任等齐心协力、同向发力的管党治党机制。

8.**碳达峰、碳中和**：碳达峰即我国承诺在2030年前，二氧化碳的排放达到峰值；碳中和即努力争取2060年前，采取植树、节能减排等各种方式将排放的二氧化碳全部抵消。

9.**优化营商环境“10+N”便利化行动2.0版**：包括全面推进提升“开办企业”便利度、提升“办理建筑许可”便利度、提升“获得电力”便利度、提升“获得用水用气”便利度、提升“不动产登记”便利度、提升“获得信贷”便利度、提升“跨境贸易”便利度、提升“执行合同”便利度、提升“纳税”便利度、提升“办理破产”便利度、提升“企业注销”便利度、提升“知识产权保护”便利度、提升“证照分离”改革便利度等13项改革。

10.**信用建设“531X”工程**：聚焦企业、自然人、社会组织、事业单位和政府机构5类主体，构建公共信用指标体系、信用综合监管责任体系、公共信用评价及信用联合奖惩体系3大体系，完善全省统一的公共信用信息平台，推进信用体系在若干重点领域创新应用。

云和县人民代表大会常务委员会工作报告

——2021年4月27日在云和县第十六届人民代表大会第六次会议上

云和县人大常委会主任　叶晓勇

过去一年的主要工作

2020年，是高水平全面建成小康社会和“十三五”规划的收官之年，也是云和发展很不平凡的一年。一年来，面对错综复杂的国际国内环境、艰巨繁重的改革发展稳定任务，特别是新冠肺炎疫情的严重冲击，县人大常委会在中共云和县委的坚强领导下，深入学习贯彻习近平新时代中国特色社会主义思想和党的十九大及十九届二中、三中、四中、五中全会精神，紧紧围绕全国山区新型城镇化样板县域建设，发挥人大职能作用。全年共召开县人大常委会会议8次，主任会议12次，听取和审议专项工作报告21项，圆满完成了县十六届人大五次会议确定的各项目标任务，为统筹我县新冠肺炎疫情防控和经济社会发展、高水平全面建成小康社会作出了积极贡献。

一、把握正确政治方向，坚持在全县大局下谋划和推进人大工作

县人大常委会牢固树立“四个意识”，坚定“四个自信”，坚决做到“两个维护”，努力打造“最讲党性、最讲政治、最讲忠诚”的先行示范机关。

强化理论武装，筑牢政治信仰。思想理论上的坚定清醒是政治上坚定的前提。县人大常委会坚定不移地把思想建设作为统领，认真组织常委会组成人员、人大代表、机关干部深入学习习近平新时代中国特色社会主义思想，准确把握、深刻领会蕴含其中的理论观点、精神实质和科学方法，认真学习中共中央总书记习近平考察浙江时的重要讲话精神和中央、省委、市委全会精神，全年召开常委会党组会议12次，组织专题学习10次，推动政治学习制度化、常态化，做到学深悟透、走深走实。常委会党组专题研究部署宣传贯彻党的十九届五中全会精神，制定实施方案，深入基层联系点带头宣讲，及时把党的声音传递到基层。按照县委要求，深入推进“不忘初心、牢记使命”主题教育常态化制度化，把主题教育与加强人大及其常委会“两个机关”建设结合起来，不断提高政治站位，增强政治定力。

强化政治意识，坚持党的领导。人大作为权力机关、政治机关，根本要求就是旗帜鲜明讲政治。县人大常委会坚决维护县委“统揽全局、协调各方”的领导地位，认真贯彻县委决策部署，全面落实请示报告制度，先后就制定年度监督工作计划、召开人民代表大会、开展特定问题调查等重要事项向县委请示报告，自觉将监督、重大事项决定、人事任免等各方面工作置于县委领导之下，确保人大工作与全县中心工作相适应、相协调、相促进。机关党组以高度的政治自觉，主动

配合、坚决服从县委巡察，始终把抓好整改落实作为重中之重，努力以整改落实成果推动人大事业不断迈上新台阶。

强化使命担当，忠诚履职尽责。围绕中心、服务大局是人大的使命职责所在。县人大常委会坚持围绕县委中心工作和全县发展大局，广泛收集民情民意、精心筛选监督议题，瞄准监督方向，全年对社会关注、群众关心的18个热点问题开展专题调研。依法行使重大事项决定权，进一步规范讨论决定程序，细化重大事项的范围和内容，先后就政府财政预算决算、重大投资项目、债务限额等重大事项进行严格审查并作出决议决定。根据工作需要，闭会期间补选县十六届人大代表8人，全年共任免国家机关工作人员51人次，组织宪法宣誓26人次，圆满完成县委重要人事安排。

二、积极履行监督职能，助力夺取疫情防控和经济社会发展“双胜利”

县人大常委会始终坚持在全县工作大局中谋划人大工作，紧扣“六稳”“六保”任务，以“盯住法、管好钱、把牢图”为关键，综合运用多种监督方式，依法保障我县疫情防控和经济社会发展。

持续服务经济社会高质量发展。将助推高质量绿色发展作为第一任务，强化目标导向、问题导向和效果导向，厚植绿色发展优势。助力打赢“两战”，准确把握分区分级精准防控和复工复产要求，听取和审议了县政府关于疫情防控和复工复产情况报告，对健全重大疫情防控机制、加强公共卫生应急管理和企业复工复产提出意见，推动防控、帮扶政策落地见效。加强计划审查监督，精心组织开展“十四五”规划专题调研活动，审议“十三五”规划纲要执行和“十四五”规划纲要编制情况的报告，审查批准计划执行和重大投资项目计划报告，不断强化规划、计划的科学性和严肃性。密切关注宏观经济运行，组织基层县人大代表听取前三季度经济社会运行和民生实事实施情况的报告，针对经济运行和项目建设中的苗头性、倾向性、潜在性问题进行深入调研分析并提出工作建议，推动“十三五”时期各项目标任务的圆满完成。助推落实数字经济“一号工程”，审议专项工作报告，促进政府逐步健全规章制度、评估体系和监管机制，推进数字产业化、产业数字化。关注乡村振兴战略实施，审议农家乐和民宿产业发展工作报告，听取消除集体经济薄弱村工作报告，专题调研重点农业产业发展情况，要求政府部门加强顶层设计、坚持因地制宜、深化改革创新、建立长效机制，助推农村经济社会稳定健康发展。

持续推进财经监督三项改革。正确认识和主动适应经济发展新常态，在认真履行法定监督内容的同时，突出国资管理、预算审查等重点，创新性地开展工作。做实国有资产管理监督，审议县政府关于我县国有资产管理情况综合报告和行政事业性国有资产管理情况专项报告，助力政府部门初步摸清国有资产底数。做深预算审查监督，细化人代会审查预算程序，加强结余结转和转移支付资金审查，督促财政部门推进完善财政预算和绩效管理一体化机制；跟踪监督预算绩效目标执行开展情况，督促财政及预算单位建立健全绩效评价结果与预算安排、政策调整挂钩制度。做细审计查出问题整改监督，专题审议审计工作报告，跟踪审计查出问题整改落实情况，针对性开展专项检查，着力构建整改长效机制，推进“屡审屡犯”等突出问题的逐步解决，审计查出问题整改率达到90.36%。

持续深化特定问题调查工作。以抓好政府投资项目验收转固特定问题调查为重点，成立调查委员会，对2010年以来投资额50万元以上的政府投资项目情况开展调查、统计和整理，梳理出政府投资项目管理中存在的八个方面问题，并作出《关于进一步做好政府投资项目竣工转固工作的决议》，要求进一步规范和完善项目基本建设程序，按照有效资产优先、先易后难的原则，制定分阶段、分步骤的政府投资项目转固计划并推进实施，确保已建成项目迅速形成固定资产，促进存量资产有效盘活和运用，更好地发挥资产效益。县政府以此次特定问题调查为契机，进一步清理历史遗留问题，将17个部门126个项目列入近期处置计划，截至2020年末，已完成50余个项目的处置。

持续改善人民群众生活品质。自觉把实现人民群众对美好生活的向往作为第一追求，依法保障和推动民生改善。聚焦民生领域监督，听取医疗保障和城市交通路网建设工作报告，调研居家养老和校园食品安全工作，要求政府加大基础设施投入，完善居家养老服务和医保惠民政策保障，营造良好食品安全环境，让人民群众更好地共享发展成果。聚焦生态文明建设，坚持生态环境状况报告制度，专题审议城乡环境综合整治工作，听取污水零直排工作情况报告，审议《云和桑岭历史文化名村保护规划》，跟踪监督梯田AAAAA景区创建审议意见落实情况，推动县域环境质量提升，筑牢生态安全屏障。聚焦民生实事项目监督，制定出台年度民生实事监督方案，组建10个小组，组织代表调研、走访，实时监督项目进度，确保民生实事项目落地落实。

持续营造公平公正法治环境。自觉运用法治思维和法治方式，以加强执法和司法监督为重点，助推县域治理体系和治理能力现代化。推进法治云和建设，开展大气污染防治法等4部法律法规执法检查，听取县政府行政复议和退役军人事务工作情况报告，开展社会矛盾纠纷调处化解“最多跑一地”改革工作专项监督，专题调研全县扫黑除恶工作情况，切实强化“一府一委两院”依法行政、规范执法意识。开展履职评议，完成对县人民法院4名员额法官和县民政局、县财政局、县住建局、县文广旅体局、县统计局等5个部门主要负责人的工作评议，进一步提升被任命干部的履职水平。严格备案审查程序，落实专人审查机制，全年对县政府制定出台的110件规范性文件进行备案审查，全力维护法制统一。深化坐班接访、下乡走访等活动，共受理来信来访16件53人次，同时积极做好劝导、解释、转办等工作，推动群众合理诉求得到有效解决，促进社会和谐稳定。

三、着力优化代表工作，强化代表履职的支持和保障

县人大常委会牢固树立代表主体意识，积极落实新时代的新任务、新要求，完善代表管理服务机制，创新活动方式，拓宽履职渠道，努力提高代表工作水平。

深化履职平台建设。立足联系群众常态化、制度化，规范代表履职管理，强化联络站建设，丰富活动开展。严格执行代表履职登记管理办法，落实“一人一档”管理制度；组织开展“两优”评选活动，评选出14名优秀代表、7件代表优秀建议。加强代表联络站建设，按照高标准建设要求，完成石塘镇、紧水滩镇、赤石乡、白龙山街道4个规范化联络站建设，并跟踪代表联络站资金落实情况，确保专款专用；丰富代表闭会期间履职活动，创新开展“局长走进联络站”活动，完善活动流程和工作机制，以协调解决代表选民提出的问题为目标，以组织各局局长进站接受现场“考试”为主线，推进群众反映问题得到妥善解决，切实把联络站建设成倾听民声之地、联系代表选民之家、履职尽责之室。

优化代表服务保障。完善“两联系”制度，组织开展常委会组成人员联系代表、代表联系选民活动，拓宽履职渠道，利用人大网站、微信等载体，实时通报工作动态和收集意见建议，及时对接相关部门并作出答复，充分发挥代表在闭会期间的作用。同时，面对突如其来的新冠肺炎疫情，第一时间号召全体人大代表积极投身疫情防控、群防群治和应急保障工作，引导代表做疫情防控和复工复产“两不误”的参与者、宣传者、示范者。坚持县人大代表列席制度，先后邀请人大代表参加常委会组织的视察调研、执法检查、工作评议，列席常委会

会议等活动230余人次，强化代表对人大各项工作的参与，进一步密切常委会与人大代表以及人民群众的联系。

提升建议办理实效。加强和改进代表建议办理工作，抓住提高建议质量和办理实效两个重点，加强对代表议案建议的统筹、组织、协调和引导。加大督办力度，坚持重点建议案政府领导领办和常委会领导督办机制，完善专题会议交办、政府部门承办、人大督办制度，紧盯建议办理时限和沟通面商环节，开展建议办理结果满意度量化测评，针对不满意件进行二次交办。加强建议办理过程的监督，督促承办单位提高思想认识，推动办理责任的落实，建议办理的面商率和解决率进一步提高。在县十六届人大五次会议的185件代表建议办理过程中，对未落实“三见面”要求的6家承办单位在年度综合考核中予以扣分。

四、加强自身建设，提高依法履职的能力和水平

县人大常委会坚持高标准、严要求，突出以思想政治建设为引领，以提升干部综合素质能力为关键，牢牢把握代表机关和工作机关要求，努力建设忠诚、干净、担当的人大干部队伍。

在思想政治建设上下功夫。严格落实全面从严治党主体责任，建立健全党建工作责任体系，把党建工作和人大工作同安排、同部署、同检查、同落实，时刻拧紧干部队伍的思想“总开关”。结合“四服务”活动，常委会领导带队分赴各乡镇（街道）、村（社区）、企业和项目开展调查研究，指导督查疫情防控、复工复产和村社组织换届工作，推动解决企业、群众和基层反映的突出问题。重视机关党员干部的教育、管理和监督，召开党风廉政、意识形态专题学习会，多形式组织开展主题党日活动，提升爱国主义情怀和党性修养，筑牢干部廉政思想防线。

在强化能力建设上求实效。积极推进人大组织机构和干部队伍建设，增设社会建设专门委员会和工作委员会；组织人大机关干部参加省人大干部能力素质提升班，优化人大干部队伍的专业结构、年龄结构，提升人大队伍能力和水平。强化制度建设，修订完善机关党组议事规则、文字材料审核、内部管理等制度，提升机关整体工作效能。助力脱贫攻坚，深化开展“一户一策一干部”结对帮扶活动，主动掌握并帮助解决联系低收入农户实际困难。加强信息宣传，在省市县媒体发表各类报道210余篇，全方位、多层次、多角度展现人大的工作全貌，有力促进人大工作开展。

在提升人大合力上谋突破。加强对基层人大工作的联系与指导，修订乡镇（街道）人大工作评价办法，坚持乡镇（街道）人大主席（主任）联席例会机制，指导乡镇人大召开人民代表大会，规范会议程序，支持和保障乡镇人大依法履职；全面贯彻落实《浙江省街道人大工作条例》，制定工作实施方案，推广全省街道人大工作和建设试点经验，组织参加全省街道人大工作视频培训班，不断明确人大街道工委工作职责，规范居民议事会议制度，严格议事员履职登记管理，充分发挥人大街道工委和人大代表、议事员在推进基层民主法治建设中的作用，形成指导有力、衔接顺畅、整体联动的良好局面。在2020年第二届浙江省人大与时俱进奖评比中，云和县人大等单位的“新时代街道人大工作的‘浙江探索’”项目获特别奖荣誉。

各位代表，过去一年常委会所取得的履职成果，是县委高度重视、加强领导的结果，是常委会组成人员和全体代表共同努力的结果，也离不开县政府、县监委、县法院、县检察院、乡镇（街道）人大和社会各界的大力支持和配合。在此，我谨代表县人大常委会，表示衷心的感谢！

一年来，虽然取得了一定的工作成绩，但与宪法和法律的要求、与代表和群众的期望相比，还有一定的差距。主要表现在：监督工作的针对性和实效性还需进一步强化；代表工作的形式与内容还需进一步创新等。2021年，县人大常委

会将继续秉承优良传统，不断开拓创新，紧紧围绕全县中心工作，积极作为，依法履职。

2021 年主要任务

2021 年，是中国共产党成立 100 周年，是“十四五”开局、现代化新征程开启之年，同时也是“小县大城”发展战略实施 20 周年。县人大常委会工作的指导思想是：以习近平新时代中国特色社会主义思想为根本遵循，全面贯彻习近平总书记关于坚持和完善人民代表大会制度的重要思想，深入贯彻党的十九大和十九届二中、三中、四中、五中全会精神，全面落实省市县委人大工作会议精神，紧紧围绕县委决策部署，围绕经济社会发展和改革攻坚重大事项，围绕保障人民权益和增进民生福祉，守正创新做好各项工作，持续提升依法履职的水平和成效，更好发挥地方国家权力机关在推进县域治理体系和治理能力现代化建设中的重要作用，为深化“小县大城”发展战略，打造全国山区新型城镇化样板县域作出新的更大的贡献。

一、旗帜鲜明讲政治，进一步彰显根本政治制度优势

坚持党的领导、人民当家作主、依法治国有机统一，更加坚定人民代表大会制度这一根本政治制度自信，把制度优势转化为治理效能。

坚定制度自信。深入学习习近平新时代中国特色社会主义思想，充分认识人民代表大会制度的守正固本作用，牢牢把握立足新发展阶段、贯彻新发展理念、构建新发展格局的新形势新任务，切实将学习成果转化为推动工作的具体举措，不断创新人大工作的理念、内容、机制、载体、方法和手段，奋力谱写新时代地方人大工作新篇章。

保持政治定力。坚定维护党委总揽全局、协调各方的领导地位，不折不扣贯彻落实县委决策部署，严格执行重大事项请示报告制度，始终把党的全面领导贯穿于人大工作的全过程和各方面。发挥常委会党组的领导核心作用，聚焦重大事项把方向、管大局、保落实，善于使县委的主张通过法定程序转化为全县人民的共同意志和自觉行动，确保人大工作始终与党委同心同向、同频共振。

强化责任担当。牢固树立“没有实现加快发展也是一种风险，没有追求实现加快跨越式发展的意识、决心和胆略更是极端危险”理念，聚焦“十四五”时期经济社会发展的总体要求和目标，找准自身定位，发挥职能优势，创新人大工作理念思路、手段方法和机制载体，推动加快跨越式发展，助力打造全国山区新型城镇化样板县域“重要窗口”。

二、有效监督求实效，进一步推动县域治理现代化

充分发挥人大职能优势，继续以“盯住法、管好钱、把牢图、重民生、护生态”为重点，综合运用多种监督方式打好监督“组合拳”，全面推进县域治理体系和治理能力现代化。

谋划经济发展新蓝图。把握经济新常态，持续关注乡村振兴和全域 AAAAA 创建工作，继续做好部门、街道预算审查，审议决算、审计工作报告，推进预算审查监督重点向支出预算和政策拓展。审议国有资产情况报告，跟踪推进政府投资项目验收转固常态化，促进和提高政府部门依法理财水平。认真贯彻县委全会精神，支持和推动“双招双引”工作开展；审查批准各项报告和“十四五”规划纲要，审议国土空间规划编制工作情况报告，听取农业产业结构优化调整工作情况报告，以高水平的规划引领全县经济社会高质量发展。

助推法治建设新发展。听取“七五”普法规划实施情况的报告，作出“八五”普法工作决议，增强全社会法治观念。开展检察官履职评议，配合上级人大开展执法检查，确保法律统一正确实施。听取城市执法精细化管理、社区建设工作等报告，调研公安派出所建设情况，对退役军人事务局、应急管理局、教

育局、医疗保障局等部门主要负责人开展履职工作评议，加快构建适应高质量发展要求的县域治理新格局。

彰显民生改善新作为。紧扣群众反映强烈的热点难点问题，审议食品安全溯源体系运行、生猪生产保供能力建设、城区公共文化设施建设、医疗集团成立后运营等情况报告，调研少数民族乡村和汀州客家村发展情况，持续关注城市交通路网建设，找出问题症结，提出办法措施，不断增强人民群众获得感和幸福感。坚持生态环境状况报告制度全覆盖，跟踪监督污水管网改造工作情况，积极推动环境保护主体责任依法落实。

三、多措并举促履职，进一步突出代表主体地位

立足代表来自人民、植根人民的特点和优势，创新载体、搭建平台，丰富形式，不断加大代表履职保障力度，在完善服务保障机制、密切联系群众中更好地发挥代表作用。

加强换届指导。深入学习贯彻中央、省市县委关于换届选举工作的要求，坚持在县委领导下，切实担负起人大换届选举工作的组织责任，严格按照新修改的选举法、地方组织法和代表法的要求，加强对新一轮县乡两级人大代表换届选举的调研指导，把好代表“入口关”、选举“组织关”、过程“监督关”三大关口，确保换届选举圆满完成，切实保障基层群众民主权利。

健全联络机制。严格执行常委会联系代表和代表联系群众制度，深化和拓展代表联络站硬件设施和软件功能，完成规范化联络站建设全覆盖的目标。完善人大代表依托联络站开展活动和联系群众机制，促进“一府一委两院”联系代表规范化，实现“局长走进联络站”常态化。常委会组成人员以普通代表身份积极参加闭会期间活动，定期深入代表联络站，听取基层群众意见建议，畅通民情民意反映和表达渠道。

强化服务保障。做好代表闭会期间的履职服务，丰富代表活动形式和内容，积极邀请代表参与各专工委工作，组织代表对民生实事项目实施情况进行跟踪监督，认真听取和采纳代表提出的意见建议。改进代表议案建议提出、办理、反馈各环节工作，抓好跟踪督办，继续落实建议办理“一把手”责任制，提高问题解决率和办理满意度。组织优秀代表开展集中培训，深化代表约见国家机关负责人活动，规范代表履职登记管理，提高代表履职能力和积极性。

四、强基固本补短板，进一步提升人大工作水平

坚持把“不忘初心、牢记使命”主题教育作为加强自身建设的永恒课题，推进常委会及机关政治、思想、组织、作风、纪律等各项建设。

深化党建引领。贯彻落实《中国共产党党组工作条例》，充分发挥党组管党治党的政治作用，全面提升人大党建工作水平。健全“不忘初心、牢记使命”主题教育长效机制，扎实开展党史学习教育，不断提升人大干部的政治判断力、政治领悟力、政治执行力。坚持把巡察整改作为推进全面从严治党向纵深发展的有力举措，围绕县委巡察组对县人大常委会机关党组的反馈意见，逐条逐项抓好问题整改，持之以恒改进工作作风，严格制度执行，服务提质争先，确保整改工作取得实效。

注重能力提升。注重干部的培养、交流和使用，统筹安排干部培训工作，组织开展县乡两级人大履职能力提升培训，不断提升人大系统服务意识和履职能力。加强履职学习、调查研究，落实人大机构改革任务，完善组织制度和工作制度，不断提高常委会把握大局能力和依法履职水平。加强上下联动和工作指导，发挥乡镇(街道)人大在推进基层治理中的积极作用，鼓励支持创新实践，增强人大工作整体合力。

推动数字赋能。强化互联网思维和一体化发展的理念，发挥整体智治优势，深入开展人大数字化改革行动，根据省市人大统一部署，

依托政务云和公共数据支撑平台，建立和完善数字资源仓、业务应用系统和工作运行制度，优化完善代表履职服务、人大宣传和掌上办公机制，扎实推进人大信息化平台和业务应用迭代更新，不断提升人大工作的科学化、精准化和智能化水平。

各位代表，新阶段赋予新使命，新征程呼唤新作为。让我们更加紧密团结在以习近平同志为核心的党中央周围，在中共云和县委的坚强领导下，聚焦高水平建设社会主义现代化，坚持改革创新实干，为加快云和高质量绿色发展、跨越式发展、现代化发展贡献人大力量，以优异成绩庆祝中国共产党成立100周年！

2021年政府工作报告

——2021年4月27日在云和县第十六届人民代表大会第六次会议上

云和县代县长　李忠伟

一、"十三五"发展成就和2020年工作回顾

"十三五"时期是云和发展具有里程碑意义的五年。五年来,在上级党委、政府和县委的坚强领导下,在县人大、县政协的监督支持下,全县上下坚定不移践行"绿水青山就是金山银山"理念,深化提升"小县大城"发展战略,奋力打造全国山区新型城镇化样板县域"重要窗口",全县经济社会发展呈现向上向好态势,较好地完成了"十三五"规划主要目标任务,高水平全面建成小康社会取得决定性成就。全县地区生产总值从54.34亿元增加到86.99亿元,年均增长9.4%,增速连续3年位居全市第一;一般公共预算收入从4.29亿元增加到8.14亿元,年均增长13.6%;城乡常住居民人均可支配收入分别从31053元、14108元增加到46584元和22022元,年均增长8.4%和9.3%。

五年来,我们始终保持发展定力,聚力转型升级,经济实力显著增强。

生态工业提质发展。工业总产值从98.99亿元增加到198.7亿元。规上工业增加值从11.2亿元增加到24.51亿元,跻身全市第二方阵。完成城东金属园区"退二进三",建成小微企业产业园、木玩滚漆中心、"两仓"等工业平台37.47公顷。实现企业"零地技改"22万平方米、"腾笼换鸟"27家,整治提升"低散乱"企业893家,培育"机器换人"示范企业7家,规上企业从47家增加到80家,规上工业亩均增加值、亩均税收分别从77.1万元、8.2万元增加到148.5万元和42.4万元。我县列入中国轻工业特色区域和产业集群创新升级示范区。

生态服务业蓬勃发展。服务业增加值从22.37亿元增加到38.09亿元。云和梯田创AAAAA聚能起势,云和湖国家级旅游度假区完成总体规划编制,木玩童话小镇入选省特色小镇创建名单,我县获评中国十大品质休闲县,成为最受欢迎的浙江十大旅游目的地,旅游总收入年均增长18.49%。网络零售额从21.3亿元增加到31.9亿元,创成省电子商务示范县,连续4年入围全国电商百佳县。存贷款余额从143.2亿元增加到244.7亿元,创成省级"信用县"。

生态农业融合发展。农业总产值从6.8亿元增加到7.96亿元。提标改造粮食功能区252.33公顷,建成高标准农田3600公顷。出台乡村产业振兴政策26条,培育农业龙头企业39家,打造小微田园综合体10个,新增农家乐民宿244家,实现"丽水山耕"农产品销售额25.76亿元。云和雪梨成为国家地理标志农产品,我县创成全国

首批民宿产业发展示范区。

五年来，我们始终注重城乡融合，护美绿水青山，人居环境持续优化。

城市品质不断提升。常住人口城镇化率从65.2%提高到72%，保持全市前列。实施大庆寺、下前溪等8个棚户区改造，涉及面积28.88公顷。完成老旧小区改造3个，建成“幸福社区”8个，睦田城中村改造项目扎实推进。新（改）建城市道路14千米，新增城市供水供气管网70千米、绿地24万平方米、公共停车位1732个。

乡村面貌明显改观。在全市率先完成小城镇环境综合整治，赤石乡、安溪畲族乡获评省级样板乡镇。新增省特色精品村15个、省善治示范村24个、省A级景区村58个，创成中国少数民族特色村寨3个，完成27个历史文化村落、6个中国传统村落保护利用任务。改造提升农村公路708.4千米，建成绿道282千米，“十里云河”“浪漫婚纱”2条美丽乡村风景线入选省级精品示范道路，我县获评全市首个省“四好农村路”示范县和美丽经济交通走廊示范县。

生态优势更加彰显。新（改）建城乡公厕350座、旅游厕所48座，基本建成全域“污水零直排区”，两次夺得“大禹鼎”。完成美丽林相改造14866.67公顷，森林覆盖率达81.5%，荣获“中国天然氧吧”称号。全面淘汰燃煤锅炉、黄标车，实现主城区全时段禁燃烟花爆竹，空气质量优良率保持全省前列。在中国内地率先发布环境空气质量健康指数，入选全国首批生态环境与健康管理试点，列入国家重点生态功能区，生态环境公众满意度稳居全省前列。

五年来，我们始终强化改革撬动，致力开放带动，发展后劲日益增强。

重点改革全方位推进。全县共列入国家、省、市各项改革试点52项。扶贫改革试验取得积极成效，发放生态公益林未来补偿收益质押贷款229笔3681万元，实现农村产权交易425宗3155万元，我县在全国扶贫改革工作座谈会上作典型发言，荣获全国脱贫攻坚组织创新奖和全国脱贫攻坚先进集体称号。完成城投、水投、旅投、交投等国企市场化改革，总资产增加20.37亿元。圆满完成机构改革、公车改革。

开放合作全领域深化。引进项目141个，总投资112.3亿元，实际利用市外内资59.5亿元、外资3490万美元。与上海普陀、宁波北仑、嘉兴港区建立制度化、常态化、多元化沟通机制，落地落实云和—北仑“飞地”创业园、云和—嘉兴港区民族乡村振兴“飞地”产业园，实现收益1705万元。完成“山海协作”生态旅游文化产业园投资14.89亿元，实现产业资金转移42.36亿元。

创新体系全链条优化。新增国家高新技术企业12家、省科技型中小企业55家，培育省高新技术企业研发中心6家、省级企业研究院4家。全县高新技术产业增加值年均增长9.6%，全员劳动生产率年均提升9.2%。木玩产业创新服务综合体列入省级创建名单，我县创成省知识产权示范县。

五年来，我们始终坚持民生优先，回应群众期盼，人民生活更加美好。

惠民事业全面进步。建成投用城南九年一贯制学校、石塘小学等4所学校，学前教育等级园覆盖率、义务教育标准化学校创建率均达100%，普通高中本科上线率逐年提升，职业教育综合办学实力位居全市前列，创成省教育基本现代化县。组建县医疗健康集团，建成城南社区卫生服务中心，创成国家慢性病综合防控示范区、省健康促进县。新建农村文化礼堂38座，建成云和抗战纪念馆，完成省公共文化服务重点县建设任务。成功举办环云和湖铁人三项等重大赛事活动。

利民保障持续加强。新增城镇就业7483人，城镇登记失业率1.79%，创成省“无欠薪县”。51个省定经济薄弱村全部“摘帽”，全县村集体经济年收入从1592万元增加到3430万元。治理改造城镇危房297幢、农村危房6781户，建设规范化避灾安置场所60个。完成“大搬快治”，启动“大搬快聚”，4595名群众下山进城、安居乐业。农村饮用水达标覆盖率达95%，惠及群众2.8万人。养老保险参保率达98.8%，全民医保参保率达99.5%，低保标准从552元提高到850元。全面完成全国社会救助综合改革试点任务。

安民体系不断完善。建成基层治理四平台、县级综合指挥中心、社会矛盾纠纷调处化解中心，入选全国乡村治理体系建设试点，连续3年成为全国信访“三无县”。刑事案件发案数年均下降14.85%，各类生产安全事故、道路交通事故、火灾起数年均分别下降8.3%、11.7%和18.2%。创成省双拥模范县、省食品安全县，连续16年被命名为省“平安县”。

此外，老干部、关心下一代、工会、青少年、妇女儿童、残疾人等工作取得新进步，人民武装、国防动员、人民防空、供销、气象、移民、统计、档案、新闻、文学艺术、科普等工作迈上新台阶，民族宗教、台湾事务、侨务、外事、红十字、慈善和对口支援等工作取得新成效。

五年来，我们始终聚焦效能作风，加快职能转变，自身建设切实加强。

政府效能大幅提升。“最多跑一次”改革和政府数字化转型取得重大突破，一般企业投资项目审批实现“最多80天”，新入园企业100%“标准地”供地，民生事项“网上办”“掌上办”实现率分别达99.5%和98.5%，企业和群众办事基本实现“只进一门、只到一窗、只跑一次”。我县在全国县级政府绩效评价中列第19位。

依法行政扎实推进。全面落实“三重一大”事项集体决策、政府常务会议学法等制度，严格开展行政规范性文件、重大行政机关合同、重大行政决策合法性审查，实现部门、乡镇(街道)法律顾问全覆盖。主动接受人大法律监督、工作监督和政协民主监督，坚持重大事项向人大报告、政协通报制度，办理人大代表建议931件、政协提案632件。自觉接受群众监督，受理行政复议案件72件，公开各类政府信息10.8万条。

作风建设走深走实。高质量开展“两学一做”专题教育、“不忘初心、牢记使命”主题教育，扎实做好“四服务”工作，政府系统干事创业、攻坚克难的精气神有力提振。严格执行基层减负30条，大力整治“文山会海”，发文、办会数量持续减少。认真贯彻中央八项规定精神、省委“36条办法”，全面完成省委巡视反馈问题整改。累计压减政府一般性支出6649万元，“三公”经费支出下降65.4%，“政府过紧日子”取得明显成效。

各位代表，2020年是极不平凡的一年。面对国际国内形势的深刻复杂变化，特别是新冠肺炎疫情的严重冲击，我们深入贯彻习近平总书记在浙江考察时的重要讲话精神，扎实做好“六稳”工作、落实“六保”任务，全力打好疫情防控总体战、经济社会发展攻坚战，在非常之年交出了非常答卷。10项主要经济指标综合得分率首次跃居全市第二，其中4项指标排名全市第一。云和梯田顺利通过国家AAAAA级旅游景区景观质量评审，是改革开放以来我省第22个通过国家AAAAA资源评审的景区，标志着全域AAAAA迈出关键一步。我县在中宣部、生态环境部联合主办的习近平生态文明思想研讨会上作交流发言，创成全市第一个“无违建县”，十方面民生实事圆满完成。

(一)全力战疫情、促复工。坚持人民至上、生命至上，精准实施“动态排查+硬核隔离+精密智控”，严格落实“一码一测一口罩”措施，认真抓好境外返乡人员、进口冷链食品“全受控、无遗漏”闭环管理，构筑起守护生命的“铜墙铁壁”。全年纳入管控对象21725人，开展核酸检测23134人次，成为全省为数不多无疫情发生的县(市、区)之一。发扬同舟共济、守望相助的抗疫精神，选派2名医务骨干参加省援鄂医疗队，调配56人次支援全市及新疆新和县防疫工作。统筹做好经费和物资保障，落实疫情防控经费3296万元，筹集社会各界捐款64.2万元、捐物价值138.9万元。实行“一车一码一员”机制，有力破解企业、项目复工复产难题，全县续建重点项目、规上工业企业提前完成省市下达的复工复产目标任务，全年规上工业增加值逆势增长8.7%。

（二）全力稳企业、稳增长。深入开展“争先创优”行动，比学赶超抓经济，地区生产总值从一季度下降4.9%逐月回升到全年增长5.8%，高出全省2.2个百分点，跃居全市第一，跑出了高质量发展“加速度”。出台应对疫情支持企业渡过难关的政策意见，全面落实各项惠企措施，全力为中小微企业、个体工商户纾难解困，累计兑现“五减”资金4.87亿元、“两直”资金3.98亿元，帮助企业融资4.76亿元。成功举办出口网上交易会、“木玩与幼教”高峰论坛，兴昌轴承入选省“隐形冠军”企业。开工建设年出栏5万头的伏布生猪养殖基地项目，安溪后塘农旅融合项目顺利落地，创成省农业绿色发展先行县。开展“抢时间、补增量”行动，温武吉铁路、235国道等重大项目前期有序推进，紧水滩水冷式绿色数据中心、木玩产业创新孵化基地等项目落地开工，商贸物流城二期、最美浮云绿道等项目建成投用，全年实现固定资产投资增长8.3%。

（三）全力兴旅游、提品质。出台支持旅游产业发展的激励措施，全年接待游客444.3万人次，实现旅游收入43.2亿元。谋划建设“454”大梯田高等级景区集群，稳步推进一级游客接待中心、观云索道等项目建设，梅源芒种开犁节入选国家“非遗”（非物质文化遗产）名录，云和梯田被列入全省打造大花园耀眼明珠培育对象。云和东旅游集散中心、聚仙岛文旅综合体项目加快实施，投资50亿元的云和湖生态康养小镇项目成功签约。全年完成旅游投资3.76亿元，增长3.6%。云谷山房获评全市唯一的省“白金级”民宿，佛儿岩创AAAA通过省级景观质量评审，崇头、紧水滩、赤石创成省AAAA级景区镇（乡），旅游跨越发展“3610”工程取得积极成效。

（四）全力美城乡、护生态。大庆寺三期、白水、南门东等棚户区改造有序推进，电信新村老旧小区改造全面完成，全民健身文化中心、小镇客厅主体落成，采真里石门桥区块成功招商。黄家畲村、梅源村、石塘村获评省美丽乡村特色精品村，崇头镇创成新时代美丽城镇省级样板，雾溪村创成全国文明村镇，我县成为省新时代美丽乡村示范县。深入实施农村人居环境提升工程，持续抓好城乡环境综合整治，荣获全省深化“千万工程”优秀县。不断完善城乡基础设施，大坪路、城东南路等城市道路建设有序推进，瓯江绿道、云龙二期、后交二期全线贯通，崇头镇、复兴路综合供能服务站建成投用，天然气“县县通”项目成功通气。全力打好污染防治攻坚战，新（改）建城市污水管网5.29千米，全县首个PPP项目污水零直排工程开工建设，城乡生活垃圾“零增长、零填埋”基本实现，中央环保督察问题整改全面完成。我县获评国家节水型社会建设达标县、省清新空气示范区。

（五）全力抓改革、强创新。与国家发改委城市和小城镇改革发展中心签订战略合作协议，制定出台人才、土地新政，打造新型城镇化样板县域迈出坚实步伐。纵深推进“最多跑一次”改革，41件个人和企业全生命周期事项实现“一件事”全流程办理，100%机关内部非涉密事项实现“一网通办”。深入开展生态产品价值实现机制改革，推出“信易游”生态守信激励机制，出台全省首个生态产品政府补偿性采购办法，成功出让全国首宗“生态地”。扎实推进农村产权制度改革，建成农村产权线上交易平台，在全国首创农村产权抵（质）押融资免担保模式。深入实施精准招商，引进重大项目4个，实际利用市外内资8.55亿元、外资310万美元。持续升级“问海借力”，设立上海招商部，与上海真如铁三角科技园签订合作协议，民族乡村振兴“飞地”产业园在嘉兴港区正式揭牌，云北木玩智创空间开工建设。积极推进云景一体化发展，与景宁签署特色风情聚落区合作备忘录，顺利开通云景城际公交专线。加速集聚创新资源要素，引进科技特派员5名，新增专利申请量1312件、授权量2020件，全社会研发经费支出增长23%。

（六）全力惠民生、保平安。决战决胜脱贫攻坚，实行低收入农户“一户一策一干部”结对帮扶，推进

“八个万元”富民增收行动，实现“两不愁三保障”突出问题、家庭人均年收入8000元以下情况、集体经济薄弱村、零就业家庭“四个清零”，低收入农户人均可支配收入达13893元，增长14.6%。出台学前教育深化改革规范发展实施意见，落实义务教育“公民同招”政策，完成云和中学整体改造工程，职技校产教融合大楼、城东幼儿园投入使用。推进县域医共体深度融合，启动医共体全员岗位管理改革，完成传染病负压隔离病房改造、核酸检测实验室升级。深入弘扬践行“浙西南革命精神”，新时代文明实践中心、农村文化礼堂“建管用育”水平全面提升。持续推进社保扩面和养老服务工作，“浙丽保”参保率达82.5%，县中医院嵌入式养老机构投入运营，我县养老工作获省政府督查激励。纵深推进全国乡村治理体系建设试点，创新推出街乡共治、乡事城办、乡贤参治等特色做法。部署开展第七次全国人口普查。完成《云和县志》第二轮修编。圆满完成村社换届。持续加强食药品安全、生产安全和消防安全工作，平安考核总分位列全省第一，成功夺取全省首批一星“平安金鼎”。

各位代表，2020年主要目标任务的完成，标志着“十三五”发展胜利收官。回顾过去五年，我们所取得的每一项成就和进步都来之不易。这是上级党委、政府和县委正确领导的结果，是县人大、县政协监督和支持的结果，是全县人民和社会各界团结一心、开拓创新、攻坚克难的结果。在此，我代表县人民政府，向全县人民以及广大建设者，向人大代表、政协委员，各民主党派、工商联、人民团体和社会各界人士，向驻云和部队、武警官兵，表示衷心的感谢和崇高的敬意！

我们也清醒地看到，我县经济社会发展中仍面临着诸多困难和问题，主要表现为：产业创新能力不强，科技创新人才缺乏，产业发展从要素驱动转向创新驱动任重道远；投资增长动力不足，重大项目储备和支撑能力较弱，要素保障“瓶颈”尚未有效突破，固定资产投资保持较快增长压力较大；公共服务仍有不少短板，教育、医疗、文化等优质资源供给还不充分，公共卫生应急管理体系还不健全，与全县人民群众需求仍存在一定差距；政府行政效能有待提升，部分干部干事创业的能力和激情仍需强化，追求高质量跨越式发展的意识、决心和胆略还不够强。对此，我们一定要保持清醒头脑，采取切实有效措施，下大力气加以解决。

二、“十四五”时期的主要目标和任务

根据中共云和县委“十四五”规划《建议》，县政府编制了《云和县国民经济和社会发展第十四个五年规划和二〇三五年远景目标纲要(草案)》，提请大会审议。经本次大会批准后，县政府将认真组织实施。

“十四五”时期经济社会发展的指导思想是：坚持以习近平新时代中国特色社会主义思想为指导，深入贯彻党的十九大和十九届二中、三中、四中、五中全会精神，统筹推进“五位一体”总体布局，协调推进“四个全面”战略布局，坚持党的全面领导，坚持以人民为中心，坚持立足新发展阶段，坚持贯彻新发展理念，坚持深化改革开放，坚持系统观念，坚持稳中求进工作总基调，围绕忠实践行“八八战略”、奋力打造“重要窗口”主题主线，深化提升“小县大城”发展战略，坚定不移地走创新实践“绿水青山就是金山银山”理念发展道路，统筹发展和安全，加快探索构建新发展格局的有效路径，加快推进县域治理现代化，加快推动全县人民走向共同富裕，全面提升人民群众获得感、幸福感、安全感，努力打造全国山区新型城镇化样板县域“重要窗口”，奋力开启高水平全面建设社会主义现代化新征程。

“十四五”时期经济社会发展的主要目标是：在质量效益明显提升基础上实现经济持续健康较快发展，到2025年，地区生产总值突破120亿元、年均增长7%，人均生产总值突破10万元、年均增长7%左右，生态系统生产总值年均增长

4%—5%，一般公共预算收入与经济增长同步，工业总产值突破400亿元、年均增长15%，规上工业增加值突破50亿元、年均增长15%，旅游总收入突破70亿元、年均增长10%，城镇和农村居民人均可支配收入年均增长分别为7%左右、10%左右，人均预期寿命达81.5岁，努力打造全国山区新型城镇化样板、全域AAAAA童话大花园、国际木制玩具名城。

实现上述目标，必须牢固树立“没有实现加快发展也是一种风险，没有追求实现加快跨越式发展的意识、决心和胆略更是极端危险”的理念，始终聚焦聚力高质量、现代化、竞争力，重点抓好以下五方面工作：

（一）围绕促进城乡全面融合发展，加快推进以人为核心的新型城镇化

不断优化城乡空间布局。坚持集聚集约，加快区域协调发展和新型城镇化步伐，逐步优化“1571”城镇村布局，形成“中心引领、多点支撑、城乡融合、全面振兴”的发展格局。启动实施县城“北优、西进、南拓”战略，完善“一轴三区”空间结构，实现中心城区扩容升级，全面提升县城首位度。聚焦全域AAAAA发展战略，强化县域多元融合，致力打造新型城镇化动力核、云和湖创意产业经济走廊和云和梯田农耕文化走廊，推动“一城一湖一梯田”向“一核两廊”迭代升级。

切实提升城镇功能品质。有序改造棚户区、城中村、老旧小区和城西工业园区，规划建设“未来社区”“花园社区”，迭代提升城市生活品质。全面提高城市精细化治理水平，启动谋划“城市大脑”，加快城市路网互联互通，加强城市设计和风貌管控，积极创建全国文明城市、国家园林县城。深化省级美丽城镇建设，做优“六镇六景”，促进县城与小城镇协同发展。加速农业转移人口市民化，探索建立进城农民融入机制，推动城乡福利逐步并轨。到2025年，全县常住人口城镇化率达到75%。

大力开展乡村建设行动。深入实施“千万工程”，谋划建设“未来村庄”，统筹推进美丽田园、美丽村庄、美丽河湖建设，加强历史文化村落、传统村落保护利用，联动打造美丽乡村风景环线。到2025年，全部行政村通过新时代美丽乡村达标验收。扎实推进乡村全域土地综合整治，促进土地资源高效利用。加快建设数字乡村，推动“互联网+政务服务”向农村延伸，全面提升乡村发展活力和现代化水平。开展农村主体更新工程，鼓励引导在外云和籍商人、“云和师傅”等各类人才“上山下乡”，形成“乡贤上山、资本进山、农民下山、产品出山”的生动局面。

逐步完善城乡基础设施。积极谋划云和湖水陆两用机场、322国道项目，大力推进杭丽云铁路、温武吉铁路、235国道、210省道工程，全面融入全省“1小时交通圈”。加快推动生态绿道互联互通，优化水上旅游观光线路，高标准建设“四好农村路”，打造便捷美丽交通网。大力发展新基建，实施千兆城市建设，实现中心城区、交通枢纽、主要景点5G信号全覆盖，形成高效快速信息网。不断完善综合供能服务站布局，重点发展光伏、抽水蓄能等清洁能源，构建绿色生态能源网。加快补齐水利基础设施短板，推进山塘、水库、堤防除险加固工程，抓好饮用水水源地保护工作，建设安全可靠水利网。

（二）围绕建设大花园最美核心区，着力打造长三角绿色生态屏障

持续提升生态环境质量。统筹推进蓝天、碧水、净土、清废行动，确保全县地表水二类水体比例达80%以上，$PM_{2.5}$平均浓度控制在23微克/立方米以下，主要污染物排放降低率完成上级下达任务。全面实施山水林田湖草生态系统保护与修复工程，高水平推进国土绿化，确保森林覆盖率保持在81%以上。不断完善环境治理体系，落实“三线一单”生态环境分区管控模式，建立生态环境综合协同管理平台，健全环境污染问题发现、风险预警和应急处置机制，严厉打击环境违法行为。

推动绿色循环低碳发展。落实碳达峰、碳中和要求，大力推广应用低碳循环技术，培育节能、降耗、减污高新技术产业。鼓励金融机构加大对生态产业的保障力度，促进产业结构绿色化、低碳化。建立健全公众低碳参与机制，开展绿色生活创建行动，鼓励城乡居民绿色消费、低碳出行，加快形成健康低碳生活方式。创新开展生态环境保护教育活动，倡导节能低碳环保理念，让生态文明建设成为全民共识和行动自觉。

健全生态产品价值实现机制。探索开展生态资源调查、价值评估、股份制改造，推动资源转化为生态资产。搭建生态产品价值实现平台，推动排污权、用能权、用水权、碳排放权市场化交易。创新发展“两山贷”“两山存”等绿色金融产品，拓展康养指数、水雾指数等应用场景。探索生态产品价值和多领域补偿挂钩机制，建立生态系统生产总值核算定期评价、校验和发布制度，将生态系统保护和修复纳入领导干部自然资源资产离任审计内容，争取在全市率先建成生态产品价值实现机制示范样本。

（三）围绕夯实经济高质量发展根基，致力构建现代生态产业体系

实施生态工业倍增计划。创办木玩国际职业学校，筹办国际木制玩具节，引进国际知名木玩公司和品牌，促进“木玩+幼教”融合发展，加快木玩研发、生产、销售等全产业链强链补链。到2025年，全县木玩产值突破160亿元。引导钢压延、轴承、阀门向高端精密制造转型升级。到2025年，全县钢压延产值突破180亿元，轴承、阀门产值均达到15亿元。加快传统制造业数字化转型，建设数字化车间、未来工厂、工业互联网平台，推进企业更高水平上云用云。打好小升规、雏鹰行动、凤凰行动“组合拳”，全力培育“隐形冠军”“单项冠军”“头部企业”，实现上市公司“零突破”。高标准谋划新兴产业平台，有序实施生态产品价值实现示范区项目，拓展生态工业发展新空间。

培育壮大现代服务业。举全县之力推进云和梯田创AAAAA，确保1—2年创成国家AAAAA级景区。深化云和湖国家级旅游度假区创建，以AAAAA标准建设木玩童话小镇，创建AAAAA级景区城，着力打造长三角生态休闲旅游目的地。大力推进“旅游+”，探索开发保健康养、休闲疗养、山野健身等旅游产品。创新发展现代特色服务业，培育直播电商、云逛街等商贸新模式，抓好跨境电商产业带建设，积极引进企业区域性总部和功能性总部。加速发展现代金融服务业，大力引进持牌金融机构，培育更多金融新业态、新产品。

发展生态高效农业。落实“藏粮于地、藏粮于技”战略，推进高标准农田、生态规模养殖场项目建设，保障粮食及重要农产品安全。壮大农业精品主导产业，打造雪梨、茶叶等农业种植经济带。谋划建设农产品深加工园区，培育一批新型农业经营主体，切实完善产业链、提升价值链。健全农业面源污染防控体系，推广农产品“三品一标”认证，不断提高农产品质量。强化与“丽水山耕”品牌合作，做强“云和雪梨”“云和黑木耳”等特色品牌，推动“云和师傅”转型提升为农业区域公用品牌。

（四）围绕充分释放发展动力活力，深入实施更深层次更高水平改革开放

深化要素市场化改革。持续抓好“亩均论英雄”“标准地”改革，健全农村承包地“三权分置”制度，深化农村宅基地“三权分置”改革，建立城乡统一的建设用地市场，实现土地资源效益最大化。实施国企改革三年行动，推动国企并购重组与资本运作战略，支持有条件的企业发债融资，充分发挥政府产业基金导向作用，撬动更多社会资本进入基础设施和公共事业领域。健全城乡要素市场化交易制度，促进城乡要素自由流动、平等交换和公共资源合理配置，推动资源要素更多向优势产业、优势项目集中。

增强有效需求牵引。开展新一轮扩大有效投资行动，聚焦“两新一重”、“共同富裕”、产业升级、生态环保等重点领域，加快推进一批强基础、惠民生、利长远的重大项目，确保固定资产投资稳步增长、结构性指标逐步优化。深入实施消费新政，培育夜间经济、节庆经济、银发经济、体验经济，促进消费扩容提质。不断完善现代消费流通体系，发展冷链物流、城乡物流、快递物流，推进线上线下消费协同发展。深化国家外贸转型升级基地建设，引进培育优质外贸企业，推动外向型经济高质量发展。

强化开放创新联动。积极融入市域“一带三区”空间布局，主动接轨丽水市区，探索建立融入市本级的公共服务体系。加速云景一体化发展，推行云景高速公路差异化收费政策，谋划实施云景第二条快速通道。密切与上海普陀、宁波北仑、嘉兴港区的战略合作，共建规划面积不小于1平方千米的“产业飞地”，多点布局“科创飞地”，规范运营“消薄飞地”。建立分层次、分产业、分领域的引才育才机制，支持龙头企业联合建立技术创新平台，培育更多创新型领军企业。到2025年，全县国家高新技术企业、省科技型中小企业、全社会研发经费支出占地区生产总值的比重均实现倍增，省级重点企业研究院实现“零突破”。

（五）围绕打造幸福和谐新家园，不断推动公共服务均等化、优质化

高标准发展社会民生事业。全面落实就业优先战略，健全公共就业服务制度，多渠道增加城乡居民收入。深入实施教育提质行动，高标准普及15年基础教育，加快建设城乡教育共同体，创成全国义务教育优质均衡发展县。稳步推进健康云和建设，深化医药卫生体制改革，推动县域医共体深度融合，加快优质医疗资源扩容和均衡布局。大力培育“和”文化品牌，推进瓯江山水诗路文化带建设，培植发展农耕文化、抗战文化、船帮文化等县域特色文化，精心创作一批文化艺术精品。创新养老服务模式，积极应对人口老龄化。完善社会救助制度，构建相对贫困兜底保障和精准识贫、长效帮扶的全流程救助机制。

高水平推进县域整体智治。健全基层治理体系，迭代升级“一中心四平台”，实现社会治理“数字化+网格化”。开展“县乡一体、条抓块统”改革，完善重大工作、重点事项议事协调机制，统筹县乡资源，强化县乡联动，全面提升协同办事水平。突出政府数字化转型，加快“掌上办事”“掌上办公”“掌上治理”建设，推进政务服务“一网通办”“全域通办”“就近可办”“智能秒办”，全方位方便群众、企业办事。

高质量建设平安云和。全面加强经济安全风险预警，织密织牢“天罗地网”风险预测网，坚决守住不发生区域性金融风险底线。健全安全生产和防灾减灾救灾机制，推进应急管理体系和应急管理能力现代化，确保人民群众生命财产安全。铁腕开展“扫黑除恶”专项斗争，依法严厉打击“黄赌毒”“盗抢骗”以及电信网络诈骗等违法犯罪活动，维护社会稳定和安全。

三、全力以赴做好“十四五”开局工作

2021年是建党100周年，是“十四五”开局、现代化新征程开启之年，也是“小县大城”发展战略实施20周年。做好今年工作，必须坚持以习近平新时代中国特色社会主义思想为指导，锚定高质量跨越式发展这个主攻方向，全面贯彻省委、省政府“一方案、两行动计划”，落实落细市委、市政府“双招双引”战略举措和县委“十大战略抓手”“八大行动”，巩固拓展疫情防控和经济社会发展成果，乘势而上深化全国山区新型城镇化样板县域建设，为高水平全面建设社会主义现代化开好局、起好步，以优异成绩庆祝建党100周年。

综合分析各方面因素，建议2021年我县经济社会发展的主要预期目标为：地区生产总值增长8.5%以上，规上工业增加值增长12%以上，固定资产投资增长10%以上，城镇和农村居民人均可支配收入分别增长7%左右、10%左右，一般公共预算收入增长与经济增长基本同步。

围绕上述目标，今年着重抓好以下六个方面工作：

（一）聚力“双招双引”，积蓄跨越提升新动能

打好招商引资大会战。制定出

台招商新政，科学编制产业招商地图、项目储备库，组建5个驻外招商局和6个重点招引专班，推动全域全民大招商。紧盯数字经济、生命健康、高端装备、旅游康养等重点领域，大力开展以商引商、产业链招商，重点抓好三江口旅游综合体、建筑业总部大楼等项目招商，确保全年引进大项目5个、一般项目25个，实现实际利用市外内资10亿元、外资300万美元。加快打造“山海协作”升级版，深化云北生态旅游文化产业园建设，开展木玩智创空间运营招商，谋划实施“科创飞地”项目，启动共建“产业飞地”。

打好招才引智主动仗。实施“筑巢引凤”优质工程，配套出台富有竞争力的人才“政策包”，画好招才引智“一张图”。深化人才服务综合体建设，建立全周期一站式跟踪服务体系，营造尊才爱才用才氛围，切实增强对海内外优秀人才的吸引力。实施青年创新创业筑梦工程，开展人才创新创业孵化培训，丰富“人才贷”“成果贷”等金融产品，为青年人才创新创业提供专业培训、咨询服务和金融支持。扎实开展“百校千企”系列招聘活动，在高校集聚地设立青年人才服务中心，在上海建立“人才飞地”，力争全年引育各类人才2500名以上。

打好项目建设攻坚战。突出重大项目带动，谋划实施4个省市县长项目工程，着力推进城市心肺工程、云和湖综合治理等项目前期，开工建设235国道、电商产业园等重点项目，确保小镇客厅、残疾人托养和康复指导中心等项目全面完工。全年实施重点项目45个，实现民间投资、制造业投资均增长15%以上，交通投资、高新技术投资及生态环保、城市更新和水利设施投资均增长12%以上。全力增强项目用地保障，编制完成国土空间规划，做好农村乱占耕地建房问题整改，实现农村建设用地复垦13.33公顷，盘活城镇存量建设用地53.33公顷，新增工业用地13.33公顷。积极拓宽项目融资渠道，统筹安排PPP项目，争取和用好政府专项债券，发挥生态产业基金作用，保障重大项目资金需求。

（二）注重量质齐升，构建生态产业新体系

深化工业平台“二次创业”。启动实施生态工业倍增计划，出台支持工业高质量绿色发展的“一揽子”新政。启动老木制玩具城区块“退二优二”，完成高胥移民湾地块土方平整，建成木玩产业创新孵化基地一期，整治“低散乱”企业30家，争创省级经济技术开发区。制定木玩行业国家标准，举办木玩行业云展会，鼓励企业布局海外仓。支持华宏公司与杭钢集团开展战略合作，着力破解华宏技改难题。坚持以数字经济赋能传统制造业改造提升，新增上云企业50家，推广工业机器人20台，培育跨境电商企业30家，数字经济核心产业增加值增长10%以上。深入实施小微企业新三年成长计划，新增规上企业4家，培育省“放水养鱼”优质企业2家，入选省“隐形冠军”企业1家。

促进生态旅游提速发展。奋力打好梯田创AAAAA冲刺战，加快梯田景区项目进度，启动摄影基地建设，建成一级游客接待中心，投入运营观云索道和主题酒店，实现景区硬件设施全面达到AAAAA标准，力争早日摘得AAAAA“金字招牌”。加快创建云和湖国家级旅游度假区，推进云和湖生态康养小镇、燕庐文创基地等项目建设，建成聚仙岛城堡酒店。大力推进木玩童话小镇建设，启动AAAA级景区资源评估。开展白鹤尖AAAA创建，有序推进佛儿岩创AAAA，争创省全域旅游示范县。加大旅游营销力度，办好梯田开犁节等节庆活动，用好新媒体、云平台，持续扩大云和旅游影响力、知名度，加速旅游市场回温。

加快绿色农业扩量增效。做大做强“一果两茶一菌一蜂一鱼”等主导产业，改造雪梨基地66.67公顷、茶叶20公顷，新增油茶53.33公顷，建成省级现代农业园区。全面落实“肥药双控”，提高农产品质量安全监测覆盖面。保障“米袋子”“菜篮子”货足价稳，播种粮食面积3800公顷，建成伏布生猪养殖基地。深化农文旅融合，启动石塘、安溪、雾溪景区乡镇创建，推进安溪、三门、田垟等田园综合体建设，进一步打响“雪梨文化节”农事品牌，力争云和雪梨栽培系统入选中国重要农业文化遗产。

（三）聚焦品质生活，谱写城乡建设新篇章

加快城市有机更新。以“未来社区”理念推动棚户区、城中村改造，启动小徐区块征收工作，推进大庆寺三期、南门东、白水区块项目建设，完成浮云小区、金利花苑等老旧小区改造，创成黄水碓、普光小区等6个“花园社区”。实施祥云街、龙母路、南山路等城市道路工程，完成凤凰山全民健身公园、木玩乐园提升改造，增强城市绿地、停车场等有效供给，构建“10分钟”幸福生活圈。完善城市管理长效机制，开展城乡环境综合整治，推进“智慧市政”建设，加强数字城管运用，提高城市管理精细化、数字化水平。

精心建设美丽乡村。下好“微改造”的“绣花”功夫，因地制宜打造“一米菜园”“一米花园”“口袋公园”，谋划建设云龙美丽乡村风景线，打造6个花园乡村、18个新时代美丽乡村达标村、3个省级特色精品村、10个A级景区村。深化农村饮用水达标提标行动，建成桑岭等10个单村供水工程，投入运营安溪水厂，基本实现城乡同质饮水。积极培育美丽城镇样板，启动创建石塘、紧水滩新时代美丽城镇。开展农村房屋安全隐患排查整治，实现农村危房动态清零。深入推进“两进两回”，出台乡村人才新政，建成“三乡工程”示范项目5个。完成城乡客运一体化改革。开工建设局龙线金水坑至龙门段，改造提升农村公路74千米，争创“四好农村路”国家级示范县。

厚植绿色生态优势。打造生态环境与健康管理信息化平台2.0版，新增环境质量自动监测站15个。实施蓝天工程，落实细颗粒物和臭氧“双控双减”措施，基本实现木玩行业油性漆改水性漆。开展清废行动，建成生活垃圾资源化处置利用中心、工业危废贮存转运中心，确保城乡垃圾分类覆盖率提升至95%，创成全省首批“无废城市”。推进“五水共治”，谋划城市污水处理厂扩容工程，加快实施城区污水零直排项目，强化城市污水管网运维，力争重夺“大禹鼎”。争取入选全国“绿水青山就是金山银山”实践创新基地，创成全省大花园典型示范县。

（四）深化改革创新，激发县域发展新活力

突出改革蓄能。全面实施数字化改革，对接落实全省数字化改革“1+5+2”工作体系，提高数字政府、数字社会综合应用水平。加快投资项目在线监管3.0、政务服务2.0建设，推出一批“智能秒办”事项，加快实现“全域通办”。深度开展GEP集成改革，深化崇头、雾溪生态产品价值实现试点，实现“两山银行”实体化运营。深入实施“亩均论英雄”改革，建立以亩均效益、亩均研发、亩均人才为导向的企业要素配置机制，规上企业亩均税收、亩均增加值分别增长5%和7%。纵深抓好农村产权制度改革，开展“同城同权同贷”金融服务，推广运用农村产权网络竞价平台。完成国资公司市场化改革，开展国资公司评级和债券发行工作，启动国企市场化改革扩围。举办全国山区新型城镇化发展论坛，发布全国首个山区新型城镇化发展指数，争取国家新型城镇化试点、省级新时代乡村集成改革试点。

突出服务聚能。实施优化营商环境“10+N”便利化行动2.0版，制定优化营商环境实施细则，打造营商环境最优县。深化商事制度改革，加快审批流程标准化建设，探索以承诺制为核心的极简审批。全面落实国家、省、市降本减负政策，出台新一轮减负新政，全年为企业减负2亿元以上。开展企业全生命周期“一件事”集成联办，搭建“一站式”企业码服务平台，提升涉企服务精准化水平。推进信用建设“531X”工程，强化政银企对接，建立金融服务信用信息平台，完善政策性融资担保体系和应急转贷机制，打通企业融资“最后一公里”。强化反垄断和反不正当竞争执法，维护公平竞争市场秩序。

突出创新赋能。加强创新平台建设，谋划建设科创绿谷，加快推进木玩产业创新服务综合体、紧水滩水冷式绿色数据中心项目，争创中国云和木制玩具知识产权快速维权中心，打造县域科创“硬核”支撑。培育企业创新主体，支持华宏公司建设钢铁研究院，新增国家高新技术企业3家、省科技型中小企业10家。大幅增加财政科技经费投入，全社会研发经费支出占地区生产总值的比重提升至1.2%以上。促进科技成果转化应用，举办第五届木玩创意设计大赛，全年实现技术交易额6000万元以上。

（五）立足优质共享，实现民生福祉新突破

让公共服务更有厚度。统筹优化教育资源布局，谋划新建1所初中，开工建设中国幼教创意园，完成大坪幼儿园主体工程。实施第四轮学前教育提升行动，启动初中教育补短提升和培优创建工程，提升普通高中办学水平，深化职业教育产教融合，全方位提高教育教学质量。持续深化“三医联动”“六医统筹”改革，加快推进中医院迁建工程，完成人民医院病房扩建、城北社区卫生服务中心主体工程。深入开展爱国卫生运动，确保通过第五轮国家卫生县城复审。实施文体惠民工程，启动木玩博物馆、图书馆分馆项目前期，提升采真里文化创意街区，举办梯田毅行赛、云和湖垂钓赛等精品赛事，精心组织开展庆祝建党100周年系列主题文化活动。

让保障体系更有广度。加大就业创业帮扶力度，开展职业技能提升行动，城镇登记失业率控制在3.5%以内。实施村集体经济巩固提升三年行动，实现年收入20万元以上且年经营性收入10万元以上行政村全覆盖。探索建立工伤补充保险制度，继续做好“浙丽保”参保工作。完善社会救助和养老服务体系，拓展“联连帮”大救助平台线下功能，建成浮云、安溪养老服务中心，投入运营残疾人托养和康复指导中心。深入实施“大搬快聚　富民安居”工程，加快建设大坪、岗头安置小区，建成沈岸、西滩头安置小区，转移2000人。

让社会治理更有深度。慎终如始抓好疫情常态化防控，严格落实重点区域、重点环节、重点人员管理，稳妥有序推进疫苗接种工作，确保不出现聚集性疫情、不发生院内感染、不发生疫情风险点失管漏管。高质量完成全国乡村治理体系建设试点工作。深化全县域“枫桥警务”模式，打造山区基层现代警务样板。完善信访工作机制，健全县级矛盾纠纷调处化解中心运行体系，推动矛盾纠纷“全链条解决”。贯通县乡两级应急指挥平台，建立覆盖全域的小流域自然灾害、森林防火智能监测预警网，开展小型水库系统治理，推进各类隐患即查即治、动态清零。深入推进第二轮安全生产综合治理三年行动，扎实开展安全生产巡查，系统性防范和化解食品药品、危化品、消防火灾、道路交通等各领域风险，突出抓好用电建筑消防专项整治，奋力实现平安建设“十七连冠”。

（六）强化实干担当，开创政府工作新局面

政治坚定讲忠诚。学懂弄通做实习近平新时代中国特色社会主义思想，增强“四个意识”、坚定“四个自信”、做到“两个维护”，始终在政治立场、政治方向、政治原则、政治道路上同党中央保持高度一致。扎实开展党史学习教育，努力做到学史明理、学史增信、学史崇德、学史力行，进一步激发政府系统干部干事创业的激情。认真履行全面从严治党责任制，严格党内政治生活，推动政府系统全面进步、全面过硬。坚持以人民为中心的发展思想，把“人民”二字深深烙印在政府前面，做到发展为了人民、发展依靠人民、发展成果由人民共享。

依法行政促规范。深化法治政府建设，争创全国法治政府示范县。完善政府法律顾问制度，加大政务公开力度，严格执行重大行政决策法定程序。构建“大综合一体化”行政执法体系，全面落实行政执法“三项制度”，加强行政复议规范化建设。启动“八五”普法，组织开展公民法治素养提升行动。坚持重大事项向人大报告、向政协通报，依法接受人大监督，自觉接受政协民主监督，支持监察监督、司法监督，加强审计监督、群众监督、舆论监督。

完善机制提效能。牢固树立“整体智治、唯实惟先”理念，以系统思维统筹谋划各项工作，构建县乡一体、部门协作、政银企社联动的协同高效运作机制。常态化开展“四服务”活动，优化问题梳理、协调交办机制，千方百计帮助群众、企业解决“急难愁盼”事项，让企业发展得更快更强，让群众生活得更好更有尊严。大力发扬“定一件、干一件、成一件”实干作风，加大监督检查、跟踪问效力度，决不能“把说的当做了，把做了当做成了”。

从严治政守底线。坚持政府过紧日子、让群众过好日子，建立健全厉行节约长效机制，严控“三公”经费、会议费和培训费，进一步压缩一般性支出，非刚性、非重点项目支出压减不低于10%。全面实施集中财力办大事财政政策，着力盘活闲置资金，强化资金绩效管理。持续深化政府系统党风廉政建设，坚定不移推进反腐败斗争，严格落实中央八项规定精神，驰而不息整治形式主义、官僚主义，切实营造干部清正、政府清廉、政治清明、社会清朗的政治生态。

各位代表，县政府高度重视为民办实事，坚持民生实事项目“群众提、大家定、政府办”，经过公开征集、专题调研、评选审议，提出了13项候选项目，提请会议票决。我们将根据票决结果，全力抓好落实，全程跟踪推进，全面兑现承诺，确保把民生实事办好办实办出成效。

各位代表，凝心聚力再启航，砥砺奋进谱华章。让我们更加紧密地团结在以习近平同志为核心的党中央周围，在中共云和县委的坚强领导下，大力发扬为民服务孺子牛、创新发展拓荒牛、艰苦奋斗老黄牛的“三牛”精神，乘风破浪、勇往直前，为打造全国山区新型城镇化样板县域“重要窗口”、高水平全面建设社会主义现代化云和而努力奋斗！

名词解释

1. 县退二进三：为加快经济结构调整，鼓励一些产品没有市场或者濒于破产的中小型企业从第二产业中退出来，从事第三产业的一种策略。

2. 两仓：公用型进口保税仓和出口监管仓。

3. 标准地：土地出让时明确每块建设用地的规划建设、能耗、污染排放、产业导向、单位产出等标准。

4. 三重一大：重大事项决策、重要干部任免、重要项目安排、大额资金的使用。

5. 四服务：服务企业、服务项目、服务基层、服务群众。

6. “三公”经费：财政拨款支出安排的出国（境）费、车辆购置及运行费、公务接待费。

7. “六稳”“六保”：“六稳”是指稳就业、稳金融、稳外贸、稳外资、稳投资、稳预期工作；“六保”是指保居民就业、保基本民生、保市场主体、保粮食能源安全、保产业链供应链稳定、保基层运转。

8. 10项主要经济指标：地区生产总值、固定资产投资、一般公共预算收入、规上工业增加值、农村居民人均可支配收入、城镇居民人均可支配收入、社会消费品零售总额、农林牧渔业增加值、服务业增加值、外贸出口总额等10项经济指标。其中，2020年我县地区生产总值、社会消费品零售总额、服务业增加值、城镇居民人均可支配收入等4项指标增速位居全市第一；规上工业增加值、固定资产投资、一般公共预算收入等3项指标增速位居全市第二。

9. 一车一码一员：助企直通车、惠企一码通、驻企服务员。

10. “五减”“两直”：“五减”即减税、减费、减租、减息、减支；“两直”即资金直达市县基层、直接惠企利民。

11. 隐形冠军：是指长期专注于某一细分行业产品的研发、生产和经营，具有较高的市场份额和市场领袖地位的中小企业。

12. “454”大梯田高等级景区集群：以云和梯田创AAAAA为核心，以灵滦山、白鹤尖创AAAA为两翼，大格局谋划梯田景区集群建设。

13. 旅游跨越发展3610工程：“3”即打造云和梯田国家AAAAA景区、以AAAAA标准建设的木玩童话小镇、云和湖国家级旅游度假区等3个AAAAA及相当于AAAAA级别的景区；“6”即打造仙宫景区、赤石景区、佛儿岩景区、灵滦山景区、白鹤尖景区、小顺景区等6个AAAA及相当于AAAA级别的景区;“10”即打造长汀、梅湾等10个AAA及相当于AAA级别的景区。

14. 千万工程:“千村示范、万村整治”工程。

15. 个人和企业生命周期“一件事”:围绕公民个人出生到身后、企业准入到退出“两个生命周期”,把分散在各个部门的办事事项组装集成为群众和企业眼里的“一件事”。比如,婴儿出生、企业开办等。

16. 生态地:我县践行“绿水青山就是金山银山”理念、推进生态产品价值实现的一项具体举措。主要是通过生态环境增值核算方法,为实现生态产品价值市场化交易设定合理价值标准,土地使用权人在取得土地使用权缴纳土地出让金时,完成了生态环境增值的量化兑换。

17. “八个万元”增收行动:一亩山万元钱、十箱蜂万元钱、百斤鱼万元钱、千斤粮万元钱、万袋菌万元钱、新三宝万元钱(农家乐民宿、来料加工、农村电子商务)、农合联万元钱、活产权万元钱。

18. 两不愁三保障:不愁吃、不愁穿,义务教育、基本医疗、住房安全有保障。

19. 公民同招:公办、民办学校同步报名、同步开展录取、同步注册学籍。“公民同招”主要是为了制止少数学校愈演愈烈的提前“掐尖”招生行为。

20. 街乡共治:针对进城农民市民化问题,探索建立城市与农村、街道与乡镇协同治理机制,破除进城农民公共服务、矛盾调解、户籍管理等方面的体制机制障碍,构建共治共享的社会治理格局。

21. 乡事城办:聚焦“小县大城”人口集聚的特殊实际,探索建立城乡统一的“一窗受理、后台审批、统一出件”公共服务事项办理模式,彻底解决下山转移及进城人员事项办理“跑两地”“跑多次”的情况。

22. “1571”城镇村布局:1个中心城区、5个特色乡镇、71个行政村。

23. 一轴三区:“一轴”是指浮云溪生态景观轴;“三区”是指城北片区、城南片区、城西片区。

24. 未来社区:我省城市建设的重大创新举措,指围绕社区全生活链服务需求,以人本化、生态化、数字化为价值导向,以未来邻里、教育、健康、创业、建筑、交通、能源、物业和治理九大场景创新为引领,打造新型城市功能单元。

25. 未来村庄:以村、镇和片区(跨镇)为单位载体,推进乡村发展空间布局有机更新,打造主题特色鲜明、主导产业突出、功能布局完善、公共服务健全、治理机制科学、区域边界合理、共同富裕坚实的未来村庄。

26. 新基建:以5G、大数据中心、人工智能、工业互联网等为代表的新型基础设施。

27. 三线一单:生态保护红线、环境质量底线、资源利用上线和生态环境准入清单。

28. 碳达峰、碳中和:碳达峰即我国承诺在2030年前,二氧化碳的排放达到峰值;碳中和即努力争取2060年前,采取植树、节能减排等各种方式将排放的二氧化碳全部抵消。

29. GEP:即生态系统生产总值,指一个地区生态系统提供的产品和服务的价值总和。

30. 雏鹰行动:省政府《关于开展“雏鹰行动”培育隐形冠军企业的实施意见》提出,要梯度培育中小微企业向“专精特新”发展,计划到2022年,科技型中小企业达到6万家以上,净增“小升规”企业1万家以上,入库培育隐形冠军企业1000家以上,产生隐形冠军企业200家左右。

31. 凤凰行动:省政府提出,要通过上市公司数量倍增、实力倍增,培育形成数以百计的行业龙头企业和数以千计的骨干企业,打破“低散乱”困局,不断做强实体经济,实现浙江产业“腾笼换鸟、凤凰涅槃”。

32. 头部企业:头部企业即龙头企业,指的是在某个行业中,对同行业的其他企业具有很深的影响、号召力和一定的示范、引导作用,并对该地区、该行业或者国家做出突出贡献的企业。

33. 三品一标:无公害农产品、绿色食品、有机农产品和农产品地理标志。

34. 三权分置:农村承包地“三权”为“所有权、承包权、经营权”;宅基地“三权”为“所有权、资格权、使用权”。

35. 两新一重:新型基础设施建设,新型城镇化建设,交通、水利等重大工程建设。

36. 一带三区:“一带”,即市域发展核心带,包括莲都、青田、缙云3个县(区)和丽水经济技术开发区。“三区”,即特色发展示范区,分别由龙泉庆元、遂昌松阳、云和景宁等西部6个县(市)组成。

37. 一中心四平台:“一中心”即综合指挥中心,“四平台”即综合治理平台、执法监管平台、便民服务平台、综合监督平台。

38. 一方案、两行动计划:即山区26县跨越式高质量发展实施方案,做大产业扩大税源行动计划和提升居民收入富民行动计划。

39. “十大战略抓手”“八大行动”:“十大战略抓手”即县委十四届十三次全会议提出的我县“十四五”时期要重点抓好十方面工作:谋划建设“科创绿谷”;实施生态工业倍增计划;构建全域AAAAA大格局;推动城乡融合发展;深化具有云和高辨识度的特色改革;打造长三角绿色生态屏障;培育“和”文化县域人文品牌;构建推进共同富裕体制机制;探索现代化治理模式;深入推进风清云和建设。“八大行动”即县委书记叶伯军在

2021年全县三级干部大会上提出的要重点抓好的八方面工作：科创绿谷启航行动；全域AAAAA攻坚行动；生态工业倍增行动；现代交通补短行动；城市能级提升行动；美丽乡村建设行动；民生服务改善行动；党建跃迁升级行动。

40. PPP：政府和社会资本合作，是公共基础设施中的一种项目运作模式。

41. 退二优二：在产业结构调整中，逐步将“三低一多”，即科技含量低、土地利用率低、产值低、占用资源多的“落后”企业清退，让更多的要素资源倾向高科技、高产值、高质量企业。

42. 放水养鱼：省政府提出的，针对重点扶持一批细分市场有竞争优势、成长性好、具有关键核心技术的优质企业的目标，遴选一批符合条件的区内重点优质企业。

43. 两进两回：科技进乡村、资金进乡村、青年回农村、乡贤回农村。

44. 三乡工程：即“能人返乡、市民下乡、企业兴乡”工程。

45. “无废城市”：以创新、协调、绿色、开放、共享的新发展理念为引领，通过推动形成绿色发展方式和生活方式，持续推进固体废物源头减量和资源化利用，最大限度减少填埋量，将固体废物环境影响降至最低的城市发展模式。

46. 数字化改革“1＋5＋2”工作体系：“1”是一体化智能化公共数据平台；“5”是5个综合应用，分别是党政机关整体智治综合应用、数字政府综合应用、数字经济综合应用、数字社会综合应用、数字法治综合应用；“2”是构建理论体系和制度规范体系共两套体系。

47. 优化营商环境“10＋N”便利化行动2.0版：包括全面推进提升“开办企业”便利度、提升“办理建筑许可”便利度、提升“获得电力”便利度、提升“获得用水用气”便利度、提升“不动产登记”便利度、提升“获得信贷”便利度、提升“跨境贸易”便利度、提升“执行合同”便利度、提升“纳税”便利度、提升“办理破产”便利度、提升“企业注销”便利度、提升“知识产权保护”便利度、提升“证照分离”改革便利度等13项改革。

48. 信用建设“531X”工程：聚焦企业、自然人、社会组织、事业单位和政府机构5类主体，构建公共信用指标体系、信用综合监管责任体系、公共信用评价及信用联合奖惩体系三大体系，完善全省统一的公共信用信息平台，推进信用体系在若干重点领域创新应用。

49. “三医联动”“六医统筹”：“三医联动”即医疗、医保、医药联动；“六医统筹”即医保、医疗、医院、医药、医生和中医统筹。

50. 行政执法“三项制度”：即行政执法公示制度、执法全过程记录制度、重大执法决定法制审核制度。

中国人民政治协商会议
第九届云和县委员会常务委员会工作报告

——2021 年 4 月 26 日在政协第九届云和县委员会第五次会议上

云和县政协主席　王新荣

2020 年工作回顾

2020 年是极不平凡的一年。面对突如其来的新冠肺炎疫情，中共云和县委带领全县干部群众，统筹推进疫情防控和经济社会发展，交出了“两战赢”“双胜利”的高分答卷。县政协及其常委会广泛团结动员政协委员、各党派团体和社会各界人士，以系统思维主动融入县委工作大局，牢牢把握专门协商机构新定位，以大团结大联合画出最大同心圆，以协商民主凝聚强大正能量，以改革创新激发工作新活力，为我县高水平全面建成小康社会、实现“十三五”圆满收官、打造全国山区新型城镇化样板县域“重要窗口”作出了积极贡献。

一、坚定政治方向，自觉维护核心

始终把坚持中国共产党的领导作为政协工作最根本的政治纪律和政治规矩，着力筑牢思想根基，确保政协事业方向正确、行稳致远。

坚持政治引领。始终把贯彻落实中央和省、市、县委重大决策部署及重要会议精神作为首要政治任务，第一时间传达学习、研究部署，确保党中央和省、市、县委决策部署不折不扣贯彻落实到政协全部工作中。切实发挥政协党组领导核心作用，严格执行重大事项请示报告制度，严把各项工作和活动的政治关，把党对政协工作的领导贯穿全过程各方面。从严从实抓好党风廉政建设，制定《落实全面从严治党主体责任 2020 年度任务安排》，按时召开党风廉政建设专题例会，坚决落实全面从严治党主体责任。大力弘扬“浙西南革命精神”，举办“如何更好保护抗战省城文化”请你来协商，组织机关党员干部赴景宁县梅岐乡“红色学校”开展主题党日活动，强化红色基因传承。

坚持学习引领。注重学研结合、知行合一，不断丰富学习形式，逐步形成以党组会议理论学习为引领，主席会议集中学、常委会会议专题学、委员培训系统学、委员组和委员组工作支部研讨学等常态化学习体系，实现了学习教育全覆盖、高频率。一年来，共组织党组会议、主席会议、常委会会议专题学习 32 次，各层面集中学习研讨 63 次。通过学习，切实把广大政协委员的思想和行动统一到中央精神上来，统一到县委的决策部署上来，切实把政协打造成“学习党的思想、传递党的声音、宣传党的主张”的重要平台和重要阵地。

坚持党建引领。充分发挥政协党组的示范带动作用，挖掘政协党组、机关党组、机关党总支和委员组工作支部"三级组织体系"的制度优势，切实加强政协党的建设。把意识形态工作纳入党建工作责任制，严格落实意识形态"一岗双责"，确保意识形态工作责任落到实处。配备机关党组副书记，着力加强政协机关党建工作力量。制定《关于加强全县政协系统党的建设工作实施方案》，成立委员党建活动室，组织和引导党员委员自觉接受委员组工作支部教育管理、积极参加支部活动。修订《关于加强政协委员组工作支部建设的实施意见》，进一步发挥委员组工作支部的战斗堡垒作用。在重要视察考察调研、集中学习培训等政协履职活动中设立临时党组织，确保政协工作在哪里，党的建设就跟进到哪里，党员委员的先锋模范作用就发挥到哪里。

二、围绕工作大局，倾力服务中心

始终把围绕中心、服务大局作为政协工作主线，紧跟党政部署献计献策，紧扣重大战略议政建言，紧盯发展需要聚智聚力。

党政有部署，政协就主动跟进。积极投身抗疫斗争。疫情初期，县政协第一时间发出倡议书，号召政协委员在疫情防控主战场写好"委员作业"、展现委员担当。广大政协委员和机关干部闻讯而动，通过卡点值守、志愿服务、捐款捐物、撰写提案、反映社情民意等方式投身抗疫斗争，在助力"两手硬、两战赢"中充分展现了政协风采，多名委员获得各级抗疫先进表彰。聚焦复工复产，组织开展"疫情背景下木玩行业如何化危为机"等协商交流活动，全力助推做好"六稳""六保"工作。超前服务发展大局。聚焦市委构建"一带三区"战略部署，举办"山水童话特色风情聚落区块建设"请你来协商，为云景风情聚落区建设出谋划策；聚焦丽水市生态产品价值实现机制试点工作，开展"云和县生态产品价值实现路径"常委会重点课题调研，形成高质量调研报告。扎实开展"四服务"工作。制定《关于深化"四服务"的实施方案》，主席会议成员分赴联系乡镇（街道）、村（社区）、企业开展精准"四服务"120余次，协调解决困难20余件；领衔的"佛儿岩景区创AAAA""安溪乡后塘农旅融合""白水区块棚改""大搬快聚富民安居"等12个重点项目和重点工作成效明显，为全县大局贡献了政协力量。

发展有需要，政协就积极作为。牢固树立"民主监督不是'找茬'，而是'助推'"理念，切实发挥协商式监督的优势，积极助力相关工作落实落地。紧盯决策部署落实。高标准开展"高水平全面建成小康社会补短板""社会治理领域'最多跑一地'改革""城乡生活垃圾分类处理"等专项集体民主监督活动，做到全员参与、全域覆盖。紧盯部门工作落实。进一步深化委派民主监督员工作，新增云和工业园区管委会等6家单位作为受监督单位。一年来，各民主监督小组分别就云龙公路改建、"无违建县"创建、村（社区）换届等内容开展民主监督，有力助推各部门工作。紧盯民生事项落实。组织委员广泛参与公开招考、上学摇号、收费调整等监督活动，切实发挥民主监督作用。一年来，共开展各类监督活动90余次，发现问题100余个，累计参加政协委员280余人次，提出意见建议150余条，有效推动相关工作落地落实。

群众有期盼，政协就倾力相助。聚焦民生领域问题积极履职，在推动人民群众的获得感更加充实、幸福感更有保障、安全感更可持续上发挥应有作用。围绕交通秩序整治、社区治理等民生议题，开展专题协商，促进了一批民生问题的解决。紧扣群众关心关注问题积极反映社情民意，全年共收集社情民意信息222条，编发《社情民意》18期、《社情民意直通车》20期，县领导批示3人次；上报上级政协42篇，被全国政协录用2篇、省政协录用2篇、市政协录用14篇，县政协获评2020年度全市政协反映社情民意信息工作先进单位。组织委员开展"三进五送"活动、"百名政协委员帮困联百户"行动，通过帮扶就业、结对送温暖等形式积极助力低收入农户增收，以"多彩"形式助跑脱贫攻坚"最后一役"。

三、聚焦主责主业，协商凝聚人心

始终坚持“高质量建言资政、多层次凝聚共识”工作导向，不断完善平台、丰富形式、扩大成效，努力展现新时代人民政协专门协商机构的新样子。

协商平台更加完善。协助县委出台《云和县政协开展“请你来协商”平台建设工作的实施意见》，推动“请你来协商”平台常态规范运行和可持续发展。聚焦党政关心、群众关切的焦点问题开展重点专题协商，党政主要领导及相关领导亲自参加协商活动，与广大政协委员和群众代表面对面总结经验、剖析问题、商讨对策、凝聚共识，取得了良好成效。一年来，共开展“请你来协商”活动10场，共有党政领导13人次、部门负责人74人次、委员和界别群众195人次参与协商，提出意见建议97条。

协商形式更加丰富。创新开展提案办理协商。聚焦县政协九届四次全会提案最为集中的“交通秩序”问题，与委员面对面沟通交流，协商提案办理情况。持续深化跨县域联合协商。与景宁县政协联合开展“景宁籍新云和人服务管理”专题协商，一齐关心和帮助景宁籍“新云和人”更好地生产生活。探索开展常委会专题议政。聚焦云和梯田创AAAAA、丽龙高速以南区块产城融合开发项目等全县经济社会发展重点工作，邀请县政府领导、职能部门负责人与县政协常委面对面协商讨论，增强了专题协商的针对性和实效性。

协商成效更加显著。坚持“数量适度、质量为要”理念，推动协商议政由注重“做了什么、做了多少”向“做出了什么效果”转变。一年来，“请你来协商”议政建言硕果累累，“山水童话特色风情聚落区块建设”专题协商提出的“云景高速差异化收费”“打造云景生态产业平台”“云景教育资源共享”等多条建议纳入党委政府决策；“老木制玩具城区块退二优二改造”专题协商促成我县老木制玩具城区块改造顺利启动；“如何更好保护抗战省城文化”专题协商提出的“实施抗战省城‘142工程’”建议纳入县“十四五”规划纲要；“城市社区基层治理”专题协商有效推动“街乡共治党建联盟”社会治理新模式形成；“探索乡村人才回流机制”专题协商提出的“强化农村金融要素支撑”“加强对返乡创业人员的指导服务”等建议纳入党委政府决策，推动了我县乡村振兴“两进两回”工作的开展。

四、广泛凝聚共识，共筑奋进同心

始终把握人民政协是最广泛的爱国统一战线组织和“重要阵地、重要平台、重要渠道”的制度优势，主动为全县发展凝聚共识、凝聚智慧、凝聚力量。

凝心聚力画好同心圆。把助力制定“十四五”规划作为凝聚共识的重要抓手，召开专题议政性常委会会议，就生态资源保护、“和”文化挖掘、养老产业发展等“十四五”需关注的议题提出具体意见建议。牵头召集在外乡贤就我县制定“十四五”规划开门问策，广泛听取各方意见。开展“我为‘十四五’规划献一计”活动，梳理意见建议57条，使“十四五”规划更好地反映人民意愿、体现人民意志、汇聚人民力量。搭建知情明政平台，鼓励各方意见在政协得到充分表达，通过听取“一府两院”和教育局、卫生健康局等单位情况通报，不断巩固已有共识，推动形成新的共识。

密切联谊扩大朋友圈。加强与各界人士的联谊交友，积极走访异地云和商会、在外乡贤，为云和籍在外人士回乡创业牵线搭桥。围绕加快我县少数民族聚居区发展、加强宗教团体自身建设等深入调研议政，促进民族团结、宗教和谐。不断深化对外交流合作，与上海市普陀区政协缔结“友好政协”，牵头促成云和工业园区管委会与上海真如铁三角科技园签约合作；与宁波市北仑区政协联合开展“山海协作温暖之行”爱心物资捐赠活动，开启全方位、多层次、宽领域的“山海协作”交流。立足委员会客厅、委员工作室平台优势，积极践行“互学互鉴、同心同行”工作理念，通过开展“脑科学对木玩创新的启发”专题讲座、木玩行业交流研讨等活动，有效发挥了加强思想政治引领、团结影响特定对象和凝聚人心的独特作用。

正向引导传递好声音。以“互联网”“融媒体”思维抓好政协新闻宣传工作，不断提升云和政协的社会影响力。全年推送“议政云和”微信公众号信息66期，“请你来协商”活动多次被省政协公众号“同心苑”报道，《扶贫扶志扶信心心理服务不可少》《勠力同心助“两战”云和政协显担当》等多篇信息在《人民政协报》、省政协《联谊报》等省级以上媒体刊发，广泛宣传政协履职活动，精准反映民情民意，充分展示了新时代政协委员的新样子。积极配合省、市政协做好《小康路上的政协人》《同心抗疫》等文史资料征集报送工作，《“小县大城”发展战略的参与者和见证者》《小康路上筑梦人》等稿件被省政协收录。编撰完成《椤林旧事》，为我县人文历史研究提供了丰富史料。

五、致力固本强基，始终不忘初心

始终把加强自身建设作为推动政协工作、履行好政协职能的关键环节来抓，内强素质、外树形象，让“严起来、紧起来、动起来”在政协蔚然成风。

加强队伍建设。发挥政协组织智力密集、人才荟萃的独特优势，组建“应用型智库”，为县委、县政府科学民主决策献计出力。举办九届政协第四届趣味运动会，组织委员参加全市政协系统第七届乒乓球联谊赛，不断增强政协组织的凝聚力和向心力。坚持从严要求，完善履职考核，对履职不力委员进行谈话提醒，增强委员“我要履职”的主动性积极性。开展“最美政协人”推选和宣传活动，委员黄叶银被评为市级“最美政协人”。举办“不忘初心铭历史”红色教育培训班，组织部分委员和机关干部实地学习焦裕禄精神和红旗渠精神，把学习的收获和心灵的洗礼转化为服务发展和干事创业的激情。

提升工作效能。牢牢把握政协机关的政治属性，对标对表“四个一线”新定位，进一步营造风清气正、勤勉干事、规范高效的工作氛围。认真贯彻落实中央“八项规定”精神和省、市、县实施细则，全面完成县委巡察整改任务。进一步完善机关办文办会、财务管理、物资采购、公务接待等制度，确保机关有序、规范、高效运转。配齐配强各专委会负责人，增设1个下属事业单位，健全提案委、文化文史和学习委、委员工委等3个专门委员会委员及社情民意信息员队伍，“两个薄弱”问题得到较好解决。创新开展机关“主题党日”活动，加强岗位练兵、业务培训，着力提升机关干部队伍素质。

完善制度机制。修订完善《全体会议工作规则》《委员组考核办法》《委员履职情况综合评价办法》《加强政协委员履职活动经费管理规定》，进一步量化委员履职考核，规范政协各项履职活动。制定《关于开展委派民主监督员工作实施方案》《委员工作室管理办法》《关于深化“服务企业 服务项目 服务群众 服务基层”的实施方案》，不断创新联系和服务形式。制定《云和县政协委员廉洁自律若干规定》，引导委员珍惜荣誉、认真履职，确保政协系统风清气正。

各位委员、同志们，对于政协工作，县委高度重视，县政府大力支持，县委出台《关于新时代加强和改进人民政协工作的实施意见》，选优配强政协机关领导班子，为政协开展工作创造有利条件。县委主要领导带头参加“请你来协商”活动、三级政协联动专项集体民主监督活动，主持召开重点提案督办会。县政府主要领导出席县政协常委会会议并通报全县经济社会运行情况，参加提案集中办理协商会及“友好政协”签约活动。县委、县政府领导领办重点提案16件，参加县政协调研视察和协商议政活动18人次，作出各类批示16件次。

县政协常委会过去一年所取得的成绩，是中共云和县委正确领导的结果，是县人大常委会、县政府鼎力支持的结果，是县直各部门、各乡镇（街道）密切配合的结果，也是政协各参加单位、社会各界人士共同努力和全体委员辛勤履职的结果。

在此，我代表县政协常委会，向所有关心和支持政协工作的同志们、朋友们，表示衷心的感谢，并致以最崇高的敬意！

在肯定成绩的同时，我们也清醒地认识到，与做好新时代人民政协工作的要求和广大人民群众的期望相比，工作中还存在一些不足之处，主要是委员履职积极性有待进一步激发，凝聚共识工作的针对性、实效性有待进一步凸显，政协工作向基层延伸的探索实践有待进一步加强等。对这些问题和不足，我们必须清醒认识、高度重视，在今后工作中加以解决。

2021 年工作任务

2021 年是实施“十四五”规划、开启全面建设社会主义现代化国家新征程的开局之年，也是中国共产党成立 100 周年。县政协工作的总体要求是：坚持以习近平新时代中国特色社会主义思想为指导，认真贯彻党的十九大和十九届二中、三中、四中、五中全会精神，全面落实省委十四届八次全会、市委四届九次全会和县委十四届十三次全会精神，围绕忠实践行“八八战略”、奋力打造“重要窗口”主题主线，切实履行新时代人民政协职责使命，充分发挥专门协商机构作用，为打造全国山区新型城镇化样板县域“重要窗口”，奋力开启高水平全面建设社会主义现代化新征程贡献政协智慧和力量，以优异的履职答卷向中国共产党百年华诞献礼。

（一）突出政治建设根本要求，在筑牢思想之基上更进一步。把提高党组织在政协、各党派团体、各族各界人士中的政治引领力和影响力作为政协政治建设的鲜明特征，以政治建设引领新时代人民政协事业发展。强化思想理论武装，建立习近平新时代中国特色社会主义思想学习座谈会制度，组织开展“跟着总书记学党史”活动，感悟经典，坚定信念。压实党风廉政和意识形态工作责任制，组织开展“县政协委员廉洁自律的若干规定”教育讨论活动，教育引导政协委员保持清醒政治头脑，明确政治方向，严守政治纪律。启动“书香政协”建设，以“一书、一策、一讲堂”为任务驱动，坚持读书与履职相结合，建言献策与凝聚共识并重，常态化开展委员读书活动。建设“致远书屋”，开展“最是书香能致远”荐书活动，倡导委员多读书、读好书；组织“读书献策”活动，通过引导委员读书学习，多谋高质量发展良策；开办“云和政协·箬溪讲堂”，发挥委员优势，组织委员上好“时政课”“专业课”“百科课”。高标准开展中共党史学习教育，在学习党史中升华初心、践行使命。围绕庆祝中国共产党成立 100 周年，组织开展观看红色影片、诵唱红色经典、讲述红色故事、瞻仰红色教育基地等活动，引导广大政协委员和各界群众牢记初心使命，听党话、感党恩、跟党走。突出强组织、亮身份、抓活动、带队伍，探索开展“党旗引领委员行”活动，发挥政协界别优势和党员委员先锋模范作用，组织委员组工作支部进社区、访“三农”，帮助解决实际问题，夯实基层治理根基。

（二）紧扣高质量发展第一要务，在履行担当之责上更进一步。聚焦打造全国山区新型城镇化样板县域“重要窗口”，围绕县委“十大战略抓手”“八大行动”履职尽责。紧扣“双招双引”战略工程，举办“优化营商环境，助力‘双招双引’”请你来协商、“优化驻外青年人才服务环境”专题议政性协商；发挥政协联系广泛的优势，积极做好牵线搭桥工作。紧扣生态产品价值实现机制改革，举办“云和县生态产品价值实现路径”请你来协商。紧扣全域 AAAAA 攻坚行动，举办“云和梯田农耕文化走廊建设”“研学旅行产业融合发展”请你来协商，开展“立足生态优势，大力发展康养产业”常委会专题调研。紧扣城市能级提升行动，举办“做优城市品质，提升城市能级”“开展全域土地整治，优化城乡空间资源”专题议政性协商。紧扣民生服务改善行动，开展“进一步完善农民健康体检工作”专题议政性协商。紧扣“山海协作”工程，与宁波市北仑区政协开展“加强山海协作，共谋高质量跨域发展”线上联合协商。根据省、市政协统一部署，围绕“深入推进美丽大花园建设、努力打造美丽中国先行示范区”等内容，开展三级政协联动专项集体民主监督。紧盯县委、县政府重大决策部署，深入开展“民主监督添助力”活动，向8家单位派驻民主监督员，助推中心工作落实。开展“献策回眸”活动，对“老木制玩具城区块退二优二”“如何更好保护抗战省城文化”等专题协商活动进行持续跟踪问效，打通协商成果落地的“最后一公里”。

（三）发挥凝聚共识重要职能，在汇聚各方之力上更进一步。研究制定《关于加强和促进人民政协凝聚共识工作的实施意见》，切实把握好凝聚共识的本质要义，运用好凝聚共识实践载体。加强人民政协理论宣讲，将政协知识和协商民主理论纳入干部教育培训内容。建立委员联系界别群众制度，引导委员进社区、进基层，更好了解界别群众思想状况。拓展“委员之家”功能，做好“委员会客厅”星级评定工作，搭好“致远书屋”平台，成立1家“委员工作室”，更好发挥“一家一屋一厅一室”团结引领界别群众优势。加强与党外知识分子、非公有制经济人士、新社会阶层人士的沟通联络，助力做好民族宗教工作，为改革发展稳定添助力、聚合力。深化同港澳台侨和在外云和籍人士的密切联系，引导云商回归、乡贤回巢，切实把县委、县政府的政策主张有效地传递到社会各个阶层，厚植政治基础、人心基础。继续深化“三进五送”活动、“百名政协委员帮困联百户”行动，引导委员守初心、担使命。编撰出版《逐渐消逝的村庄》，为即将消失的村庄留存历史记忆。

（四）拓宽协商平台功能作用，在汇集协商之智上更进一步。以“厚植社会主义协商民主文化”为主线，研究制定《政协协商工作流程规范》，建立“请你来协商”工作专班，发挥好政协组织及其协商平台、机制程序等作用，力求更好地“专”出特色、“专”出优势、“专”出水平。探索政协协商同社会治理相结合等新形式，推进“民生议事堂”平台建设，把协商送到群众家门口，推动政协协商与基层协商相衔接、与社会治理相结合，充分体现协商于民、协商为民。为工会、团委、妇联等政协参加单位搭建政协协商平台，有效发挥群团组织在社会主义民主协商中的作用。利用“请你来协商”平台，围绕全县经济社会发展和人民群众关心关切问题，定期邀请部门和乡镇（街道）负责人、知名专家学者与委员面对面协商交流；围绕部门工作推进过程中的难点堵点问题邀请相关部门、界别群众进行协商，形成“部门与委员”“部门与部门”“委员与群众”多层次、立体化协商格局。实施提案届末大盘点，对县政协九届四次会议提案进行全面盘点、对第九届县政协历年提案进行有选择地“回头看”，推动提案提办质量“双提升”。聚焦党政中心大事、改革发展要事、民生改善实事、社会治理难事，通过开展专题培训、沙龙活动等，加强社情民意的收集和反映，为党委政府提供更多有分量、有价值的信息。

（五）树立提质增效鲜明导向，在提升履职之能上更进一步。致力于在新时代“跟得上趟、承得了重、成得了事”，进一步夯实自身建设，以一线的思维、一线的状态、一线的能力、一线的作风，体现新时代政协人的担当和作为。强化专门委员会建设，更好发挥专委会基础作用，打造“一委一品”，聚焦“专职”，体现“专业”，发挥“专长”，多形式构建联系对口单位的桥梁、服务界别委员的纽带。实施委员“蓄能工程”，通过开展“书香政协”读书活动等形式，进一步加强委员学习培训的广度和深度。实施委员“头雁工程”，组织政协常委中的中共党员述职，发挥党员委员示范带头作用。实施委员“亮绩工程”，每季度公布委员履职排名，年末为委员送上履职“成绩单”，让大家进一步紧起来、动起来、干起来。实施委员“连心工程”，常态化开展“主席会议成员和专委会主任‘委员大走访’”活动，宣传党委政府的决策部署，了解委员履职情况，征求意见建议，增进了解，加深联谊。健全建议意见采纳落实情况反馈机制，强化履职闭环管理，充分运用跟踪调研、跟踪视察、跟踪评议、工作“回头看”等形式，真正把成果转化“后半篇”文章抓深做实。修订完善《专委会工作规则》《关于加强政协委员组工作支部建设的实施意见》等规章制度，以制度化为抓手，有效推进政协规范化、程序化建设，不断提升政协工作科学化水平。在县委领导下做好政协换届相关工作，对本届委员五年履职成效进行评估，根据有关规定做好留任委员推荐。加强履职亮点宣传和履职成果展示，在“议政云和”公众号设立“委员足迹”专栏，讲好履职好故事，唱响政协好声音。

各位委员、各位同志！“十三五”成就鼓舞人心，“十四五”蓝图催人奋进。让我们更加紧密团结在以习近平同志为核心的党中央周围，在中共云和县委的坚强领导下，汇聚高质量发展的强大合力，凝聚众志成城的共识共为，为奋力谱写高水平全面建设社会主义现代化云和篇章作出新的贡献。

名词解释

1. 请你来协商：2018 年，省政协针对县级政协由于民主党派地方组织数量少、界别设置不全，工作中聚焦协商主责主业不够，政协协商缺少必要主体和基本依托的情况，设置了“6+X”请你来协商平台，并在 6 个县级政协开展试点。2019 年 3 月，中共浙江省委制定出台《开展“请你来协商”平台建设的指导意见》，将试点探索经验转化为制度化安排。省政协设计了全省统一的平台标识，制定了具体的操作手册。云和县政协根据省委文件要求，结合县域实际，制定《“请你来协商”“1+6+X”协商工作实施方案》。“1+6+X”中的“1”是指一个“委员之家”，充分利用“委员之家”定期举办协商交流、理论研讨、经验分享等活动，增强委员对政协的归属感与认同感；“6”是指除例会协商外，每年举办 6 次专题协商活动。“X”是指政协各党派团体、各专委会、各委员小组发挥自身优势，利用“委员工作室”等，开展各式协商活动。

2. 委员会客厅、委员工作室：针对当前新的社会阶层不断涌现的实际，省政协创新团结联谊工作方式，于 2018 年 8 月在网络作家、海归优秀人士和高科技人才群体中创建了省政协委员会客厅。会客厅由 1 名或数名省政协委员牵头当“厅长”，邀请该委员所在界别的知名人士参加会客厅活动，通过影响有影响力的人，从而达到团结该界别其他群众的目的。后来拓展到信息技术人才、律师、新生代民营企业家、侨商侨眷等 30 多个特定群体。至 2020 年末，全省已累计创建省政协委员会客厅 110 个，其中云和县于 2019 年创建“云和木玩政协委员会客厅”。委员工作室是根据新形势下省、市政协的新要求，通过发挥牵头委员作用，加强思想引领、凝聚各界共识，把更多的人团结在党的周围，为委员学习交流、深入群众、联系界别、服务基层、团结联谊提供工作平台。至 2020 年末，云和县共有 2 家委员工作室，分别是廖光山委员工作室和叶永军委员工作室。

3. 委派民主监督员：县政协办公室和委员工委根据政协委员政治素质、业务能力、工作热情等综合条件，每年确定一批委员组成民主监督组，委派到相关部门（单位）开展民主监督。重点对受派部门（单位）及其工作人员落实党的方针政策和法律法规实施情况，贯彻落实县委、县政府重要决策部署和履行职能以及效能建设情况、遵守党纪政纪及行风建设情况、维护群众合法权益情况等进行民主监督，提出意见建议。

4. 两个薄弱：2019 年 9 月，中共中央总书记习近平在中央政协工作会议暨庆祝人民政协成立 70 周年大会上指出，要为政协组织开展工作创造有利条件，选优配强政协领导班子，重点解决市县基础工作薄弱、人员力量薄弱的问题。

5. 党旗引领委员行：县政协结合党史学习教育，由政协委员组工作支部和政协机关党支部分别牵头开展进社区相关活动，主要通过“联系一个社区、开展一次以上党史学习教育活动、结对帮扶一户以上困难家庭、反映一条以上社情民意、开展一次以上‘我为社区群众办实事’实践活动”等内容，拓宽委员（干部）履职渠道，创新履职方式，打造履职亮点，不断提高委员（干部）服务基层的能力。

6. 民生议事堂：“民生议事堂”是省政协在总结基层协商工作经验的基础上，推出的乡镇（街道）常态化协商平台，目的是推动政协工作向基层延伸，努力成为拓展政协履职空间的新载体、团结服务群众的新阵地，加强与基层协商相衔接的新渠道、推动基层共建共治共享的新平台。2019 年 10 月，中共中央政治局常委、全国政协主席汪洋在浙江调研政协工作时，对这一项创新给予充分肯定。

2020 年云和县国民经济和社会发展统计公报

云和县统计局

2021 年 4 月 19 日

2020 年，面对国际国内形势的深刻复杂变化，特别是新冠肺炎疫情的严重冲击，在县委、县政府的正确领导下，全县坚定不移践行“绿水青山就是金山银山”理念，深化提升“小县大城”发展战略，奋力打造全国山区新型城镇化样板县域“重要窗口”，扎实做好“六稳”工作、落实“六保”任务，全力打好疫情防控总体战、经济社会发展攻坚战，在非常之年交出非常答卷，较好完成“十三五”规划主要目标任务，高水平全面建成小康社会取得决定性成就。

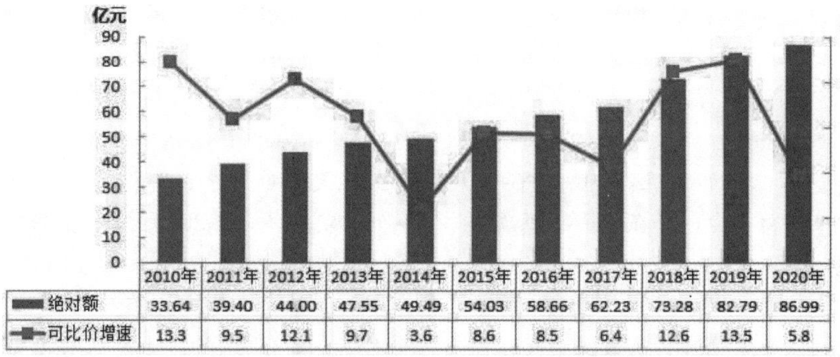

2010—2020 年云和县生产总值及可比价增速

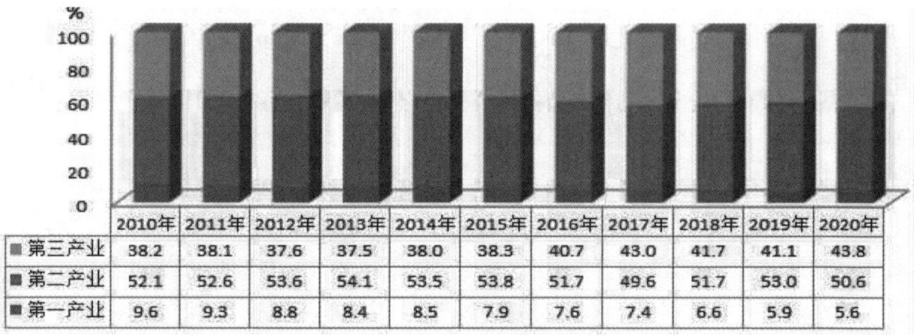

2010—2020 年云和县第三次产业结构占比情况

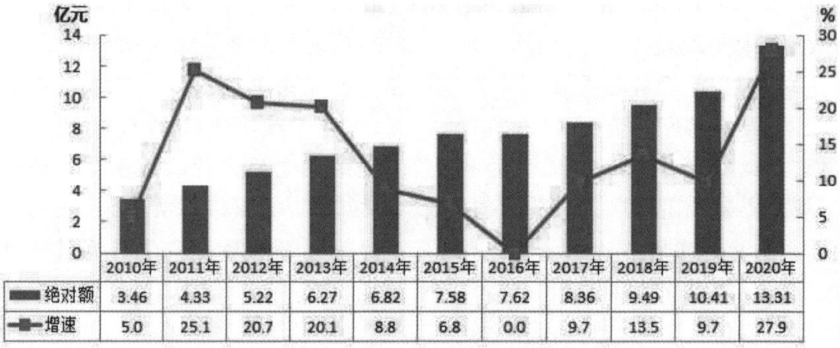

2010—2020 年云和县财政总收入及增速

一、综　合

初步核算，2020 年，全县实现生产总值（GDP）869947 万元，按可比价格计算，比上年增长 5.8%。其中，第一产业增加值 49084 万元，增长 2%；第二产业增加值 439949 万元，增长 3.7%；第三产业增加值 380914 万元，增长 9.6%。三次产业对经济增长的贡献率分别为 2.1%、36.5%、61.4%；三次产业增加值结构为 5.6:50.6:43.8。按照我国地区生产总值统一核算和数据发布制度规定，地区生产总值核算包括初步核算和最终核实两个步骤。经最终核实，2019 年，全县生产总值现价总量为 827869 万元，按可比价格计算，比上年增长 13.5%，三次产业增加值结构为 5.9:53:41.1。

全年城镇新增就业 2029 人，帮助 472 名城镇登记失业人员实现再就业，帮助 116 名困难人员实现再就业。年末城镇登记失业率为 1.79%，比上年末下降 0.5%。

全年全县财政总收入 133124 万元，比上年增长 27.9%，其中一般公共预算收入 81363 万元，增长 26.5%。一般公共预算全口径支出 329890 万元，比上年增长 8.5%。

二、农业和农村建设

年末农作物播种面积 5611 公顷，比上年增长 1.9%。其中粮食种植面积 3483 公顷，比上年增长 2.6%；油料种植面积 95 公顷，比上年增长 3.3%；蔬菜种植面积 1542 公顷，比上年增长 4%；果园面积 1255 公顷，比上年增长 0.5%；茶园面积 2625 公顷，与上年持平。

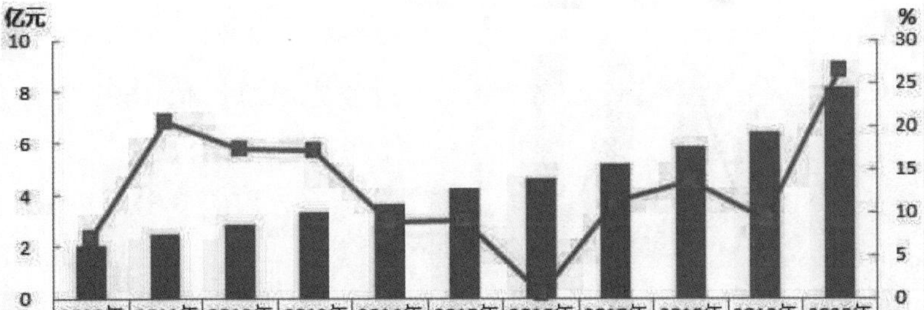

	2010年	2011年	2012年	2013年	2014年	2015年	2016年	2017年	2018年	2019年	2020年
绝对额	2.03	2.45	2.87	3.36	3.66	4.29	4.66	5.18	5.89	6.43	8.14
增速	6.9	20.5	17.3	17.2	8.8	9.1	0.5	11.2	13.7	9.2	26.5

2010—2020 年云和县一般公共预算收入及增速

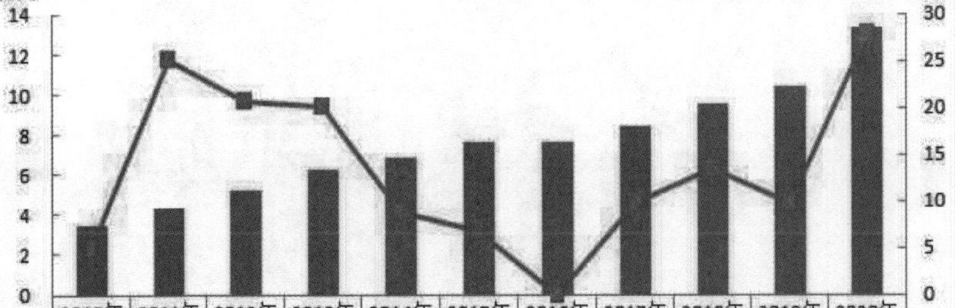

	2010年	2011年	2012年	2013年	2014年	2015年	2016年	2017年	2018年	2019年	2020年
绝对额	3.46	4.33	5.22	6.27	6.82	7.58	7.62	8.36	9.49	10.41	13.31
增速	5.0	25.1	20.7	20.1	8.8	6.8	0.0	9.7	13.5	9.7	27.9

2010—2020 年云和县财政总收入及增速

全年粮食总产量 18107 吨，比上年增长 3.2%。油料产量 223 吨，比上年下降 15.5%。蔬菜产量 28400 吨，比上年下降 2.7%。食用菌总产量 5885 吨，比上年增长 5.1%，其中，香菇 3366 吨，比上年增长 4.4%；黑木耳 2185 吨，比上年增长 5.6%。水果总产量 8370 吨，比上年增长 2.9%。茶叶总产量 1205 吨，比上年增长 1.3%。

全年生猪饲养量 2.94 万头，比上年增长 0.5%；年末生猪存栏 1.34 万头，比上年末增长 69.6%；年末牛存栏 1727 头，比上年末下降 14%；年末羊存栏 0.05 万只，与上年末持平；年末家禽存栏 20.24 万羽，比上年末增长 41.3%。肉类产量 1815 吨，比上年下降 22.1%。全年淡水产品产量 1873 吨，比上年增长 2.5%。

全年深入实施农村人居环境提升工程，荣获全省深化“千万工程”优秀县。黄家畲、梅源、石塘 3 个村获评省美丽乡村特色精品村，崇头镇创成新时代美丽城镇省级样板，雾溪畲族乡创成全国文明村镇，我县成为省新时代美丽乡村示范县。年出栏 5 万头的伏布生猪养殖基地项目开工建设，创成省农业绿色发展先行县。云谷山房获评全市唯一的省“白金级”民宿。推进农村产权制度改革，建成农村产权线上交易平台，在全国首创农村产权抵（质）押融资免担保模式。

2020 年主要农产品产量及其增长速度

表1　　　　单位：吨

产品名称	2020年	2019年	2020年比2019年增长(±%)
粮食	18107	17541	3.23
油料	223	264	−15.5
茶叶	1205	1190	1.3
蔬菜	28400	29194	−2.7
水果	8370	8134	2.9
香菇	3366	3225	4.4
黑木耳	2185	2070	5.6
肉类	1815	2330	−22.1
禽蛋	735	1718	−57.2
淡水产品	1873	1828	2.5

三、工业和建筑业

全年全县工业实现增加值391646万元，比上年可比增长4.2%，其中规模以上工业增加值增长8.7%。在规模以上工业中，制造业增加值增长10.2%，电力、热力、燃气及水的生产和供应业增加值增长3.9%；高新技术产业增加值下降3%，节能环保制造业增加值增长21.7%，战略性新兴产业增加值增长17.6%，小微企业增加值增长6.9%。

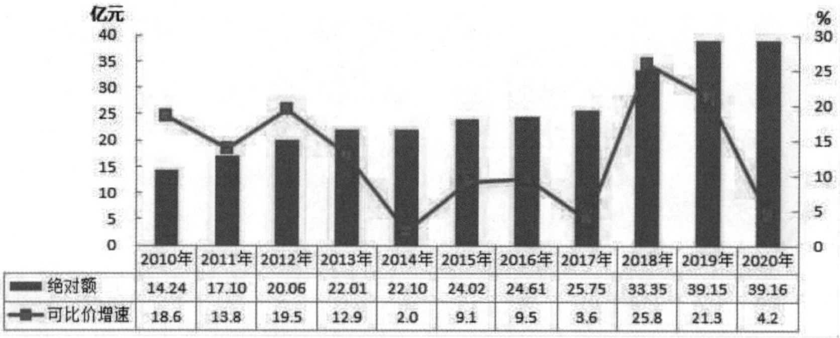

2010—2020 年云和县工业增加值及可比价增速

全年实现规模以上工业产值（年主营业务收入2000万元及以上企业，下同）1375412万元，同口径比上年增长12.7%。规模以上工业实现销售产值1368597万元，产品销售率为99.5%；规模以上工业实现出口交货值146355万元；规模以上工业实现新产品产值170133万元。

从全县规模以上工业主要行业产值完成情况看，文教、工美、体育和娱乐用品制造业全年实现产值239690万元，比上年下降3.1%；黑色金属冶炼及压延加工业全年实现产值602599万元，比上年增长17.7%；通用设备制造业全年实现产值79620万元，比上年下降0.4%；电力生产及供应业全年实现产值95100万元，比上年下降2.8%；金属废料和碎屑加工处理业实现产值305691万元，比上年增长34.4%。以上五大行业全年实现产值1322700万元，占全县规模以上工业总产值的96.2%，比上年提升0.8%。

全年全社会建筑业实现增加值48345万元。全年建筑安装工程投资增长2.8%。全年资质以上建筑业完成总产值169177万元，比上年增长13.5%。

四、固定资产投资

全年全县固定资产投资平稳运行，比上年增长8.3%。其中，项

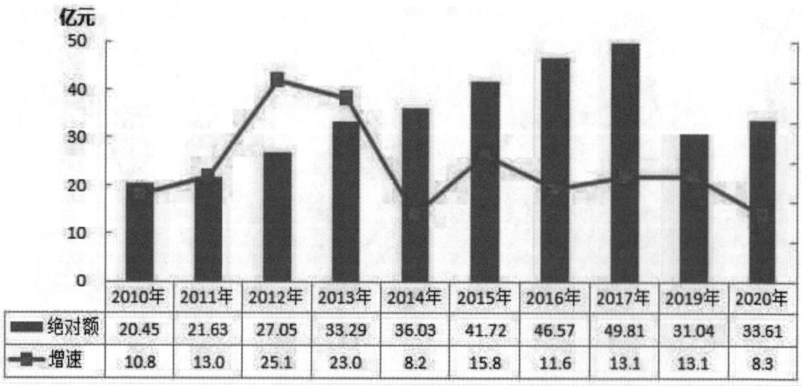

2010—2020 年云和县固定资产投资及增速

目民间投资下降21.3%，交通投资增长15.3%，高新技术产业投资增长62.8%，生态环保、城市更新和水利设施项目投资下降13.8%。

注：因国家固定资产投资统计制度改革，2018年不出数；从2019年开始，固定资产投资按改革后新口径出数，增速按新口径计算。

分项看，全年5000万元以上项目投资下降15.4%，500万元—5000万元项目投资增长6%；基础设施投资下降15.7%。

五、内外贸易及招商引资

全年全县实现社会消费品零

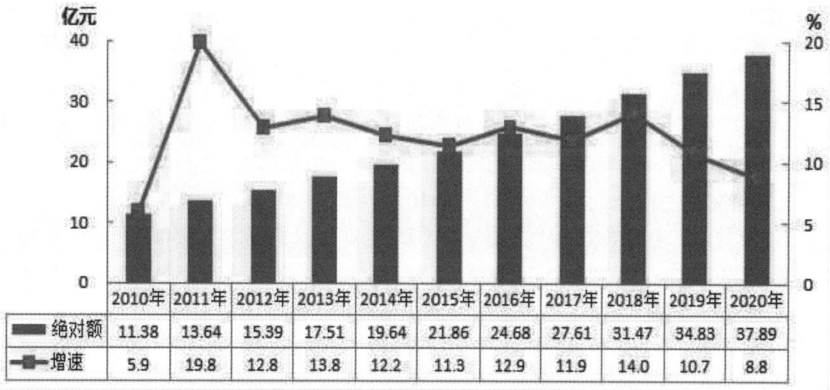

2010—2020年云和县社会消费品零售总额及增速

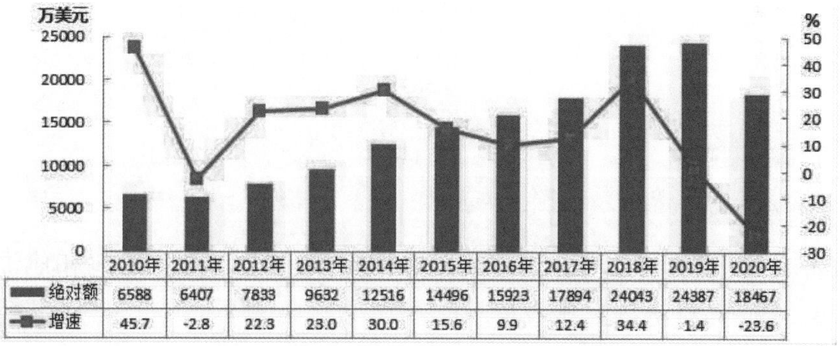

2010—2020年云和县外贸出口及增速

2020年主要市场出口情况

表2

国(地区)别	出口额(万美元)		出口额(万元)	
	按美元计量	比上年增长(±%)	按人民币计量	比上年增长(±%)
合　计	18467	–23.6	128613	–23.0
亚洲	1799	–24.2	12495	–23.7
日本	276	–42.7	1897	-43.2
韩国	834	14.5	5804	15.4
阿联酋	133	–9.8	923	-9.8
东盟	202	–45.4	1399	-45.0
泰国	50	8.4	349	10.1
越南	65	–37.7	451	-37.6
乌兹别克斯坦	69	–36.3	488	-34.3
印度	95	–27.6	651	-27.5
非洲	29	–90.3	199	-90.4
欧洲	10417	–8.9	72653	-8.1
欧盟	8767	–6.9	61197	-5.9
比利时	66	–5.3	456	-4.5
德国	1818	43.8	12729	45.8
法国	674	–1.3	4699	-0.1
意大利	199	–32.1	1374	-31.8
荷兰	2782	–22.4	19452	-21.4
西班牙	1401	–6.0	9775	-5.0
奥地利	110	54.2	748	52.9

续表2

国(地区)别	出口额(万美元)		出口额(万元)	
	按美元计量	比上年增长(±%)	按人民币计量	比上年增长(±%)
瑞典	180	10.8	1248	11.4
斯洛文尼亚	1079	3.3	7523	3.9
波兰	153	-50.7	1057	-50.2
保加利亚	120	3.9	835	4.8
捷克共和国	64	-26.3	448	-24.8
欧洲其他国家	1650	-18.2	11456	-18.2
俄罗斯	534	-9.5	3693	-10.5
英国	1066	-17.2	7419	-16.7
拉丁美洲	82	-76.1	568	-76.0
北美洲	5980	-37.2	41593	-36.7
加拿大	158	-34.8	1098	-34.2
美国	5822	-37.2	40495	-36.8
大洋洲	159	-23.9	1105	-23.4
澳大利亚	142	-20.1	983	-19.7

售总额378918万元，比上年增长8.8%，其中限额以上社会消费品零售总额53833万元，比上年增长21.3%。分行业看，批发和零售业实现零售额312849万元，增长7.7%；住宿和餐饮业实现零售额66070万元，增长14.2%。

按人民币计量，全年实现外贸进出口总额131767万元，比上年下降24.1%。其中，自营出口总额为128613万元，比上年下降23%。

按美元计量，全年实现外贸进出口总额18922万美元，比上年下降24.8%。其中，自营出口总额为18467万美元，比上年下降23.6%。

全年实现网络零售额319287万元，比上年增长14.6%。

全年引进重大项目4个，实际利用市外内资8.55亿元、外资310万美元。

六、交通运输、邮电和旅游

全年交通运输、仓储和邮政业实现增加值21243万元。

年末境内公路总里程929.04千米，其中高速公路里程43.9千米；民用汽车拥有量22486辆，比上年末增加1021辆。

全年全县规模以上快递服务企业业务量完成2267万件，比上年下降5.8%；实现快递业务收入9531万元，比上年下降8.4%。

年末邮政局(所)数18个。全年邮电业务收入14361万元，比上年增长7%。其中邮政主营业务收入3696万元，电信业务收入10665万元。年末固定电话用户(含小灵通)12013户，其中城市电话用户10570户，农村电话用户1131户。年末住宅电话用户3954户。年末移动电话用户143129户，其中3G以上移动电话用户数122693户。年末互联网宽带接入用户数(固定互联网宽带，为电信、移动、联通、华数4家运营商的用户)54305户。

全年实现旅游综合收入43.1亿元，比上年下降18.6%。云和梯田顺利通过国家AAAAA级旅游景区景观质量评审，被列入全省打造大花园耀眼明珠培育对象；佛儿岩创AAAA通过省级景观质量评审，崇头、紧水滩、赤石创成省AAAA级景区镇(乡)；梅源芒种开犁节入选国家非遗名录。全年完成旅游投资3.76亿元、增长3.6%。

七、金融和保险

年末全县金融机构人民币存款余额1317402万元，比上年末增长7.4%。其中，住户存款807360万元，比上年末增长16.1%。年末金

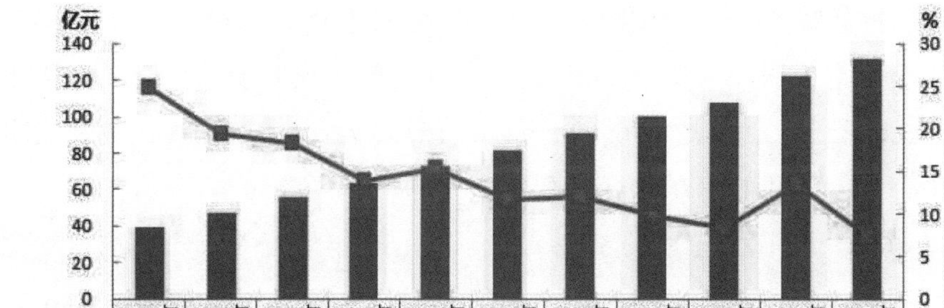

	2010年	2011年	2012年	2013年	2014年	2015年	2016年	2017年	2018年	2019年	2020年
绝对额	39.11	46.69	55.26	62.92	72.53	81.03	90.86	99.76	108.10	122.67	131.74
增速	24.9	19.4	18.2	13.9	15.3	11.7	12.1	9.8	8.4	13.5	7.4

2010—2020 年云和县金融机构人民币年末存款余额及增速

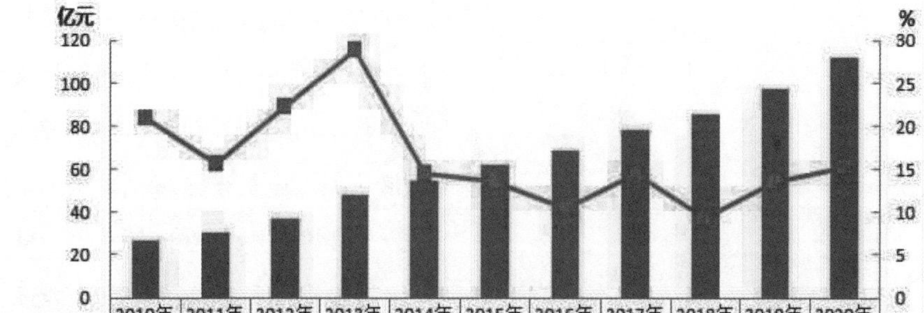

	2010年	2011年	2012年	2013年	2014年	2015年	2016年	2017年	2018年	2019年	2020年
绝对额	26.25	30.30	37.05	47.71	54.57	61.95	68.44	78.31	85.65	97.31	112.09
增速	21.0	15.5	22.3	28.8	14.4	13.5	10.5	14.4	9.4	13.6	15.2

2010—2020 年云和县金融机构人民币年末贷款余额及增速

融机构人民币贷款余额 1120866 万元，比上年末增长 15.2%。

全年全县保险业实现保费收入 18269 万元，比上年增长 8.3%。其中，财产险保费收入 8813 万元，与上年持平；人身险保费收入 9456 万元，比上年增长 17.4%。全年保险业各类赔款及给付支出 5897 万元，比上年下降 1.5%。其中，财产险赔款及给付支出 4359 万元，人身险赔款及给付支出 1538 万元。

八、教育和科学技术

2020 年，全县拥有普通中学 5 所，招生 1800 人，在校生 5092 人，毕业生 1583 人；职业中学 1 所，招生 640 人，在校生 1734 人，毕业生 555 人；小学 12 所，招生 1349 人，在校生 8014 人，毕业生 1364 人。年末有幼儿园 17 所，入园幼儿 1542 人，在园幼儿 4056 人，离园幼儿 1349 人。年末省三级以上幼儿园覆盖率为 100%，中小学标准化学校比例为 100%；学前三年幼儿入园率为 98.58%，初中毕业升高中比例为 98.36%，高中段教育毛入学率为 98.13%；九年义务教育完成率为 100%，十五年基础教育普及率 98.22%。

全年地方财政科技投入 4333 万元，比上年增长 36.4%。年末实有国家高新技术企业 23 家，省科技型中小企业 74 家；全年新增国家高新技术企业 7 家、省科技型中小企业 14 家。全年引进科技特派员 5 名。全年知识产权保护工作平稳推进，新增专利申请量 1312 件；新增专利授权量 2375 件，其中发明专利 25 项、实用新型专利 1570 项、外观设计专利 780 项。

九、文化和卫生

年末全县共有公共图书馆 1 个，文化馆 1 个；档案馆 1 个，馆藏各类档案 177 个全宗（其中馆藏 151 个），共计 108560 卷 134318 件，其中已开放全宗 151 个、开放档案 68221 卷、开放档案 79652 件。

年末全县有广播转播台 1 座，有线电视台 1 座；数字电视用户 29332 户，比上年末增加 666 户。全县电视人口综合覆盖率和广播人口综合覆盖率均达到 100%。

年末全县有医疗卫生机构 18 个（不含村卫生室、门诊部、诊所、卫生所、医务室），其中，医院 5 个，卫生院 6 个，社区卫生服务中心 2 个，妇幼计生服务中心 1 个，卫生监督所 1 个，其他卫生机构 3 个（含疾病预防控制中心）。年末全县医院实有床位 555 张。全社会卫生技术人员合计 1107 人（不含村卫生室、门诊部、诊所、卫生所、医务室的全社会卫生技术人员 917 人），其中，执业医师和助理医师 428 人（执业医师 341 人，助理医师 87

人)；注册护士471人；药师(士)57人；技师(士)39人；其他卫生技术人员116人。

十、人口、人民生活和社会保障

年末全县公安户籍人口为113777人。其中，城镇人口50737人，乡村人口63040人；男性人口为58429人，女性人口为55348人，男女性别比为105.57(女性为100)。全年全县出生人口为936人，出生率为8.21‰；死亡人口为840人，死亡率为7.37‰；全年净增人口96人，人口自然增长率为0.84‰，比上年回落2.01个千分点。

根据城乡住户一体化调查，全年全体常住居民人均可支配收入37586元，比上年增长6.7%。其中，城镇常住居民人均可支配收入46584元，比上年增长5.5%；农村常住居民人均可支配收入22022元，比上年增长7.6%。全年城镇居民人均消费性支出27888元，其中食品烟酒消费支出8174元；农村居民人均消费性支出16712元，其中食品烟酒消费支出5594元。

全年低收入农户人均可支配收入13893元，比上年增长14.6%。

年末全县城镇职工养老保险人数51522人，比上年末增加3509人(其中机关事业养老保险参保人数6970人，比上年末增加101人；企业及灵活就业人员养老保险参保人数44552人，比上年末增加3408人)；城乡居民基本养老保险人数39449人，比上年末减少1047人。城镇职工医疗保险人数24575人，比上年末增加1190人；城乡居民基本医疗保险人数83744人，比上年末减少1381人。参加工伤保险人数40947人，比上年末增加9013人。参加失业保险人数15139人，比上年末增加1120人。全民医保、养老保险参保率分别达99.56%和98.83%。

全年结婚登记718对，比上年下降10.9%；离婚登记350对，比上年增长1.7%。

2020年人口主要构成情况

表3

指　　标	年末数(人)	比重(%)
全县总人口	113777	100
其中：男性	58429	51.4
女性	55348	48.6
其中：城镇人口	50737	44.6
乡村人口	63040	55.4
其中：0—17岁	19972	17.6
18—34岁	20483	18.0
35—59岁	49137	43.2
60岁及以上	24185	21.2

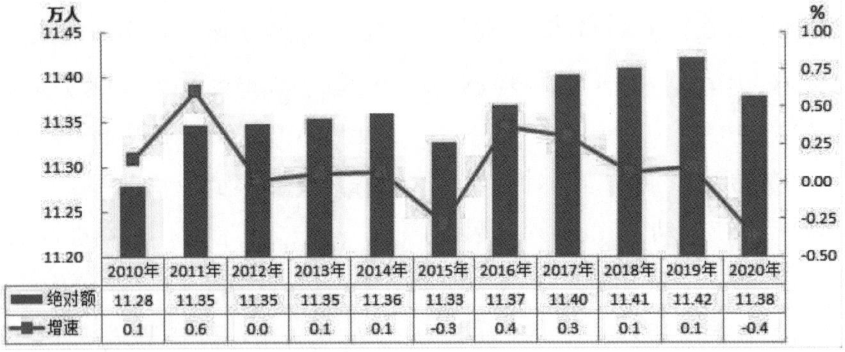

2010—2020年云和县户籍总人口及增速

2020年常住居民人均可支配收入及生活消费支出

表4

指标名称	2020年(元)			同比增幅(%)		
	全体	城镇	农村	全体	城镇	农村
常住居民人均可支配收入	37586	46584	22022	6.7	5.5	7.6
一、工资性收入	20387	24992	12421	6.2	4.4	9.6
二、经营净收入	6102	4653	8608	2.6	2.1	4.4
三、财产净收入(成本法)	6408	9958	269	7.7	6.0	9.8
四、转移净收入	4689	6981	724	13.0	11.4	13.7
人均生活消费支出	23794	27888	16712	2.0	1.5	1.7
其中：食品烟酒	7229	8174	5594	1.7	1.5	1.0

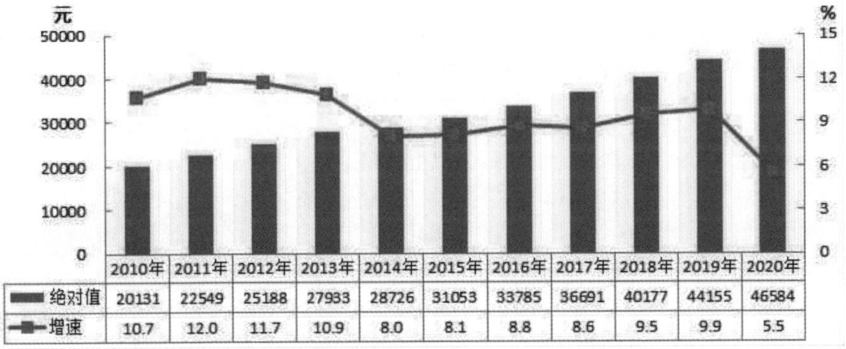

2010—2020年云和县城镇常住居民人均可支配收入及增速

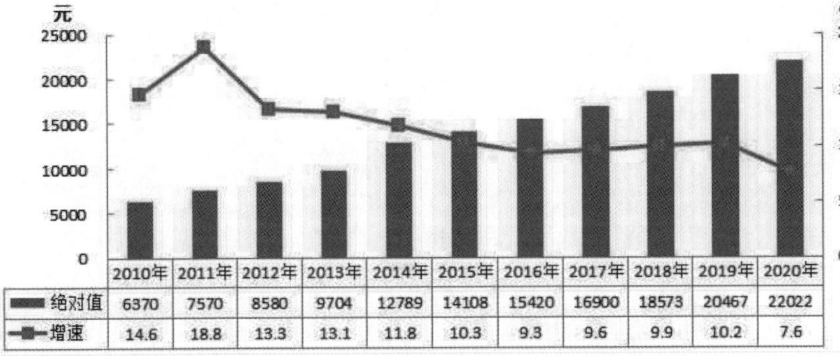

2010—2020年云和县农村常住居民人均可支配收入及增速

年末全县城乡低保对象共有1925户3865人，全年共支出低保救助金2323.4万元。特困供养对象共有262户268人，集中供养率45.14%(不含户院挂钩)，全年共支出特困供养救助金384万元。

十一、资源、环境和安全生产

2020年全县地表水资源总量73129万立方米，比上年下降36.4%；年降水量140126万立方米，比上年下降18.8%；年末全县3座大中型水库蓄水总量70407万立方米，比上年下降0.5%；全年平均降水量1424毫米，比上年的1763毫米的降水量下降19.2%。年降水日数161天，比常年同期偏少16.3天；2020年平均气温19.3℃，比常年偏高1.5℃，为历年同期最高；年日照时数1383.3小时，比常年偏少228.6小时，为历年同期最少。全年空气环境质量监测有效天数为358天，优良天数为358天，优良率(AQI)为100%。全年降尘量1.0吨/平方千米·月。全年$PM_{2.5}$平均浓度为20微克/立方米，比上年下降9.1%，达到大气环境功能区二级标准。

全年建设生态公益林53616公顷，人工造林面积485公顷；迹地更新29.8公顷；当年新增育苗13.9公顷，一般森林抚育面积1400公顷。年末全县森林覆盖率81.54%。

全年全社会用电量159314万千瓦时，比上年增长0.6%。其中，工业用电量137164万千瓦时，比上年增长0.1%；城乡居民生活用电量12690万千瓦时，比上年增长5.2%。全年规模以上工业企业能源消费量比上年增长5.4%，其中，规模以上工业企业电力消费量比上年增长5.7%；单位规模以上工业增加值能耗比上年下降3.1%。

全年企业职工伤亡事故1起，死亡1人；全年无生产经营性火灾事故发生，无直接经济损失；全年共发生道路交通事故1起，造成1人死亡。

2020年云和县国民经济和社会发展主要指标表

表5

指　　标	单位	2020年	2019年	比上年增减(±%)
一、年末户籍总人口	人	113777	114203	-0.4
其中：男	人	58429	58691	-0.4
女	人	55348	55512	-0.3
其中：乡村人口	人	63040	63219	-0.3
城镇人口	人	50737	50984	-0.5

续表5

指　　标	单 位	2020年	2019年	比上年增减(±%)
人口自然增长率	‰	0.84	2.85	-0.2
常住人口	万人	—	11.51	—
城市(镇)化率	%	—	71.3	—
二、云和县生产总值	万元	869947	827869	5.8
农林牧渔业	万元	50987	50201	2.3
工业	万元	391646	391494	4.2
建筑业	万元	48345	47737	-1.8
批发和零售业	万元	86155	76219	12.3
交通运输、仓储和邮政业	万元	21243	20749	4.9
住宿餐饮业	万元	13944	14109	-2.7
金融业	万元	45607	43344	4.3
房地产业	万元	68514	49157	29.3
营利性服务业	万元	30747	26924	13.4
非营利性服务业	万元	112760	107935	3.4
第一产业	万元	49084	48471	2.0
第二产业	万元	439949	439190	3.7
第三产业	万元	380914	340208	9.6
三次产业结构占比	—	5.6:50.6:43.8	5.9:53:41.1	—
人均生产总值(户籍人口)	元	76318	72526	5.9
人均生产总值(常住人口)	元	—	71957	—
三、农林牧渔业总产值	万元	79559	78214	2.3
农业总产值	万元	58149	58149	4.0
林业总产值	万元	7308	6702	8.2
牧业总产值	万元	8830	8583	-16.6
渔业总产值	万元	2074	1872	8.7
农林牧渔服务业总产值	万元	3198	2908	9.3
四、规模以上工业产值	万元	1375412	1220697	12.7
其中:木制玩具制造业	万元	239690	247350	-3.1
黑色金属冶炼及压延加工	万元	602599	511869	17.7
通用设备制造业	万元	79620	79920	-0.4
阀门制造	万元	40858	43576	-6.2
轴承制造	万元	36715	34297	7.1
金属废料和碎屑加工处理业	万元	305691	227427	34.4
电力生产与供应业	万元	95100	97874	-2.8
五、固定资产投资及房地产业				
固定资产投资	万元	336121	310360	8.3
其中:民间投资	万元	—	—	6.4
其中:交通投资	万元	—	—	15.3
其中:高新技术产业投资	万元	—	—	62.8
其中:生态环保和公共设施	万元	—	—	-13.8
商品房销售面积	万平方米	8.01	4.84	65.4
六、内外贸易及旅游、快递业				
社会消费品零售总额	万元	378918	348325	8.8
其中:限额以上	万元	53833	44380	21.3
批发业商品销售额	万元	—	—	13.5
零售业商品销售额	万元	—	—	18.2
住宿业营业额	万元	—	—	-4.6

续表5

指　　标	单 位	2020年	2019年	比上年增减(±%)
餐饮业营业额	万元	—	—	2.5
进出口总额	万元	131767	173655	-24.1
其中:自营出口	万元	128613	166999	-23.0
进出口总额	万美元	18922	25146	-24.8
其中:自营出口	万美元	18467	24180	-23.6
网络零售额	万元	319287	278627	14.6
实际利用外资	万美元	310	409	-24.2
旅游总收入	亿元	43.1	52.96	-18.6
规上快递服务业企业业务量	万件	2267	2406	-5.8
规上快递服务业企业业务收入	万元	9531	10401	-8.4
七、财政金融				
财政总收入	万元	133124	104053	27.9
其中:一般公共预算收入	万元	81363	64330	26.5
其中:税收收入	万元	74480	53001	40.5
一般公共预算支出合计	万元	329890	303991	8.5
金融机构人民币年末存款余额	万元	1317402	1226678	7.4
其中:住户存款	万元	807360	695372	16.1
金融机构人民币年末贷款余额	万元	1120866	973085	15.2
保险业保费收入	万元	18269	16868	8.3
其中:财产险	万元	8813	8813	0.0
人寿险	万元	9456	8055	17.4
八、卫生教育及科技				
卫生技术人员数	人	1107	1122	-1.3
卫生机构床位数	张	555	553	0.4
执业及执业助理医生数	人	428	425	0.7
普通中学在校学生数	人	5092	4893	4.1
职业中学在校学生数	人	1734	1646	5.3
小学在校学生数	人	8014	8011	0.0
在园幼儿数	人	4056	4120	-1.6
专利授权量	项	2375	1401	69.5
其中:发明专利	项	25	10	150.0
实用新型专利	项	1570	590	166.1
外观设计专利	项	780	801	-2.6
九、人民生活及社会保障				
全体常住居民人均可支配收入	元	37586	35240	6.7
城镇居民人均可支配收入	元	46584	44155	5.5
农村居民人均可支配收入	元	22022	20467	7.6
城镇居民人均生活消费支出	元	27888	27488	1.5
农村居民人均生活消费支出	元	16712	16440	1.7
低收入农户人均可支配收入	元	13893	12123	14.6
城镇登记失业率	%	1.79	2.29	-0.5
城镇职工养老保险参保人数	人	51522	48013	比上年末增加3509人
其中:机关事业	人	6970	6869	比上年末增加101人
企业及灵活就业人员	人	44552	41144	比上年末增加3408人
城乡居民基本养老保险参保人数	人	39449	40496	比上年末减少1047人
城镇职工医疗保险参保人数	人	24575	23385	比上年末增加1190人
城乡居民基本医疗保险参保人数	人	83744	85125	比上年末减少1381人

续表5

指　　标	单 位	2020年	2019年	比上年增减(±%)
工伤保险参保人数	人	40947	31934	比上年末增加9013人
失业保险参保人数	人	15139	14019	比上年末增加1120人
全民养老保险参保率	%	98.83	96.87	1.96
全民医疗保险参保率	%	99.56	99.07	0.49
城乡低保对象人数	人	3865	3783	比上年末增加82人
十、邮电业务				
邮电业务收入	万元	14361	13416	7.0
主营业务收入(邮政)	万元	3696	3596	2.8
电信业务收入	万元	10665	9820	8.6
固定电话年末用户数(含小灵通)	户	12013	13131	-8.5
其中:城市电话用户数	户	10570	11460	-7.8
农村电话用户数	户	1131	1192	-5.1
移动电话用户数	户	143129	142500	0.4
互联网宽带接入用户数	户	54305	52647	3.1
十一、全社会用电量及节能降耗	万千瓦时	159314	158415	0.6
其中:工业用电量	万千瓦时	137164	136972	0.1
三产用电量	万千瓦时	8061	7753	4.0
居民生活用电	万千瓦时	12690	12065	5.2
规模以上工业能源消费量(等价值)	万吨标准煤	37.99	36.05	5.4
规模以上工业电力消费量	万千瓦时	125237	118450	5.7
规模以上工业增加值能耗降低率	%	3.1	-5.7	——

注:(1)本公报所列2020年各项数据为初步统计数据。

(2)全县生产总值和各产业增加值绝对数按现行价格计算,增长速度按2015年可比价格计算。2020年生产总值为初步统计数,2019年生产总值为年报数据。

(3)人均生产总值按年平均人口口径计算。

(4)固定资产投资数据为计划投资500万元以上项目数据。因国家投资统计制度改革,目前只公布改革修订后的同口径可比增速。

(5)因网络零售额增速统计口径变化,2020年增速根据省商务厅公布的2020年和2019年网络零售额计算得到,而非取自2020年省商务厅公布的增速。

(6)卫生技术人员和卫生机构床位数均不含诊所、村卫生室;执业及执业助理医生数包含诊所、村卫生室。数据取自县卫健局。

(7)人口资料采用县公安局户籍人口口径计算。

(8)从2014年开始正式发布城乡住户一体化改革调查数据,农民人均纯收入变更为农村常住居民人均可支配收入;由于城乡住户一体化改革,城镇常住居民人均可支配收入和农村常住居民人均可支配收入绝对值及增速为新统计口径数据。

(9)医疗、养老保险参保人数及参保率按医疗保障局、人力社保局参保口径计算。

(10)规模以上工业增加值能耗降低率为负,表明上升。

资料来源:本公报中城镇新增就业、登记失业率、养老保险、工伤保险、失业保险数据来自县人力社保局,医疗保险、生育保险人数来自县医疗保障局,财政数据来自县财政局,网络零售额数据来自省商务厅,旅游数据、公共图书馆等数据来自县文化和广电旅游体育局,外贸进出口数据来自县经商局,快递业务量和业务收入来自市邮政管理局,专利数量数据来自县市场监督管理局,档案数据来自县档案局,卫生数据来自市卫生健康委,社会服务、低保数据来自县民政局,水资源、年平均降雨量数据来自县水利局,平均气温、年日照时间数据来自县气象局,空气质量数据来自市生态环境局云和分局,森林覆盖率、生态公益林数据来自县生态林业发展中心,新农村建设数据来自县农业农村局,境内公路总里程数据来自县交通运输局,民用汽车拥有量数据来自县交警大队,移动电话、固定电话、移动互联网用户等通信数据来市电信、移动公司,邮政业务总量数据来自市邮政管理局,货币金融数据来自县人民银行,保险业数据来自市保险协会,教育数据来自县教育局,有线电视用户数据来自县融媒体中心,人口数据来自县公安局,生产事故、交通事故等数据来自县应急管理局,其他数据均来自市统计局和县统计局。

大　事　记

2020年大事记

1月

2日　县政府党组会议暨第38次常务会议召开。会议传达学习《中华人民共和国宪法》；审议通过《云和县县直有关单位生态环境保护工作职责清单（送审稿）》《云和县违法建筑处置办法（送审稿）》《云和县农村违法附属用房处置指导意见（送审稿）》《云和县“采真里”历史文化街区项目实施办法（修订）》《云和县人民政府重大行政决策程序规定（送审稿）》《云和县政府行政规范性文件管理办法（送审稿）》；听取关于安溪畲族乡后塘农旅融合项目的汇报。

6日　省信访局信访督查专员李初排到云和调研。

8日　省发改委副主任徐幸到云和调研生态产品价值实现机制建设情况。

同日　县委书记专题会议召开。

同日　县委编委会召开。

9日　县委十四届常委会第67次会议召开。会议听取全县“不忘初心、牢记使命”主题教育开展情况，县十六届人大五次会议、县九届政协四次会议筹备情况，部分局级事业单位领导职数调整情况的汇报；研究人事工作。

同日　全县“不忘初心、牢记使命”主题教育总结大会召开。

同日　全县领导干部会议召开。

10日　全县重大项目决策会议召开。

同日　全县“无违建县”创建工作月例会召开。

13日　《云和县志（1991—2010）》志稿复审会召开。

14日　《2020年县政府工作报告》征求意见座谈会召开。

15日　《县委十四届十一次全体（扩大）会议报告》党外代表人士征求意见座谈会召开。

同日　全县离退休老干部座谈会召开。

同日　全县离退休领导干部政情通报会召开。

16日　县委十四届常委会第68次会议召开。会议讨论通过《县委十四届十一次全体（扩大）会议报告（送审稿）》《县委十四届十一次全体（扩大）会议方案（建议稿）》；审议通过《中共云和县委关于认真学习贯彻党的十九届四中全会精神 高水平推进县域治理现代化的决定（送审稿）》《关于新时代加强和改进人民政协工作的实施意见（送审稿）》《云和县县直有关单位生态环境保护工作职责清单（送审稿）》；听取关于落实浙江省委宗教工作督查整改“回头看”反馈意见、2019年度县级单项考核优秀单位推荐情况汇报；研究人事工作。

17日　县委十四届十一次全体（扩大）会议召开。会议学习贯彻中共十九届四中全会、省委十四届六次全会、市委四届七次全会精神；回顾总结2019年主要工作，研究部署2020年重点任务；审议通过《中共云和县委关于认真学习贯彻党的十九届四中全会精神 高水平推进县域治理现代化的决定》。

同日　全县领导干部会议召开。

同日　市委副书记、市长吴晓东到云和调研。

同日 市委常委、统战部部长王小荣到云和开展节前安全生产检查和走访慰问。

20 日 县委县政府新春茶话会举行。

21 日 全县新型冠状病毒感染的肺炎疫情防控工作会议召开。

22 日 全县新型冠状病毒感染的肺炎疫情防控工作领导小组会议召开。

25 日 全县疫情防控分析研判会召开。

26 日 全县疫情防控分析研判会召开。

27 日 县委常委会扩大会议召开。会议传达中央和省、市会议精神,研究部署疫情防控工作。

29 日 全县疫情防控分析研判会召开。

30 日 市委常委、统战部部长王小荣到云和调研疫情防控工作。

同日 全县在外拟返回(来)云和人员管控工作部署会召开。

2 月

1 日 县委常委会扩大会议召开。会议传达学习市委有关会议精神;研究部署下步疫情防控工作。

2 日 县新冠肺炎疫情防控指挥部指挥长会议(以下简称县疫情防控指挥部指挥长例会)召开。

3 日 市委常委、统战部部长王小荣到云和暗访督查疫情防控落实情况。

同日 县疫情防控指挥部指挥长例会召开。

4 日 市委书记胡海峰到云和督查指导疫情防控工作。

同日 市委常委、统战部部长王小荣到赤石乡检查指导疫情防控工作。

同日 县疫情防控指挥部指挥长例会召开。

5 日 县疫情防控指挥部指挥长例会召开。

6 日 县疫情防控指挥部指挥长例会召开。

7 日 县政府党组会议暨县第十六届人民政府第 39 次常务会议召开。会议听取《关于应对疫情影响 支持企业渡过难关的二十条意见(送审稿)》有关情况的汇报。

同日 县疫情防控指挥部指挥长例会召开。

9 日 县疫情防控指挥部指挥长例会召开。

11 日 县委常委会扩大会议召开。会议传达学习中共中央政治局常委会会议和省委、市委常委会扩大会议精神;研究部署下步疫情防控和企业复工复产工作。

同日 全县开(复)工思路方案汇报会召开。

12 日 全县商贸流通业有序开(复)工方案汇报会召开。

同日 全县疫情防控卡口设置优化方案汇报会召开。

13 日 全县常态化疫情防控座谈会召开。

14 日 全县企业和重点项目开(复)工座谈会召开。

15 日 县委十四届常委会第 69 次会议召开。会议传达学习中共中央政治局常委会会议精神;审议通过《关于夺取疫情防控和实现经济社会发展目标双胜利的若干意见(送审稿)》。

16 日 全县夺取疫情防控和实现经济社会发展目标双胜利动员部署会召开。

17 日 县疫情防控指挥部指挥长例会召开。

19 日 县委常委会扩大会议召开。会议传达学习省委、市委常委会扩大会议精神;研究部署下阶段疫情防控和复工复产“两手抓”“双胜利”工作。

20 日 县政府党组会议暨县第十六届人民政府第 40 次常务会议召开。会议审议通过《2020 年政府工作报告(送审稿)》《2020 年云和县“十件民生实事”候选实事形成情况的报告 (送审稿)》《关于云和县 2019 年国民经济和社会发展计划执行情况与 2020 年国民经济和社会发展计划草案的报告(送审稿)》《2020 年固定资产投资计划(送审稿)》《2020 年政府投资项目计划(送审稿)》《2020 年重点建设项目计划(送审稿)》《2020 年重大建设项目前期计划(送审稿)》《2020 年基本建设预算(送审稿)》《2020 年土地和房屋征收计划(送审稿)》《2019 年预算执行情况和 2020 年预算草案的报告(送审稿)》。

23日 副市长楼志坚到云和督查指导客运中心企业班车恢复情况和疫情防控工作。

25日 县委十四届常委会第70次会议召开。会议研究统筹推进新冠肺炎疫情防控和经济社会发展工作;传达学习全国、全省统战部长会议精神,全省宣传思想工作会议精神,十九届中央纪委四次全会、浙江省纪委十四届五次全会精神;审议通过《中共云和县委常委会2020年工作要点(送审稿)》。

同日 市委副书记、政法委书记李峰到云和调研指导疫情防控工作。

26日 全县2020年银企对接推介会召开。

28日 副市长卢彩柳到云和督查指导疫情防控和复工复产工作。

同日 县委全面深化改革委员会第二次会议召开。

同日 县委审计委员会第二次会议召开。

3月

4日 县城乡规划管理委员会会议召开。

6日 县委十四届常委会第71次会议召开。会议传达学习中共中央政治局常委会会议精神;审议通过《2020年政府工作报告(送审稿)》《2020年云和县"十件民生实事"候选实事形成情况的报告(送审稿)》《云和县2020年固定资产投资计划(送审稿)》《云和县2020年政府投资项目计划(送审稿)》《云和县2020年重点建设项目计划(送审稿)》《云和县2020年重大建设项目前期计划(送审稿)》《2020年基本建设预算(送审稿)》《云和县2019年预算执行情况和2020年预算草案的报告(送审稿)》《中共云和县纪委十四届六次全会工作报告(送审稿)》《云和县乡村治理体系建设试点工作方案(送审稿)》《关于云和县2019年国民经济和社会发展计划执行情况与2020年国民经济和社会发展计划草案的报告(送审稿)》。

10日 全县工业企业复工复产座谈会召开。

11日 市委常委、组织部部长方健忠到云和督导天然气"县县通"工程。

12日 县义务植树活动开展。

同日 2020年全县应急管理、安全生产、消防工作会议召开。

13日 全县乡村治理体系建设试点工作领导小组第一次会议召开。

同日 县棚改工作汇报会召开。

14日 县疫情防控指挥部指挥长例会召开。

17日 县委书记专题会议召开。

23日 县疫情防控指挥部指挥长例会召开。

同日 全县2020年一季度地区生产总值(服务业)核算部门统计联席会议暨指标分析会召开。

同日 全县工业投资"标准地"项目准入决策与建设监管领导小组会议召开。

24日 县政府党组会议暨县第十六届人民政府第41次常务会议召开。会议听取汇源(云和)饮料食品有限公司项目地块转让有关问题的汇报。

25日 县委十四届常委会第72次会议召开。会议传达学习省委政法工作会议、全市宣传思想工作会议、市纪委四届五次全体扩大会议、全省和全市组织部部长工作会议暨干部监督工作会议、全省党校校长工作会议、省委农村工作会议精神和中共中央总书记习近平在决战决胜脱贫攻坚座谈会上的讲话精神;听取汇源(云和)饮料食品有限公司项目地块转让有关问题、省委巡视整改工作汇报和脱贫专项工作的汇报;审议通过《云和县残疾人联合会改革实施方案(送审稿)》《云和县计划生育协会改革实施方案(送审稿)》《2019年度乡镇(街道)、部门综合考核结果(送审稿)》;学习《中共浙江省委贯彻〈中国共产党宣传工作条例〉实施办法》。

27日 县政府党组会议暨县第十六届人民政府第42次常务会议召开。会议审议通过《云和县行政事业单位房产出租管理暂行办法（送审稿）》《关于要求将处州汽校区块产权调换嵌入式安置房提前用于安置的报告（送审稿）》《云和县生态产品政府采购试点暂行办法（送审稿）》；听取2020年云和县一季度应急管理工作情况、云和县扶贫工作专项情况的汇报。

4月

3日　县委常委会扩大会议召开。会议传达学习中共中央总书记习近平在浙江考察时的重要讲话精神。

同日　县第十四届纪律检查委员会第六次全体（扩大）会议召开。

同日　十四届云和县委第四轮巡察工作动员部署会召开。

10日　省文旅厅副厅长杨建武到云和调研“云和梯田创AAAAA级”和崇头镇“美丽城镇”建设工作。

12日　迎接“援鄂”（支援湖北）医护人员返回云和仪式举行。

13日　2020年县长项目工程谋划和推进情况汇报会召开。

15日　县委党建工作会议召开。

16日　市委常委、常务副市长杜兴林到云和调研。

同日　打造新型城镇化样板县域工作例会召开。

17日　县委十四届常委会第73次会议召开。会议传达学习省委书记车俊在丽水调研时的讲话精神和全市统战部部长会议精神；听取县十六届人大五次会议、县政协九届四次会议有关情况汇报；研究人事工作。

同日　省司法厅副厅长劳泓到云和调研“送法进企”活动。

同日　县委书记专题会议召开。

20日　县第十六届人民政府第43次常务会议召开。会议审议通过《关于云和县2019年度环境状况和环境保护目标完成情况的报告（送审稿）》；听取关于汇源（云和）饮料食品有限公司项目地块转让有关问题的汇报。

同日　童话云和大花园典型示范建设工作推进会召开。

同日　省委政法委二级巡视员郑曙鸣率调研组到云和调研社会矛盾纠纷调解中心建设情况。

22日　省委老干部局副局长王晖玲到云和调研。

26—28日　中国人民政治协商会议第九届云和县委员会第四次会议召开。会议应出席委员150人，实到委员146人。县政协主席王新荣代表政协第九届云和县委员会常务委员会向大会作工作报告。

27—29日　云和县第十六届人民代表大会第五次会议召开。会议应到代表146人，实到代表133人。县委副书记、县长上官国明代表县人民政府向大会作工作报告。

29日　云和—北仑“山海协作”座谈会召开。

同日　“山水童话特色风情聚落区块建设”专题民主协商会召开。

30日　县委十四届常委会第74次会议召开。会议传达学习全市基层党建工作专题推进会精神、全市党校校长会议精神、十四届省委第九轮巡视工作动员部署会和四届市委第七轮巡察工作动员部署会精神；审议通过《关于县人大和县政协专门委员会人员安排的操作意见（送审稿）》《关于部分单位领导机构设置方案（送审稿）》《云和县“90后”优秀年轻干部综合比选工作方案（送审稿）》；听取2020年度一季度全县社会稳定（平安、信访）形势分析、公安工作、汇源（云和）饮料食品有限公司项目地块转让有关问题、村（社区）换届准备工作、有关案件的情况汇报；研究人事工作。

同日　全县领导干部会议召开。会议传达学习市“两会”精神。

同日　县委书记专题会议召开。

5月

6日　全县“争先创优”行动方案汇报会召开。

7日　县委十四届常委会第75次会议暨县委财经委第二次会议召开。会议传达学习全省二季度工作动员部署会精神；审议通过《云和县“争先创优”行动方案（送审稿）》；听取全县一季度经济运行情况汇报。

同日 县委县政府农业和农村领导小组工作会议召开。

同日 国家税务总局浙江省税务局党委书记、副局长龙岳辉到云和调研基层税务工作。

同日 市人大常委会副主任朱继坤到云和调研养老服务体系建设工作。

8日 全县二季度工作动员部署会召开。

9日 全县美丽城镇建设工作领导小组会议召开。

同日 全县城市改造（棚改）工作领导小组会议召开。

11日 全县“致敬护士队伍，携手战胜疫情”5·12国际护士节优秀护士事迹报告会暨表彰大会举行。

12日 全县“十四五”规划编制汇报会召开。

同日 《云和县志（1991—2010）》志稿终审会召开。

12—13日 省“无违建县”考核验收组到云和验收“无违建县”创建工作。

13日 省统计局局长王杰到云和调研华宏钢铁生产和后交线二期投资项目建设情况。

14日 省发改委副主任陶国胜到云和调研“十四五”规划编制工作。

19日 浙报集团党委书记、社长唐中祥率考察组到云和调研“两山”转化项目。

同日 市委常委、纪委书记、监委主任方文军到云和调研“清廉云和”建设情况。

同日 市委常委、组织部部长方建忠到云和调研村（社区）换届情况。

同日 县城乡规划管理委员会会议召开。

20日 市委副书记、市长吴晓东到云和调研生态产品价值实现机制工作。

22日 全县省级美丽乡村示范县创建誓师大会暨城乡环境综合整治工作点评会召开。

25日 全县“争先创优”月度工作例会召开。

27日 省委常委、组织部部长黄建发到云和考察调研木玩产业转型升级、云和梯田创AAAAA景区、美丽乡村建设、企业复工复产和社会矛盾纠纷调处化解中心建设等情况。市委副书记、市长吴晓东，市委常委、组织部部长方建忠陪同调研。

28日 县委常委会扩大会议召开。会议传达学习省委常委、组织部部长黄建发在云和调研时的讲话精神。

同日 省生态环境厅副厅长王以淼到云和调研生态环境监测工作。

同日 县第十六届人民政府第44次常务会议召开。会议审议通过《云和县高质量推进国土绿化五年行动实施方案(2020—2024年)(送审稿)》《云和县全面打赢低收入农户增收攻坚战行动方案(送审稿)》《云和县既有住宅加装电梯试行办法(送审稿)》《云和县城市污水处理厂清洁排放技术改造及城区污水零直排工程PPP项目合同(送审稿)》《国家发展和改革委员会城市和小城镇改革发展中心 云和县人民政府战略合作框架协议书(送审稿)》《云和县2020年度规划编制计划(送审稿)》《云和县政府性投资项目已投入使用但未竣工验收历史遗留问题处置方案(送审稿)》；听取关于云和县生态红线评估调整、云和县“大搬快聚 富民安居”工程项目融资工作方案、云和县解放街(一期)拆迁安置住宅小区(南、北)区块工程合同造价变更等情况汇报。

29日 全县土地开发整治工作推进会召开。

6月

1日 全县领导干部会议召开。会议传达学习全国“两会”精神。

2日 省卫健委主任张平到云和调研民族乡结对帮扶和县域医共体建设。副市长卢彩柳陪同调研。

同日 县委全面依法治县委员会第二次会议召开。

同日 县委反腐败协调小组会议召开。

3日 县委人才科技工作领

导小组会议召开。

同日 县委编委会会议召开。

4日 省人大常委会党组书记、副主任梁黎明率调研组到云和开展动物防疫、野生动物保护“两法两条例两决定”执法检查。市人大常委会党组书记、主任虞红鸣，副市长杨秀清陪同检查。

5日 第十四届云和梯田开犁节开幕式举行。

8日 全市深化拓展新时代文明实践中心建设暨农村文化礼堂建设工作推进会在云和召开。市委常委、宣传部部长任淑女，副市长卢彩柳参加会议。

11日 市人大常委会党组副书记、副主任陈建波到云和调研民族村精准扶贫项目建设情况。

12日 县委十四届常委会第76次会议召开。会议传达学习省纪委书记许罗德在丽水调研时的讲话精神、省委巡视工作领导小组办公室《关于对云和县巡视整改情况回访检查的反馈意见》精神、全省县级社会矛盾纠纷调处化解中心（信访超市）工作视频会议精神；审议通过《关于建立政治生态评价体系的实施意见（试行）（送审稿）》《部分单位领导职数调整方案（送审稿）》；听取关于云和县生态红线评估调整工作、2019年县管领导干部考核情况汇报。

19日 全县领导干部会议召开。会议传达学习省委十四届七次全体（扩大）会议精神。

23日 县委理论学习中心组学习（扩大）会召开。会议邀请省疾控中心副主任陈直平作《加强突发公共卫生事件应急管理》专题讲座。

同日 全县城市改造（棚改）工作领导小组会议召开。

24日 全县“五水共治”工作领导小组第十次会议暨全域“污水零直排区”建设工作推进会召开。

同日 全县“争先创优”月度工作例会召开。

同日 云和县人民政府—中国移动丽水分公司新基建（5G）战略合作协议签约仪式、县城市污水处理厂清洁排放技术改造及城区污水零直排工程PPP项目合同签约仪式举行。

28日 县第十六届人民政府第45次常务会议召开。会议组织学习《中华人民共和国社区矫正法》；审议通过《关于加快集聚科技创新创业人才 建设新型城镇化样板县域的实施意见（送审稿）》《关于推进民政事业高质量发展的实施意见（送审稿）》《云和县国有资本运营有限公司组建方案（送审稿）》《关于规范政府投资项目计划和重大项目前期工作计划调整的若干意见（送审稿）》《关于扶持云和县丽宏废旧金属回收有限公司的政策意见（送审稿）》《“大搬快聚 富民安居”工程岗头安置小区和大坪安置小区一期国有建设用地公开出让特殊条款（送审稿）》《云和县创建全国法治政府建设示范县实施方案（送审稿）》；听取关于《云和县鼓励企业扩大本地出口业务梯度政策（一）》制定、2020年二季度应急管理工作、2020年人大代表建议和政协提案有关情况汇报。

同日 县委十四届常委会第77次会议召开。会议传达学习十九届中央第五轮巡视工作动员部署会精神、《中共中央国务院关于加快推进社会治理现代化 开创平安中国建设新局面的意见》精神、《关于5个县（市、区）党委及组织部门履行选人用人主体责任不力问题的通报》精神；审议通过《云和县2020年度乡镇（街道）和部门综合考核办法（送审稿）》《关于加快集聚科技创新创业人才 建设新型城镇化样板县域的实施意见（送审稿）》《全面打赢低收入农户增收攻坚战行动方案（送审稿）》《关于推进民政事业高质量发展的实施意见（送审稿）》《云和县国有资本运营有限公司组建方案（送审稿）》《全县2020年督查检查考核年度计划（送审稿）》《2020年县委县政府重点工作任务分工方案（送审稿）》；听取经济运行月度评价指数（MEI）分析情况、“和”文化提炼情况汇报；研究人事工作。

29日 全县村（社区）换届暨“两不愁三保障”工作部署会召开。

30日 县社会矛盾纠纷调处化解中心揭牌仪式举行。

7月

3日 省人民检察院党组书记、检察长贾宇到云和调研检察机关服务保障木玩企业发展、云和梯田创AAAAA景区等工作。

同日 丽水学院党委书记廖思红到云和考察“幼教+木玩”等工作开展情况。

6日 县委常委会扩大会议召开。会议传达学习省委副书记、省长袁家军在丽水调研时的重要讲话精神及省委、省政府领导关于防范和惩治统计造假的指示批示精神。

同日 省委组织部副部长温暖到云和调研。

8日 县第十六届人民政府第46次常务会议召开。会议审议通过《云和县实施健康促进县建设项目(2020—2021年)工作方案(送审稿)》《云和县进一步优化垦造耕地工作的实施办法(试行)(送审稿)》《云和县城市改造(棚改)大庆寺三期A、B区块、白水区块、南门东区块项目国有土地上房屋征收补偿安置方案(送审稿)》《云和县应急救援队伍经费补助及用油管理方案(送审稿)》《云和县民办学校报备员额教师管理办法(试行)(送审稿)》《云和县中小学幼儿园后备教师储备库管理办法(试行)(送审稿)》《关于促进生猪产业高质量发展的实施意见(送审稿)》《关于推进粮油生产的若干政策(送审稿)》。

同日 县城乡规划管理委员会会议召开。

同日 省政协主席葛慧君到云和调研。市政协主席陈瑞商陪同调研。

14日 在职副县级以上领导干部集中观看大型情景音画诗剧《云和故事》。

同日 县政协“城市交通秩序整治”专项提案集中办理协商会召开。

15日 全县2020年城市改造(棚改)工作动员大会召开。

16日 县委常委会会议暨排查整顿工作领导小组会议召开。

同日 浙江警察学院党委书记蒋珍明到云和调研指导基层公安工作。副市长、市公安局局长毛建国陪同调研。

20—21日 省残联党组书记、理事长蔡国春到云和开展“走转改、三服务”活动。

22日 县委十四届常委会第78次会议召开。会议传达学习省委、省政府领导重要批示精神和国家统计局约谈会精神、全省第六次民族团结进步表彰大会精神;审议通过《晋升四级调研员及以上职级操作补充意见》;听取二季度经济运行评价指数(MEI)分析、崇头镇人民法庭设立情况汇报;研究人事工作。

同日 县委国家安全委员会第二次全体(扩大)会议召开。

同日 县委书记专题会议召开。

23日 县政府廉政工作会议召开。

同日 县木玩企业座谈会召开。

24日 县委书记专题会议召开,会议专题听取县委巡察工作汇报。

27日 县第十六届人民政府第47次常务会议召开。会议审议通过《云和县人民政府 浙江省经济信息中心战略合作框架协议(送审稿)》《云和县国有企业退休人员社会化管理工作实施办法(送审稿)》《云和县小微企业和个体工商户“两直”补助工作实施方案(送审稿)》《关于进一步加强国有建设用地供应管理工作的若干意见(送审稿)》《云和县征地综合补偿标准调整方案(送审稿)》《云和县水上安全管理办法(修订)(送审稿)》《2020年云和县重大行政决策事项目录清单(送审稿)》;听取关于云和县行政规范性文件清理结果、云和县2020年上半年消防形势研判和综合评估情况、云和县2020年上半年法治政府建设工作的汇报。

28日 全县健康促进县建设工作动员部署会暨业务培训会召开。

28—29日 上海市普陀区政协主席钱城乡率考察团到云和考察助推长三角地区经济社会发展

等工作，并与县政协签订合作交流协议。市政协主席陈瑞商陪同考察。

29日 全县上半年经济运行情况分析会暨“争先创优”工作例会召开。

31日 县委理论学习中心组学习（扩大）会召开。会议邀请浙江大学公共管理学院教授、博士生导师、副院长张蔚文作《中国城镇化：过去、现在与未来》专题讲座。

同日 浙江树人大学校长李鲁到云和调研木制教玩具发展工作。

8月

5日 省政协党组副书记、副主席孙景淼到云和调研。市政协主席陈瑞商、市政协副主席高波陪同调研。

同日 全县领导干部会议召开。会议传达学习省委常委会上半年形势分析会和市委四届八次全体（扩大）会议精神。

6日 省妇联副主席童丽君到云和开展“三服务”暨维权工作调研。

同日 全县“最美梯田风景带”建设工作汇报会召开。

7日 县城乡规划管理委员会会议召开。

11日 县政府与省经济信息中心战略合作协议签约仪式举行。省经济信息中心党委书记、主任郭斯兰参加仪式。

同日 县235国道云和段项目建设工作领导小组会议召开。

12日 县委副书记、县长上官国明为荣立市政府二等功、获“丽水市见义勇为先进分子”称号的张文军授奖。

14日 市委常委、统战部部长王小荣到云和调研。

20日 县委十四届常委会第79次会议召开。会议专题研究部署“两不愁三保障”工作；传达学习全省各级人大常委会主任学习会精神、《浙江省纪委 浙江省监委关于嵊州市、桐乡市、乐清市、临海市有关领导干部在防范统计造假工作中失职失责问题的通报》文件精神、全省巡视巡察工作会议暨十四届省委第十轮巡视动员部署会和四届市委第八轮巡察工作动员部署会暨巡察整改推进会会议精神、“全省新时代乡贤工作推进会”精神；讨论县委十四届十二次全体（扩大）会议报告；组织学习《党委党组意识形态工作责任制实施办法》；听取关于省委巡视回访反馈意见整改、首届云和县“最美退役军人”推选活动、2020年度上半年全县社会稳定（平安、信访）形势分析、落实省委意识形态工作责任制检查反馈意见中涉及云和的问题整改等情况汇报；审议通过《云和县国有企业退休人员社会化管理工作实施办法（送审稿）》《关于增加县信访局领导职数的方案（送审稿）》《关于调整县属学校、医院领导班子和领导人员管理体制的方案（送审稿）》；研究人事工作。

同日 县委书记专题会议召开。

21日 县委全面深化改革委员会第三次会议召开。

24日 县委十四届十二次全体（扩大）会议召开。会议深入学习贯彻中共十九大和十九届二中、三中、四中全会精神及中共中央总书记习近平考察浙江时的重要讲话精神，认真落实省委十四届七次全会和市委四届八次全会决策部署，回顾总结上半年工作，研究部署下半年任务，动员全县上下共同打造全国山区新型城镇化样板县域“重要窗口”。

25日 “云和木玩政协委员会客厅”首场活动举行。市政协副主席邝平正参加活动。

同日 全县重点项目推进会召开。

同日 全县木玩产业创新服务综合体建设工作领导小组会议召开。

26日 全县经济社会运行情况专题报告会召开。

27日 省新农村建设促进会会长章文彪率调研组到云和调研新时代美丽乡村“花园乡村”建设工作。市委常委、组织部部长方健忠陪同调研。

同日 全县“慈善一日捐”活动启动仪式举行。市慈善总会会长齐育华参加仪式。

28日 全县村(社区)组织换届工作领导小组第二次会议召开。

31日 县委十四届常委会第80次会议召开。会议传达学习中共中央总书记习近平系列重要讲话精神,《关于在第九轮巡视选人用人检查中发现专项整治不彻底相关问题的通报》文件精神,省委常委、政法委书记王昌荣在丽水调研时的讲话精神,全市建设平安丽水工作会议暨市域社会治理现代化试点工作推进会精神,省、市对台工作会议和全市对台工作领导小组会议精神,全省网络生态“瞭望哨”工程建设现场会会议精神;审议通过《云和县农村发展党员违规违纪问题认定处置办法(送审稿)》;研究《云和县农村发展党员违规违纪问题处置意见(送审稿)》;听取县委常委分管工作开展和落实情况汇报;研究人事工作。

同日 县委党校迁建工程开工仪式举行。

同日 县委三季度党风廉政专题例会召开。

9月

3日 县政府党组会议暨第48次常务会议召开。会议传达学习《松材线虫病生态灾害督办追责办法》,省、市对台工作会议和全市对台工作领导小组会议精神;分析研究2020年全县行政复议及应诉情况;听取关于共建嘉兴港区—云和山海协作“飞地”产业园相关事项、迎接第二轮中央生态环境保护督察工作情况、全县第七次全国人口普查工作的汇报。

4日 《云和县实施乡村振兴战略之产业兴旺政策26条》修订工作座谈会召开。

7日 全县城乡危房治理工作动员大会召开。

9日 县政府党组会议暨第49次常务会议召开。会议审议通过《2019年云和县城市改造(棚改)项目行政奖励实施方案(送审稿)》《云和县农村困难家庭危房治理改造实施办法(送审稿)》《云和县“三线一单”生态环境分区管控方案(送审稿)》《云和县木玩产业创新服务综合体建设实施方案(送审稿)》《关于规范设置临时便民摊点的通告(送审稿)》《云和县城市公交财政补贴办法(试行)(送审稿)》《云和县实施乡村振兴战略之产业兴旺政策26条(修订)(送审稿)》;听取关于云和县生态工业平台拓展项目(丽龙高速公路以南区块、伏牛岭区块)选址方案、云和县深化“亩均论英雄”改革2019年度工业企业绩效综合评价工作实施情况、出资参与拍摄电视连续剧《春风又绿江南》情况汇报。

10日 县委理论学习中心组学习会召开。会议专题学习研讨《习近平谈治国理政》第三卷。

11日 省委政法委副书记王中毅到云和调研社会矛盾纠纷调处化解中心建设情况。

同日 县委对台工作领导小组(扩大)会议召开。

同日 县委外事工作委员会第二次会议召开。

12日 2020年度“送新兵•迎老兵”大会暨首届“最美退役军人”发布活动举行。

14日 全国政协常委、省政协副主席吴晶率调研组到云和调研“最多跑一地”改革工作。市政协副主席高波陪同调研。

14—15日 省“无违建县”整改核查组到云和核查省“无违建县”创建整改工作。

15日 迎接第二轮中央生态环境保护督察工作汇报会召开。

17—18日 省委党校二级巡视员王家相率评估组到云和开展全省市县党校行政学院(校)办学质量创优评估工作。

22日 县委十四届常委会第81次会议召开。会议传达学习省委书记袁家军在省委党校2020年秋季学期开学典礼上的重要讲话精神,2020年全省政协主席暑期读书会暨市、县(市、区)政协工作经验交流会精神,市委统一战线工作领导小组会议暨全市统一战线暑期读书会精神,全省宣传工作专题会议精神;审议通过《云和县“三线一单”生态环境分区管控方案(送审稿)》;听取关于落实市委意识形态工作责任制检查反馈意见整改、农村发展党员违规违纪问题排查整顿工作总结、云和县生态工业平台拓展项目(丽龙高速公路以南区块、伏牛岭区块)选址方案、上半年应急管理工作、全县人口普查工作的情况汇报;研究人事工作。

同日 县委书记专题会议召开。

26日 省文旅厅副厅长杨建武到云和调研指导“云和梯田创AAAAA景区”工作。

27日 市咨询委副主任吕文明率调研组到云和调研“推进全市域旅游联动发展”工作。

28日 全县2020年秋冬季新冠肺炎疫情防控工作部署会召开。

29日 县第十六届人民政府第50次常务会议召开。会议传达学习《省委书记袁家军在省委党校2020年秋季学期开学典礼上的讲话摘要》;审议通过《云和县应急管理、安全生产和消防工作巡查工作制度(送审稿)》《云和县木制品加工企业“智慧用电”项目推广补助实施方案(送审稿)》《元和街道梅湾岭头、金竹岗等自然村异地搬迁遗留问题处置方案(送审稿)》;听取全县2020年三季度应急管理工作情况的汇报。

同日 县政府党组三季度党风廉政专题例会召开。

30日 景宁畲族自治县党政代表团到云和考察交流,并与云和签订《云景特色风情聚落区合作备忘录》。

同日 全国第七个烈士纪念日活动举行。

10月

12日 省委副秘书长、省档案局局长刘芸到云和调研档案工作。

13日 县城乡规划管理委员会会议召开。

14日 县委十四届常委会第82次会议召开。会议传达学习中共中央总书记习近平系列重要讲话精神,十九届中央第六轮巡视工作动员部署会精神,全省、全市村(社区)组织换届工作会议精神;听取《〈省委书记袁家军在省委党校2020学年秋季学期开学典礼上的讲话摘要〉任务分解表(送审稿)》和《〈市委八届四次全会(决定)重要工作任务分工方案〉县级责任分解表(送审稿)》、选人用人突出问题和年轻干部队伍建设情况、有关案件情况的汇报;审议通过《关于高质量做好村(社区)组织换届选举工作的实施意见(送审稿)》《云和县应急管理、安全生产和消防工作巡查工作制度(送审稿)》。

15日 云北木玩智创空间商务中心项目开工仪式举行。

同日 全县村(社区)组织换届工作会议召开。

同日 云和—北仑“山海协作”联席会议暨友好合作签约仪式举行。

16日 县委理论学习中心组学习(扩大)会暨“军事日”活动举行。会议邀请市委常委、市军分区司令员赵存志作《当前安全形势分析与思考》专题讲座。

20日 副市长戴邦和到云和调研生态工业发展。

同日 全县城市改造(棚改)领导小组会议召开。

21日 县打造新型城镇化样板县域领导小组工作例会召开。

22日 全县垦造耕地问题整改工作部署会召开。

25日 2020年“木玩与幼教”高峰论坛在云和开幕。清华大学教授,教育部原基础教育司司长、国家副总督学、中国中小学幼儿教师奖励基金会秘书长王文湛;中国教育国际交流协会教育装备国际交流分会秘书长、对外经济贸易大学原党委书记王玲;浙江省教育厅教研室主任任学宝,教育部学校规划建设发展中心研究与数据处副处长张智;中国质量协会玩具分会副会长、中国民办教育协会原副会长兼民办教育专委会理事长杨志彬;教育部教育装备研究与发展中心学前及特殊教育处研究员、“云和木玩学前教育装备规范化体系建设”项目课题组负责人何建闽参加开幕式。

26日 全县村(社区)组织换届选情分析会召开。

27日 县委常委会扩大会议召开。会议传达学习省委书记袁家军在丽水调研时的重要讲话精神。

同日 “抗美援朝作战70周

年纪念章”颁授仪式举行。

29日 县委统一战线工作领导小组(扩大)会议召开。

11月

2日 全县领导干部会议召开。会议传达学习贯彻中共十九届五中全会精神。

3日 全县重大建设项目前期工作领导小组会议召开。

4日 全县2020年前三季度经济社会形势分析会召开。

5日 县第十六届人民政府第51次常务会议召开。会议组织学习《习近平谈治国理政》第三卷;审议通过《关于支持云和县美丽城镇建设的政策意见(送审稿)》《打造新型城镇化样板县域资源规划22条(送审稿)》《关于进一步助力市场主体纾困 促进高质量发展的若干意见(送审稿)》《关于加大力度支持小微企业渡过难关的意见(送审稿)》《关于支持云和县新汇玩具科技有限公司建设木玩产业创新孵化基地的政策意见(送审稿)》《云和县推进街乡共治改革等5个试点工作方案(送审稿)》;听取关于对叶文顺、邱伟生2人见义勇为行为进行表彰奖励情况,政府购买新城(和润园)幼儿园相关事宜,云和县大坪农民异地搬迁安置小区剩余安置房屋处置方案,云和县伏布生猪养殖基地项目招商引资情况的汇报。

7日 云和梯田创AAAAA景观质量评审领导小组会议召开。

11日 县委十四届常委会第83次会议召开。会议传达学习全省扫黑除恶专项斗争推进会精神;听取全县前三季度经济社会形势分析和1—10月重点指标分析、全县前三季度社会稳定(平安、信访)形势分析和依法治县工作、全县第二轮中央生态环境保护督察整改工作、《关于支持云和县新汇玩具科技有限公司建设木玩产业创新孵化基地的政策意见(送审稿)》、全县反邪教工作的汇报;审议通过《云和县推进街乡共治改革等5个试点工作方案(送审稿)》《关于核定部分单位领导职数的方案(送审稿)》;研究人事工作。

同日 自然资源部权益司副司长李劲松率调研组到云和调研生态产品价值实现机制试点工作。

同日 县委书记专题会议召开。

同日 云和—北仑“山海协作”工作交流座谈会召开。

20日 全县领导干部会议召开。会议传达学习省委十四届八次全体(扩大)会议精神。

24日 县第十六届人民政府第52次常务会议召开。会议审议通过《云和县2020年政府投资项目计划调整方案(送审稿)》《云和县2020年基本建设预算调整方案(送审稿)》《云和县2020年地方政府债务限额、地方政府预算调整方案(送审稿)》《云和县2020年土地和房屋征收计划调整方案(送审稿)》《云和湖宋城项目遗留问题四方框架协议》《云和县“两山银行”实施方案(送审稿)》;听取关于云和木玩童话小镇建设资金融资方案及地标建筑项目建设模式、云和县城市改造(棚改)项目资金筹措工作方案、云和县客运站搬迁工作方案、2020年“五水共治”工作的情况汇报。

30日 县委书记专题会议召开。

同日 全县乡村治理体系建设试点工作推进会召开。

12月

1日 县委十四届常委会第84次会议召开。会议传达学习中共中央总书记习近平系列重要讲话精神,省委副书记、省长郑栅洁在丽水调研时的讲话精神,全省深化“千万工程”建设新时代美丽乡村现场会精神;审议通过《关于推进社会治理现代化工作的实施意见(送审稿)》《云和县2020年地方政府债务限额、地方政府预算调整方案(送审稿)》《云和县2020年政府投资项目计划调整方案(送审稿)》《云和县2020年基本建设预算调整方案(送审稿)》;听取《云和湖宋城项目遗留问题四方框架协议(送审稿)》的情况报告;组织学习《党委中心组学习参考》第五期、第六期;研究人事工作。

同日 县委书记专题会议

召开。

同日 全县“十四五”规划纲要征求意见会召开。

2日 县委“学习贯彻中共十九届五中全会、省委十四届八次全会精神”专题学习会召开。

4日 新疆维吾尔自治区阿克苏地区新和县党政代表团到云和考察调研。市人大常委会副主任杜光旻陪同考察。

7日 县综合指挥中心揭牌仪式举行。

8—10日 全省数字赋能基层社会治理研讨培训班在云和举行。省委政法委常务副书记朱晨,省委政法委副书记王中毅,市委副书记、政法委书记李锋参加开班仪式。

10日 2020年全县新冠肺炎疫情防控联合演练暨观摩活动举行。

11日 全县“十四五”规划纲要汇报会召开。

同日 县委编委会议召开。

14日 县委十四届常委会第85次会议召开。会议传达学习推动长江经济带发展领导小组会议和省委、市委常委会会议精神;听取垦造耕地现状问题典型案例汇报;审议通过《云和县垦造耕地问题整改方案(送审稿)》。

同日 县委十四届常委会第86次会议暨被征地农民参加基本养老保险工作领导小组第一次会议召开。

同日 县第十六届人民政府第53次常务会议召开。会议传达学习中共中央总书记习近平关于应急管理、防汛救灾的重要论述;审议通过《做好被征地农民参加基本养老保险工作实施方案(送审稿)》《云和县关于科学规范乡镇(街道)“属地管理”的实施意见(送审稿)》。

15日 县城乡规划管理委员会会议召开。

16日 省政协常委、教科卫体委主任王喜法率调研组到云和调研“提升农民工文化素养和专业技能”课题。

同日 全县城市改造(小徐片)政策汇报会召开。

17日 全县被征地农民参加基本养老保险工作专班第一次会议召开。

18日 县委十四届常委会第87次会议召开。会议听取县人民法院党组工作、县人民检察院党组工作、2020年度意识形态(网络意识形态)工作主体责任落实情况、“和”文化提炼情况、县委常委履行意识形态工作“一岗双责”情况、全县党支部建设工作、全县公安工作、全县共青团工作的汇报;审议通过《云和县人民对外友好协会改革实施方案(送审稿)》《云和县红十字会改革实施方案(送审稿)》《云和县关工委改革实施方案(送审稿)》《关于科学规范乡镇(街道)“属地管理”的实施意见(送审稿)》《中共云和县委全面深化党务公开工作实施方案(送审稿)》;研究人事工作。

同日 县委书记专题会议召开。

同日 县委常委会四季度党风廉政工作例会召开。

21日 “十四五”思路专题研究会召开。

同日 全县被征地农民参加基本养老保险工作专班第二次会议召开。

22日 全县领导干部会议召开。会议传达学习贯彻中央经济工作会议和全省、全市领导干部会议精神。

同日 全县2020年应急管理、安全生产和消防工作巡查工作部署会暨第四季度应急工作例会召开。

23日 县第十六届人民政府第54次常务会议召开。会议审议通过《关于学前教育深化改革规范发展的实施意见(送审稿)》;听取关于浙江云湖数据有限公司紧水滩水冷式绿色数据中心(一期)、浙江隆程锻件有限公司新增年产1万吨锻件、云和县汇森固废回收利用有限公司年产3万吨木质素(纤维素)技改项目用能权交易事宜,以及凤凰山街道西弄村滑坡治理工程变更情况、新增财政对外借款给县卫生健康局用于县医疗健康集团临时周转情况、2020年第四季度应急管理工作情况的汇报。

同日 县委理论学习中心组学习(扩大)会召开。会议邀请丽水学院教授刘京作《民法典与社会法治》专题讲座。

同日 县政府党组四季度党风廉政专题例会召开。

28日 全县领导干部会议召开。会议传达省委经济工作会议和市委四届九次全体(扩大)会议精神。

同日 县委议军会议召开。

同日 全县科级领导干部学习贯彻中共十九届五中全会精神集中轮训班开班。

29日 县委十四届常委会第88次会议召开。会议听取县政府党组工作、县人大常委会党组工作、县政协党组工作、全县低收入农户高水平全面小康攻坚工作情况、县委常委分管工作和落实情况、食品安全工作、应急管理工作、党内法规工作、县残联党组工作、县妇联党组工作、县总工会党组工作、县工商联党组工作、党史工作的汇报;审议通过《关于学前教育深化改革规范发展的实施意见(送审稿)》《云和县工商业联合会改革实施方案(送审稿)》。

30日 全县城市建设“十四五”和2021年工作思路汇报会召开。 (叶　瑜)

中国共产党云和县委员会

县委重要会议

【县委全委(扩大)会议】 1月17日,县委十四届十一次全体(扩大)会议召开。会议学习贯彻中共十九届四中全会、省委十四届六次全会、市委四届七次全会精神;回顾总结2019年主要工作,研究部署2020年重点任务;审议通过《中共云和县委关于认真学习贯彻党的十九届四中全会精神 高水平推进县域治理现代化的决定》。县委委员、县委候补委员,县纪委委员,在职副县级以上领导干部,各乡镇党委书记、乡镇长,各街道党工委书记、办事处主任,县直属各单位主要负责人,县委办主任、各副主任,县人大办主任、县人大常委会各工委主任,县府办主任、各副主任、县直属机关人武部部长,县政协办主任、县政协各专委主任,县国资公司、县城投公司、县水投公司、县旅投公司、县农综办主要负责人,担任过副县级以上实职的离退休老干部,部分基层党代表参加会议。

8月24日,县委十四届十二次全体(扩大)会议召开。会议深入学习贯彻中共十九大和十九届二中、三中、四中全会精神及中共中央总书记习近平考察浙江时的重要讲话精神,认真落实省委十四届七次全会、市委四届八次全会决策部署,回顾总结上半年工作,研究部署下半年任务,动员全县上下共同打造全国山区新型城镇化样板县域"重要窗口"。县委委员、县委候补委员,县纪委委员,在职副县级以上领导干部,各乡镇党委书记、乡镇长,各街道党工委书记、办事处主任,县直属各单位主要负责人,县委办副主任,县国资公司、县城投公司、县水投公司、县旅投公司、县交投公司主要负责人,担任过副县级以上实职的离退休老干部,部分基层党代表参加会议。

【全县领导干部会议】 1月9日,全县领导干部会议召开。在职副县级以上领导干部参加会议。

1月17日,全县领导干部会议召开。在职副县级以上领导干部参加会议。

4月30日,全县领导干部会议召开。会议传达学习市"两会"精神。在职副县级以上领导干部参加会议。

6月1日,全县领导干部会议召开。会议传达学习全国"两会"精神。在职副县级以上领导干部参加会议。

6月19日,全县领导干部会议召开。会议传达学习省委十四届七次全体(扩大)会议精神。在职副县级以上领导干部参加会议。

11月2日,全县领导干部会议召开。会议传达学习贯彻中共十九届五中全会精神。在职副县级以上领导干部参加会议。

11月20日,全县领导干部会议召开。会议传达学习省委十四届八次全体(扩大)会议精神。在职副县级以上领导干部参加会议。

12月22日,全县领导干部会议召开。会议传达学习贯彻中央经济工作会议和全省、全市领导干部会议精神。在职副县级以上领导干部参加会议。

12月28日，全县领导干部会议召开。会议传达省委经济工作会议和市委四届九次全体（扩大）会议精神。在职副县级以上领导干部参加会议。

【县委常委会会议】 1月9日，县委十四届常委会第67次会议召开。会议听取全县“不忘初心、牢记使命”主题教育开展情况，县十六届人大五次会议、县九届政协四次会议筹备情况，部分局级事业单位领导职数调整情况的汇报；研究人事工作。

1月16日，县委十四届常委会第68次会议召开。会议讨论通过《县委十四届十一次全体（扩大）会议报告（送审稿）》《县委十四届十一次全体（扩大）会议方案（建议稿）》；审议通过《中共云和县委关于认真学习贯彻党的十九届四中全会精神 高水平推进县域治理现代化的决定（送审稿）》《关于新时代加强和改进人民政协工作的实施意见（送审稿）》《云和县县直有关单位生态环境保护工作职责清单（送审稿）》；听取关于落实浙江省委宗教工作督查整改“回头看”反馈意见、2019年度县级单项考核优秀单位推荐情况汇报；研究人事工作。

2月15日，县委十四届常委会第69次会议召开。会议传达学习中共中央政治局常委会会议精神；审议通过《关于夺取疫情防控和实现经济社会发展目标双胜利的若干意见（送审稿）》。

2月25日，县委十四届常委会第70次会议召开。会议研究统筹推进新冠肺炎疫情防控和经济社会发展工作；传达学习全国、全省统战部长会议精神，全省宣传思想工作会议精神，十九届中央纪委四次全会、浙江省纪委十四届五次全会精神；审议通过《中共云和县委常委会2020年工作要点（送审稿）》。

3月6日，县委十四届常委会第71次会议召开。会议传达学习中共中央政治局常委会会议精神；审议通过《2020年政府工作报告（送审稿）》《2020年云和县“十件民生实事”候选实事形成情况的报告（送审稿）》《云和县2020年固定资产投资计划（送审稿）》《云和县2020年政府投资项目计划（送审稿）》《云和县2020年重点建设项目计划（送审稿）》《云和县2020年重大建设项目前期计划（送审稿）》《2020年基本建设预算（送审稿）》《云和县2019年预算执行情况和2020年预算草案的报告（送审稿）》《中共云和县纪委十四届六次全会工作报告（送审稿）》《云和县乡村治理体系建设试点工作方案（送审稿）》《关于云和县2019年国民经济和社会发展计划执行情况与2020年国民经济和社会发展计划草案的报告（送审稿）》。

3月25日，县委十四届常委会第72次会议召开。会议传达学习省委政法工作会议、全市宣传思想工作会议、市纪委四届五次全体扩大会议、全省和全市组织部部长工作会议暨干部监督工作会议、全省党校校长工作会议、省委农村工作会议精神和中共中央总书记习近平在决战决胜脱贫攻坚座谈会上的讲话精神；听取汇源（云和）饮料食品有限公司项目地块转让有关问题、省委巡视整改工作汇报和脱贫专项工作的汇报；审议通过《云和县残疾人联合会改革实施方案（送审稿）》《云和县计划生育协会改革实施方案（送审稿）》《2019年度乡镇（街道）、部门综合考核结果（送审稿）》；学习《中共浙江省委贯彻〈中国共产党宣传工作条例〉实施办法》。

4月17日，县委十四届常委会第73次会议召开。会议传达学习省委书记车俊在丽水调研时的讲话精神和全市统战部部长会议精神；听取县十六届人大五次会议、县政协九届四次会议有关情况汇报；研究人事工作。

4月30日，县委十四届常委会第74次会议召开。会议传达学习全市基层党建工作专题推进会精神、全市党校校长会议精神、十四届省委第九轮巡视工作动员部署会和四届市委第七轮巡察工作动员部署会精神；审议通过《关于县人大和县政协专门委员会人员安排的操作意见（送审稿）》《关于部分单位领导机构设置方案(送审稿)》《云和县“90后”优秀年轻干部综合比选工作方案(送审稿)》;听取2020年度一季度全县社会稳定(平安、信访)形势分析、公安工作、汇源(云和)饮料食品有限公司项目地块转让有关问题、村(社区)换届准备工作、有关案件的情况汇报;研究人事工作。

5月7日,县委十四届常委会第75次会议暨县委财经委第二次会议召开。会议传达学习全省二季度工作动员部署会精神;审议通过《云和县“争先创优”行动方案(送审稿)》;听取全县一季度经济运行情况汇报。

6月12日,县委十四届常委会第76次会议召开。会议传达学习省纪委书记许罗德在丽水调研时的讲话精神、省委巡视工作领导小组办公室《关于对云和县巡视整改情况回访检查的反馈意见》精神、全省县级社会矛盾纠纷调处化解中心(信访超市)工作视频会议精神;审议通过《关于建立政治生态评价体系的实施意见(试行)(送审稿)》《部分单位领导职数调整方案(送审稿)》;听取关于云和县生态红线评估调整工作、2019年县管领导干部考核情况汇报。

6月28日,县委十四届常委会第77次会议召开。会议传达学习十九届中央第五轮巡视工作动员部署会精神、《中共中央国务院关于加快推进社会治理现代化 开创平安中国建设新局面的意见》精神、《关于5个县(市、区)党委及组织部门履行选人用人主体责任不力问题的通报》精神;审议通过《云和县2020年度乡镇(街道)和部门综合考核办法(送审稿)》《关于加快集聚科技创新创业人才 建设新型城镇化样板县域的实施意见(送审稿)》《全面打赢低收入农户增收攻坚战行动方案(送审稿)》《关于推进民政事业高质量发展的实施意见(送审稿)》《云和县国有资本运营有限公司组建方案(送审稿)》《全县2020年督查检查考核年度计划(送审稿)》《2020年县委县政府重点工作任务分工方案(送审稿)》;听取经济运行月度评价指数(MEI)分析情况、“和”文化提炼情况汇报;研究人事工作。

7月22日,县委十四届常委会第78次会议召开。会议传达学习省委、省政府领导重要批示精神和国家统计局约谈会精神、全省第六次民族团结进步表彰大会精神;审议通过《晋升四级调研员及以上职级操作补充意见》;听取二季度经济运行评价指数(MEI)分析、崇头镇人民法庭设立情况汇报;研究人事工作。

8月20日,县委十四届常委会第79次会议召开。会议专题研究部署“两不愁三保障”工作;传达学习全省各级人大常委会主任学习会精神、《浙江省纪委 浙江省监委关于嵊州市、桐乡市、乐清市、临海市有关领导干部在防范统计造假工作中失职失责问题的通报》文件精神、全省巡视巡察工作会议暨十四届省委第十轮巡视动员部署会和四届市委第八轮巡察工作动员部署会暨巡察整改推进会会议精神、“全省新时代乡贤工作推进会”精神;讨论县委十四届十二次全体(扩大)会议报告;组织学习《党委党组意识形态工作责任制实施办法》;听取关于省委巡视回访反馈意见整改、首届云和县“最美退役军人”推选活动、2020年度上半年全县社会稳定(平安、信访)形势分析、落实省委意识形态工作责任制检查反馈意见中涉及云和的问题整改等情况汇报;审议通过《云和县国有企业退休人员社会化管理工作实施办法(送审稿)》《关于增加县信访局领导职数的方案(送审稿)》《关于调整县属学校、医院领导班子和领导人员管理体制的方案(送审稿)》;研究人事工作。

8月31日,县委十四届常委会第80次会议召开。会议传达学习中共中央总书记习近平系列重要讲话精神,《关于在第九轮巡视选人用人检查中发现专项整治不彻底相关问题的通报》文件精神,省委常委、政法委书记王昌荣在丽水调研时的讲话精神,全市建设平安丽水工作会议暨市域社会治理现代化试点工作推进会精神,省、市对台工作会议和全市对台工作领导小组会议精神,全省网络生态“瞭望哨”工程建设现场会会议精神；审议通过《云和县农村发展党员违规违纪问题认定处置办法(送审稿)》；研究《云和县农村发展党员违规违纪问题处置意见(送审稿)》；听取县委常委分管工作开展和落实情况汇报；研究人事工作。

9月22日，县委十四届常委会第81次会议召开。会议传达学习省委书记袁家军在省委党校2020年秋季学期开学典礼上的重要讲话精神，2020年全省政协主席暑期读书会暨市、县(市、区)政协工作经验交流会精神，市委统一战线工作领导小组会议暨全市统一战线暑期读书会精神，全省宣传工作专题会议精神；审议通过《云和县“三线一单”生态环境分区管控方案(送审稿)》；听取关于落实市委意识形态工作责任制检查反馈意见整改、农村发展党员违规违纪问题排查整顿工作总结、云和县生态工业平台拓展项目(丽龙高速公路以南区块、伏牛岭区块)选址方案、上半年应急管理工作、全县人口普查工作的情况汇报；研究人事工作。

10月14日，县委十四届常委会第82次会议召开。会议传达学习中共中央总书记习近平系列重要讲话精神，十九届中央第六轮巡视工作动员部署会精神，全省、全市村(社区)组织换届工作会议精神；听取《〈省委书记袁家军在省委党校2020学年秋季学期开学典礼上的讲话摘要〉任务分解表(送审稿)》和《〈市委八届四次全会(决定)重要工作任务分工方案〉县级责任分解表(送审稿)》、选人用人突出问题和年轻干部队伍建设情况、有关案件情况的汇报；审议通过《关于高质量做好村(社区)组织换届选举工作的实施意见(送审稿)》《云和县应急管理、安全生产和消防工作巡查工作制度(送审稿)》。

11月11日，县委十四届常委会第83次会议召开。会议传达学习全省扫黑除恶专项斗争推进会精神；听取全县前三季度经济社会形势分析和1—10月重点指标分析、全县前三季度社会稳定(平安、信访)形势分析和依法治县工作、全县第二轮中央生态环境保护督察整改工作、《关于支持云和县新汇玩具科技有限公司建设木玩产业创新孵化基地的政策意见(送审稿)》、全县反邪教工作的汇报；审议通过《云和县推进街乡共治改革等5个试点工作方案(送审稿)》《关于核定部分单位领导职数的方案(送审稿)》；研究人事工作。

12月1日，县委十四届常委会第84次会议召开。会议传达学习中共中央总书记习近平系列重要讲话精神，省委副书记、省长郑栅洁在丽水调研时的讲话精神，全省深化“千万工程”建设新时代美丽乡村现场会精神；审议通过《关于推进社会治理现代化工作的实施意见(送审稿)》《云和县2020年地方政府债务限额、地方政府预算调整方案(送审稿)》《云和县2020年政府投资项目计划调整方案(送审稿)》《云和县2020年基本建设预算调整方案(送审稿)》；听取《云和湖宋城项目遗留问题四方框架协议(送审稿)》的情况报告；组织学习《党委中心组学习参考》第五期、第六期；研究人事工作。

12月14日，县委十四届常委会第85次会议召开。会议传达学习推动长江经济带发展领导小组会议和省委、市委常委会会议精神；听取垦造耕地现状问题典型案例汇报；审议通过《云和县垦造耕地问题整改方案(送审稿)》。

12月14日，县委十四届常委会第86次会议暨被征地农民参加基本养老保险工作领导小组第一次会议召开。

12月18日，县委十四届常委会第87次会议召开。会议听取县人民法院党组工作、县人民检察院党组工作、2020年度意识形态(网络意识形态)工作主体责任落实情况、“和”文化提炼情况、县委常委履行意识形态工作“一岗双责”情况、全县党支部建设工作、全县公安工作、全县共青团工作的汇报；审议通过《云和县人民对外友好协会改革实施方案(送审稿)》《云和县红十字会改革实施方案(送审稿)》《云和县关工委改革实施方案(送审稿)》《关于科学规范乡镇(街道)“属地管理”的实施意见(送审稿)》《中共云和县委全面深化党务公开工作实施方案(送审稿)》;研究人事工作。

12月29日,县委十四届常委会第88次会议召开。会议听取县政府党组工作、县人大常委会党组工作、县政协党组工作、全县低收入农户高水平全面小康攻坚工作情况、县委常委分管工作和落实情况、食品安全工作、应急管理工作、党内法规工作、县残联党组工作、县妇联党组工作、县总工会党组工作、县工商联党组工作、党史工作的汇报;审议通过《关于学前教育深化改革规范发展的实施意见(送审稿)》《云和县工商业联合会改革实施方案(送审稿)》。

县委主要工作

【概况】 2020年,中共云和县委认真贯彻落实中央和省委、市委重大决策部署,统筹推进疫情防控和经济社会发展,交出了"两战赢""双胜利"的高分答卷。全年全县实现地区生产总值87亿元,增长5.8%(增幅位居全市第一);一般公共预算收入8.1亿元,增长26.5%(增幅位居全市第二);城镇居民人均可支配收入46584元,增长5.5%(增幅位居全市第一);农村居民人均可支配收入22022元,增长7.6%(增幅位居全市第六)。"十三五"规划以上四项主要指标均超额完成目标任务,完成率分别为108.7%、135.7%、104.7%、101.5%。

【经济建设】 (一)县域经济全面复苏。在疫情防控出现积极变化之际,第一时间成立"争先创优"行动指挥部,制定实施夺取疫情防控和经济社会发展"双胜利"等政策措施,深入开展"领导干部走访联系服务企业行动",支持企业渡过难关,分别兑付"五减"(减税、减费、减租、减息、减支)、"两直"(资金直达市县基层、直接惠企利民)政策资金3.5亿元、3.98亿元;新增企业贷款4.13亿元,增长34.7%。全县经济发展经受住疫情冲击,实现"半年正、全年胜"。

(二)生态产业扩量提质。深入谋划新工业平台,完成汇源(云和)饮料食品公司等低效用地"腾笼换鸟"9家,整治"低散乱"企业54家。开工建设木玩产业创新孵化基地、华宏轧钢生产线等产业项目,成功举办浙江云和出口网上交易会、"木玩与幼教"高峰论坛等活动,兴昌轴承公司入选省"隐形冠军企业"(长期专注某一行业,并具有较高市场份额和领袖地位的中小企业),实现"规上"(规模以上)工业增加值增长8.7%,增幅位居全市第二。在全市率先出台《进一步支持旅游产业发展的激励措施》,编制完成《云和湖国家级旅游度假区总体规划》,云和湖生态康养小镇项目完成签约,佛儿岩通过国家AAAA级旅游景区景观质量评审,崇头镇、紧水滩镇、赤石乡创成省AAAA级景区乡镇。深化农文旅融合发展,修订乡村振兴产业兴旺政策,打好"粮、菜、猪"增产保供"组合拳",安溪畲族乡后塘农旅融合项目、正邦伏布生猪养殖项目开工建设,云和梯田农村产业融合发展示范园入围省级创建名单,实现"丽水山耕"销售额8.71亿元,创成2020年度省级农业绿色发展先行县。

(三)重点项目稳步推进。严格落实"县领导领办重点项目"机制,深入实施"扩大有效投资'抢时间、补增量'行动",210省道被列入省综合交通规划,温武吉铁路、235国道等项目前期有序推进,紧水滩水冷式绿色数据中心项目开工建设,商贸物流城二期、城东幼儿园等项目建成投用,实现固定资产投资增长8.3%,增幅位居全市第二。

【城乡建设】 (一)生态底色更加靓丽。全力打好污染防治攻坚战,扎实推进城乡环境综合整治,全面完成中央环保督察信访交办和现场反馈问题整改,启动省级"无废城市"(将固体废物环境影响降至最低的城市发展模式)创建,基本建成全市首个"全域污水零直排区",均溪国控断面水质稳步提升,入选国家第三批节水型社会建设达标县,获评省清新空气示范区,并在中宣部、生态环境部联合举办的习近平生态文明思想研讨会上作交流发言。

（二）城乡融合更加深入。滚动推进城市有机更新，大庆寺三期、白水、南门东等区块棚改项目乘势推进，电信新村、鲤鱼山小区等老旧小区改造项目全面完成，全民健身文化中心、小镇客厅等项目主体落成，城市整体形象不断提升。高标准实施“美丽城镇建设三年行动”，崇头镇创成“新时代美丽城镇省级样板”，赤石玫瑰小镇创成国家AAA级旅游景区。深入推进新时代美丽乡村“三带三园”（“十里云河”“最美梯田”“梨花微雨”3条美丽乡村风景带和安溪、三门、田垟3个田园综合体）建设，建成特色精品村3个、花园乡村6个、省级善治示范村11个，获评2020年度全省深化“千万工程”建设新时代美丽乡村工作考核优秀县，有望创成省新时代美丽乡村示范县。强势攻坚“三改一拆”（旧住宅区、旧厂区、城中村改造和拆除违法建筑），“清零销号”违建别墅，创成全市第一个省“无违建县”。统筹推进“大搬快聚　富民安居”工程和“两进两回”（科技进乡村、资金进乡村、青年回农村、乡贤回农村）行动，帮助1950名高山深山远山群众搬出大山、融入城镇。

（三）基础设施更加完善。瓯江绿道主线、云龙公路二期等项目全线贯通，后交线二期项目全面完工，“四好农村路”成为串联村景、激活产业的“幸福路”。建成崇头站、复兴站综合供能服务站，天然气项目成功通气。纵深推进“三大革命”（污水革命、厕所革命、垃圾革命），开工城区污水零直排PPP项目，新改建城市污水管网5.41千米，提升改造城乡公厕24座，生活垃圾资源化处置实现市场化运作。

【改革创新】（一）新型城镇化样板县域建设全面起势。召开县委十四届十二次全会，部署打造全国山区新型城镇化样板县域“重要窗口”各项任务。出台人才、土地新政，与国家发改委城市和小城镇改革发展中心签订战略合作协议，启动编制全国山区新型城镇化发展指数，努力以云和“小窗口”出彩，为省、市“重要窗口”添彩。

（二）重点改革蹄疾步稳。纵深推进“最多跑一次”改革，机关内部非涉密事项实现“一网通办”，公共资源交易在全市率先实现“最多跑一次”，一般企业投资项目审批实现“最多80天”。深入探索生态产品价值实现机制改革，成功出让全国首宗“生态地”（通过生态环境增值核算方法，设定合理价值标准的土地），出台全省首个生态产品政府补偿性采购办法，建立全市首家“两山银行”，发放“两山贷”5000余万元。启动新时代城乡产权制度改革，建立农村耕地、林地、宅基地有偿退出与流转机制，在全国首创“农村产权抵（质）押融资免担保”模式，在全省率先实施村级财务预决算，运行农村产权线上交易平台，有效激活农村产权要素市场。

（三）开放创新高效联动。主动融入长三角，签订云和工业园区与上海真如铁三角科技园合作协议，全省首个民族乡村振兴“飞地”产业园正式揭牌，云北木玩智创空间项目开工建设。与景宁县签订《云景特色风情聚落区合作备忘录》，云（和）景（宁）一体化迈出坚实的步伐。强化精准招商，引进大项目4个，实际利用市外内资8.1亿元、外资275万美元。深化“政产学研用”协同创新，木玩产业创新服务综合体项目加快推进，新增国家高新技术企业7家、省科技型中小企业14家，全年全县科研经费投入增长30%。

【社会治理】（一）民生保障水平全面提升。52项省市民生实事全面完成。精准实施“就业优先”战略，新增城镇就业2000余人，城镇登记失业率为1.79%。持续推进社保扩面提质，稳妥做好被征地农民参保工作，基本养老保险、医疗保险、“浙丽保”参保率分别达98.8%、99.6%、82.5%。深入推进“农村饮用水达标提标行动”，水质合格率达100%、达标人口覆盖率达95%。

（二）公共服务供给全面优化。出台学前教育深化改革规范发展、义务教育公民同招等政策，探索“城乡义务教育共同体”建设，城南九年一贯制学校初中部、云和中学整体改造工程等项目建成投用，教育服务供给不断改善。稳健运行县医疗健康集团，创成国家慢性病综合防控示范区、省健康促进县。建立“三助”(帮助山区留守老人代购服务、代办事项、代送物资)公益服务等制度，探索创新山区留守老人特色养老模式。深入弘扬践行“浙西南革命精神”，全面提升新时代文明实践中心、农村文化礼堂等“建管用育”水平，成功举办云和梯田山地自行车赛、环云和湖铁人三项邀请赛，文体服务更加惠民、更具活力。

(三)社会治理效能全面增强。深入推进全国乡村治理体系建设试点，创新推出街乡共治、乡事城办、乡贤参治等特色做法，科学规范乡镇(街道)“属地管理”，基层治理现代化水平不断提升。扎实有序开展第七次全国人口普查。召开县委全面依法治县委员会第二次会议，加强《中华人民共和国宪法》《中华人民共和国民法典》学习宣传，实现乡镇(街道)合法性审查全覆盖。加强县级矛盾纠纷调处化解中心规范化建设，新建县综合指挥中心。深入推进扫黑除恶专项斗争，严格开展安全生产巡查，统筹做好食品药品安全、防灾减灾等工作，高质量夺取全省首批一星“平安金鼎”，有望连续3年创成全国信访工作“三无”(无进京越级上访、无大规模集体上访、无因信访问题引发的极端恶性事件)县。

【党的建设】 (一)政治建设持续加强。全面落实党委“第一议题”(将专题学习习近平新时代中国特色社会主义思想、中共十九大精神和习近平总书记重要讲话精神作为各级各类会议的第一议题)制度，召开学习中共十九届五中全会精神、《习近平谈治国理政》第三卷等专题会议，探索建立领导干部政治素质档案，推动“不忘初心、牢记使命”主题教育常态化、制度化。严格落实意识形态主体责任制，牢牢把握意识形态工作主动权。持续深化政企干部“双向挂职”，全力构建“大统战”工作格局。常态化落实党委议军、军事日活动等“七项制度”。

(二)基层党建持续提升。深入实施“组织力提升工程”，在全市率先开展农村发展党员违规违纪问题排查整顿，平稳有序完成村(社区)组织换届工作，创新开展“哨响就到”活动，基层党组织战斗力有效提升。县委党校迁建工程稳步推进，并顺利通过省办学质量创优评估。

(三)干部队伍持续优化。坚持实干实绩导向，在全市率先开展“90后”优秀年轻干部、乡镇副职及党外干部比选工作，选派优秀干部一线历练、上挂锻炼，全年新提任(进一步使用)县管干部56人。高质量完成“三超两乱”(超职数配备干部、超机构规格提拔干部、超审批权限设置机构，擅自提高干部职级待遇、擅自设置职务名称)问题整治。全力招才引智，入选省级引才计划1人、全国青年岗位能手1人。

(四)“风清云和”建设持续深化。严格落实全面从严治党责任制，“四责协同”(党委主体责任、纪委监督责任、党委书记第一责任、班子成员“一岗双责”责任)机制不断完善。坚决有力、举一反三完成省委巡视反馈问题整改。充分发挥“四项监督”作用，创新推出“大数据+大脚板”精准监督、村务监督“四联”工作法等特色做法，查处违反中央八项规定精神及“四风”(形式主义、官僚主义、享乐主义和奢靡之风)问题21起，处理干部37人，立案审查调查66件，给予党纪政务处分57人，移送检察机关依法审查起诉5人。 (叶 瑜 张丽梅)

县委办公室工作

【概况】 2020年，县委办公室深入学习贯彻习近平新时代中国特色社会主义思想、中共十九大精神和中央、省委、市委、县委历次全会精神，紧紧围绕县委重大决策部署和中心工作，对标打造全国山区新型城镇化样板县域“重要窗口”的目标任务，努力打造县委“坚强前哨”和“巩固后院”。

【三办工作】 办文方面。持续贯彻落实中央和省委、市委、县委关于“整治形式主义突出问题 切实减轻基层负担”的相关文件要求。2020年，县委、县政府和县直部门印发的三类文件比2019年减少14件，降幅5%，圆满完成省、市下达的目标任务。

办会方面。严格执行会议审批制度，精益求精谋划会议方案，高质量办好各类会议。2020年，受新冠肺炎疫情影响，省、市视频会议明显增多，县委办公室通过做好做细会议前期各项准备工作，全力保障各类视频会议正常召开。

办事方面。严格落实中央八项规定精神和省委、市委、县委相关规定要求，控制规格、精心谋划、合理安排、严密保障，以精心、精细公务接待展现云和良好形象。2020年，圆满完成省、市领导到云和考察调研服务保障工作，顺利接待宁波市北仑区、新疆维吾尔自治区新和县等地党政代表团到云和考察交流。

【机要保密】 严格执行24小时值班制，顺利完成全年电报办理工作。加强保密工作统筹谋划和组织建设，制定《中共云和县委保密委员会2020年工作要点》。严格涉密人员管理，建立全县涉密人员管理台账，并定期印发保密工作提醒函，不定期开展保密工作检查，切实增强各单位涉密人员的保密意识。

【督查考核】 督查方面。重点围绕疫情防控、复工复产、“无违建县”创建、“两不愁三保障”（不愁吃、不愁穿，义务教育、基本医疗、住房安全有保障）等中心工作落实和重点项目推进、领导交办件办理等情况开展跟踪督查，全力以赴促进决策落地、政策落实、责任到位。全年共办理县领导各类批示件65件，下发重要事项交办函10期（交办事项98项）、督查通报7期，向县委主要领导报送报告材料8份（获批示2份），向上级报送各类督查材料20份。同时，制定下发《云和县督查工作实施办法（试行）》。2020年，云和县在省“‘三服务’小管家”平台共登记服务事项2317件，办结2308件，办结率达99.61%，办结数、办结率均居全市首位。

考核方面。优化编制2020年度县级综合考核办法，部署落实省、市考核任务，并牵头建立26县考核工作专班，进一步完善考核机制，传导考核压力。同时，结合省、市“争先创优”行动，做好重点指标跟踪指导，牵头制定《云和县“争先创优”行动督查考核办法》。

【信息服务】 紧紧围绕全县中心大局，因势而谋、顺势而为，着重在宣传工作亮点、反映基层心声上下功夫，为党委决策提供精准有效的信息服务。2020年，累计编报信息1800余条，其中，被中共中央办公厅、国务院办公厅录用3条；被省委办公厅录用43条；被市委办公室录用738条。全年信息工作位列全市第二。

【法规国安】 严格执行《中国共产党党内法规和规范性文件备案审查规定》和市委2020年度党内法规工作要点，向市委报送备案党内规范性文件25份，报备及时率100%，全年未出现被“纠错”提醒的情况。牵头组织召开全县党内规范性文件备案审查工作座谈会，不断提升全县党内法规工作队伍建设。在实现对县委批准设立的党组（党委）和乡镇（街道）党的规范性文件备案审查的基础上，深入拓展备案审查范围，做深做细文件备案审查工作。2020年，共备案审查乡镇（街道）、县委工作机关规范性文件20份。组织开展“4•15”全民国家安全教育日宣传活动，通过悬挂宣传标语、展出宣传图板、现场解答咨询、向群众发放宣传资料等方式，广泛宣传普及国家安全法、网络安全法、反恐怖主义法等涉国家安全法律法规，切实营造“依法、自觉维护国家安全”的社会氛围。

【档案行政】 开展档案督查指导，对重点单位疫情档案、村（社区）档案进行专项督查。开展数字档案室创建，顺利完成1家示范档案室、2家规范档案室、20家数字档案室创建任务。开展档案法律法规宣传，利用“6•9”国际档案日、“12•4”全国法制宣传日等时间节点，广泛宣传普及档案方面的法律法规和知识。同时，进一步规范村（社区）档案管理，制定《云和县村（社区）

档案工作标准化指导意见》;探索开展“档案工作服务农村基层社会治理”试点工作,制定《云和县档案工作服务农村基层社会治理试点工作实施方案》。(叶 瑜 张丽梅)

纪检监察工作

【中共云和县第十四届纪律检查委员会第六次全体(扩大)会议】 2020年4月3日,中共云和县第十四届纪律检查委员会第六次全体(扩大)会议在县文化中心召开。县委书记叶伯军出席会议并作重要讲话。县委副书记、县长上官国明主持会议。会议回顾总结2019年纪检监察工作,研究部署2020年工作任务。会议审议通过胡坚代表中共云和县纪律检查委员会常务委员会所作的《坚定不移推进纪检监察工作高质量发展 为与全省同步高水平全面建成小康社会提供坚强保障》的工作报告。在职副县级以上领导,县纪委监委委员,各乡镇党委书记、乡(镇)长、纪委书记,各街道党工委书记、办事处主任、纪工委书记,县直各单位主要负责人,部分党代表,县监委特约监察员和“清风”讲师,县纪委监委机关、派驻纪检监察组及县委巡察办、巡察组全体干部参加会议。

【政治监督更加有力】 牢记政治机关属性,把学习贯彻习近平新时代中国特色社会主义思想作为首要政治任务,紧扣三大攻坚战、护航民营经济发展、减税降费、无违建县创建等重大决策部署,不断强化政治监督。全力配合县委做好省委巡视回访工作,深化巩固巡视反馈问题整改成果。围绕打赢疫情防控阻击战,开展日常督查835批次、专项明察暗访9批次,督促整改问题667个,立查立办涉疫违规违纪问题2起,党纪处分2人,批评教育5人,为“两手硬、两战赢”奠定坚强的纪律保障。紧盯“两不愁三保障”等脱贫攻坚任务,开展扶贫开发和扶贫协作专项监督,完成全县低收入农户、农村困难家庭D级危房入户核查和扶贫项目实地勘察“全覆盖”。严肃村(社区)组织换届纪律,严格开展村(社区)干部人选廉政资格审查,办理涉“一肩挑”人选信访件11件,其中,查实并给予党纪处分3人;查处违反换届纪律问题4起,立案审查2人,诫勉处理4人。完成全县66家单位政治生态评价,崇头镇入选2020年度丽水市基层政治生态优胜榜。

【清廉合力更加凝聚】 认真贯彻《党委(党组)落实全面从严治党主体责任规定》,用好主体责任任务清单,定期提醒督促县“四套班子”(县委班子、县人大班子、县政府班子、县政协班子)及各单位党委(党组)严格落实党风廉政建设各项任务,推动党组织主体责任、党委(党组)书记第一责任人责任、班子成员“一岗双责”与纪委监督责任“四责协同”工作机制日益完善。强化压力传导,对7家单位落实主体责任情况开展“两公开一质询”评议;对15起落实主体责任不力问题进行责任追究,2个党组织、30名党员领导干部受到问责,其中8人受到党纪政务处分。一体推进清廉单元建设,指导督促各牵头单位,按照“一点一方案”开展清廉机关、清廉村居、清廉学校、清廉医院、清廉企业示范点建设。

【四风纠治更加深入】 一以贯之推动落实中央八项规定及其实施细则精神,驰而不息纠治“四风”(形式主义、官僚主义、享乐主义和奢靡之风)。紧盯干部不担当、不作为、乱作为问题,对全县51个重点建设项目进行“一对一”联点督导。开展违规收送礼品礼金、烟票等15个专项整治行动,开展监督检查43批次,检查场所576家次。围绕违规使用公车、违规公务接待问题开展主题式督查,发现问题线索66条,立案查处5起,给予党纪政务处分6人。运用“大数据+大脚板”正风肃纪精准监督机制,发现各类苗头性、倾向性问题32个。全年查处违反中央八项规定精神问题21起,处理干部37人,其中党纪政务处分16人,发布典型案例通报6期,严肃查处县人力社保局违规发放津(补)贴问题,持续释放越往后执纪越严的信号。

【群众获得感更加充足】 针对村(社区)换届后基层治理新形势、新特点，编发《云和县村居干部廉洁履职“十八严禁”》《云和县村级小微权力运行指南》《云和县村务监督一本通》，进一步规范村级小微权力运行。深入推进清廉村居建设，积极探索村务监督一体化，创新实行干部“联系访”、村民“联连问”、乡村“联合督”、县乡“联动查”的“四联”工作法，全年累计走访群众2548户，组织质询评议10场次，联合督查289次，推动整改各类问题785个，查处农村党员干部违纪违法问题42起，该项工作得到省纪委领导的批示肯定。积极回应群众关切，全年共受理检举控告件88件，信访举报总量、检举控告、初次举报、重复举报四项指标同比分别下降26.9%、22.8%、10%、52.9%，实现“三年连降”，群众获得感、满意度稳步提升。

【政治体检更加透彻】 牢牢把握政治巡察定位，深化“三张图”工作制度，完成21个党组织和24个村(居委会)巡察，其中提级(交叉)巡察3个党组织。巡察发现问题625个，移送问题线索13条，收回违规违纪款项454.72万元。加强巡察监督与纪律监督、监察监督、派驻监督相贯通，建立巡中移交、快查快处“绿色通道”，进一步提升“巡察利剑”震慑效果。严把巡察整改关，坚持县纪委(县监委)、县委组织部、县委宣传部、县委巡察组等单位六方联审，组织巡察整改点评会，对5个已巡察党组织“一把手”开展面对面质询。组建巡察回访督查组，对16个已巡察党组织不定时进行回访检查，发现问题42个，提出意见建议36条，推动开展公款私借问题等专项治理。加强巡察工作制度约束，出台《中共云和县委巡察报告问题底稿管理办法》等4项制度，进一步推动县委巡察规范化。

【压倒性胜利更加巩固】 坚持“零容忍”惩治腐败，全年共处置各类问题线索181条，立案审(调)查66人次，党纪政务处分57人，其中，涉及乡科级领导干部16人，采取留置措施4人，依法移送检察机关审查起诉5人，挽回经济损失233.04万元，严肃查处原县农办(扶贫办)副主任彭季伟严重职务违法案、紧石电站船筏过坝管理处叶伟平贪污案等腐败案件。规范运用“四种形态”(第一种：经常开展批评和自我批评、约谈函询，让“红红脸、出出汗”成为常态；第二种：党纪轻处分、组织调整成为违纪处理的大多数；第三种：党纪重处分、重大职务调整的成为少数；第四种：严重违纪涉嫌违法立案审查的成为极少数)处理人数155人次，其中，运用第一种形态处理96人次，占比61.9%；运用第二种形态处理34人次，占比21.9%；将第四种形态转为第三种形态处理1人次。坚持以案促改，发出纪律检查建议书7份、监察建议书3份，提出整改建议30条，督促相关单位补齐扎牢制度“笼子”。常态化开展廉洁教育，警示教育片《激浊扬清》和原创廉政歌曲《我心如莲》《我有一个愿望》分别在县纪委全会、学习强国、丽水市首届“清廉文化进村晚”上展播，“舌尖上的好家风”“领导干部清廉家访”等活动让廉洁清风吹进乡村社区、潜入千家万户。在高压震慑、警示教育和政策感召下，有1名干部主动投案，2名科级领导干部主动交代问题。扎实开展澄清正名工作，对5名受到不实举报的党员干部予以澄清，切实为干事创业者担当撑腰。

【体制改革更加深入】 持续深化派驻机构改革，率先全市实现委机关干部与派驻机构干部选调录用、选拔任用、轮岗交流、教育培训、经费保障、党建工作“六个一体化”。配齐配强基层纪检监察队伍力量，乡镇(街道)纪检监察机构均达到“配备2名专职干部”要求，设立村(居委会)监察工作联络站91个。积极推进基层纪检监察工作规范化建设，认真落实乡镇(街道)监察办履职清单、权力清单和责任清单。建立片区协作机制，统筹委机关、派驻机构、乡镇(街道)纪检监察机构工作力量，开展协作“办信办案”(办理信访举报件、办理案件)24件次。积极开展乡镇(街道)案件协助审理，全年共协助审理基层案件31件，提出意见建议133条，有效提升基层办案质量和水平。

【执纪本领更加过硬】 深化“理论+实战”“线上+线下”学习培训形式，举办全县纪检监察干部综合业务培训班，结合运用“清廉丽水”学习平台、“风清云和”学习论坛等载体，实现纪检监察干部培训“全覆盖”。常态化开展干部挂职锻炼，全年共有9名纪检监察干部抽调到省、市纪委挂职，2名干部选调到省、市纪委工作。认真组织纪检监察系统“警示教育月”活动，全面开展岗位廉政风险排查，认真执行纪检监察干部个人有关事项报告制度，建立完善干部廉政档案，不断强化内部监督。此外，还通过邀请特约监察员参加县纪委全会和“纪委书记讲党课”等活动，组织开展纪检监察“开放日”活动，广泛听取社会各界意见和建议，自觉接受社会监督。 （吴俊杰）

组织工作

【概况】 至2020年年末，全县共有中国共产党基层组织584个，其中，党委29个，党总支67个，党支部488个；机关事业单位党组织261个，建制村党组织164个，城市社区党组织22个，“两新”（新经济组织、新社会组织）党组织74个，国企党组织23个，其他类型党组织40个。党员总数9764人，其中，农村党员3819人，占党员总数的39.1%；城市社区党员471人，占党员总数的4.8%；机关事业单位党员2551人，占党员总数的26.1%；离退休党员1543人，占党员总数的15.8%；“两新”领域党员835人，占党员总数的8.6%；国企党员349人，占党员总数的3.6%；其他党员196人，占党员总数的2%；女党员2966人，占党员总数的30.4%；少数民族党员729人，占党员总数的7.5%；中华人民共和国成立前入党的党员15人，占党员总数的0.15%。

【基层组织建设】（一）全力保障“两手都要硬、两战都要赢”。新冠肺炎疫情发生以来，组织部门第一时间学习贯彻习近平总书记关于新冠肺炎疫情防控的重要讲话和指示精神，在统筹推进疫情防控和经济社会发展中，发挥组织优势、强化组织担当，深入落实省“三个八条”，出台实施“激励关爱十条”“深化落实二十五条”，积极动员全县570余个基层党组织、9000余名党员众志成城抗击疫情，精准调配全县170余个“红色网格”、570余个基层党组织、1200余名机关企事业单位干部奋战一线，为全县“两手硬、两战赢”提供了坚强有力的组织保障。（二）完成全县村（社区）组织换届。坚持全面全程按照省、市换届工作要求，突出做好组织领导、业务培训、督促指导、宣传引导“四个到位”，换届工作全过程平静安静，实现全部村（社区）党组织书记、村（居）委会主任“一肩挑”。坚持“换中干、干中换”，“五上五下调度”（人选摸排后报县委研究，结合年龄、学历、产业链等指标要求，多次研究调整人选名单，上上下下5次，人选不断优化的过程）优化人选，成功回引“一肩挑”人员9人，新一届村党组织书记平均年龄比上届下降2.8岁，大专以上学历占比较上届提高10%，59名全日制大学毕业生进入村“两委”班子，使班子结构更加合理、文化程度更加优化、战斗力和凝聚力进一步提升。（三）完成农村发展党员违规违纪问题排查整顿工作。坚持问题导向，先后成立工作领导小组和工作专班，历时2个多月，对中共十八大以来发展的612名农村党员进行全面排查，共发现违规违纪问题4类39个、涉及36人。同时，稳妥审慎做好问题核查、分析认定和处置整顿工作，全过程零信访、零负面舆论，并形成一套提升发展党员工作质量的长效机制，顺利实现预期目标。（四）创新打造“街乡共治党建联盟”。结合“小县大城”和村（社区）规模调整后运行实际，创新设置基层组织架构，打破行政和区域壁垒，以社区、中心村或骨干企业党组织为核心，有机联结单位、行业、乡镇“新市民”及网格党组织和党员，成立15个“街乡共治党建联盟”，推行“联盟例会”制度，协商解决基层党建、社区发展、服务群众等重大问题，形成“大事共议、实事共办、要事共商”的工作格局。(五)创新开展“社区哨响、党员报到”。聚焦基层治理难题，特别是疫情防控中暴露出的社区力量不足、协同机制不畅等问题，探索建立“社区哨响、党员报到”基层治理新模式。动员全县6000余名在职党员、干部职工到居住地社区报到，听从社区工作安排。通过建立积分制、网格化管理，促使机关在职党员、干部职工常态化参与基层治理。全年共组织开展志愿服务活动1200余场次，参与人数达3万余人次，有效破解社区治理力量不足的难题。(六)加强“两新”党组织建设。扎实推进“两新”党组织“三整一全”(整园建强、整楼推进、整线突破、全面提升)建设，创新开展“星级评定”“红领先锋”等工作，有效破解“两新”党组织量化评价和激励两大难题，高质量建成云和工业园区党群服务中心。(七)健全完善领导决策机构。抓好机构改革后机关单位、企事业单位领导决策机构的调整设置，新建2个单位党组、5个单位会议制度、4个科级单位党支部，2个单位党组改设党委，完成对所有单位特别是科级事业单位和国有企业的“全覆盖”。

【干部选用管理】 (一)加强领导班子政治建设。深入实施“习近平新时代中国特色社会主义思想教育培训计划”，严格落实“第一议题”制度，推动理论武装走深走实。制定《云和县领导班子和领导干部综合分析研判办法(试行)》，常态化开展政治素质考察和调研分析，实现全县所有单位走访调研和领导干部谈心谈话“全覆盖”，通过平时考察和任职考察等，形成领导干部政治素质档案。(二)选优配强领导班子。大力实施“一把手战略储备工程”“百名优秀年轻干部培养工程”，有组织、有计划地把干部特别是年轻干部放到干事创业一线历练成长。2020年，共选送6名优秀年轻干部到水利部、省商务厅及市直部门挂职锻炼，选派100余名优秀年轻干部到“棚改”、云和梯田创AAAAA等重点项目锻炼，选派5名优秀年轻干部到企业历练。全年共提任(进一步使用)县管干部56人，其中经过实战历练、表现突出的35岁及以下年轻干部26人，占比46.4%。(三)创新开展年轻干部比选。以“赛场选马”的形式，组织开展“90后”优秀年轻干部、乡镇副职拟任人选及党外干部综合比选，坚持一次比选、综合运用，提拔使用并掌握和储备了一批优秀年轻干部。(四)加强公务员队伍建设。顺利完成2020年公务员招录工作，新录用公务员38名。认真做好参照公务员法管理单位机构改革人员转隶工作，完成105名转隶人员调动手续办理。落实职务与职级并行制度，有序开展公务员职级晋升工作，先后为283名综合管理类公务员晋升相应职级。扎实推进机关事业单位人员职业生涯全周期管理“一件事”改革，实现录用、调动、职务职级晋升、退休、辞职辞退等后续手续线上办理。(五)健全完善干部选用制度。修订完善《云和县股级干部选拔任用工作实施意见》，进一步明确选任条件、细化选任程序、严肃选任纪律，推动股级干部选拔任用工作制度化、规范化。制定出台《云和县正科级以下机关(单位)公务员职级晋升操作办法》和《公务员职级晋升操作补充意见》《晋升四级调研员及以上职级操作补充意见》，在职级晋升任职年限、职数使用等方面作出规定，明确优先晋升和不予晋升情形，树立鲜明的实干导向。研究制定机关单位干部交流调动办法和干部挂职锻炼管理办法，进一步规范干部交流和挂职管理。

【人才队伍建设】 (一)创新体制机制，激发人才活力。健全完善党管人才体制机制，组建县委人才科技工作领导小组，建立相关议事机构，研究制定人才科技工作要点，建立64项重点工作任务清单，将人才科技工作纳入乡镇(街道)和部门年度综合考核。加大人才政策支持力度，围绕打造“四大百亿产业”(木制玩具产业、现代制造产业、生态旅游产业、“云和师傅”产业），制定出台更加积极开放的人才科技新政，同步启动木玩产业“515人才”计划，建立高成长性企业目录，为人才学习深造、技术研发、科技成果转化等创新创业提供政策支持。编制发布《云和县重点领域紧缺人才需求目录》，将人才津贴发放范围扩大至全日制大专生和高技能人才。依托人才所在单位、生活社区及行业协会，建立人才服务站，实行人才服务积分管理制度，将人才奖励政策享受条件与人才作用发挥情况挂钩。（二）拓宽引育渠道，建强人才队伍。加大人才引进力度，成功引进省重点引才计划专家1名、全国青年岗位能手1名、市“绿谷精英”5名。创新开展“云招聘”，全年共引进大学毕业生1500余人。建立木制玩具专家委员会和专家库管理制度，吸引多所高等院校专家入库，柔性引进专家团队5个。加大本土人才培育，新建学士后工作站3个，吸引300余名在校大学生到云和学习实践，选拔培养本科专业人才50余名。制定出台《云和县乡村振兴“两进两回”实施意见》《关于加强乡村振兴人才队伍建设的实施意见》，成功吸引一批乡贤“回归”创业。（三）搭建发展平台，推动产才融合。大力推进木玩综合体创建，与浙江工业大学、丽水学院等高校开展县校合作，共建木玩产业研究院、木制玩具智能设计研发中心等高能级科创平台。加强与中外职业教育机构交流合作，谋划推进云和木制玩具国际职业学校建设。成功举办“木玩与幼教”高峰论坛，推动“木玩与幼教”产教融合发展。“山海协作版人才飞地”成功起航，北仑—云和科创园、云和—嘉兴港区人才科创飞地正式挂牌，实现人才平台不断升级。（四）做实服务举措，优化人才生态。扎实推进人才公寓、人才休闲吧和“人才之家”建设，不断优化人才居住生活环境。完善各项配套服务，探索推进人才领域“最多跑一次”改革，为人才提供“一站式”服务。建立议事协调机制，及时解决人才在子女入学、医疗保健等方面遇到的困难和问题。（刘小伟）

宣传思想文化工作

【概况】 2020年，云和县宣传思想文化战线高举习近平新时代中国特色社会主义思想伟大旗帜，认真贯彻落实中央和省委、市委关于意识形态工作各项决策部署，紧紧围绕“统筹推进疫情防控和经济社会发展”这个中心大局，时刻紧绷“落实意识形态工作主体责任”这根弦，不断增强政治责任感和使命感，牢牢把握意识形态工作领导权、管理权和话语权，切实维护意识形态领域安全稳定，为云和县打造全国山区新型城镇化样板县域“重要窗口”提供坚强的思想舆论保障。

【筑牢思想根基】 （一）深化理论武装。县委常委会带头学习，县委理论学习中心组开展中共十九届五中全会精神等专题学习28次。认真落实“党员夜学”制度，编发《学习参阅》12期，发放党员干部理论学习读物2.5万余册。深入推广“学习强国”App，全县活跃用户近8000人；建立完善“学习强国”平台供稿激励机制，累计入选稿件156篇（条）。（二）强化理论宣讲。开展“百场宣讲进基层”活动，县领导带头深入基层宣讲中共十九届五中全会精神、习近平总书记考察浙江时的重要讲话精神等，县委理论宣讲团、基层宣讲小分队深入基层开展宣讲300余场，受众达2万余人；倾力打造“80、90”后“和小宣”青年理论宣讲团，培育骨干20名，在“童话云和”App、童话云和微信公众号推出“全面建成小康”“我最喜爱的习总书记的一句话”等“云宣讲”12期。（三）创新“社科”（社会科学）普及。启动《浙江文史记忆丛书（云和分册）》编撰工作，加强浙西南红色文化及云和抗战文化研究，编印发放《抗战浙江省会云和（1942—1945）》读物1700余册，为全市文化谱系注入“云和元素”。制定出台《加强云和新型智库建设的实施办法》《关于新时代加快推进哲学社会科学发展的实施意见》，申报“社科”优秀研究成果17篇，其中《践行“两山”理念推进云和高质量绿色发展研究》获全市“高质量绿色发展”论坛理论征文三等奖。

【强化舆论宣传】 （一）营造浓厚防疫氛围。线上线下统筹推进疫情防控和经济社会发展工作舆论引导，有效维护社会大局稳定。线上，官方App和微信公众号等平台持续发布疫情通报、指挥部通告等权威信息；线下，广泛科学设置各种防疫标语及公告600余幅，发放宣传单（含张贴海报）16万余份；在广播、电视、电子屏全天候滚动播放防疫知识8万余条（次），发送防疫短信1000万余条，为打赢疫情防控人民战争营造积极良好的社会舆论氛围。（二）精心开展主题宣传。在县级媒体平台开设“争先创优赢两战”“城乡环境综合整治”等专栏30余个，累计刊播报道8500余条，创作新媒体作品26个，其中阅读量达10万次以上的“爆款”作品19个。精心策划木玩产业“抱团”复工、民宿“云复工”等防疫热点新闻，专题报道“援鄂”（支援湖北）医疗队员马燕琴等先进事迹。开展小康主题系列报道和宣传竞赛活动，深受观众喜爱和好评。（三）积极开展对外宣传。成功举办2020年“木玩与幼教”高峰论坛新闻发布会，策划开展“我在云和有丘田”淘宝直播带货活动，全力做好云和梯田开犁节、环云和湖铁人三项挑战赛等活动宣传。2020年，累计在中央电视台、《人民日报》等省级以上主流媒体刊播报道453篇，其中，5月31日出版的《人民日报》头版头条刊发《人民美好生活的法治保障》文章，详细报道云和县农村集体产权制度改革的经验做法。

【保障网络安全】 （一）加强互联网监管，牢牢守住网络安全底线。坚持全县“一盘棋”思想，推进网络生态“瞭望哨”工程建设，组建县、乡镇（街道）、村（社区）三级网络矩阵，涵盖200余个村（社区）和小区、700余个微信群，覆盖人口5万余人。严格落实“两会”等重点时期互联网一级应急响应。开展“两个维护”“网络安全百日攻坚”等专项行动。（二）加强队伍建设，着力提高舆论斗争能力。组建“牛云云”短视频创作团队，“小米大咖”被评为全国“五个一百”网络正能量榜样。全力参与市级微博话题宣传，努力做大做强云和官方微博话题。2020年，微博话题“童话云和大花园”阅读量突破1亿次，微博话题“向祖国报告”阅读量突破3.9亿次。（三）加强合作交流，建立网上宣传统战联盟。坚持“请进来”与“走出去”相结合，邀请国内知名“网络大V”（在新浪、腾讯、网易等微博平台获得个人认证，并拥有众多支持者、关注者的微博用户）到云和现场教学。加强与省内各县市的联系，不断扩大网上“朋友圈”。在抖音、头条等领域联谊云和籍“草根名博”（在大众博客群里颇有名望的博客），助力做大做强网络宣传。积极推进网络文化协会、网络界人士联合会等网络社会组织建设，组建社会自媒体联盟，定期开展各类网络文化活动，进一步丰富网上精神文化家园。

【弘扬社会文明】 （一）扎实推进新时代文明实践中心建设省级试点工作。制定出台《新时代文明实践中心建设省级试点工作方案》，以“一所一品”为主线，完成376个文明实践中心（所、站、点）和“智慧云平台”建设。成立云和县志愿者联合会，“童话云和小园丁”注册志愿者超2.5万人，“老李帮忙团”入选“省最佳志愿服务组织”。成功承办全市深化拓展新时代文明实践中心建设暨农村文化礼堂建设工作推进会，举办云和县首届志愿服务项目大赛，精心打造“梨梨养成”“石塘小二”等186个深受群众喜爱的志愿服务特色品牌。（二）持续开展群众性精神文明建设。深入开展城市文明程度指数测评。深化文明村镇（单位）创建，新创成国家级文明村镇（单位）3个，县级以上文明村建成率达80.3%。积极打造地域“和”文化，提炼和弘扬“云和精神”，向社会征集云和城市形象视觉系统设计方案85件，经多轮评审产生优秀作品10件。（三）不断加强公民思想道德建设。深化“云和封面”品牌建设，2人入选“浙江好人”，8人入选“丽水好人”，1人入选“最美浙江人”，3人入选《丽水好人故事集》。制定《云和县文明实践礼遇办法（试行）》，完善《云和县“关爱好人”基金管理办法》，在全社会树牢“好人好报、德者有得”的价值导向。认真贯彻落实《丽水市文明行为促进条例》，积极倡导“公筷公勺”“垃圾分类”“节约粮食”“文明出行”等文明好习惯。出台《云和县推进餐桌文明行动方案》，举办“文明餐桌”随手拍公益大赛，创作推出系列公益广告，向社会发放倡议书8000余份。深入贯彻落实《新时代公民道德建设实施纲要》和《新时代爱国主义教育实施纲要》，扎实推进未成年人思想道德建设，认真组织实施“春泥计划”，举办公益培训及活动280余场，惠及农村未成年人6300余人次，4个单位创成县级爱国主义教育基地，10名中小学生获评市级“新时代好少年”。成功承办全市第九届未成年人道德文化节，云和县选送的作品《“红”韵青春》获丽水市第三届未成年人思想道德建设创新大赛一等奖。

【坚守文化阵地】 （一）夯实基层文化平台。完成15家农村文化礼堂改建和3家社区文化家园建设工作，农家书屋建设提档升级。推动文化惠民服务，开展“云观展”“云刷馆”“云阅读”等线上文化服务和“纳凉节”“长汀沙滩音乐周”等群众性文化活动，累计送电影下乡1500场、送书下乡2万余册。精心创作文学、视觉艺术等文艺作品，联合出品电视剧《春风又绿江南》，精编版大型情景音画诗剧《云和故事》反响强烈。（二）培育壮大文化产业。完成“十四五”文化产业规划编制，打造抱器轩陶瓷史馆示范基地，谋划建设云和梯田文创园，建立文化产业重点项目库。将云和梯田景区等纳入全省“数字诗路e站”建设规划，推动产业要素集中、功能集成。加强文创产品宣传推广，培育壮大木玩主导产业，组织木玩企业参加长三角、深圳等地文博会。加强木玩产业与幼教、影视等主题融合互通，小康主题微电影《我们都是木头人》获丽水市第七届微电影大赛优秀奖。云和县成功入围丽水市第二批文化产业重点县。（三）规范文化市场秩序。推进新闻出版“最多跑一次”改革，37项权利事项入驻县行政服务中心，完成“政务服务2.0”事项认领和46家印刷企业、出版物经营单位年度核验工作，全年通过网络办理群众申请事项36件。深化“护苗2020”专项行动，开展“绿书签”行动宣传，组织召开全县“扫黄打非”工作会议，全面启动软件正版化工作。加强文化市场执法，全年共出动执法人员524人次，检查文化经营单位218家（次），收缴有害出版物468册（本），取缔非法演出1起，拆除非法设施32套。

【夯实基层基础】 深入贯彻落实《中国共产党宣传工作条例》及省委实施办法，厘清意识形态工作职责，制定《2020年意识形态工作要点》《2020年意识形态考核办法》，明确工作重点和工作要求。印发《2020年意识形态工作组织领导和责任分工》《关于意识形态工作责任制约谈工作实施办法》《意识形态责任制工作纪实手册》，开展意识形态工作专项督查和交叉检查，强化履职全过程监督，压紧压实意识形态工作责任。组织意识形态工作专题讲课，指导各乡镇（街道）和部门履行主体责任。完成省、市意识形态巡察反馈意见整改。组成意识形态工作巡察组，参与县委第四、第五、第六轮巡察，对2019年第三轮巡察的16家单位进行“回头看”，进一步巩固提升巡察成果。同时，扎实开展增强“四力”（脚力、眼力、脑力、笔力）教育实践，努力打造政治过硬、本领高强、求实创新、能打胜仗的宣传思想文化队伍。（王晓晔）

统战工作

【概况】 2020年，中共云和县委统一战线工作部（以下简称县委统战部）深入贯彻习近平总书记关于加强和改进统一战线工作的重要思想，牢牢把握大团结、大联合主题，坚持推动构建大统战工作格局，全县统一战线各领域工作都取得可喜的成效。

【汇聚同心抗疫力量】 新冠肺炎疫情发生后，县委统战部第一时间发出统一战线同心抗疫倡议书，组织发动广大统战成员及统战团体为疫情防控捐款、捐物（折合人民币）合计153.9万元，同心驰援疫情防控，汇聚同心抗疫的磅礴力量。县委书记叶伯军对统一战线同心抗疫给予高度肯定，杭州云和商会、赤石乡乡村振兴乡贤会荣获全县抗击新冠肺炎疫情先进集体称号，徐利伟、范君华、周金艳、饶文斌、陈华5名统战代表人士荣获全县抗击新冠肺炎疫情先进个人称号。慎终如始做好境外输入疫情防控工作，成立工作专班，开展侨情摸底调查，建立“一对一”为侨服务和联系机制，用心做好“劝侨、安侨、助侨、暖侨”工作，同时严格落实“精密智控”“闭环管控”等措施，坚决打赢境外输入疫情防控持久战。严密做好宗教领域疫情防控工作，全面落实宗教场所“两暂停一严禁”（暂停开放宗教活动场所、暂停一切集体宗教活动、严禁私下宗教聚会）规定，同时常态开展宗教场所和民间信仰场所巡查，有效确保宗教领域无疫情发生。

【推进乡贤参治工作】 县委高度重视新乡贤工作，把“乡贤参治工作”纳入全国乡村治理体系建设试点内容。据此，县委统战部制定出台《云和县关于以乡贤参事团为载体开展乡贤参治的工作方案》，全面开展“乡贤参治”示范创建和“百名乡贤联百户·同心助力奔小康”主题活动，通过全县上下的共同努力，“乡贤参治” 工作取得明显成效，并初步形成云和特色的“1555”乡贤参治工作体系。“1”是指以一个乡贤参事团为核心的组织架构，努力构建县、乡镇（街道）、重点村三级联动的“乡贤参治”大格局；“555”分别指以五个“乡贤+”（乡贤+参事议事、乡贤+矛盾调解、乡贤+群防群治、乡贤+引资引智、乡贤+乡风引领）为主要内容，以“五个一”（一个基层协商民主会、一个乡贤工作室、一个乡贤网格、一个乡贤综合信息库、一个乡贤馆）为主要抓手，以“五项制度”（乡贤参治述职通报交流制度、乡贤正向激励制度、乡贤参治综合评价积分指数制度、乡贤参治组团服务制度、乡贤联系服务制度）为主要保障的工作体系和制度体系，推动实现全域化“乡贤参治”大服务和全链条“乡贤参治”大落实。2020年8月7日，在台州举行的全省新乡贤工作推进会上，《云和县乡贤参事团破解基层治理难题》案例被选入“浙江省新乡贤工作30例”，并在大会印发交流；“云和师傅”乡贤品牌助力乡贤返乡创业的做法得到省委常委、统战部部长熊建平的高度肯定，并入选大会宣传片。此外，乡贤张应杭为云和县打造“和文化”品牌，编辑出版《云水胜境和善之城：云和之“和”的文化学解读》一书；乡贤王秋燕受市委统战部邀请，担任《丽水流芳》书稿的主要撰写人。

【服务民营经济发展】 在助力复工复产方面，通过建立同心服务专班、同心咨询公益服务团和同心微信服务群，开通在线咨询服务热线，密切走访联系企业，推动惠企政策落实，帮助协调解决实际困难，为企业复工复产提供全天候服务。认真落实全国民营经济统战工作会议精神，建立常态化政企沟通平台，召开“亲清直通车政企恳谈会”2期，首创“民营企业亲清会客厅”，邀请企业和部门面对面座谈交流，及时反映和协调解决企业存在的困难问题，助力民营企业高质量发展。连续3年联合县委组织部、县工商联开展“政企双向挂职”工作。2020年，各选派11名优秀新生代企业家和优秀年轻干部参与“双向挂职”。县工商联报送的《政企双向挂职 服务高质量发展》获评2020年度全省工商联服务“两个健康”工作最佳案例。此外，还完成县总商会义乌分会换届工作。

【促进民族乡村振兴】 坚持跨山统筹、创新引领、问海借力，努力推进云和县民族乡村振兴工作走在全省前列、成为样板。大力支持安溪畲族乡、雾溪畲族乡联合创建佛儿岩AAAA级景区。2020年，佛儿岩景区创AAAA级工作顺利通过省级景区景观质量评审；佛儿岩景区游客接待中心（安溪梨乡风情小镇畲族文化馆）项目完成主体工程；安溪畲族乡“千亩雪梨”基地农旅融合项目正式签约启动；雾溪畲族乡生态产品价值实现机制试点工作得到省市领导的充分肯定；“百里瓯帆·千年畲村”和“童话云和·云上山哈”被纳入省级“民族乡村振兴示范带”建设；崇头下垟村建成畲族党支部纪念馆。深入实施“双百村结对行动”（百个以上统战系统单位和统战成员所在单位结对百个以上具备资源开发条件的民族村），在省人力社保厅的结对帮扶下，建成全省首个民族乡村振兴“飞地”产业园（云和—嘉兴港区山海协作民族乡村振兴“飞地”产业园）。深入开展民族团结进步创建活动，雾溪畲族乡、县第三中学、云岸村被评为全市民族团结进步模范集体，安溪畲族乡中心小学入选第三批省级民族团结进步重点培育单位。2020年，云和县报送的《巧用“三把金钥匙”，高质量走好民族乡村振兴之路》《实现生态价值转换，促进民族乡村振兴》等4篇信息被省民宗委采用。

【夯实统战工作基础】 高度重视提级（交叉）巡察工作，以最高标准、最严措施、最实效果落实巡察反馈意见整改，并在2个月时限内，高质量完成3个方面11个类别27个问题的整改任务。同时，结合巡察整改，开展“三个年”（作风转变年、工作规范年、履职担当年）活动，切实压紧压实党风廉政建设责任和意识形态主体责任；开展“同心大联系、大走访、大服务”活动，实施县委统战部班子成员“一联五”制度，深化统战领域“四服务”，切实把统战工作落实到支部，推动和加强统战系统党的建设。深化健全大统战工作格局，在县委高度重视与支持下，云和统战工作形成“党委领导、统战部门牵头、部门齐抓共管”的良好局面。2020年，县委常委会先后10次听取统战工作汇报，县委书记叶伯军分别主持召开县委统战工作领导小组（扩大）会议和全县党外代表人士征求意见座谈会。此外，还召开统一战线领域相关联席会议13次。深入贯彻落实《中共云和县委办公室关于进一步加强新时代基层统战工作的实施意见》，不断完善和提升乡镇（街道）统战“七个一”（建立一个“统情”数据库、绘制一幅“统情”地图、打造一批统战阵地、健全一套工作机制、开展一项创新工作、明确一份责任清单、锻造一支统战铁军）工作法，并把统战工作纳入党建述职内容，大力支持县民盟和县知联会、县少促会、县社联会等统战社团推进履职规范化、制度化、科学化建设。大力弘扬统战“和文化”，建成县级“统战之家”，调研报告《以“和文化”促进云和统战工作高质量发展》获2020年度全省统战理论政策研究优秀成果三等奖。认真落实中央、省委、市委宗教工作督查反馈意见整改，并率先全市建立宗教联合执法队，开展全市首例宗教行政执法案件处置。召开“十四五”规划编制通报会，动员全县统一战线成员为规划编制建言献策，共吸收意见和建议60余条。（杨　勇）

信访工作

【概况】 2020年，云和县信访局（以下简称县信访局）深入贯彻习近平总书记在浙江考察调研时的重要讲话精神，以“做好常规工作、落实重点工作、强化特色工作”为抓手，全力做好社会矛盾源头治理，致力维护广大群众合法权益。2020年，云和县再次获“全国信访工作‘三无县’”荣誉称号，成为全省唯一连续3年获此殊荣的县（市、区）；县信访局先后被市委、市政府授予“全市创建星级平安金鼎工作突出贡献集体”“‘丽水之干’模范集体”荣誉称号。

2020年，共受理群众信访件4268件，其中来信194件、来访378批1914人次（含集体访72批1412人次）、网上信访件1183件；“12345”政务服务热线共接听群众来电15220件，其中有效来电

14121 件、转后台办理 2051 件。全年信访形势总体平稳，呈现“两升、两降、一保持”(来信、来电总量上升，来访、网上信访总量下降，保持重点时段无重大信访事项发生)良好态势，率先全市完成“无信访积案县(市、区)”目标。

【做好常规工作】 (一)搭桥梁。着眼于群众关心的热点、难点问题，积极发挥信访工作“了解民情、集中民智、维护民利、凝聚民心”的作用，在常态化开展县领导批示来信和每日坐班接访的同时，及时总结编写《每周信访简况》向县领导反映民意诉求，切实推动群众诉求得到有效解决。2020 年，县领导共批示来信 49 件，坐班接访 59 批 131 人次；县信访局共编写《每周信访简况》56 期。(二)比能力。积极开展“国务院《信访条例》修订实施十五周年”系列宣传活动，并成功举办全县信访业务培训班暨信访岗位练兵大比武活动。组织参加全市信访系统岗位练兵大比武活动，并荣获二等奖。拍摄制作“国务院《信访条例》修订实施十五周年”宣传短视频，并先后开展“进农村、进社区、进企业、进机关、进党校”系列宣传活动，取得良好社会效果。(三)强服务。发扬信访干部的服务和奉献精神，主动开展社区服务，走村入户落实“包村走村”工作任务。根据全县“哨响就到”工作要求，全体党员干部积极到社区报到，投身社区服务工作。大力服务村(社区)发展，选派 1 名优秀党员干部到联系村庄前村任第一书记。严格落实县直部门党委(党组)书记包村走村“五个包”(包指导村两委换届工作、包村集体经济持续增收、包联系村民生实事、包联系村美丽乡村建设、包联系村平安稳定)和“六个一”(上一次党课、开展一次走访慰问、开展一次志愿服务活动、联合开展一次主题党日活动、组织一次考察学习、认领一次微心愿)任务，每月参加联系村庄前村相关活动，并联合该村党组织共同开展主题党日活动。

【落实重点工作】 (一)勇担当。新冠肺炎疫情发生后，全体信访干部第一时间响应号召，由局领导班子带队，分批支援一线疫情防控工作。“12345”政务服务中心启动“战疫”特事特办机制，为群众提供 24 小时“不打烊”服务，受到群众一致好评。此外，该中心还积极关注疫情形势变化，每日编写报送《12345 中心关于涉及疫情反映的日报》，为县委、县政府科学决策提供参考。(二)保稳定。坚持把社会矛盾源头治理作为信访工作的重中之重，严格落实县委书记叶伯军“再创信访工作‘三无县’”的批示要求，先后召开全县中秋、国庆信访工作部署会；县信访局领导班子与相关乡镇(街道)、部门分管领导面对面分析研究具体工作方案及措施。(三)善作为。以“‘三敢三比’争当‘丽水之干’模范集体”和“先锋人物大比拼”活动为抓手，深入开展“减存控增优秩序”五大专项行动。咬定“无信访积案县(市、区)”目标，提前谋划、主动出击，实现省、市信访积案 100%化解，6 项指标全部达标。大力开展重复信访治理活动，召开案件交办会，交办国家级重复信访案件 16 件、省级农村建房审批信访件 3 件、市级重复信访案件 5 件(其中涉及农村建房审批信访件 2 件)。至 2020 年年末，3 件省级交办的农村建房审批信访件已全部化解。

【强化特色工作】 (一)提站位。深入贯彻习近平总书记在浙江安吉县考察调研时的重要讲话精神，进一步提高站位、拉高标杆，对县财政局一楼、二楼进行装修改造，用于云和平安“和”中心(信访超市)提档升级，同时整合县阳光调解中心、县诉讼服务中心、县社会心理服务中心等 9 个中心，组建云和县社会矛盾纠纷调处化解中心(以下简称县矛调中心)。6 月 30 日，县矛调中心正式揭牌成立并投入运行。12 月，对县财政局三楼、四楼进行装修改造，用于县信访局和县综合指挥中心整体入驻，进一步扩充县矛调中心的组织架构。至 2020 年末，县矛调中心已有 9 个中心成建制入驻、8 个部门常驻，真正实现矛盾纠纷化解“一扇门进出、一揽子调处、一体化联动”。(二)做特色。建立健全“即接即办”“教育疏导”“会商研判”“协调办事”“公开监督”“考核管理”“上下联动”“领导督办”八大机制,并形成11个相关工作办法、工作制度和行为规范,努力为群众提供全方位、全领域、全过程的优质服务。聚焦云和县实际,创新建立“中心吹哨、部门报到”联动工作机制,全县上行联动、下行联动、线上联动,用“干部跑”“网络跑”代替“群众跑”,有效提升办事效率,群众的获得感、幸福感不断提升。(三)聚合力。充分发挥党支部战斗堡垒作用和党员先锋模范作用,推动成立县矛调中心工作支部,全面汇聚党建力量、凝聚工作合力、提升工作效能。此外,县矛调中心还设立“党员先锋示范岗”,致力以“党建引领”推动中心各项工作再上一个新台阶。 (陈琳瑶)

机构编制工作

【概况】 2020年,中共云和县委机构编制委员会办公室(以下简称县委编办)坚决贯彻习近平总书记关于新时代机构编制工作的重要论述,进一步厘清机构编制工作的政治定位、功能定位、工作定位、服务定位,奋力做好新时代机构编制工作,为云和县打造全国山区新型城镇化样板县域“重要窗口”提供体制机制保障。

【深化机构改革工作】 (一)围绕机构改革优化职能体系。厘清部门职责,理顺县自然资源和规划局、县农业农村局、县生态林业发展中心等部门因机构改革导致的职责不清问题。建立健全议事协调机构工作规则,配合6家归口管理的局级以上事业单位健全统一归口领导管理办法,确保党总揽全局和协调各方的体制机制在云和落地生根、更加成熟。坚持以“最多跑一次”改革为牵引,完成云和县政务服务2.0事项清单审核工作。全面推行乡镇(街道)“属地管理”事项责任清单制度,已完成实施意见和清单的印发工作。

(二)围绕重点领域优化体制机制。深化综合行政执法体制改革,厘清综合行政执法、“五大领域”(市场监管、文化市场、交通运输、农业、环境保护)综合行政执法和专业执法的职责边界,完成“五大领域”综合行政执法队伍的“三定”(定机构、定职能、定编制)规定印发工作。完成县自然资源行政执法队的组建及涉及的机构编制职责事项的调整工作。全力保障社会治理领域“最多跑一地”改革,配合县信访局做好县级社会矛盾纠纷调处化解中心平台建设工作。深化群团组织改革,重新制订全县8家群团机构的“三定”规定,并已完成初稿拟定。

(三)围绕经济民生服务社会发展。(1)围绕民生领域优化编制配置。会同县教育局、县财政局、县人力社保局等部门,根据学校班额、师生人数等情况开展两年一次的教育核编工作,并联合印发《云和县民办学校报备员额教师管理办法(试行)》,进一步促进民办学校教师队伍建设,规范公办学校、民办学校教师队伍流通方式,加强报备员额内教育管理。(2)围绕疫情防控助推复工复产。开展全县公共卫生防疫职责体系建设情况调研,为进一步完善公共卫生应急管理体制机制打好基础。合力推进“县域医共体”(全县域医疗服务共同体)建设工作,协助开展“县域医共体”全员岗位管理。继续开展民办事业单位登记工作,将云和城南综合医院登记为民办事业单位,核定报备员额,有力支持“社办”(社会力量举办的)公益事业发展。

【盘活机构编制资源】 (一)精简优化机构设置。调整优化全县副科级以上事业单位,精简正科级事业单位2家、副科级事业单位1家。全面完成事业单位清理规范和整合工作,累计精简事业单位40家,精简比例达21%,超额完成省委下达的目标任务。至2020年年末,全县147家事业单位的机构编制规定已全部印发到位。(二)创新机构编制管理。制定《云和县事业单位编制周转管理办法》,打破编制核定之后部门所有的模式,强化编制资源统筹调配，着力破解编制总量控制与刚性需求之间的矛盾，有效解决超编、满编单位无法引进急需人才和人员发生断层等突出问题，为全县经济社会发展提供可持续的编制保障。(三)精准用活实名制系统数据。及时更新和完善系统台账，全面完成涉改单位信息数据更新工作，全年累计更新系统信息2876条，办理在职变更业务1322项。做好系统信息数据比对工作，将县级实名制系统数据与县社保养老保险数据进行全库比对，未发现“姓名与身份证不一致”等问题。配合县委组织部、县人力社保局做好公务员和事业单位工作人员职业生涯全周期管理“一件事”改革，并于5月起，在协同平台对出入编人员进行同步审核，累计办理审核业务772项。

【规范机构编制管理】 (一)严格执行实名制管理制度。把好编制使用核准、人员出入编登记、股级职数使用审批三大“关口”，完成60家机关企事业单位264名编制(含报备员额、企业定员)用编计划和58批次单位股级职数使用审批，办理实名制入编342人、出编338人。同时，将编外用工纳入机构编制管理系统进行实名管理，有效规范编外用工管理。(二)强化机构编制监督检查。探索建立机构编制监督与审计监督协作配合机制，首次将机构编制执行情况纳入领导干部经济责任审计内容，重点审计机构设置、编制使用以及有关规定执行情况。做好机构编制违规问题清单梳理和整改工作，对违规超编进人等问题进行动态监测和清理整改。开展机构编制执行情况监督检查，对部分单位的机构标识(牌)调整、机构编制实名制系统数据更新维护、编外用工规范管理等内容进行监督检查，确保机构编制各项工作规范有序。(三)规范事业单位登记管理。全面完成全县127家应公示事业单位法人的2019年度报告公示工作，实现事业单位登记和机关、群团统一社会信用代码赋码“最多跑一次”。2020年，共完成事业单位设立登记87家、变更登记119家、注销登记36家、证书补(换)领48家，机关、群团统一社会信用代码证书信息变更15家，临时机关赋码1家。

【打造机构编制铁军】 (一)牢牢把握政治机关定位。认真学习贯彻习近平总书记关于新时代机构编制工作的重要论述，自觉担负起《中国共产党机构编制工作条例》赋予的政治责任，推动机构编制管理更加科学、规范、高效。认真落实归口组织部门管理各项要求，把归口管理的体制优势转化为工作优势，推动机构编制工作更好地服务改革发展大局。(二)坚决全面从严治党。严格执行中央八项规定，压紧压实“两个责任”(党委主体责任、纪委监督责任)，加强党内监督，严明政治纪律和政治规矩，全力打造清廉机关、模范机关。(三)积极发挥党员先锋模范作用。投身“战疫”一线，分批选派干部参与疫情防控，帮助企业复工复产。同时，积极响应“‘哨响就到’在职党员、干部职工进社区报到”志愿者活动；认真做好低收入农户“一户一策一干部”结对帮扶等工作。 (艾笑笑)

党校工作

【概况】 2020年，中共云和县委党校(以下简称县委党校)深入学习贯彻习近平新时代中国特色社会主义思想和中共十九大、十九届历次中央全会精神以及习近平总书记考察浙江时的重要讲话精神，紧紧围绕县委、县政府关于夺取疫情防控和经济社会发展“双胜利”、打造全国山区新型城镇化样板县域“重要窗口”等决策部署，以“浙西南革命精神”注魂、赋能、立根，全面厉行“丽水之干”，充分发挥全县党员干部培训和理论宣传教育的主渠道、主阵地、主力军作用。

【疫情防控】 按照县委、县政府统一部署，积极配合做好新冠肺炎疫情防控工作，先后抽调全校三分之二以上人员参与县委大院疫情防控巡查，抽调全校二分之一以上人员到解放社区开展疫情摸排调查，抽调2名工作人员分别到县疫情防控指挥部办公室和县疫情防控综合服务驻点工作。同时，严格做好党校防疫工作，加快推进党校迁建工程，确保疫情防控与复工复产“两手都要硬，两战都要赢”。此外，还选派2名优秀年轻干部分别到结对村担任“第一书记”、到“两新”企业担任党建指导员，为全县夺取疫情防控和经济社会发展“双胜利”贡献力量。

【创优评估】 (一)抓好任务分解工作。每月召开工作例会，对标制订任务清单，形成人人有责、分工协作、全力冲刺的工作局面。(二)抓好评估准备工作。先后赴龙泉、庆元、缙云等地党校学习“取经”，并邀请莅临开展模拟评估，确保高标准、高要求完成评估准备工作。(三)抓好对接工作。先后赴省、市党校汇报创优评估工作情况，并与省、市党校领导和专家面对面沟通交流，进一步明确创优评估工作方向和重点。9月，顺利通过创优评估。

【党校迁建】 克服新冠肺炎疫情带来的不利影响，从县委、县政府下定决策到现场开工建设，仅用了270天时间，创造出惊人的“加速度”，充分彰显“党校当担”和“党校干劲”。8月31日，县委党校迁建工程举行开工仪式。至2020年年末，该工程已完成固定资产投资1852万元。

【文明创建】 多年来，县委党校始终高度重视精神文明建设，坚持把文明单位创建作为提高教职工整体素质的重要抓手，深化打造学习型、廉洁型、学术型、服务型、示范型“五型”党校。11月20日，中央精神文明建设指导委员会印发《关于表彰第六届全国文明城市、文明村镇、文明单位和第二届全国文明家庭、文明校园及新一届全国未成年人思想道德建设工作先进的决定》(文明委〔2020〕8号)，县委党校名列其中，获第六届全国文明单位称号，这也是全省党校系统唯一获此殊荣的县级党校。

【教育培训】 以习近平新时代中国特色社会主义思想为中心内容，建立较为完备的课程体系，力求从培训目标、培训内容、培训效果等方面实现再提升。同时，有序推进主体班次教学，完成主体班次13个、部门班次8个；大力拓展现场教学基地，新拓展现场教学基地5个；合理承接外地培训班次，承办外地班次11个。

【教研科研】 (一)科研成效显著提升。2020年，先后获全省党校系统理论研讨会二等奖1项、三等奖1项、优秀奖(入选)1项；获全省党校系统第二十二批课题立项1项；获全市党校系统理论研讨会二等奖2项、三等奖2项；获全市公共管理创新案例和党政系统优秀调研成果奖各1项。此外，还在省级学术期刊发表论文1篇，在“浙江在线”发表评论文章1篇，在“丽水网”发表评论文章6篇。(二)资政功能充分发挥。2020年，共编发资政型刊物《党校调研专报》5期，送阅人数达100余人次，其中获县领导批示2篇；编发阅读型刊物《资讯参阅》6期，送阅人数达300余人次；编发速览型资讯“求是手机报”12期，受众达3.5万人次。(三)教研培训扎实推进。先后赴庆元、莲都、缙云等地党校考察学习，并选派教职工到上级党校专题学习、跟班学习、挂职顶岗。同时，还邀请专家前来讲学授课或课题辅导。如：邀请省委党校科研处处长吴为民到云和指导课题调研和现场教学工作；邀请市委党校科研处处长陈敬东到云和作《做好党校科研的基础、支撑、中心》专题辅导；邀请市委党校信息处处长张孟洋到云和讲授《中美摩擦及意识形态斗争》专题课程。(四)科研机制不断完善。积极组织科研工作会、座谈会，把握科研方向，落实科研任务，并组建课题组、联合调研组，以小组为单位，深入企业、乡镇(街道)和农村开展调研。

【党的建设】 (一)加强民主集中制建设。每次校委会前先开展政治学习，真正做到“集体领导、民主集中、个别酝酿、会议决定”，切实增强领导班子的凝聚力和战斗力，营造出“和谐团结、高效奋进”的良好工作氛围。(二)加强党支部建设。将“党校姓党”宗旨和“党校教师姓党”原则贯穿党建工作始终,以“党性理论教育引领、红色校园文化熏陶、主题党日活动强化”为重点,不断深化“不忘初心、牢记使命”主题教育,巩固提升“示范型党支部”创建成果。(三)加强意识形态阵地建设。规范课堂教学纪律,严格落实“首课集体备课”“教师外出授课报备审批”等制度,每一个培训专题都做到“理论深度、实践温度、语言精度、启发力度”四结合,有效确保意识形态工作安全无差错。(四)加强党风廉政建设。严格落实党风廉政建设责任制,层层签订党风廉政建设目标责任书,并通过廉政警示教育、廉政风险点排查、建立廉情档案等方式,切实筑牢党员干部防腐拒变的思想防线。

【队伍建设】 (一)打通教师上升通道。成功争取并增设科室2个、股级职数3名,优化股级干部1名,提拔正股级干部2名、副股级干部3名。(二)拓宽干部交流渠道。推选2名“90后”干部参加全县优秀年轻干部比选,最终有1名干部成功进入前二十名,入选优秀年轻干部后备库,被指派参加优秀年轻干部培训班学习,并抽调至县委组织部挂职锻炼1年;另1名干部被抽调至县委统战部挂职侨联副主席。此外,还有1名干部被抽调至县委宣传部挂职社科联副主席。(三)助力全县重点工作。抽调10人次参与“童话云和大花园”建设、新冠肺炎疫情防控、城乡环境综合整治、棚户区改造等全县重点工作。此外,还推选12名教职工参与县直机关工委“红色讲师团”,选送4名教职工参与县纪委“清风讲师团”,选派1名教职工参加团县委“和小宣”青年理论宣讲团等。

(徐见日)

老干部工作

【概况】 2020年,云和县老干部服务中心(以下简称县老干部中心)深入学习贯彻习近平新时代中国特色社会主义思想,认真贯彻落实中共十九大、十九届历次中央全会和全国、全省离退休干部“双先”(先进集体、先进个人)表彰大会精神,坚持以党的政治建设为统领,紧扣中心,真抓实干,精准、高效地做好老干部服务和管理工作,持续深化“银色童话”品牌建设,推动老干部事业健康发展,为云和县打造全国山区新型城镇化样板县域“重要窗口”贡献力量。

至2020年年末,全县共有离休干部32人,其中,外地安置在云和的离休干部1人,直管单位和军队离休干部2人,行政机关离休干部15人,事业单位离休干部9人,企业离休干部5人;享受县处级待遇的离休干部12人,享受科级及科级以下待遇的离休干部20人。全县离休干部平均年龄93.5岁。

【党的政治建设】 始终把党的政治建设放在首位,使广大老干部与党保持同心同向。(一)强化老干部思想引领。组织全县老干部学习贯彻习近平总书记在浙江考察调研时的重要讲话和中共十九届五中全会精神,教育引导广大老干部牢固树立“四个意识”、坚定“四个自信”、做到“两个维护”。组织全县离退休支部到红色教育基地开展党性教育,进一步增强离退休党员干部的党性意识。此外,还组织“老李帮忙团”到基层开展理论宣讲10余次,举办“银色童话”老干部大讲堂6场次。(二)强化党组织规范化建设。认真贯彻落实省委组织部、省委老干部局联合印发的《关于推进离退休干部党支部规范化建设的指导意见》(浙老干〔2020〕14号)精神,切实从政治建设、组织设置、班子建设、作用发挥、工作保障5个方面对离退休干部党支部进行规范。至2020年年末,已完成5个标准化离退休干部党支部、1个典型离退休干部党支部建设。(三)强化“头雁队伍”培育。通过举办离退休干部党支部书记暨骨干党员培训班、每季度召开离退休干部党支部党建工作例会、集中开展“七一”主题党日活动等多种方式,不断提升全县离退休干部党支部书记的履职能力。2020年,累计举办离退休干部党支部书记暨骨干党员培训班1期，召开离退休干部党支部党建工作例会4次，召开“颂歌献小康·建言现代化”主题座谈会3次，集中开展“七一”主题党日活动1次。（四）开展“童话云和红色记忆”挖掘提炼行动。抢救性收集整理离休干部参加革命和社会建设的口述资料、图片资料、影像资料，挖掘提炼“红色故事”并汇编成册。

【党风廉政建设】 （一）加强责任落实和廉政教育。深化落实党风廉政建设责任制，及时调整领导班子责任分工，由主要负责人直接分管党风廉政建设工作。同时，定期组织学习上级有关会议精神，常态开展廉政谈心谈话，切实筑牢党员干部防腐拒变思想防线。2020年，共组织学习23次，开展廉政谈心谈话24人次。（二）完成巡察整改和专项整治。针对县委第二巡察组反馈的6个方面19个问题，第一时间召开巡察反馈问题专题研究会，剖析问题根源，研究整改方案。至2020年年末，6个方面19个问题已全部整改到位（除涉及机构编制问题，无法解决人员混岗外）。同时，认真贯彻落实中共中央办公室、国务院办公厅印发的《党政机关办公用房管理办法》，顺利完成单位办公用房调整工作。（三）强化内部管理和作风建设。修订出台《云和县老干部服务中心内部管理制度汇编》，细化和完善相关制度18项。同时，进一步加强机关作风建设，开展作风专项监督检查20次，开展岗位廉政风险点排查2次。

【意识形态工作】 （一）落实意识形态主体责任。及时调整领导班子分工，全面落实班子成员“一岗双责”责任。同时，定期召开意识形态领域情况分析研判会，分析研判意识形态领域可能出现的新情况、新问题，牢牢把握意识形态工作领导权、主动权。（二）加强意识形态理论学习。充分利用党组理论学习中心组学习、“周一夜学”、“学习强国”App等平台，学习习近平新时代中国特色社会主义思想和中共十九大、十九届历次中央全会精神等，不断强化队伍理论武装，提升干部意识形态工作能力。（三）积极弘扬社会主义核心价值观。充分发挥老年大学、老干部活动中心“两个阵地”作用，助力社会做好疫情防控宣传。此外，还组织慰问先进抗疫老干部志愿者，组织老干部以婺剧演唱、书画作品、诗词等形式宣传推广“公勺公筷”。

【服务保障工作】 秉承“精准才能高效、贴心才能换心”的工作理念，用心、用情服务好老干部。新冠肺炎疫情发生后，县老干部中心第一时间组织工作人员走访慰问老干部，并为老干部送去口罩等防疫物资。同时，建立健全《联系服务老干部制度》等4项制度，进一步体现对老干部的关心和关爱。持续开展春节、重阳节等节庆日大走访活动，重点关心易地安置和异地居住的离休干部，全年累计走访慰问离休干部600余人次。组织召开老干部政情通报会，向老干部通报全县经济社会发展各方面情况。组织全县离休干部和副县级以上老干部开展健康体检，并协助完成6位去世离休干部的后事处理工作。

【文化阵地建设】 完成老干部活动中心大楼部分装修和设备采购工作。同时，正视疫情期间老干部学习活动阵地暂停开放的实际，转变工作方式，强化线上联系，倡导网上学习，并及时提醒和帮助老干部申领“健康码”。在做好疫情防控的前提下，围绕抗疫和全面建成小康社会等主题，开展主题书画展、民法典学习宣传系列活动和老年大学艺术周活动，有效疏导老干部思想情绪，满足老干部精神文化需求。

【志愿服务活动】 充分发挥“银色童话”阳光志愿服务队和“老李帮忙团”的示范引领作用，组织开展志愿服务活动58场次，参与人数1600余人次。此外，“银色童话”阳光志愿服务队还以志愿服务、创作文艺作品、捐款捐物等多种方式支持全县抗疫，助力企业复工复产；“老李帮忙团”创新运用“三治融合法”（自治、法治、德治相结合的方法）参与云和平安“和”中心建设，助力推进全县各项重点工作。

【队伍素质建设】 (一)抓好干部队伍建设。以成立党组为契机,建立党组理论学习中心组,并制订学习计划和制度,切实强化党员干部理论学习。开展股级干部岗位调整,根据工作需要和人员特长,调整2名股级干部职务,提拔1名正股级干部。深化干部基本能力建设,举办公文写作专题辅导,并鼓励年轻干部多学、多写、多思考、多锻炼。此外,还有1名“90后”年轻干部参加全县优秀年轻干部比选,并成功入围。(二)做好疫情防控工作。根据县委、县政府统一部署,积极做好疫情防控各项工作,并先后选派5名工作人员到县疫情防控集中隔离点工作,选派4名工作人员到普光社区防疫点工作。(三)深入开展“四服务”(服务企业、服务项目、服务改革、服务基层)活动。2020年,累计走访联系企业6次,走访联系村(社区)14次,走访慰问联系村低收入农户45人次、困难党员5名。此外,还抽调1名干部到县跑改办工作。 (吴 卉)

档案与史志工作

【概况】 2020年,云和县档案馆(以下简称县档案馆)紧紧围绕县委、县政府中心工作,克服新冠肺炎疫情带来的不利影响,全力提升档案管理和服务水平,致力增强史志研究和编修能力,充分发挥新时代档案部门“为党管档、为国守史、为民服务”的职能。2020年,县档案馆顺利通过县级国家综合档案馆省级业务建设评价,该馆“数字档案馆”也成功通过省级测评。

【档案公共服务】 (一)提升档案服务能力。完成《云和县档案馆指南》《云和县档案馆全宗指南》《云和县档案馆查档指南》编写工作。同时,做好1990年度之前馆藏档案的开放鉴定工作,整理完善全县137个馆藏全宗单位的全宗卷,并将全县各类开放档案列成目录,面向社会提供利用服务。(二)优化档案利用服务。加强档案服务窗口建设,创新推行休息日预约查档服务,并在查阅大厅增设饮水机、医药箱、老花镜等便民服务用品,切实让群众感受到贴心和温暖。同时,结合“最多跑一次”改革,依托“浙江档案服务网”和“浙里办”App,深化开展全省“异地查档、跨馆服务”和“长三角”(长江三角洲地区,包括上海市、江苏省、浙江省、安徽省)民生档案异地免费查询服务,努力为群众利用档案提供“一站式”服务。2020年,累计接待查档群众1555人次,查阅档案资料2162卷,复印档案2620份,出具证明1357份,受理异地查档44人次。(三)推进档案文化建设。立足档案馆资源优势,积极开展档案展览和档案文献编撰。2020年,成功与市档案馆合作,编撰出版档案文献《抗战时期浙江省铁工厂档案汇编》。(四)开展档案试点工作。配合县委办(档案局)做好档案工作服务农村基层社会治理试点工作,通过前期摸底调查和准备,于9月底召开全县档案工作服务农村基层社会治理试点动员大会。

【档案基础工作】 (一)做好档案接收工作。加强对列入2020年档案移交计划单位的监督指导,确保各单位能如期将档案移交进馆。做好乡镇到期档案的接收工作,全面完成全县各乡镇2010年度之前档案的接收进馆。2020年,累计完成40家单位的档案接收工作,保存永久档案21127卷、长期档案47652件。(二)强化档案库房管理。严格落实档案库房安全管理制度,严格执行档案安全责任追究制度,切实加强档案库房及周边环境管理,不断提升档案库房安全防范能力。同时,认真做好库房档案出入登记管理,做好库房设施设备日常维护,全力保障库房档案安全“零事故”。(三)开展档案宣传活动。根据上级统一部署,精心谋划以“档案见证小康路·聚焦扶贫决胜期”为主题的“6·9”国际档案日宣传活动,并印发《关于开展2020年国际档案日宣传活动的通知》,组织开展档案宣传进校园、档案征集等活动,进一步扩大档案工作的社会影响力。

【档案信息化建设】 (一)开展馆藏档案数字化加工工作。按照"珍贵档案、重点档案、特色档案、利用率高的档案优先数字化"原则,完成第一批馆藏档案、撤并乡镇档案以及部分新接收档案的数字化加工工作,合计43924卷62337件。同时,做好新接收档案的异地备份,为新接收档案安全提供多重保障。(二)加强数字档案资源接收工作。加大对电子档案、档案数字化成果以及其他数字档案资源的接收力度,进一步理顺数字档案资源接收进馆后的管理机制,以保障数字档案资源进馆后能得到安全保管、及时整理和有效利用。2020年,共接收19个单位的数字档案资源,合计49582件(数据量2149.3GB)。(三)深化"最多跑一次"改革。坚持在做好"本地查档"的同时,积极推广"网上查档""异地查档"服务,让数据"多跑路",让百姓"少跑腿",切实方便群众查阅档案。(四)强化档案信息安全管理。落实机房管理和设备巡检制度,提高档案信息运行设备的检查和维护频率。同时,做好新增资料的登记备份以及原有数据的检查维护,确保档案数据安全。

【史志工作】 (一)做好历史资料收集。县档案馆的馆藏档案中有民国档案9861卷,还有太平军在县境活动有关情况、红军在县境活动有关情况、战时浙江省会设在云和有关情况、周恩来到云和小顺浙江铁工厂视察有关情况、日军轰炸云和有关情况等一批较为珍贵的历史资料。2020年,县档案馆对原县史志研究室移交的1500余册历史书籍进行入库登记,并征集到抗日战争时期云和县因鼠疫(由日军使用细菌武器造成)受损的调查资料。此外,县档案馆还依托馆藏民国档案,整理出民国时期的老照片50余张,其中有云和县政界人士合照、云和县慰问抗战军属会议照片等。

(二)做好党史书籍编撰。2020年,先后编印《中共云和县委文件选编(1978年12月—1985年12月)》《中共云和县委文件选编(1986年1月—1990年12月)》《中国共产党云和历史大事记(1935.5—2018.12)》3本党史书籍,其中,《中共云和县委文件选编(1978年12月—1985年12月)》《中共云和县委文件选编(1986年1月—1990年12月)》接续记录1978年12月至1990年12月期间县委印发的重要文件和县委领导的部分讲话稿,合计219篇91万字;《中国共产党云和历史大事记(1935.5—2018.12)》简要记述中国共产党在云和这片土地上80余年来的辉煌历史,展现云和人民在中国共产党的领导下,开展新民主主义革命、探索社会主义道路、实践改革开放、努力实现中华民族伟大复兴的艰辛历程,反映云和80余年来的沧桑巨变,全书约31万字。此外,还收集完成《中共云和县委文件选编(1991年1月—1996年12月)》编撰所需的相关资料,整理完善《中国共产党浙江云和历史(第三卷)》编写大纲和专题资料目录。

(三)做好"红色资源"保护。进一步保护好"红色遗址",传承好"红色文化",在继承"红色基因"、弘扬革命传统、启迪教育后人等方面发挥力量。协助主管部门对迫切需要修复的"红色遗址"进行重点保护,并做好"红色遗址"的开发和利用工作。主动协助"采真里"历史文化街区项目中的魏兰纪念馆布展、资料收集等工作。积极配合市委党史研究室开展《丽水市革命遗址保护条例》立法调研等工作。助力全县"红色旅游"事业发展,强化"红色旅游"教育功能、扶贫功能,坚守"红色"底蕴。

(四)做好《云和年鉴(2020)》编纂工作。根据县委办、县府办印发的《关于做好〈云和年鉴(2020)〉编纂工作的通知》(云委办发〔2020〕9号)要求,组织专人做好全县各单位年鉴稿件的收集和整理工作,以保障年鉴编纂工作按时完成。11月,如期完成《云和年鉴(2020)》编纂并交付出版社审校。

(五)做好《云和县志(1991—2010)》编纂工作。按照《全国地方志事业发展规划纲要(2015—2020年)》总体部署和全国地方志系统"两全目标"要求,有序推进《云和县志（1991—2010）》编纂工作，并于1月14日通过复审、5月12日通过终审。终审稿共分40篇217章747节，总字数约200万字。7月，通过单一来源采购方式，完成出版印刷服务采购，并与方志出版社签订出版合同。8月21日，经市地方志办公室验收批复，报县政府批准。9月11日，经县政府批准，送交方志出版社审核出版。

（六）做好其他工作。2020年，先后参与《中国共产党浙江景宁历史（第二卷）》《中国共产党浙江遂昌历史（第二卷）》《中国共产党浙江龙泉历史（第二卷）》和市委统战部（民宗局）编写的《畲乡红——浙西南畲族人民革命斗争历史故事选编》等书稿的审校工作；配合县委宣传部编辑出版《战时浙江省会云和（1942—1945）》简明读本；为县民政局（地名办）、县退役军人事务局、县文化和广电旅游体育局等部门单位提供有关党史资料和咨询服务。（符　雅）

云和县人民代表大会

县人大重要会议

【云和县第十六届人民代表大会第五次会议】 2020年4月26—29日，云和县第十六届人民代表大会第五次会议在云和县文化中心召开，出席会议正式代表146名，列席人员42名（因防控新冠肺炎疫情，列席人员全面缩减）。会议听取和审查《云和县人民政府工作报告》《关于云和县2019年国民经济和社会发展计划执行情况与2020年国民经济和社会发展计划草案的报告》《关于云和县2019年财政预算执行情况及2020年财政预算草案的报告》《云和县人大常委会工作报告》《云和县人民法院工作报告》《云和县人民检察院工作报告》，会议批准6个报告，并作出相应的决议。会议还审查和批准县交通运输局、县融媒体中心、浮云街道、元和街道、白龙山街道、凤凰山街道2020年部门预算草案；书面审议《云和县2019年度环境状况和环境保护目标完成情况的报告》；听取《2019年度县政府民生实事完成情况的报告》，并票决出2020年度10件重点民生实事。会议还通过县第十六届人民代表大会社会建设委员会组成人员名单，依法选举王永春、李林平为县第十六届人民代表大会常务委员会委员。

【县人大常委会会议】 2020年，县人大常委会共召开会议8次，听取和审议“一府一委两院”（县政府、县监委、县人民法院、县人民检察院）工作报告、议案58个，作出决议、决定16个，依法任免国家机关工作人员51人次。

1月16日，县十六届人大常委会举行第26次会议。会议研究召开云和县第十六届人民代表大会第五次会议有关事项；审议通过部分县人大代表辞职事项；会议还表决通过县人大常委会和县政府相关人事任免议案。

3月27日，县十六届人大常委会举行第27次会议。会议听取和审议县政府关于新冠肺炎疫情防控和复工复产专项工作报告；审议批准2020年重大投资项目计划；听取县十六届人大五次会议各项报告的起草说明；听取县交通运输局、县融媒体中心、浮云街道、元和街道、白龙山街道、凤凰山街道2020年预算编制说明；研究决定县十六届人大五次会议相关事项；会议还表决通过县人大常委会相关人事任免议案。

4月17日，县十六届人大常委会举行第28次会议。会议通过关于召开县十六届人大五次会议的决定；研究决定县十六届人大五次会议相关事项。

5月27日，县十六届人大常委会举行第29次会议。会议审议同意县政府关于《云和桑岭历史文化名村保护规划》的议案；审议县政府关于城乡环境综合整治工作、关于数字经济发展情况的报告；审议浮云街道、元和街道、白龙山街道、凤凰山街道2019年度人大工作情况和2020年度人大工作计划的报告；听取县政府《关于梯田AAAAA景区创建情况报告》审议意见落实情况的报告；通过县人大常委会2020年工作要点和监督计划；审议作出关于组织特定问题调查委员会对政府投资项目验收转固情况开展调查的决定和关于县人大常委会部分工作机构更名的决定；会议还表决通过县人大常委会和县人民法院相关人事任免议案。

7月31日，县十六届人大常委会举行第30次会议。会议审查批准云和县2019年决算草案和县委党校、县市场监管局、浮云街道、元和街道、白龙山街道、凤凰山街道2019年部门决算草案；审议县政府2019年预算执行和其他财政收支情况的审计工作、2020年上半年国民经济和社会发展计划执行情况、2020年上半年预算执行情况等报告；听取县政府关于污水“零直排”工作和县交通运输局、县融媒体中心、浮云街道、元和街道、白龙山街道、凤凰山街道2020年上半年部门预算执行情况等报告；审议通过个别县人大代表辞职事项；审议作出许可对个别县十六届人大代表采取刑事强制措施的决定；会议还表决通过县人大常委会相关人事任免议案。

9月30日，县十六届人大常委会举行第31次会议。会议听取县政府关于云和县消除集体经济薄弱村工作情况的报告；审议通过部分县人大代表辞职事项；会议决定免去王涯云和县人民政府副县长职务；决定任命缪磊磊为云和县人民政府副县长；表决通过县人大常委会、县政府、县监委、县人民法院和县人民检察院其他相关人事任免议案。

11月30日，县十六届人大常委会举行第32次会议。会议听取和审议县政府关于云和县“十三五”规划执行和“十四五”规划编制情况、审计查出问题整改情况、农家乐和民宿产业发展情况等报告；审议政府投资项目验收转固特定问题调查委员会调查报告；听取县政府关于代表建议办理工作情况、云和客运站搬迁工作方案2个报告；听取代表资格审查报告；会议决定免去袁波、雷绍丽云和县人民政府副县长职务；决定任命孙开用为云和县人民政府副县长；表决通过县人大常委会、县政府和县监委其他相关人事任免议案。

12月21日，县十六届人大常委会举行第33次会议。会议审查批准县政府关于固定资产投资计划调整方案、调整地方政府债务限额、预算调整方案等3个议案。

县人大主要工作

【特定问题调查】 6月，县人大常委会决定组织特定问题调查委员会对全县2010年以来政府投资项目验收转固情况开展调查，涉及政府性投资项目792项、概算总投资65.91亿元。对查出未依法开展结算审核、竣工财务决算、竣工验收、资产登记的政府投资项目，县人大常委会在第32次常委会会议作出决定，要求政府根据项目具体情况依法进行分类整改，依法加强政府投资项目管理，化解项目遗留问题，促进政府投资项目资产有效盘活、运用，充分发挥资产效益。

【工作评议】 6月至12月，县人大常委会组织评议工作组对县人民法院副院长杨剑琼、民庭庭长杨飞挺、行政庭庭长吴晓明、刑庭庭长胡旭芬4名员额法官开展履职工作评议。

8月至12月，县人大常委会组织评议工作组对县民政局局长王晓燕、县财政局局长柳成东、县住建局局长王燕梅、县文广旅体局局长朱振华、县统计局局长蓝雪飞5名政府部门主要负责人开展履职工作评议。

【监督检查和视察调研】 2020年，县人大常委会紧紧围绕年度任务目标，先后对《中华人民共和国大气污染防治法》等4部法律法规实施情况开展监督检查，对年度民生实事进展情况、代表建议办理情况进行督察，对新冠肺炎疫情防控和企业复工复产、城乡环境综合整治、数字经济发展、消除集体经济薄弱村、扫黑除恶工作、“十三五”规划执行和“十四五”规划编制等工作开展深入调研，并形成调研报告20篇。

理结果进行合议测评，最终均达满意或基本满意。

年度优秀代表14名、代表优秀建议7件。

【议案建议办理】 县十六届人大五次会议期间，共收到代表议案、建议185件，其中9件议案被转为建议办理。在185件建议中，经济建设方面的有73件，社会发展方面的有101件，政治、法律、人事劳动社会保障和其他方面的有11件；1年至2年内能解决的（A类）有115件，正在解决或列入计划逐步解决的（B类）有31件，因受政策规定或其他原因目前难以解决的（C类）有39件。9月下旬，县人大常委会开展代表建议办理结果满意度测评，测评结果显示，满意和基本满意件179件，占比96.76%，不满意件6件，占比3.24%。9月底，县人大常委会将6件不满意件全部退回承办部门重办，并对二次办理结果进行合议测评，最终均达满意或基本满意。

【代表工作】 2020年，县人大常委会牢固树立代表主体意识，积极落实新时代新任务和新要求，完善代表管理服务机制，拓宽代表履职渠道，不断提高代表工作水平。同时，按照高标准建设要求，加快推进乡镇（街道）代表联络站建设，先后完成石塘镇、紧水滩镇、赤石乡、白龙山街道4个乡镇（街道）代表联络站规范化建设；创新开展"局长走进联络站"活动，丰富代表闭会期间履职活动，切实把代表联络站建成倾听民声之地、联系代表选民之家、履职尽责之室；坚持代表列席制度，先后邀请人大代表列席常委会会议及参加视察、调研、执法检查等活动230余人次；组织开展"两优"评选活动，评选出2020年度优秀代表14名、代表优秀建议7件。

【自身建设】 2020年，县人大常委会坚持高标准、严要求、突出思想政治引领，以提升干部综合素质能力为关键，牢牢把握代表机关和工作机关要求，努力建设忠诚、干净、担当的人大干部队伍；高度重视机关党员干部的教育、管理和监督，通过召开党风廉政、意识形态专题学习会，多形式组织开展主题党日活动，提升爱国主义情怀和党性修养，筑牢干部廉政思想防线；积极推进人大组织机构和干部队伍建设，增设社会建设专门委员会和工作委员会；积极组织人大机关干部参加省人大干部能力素质提升班，不断优化人大干部队伍的专业结构、年龄结构，提升人大队伍能力和水平。（蓝朱斌）

云和县人民政府

县政府重要会议

【县政府常务会议】 1月2日，云和县第十六届人民政府召开党组会议暨第38次常务会议。会议传达学习《中华人民共和国宪法》；审议通过《云和县县直有关单位生态环境保护工作职责清单（送审稿）》《云和县违法建筑处置办法（送审稿）》《云和县农村违法附属用房处置指导意见（送审稿）》《云和县“采真里”历史文化街区项目实施办法（修订）》《云和县人民政府重大行政决策程序规定（送审稿）》《云和县政府行政规范性文件管理办法（送审稿）》；听取关于安溪畲族乡后塘农旅融合项目的汇报。

2月7日，云和县第十六届人民政府召开党组会议暨第39次常务会议。会议听取《关于应对疫情影响 支持企业渡过难关的二十条意见（送审稿）》有关情况的汇报。

2月20日，云和县第十六届人民政府召开第40次常务会议。会议审议通过《2020年政府工作报告（送审稿）》《2020年云和县“十件民生实事”候选实事形成情况的报告（送审稿）》《关于云和县2019年国民经济和社会发展计划执行情况与2020年国民经济和社会发展计划草案的报告（送审稿）》《2020年固定资产投资计划（送审稿）》《2020年政府投资项目计划（送审稿）》《2020年重点建设项目计划（送审稿）》《2020年重大建设项目前期计划（送审稿）》《2020年基本建设预算（送审稿）》《2020年土地和房屋征收计划（送审稿）》《2019年预算执行情况和2020年预算草案的报告（送审稿）》。

3月24日，云和县第十六届人民政府召开党组会议暨第41次常务会议。会议听取汇源（云和）饮料食品有限公司项目地块转让有关问题的汇报。

3月27日，云和县第十六届人民政府召开党组会议暨第42次常务会议。会议审议通过《云和县行政事业单位房产出租管理暂行办法（送审稿）》《关于要求将处州汽校区块产权调换嵌入式安置房提前用于安置的报告（送审稿）》《云和县生态产品政府采购试点暂行办法（送审稿）》；听取2020年云和县一季度应急管理工作情况、云和县扶贫工作专项情况的汇报。

4月20日，云和县第十六届人民政府召开第43次常务会议。会议审议通过《关于云和县2019年度环境状况和环境保护目标完成情况的报告（送审稿）》；听取关于汇源（云和）饮料食品有限公司项目地块转让有关问题的汇报。

5月28日，云和县第十六届人民政府召开第44次常务会议。会议审议通过《云和县高质量推进国土绿化五年行动实施方案（2020—2024年）（送审稿）》《云和县全面打赢低收入农户增收攻坚战行动方案（送审稿）》《云和县既有住宅加装电梯试行办法（送审稿）》《云和县城市污水处理厂清洁排放技术改造及城区污水零直排工程PPP项目合同（送审稿）》《国家发展和改革委员会城市和小城镇改革发展中心 云和县人民政府战略合作框架协议书（送审稿）》《云和县2020年度规划编制计划（送审稿）》《云和县政府性投资项目已投入使用但未竣工验收历史遗留问题处置方案（送审稿）》；听取关于云和县生态红线评估调整、云和县“大搬快聚 富民安居”工程项目融资工作方案、云和县解放街（一期）拆迁安置住宅小区（南、北）区块工程合同造价变更等情况汇报。

6月28日，云和县第十六届人民政府召开党组会议暨第45次常务会议。会议组织学习《中华人民共和国社区矫正法》；审议通过《关于加快集聚科技创新创业人才 建设新型城镇化样板县域的实施意见（送审稿）》《关于推进民政事业高质量发展的实施意见（送审稿）》《云和县国有资本运营有限公司组建方案（送审稿）》《关于规范政府投资项目计划和重大项目前期工作计划调整的若干意见（送审稿）》《关于扶持云和县丽宏废旧金属回收有限公司的政策意见（送审稿）》《“大搬快聚 富民安居”工程岗头安置小区和大坪安置小区一期国有建设用地公开出让特殊条款（送审稿）》《云和县创建全国法治政府建设示范县实施方案（送审稿）》；听取关于《云和县鼓励企业扩大本地出口业务梯度政策（一）》制定、2020年二季度应急管理工作、2020年人大代表建议和政协提案有关情况汇报。

7月8日，云和县第十六届人民政府召开第46次常务会议。会议审议通过《云和县实施健康促进县建设项目（2020—2021年）工作方案（送审稿）》《云和县进一步优化垦造耕地工作的实施办法（试行）（送审稿）》《云和县城市改造（棚改）大庆寺三期A、B区块、白水区块、南门东区块项目国有土地上房屋征收补偿安置方案（送审稿）》《云和县应急救援队伍经费补助及用油管理方案（送审稿）》《云和县民办学校报备员额教师管理办法（试行）（送审稿）》《云和县中小学幼儿园后备教师储备库管理办法（试行）（送审稿）》《关于促进生猪产业高质量发展的实施意见（送审稿）》《关于推进粮油生产的若干政策（送审稿）》。

7月27日，云和县第十六届人民政府召开第47次常务会议。会议审议通过《云和县人民政府 浙江省经济信息中心战略合作框架协议（送审稿）》《云和县国有企业退休人员社会化管理工作实施办法（送审稿）》《云和县小微企业和个体工商户“两直”补助工作实施方案（送审稿）》《关于进一步加强国有建设用地供应管理工作的若干意见（送审稿）》《云和县征地综合补偿标准调整方案（送审稿）》《云和县水上安全管理办法（修订）（送审稿）》《2020年云和县重大行政决策事项目录清单（送审稿）》；听取关于云和县行政规范性文件清理结果、云和县2020年上半年消防形势研判和综合评估情况、云和县2020年上半年法治政府建设工作的汇报。

9月3日，云和县第十六届人民政府召开党组会议暨第48次常务会议。会议传达学习《松材线虫病生态灾害督办追责办法》，省、市对台工作会议和全市对台工作领导小组会议精神；分析研究2020年全县行政复议及应诉情况；听取关于共建嘉兴港区—云和山海协作“飞地”产业园相关事项、迎接第二轮中央生态环境保护督察工作情况、全县第七次全国人口普查工作的汇报。

9月9日，云和县第十六届人民政府召开党组会议暨第49次常务会议。会议审议通过《2019年云和县城市改造（棚改）项目行政奖励实施方案（送审稿）》《云和县农村困难家庭危房治理改造实施办法（送审稿）》《云和县“三线一单”生态环境分区管控方案（送审稿）》《云和县木玩产业创新服务综合体建设实施方案（送审稿）》《关于规范设置临时便民摊点的通告（送审稿）》《云和县城市公交财政补贴办法（试行）（送审稿）》《云和县实施乡村振兴战略之产业兴旺政策26条（修订）（送审稿）》；听取关于云和县生态工业平台拓展项目（丽龙高速公路以南区块、伏牛岭区块）选址方案、云和县深化“亩均论英雄”改革2019年度工业企业绩效综合评价工作实施情况、出资参与拍摄电视连续剧《春风又绿江南》

情况汇报。

9月29日，云和县第十六届人民政府召开第50次常务会议。会议传达学习《省委书记袁家军在省委党校2020年秋季学期开学典礼上的讲话摘要》；审议通过《云和县应急管理、安全生产和消防工作巡查工作制度（送审稿）》《云和县木制品加工企业"智慧用电"项目推广补助实施方案（送审稿）》《元和街道梅湾岭头、金竹岗等自然村异地搬迁遗留问题处置方案（送审稿）》；听取全县2020年三季度应急管理工作情况汇报。

11月5日，云和县第十六届人民政府召开第51次常务会议。会议组织学习《习近平谈治国理政》第三卷；审议通过《关于支持云和县美丽城镇建设的政策意见（送审稿）》《打造新型城镇化样板县域资源规划22条（送审稿）》《关于进一步助力市场主体纾困 促进高质量发展的若干意见（送审稿）》《关于加大力度支持小微企业渡过难关的意见（送审稿）》《关于支持云和县新汇玩具科技有限公司建设木玩产业创新孵化基地的政策意见（送审稿）》《云和县推进街乡共治改革等5个试点工作方案（送审稿）》；听取关于对叶文顺、邱伟生2人见义勇为行为进行表彰奖励情况，政府购买新城（和润园）幼儿园相关事宜，云和县大坪农民异地搬迁安置小区剩余安置房屋处置方案，云和县伏布生猪养殖基地项目招商引资情况的汇报。

11月24日，云和县第十六届人民政府召开第52次常务会议。会议审议通过《云和县2020年政府投资项目计划调整方案（送审稿）》《云和县2020年基本建设预算调整方案（送审稿）》《云和县2020年地方政府债务限额、地方政府预算调整方案（送审稿）》《云和县2020年土地和房屋征收计划调整方案（送审稿）》《云和湖宋城项目遗留问题四方框架协议》《云和县"两山银行"实施方案（送审稿）》；听取关于云和木玩童话小镇建设资金融资方案及地标建筑项目建设模式、云和县城市改造（棚改）项目资金筹措工作方案、云和县客运站搬迁工作方案、2020年"五水共治"工作的情况汇报。

12月14日，云和县第十六届人民政府召开第53次常务会议。会议传达学习中共中央总书记习近平关于应急管理、防汛救灾的重要论述；审议通过《做好被征地农民参加基本养老保险工作实施方案（送审稿）》《云和县关于科学规范乡镇（街道）"属地管理"的实施意见（送审稿）》。

12月23日，云和县第十六届人民政府召开第54次常务会议。会议审议通过《关于学前教育深化改革规范发展的实施意见（送审稿）》；听取关于浙江云湖数据有限公司紧水滩水冷式绿色数据中心（一期）、浙江隆程锻件有限公司新增年产1万吨锻件、云和县汇森固废回收利用有限公司年产3万吨木质素（纤维素）技改项目用能权交易事宜，以及凤凰山街道西弄村滑坡治理工程变更情况、新增财政对外借款给县卫生健康局用于县医疗健康集团临时周转情况、2020年第四季度应急管理工作情况的汇报。

【县政府专题会议】 1月3日，受县委常委、常务副县长饶钦英委托，县府办副主任赵志军召集县自然资源和规划局、县财政局、县发改局、县审计局、崇头镇等单位负责人，就崇头镇夏家垟村荫桥坑地质灾害点简易安置房项目有关问题进行专题研究。

1月6日，受副县长陈伟忠委托，县府办副主任雷春华召集县发改局、县信访局、县财政局、县人力社保局、县医疗保障局、县自然资源和规划局、县住建局、县市场监管局、县综合执法局、县供销合作总社、浮云街道等单位负责人，就原云和县石塘供销社改制遗留问题进行专题研究。

3月25日，副县长叶时扬召集县府办、县财政局、县自然资源和规划局、云和工业园区管委会、白龙山街道、县征收工作中心、县城投公司等单位负责人，就云和工业园区平台拓展项目（高胥移民湾区块）征收工作有关问题进行专题研究。

5月20日，受副县长陈伟忠委托，县府办副主任雷春华召集县农业农村局、县自然资源和规划局、县生态林业发展中心、白龙山街道等单位负责人，就白龙山街道农产品（食用菌）保鲜储藏冰库项目建设有关问题进行专题研究。

5月22日，受副县长陈伟忠委托，县府办副主任雷春华召集县农业农村局、县财政局、县自然资源和规划局、县住建局、县水利局、县移民工作中心、县水投公司、县大搬快聚办、元和街道、石塘镇等单位负责人，就"大搬快聚 富民安居"工程项目建设有关问题进行专题研究。

7月14日，受副县长陈伟忠委托，县府办副主任雷春华召集县发改局、县财政局、县水利局、县征收工作中心、县水投公司、浮云街道、元和街道、中国电信股份有限公司丽水长途电信传输局等单位负责人，就浮云溪流域综合治理工程涉及国防光缆迁改有关问题进行专题研究。

8月11日，县委副书记、县长上官国明召集县人大常委会副主任魏启勤、副县长周坚及县发改局、县财政局、县交通运输局、县自然资源和规划局、县司法局、县征收工作中心、县交投公司等单位负责人，就235国道云和段改建工程有关问题进行专题研究。

9月17—18日，县委常委、常务副县长饶钦英召集县府办、县发改局、县自然资源和规划局、县应急管理局、县公安局、县财政局、县行政服务中心、县医疗健康集团、云和工业园区管委会等单位负责人，就云和工业园区公共服务中心、城北社区卫生服务中心项目有关问题进行专题研究。

【县政府其他会议】 1月，召开全县安全生产部署会、全县征兵工作会议、木玩原辅料市场建设工作推进会、全县居家和社区养老服务改革试点部署会、"无违建县"创建工作月例会、木玩行业污染专项整治领导小组会议。

2月，召开全县生活物资保供稳价部署会、重点项目开（复）工部署会、全县松材线虫病防控工作部署会。

3月，召开全县工业和商贸企业政策兑现工作会议、全县扩大有效投资座谈会、全县农村饮用水工作推进会、全县公共卫生补短板项目推进会、全县工业投资"标准地"项目准入决策与建设监管领导小组会议、县城乡规划管理委员会会议。

4月，召开县长工程项目谋划和推进工作会议、全县防汛防台抗旱工作会议、全县反恐怖工作会议、县"两会"疫情防控培训会、大花园推进会、全县"无违建县"创建迎验工作部署会、全县政法信访会议、新型城镇化样板县域领导小组会议、县反走私综合治理领导小组会议、云和—北仑山海协作座谈会、云和—嘉兴港区山海协作联席会议。

5月，召开全县根治欠薪工作领导小组会议、全县扶贫工作会议、云和县"无废城市"建设实施方案编制协调会议、全县美丽城镇领导小组会议、全县棚改领导小组会议、全县"创先争优"工作月例会、《云和县志（1991—2010）》志稿终审会、"无违建县"创建迎检工作部署会、全县土地开发整治工作推进会、应急入村行动部署会、中医院迁建项目补短板工作推进会、县城乡规划管理委员会会议。

6月，召开2020年人大代表建议和政协提案交办会、县农村黑臭水体排查治理工作会议、县5G基站网络建设工作会议、全县"争先创优"工作例会、农村饮用水达标提标工作推进会、指标分析会、政府投资项目验收转固情况特定问题调查动员会、丽云铁路建设交流会、2020年县招生考试委员会成员单位联席会议、城市改造（棚改）工作领导小组会议、县"五水共治"工作领导小组会议、云和工业产业平台拓展征求意见会、小微企业园建设与跨境电商发展工作讨论会、全县村（社区）换届暨"两不愁三保障"工作部署会、全县重点区域违建百日攻坚行动部署会、法治云和（法治政府）建设第一次点评会暨法治政府示范创建动员部署会。

7月，召开全县小微企业和个体工商户纾困工作会议、全县民政工作会议、全县就业创业领导小组会议、2020年云和县“健康促进县”建设工作动员部署会、民生实事项目推进会、债权项目推进会、城乡规划管理委员会会议、新型城镇化样板县域领导小组会议、县政府2019年政府财政决算审计进点会、政府数字化转型座谈会、木玩企业座谈会、“上门送1+3服务”合作协议签约仪式暨资源对接会、云和县生态产品价值实现机制汇报会、丽龙高速以南区块产城融合项目征求意见会、城市改造工作动员大会、公共卫生补短板专班会议（中医院迁建项目）、“城市交通秩序整治”专项提案集中办理协商会。

8月，召开全县重点项目推进会、项目决策会、第七次全国人口普查动员会、优化营商环境部署会、“两直”资金支付部署会、2020年度省市县民生实事工作座谈会、城乡规划管理委员会会议、深化“最多跑一次”改革推动公共场所服务大提升专题会议、防范化解金融风险暨处置非法工作会议、235国道云和段项目建设工作领导小组会议、国有建设用地供应管理工作领导小组会议、深化“亩均论英雄”改革工作领导小组会议、新冠肺炎疫情防控工作例会。

9月，召开全县城乡危房治理工作动员大会、教师节表彰大会、“送新兵•迎老兵”大会、招商引资暨“山海协作”工作推进会、“健康云和”建设考核工作推进会、农户小额普惠贷款工作推进会、创建省“无违建县”整改核查工作汇报会、全省山区26个县考核和市级综合考核分析会、秋冬季疫情防控工作部署会、“省级美丽乡村示范县”创建工作第二次点评会、入园决策会、定兵工作会议、城乡规划管理委员会会议、医药卫生体制改革联席（扩大）会议、土地出让领导小组会议、235国道项目建设领导小组办公室会议、企业迎接第二轮中央环保督察工作会议。

10月，召开全县迎接国务院第七次大督查动员部署会、推进政府数字化转型工作部署会、涉林垦造耕地问题整改工作部署会、松材线虫病防治部署会、审计整改工作推进会、项目汇报会、民生实事汇报会、浙江省区域推进语言文字规范化县（云和县）工作汇报会及反馈会、云和湖康养小镇项目招商协议汇报会、项目决策会、云和—北仑“山海协作”联席会议暨友好合作签约仪式、城乡规划管理委员会会议、城市改造（棚改）工作领导小组会议、新型城镇化样板县域领导小组会议、木玩产业创新基地项目专班会议、防控办工作例会。

11月，召开全县2020年前三季度经济社会形势分析会、2021年城乡居民基本医疗保险暨全民健康补充医疗保险（浙丽保）筹资征缴工作部署会、乡村振兴暨新时代美丽乡村示范县创建工作推进会、垦造耕地工作推进会、基本养老保险工作推进会、“十四五”规划纲要征求意见会、项目汇报会、冬季防灭火工作会议、农村小额保险工作会议、云和梯田创AAAAA景观质量评审工作领导小组会议、“木玩与幼教”高峰论坛总结会议、供销合作社联合社第五次会议。

12月，召开全县应急管理、安全生产和消防工作巡查工作部署会、美丽乡村示范县迎检部署会、农村房屋安全隐患排查整改工作部署会、乡村振兴年终考核部署会、“十四五”规划纲要征求意见会、2020年度全面深化改革考核推进会、全民健康补充医疗保险（浙丽保）工作推进会、童话小镇客厅项目后续运营方案汇报会、“扫黄打非”工作会议暨软件正版化工作培训会、235国道初步设计审查会、城乡规划管理委员会会议、“健康云和”建设领导小组扩大会议、国企退休人员社会化管理工作领导小组会议、2021年1月学考选考招委会成员单位联席会议。

县政府重要活动

【1—12月重要活动】 1月，开展节前走访慰问；参加北仑—云和木玩产业物流合作签约仪式、上海—丽水绿色金融友好合作研讨启动仪式；赴省政府、省发改委、省财政厅对接工作；赴市发改委、市审计

局、市统计局对接工作；赴北仑考察爱尚梅山湾皮划艇项目、军民融合体项目、“山海协作”慈善项目。

2月，召开云和县2020年银企对接推介会；到联系企业开展“四服务”活动。

3月，参加义务植树活动；举行机械设备按揭贷款签约仪式；到联系企业开展“四服务”活动；赴省财政厅、省自然资源厅对接工作；赴市发改委对接招商引资和“山海协作”工作；赴湖州市吴兴区考察“消薄”项目；与江泰集团、北仑区河海建设投资有限公司进行招商洽谈。

4月，召开云和县第一届“五水共治(河长制)”法治论坛、2020宁波北仑(云和)旅游推介会、云和—春晓“山海协作”职工(劳模)疗(休)养推介会、“海誓山盟•相约港城”北仑(云和)“山海协作”推介会；赴省发改委、省公安厅、省自然资源厅、省林业局对接工作；赴杭州、宁波对接棚户区改造项目事宜；赴哈灵集团、布儿森教学设备公司等幼教企业对接招商引资工作。

5月，赴省财政厅、省发改委对接工作；赴义乌调研中小学学校托管工作；赴温州宏地集团洽谈云和湖康养小镇事宜；赴宁波对接天然气工程道路损耗修缮资金事宜；赴北仑区小港街道对接“山海协作”工作并实地考察。

6月，举行“山海协作企业服务中心”暨“山海协作之家”授牌仪式、社会矛盾纠纷调处化解中心新址揭牌仪式、新基建(5G)战略合作协议签约仪式、污水零直排PPP项目签约仪式；参加全省“两山银行”推进会并作典型发言；参加第22届浙江投资贸易(网上)洽谈会开幕式、“我在云和有丘田”淘宝直播带货活动、云和梯田开犁节活动；赴江西对接生猪养殖招商项目；赴杭州市钱塘新区、余杭区调研跨境电商工作；赴温州市巧巧木业公司考察；赴省发改委、省统计局、省公安厅、省交通厅、省自然资源厅对接工作；与北仑区纪委开展纪检监察工作交流互访活动；与哈灵集团对接中国幼教创意园项目事宜。

7月，开展七一慰问活动、“援青”干部慰问活动、“两不愁三保障”大走访活动；赴北京参加全国2020年深入学习贯彻习近平生态文明思想研讨会；赴杭州参加235国道云和段项目工程可行性研究报告审查会；赴嘉兴考察交流；赴温州利幼实业公司考察；赴深圳博雅公司考察；赴遂昌考察研学工作；赴庆元考察社会矛盾纠纷调处化解中心建设工作；赴省自然资源厅对接工作；赴市公安局对接工作。

8月，举行云和与省经济信息中心战略合作协议签订仪式、“慈善一日捐”启动仪式、坑根村“生态信用农户培育池”授信仪式暨丽水市首家标准化乡村振兴金融服务站揭牌仪式；举办“云和木玩政协委员会客厅”首场活动；与朴坊投资管理有限公司洽谈亲子酒店招商项目事宜；赴嘉兴港区参加云和—嘉兴港区“飞地”项目签约活动；赴杭州参加浙江大学校地合作座谈会暨遂真投资教育基金会捐赠仪式；赴北仑参加县农合联农产品直销点揭牌仪式；赴丽水参加丽水市社会帮扶助力挂牌督战捐赠仪式；赴上海、杭州对接招商引资工作；开展防汛防台工作检查；看望慰问高温一线工作人员。

9月，举行云和法院服务企业法官专家团授旗暨优化营商环境“司法助企”启动仪式；赴宁波参加第三届中华设计奖颁奖仪式；赴杭州参加城市规划设计研究院改革发展40周年活动；举行全国第七个烈士纪念日活动；开展教师节走访慰问活动；督查国庆节前安全生产工作。

10月，举办2020云和木玩与幼教高峰论坛；举行第三届云和梯田中国农民丰收节暨崇头镇畲族文化节开幕式、云北木玩智创空间项目开工奠基仪式、“山海协作”消薄项目石塘镇小顺皮划艇基地开幕式、云和国际生态养生度假区合作签约仪式、2020丽水“多彩非遗乡村行”秋季云和行暨云和县第二届“寻瓯溯源”文旅周开幕式；开展包乡走村“四服务”活动；开展云和湖生态康养小镇项目招商；调研指导村(社区)组织换届工作。

11月，举行县政府任命的国家机关工作人员宪法宣誓仪式;举办2020中国最美梯田“山海协作”自行车赛、全县中小学田径运动会;参加世界互联网大会、省农博会、丽水山居图城市设计国际竞赛颁奖典礼暨“山水城市”论坛。

12月，举办全省数字赋能基层社会治理研讨培训班、第四届环云和湖铁人三项挑战赛、新冠肺炎疫情防控应急处置联合演练暨观摩活动;举行山区留守老年人“三助公益服务”启动仪式;参加第七届中国临沂玩具及婴童用品博览会、第三届浙江国际智慧交通产业博览会、全省新时代美丽城镇和特色小镇建设工作推进会、全省大花园示范县创建单位GEP核算成果专家评审会;开展节前安全生产检查。

县政府重大成果

【云和县创成“国家慢性病综合防控示范区”】 6月2日，国家卫生健康委员会办公厅发布《关于公布第五批国家慢性病综合防控示范区建设评估结果的通知》(国卫办疾控函〔2020〕426号)，确定全国123个县(市、区)为第五批国家慢性病综合防控示范区，云和县名列其中，成为丽水市首个创成“国家慢性病综合防控示范区”的县(市、区)。

【云和县入选第三批节水型社会建设达标县】 11月25日，水利部发布《关于公布第三批节水型社会建设达标县(区)名单的公告》(2020年第21号)，确定全国350个县(市、区)为第三批节水型社会建设达标县(市、区)，云和县榜上有名，成为丽水市唯一入选的县(市、区)。

【云和县建成全国首个农村产权(淘宝)网络竞价平台】 11月26日，云和县雾溪畲族乡雾溪村的13.19公顷耕地租赁权等4个农村产权通过云和县农村产权(淘宝)网络竞价平台挂牌，这标志着全国首个农村产权(淘宝)网络竞价平台建成并投入运行。

【云和梯田景区通过国家AAAAA级旅游景区景观质量评审】 12月10日，云和梯田景区顺利通过全国旅游资源规划开发质量评定委员会组织的景区资源价值和景观质量评审，成功入选国家AAAAA级旅游景区创建名单，这也标志着云和梯田景区创AAAAA工作迈出实质性关键的一步。

【云和县创成“省无违建县”】 12月31日，省委办公厅、省政府办公厅发布《关于浙江省第四批“无违建县(市、区)”、第五批“基本无违建县(市、区)”的通报》，云和县被列入浙江省第四批“无违建县(市、区)”名单，成功创成全市首个“省无违建县”，实现丽水市“省无违建县(市、区)”零的突破。

【云和县被命名为“2020年度浙江省新时代美丽乡村示范县”】 2021年1月22日，省委办公厅、省政府办公厅发布《关于命名2020年度浙江省新时代美丽乡村示范县的通知》，决定命名11个县(市、区)为“2020年度浙江省新时代美丽乡村示范县”，云和县名列其中，系丽水市唯一获此荣誉的县(市、区)。

县政府办公室工作

【概况】 2020年，县政府办公室紧紧围绕县委、县政府工作部署，认真履行政府办公室“服务、协调和统筹”职能，有效保障县委、县政府各项决策落地落实。

【办文办会】 办文方面，坚持“少而精”的原则，严格控制发文数量和篇幅，切实发扬“短、实、新”文风。办会方面，严把会议审批关，严格控制会议数量、规模和时间，切实提升会议质量和效率。同时，制定出台《关于整治形式主义突出问题 切实减轻基层负担的三十条措施》，着力整治文多、会多、督查考核多等形式主义问题，最大限度地为基层松绑减负，有效激发基层广大干部担当作为的动能。

【信息报送】 坚持“全办抓信息、全员做信息”工作机制，先后制定出台《云和县政务信息工作考核细则》《关于进一步规范信息、新闻、调研文章稿酬发放的通知》等制度文件，通过强化科室人员上派顶岗学习、部门人员顶岗交流机制，主动谋划信息、提高信息质量，努力为上级领导科学决策提供第一手资料，使上报信息成为上级领导了解云和情况的窗口。2020年，共采编上报信息773条，其中，被市政府办公室采用305条，获市政府领导批示3条；被省政府办公厅采用182条，获省政府领导批示5条；被国务院办公厅采用97条，获国务院领导批示14条。

【督促检查】 坚持“把握中心、服务大局、狠抓落实”工作原则，对县政府重要决策部署、重点工作目标以及县政府主要领导交办的事项进行督查督办，有效确保县政府各项工作及时得到落实。2020年，累计开展各类督查16次，发布专项通报9期。同时，坚持把人大代表建议、议案和政协委员提案、意见办理工作当成为民办实事的重点来抓，认真办理人大代表建议和政协委员提案。2020年，共收到人大建议185件、政协提案137件，办理率100%，人大代表、政协委员满意率100%。

（刘岩燕 柳夏露 袁琦 王业琦 吴浩）

行政服务

【概况】 2020年，云和县行政服务中心（以下简称县行政服务中心）坚持以习近平新时代中国特色社会主义思想为指导，紧紧围绕“放管服”和“最多跑一次”改革工作主线，秉持“温和、平和、暖和”的妈妈式“和”服务理念，深化推进服务环境和服务水平提升，致力打造“人民满意的服务中心”。

2020年，县行政服务中心各窗口共办理各类服务事项138万件，办结138万件，办结率100%，“最多跑一次”事项实现率100%；完成招投标项目425项，交易总金额13.7亿元，节约项目资金1.3亿元，国有资产增值547万元。

【全面从严治党】 （一）全面加强党的建设，不断增强党组织的凝聚力和战斗力。严格落实“三会一课”（党员大会、支部委员会、党小组会和党课）制度，推动党内组织生活常态化、规范化、制度化。2020年，累计开展党组理论中心组学习16次，开展领导干部集中上党课4次，开展主题党日活动12次。建立党员“创先争优”制度，开展“党员示范岗”评比活动，并组织全体党员到景宁党群服务中心参观学习，充分调动党员干部的工作积极性，提升党员的党性修养。（二）全面加强党风廉政建设，切实筑牢党员干部防腐拒变的思想防线。认真落实县委巡察组反馈的15个方面33个问题整改，至2020年年末，已完成其中32个问题整改，剩余1个问题尚在走司法程序。制定党风廉政建设工作计划和学习计划，将党规党纪教育纳入理论中心组学习和“党员夜学日”学习内容，并常态开展岗位廉政风险大排查、中层干部个人重大事项报告、中层干部廉政档案归档、廉洁家访等活动。拟定《“三重一大”事项集体决策实施细则》《党组会议议事规则》等制度，坚持用制度管权、管人、管事，着力构建不想腐、不能腐、不敢腐的长效机制。拟定《云和县行政服务中心大厅厅长管理制度》《云和县行政服务中心现场管理督查制度》，进一步规范窗口工作人员服务行为。（三）全面加强意识形态工作，牢牢把握意识形态工作领导权。制定《2020年意识形态工作责任分工》《2020年意识形态工作计划》，及时调整意识形态工作领导小组，把意识形态工作与业务工作同部署、同落实、同检查、同考核。同时，依托党组会、“三会一课”、主题党日等载体，组织党员干部学习习近平新时代中国特色社会主义思想和中共十九大、十九届历次中央全会精神等，切实增强党员干部的党性意识。

【政务服务能力提升】 （一）创新设立“乡事城办（乡事城服务）”专

区。在服务大厅主厅设立“乡事城办(乡事城服务)”专区,下设“乡事城办”窗口1个、“乡事城服务”窗口5个。同时,充分运用基层治理“四个平台”和“一窗受理”平台等信息化载体,推动“乡事城办(乡事城服务)”线上、线下“双轨”运行。至2020年年末,“乡事城办”窗口已进入线上测试阶段,“乡事城服务”窗口已有5个乡镇(崇头镇、石塘镇、紧水滩镇、赤石乡、安溪畲族乡)入驻。(二)全面推进政务服务2.0建设。根据《政务服务2.0事项库升级改造方案》和《政务服务2.0办件库升级改造方案》要求,督促各部门要按照“应认领、尽认领”的原则,尽快完成事项认领与信息维护,并做到办件信息完整,实现事项办件“全发生”、办件信息“零异常”。根据《政务服务2.0事项梳理指引》要求,督促各部门完成全省统一事项和县本级特色事项的信息梳理与确认,实现事项标准与全省统一。同时,还在服务大厅合理设置智能导服区、收件区、审批区、出件区,全面推进大厅办理窗口和自助终端设备接入政务服务2.0,实现2.0事项“四端”(实体大厅端、电脑端、手机端、自助机端)受理畅通。(三)严格做好疫情防控工作。先后制定《新冠肺炎疫情防控工作要求》《新冠肺炎疫情防控应急预案(试行)》和《新冠肺炎疫情防控工作方案》,全力打好疫情防控攻坚战。同时,全面实行“健康码”亮码管理,严格执行“绿码”准入制度,并由单位领导带队,每日开展工作巡查,切实保障大厅服务安全有序。2020年,累计查验“健康码”5万余人次,协助安装“健康码”2.53万人次,发现并上报“黄码”9人次,进出人员“健康码”查验率达到100%。(四)深化做好项目代办和网上竞价工作。2020年,累计帮助业主代办事项108项(其中投资代办105项、全程代办3项),办结率100%;发布网上竞价项目3373个(其中以下浮率报价2060个,平均下浮率26%),发布金额4552万元,节约资金1056万元,节约率21%。

【公共资源交易管理】 (一)推行建设工程项目远程不见面开标。开标“不见面”,投标“零跑腿”,通过远程不见面开标系统,最大程度地避免人员聚集,节省企业成本,实现疫情防控和项目推进“双赢”。2020年,累计完成不见面开标项目36项,交易金额7.37亿元,节约资金6323.48万元,节约率7.9%。(二)提升公共资源交易监管水平。严格按照工作流程开展招投标活动,进一步强化招投标各环节审查,切实保障招投标活动公开、公平、公正。加强招投标现场管理,全力维护开评标秩序,切实强化对突发事件及异常情况的处置能力,确保招投标工作有序开展。(三)做好招投标领域“扫黑除恶”工作。加强组织领导,成立县招投标领域违法行为专项治理工作领导小组,统筹推进招投标领域违法行为治理工作。强化工作落实,联合相关部门开展专项抽查和违法线索排查,针对抽查发现的问题,立即责令整改。2020年,累计查获违法线索4件,查实串通投标案件1件,纳入诚信扣分案件1件。完善工作制度,制定出台《云和县乡村小额工程简易发包实施细则(试行)》,切实规范云和县小额项目发包程序。(四)优化公共资源交易营商环境。持续加强“政采云”网上超市“全省一张网”建设,切实强化对网上超市上架商品的价格检测。2020年,累计审核网上供应商238家,审核网上商品8.4万件,处理违规供应商65家。 (廖丽伟)

机关事务管理

【概况】 2020年,云和县机关事务保障中心(以下简称县机关事务中心)紧紧围绕县委、县政府中心工作,坚持以党建为引领、以服务为根本、以管理为基础,不断加强队伍建设、强化内部管理、深化体制改革,努力推动机关事务管理法治化、现代化。

【后勤管理】 (一)办公用房管理。全面应用推广“办公用房智能图形管理系统”,加快推进机关事业单位办公用房长效化、规范化、科学化管理，并组织开展办公用房不定期抽查20次，为县农业农村局、县退役军人事务局、县水投公司等7家单位调剂办公用房2251平方米。（二）大院安保管理。深入推进人防、物防、技防“三位一体”的安保各项工作，在实行“24小时实时监控”“24小时值班巡逻”的基础上，对原有的监控网络、设备和机房配置进行全面升级改造，有效提升大院的安保水平。此外，还完成新一轮大院安保服务采购和大院“智安单位”建设。2020年，累计接待外来办事人员及上访人员7719批次8915人，未发生刑事、治安案件和重大安全责任事故。（三）公车出行管理。严格执行公务用车审核确认派单制度，结合“公务用车预约系统”“GPS车载定位系统”等平台的运用，实现公务用车预约、派车网络化和车辆监控管理智能化。2020年，共指派公务用车9764单，累计安全行车180.3万千米。此外，还购置更新公务车10辆。（四）资产管理。进一步规范资产管理各环节，通过提升管理水平、健全管理机制、落实安全措施、盘活闲置资产等方式，切实增强资产管理绩效。2020年，累计完成资产调剂9批次132件，其中政府公物仓库资产调剂3批次102件。此外，还牵头18个行政企事业单位对外错时开放427个停车泊位，有效缓解群众停车难问题。（五）节能管理。坚持每季度至少开展一次节能督查，督查全县公共机构是否存在节能方面的问题。同时，广泛开展节能宣传，切实营造“人人节能”的社会氛围。（六）垃圾分类管理。全面推进机关大院垃圾分类工作，在各公共区域、各楼层通道设置垃圾分类集中投放点，在各办公室、各会议室配设垃圾分类设施。同时，大力开展垃圾分类宣传，不断提升广大干部的垃圾分类意识。

【后勤服务】 （一）会务服务用心主动。一是做好会议计划安排。主动加强与全县各部门单位的会务对接，并根据各会议室的使用情况及会务要求，提前做好会务服务方案。二是做好会场检查布置。会前，坚持提前对音响、灯光、电子屏等设备设施进行全面检查和检修，会场布置做到节俭大方、清洁整齐、庄严肃穆。三是做好会务人员管理。对各会务人员的着装、服务技能、服务态度进行考核反馈，及时改进不足之处，并实行考核结果直接与每月的绩效考核奖挂钩，以目标激励、结果导向提升会议服务质量和水平。四是做好会务服务创新。引进专业物业公司，将部分会务劳务外包，实现会务服务市场化，进一步提升会务服务质量、效率和水平。2020年，共完成各类会务服务1150场次。

（二）接待服务细心规范。一是创新思路、服务大局。牢固树立“接待是资源、接待出效益”和“人人都是云和形象，个个都是投资环境”的理念，主动把接待工作融入全县经济社会建设的各个环节，充分发挥接待工作的自身价值。二是夯实基础、提升实力。严格执行中央“八项规定”、省委“六个严禁”“28条办法”等规章制度，并结合工作实际，修订完善《云和县党政机关国内公务接待管理办法》，进一步规范公务接待工作。同时，加快推进公务接待基地建设，不断优化云和县的接待环境。三是加强指导、规范统一。严格按照规定和标准开展公务接待，并进一步规范公函接待制度和接待清单制度。同时，对承担公务接待的宾馆、酒店进行全程跟踪指导，确保接待服务做到有礼、有节、有序。2020年，共接待来宾593批次6250人次，其中副部级领导7人、副厅级以上领导60余人，圆满完成“木玩与幼教”高峰论坛、第十四届云和梯田开犁节等重大活动接待任务。

（三）餐饮服务舒心满意。围绕创办“职工满意食堂”的目标，进一步完善机关食堂的管理和考核机制，并通过日常检查、每月考核和不定期突击抽查等方式，不断提升食堂的服务质量。同时，进一步规范操作流程，严把采购、验收、加工、结算等各环节安全关；严格落实各项防疫措施，并采用“线上订餐防接触、分段领餐防聚集、外带就餐防传染”相结合的方式供餐，以保障干部职工吃得安全、吃得放心。据2020年度对大院职工开展的食堂满意度调查结果显示，职工对食堂服务的满意度高达99.82%。

（四）环境服务精心细致。一是加强大院基础设施建设。先后完成大院破损路面修复、机关食堂等候区改造、第15幢房屋西面墙体修补、大院东面通道改建、政府办公楼屋顶翻修和门窗更换等工程，大院功能布局进一步完善。二是加快大院环境提升改造。开展大院“僵尸车辆”（长期停放且无人认领的车辆）整治行动，累计清理“僵尸车辆”37辆（包括摩托车、电瓶车、自行车）。建立大院绿化日常养护制度，并引进专业机构对大院绿化进行管理维护。此外，还会同浮云街道完成大院第9幢房屋5户住户的征收工作。

【疫情防控】 （一）做好大院出入管理。全面落实外来人员“健康码”管理，严格执行“健康码亮码+体温测量+身份登记”准入制度，以保障大院安全、有序。（二）做好大院保洁消毒。认真做好大院卫生保洁工作，并对大院楼道、会务场所等公共区域进行高频消毒，以保障大院整洁、卫生。（三）做好大院居民摸排。联合浮云街道，分批分片对大院223户居民进行地毯式走访摸排，并做好防疫宣传、人员登记等工作，切实筑牢大院疫情防控网。（四）做好疫情防控后勤服务。一是做好隔离人员生活服务。2020年，累计为全县3个集中隔离点的隔离人员送餐1.7万余份，并安排专人为隔离人员采购生活必需品。二是做好防疫工作组办公服务。科学调配电脑、打印机、桌椅等办公资产，高效保障3个集中隔离点和各疫情防控点正常工作。三是做好防疫用车服务。县公车调度室安排专人24小时值班，以保障各部门防疫用车需求。

【自身建设】 （一）加强干部队伍建设。一是开展学习教育。利用主题党日、干部钉钉工作群开展集中学习和自我学习，不断提高干部职工的理论素养。2020年，累计组织干部职工集中学习18次、党组理论中心组集中学习14次；开展主题党日活动14次，其中联合结对村开展主题党日活动2次。二是开展“四服务”（服务企业、服务项目、服务改革、服务基层）活动。2020年，先后选派1名干部到“两新”企业担任党建指导员，助力企业复工复产；选派1名干部到结对村担任“第一书记”，助力乡村振兴。同时，扎实开展“一户一策一干部”活动，为结对村困难户送去棉被、油、米等物资，帮结对村解决发展资金3万元；助力社区治理，主动参与社区志愿服务活动，全年累计进社区服务260人次，积分2506分。三是开展股级干部调整。2020年，根据机构改革和工作需要，先后选任、调整股级干部10人次，进一步优化干部队伍结构。四是开展文体竞技活动。通过组织干部开展户外徒步、篮球比赛等活动，不断增强干部队伍的凝聚力。

（二）深化从严治党工作。一是落实主体责任。全面落实从严治党主体责任和“一岗双责”，切实把履行管党治党责任作为开展工作的首要任务来抓。同时，层层签订《从严治党责任书》《党风廉政建设目标责任书》，层层传递、压实全面从严治党责任。二是规范权力运行。按照“三重一大”事项决策的权限、范围和流程，主动邀请派驻纪检组成员参与党组会议重大事项研究，实行权力事项、政府信息、财务预决算“三公开”，切实将权力运行置于社会公众监督之下。三是强化廉政风险防范。通过加强干部职工廉政谈话、强化重点岗位廉政督查等方式，不断提升干部职工的廉政意识，切实筑牢岗位廉政风险“防火墙”。

（三）强化意识形态工作。通过组织“党员夜学日”学习、开展主题党日教育等方式，积极引导党员干部树立正确的人生观、价值观和社会观。同时，全面落实意识形态工作责任制，牢牢掌控意识形态工作领导权、管理权、话语权，不断增强党员干部的“四个意识”，牢树“四个自信”，坚定“两个维护”，确保在思想、政治、行动上同以习近平为核心的党中央保持高度一致。

（四）有序推进“最多跑一次”改革工作。按照县委深改办要求，全面疏理与各部门间的办事事项，有序推进机关食堂就餐卡办理、公务用车调度、公务用车指标数追加、办公用房管理审核（批）、政府临时机构固定资产购置审批等改革事项。（柳海娟）

综合指挥体系和大数据建设

【概况】 2020年，云和县综合指挥和大数据中心（以下简称县大数据中心）紧紧围绕县委、县政府中心工作，坚持和加强党对数字政府建设工作的集中统一领导，统筹推进全县综合指挥体系和电子政务建设，组织协调全县公共数据资源整合、归集、应用与开放共享，全力打造高效“数字政府”和智慧“城市大脑”。

【数字政府建设】 （一）做好“浙政钉”迁移工作。完成“浙政钉”1.0版向2.0版迁移，累计激活部门管理员174人，修正用户5332人（修正率100%），激活用户5332人（激活率100%）。（二）加快政务服务2.0建设。结合“浙里办”应用推广，完成自建政务服务类App整合。开展企业法人注册工作，全年全县个体工商户、农民专业合作社法人注册率达68.87%，行政事业单位法人注册率达96.99%，社会团体、“民非”（民办非营利性）基金会、养老机构法人注册率达92.54%，律师事务所法人注册率达100%。权力事项库事项做到应领尽领、周清周结，基本信息准确率达98.23%，材料准确率达99.11%。此外，还审核政务服务“好差评”系统信息3945条，发现并处理差评信息41条。（三）深化“最多跑一次”改革。完成群众与企业“一件事”、机关内部“一件事”和机关内部“最多跑一次”工作。2020年，累计指导相关部门申请“云签章”167枚；机关内部协同办事平台办件量9384件，涉及29个部门141个事项。（四）推进“互联网+监管”工作。动态跟踪目录清单和实施清单完成情况，全年共认领上级目录清单926项、完成实施清单编制943项，实施清单编制率始终保持100%。（五）谋划“城市大脑”建设。先后赴杭州、嘉兴等地学习“城市大脑”建设经验，并围绕“一图、一库、一中心+N应用”方案开展“城市大脑”规划设计，拟建云和县三维实景地图和公共数据中心库。（六）强化数据归集与共享。建立数据专员制度，并指导全县72个部门配设数据专员135人。同时，将各部门数据专员归集的信息进行汇总，编制出数据目录790个（包括开放目录30个），总数据量4000余万条。

【新媒运营管理】 （一）做好政府门户网站运维管理。2020年，云和县政府门户网站访问量大幅上升，总访问量达700余万次。全年累计发布信息1403篇，关注人数47610人。（二）做好政府门户网站迁移工作。将县政府门户网站迁移至省政府集约化平台，并按标准完成政策文件规范调整和入库，实现全省平台资源互通与共享。（三）做好官方微信公众号运营工作。2020年，县政府官方微信公众号“云和发布”共发布信息576篇，总阅读量11万次。

【全面从严治党】 党组书记严格落实“第一责任人”责任，坚持做到“四个亲自”（重要工作亲自部署、重大问题亲自过问、重点环节亲自协调、重要案件亲自督办）。年初召开全面从严治党工作会议，研究制订《2020年度全面从严治党工作计划》，并逐级签订《全面从严治党责任书》。根据领导班子变动情况，及时调整党风廉政建设和反腐败工作组织领导及责任分工。加强政治理论学习，利用党组会议、干部例会等时机开展集中学习30余次，传达正风肃纪和违纪通报23次。严格落实谈心谈话制度，按照“四必谈”要求，开展谈心谈话15次。加强作风建设，先后开展违反中央“八项规定”精神问题自查、正风肃纪检查、干部岗位廉政风险自查、“廉政家访”等专项活动。坚持常态化监督，每月都开展正风肃纪和明察暗访，紧盯“关键少数”，强化监督问责。严格落实“三会一课”（支部党员大会、支部委员会、党小组会和党课）制度，规范开展党务公开、党内情况通报、党员思想汇报等工作。

【疫情防控工作】 （一）参与一线“战疫”。新冠肺炎疫情发生后，县大数据中心立即组织干部投入一线疫情防控，并选派8名技术骨干入驻县疫情防控指挥部，协助做好全县疫情防控工作。至2020年年末，累计完成重点人员数据核查17206条；制作发布《云和县智控指数动态分析》186期；协助县疫情防控指挥部下达大数据分析核查任务800余人次。（二）做好“健康码”应用指导。深入乡镇（街道）、企业开展“健康码”应用指导，实现县域全民“健康码”管理。2020年，累计落实“健康码”管理员3633人，处理“红码”“黄码”问题1015次，办结“健康码”信访件2件，上报“健康码”应用场景优秀案例6个。（三）做好“企业复工登记系统”应用指导。组建技术服务队，深入企业开展“企业复工登记系统”应用指导。2020年，先后指导全县68家规模以上企业应用“企业复工登记系统”，累计登记录入企业职工9553名。

【结对帮扶工作】 2020年，县大数据中心先后选派1名干部到结对村石塘村任“第一书记”，并指导该村顺利完成组织换届工作；组织党员干部到结对村开展“包村走村”和“一户一策一干部”低收入农户结对帮扶活动，累计帮扶慰问低收入农户、孤寡老人30余人次。此外，还与结对村党支部联合开展主题党日活动12次。 （吴婷婷）

政协云和县委员会

县政协重要会议

【县政协九届四次会议】 2020年4月26—28日，中国人民政治协商会议第九届云和县委员会第四次会议召开。会议应出席委员150人、实到146人，符合法定人数。县政协主席王新荣代表政协第九届云和县委员会常务委员会向大会作工作报告。大会共收到以提案形式提出的意见建议156件，其中党派团体提案12件、委员个人提案144件。经提案审查委员会复审，立案152件，并案处理后交办137件，不予立案4件。会议听取和审议政协第九届云和县委员会常务委员会工作报告和提案工作报告、审议通过选举办法、大会决议和县政协九届四次会议提案初审情况报告；表彰2019年度县政协先进委员组、优秀委员、优秀信息员、县政协九届三次会议以来的优秀提案、县政协九届四次会议优秀大会发言；补选王伟友、叶俊、叶克伟、包群伟、何炜、陈吉望、周春波、柳源为政协第九届云和县委员会常务委员会委员。

【县政协常委会会议】 2020年，县政协共召开常委会会议5次，就县政协年度履职重点工作、县委县政府年度工作要点及社会经济发展等重大问题开展协商议政。

4月20日，县政协召开九届十九次常委会会议。会议传达学习中共中央政治局常委会会议精神、省委常委会会议精神、省委书记车俊在丽水调研时的讲话精神以及省政协党组会议精神；听取《政协常委会工作报告（送审稿）》和《提案工作报告（送审稿）》的起草说明；听取《政府工作报告（讨论稿）》《县人民法院工作报告（讨论稿）》《县人民检察院工作报告（讨论稿）》的起草说明，并进行分组讨论；审议通过《政协常委会工作报告（送审稿）》《提案工作报告（送审稿）》；审议通过《政协云和县委员会全体会议工作规则（修订稿）》；听取政协第九届云和县委员会第四次会议筹备情况的说明；审议通过县政协九届四次会议有关事项；审议通过有关人事事项。

4月27日，县政协召开九届二十次常委会会议。会议听取各组讨论情况汇报；审议通过提案初审情况报告（草案）；审议通过大会选举办法（草案）；确定政协第九届云和县委员会常务委员正式候选人名单；通过监票人名单；通过总监票人、副总监票人建议名单；审议通过大会决议（草案）。

6月19日，县政协召开九届二十一次常委会会议。会议传达学习全国政协十三届三次会议和省政协十二届十四次常委会会议精神；审议通过县政协九届四次会议提案复审报告；审议通过有关人事事项；协商讨论丽龙高速公路以南区块产城融合项目、伏牛岭区块产城融合项目规划情况。

7月30日，县政协召开九届二十二次常委会会议。会议听取全县经济社会运行情况通报；传达学习中共中央政治局常委会会议精神、全国政协主席会议成员务虚会精神和省政协主席葛慧君在丽水调研时的讲话精神；听取县人民法院、县人民检察院工作情况通报；听取县卫生健康局、县教育局工作情况通报；审议通过有关人事事项。

9月29日，县政协召开九届二十三次常委会会议。会议组织学习《习近平谈治国理政》第三卷；传达学习省委书记袁家军在省委党校2020年秋季学期开学典礼上的讲话精神、全省政协主席暑期读书会暨市县（市、区）政协工作经验交流会精神、全市政协主席读书会精神；审议通过《关于云和县生态产品价值实现路径的思考》调研报告；审议通过有关人事事项。

【县政协主席会议】 2020年，县政协共召开主席会议11次，主要做以下工作：学习中央、省委、市委、县委重要会议精神；学习中央纪委、省纪委、市纪委、县纪委重要会议精神；学习全国政协、省政协、市政协会议精神；学习全省、全市政协主席读书会精神；审议决定县政协九届四次会议大会发言及即席发言选题；协商讨论2020年“请你来协商”工作计划；协商讨论2019年度先进委员组、优秀委员；审议通过提案委等专门委员会委员名单；审议决定2020年委派民主监督员工作安排；协商讨论县政协九届四次会议有关事项；审议通过《委员工作室管理办法》《云和县政协2020年主要工作安排》《关于深化“服务企业 服务项目 服务群众 服务基层”的实施方案》《政协云和县委员会委员履职情况综合评价办法（修订稿）》《政协云和县委员会委员组考核办法（修订稿）》《政协云和县委员会全体会议工作规则（修订稿）》《云和县政协关于开展2020年度“城乡生活垃圾分类处理”专项集体民主监督的实施方案》《政协第九届云和县委员会主席会议成员分工方案》《关于云和县生态产品价值转化的现状分析与实现途径调研方案》《云和县政协常委会工作报告重点工作分工落实意见》《县人大代表建议和县政协委员提案办理工作考核评分办法（修订稿）》《云和县政协开展“请你来协商”平台建设工作的实施意见（代拟稿）》《政协第九届云和县委员会第四届趣味运动会方案》《政协云和县委员会应用型智库工作规则》《2020年县政协重点提案双向评议工作方案》《云和县政协委员廉洁自律若干规定（试行）》《关于云和县政协委员活动经费管理使用的意见》《政协常委会工作报告（讨论稿）》《提案工作报告（讨论稿）》；审议决定县政协九届四次会议重点提案；协商讨论县政协九届四次会议提案复审报告；审议通过政协云和县委员会应用型智库组建方案及名单；审议通过“社区治理数字化新样本”“如何更好地保护传承抗战省城历史文化”“云和县老木制玩具城区块‘退二优二’改造”“乡村振兴 人才回流创业机制建设”等专题民主协商会方案；协商讨论《关于云和县生态产品价值实现路径的思考》调研报告；审议通过县政协特邀社情民意信息员名单；审议通过《云和县政协系统开展围绕社会治理领域“最多跑一地”改革专项集体民主监督》实施方案；审议通过《如何更好地为景宁籍新云和人做好服务》调研方案；审议决定县政协九届五次会议大会发言及即席发言选题；协商讨论2021年工作思路；协商讨论2020年度优秀提案；听取2020年县政协重点提案双向评议工作结果汇报；协商讨论有关人事事项；审议决定有关人事事项。

县政协主要工作

【思想建设】 （一）坚持政治引领。始终把贯彻落实中央和省、市、县委重大决策部署及重要会议精神作为首要政治任务，第一时间传达学习、研究部署，确保党中央和省、市、县委决策部署不折不扣贯彻落实到政协全部工作中。切实发挥政协党组领导核心作用，严格执行重大事项请示报告制度，严把各项工作和活动的政治关，把党对政协工作的领导贯穿全过程各方面。从严从实抓好党风廉政建设，制定《落实全面从严治党主体责任2020年度任务安排》，按时召开党风廉政建设专题例会，坚决落实全面从严治党主体责任。大力弘扬“浙西南革命精神”,举办“如何更好保护抗战省城文化”请你来协商,组织机关党员干部赴景宁县梅岐乡“红色学校”开展主题党日活动,强化红色基因传承。

（二）坚持学习引领。注重学研结合、知行合一,不断丰富学习形式,逐步形成以党组会议理论学习为引领,主席会议集中学、常委会会议专题学、委员培训系统学、委员组和委员组工作支部研讨学等常态化学习体系,实现学习教育全覆盖、高频率。全年累计组织党组会议、主席会议、常委会会议专题学习32次,各层面集中学习研讨63次。通过学习,切实把广大政协委员的思想和行动统一到中央精神上来,统一到县委的决策部署上来,切实把政协打造成“学习党的思想、传递党的声音、宣传党的主张”的重要平台和重要阵地。

（三）坚持党建引领。充分发挥政协党组的示范带动作用,挖掘政协党组、机关党组、机关党总支和委员组工作支部“三级组织体系”的制度优势,切实加强政协党的建设。把意识形态工作纳入党建工作责任制,严格落实意识形态“一岗双责”,确保意识形态工作责任落到实处。配备机关党组副书记,着力加强政协机关党建工作力量。制定《关于加强全县政协系统党的建设工作实施方案》,成立“委员党建活动室”,组织和引导党员委员自觉接受委员组工作支部教育管理、积极参加支部活动。修订《关于加强政协委员组工作支部建设的实施意见》,进一步发挥委员组工作支部的战斗堡垒作用。在重要视(考)察调研、集中学习培训等政协履职活动中设立临时党组织,确保政协工作在哪里,党的建设就跟进到哪里,党员委员的先锋模范作用就发挥到哪里。

【服务大局】 （一）党政有部署,政协就主动跟进。积极投身抗疫斗争。疫情初期,县政协第一时间发出倡议书,号召政协委员在疫情防控主战场写好“委员作业”、展现委员担当。广大政协委员和机关干部闻讯而动,通过卡点值守、志愿服务、捐款捐物、撰写提案、反映社情民意等方式投身抗疫斗争,在助力“两手硬、两战赢”中充分展现政协风采,多名委员获得各级抗疫先进表彰。聚焦复工复产,组织开展“疫情背景下木玩行业如何化危为机”等协商交流活动,全力助推做好“六稳”“六保”工作。超前服务发展大局。聚焦市委构建“一带三区”战略部署,举办“山水童话特色风情聚落区块建设”请你来协商,为“云景风情聚落区”建设出谋划策;聚焦丽水市生态产品价值实现机制试点工作,开展“云和县生态产品价值实现路径”常委会重点课题调研,形成高质量调研报告。扎实开展“四服务”工作。制定《关于深化“四服务”的实施方案》,主席会议成员分赴联系乡镇(街道)、村(社区)、企业开展精准“四服务”120余次,协调解决困难20余件;领衔的“佛儿岩景区创AAAA”“安溪畲族乡后塘农旅融合”“白水区块棚改”“大搬快聚 富民安居”等12个重点项目和重点工作成效明显,为全县大局贡献出政协力量。

（二）发展有需要,政协就积极作为。牢固树立“民主监督不是‘找茬’,而是‘助推’”理念,切实发挥协商式监督的优势,积极助力相关工作落实落地。紧盯决策部署落实。高标准开展“高水平全面建成小康社会补短板”“社会治理领域‘最多跑一地’改革”“城乡生活垃圾分类处理”等专项集体民主监督活动,做到全员参与、全域覆盖。紧盯部门工作落实。进一步深化委派民主监督员工作,新增云和工业园区管委会等6家单位作为受监督单位。2020年,各民主监督小组分别就云龙公路改建、“无违建县”创建、村(社区)换届等内容开展民主监督,有力助推各部门工作。紧盯民生事项落实。组织委员广泛参与公开招考、上学摇号、收费调整等监督活动,切实发挥民主监督作用。2020年,共开展各类监督活动90余次,参与政协委员280余人次,监督发现问题100余个、提出意见建议150余条,有效推动相关工作落地落实。

（三）群众有期盼,政协就倾力相助。聚焦民生领域问题积极履职，在推动人民群众的获得感更加充实、幸福感更有保障、安全感更可持续上发挥应有作用。围绕交通秩序整治、社区治理等民生议题，开展专题协商，促进一批民生问题的解决。紧扣群众关心关注问题积极反映社情民意，全年共收集社情民意信息222条，编发《社情民意》18期、《社情民意直通车》20期，县领导批示3人次；上报上级政协42篇，被全国政协录用2篇、省政协录用2篇、市政协录用14篇，县政协获评2020年度全市政协反映社情民意信息工作先进单位。组织委员开展“三进五送”活动、“百名政协委员帮困联百户”行动，通过帮扶就业、结对送温暖等形式积极助力低收入农户增收，以“多彩”形式助跑脱贫攻坚“最后一役”。

【协商议政】 （一）协商平台更加完善。协助县委出台《云和县政协开展“请你来协商”平台建设工作的实施意见》，推动“请你来协商”平台常态规范运行和可持续发展。聚焦党政关心、群众关切的焦点问题开展重点专题协商，党政主要领导及相关领导亲自参加协商活动，与广大政协委员和群众代表面对面总结经验、剖析问题、商讨对策、凝聚共识，取得良好成效。2020年，共开展“请你来协商”活动10场，参与党政领导13人次、部门负责人74人次、委员和界别群众195人次，提出意见建议97条。

（二）协商形式更加丰富。创新开展提案办理协商。聚焦县政协九届四次会议提案最为集中的“交通秩序”问题，与委员面对面沟通交流，协商提案办理情况。持续深化跨县域联合协商。与景宁县政协联合开展“景宁籍新云和人服务管理”专题协商，一齐关心和帮助景宁籍“新云和人”更好地生产生活。探索开展常委会专题议政。聚焦云和梯田创AAAAA、丽龙高速公路以南区块产城融合项目等全县经济社会发展重点工作，邀请县政府领导、职能部门负责人与县政协常委面对面协商讨论，切实增强专题协商的针对性和实效性。

（三）协商成效更加显著。坚持“数量适度、质量为要”理念，推动协商议政由注重“做了什么、做了多少”向“做出了什么效果”转变。2020年，“请你来协商”议政建言取得累累硕果：“山水童话特色风情聚落区块建设”专题协商提出的“云景高速公路差异化收费”“打造云景生态产业平台”“云景教育资源共享”等多条建议纳入党委政府决策；“老木制玩具城区块退二优二改造”专题协商促成云和县老木制玩具城区块改造顺利启动；“如何更好保护抗战省城文化”专题协商提出的“实施抗战省城‘142工程’”建议纳入县“十四五”规划纲要；“城市社区基层治理”专题协商有效推动“街乡共治党建联盟”社会治理新模式形成；“探索乡村人才回流机制”专题协商提出的“强化农村金融要素支撑”“加强对返乡创业人员的指导服务”等建议纳入党委政府决策，有力推动乡村振兴“两进两回”工作开展。

【凝聚共识】 （一）凝心聚力画好“同心圆”。把助力制订“十四五”规划作为凝聚共识的重要抓手，召开专题议政性常委会会议，就生态资源保护、“和”文化挖掘、养老产业发展等“十四五”需关注的议题提出具体意见建议。牵头召集在外乡贤就云和县制定“十四五”规划开门问策，广泛听取各方意见。开展“我为‘十四五’规划献一计”活动，梳理意见建议57条，使“十四五”规划更好地反映人民意愿、体现人民意志、汇聚人民力量。搭建知情明政平台，鼓励各方意见在政协得到充分表达，通过听取“一府两院”和县教育局、县卫生健康局等单位的情况通报，不断巩固已有共识，推动形成新的共识。

（二）密切联谊扩大“朋友圈”。加强与各界人士的联谊交友，积极走访异地云和商会、在外乡贤，为云和籍在外人士回乡创业牵线搭桥。围绕“加快少数民族聚居区发展”“加强宗教团体自身建设”等议题，深入开展调研议政，力促民族团结、宗教和谐。不断深化对外交流合作，与上海市普陀区政协缔结“友好政协”，牵头促成云和工业园区管委会与上海真如铁三角科技园签约合作；与宁波市北仑区政协联合开展“山海协作温暖之行”爱心物资捐赠活动，开启全方位、多层次、宽领域的“山海协作”交流。立足“委员会客厅”“委员工作室”平台优势，积极践行“互学互鉴、同心同行”工作理念，通过开展“脑科学对木玩创新的启发”专题讲座、木玩行业交流研讨等活动，有效发挥加强思想政治引领、团结影响特定对象和凝聚人心的独特作用。

（三）正向引导传递“好声音”。以“互联网、融媒体”思维抓好政协新闻宣传工作，不断提升云和政协的社会影响力。2020年，累计推送“议政云和”微信公众号信息66期；“请你来协商”活动多次被省政协微信公众号“同心苑”报道；《扶贫扶志扶信心 心理服务不可少》《勠力同心助“两战”云和政协显担当》等多篇信息在《人民政协报》、省政协《联谊报》等省级以上媒体刊发。积极配合省、市政协做好《小康路上的政协人》《同心抗疫》等文史资料征集报送工作，《“小县大城”发展战略的参与者和见证者》《小康路上筑梦人》等稿件被省政协收录。编撰完成《椤林旧事》，为云和县人文历史研究提供丰富史料。

【固本强基】 （一）加强队伍建设。发挥政协组织智力密集、人才荟萃的独特优势，组建“应用型智库”，为县委、县政府科学民主决策献计出力。举办九届政协第四届趣味运动会，组织委员参加全市政协系统第七届乒乓球联谊赛，不断增强政协组织的凝聚力和向心力。坚持从严要求，完善履职考核，对履职不力的委员进行谈话提醒，切实增强委员“我要履职”的积极性和主动性。开展“最美政协人”推选和宣传活动，委员黄叶银被评为市级“最美政协人”。举办“不忘初心、铭记历史”红色教育培训班，组织部分委员和机关干部实地学习焦裕禄精神和红旗渠精神，把学习的收获和心灵的洗礼转化为服务发展和干事创业的激情。

（二）提升工作效能。牢牢把握政协机关的政治属性，对标对表“四个一线”新定位，进一步营造风清气正、勤勉干事、规范高效的工作氛围。认真贯彻落实中央八项规定精神和省、市、县实施细则，全面完成县委巡察整改任务。进一步完善机关办文办会、财务管理、物资采购、公务接待等制度，确保机关有序、规范、高效运转。配齐配强各专委会负责人，增设1个下属事业单位，健全提案委、文化文史和学习委、委员工委等3个专门委员会委员及社情民意信息员队伍，“两个薄弱”问题得到较好解决。创新开展机关“主题党日”活动，加强岗位练兵、业务培训，着力提升机关干部队伍素质。

（三）完善制度机制。修订完善《全体会议工作规则》《委员组考核办法》《委员履职情况综合评价办法》《加强政协委员履职活动经费管理规定》，进一步量化委员履职考核，规范政协各项履职活动。制定《关于开展委派民主监督员工作实施方案》《委员工作室管理办法》《关于深化“四服务”的实施方案》，不断创新联系和服务形式。制定《云和县政协委员廉洁自律若干规定》，引导委员珍惜荣誉、认真履职，确保政协系统风清气正。（董益涛）

民主党派

中国民主同盟云和县基层委员会

【概况】 至2020年年末，中国民主同盟云和县基层委员会(以下简称云和民盟)共有盟员71人，分4个支部(经济科技支部盟员16人，文化支部盟员17人，教育支部盟员20人，医卫支部盟员18人)，其中，县人大代表2人，县政协委员8人，市人大代表3人，市政协委员2人。

【学习教育】 一是组织盟员学习盟章、盟史，加深盟员对民盟性质、宗旨、使命、纲领的了解以及对多党合作政治制度形成历史的认识。二是积极参加上级民盟组织的各类培训和活动，如：省民盟举办的思想宣传骨干线上培训班，市民盟组织的市"两会"精神学习会、骨干成员履职能力提升培训班、"重学盟章、重温民盟好故事"活动等。三是组织盟员赴金华、嘉兴、杭州等地考察学习，并赴浙江民盟盟史馆开展民盟传统教育。四是定期召开民盟委员会议和各类支部会议，及时传达学习上级民盟有关会议和文件精神。五是统一为每位盟员征订《群言》《中央盟讯》《浙江民盟》等刊物，让盟员通过自学，不断提高自身素质。

【参政议政】 (一)依托"两会"平台，积极履职。在县政协九届四次会议上，提交《关于增设小区室内老年人活动中心的建议》(刘蓉撰写)大会书面发言材料。在2020年市县"两会"期间，云和民盟盟员共提交人大建议、政协提案22件，其中县政协提案12件、县人大建议1件、市政协提案2件、市人大建议7件。(二)关注热点难点，反映社情民意。2020年，云和民盟共向县政协、省市民盟报送社情民意信息15篇，其中，《关于疫情过后加快云和县旅游业复苏的建议》(贺凌撰写)、《关于将抗战省城文化建设"142工程"纳入县"十四五"规划的建议》(刘蓉撰写)、《关于加强旅游价格管理的建议》(徐琳撰写)3篇信息被县政协采用，《"浙里检"平台运行亟需关注三方面问题》(雷海燕撰写)1篇信息被省民盟采用。

【社会服务】 2020年，云和民盟共开展各类社会服务活动40余次。(一)开展义诊活动。2020年，云和民盟邀请市民盟医卫专委会、省妇保医院、省儿保医院的专家来云和"民盟同心·名医服务站"开展义诊活动，共为200余人提供体检、问诊、咨询、授课等服务。(二)开展"墨香迎新春、送福送春联"活动。从1月开始，盟员童少锋、舒子信、戴建英、王春霞、毛云龙等走进云和15个村、2个社(小)区、8家单位开展为期30场次的"送福送春联"活动，累计为群众送去春联6020对、"福"字795幅、书画作品65幅。(三)发挥优势，服务民生。2020年，云和民盟各支部定期到基层开展"送医下乡""送教下乡""送文化下乡""送关爱下乡"等活动，切实让当地群众感受到关心和温暖。(四)凝聚盟力，齐心防疫。自“新冠”(新型冠状病毒)肺炎防疫工作开展以来,云和民盟认真贯彻落实上级民盟关于疫情防控各项工作部署,发挥自身优势,通过捐款、捐物和志愿服务等多种方式参与疫情防控,充分展现云和民盟人的责任担当和精神风采。据不完全统计,全年共有60名盟员参与捐款,累计向武汉慈善总会、省市县红十字会等公益组织捐款4.76万元;25名盟员参加全县防疫摸底排查、隔离观察监督、防疫知识宣传等志愿服务;1名盟员(尹春)主动请战,支援丽水“新冠”肺炎患者医疗救护工作。2020年,云和民盟先后被省民盟授予“抗击新冠肺炎疫情先进集体”称号,被市民盟授予“2020年度先进集体”称号。

【信息宣传】 充分利用上级民盟刊物、网站等宣传载体,积极报送盟组织动态、盟员先进事迹、盟重要成果等信息,重点加强重要盟务工作的宣传力度。2020年,累计向上级民盟报送信息报道41篇。

【组织建设】 (一)推进组织发展。坚决遵照盟章规定,按照“稳步发展、保证质量”原则,把组织发展工作与加强盟的建设以及参政议政的需要结合起来,严格考察程序,充分听取考察对象所在单位党组织和群众的意见。2020年,新发展1人(叶慧香)入盟。(二)推进“盟员之家”建设。多次召开“盟员之家”建设研讨会,并组织部分委员赴兰溪、海宁、嘉善、萧山等地学习“盟员之家”建设经验。(三)召开专题民主生活会。根据上级民盟关于开展“不忘合作初心、继续携手前进”主题教育活动的决策部署,及时组织召开主题教育专题民主生活会,认真查摆工作中的不足和问题,深刻开展自我剖析和自我批评,互相提出建议和意见,以达到“共同提升、共同进步”的目的。

【盟员成果】 2020年,全县民盟盟员在各自岗位上勤奋工作,并取得可喜成绩:盟员尹春先后被省委、省政府授予“全省抗击新冠肺炎疫情先进个人”称号,被省医师协会感染科医师分会、省医学会感染病学分会联合授予“全省抗疫优秀青年感染科医师”称号,被省民盟授予“抗击新冠肺炎疫情先进个人”称号,在第三个“中国医师节”丽水市杰出医师评选中获评“坚守抗疫一线杰出医师”称号;盟员蓝友梅在丽水市首届原生态畲族山歌大赛中获小组唱金奖;盟员叶志君获丽水市第三届“绿谷名医”称号;盟员倪小红录制的手术视频在2020年首届全国产科手术操作及缝合技能大赛(丽水赛区)中获一等奖;盟员徐琳被县政协评为2019年度优秀委员等等 (吴雅晨)

群众团体

云和县总工会

【概况】 2020年，云和县总工会（以下简称县总工会）紧紧围绕县委、县政府中心工作和“三个年”（高水平全面建成小康社会收官之年、高水平建设新型城镇化样板县域起势之年、高水平推进县域治理现代化开局之年）目标定位，以“服务大局、服务职工、服务基层”为工作的出发点和落脚点，聚焦主责主业，主动担当作为，着力推动工会工作干在实处、走在前列。

至2020年年末，全县共有工业园区总工会1个、街道总工会4个、乡镇总工会3个、产业工会3个、系统工会工作委员会9个；基层工会组织360家，工会会员20573人（女会员10050人，占比48.85%），其中，行政机关工会66家，事业单位工会65家，国有企业工会26家，非公独立企业工会188家，其他工会组织（社区）15家，社会团体工会1家；非公联合企业工会5家，覆盖企业51家。

【疫情防控工作】 自新冠肺炎疫情发生以来，县总工会坚持一手抓好疫情防控、一手抓好复工复产，全面助力全县实现“两战赢”。（一）组建云和劳模服务队。在疫情发生初期，县总工会就牵头组建云和劳模服务队，全面参与全县疫情排查、村（社区）巡查等工作。在疫情防控关键期，县总工会又组织云和劳模服务队为居家隔离观察人员购置生活物资等，并组织在前巷小区开展“无秤菜摊”暖心公益活动，活动售卖所得9000余元全部捐给县慈善总会。（二）助力企业复工复产。疫情防控期间，县总工会先后到工业园区10余家企业走访调研，引导职工与企业共担责任、共克时艰。针对企业普遍反映的员工返岗难、防控物资短缺等问题，县总工会极力帮助协调解决，全力助力企业早日复工复产。

【职工疗（休）养工作】 （一）规范职工疗（休）养基地管理。制定出台《云和县职工（劳模）休养基地（接待站）管理办法》，进一步规范职工疗（休）养基地管理。至2020年年末，全县已累计建立省级职工（劳模）疗（休）养基地1家、接待站4家；市级疗（休）养基地1家、接待站11家；县级疗（休）养基地1家、接待站119家。（二）鼓励职工在县内疗（休）养。制定出台《关于鼓励职工市内休养 促进乡村休闲旅游业发展的通知》，鼓励全县职工在县内疗（休）养，助力拉动县域“三产”（第三产业）消费，促进乡村休闲旅游业发展。2020年，全县共有5285名职工参加疗（休）养，其中有4857名职工选择在县内疗（休）养。（三）强化疗（休）养资源宣传推介。开通“云和县总工会”微信公众号，编发有关云和旅游资源、疗（休）养资源的推介信息230余篇；编印有关云和旅游景区、农家乐（民宿）的推介手册2万余册，用于对外宣传交流；组织20余家农家乐（民宿）和景区代表前往仙居、东阳两地开展推介工作，并与当地多家旅行社、行业工会、产业工会、单位工会签订疗（休）养合作协议；邀请宁波市北仑区春晓街道总工会到云和开展职工疗(休)养工作交流,并签订合作协议。

【劳模技艺传承】(一)挖掘劳模优势资源。积极动员全县劳模围绕“增强企业自主创新能力和建设‘和谐企业’”目标开展技术攻关、技术创新,并充分发挥劳模创新工作室的示范引领作用,促进企业新产品开发和科技进步。(二)开展“传帮带”活动。举行“名师带徒”签约仪式,由全国劳模廖伟平等4位劳模名师与9位年轻职工分别签订“名师带徒”协议书,切实发挥劳模名师、技能大师们的“传帮带”作用,也让匠心和技术一代代传承下去。(三)开展乡村振兴工作。组织劳模队伍中的专业技术人员和能工巧匠到各乡镇(街道)开展“送技术、送经验”活动,全面助力乡村振兴。

【职工技能比武】 8月16日,县总工会联合县妇联、县人力社保局共同举办云和县第二届“云和工匠”技能大赛暨“绿谷工匠”系列技能大赛选拔赛。此次大赛以“稳就业、强技能、促发展”为主题,共吸引95名选手前来参赛,最终评出一等奖1名、二等奖3名、三等奖6名,分别颁发1000元、600元、300元不等的奖金。

【职工技能培训】 9月14日,面向全县生产经营困难企业的下岗失业职工和转岗待业职工、县总工会建档的困难职工和其家庭成员以及其他有就业创业需求的社会低收入人员开展再就业技能培训,共有60余名相关人员参加培训。

【立功竞赛活动】 动员组织全县职工广泛开展多形式、多层次的立功竞赛活动,并选定云和县沿溪路及南侧地块(农技站区块)综合改造工程、云和县木玩童话小镇(旅游集散中心)工程、云和梯田景区游客接待中心(一级游客接待中心)迁建工程3个项目为立功竞赛示范点。同时,还推荐2名职工(叶奇峰、张益健)参选全市重点工程立功竞赛先进个人。

【会员实名工作】 通过应用工会组织和工会会员实名制管理数据库,全面精确掌握全县工会组织和工会会员的发展状况,实现工会数据信息实时更新、动态管理。至2020年年末,已完成工会组织信息建立189个、工会会员实名制录入6887个。同时,依托会员实名制系统,发放职工工会会员证,职工可凭此证申请困难救助、参加职工疗(休)养、报销职工医疗互助保障金等,切实发挥工会组织作用。

【法制宣传活动】 2020年,县总工会先后组织开展“送法下乡”“法援惠民生、助力农民工”“服务企业、服务群众、服务基层”等主题的法制宣传活动4次,累计发放宣传资料1600余份,现场接受咨询500余人次。

【工资集体协商】 严格按照工资集体协商“八个流程”要求签订工资专项集体合同,推进区域性、行业性工资集体协商,扩大集体协商覆盖面,提高协商成效。2020年,全县所有区域、行业及其他企业的工资专项集体合同续签率均达到100%;续签区域性工资专项集体合同8个,覆盖企业2136家;续签行业工资专项集体合同4个,覆盖企业397家;单独签订工资专项集体合同企业175家(比2019年增加14家,同比增长8.7%),其中县级以上“劳动关系和谐企业”47家。

【安全事故调查】 2020年,县总工会先后参与“金水坑村三望潭自然村‘3•7’一般物体打击事故”和“云和县晓峰起重设备维修部‘4•1’一般高处坠落事故”调查工作,负责劳动法律法规政策研究和操作业务指导。

【职工帮扶工作】 将符合建档条件的困难职工纳入工会救助体系,并录入全国总工会困难职工帮扶系统,实行动态管理。元旦和春节期间,县总工会先后为20户困难职工家庭送去帮扶救助金共计7.92万元(其中对接上级工会和县领导走访困难职工家庭6户,送去慰问金共计 4.24 万元)，为 4 户困难职工家庭子女送去助学金共计 1.96 万元。开展农民工“求学圆梦行动”资金补助工作，经个人申请、信息比对等环节，最终向 33 名符合条件的农民工发放一次性补助资金共计 1.65 万元。

【走访慰问活动】 年初，县总工会先后走访慰问云和县援鄂医务人员、疫情防控一线医务人员和各乡镇(街道)疫情防控工作人员，并送去慰问金共计 16 万元。8 月，县总工会先后到云和梯田景区游客接待中心、浙江汉威阀门公司、浙江广华玩具公司、县综合行政执法局机动中队等 10 家单位开展“送清凉”活动，为工作在一线的 696 名职工送去矿泉水、毛巾、肥皂等清凉用品。

【职工医疗互助】 做好会员实名制系统与职工医疗互助系统的衔接工作，并为 138 家基层工会的 818 名患病职工报销医疗互助保障金 42.44 万元。做好 2021 年度职工医疗互助保障线上参保工作，推动实现职工医疗互助保障工作“零次跑”。至 2020 年年末，已有 159 家基层工会的 6519 名会员完成 2021 年度线上参保工作。

【干部队伍建设】 (一)加强思想理论武装。认真学习中共十九大和十九届五中全会精神，把做好意识形态工作作为重大政治责任，纳入重要议事日程；举办全县工会主席培训班，50 名基层工会主席参加培训；严格落实“三会一课”“主题党日”等制度，不断完善党员领导干部带头讲党课、谈心谈话等制度，切实增强党员干部维护党章、遵守党章的自觉性。(二)加强党风廉政建设。认真贯彻中央、省、市、县有关党风廉政建设的会议精神及有关规定，严格落实党风廉政建设主体责任，教育和引导党员干部自觉遵守廉洁自律各项规定，做到“讲党性、重品行、做表率”。

【文化阵地建设】 启动开展县工人文化宫改造提升工程，经方案设计、财务审计、公开招投标等环节，最终由丽水市博瑞建设有限公司承建，概算总投资 335 万元。5 月，工程队进场施工，至年末，已完成总工程量的 90%。改造完工后，县工人文化宫将成为一个集书屋、健身房、球室、球场、影院、创作室、书画展厅、茶室等功能于一体的文化综合体，进一步丰富全县职工的业余文化生活。 (王雅琳)

共青团云和县委

【概况】 2020 年，共青团云和县委(以下简称团县委)全面贯彻落实中共十九大和十九届历次中央全会精神，认真学习贯彻中共中央总书记习近平在浙江考察时的重要讲话精神，紧紧围绕县委、县政府和上级团组织工作部署，聚力实施“青春励志”“青春助力”“青春聚力”“青春活力”四大工程，着眼回答好“三个根本性问题”，充分履行共青团“三项基本职责”，坚持初心使命，全力奋勇争先，团结带领全县广大团员青年为云和打造全国山区新型城镇化样板县域“重要窗口”贡献青春力量。

【强化思想引领】 坚持用党的科学理论武装青年，持续引导青年深刻学习领会习近平新时代中国特色社会主义思想。积极开展“我向国旗敬个礼”主题教育活动，组织“青年大学习”9 万余人次。五四青年节期间，组织开展“绽放战疫青春、坚定制度自信”特别主题团日活动。充分发挥“云和青年”微信公众号等团属宣传舆论阵地作用，全年共发布公众号推文 218 期 444 篇。坚持用理想信念教育感召青年，先后举办微党(团)课大赛、党团知识竞赛，开展思政“云”团课展播 11 期，线上开展“新时代·青年说”活动 5 期。坚持用核心价值观体系浸润青年，招募“红领巾学院”第二届学员并举行开班典礼，开展“红领巾小导游”社团新苗选拔。坚持选树青春典型，评选出 6 个类别 116 名县级“新时代好少年”，10 名青少年入选全市“新时代好少年”。召开中国少年先锋队云和县第三次代表大会，开展“争做新时代好队员”微队课展播 8 期。举办全县少先队大中队辅导员培训班1期，组织丽水市名师工作室（云和）活动3场次。

【深化青年服务】 围绕疫情防控积极作为。年初疫情突发，团县委干部从大年初二就开始上岗，组织714名青年志愿者建立突击队，开展一线防疫志愿服务，人均服务时长约16小时。在复工复产期间，团县委又组织青年100余人，服务企业700余家。9月，召开云和县青年志愿者协会第一次会员大会暨成立大会，首批会员55人，进一步规范青年志愿者服务和管理。围绕乡村振兴积极作为。先后举办乡村振兴新青年创业创新培训班、丽水市网红视频电商巡讲等多个类别培训；举办2020年云和籍高校青年人才交流座谈会暨“家燕归巢”活动总结会，云和青年陈庚获“第二十届全国青年岗位能手”称号（全市唯一），青年创客李洪旺获省级“青年岗位能手”称号，蜜源家庭农场创成省级“青创农场”。创新开展“青春助力、团团有礼”助农带货PK赛，10个乡镇（街道）团组织积极推荐本地特色产品。在赤石“玫瑰小镇”举办“青春网红、公益助农”直播，吸引22.5万以上人次在线观看“抢”货。围绕社会治理积极作为。依托“山海青学院”青年人才平台，赴宁波北仑区举办“青雁计划”基层社会治理人才培训班。在云和“木玩童话小镇”采真里街区挂牌成立青年文化广场，并举办云和县首届志愿服务项目大赛，在全社会形成“人人来当志愿者”的浓厚氛围。

【助推青年成长】 加强青年群体广泛联系服务，扎实开展“走青连心四服务”，组织青年团干部走出机关、深入基层一线，常态化开展服务27场，服务各界青年300余人。重点加强对青年新社会组织和快递小哥、文创青年、自媒体人、网红博主、骑行爱好者等新兴领域青年群体的联系服务。推进4个“亲青”平台品牌建设，切实解决青年帮困、婚恋、就业、权益维护等突出问题。举办3期“亲青创•乡村振兴青学堂”活动，通过“亲青筹”平台为雾溪畲族乡西坑村学生筹集善款1.1万元，组织“亲青帮”平台入驻专家前往石塘小学等地开展“大手牵小手、维权向前走”等活动3次，举办“亲青恋”主题活动4次。落实青少年维权和关爱保护，深入实施“情暖童心”关爱农村留守困境儿童行动，不断深化“青年大走访”，组织开展“圆梦微心愿”“流动少年宫”“童玩空间体验营”等公益活动。组织线上、线下禁毒宣传工作，开展全县手抄报比赛等宣传活动4期。组织“法治教育进校园”等普法活动37场次、参与人次达500余人次。组织帮扶368人次，其中重点青少年结对帮扶率达到100%。组织“三禁三自三防”等主题活动8场次，有效提升全县广大青少年的法治意识和预防犯罪能力。

【夯实基层基础】 深化基层共青团改革。认真贯彻落实各级党委关于高质量推进新时代党建带群建工作要求，召开青年工作联席会议第一次全体会议；落实“一站两联”制度，挂牌成立团代表联络站；深化挂（兼）职干部选配，第二批2名挂职副书记已到岗。优化基层团组织结构。深入实施组织力提升“潮头工程”，以基层团建“进位提升”行动为载体带弱治差；着力织密组织体系，突出乡镇（街道）和学校团组织的基础地位；分领域谋划培育基层共青团特色工作项目，推动落实少先队辅导员准入退出、培养培训、考核激励等机制；高质量推进村（社区）团组织换届工作，选优配强基层团组织班子人选，同步开展“履新承诺一件事”活动。提升团干部工作荣誉感。深入实施团干部队伍能力素养提升行动，推动团干部“走进课堂、走上讲台、走青联心”，推动专职团干部兼任中学政治辅导员或团建指导员；全市首创并连续三年落实“青年列席两会”制度；成功入选《浙江省中长期青年发展规划（2017—2025年）》实施省级试点培育单位，青年工作以单独一个专节写入全县“十四五”规划纲要。

【狠抓从严治团】 强化组织领导，落实主体责任。始终把落实全面从严治党主体责任作为中心工作和重要议事内容来抓，制定印发责任分工与有关制度，并与下属事业单位、部室负责人建立一级抓一级的领导工作机制。开展宣传教育，筑牢思想防线。把加强廉政宣传教育作为党风廉政建设的重要举措，创新载体，丰富内容，进一步筑牢党员干部的思想基础。深化作风建设，密切联系群众。认真贯彻"三重一大"、选人用人、民主集中制、"七个不直接分管" 等制度，进一步建立健全权力运行模式和内部管理机制；落实"走青连心"团干联系青年制度，继续开展"从严治团大体检"行动，及时发现和纠治团干部队伍作风建设中的"小病灶"。 （钟超众）

云和县妇女联合会

【概况】 2020年，云和县妇女联合会（以下简称县妇联）深入贯彻习近平新时代中国特色社会主义思想和中共十九大、十九届历次中央全会精神，紧紧围绕县委、县政府"三个年"目标定位，紧贴云和县妇女工作实际，扎实推进妇联"四大行动"（巾帼心向党行动、巾帼促和谐行动、巾帼创新业行动、改革再深化行动） 和疫情防控工作，以实干和担当开启妇女工作新征程、展现妇联组织新作为。

至2020年年末，全县共有乡镇（街道）妇女联合会10个，农村（社区、股份经济合作社）妇联86个，城镇机关企事业单位妇委会46个；巾帼文明岗134个；妇联专（兼）职干部70人［其中县妇联7人，乡镇（街道）妇联17人，城镇机关妇联46人］。

【巾帼心向党行动】 （一）加强党风廉政建设。深入推进从严治党和反腐败工作，层层压实党风廉政建设责任，严格落实"三重一大"等制度。加强党章、党规、党纪学习，通过观看电教片、学习案例通报等方式，教育广大党员严守政治纪律和政治规矩，牢固树立"四个意识"，切实增强党员干部反腐倡廉的紧迫感和责任感，从源头上预防消极腐败的思想滋生。

（二）做好结对村帮扶工作。结合党组书记"包村走村"、农村党建指导员（农村第一书记）、低收入农户"一户一策一干部"结对帮扶等工作，多次赴结对村凤凰山街道后山村开展村两委换届工作调研、低收入农户走访、环境卫生整治、"无违建县"创建、主题党日等活动，并联合县委政法委、县司法局、县垃圾分类办等多家单位及县级"巾帼文明岗"在该村开展"'和姐'党员志愿服务进基层"活动，为群众提供法律咨询、家庭教育等志愿服务。

（三）当好"两新组织"（新经济组织、新社会组织）党建指导员。选派1名党员干部到"两新"组织担任党建指导员，主动为"两新"组织出点子、谋思路、解难题，力所能及地为"两新"组织提供服务。通过党建带妇建、妇建促党建，全面推动党建与妇建共促、共进。

【巾帼促和谐行动】 （一）围绕家庭，拓展文明建设内涵。深入贯彻实施《浙江省家庭教育促进条例》，并联合县教育局将条例内容发送到全县各中小学家长群中，做到宣传"零距离""全覆盖"。组建县家庭教育讲师团开展线上、线下公益讲座，线上开展未成年人心理辅导微讲座8期、家风家教短视频10期，线下举办防溺水讲座、家庭教育讲座等活动20余场次，传播美好生活理念和科学家教观念。开展"公勺公筷""好家风、好家训、好家规"征集评选等活动，积极培育和践行社会主义核心价值观，弘扬良好道德风尚。

（二）立足维权，推动妇女儿童权益保障。构建部门协同、社会参与的"1+6+N"妇女儿童维权机制，"1"指1个中心（云和县平安"和"中心），"6"指6处调解室（县社会矛盾调处化解中心婚姻家庭纠纷调解室、老郑调解室、刘彬调解室、县法院家事纠纷调解室、元和社区心理疏导工作室、"老李帮忙团"调解室），"N"指N个站点（包括村级调解室、"妇女之家"、"丽人幸福驿站"、法律援助点、村妇联执委"娘家人"站点等）。开展"百场防拐骗、防性侵宣传进基层”活动和“平安家庭”创建活动，引导广大群众增强法治观念，提高法律素养。举办全县妇女儿童维权工作实务培训班，全面提升全县130余名基层妇联干部的理论素养和业务水平。在县社会矛盾调处化解中心婚姻家庭纠纷调解室设立“和姐”聊天室，实现关口前移，助力婚姻家庭纠纷调解工作。2020年，该调解室累计接收妇女信访件31件，发出法律援助函31份，受理家庭暴力投诉案件5起(其中调解2起、离婚3起)。

(三)强化服务，助力构建和谐社会。完成《云和县妇女发展“十四五”规划》《云和县儿童发展“十四五” 规划》《云和县家庭教育发展“十四五”规划》的编制和申报工作，研究和推动事关妇女儿童发展的民生实事、示范项目落实落地。开设周三“和姐”聊天室，邀请心理咨询师、社会工作师、人民调解员入驻，面对面与基层群众聊心事、化心结、促和谐。持续开展农村妇女“两癌”(宫颈癌、乳腺癌)免费筛查和“关爱低收入家庭女性”“关爱三留守人员”行动，切实营造“全社会关注、关心、关爱妇女儿童”的良好氛围。积极发动各级“和姐”志愿服务队为留守儿童募集帮扶资金1万余元，并组织“把爱带回家”活动9场次。结合三八妇女节、六一儿童节等节日，走访慰问困难和患病妇女儿童120余人次。2020年，县妇联“妇女微家”爱心供水活动成功登上“学习强国”App平台。

【巾帼创新业行动】 (一)推动妇女岗位建功。开展“巾帼建功”活动，激励广大妇女在岗位建功。2020年，共认定县级“巾帼文明岗”8个、市级“巾帼文明岗”2个，申报全国“巾帼文明岗”3个；援鄂医务人员马燕琴、全国模范教师钟华燕获评丽水市“三八红旗手”。同时，积极与县建设银行对接，为全县“巾帼文明岗”民宿介绍“好家庭信用贷”，高效落实金融支持疫情防控服务，助力全县“巾帼文明岗”民宿发展。

(二)促进妇女创业圆梦。联合县农商银行，为防疫物资生产企业提供金融应急资金贷款服务，先后给予2家来料加工口罩的小微企业贷款授信共计60万元。开展“安全生产月”活动，为全县各来料加工点赠送安全宣传横幅，并对各来料加工点进行安全隐患排查，切实做到“早预防、早发现、早化解”。在县委组织部举办的“第一书记”脱贫攻坚专题培训班上，邀请来料加工经纪人向参训的县派第一书记、镇(村)干部等做现场推介，切实将来料加工带入更多的低收入家庭，促进低收入群体就业增收。组织来料加工经纪人疫情防控和复工复产税收优惠政策解读会、“绿谷工匠”平车(来料加工)选拔赛以及来料加工重点经纪人、从业人员培训班10余期，切实助力来料加工业发展。2020年，全县累计发展来料加工经纪人247人、来料加工者队伍1.38万人，发放加工费2.63亿元。

(三)引领妇女振兴乡村。举办“妈妈的味道”美食图片征集和“云和小吃”美食集市暨油桶饼技艺创新大赛，努力培养“云和小吃”制作技艺女能手。开展“妇字号”精品民宿、乡村旅游“巾帼文明岗”、“最美女主人”创建等工作，成功获评省级“巾帼云创客”1人。开展“美丽庭院”创建工作，成功创建“花园庭院”示范村5个、“美丽庭院”示范户4983户。组建“和姐”志愿服务队86支2000余人，并将每月8日定为“和姐环境综合整治日”，常态开展垃圾分类、环境卫生整治等活动。4月23日，紧水滩镇“大嫂评分团”获《浙江日报》点赞。10月22日，县妇联“垃圾减量、庭院扮靓”活动再次登上“学习强国”App平台。

【改革再深化行动】 (一)打造“妇情地图”升级版。进一步完善来料加工点联系表、妇女维权工作站点联系表、“和姐”服务清单等基层治理和服务信息，为全县千名妇联执委开展服务和万名女性学习、维权、就业提供服务指南。

(二)扩大妇联组织覆盖面。充分发挥妇联“娘家人”的作用，为在内蒙古巴林左旗的“云和女师傅”

石余凤联系当地妇联组织，为其提供经济纠纷法律援助，并指导其创办的巴林左旗菇童农业有限公司设立“妇女之家”。根据省妇联关于深化妇联组织建设改革和实施“八大破难行动”要求，在县电商促进会、云钗玩具厂、城南综合医院等新兴领域建立妇联组织7个、示范“妇女微家”4个，进一步延伸妇联工作触角、拓展妇女服务领域。稳步推进村(社区)妇联换届工作，排摸优秀女性人选，积极向党组织推荐优秀女性参选村民代表、村(社区)“两委”和村监委班子，努力提高妇女在村(居)民代表、村(社区)“两委”和村监委中的比例。

【疫情防控工作】 自新冠肺炎疫情发生以来，全县各级妇联组织和广大妇女立即行动、迅速响应，积极投身到疫情防控一线，全力以赴、众志成城地开展疫情防控工作，筑起一道阻击疫情的坚固防线。期间，县妇联还先后参与全县心理辅导志愿团队工作、“一人一专班”服务保障工作，全县来料加工经纪人、女企业家、巾帼志愿者等也纷纷捐款捐物、奉献爱心。在助力企业复工复产行动中，县妇联积极为全县各来料加工点送口罩，帮助解决实际困难；全县各级妇联也积极通过新媒体传播云和女性好故事，其中，“云和医护夫妻档”“最美新娘”等一批抗“疫”先进典型故事相继被“中国妇女”“红船女儿”微信公众号播发。 (蓝 虹)

云和县科学技术协会

【概况】 2020年，云和县科学技术协会(以下简称县科协)紧紧围绕县委、县政府关于打造全国山区新型城镇化样板县域“重要窗口”和夺取疫情防控、经济社会发展“双胜利”目标定位，结合“三个年”和“争先创优”活动，充分发挥科协作为科普工作主要社会力量、学术交流主渠道、科技交流主代表和“科技工作者之家”的职能作用。

至2020年年末，县科协共下属18个学(协)会(护理、会计、珠算、财税、药学、教育、防疫、林学、农学、质量、蔬菜专业、云和雪梨、老科技工作者、云和师傅、卫生、食用菌、冬泳、金马创客工坊)、2个市级科普馆(和信木玩科技馆、箬溪科普馆)、3个县级科普馆(智慧园木玩科普馆、森泉淡水鱼科普馆、宣蔚青瓷科普馆)、1个科普活动中心(图书馆科普活动中心)。各乡镇(街道)、各社区科协组织齐全，科普网络健全。

【科普建设】 2020年，县科协在提高科普建设能力、提升居民科学素养等方面做了一系列工作，有效推动全县科普工作持续健康发展。

(一)做好县级农村科普基地管理工作。农村科普示范基地是农村普及推广新技术、新品种、新成果，传播科技信息、管理方法，进行技术示范、品种示范、管理示范的有效途径，是提升农村科普工作水平和广大农民群众科学文化素质的重要载体。(1)做好农村科普示范基地命名工作。全年共命名县级科普示范基地4个(云和县一清农产品科普示范基地、云和县羽林中蜂养殖科普示范基地、紧水滩镇林下经济科普示范基地、云和县金采油茶种植科普示范基地)。(2)深入农村科普示范基地开展调研活动。2020年，县科协领导班子先后走访41家科普示范基地(科技示范户)，着重了解基地疫情防控、因疫情造成的影响、人员务工情况及存在的困难，并了解春耕备耕、农资准备、田间管理等情况，帮助各基地解决实际困难。

(二)做好农村科技示范户培育工作。农村科技示范户是农村科技发展的带头人，是新农村建设的骨干力量，是科技推广体系的基点，建立和发展科技示范户有利于把科学技术送到千家万户。(1)做好县级农村科技示范户的评定工作。经各乡镇(街道)推荐，结合《农村科技示范户实施细则》的要求进行评审，共评出“2020—2022年度县级农村科技示范户”6户。(2)加强乡土人才培养。2020年，先后组织农民职业技术培训班18场，带领科技示范户外出学习2次。在市委、市政府组织的全市“创新引领”工作表彰中，云和县清江生态龟鳖养殖专业合作社的卜伟绍荣获突出贡献个人荣誉。

（三）做好农民技术职称评定工作。2020年，共评定农民技师45名，其中养殖专业5名、餐饮专业9名、服务专业5名、玩具制造专业8名、种植专业6名、建筑木工专业3名、农产品粗加工专业2名、焊接专业1名、农村经济管理专业5名、工艺美术专业1名。至年末，全县共有农民技术员3737人、助理技师603人、技师616人、高级技师38人。

【全民科学素质提升行动】 2020年，根据省、市全民科学素质工作领导小组的统一部署，云和县全民科学素质办公室组织各牵头单位开展了一系列内容丰富的活动，并取得较好的成效。

（一）实施未成年人科学素质提升行动。积极组织全县优秀中小学生参加省、市青少年科技创新大赛，并获得多个奖项。其中，县江滨实验小学学生张楚晗的小发明“多功能泡泡机”和县实验小学学生马婧雯、徐巧丽的小论文《有趣的化学能源》分别获第34届浙江省青少年科技创新大赛三等奖；县江滨实验小学教师陈园园获2020年度丽水市创新驱动工作个人嘉奖。

（二）实施城镇居民科学素质提升行动。⑴举办2020年“科技（科普）周”活动。活动期间，先后开展防灾减灾知识宣传、科技特派员送科技下乡入企、科普报告演讲进校园、科技成果创新大赛等一系列活动。⑵举办2020年“全国科技工作者日”科普宣传活动。活动当天，县委、县政府专门致全县科技工作者一封信，向辛勤工作在各条战线的广大科技工作者致以节日祝贺。活动期间，还先后开展科普巡讲、科技专家服务团技术指导、走访慰问优秀科技工作者等一系列活动。⑶举办2020年“全国科普日”活动。活动期间，先后举办科普文艺晚会，开展科普宣讲团进社区、乡村振兴技术服务、送医下乡、送科普文艺下乡、学（协）会科技工作者进基层服务等系列活动18场次。此外，县科协还先后联合县政法委、县妇联、县“五水共治”办、县垃圾分类办、县公安局禁毒大队等单位开展“防灾减灾”“垃圾分类”“健康科学养生”等主题的活动15场次，受益人数2万余人。

（三）实施农民科学素质提升行动。开展“农函大”（农村致富技术函授大学）培训工作，提高农民科学素质。2020年，共举办“农函大”培训班17期，其中，初级培训班（农产品营销技能培训班）11期，学员726人；云和小吃技艺培训班1期，学员38人；“云和师傅”领军人才培训班1期，学员58人；“云和师傅”领军人才（盆景产业）研修班1期，学员69人；气象员培训班1期，学员63人；高素质农民（后备师傅）新媒体营销培训班1期，学员119人；新青年创业创新培训班1期，学员39人。同时，做好科普信息宣传工作，运用“县科协科技示范户”“县科协社区科普宣传”2个微信群发布信息1400余条，运用“科普短信平台”发送科普短信40余条（受众达3.45万人次）；做好科普阵地建设工作，新建成科普画廊7个。

【学会工作】 学会作为党和政府联系科技工作者的桥梁和纽带，在开展学术交流和理论研究、提升社会科普意识、促进科普事业发展等方面都起到重要的推动作用。

（一）充分发挥学（协）会学术交流和理论研究的主渠道作用。2020年，县老科技工作者协会深入基层开展调查研究，并撰写《关于充分利用竹林优势发展三叶青种植业的建议》《关于为浮云溪上几座大桥命名和设置桥标的建议》《关于云和师傅协会发展情况的调研报告》《关于实施乡村振兴 加快城中村改造的建议》4篇研究报告呈送县政府领导参阅，其中《关于充分利用竹林优势发展三叶青种植业的建议》《关于为浮云溪上几座大桥命名和设置桥标的建议》2篇报告得到副县长周坚的批转。

（二）指导学（协）会开展形式多样的服务活动。5月12日，县护理学会联合县科协共同举办“5•12”国际护士节优秀护士事迹报告会暨表彰大会，此次大会以“致敬护士队伍、携手战胜疫情”为主题，对全县医护工作突出的优秀护士进行表彰，以弘扬现代护理学创始人弗洛伦斯•南丁格尔的“不畏艰险、甘于奉献、救死扶伤、勇于献身”人道主义精神。

【科普活动】 (一)开展“双百”(百名专家结百村)活动。2020年，市“双百”活动专家组云和组的16名专家多次到云和结对村开展现场技术指导，详细传授各种实用技术和技能，引导各结对村学技术、用技术、依靠技术脱贫致富。(二)承办丽水市“双百”活动推进会。7月24日，丽水市“双百”活动推进会在云和县召开。市科协副主席徐瑛、市直各单位“双百”活动分管领导、市“双百”活动专家组代表、各县(市、区)科协干部参加会议。会上，参会人员就如何开展好“双百”活动进行座谈交流，并实地考察石浦特种水产养殖基地。

【疫情防控】 (一)组织力量，投入抗疫一线。积极发挥领导干部示范引领和党员先锋模范作用，除应急值班人员外，全体干部全部投入抗疫一线，参与疫情防控各项工作。(二)发挥优势，科普助力防疫。充分发挥工作交流群和“科普短信平台”优势，每日发送防疫科普短信3—5条，让广大公众及时掌握科学防疫知识。此外，还组织干部深入企业、社区，直接送达《科学防护、疫问医答》科普挂图120张以及《科学防护、战疫必胜》《企业复工指南》《正确戴口罩》等宣传折页8200余份，切实引导全社会消除恐慌情绪，开展科学防控、理性防控。(三)深化服务，助力复工复产。2020年，县科协先后到各企业、各科普基地开展“四服务”(服务企业、服务项目、服务改革、服务基层)活动51次，帮助解决招工难、农产品滞销等问题6起。 (陈慧佳)

云和县工商业联合会（总商会）

【概况】 2020年，云和县工商业联合会(总商会)(以下简称县工商联)深入学习贯彻习近平新时代中国特色社会主义思想，全面贯彻落实中共十九大和十九届历次中央全会精神以及中共中央总书记习近平在民营企业座谈会上的重要讲话精神，以促进“两个健康”(非公有制经济健康发展、非公有制经济人士健康成长)为主题，全力助推县域经济社会发展，为云和县打造全国山区新型城镇化样板县域“重要窗口”贡献积极的力量。2020年，县工商联被省工商联评为全省民营企业劳动关系监测调查工作表现突出单位，《云和县政企“双向挂职”工作案例》被评为全省县级工商联服务“两个健康”优秀工作案例。

至2020年年末，县工商联(总商会)共有工作管理人员4人、兼职副主席(副会长)34人；个人会员1084人，企业会员673家；本地商会7家，分别是阀门行业商会、轴承行业商会、木头人青年俱乐部、商贸行业商会、玩具辅助材料商会、建材行业商会、新生代企业家联合会；异地商会9家，分别是苏州市吴中区云和商会，云和县总商会杭州分会、宁波分会、温州分会、义乌分会、上海分会、陕西分会、天津分会、北京分会。

【参政议政】 发挥企业界人大代表、政协委员的作用，利用“两会”平台以及各种途径参政议政。2020年县“两会”期间，县政协工商联组委员共提交提案19件(集体提案1件、个人提案18件)，其中提案《政府出台系列优惠政策，助力企业共度疫情难关》被县政协列为重点提案；提交《关于推进偏远农村生猪散养的建议》《关于新时代匠人精神引领下的智能制造的建议》《云和乡村文化与乡村旅游融合发展浅析》大会发言材料3篇。

【服务企业】 (一)搭建银企合作平台。联系各银行与各商会对接融资难问题。如开展“成长贷”项目，根据上年度纳税额，给予3—5倍的担保；联系银行对各商会进行授信等；召开银企座谈会，面对面交流企业所需以及金融部门放贷政策。(二)开展“四服务”活动。自开展"四服务"活动以来，县工商联累计走访企业60余家，组织民营企业代表和各商会会长召开座谈会10余次，收集民营企业生产经营中的问题32个，力所能及地帮助企业解决各方面困难，积极营造企业良好发展环境。(三)开展"亲清会客厅"交流会。4月，会同县税务局、县农行主要负责人，深入阀门行业商会开展"亲清会客厅"第一期交流会，聚焦减税降息优惠政策，助力企业复工复产。5月，联合县发改局共同举办"亲清直通车•政企恳谈会"。9月，联合市生态环境局云和分局在"亲清会客厅"开展第二期"亲清直通车•政企恳谈会"，活动以"践行两山理念，助力绿色发展"为主题，深化推动民营企业高质量绿色发展。

【教育培训】 (一)开展弘扬践行"浙西南革命精神"活动。组织新生代企业家赴遂昌县王村口村开展弘扬践行"浙西南革命精神"主题活动，教育引导新生代企业家增强理想信念。(二)开展党员教育培训。通过组织党员干部观看党员电教片、开展党组织书记上党课、召开党组织生活会等方式，不断提高党员干部的综合素质和素养。(三)举办新生代企业家培训班。12月初，联合县委组织部、县委统战部、县委党校等单位，在广东工业大学举办为期4天的新生代企业家培训班，共有50名新生代企业家参加此次培训。(四)开展政企"双向挂职"活动。6月，联合县委组织部、县委统战部开展2020年度政企"双向挂职"活动，分别选派5名优秀年轻干部到企业担任董事长(总经理)助理、选调6名优秀新生代企业家和新社会阶层代表人士到部门担任局长(主任)助理，有效促进"亲""清"的新型政商关系。(五)开展优良家风宣讲活动。邀请云和县基层宣讲名师、县委党校教师陈晓琴为各商会讲解优良家风对品性养成和对道德人格的影响。同时，呼吁各商会会员利用闲暇时间，深入学习中共中央总书记习近平关于注重家庭家教家风建设的重要论述，深刻领会和把握新时代家庭家教家风建设的思想内涵。

【组织建设】 (一)召开县工商联(总商会)七届四次执委会议。8月6日，县工商联(总商会)七届四次执委会议在华威国际大酒店举行，会议听取和审议七届四次执委会工作报告，选举产生七届四次执委会主席(会长)1名、副主席(副会长)1名、副会长2名、常委2名、执委5名。(二)加强商会工作指导。2020年，先后指导县总商会义乌分会完成换届工作，选举产生新一届理事会成员和商会领导班子；指导县阀门行业商会、县建材行业商会召开会员大会；指导县总商会宁波分会召开2020年度第一次会长理事会。(三)加强异地工作交流。6月，组织会员30余人赴苏州市吴中区考察学习企业先进管理经验，并与吴中区工商联(总商会)进行座谈交流。10月，上海市松江区工商联(总商会)携20余家会员企业到云和考察生态养生(养老)工作，并就相关产业项目开发合作与县工商联(总商会)举行会谈。

【公益事业】 深入开展"千企结千村、消灭薄弱村"专项行动，并联系杭州、宁波、苏州等地工商联与云和43个经济薄弱村结对，最终确定帮扶项目28个，到位资金579万元。1月，县工商联到崇头镇岩下村开展走访调研，详细了解该村发展情况和存在的问题，并为该村贫困家庭送去大米等生活物资。8月，宁波市北仑区工商联与崇头镇岩下村签订结对帮扶协议。10月，县工商联牵头在紧水滩镇大源村开展"零距离"探访帮扶活动，为当地困难留守老人义务理发、体检，并送去慰问品。 (刘浩杰)

云和县文学艺术界联合会

【概况】 2020年，云和县文学艺术界联合会(以下简称县文联)深入贯彻习近平新时代中国特色社会主义思想和中共十九大精神，坚持文艺"两为"(为社会主义服务、为人民服务)方向和"双百"(百花齐放、百家争鸣)方针，团结带领全县艺术工作者为建设"双文明"(精神文明、物质文明）小康社会贡献力量。

至2020年年末，县文联共下辖12个文艺团体，分别是作家协会、摄影家协会、美术家协会、书法家协会、音乐家协会、舞蹈家协会、戏剧家协会、民间艺术家协会、观赏石协会、小顺石协会、视听文化艺术协会、诗词学会。

【自身建设】 （一）加强政治理论学习。认真学习中共十九届五中全会、省委十四届七次全会、市委四届七次全会、县委十四届十一次全会精神以及全国、省、市、县宣传思想工作会议精神，不断提高自身政治思想和理论水平。（二）加强党风廉政建设。严格落实党风廉政建设责任制和党员领导干部报告个人有关事项、领导干部述职述廉报告、廉政谈话等制度，切实树牢党员干部“廉洁从政”和“为人民服务”的思想观念。同时，修订完善财务管理、出差管理、固定资产管理等制度，严密防控党员领导干部廉政风险。（三）加强意识形态工作。成立以党组书记为组长、其他班子成员及秘书长为组员的意识形态工作领导小组，层层分解工作任务，细化落实工作责任，切实做到“工作有计划、责任有分工”。同时，认真组织学习上级有关意识形态工作的决策部署和指示精神，不断提升全体干部对意识形态工作的思想认识和辨别能力。

【协会管理】 修订完善《云和县文学艺术界联合会协会管理办法》，进一步明确下属各文艺团体要始终坚持党的领导，认真贯彻落实党的理论和路线方针政策，巩固马克思主义在文艺领域的指导地位；坚持“两为”方向和“双百”方针，推动中华优秀传统文化创造性转化、创新性发展；坚持以人民为中心的创作导向，坚定文化自信，努力弘扬践行社会主义核心价值观，把广大文艺工作者最广泛、最紧密地团结和凝聚在党的周围，永远听党话、跟党走。

【文艺宣传】 2020年，县文联围绕“抗击新冠肺炎疫情”“乡村文化振兴”“全面建成小康社会”等主题，组织开展了一系列丰富多彩的文艺宣传活动。

（一）围绕“抗击新冠肺炎疫情”主题开展宣传。2020年，新冠肺炎疫情突发，县委、县政府立即组织全县干部群众投入抗击新冠肺炎疫情的战斗中，期间，还涌现出一批典型人物，留下许多感人的故事。为此，县文联《云和文学》杂志专门编辑出版《“抗击新型冠状病毒疫情”文艺专刊》，以文学、诗词、摄影、书法、美术等艺术形式记录时代、讴歌先进，为全县抗击新冠肺炎疫情汇聚磅礴力量。

（二）围绕“乡村文化振兴”主题开展宣传。大力实施乡村振兴战略，致力推动乡村文化振兴，不断丰富乡村文化生活，提高乡村社会文明程度，为乡村全面振兴提供强大精神动力。2020年，县文联围绕“乡村文化振兴”主题，积极组织各下属文艺团体赴农村（社区）开展“我的中国梦·文化进万家”暨“乡村文化振兴·金鼠迎春文化活动进万家”系列活动，为当地居民书写春联、免费拍摄全家福、提供志愿服务等，惠及群众2万余人，有效丰富农村（社区）文化生活。

（三）围绕“全面建成小康社会”主题开展宣传。2020年是全面建成小康社会实现之年，也是全面打赢脱贫攻坚战收官之年，为讴歌党的正确领导，弘扬社会正能量，县文联先后举办“决胜全面小康”迎七一美术作品展、“决胜全面小康”迎国庆视觉艺术精品展、“决战脱贫攻坚、决胜全面小康”文艺晚会、“庆丰收、迎小康”文艺会演等活动。

【文艺创作】 2020年，县文联充分发挥组织优势，指导协调全县文艺工作者开展不同门类的艺术创作，圆满完成年初制定的各项目标任务。

（一）文学创作成绩斐然。2020年，县作家协会积极指导会员开展文学创作，并选派会员参加各级各类征文比赛，取得良好的社会效果。全年共有22篇文学作品获县级以上奖项，128篇文学作品在县级以上刊物发表，其中，纪实文学

《疫情笼罩下的关“艾”》在省预防医学会组织的“卫生战‘疫’——我们身边人与事”主题征文比赛中获三等奖；纪实文学《二胖说毒》获丽水市第五届瓯江文化奖文学类优秀成果奖。

（二）摄影活动丰富多彩。多年来，县摄影家协会积极吸收新会员，不断加强队伍建设，经过几十年的发展，该协会已拥有会员150余人，其中有13人成为中国摄影家协会会员、30余人成为省摄影家协会会员。2020年，县摄影家协会先后组织开展“诗赞云和”摄影展、“老云和·新童话”摄影展、“中国最美梯田——云和梯田”摄影比赛、“美丽石塘”摄影比赛、“千孝图”摄影比赛以及“摄影进万家·温暖全家福”送文化下乡等活动，并在各类各级比赛中取得优异的成绩（国际摄影比赛铜奖1人，入选2人；全国摄影比赛入选1人；省摄影比赛一等奖1人、二等奖3人、三等奖1人，入选3人；市摄影比赛二等奖1人、三等奖2人，入选110人次）。

（三）书法创作硕果累累。2020年，县书法家协会以书会友、多方交流，先后赴杭州、绍兴、松阳等地考察学习，并先后举办“立信杯·传承经典”全县青少年书法比赛、“墨林杯”全县书法临帖作品展、丽水市第二届书法篆刻新人新作展等活动。同时，积极组织会员参加省市组织的各类展览赛事，并获市级以上奖项或入展30人次。

（四）美术创作多姿多彩。2020年，县美术家协会积极组织会员参加各类写生活动和画展选送，并取得可喜成绩，如会员作品《玉兰》获“颂小康·展风采”全省老年书画精品展银奖；会员作品《碧叶喜随风》获丽水市第十三届乡村文化艺术节视觉艺术比拼（美术组）铜奖。另有8名会员作品入选丽水市首届钢笔画展（其中3名获优秀奖）、7名会员作品入选丽水市油画双年展、5名会员作品入选“美艺求美”丽水市第三届女画家小幅作品展、1名会员作品入选丽水市第一届群星视觉艺术展。

（五）音乐舞蹈喜报频传。2020年，县音乐家协会、县舞蹈家协会、县戏剧家协会3个文艺团体通力配合，先后完成各类主题的“送戏下乡”巡演100场次，组织开展大型群众性文化活动14场次、“文化走亲”活动12场次，并创编抗疫歌曲《火神与雷神》《感谢你》《将爱传递》，廉政歌曲《我心如莲》，原创歌曲《云雾人家》《一个美丽的局》《同守一份乡愁》《借安溪的山水爱你》以及大型古装越剧《慈母泪》、大型情景音画诗剧《云和故事（精编版）》等一批文艺精品，其中，歌曲《云雾人家》参加丽水市第十五届原创歌曲大赛获创作银奖、演唱铜奖；歌曲《一个美丽的局》《借安溪的山水爱你》参加丽水市第十三届乡村文化艺术节村歌大赛分别获演唱银奖、铜奖。

（六）诗词创作异彩纷呈。2020年，县诗词学会会员累计创作诗词600余首、楹联100余联。疫情防控期间，县诗词学会广泛发动会员开展“抗疫”主题创作，并编发《抗击疫情我们一起行动——云和诗人在助威》主题微刊5期。此外，县诗词学会还积极收集整理部分会员作品，编印出版《云和诗词（第59期）》。（华　颖）

云和县残疾人联合会

【概况】 2020年，云和县残疾人联合会（以下简称县残联）坚持以习近平新时代中国特色社会主义思想为指引，紧紧围绕“全面建成小康社会，残疾人一个也不能少”这一目标，克服新冠肺炎疫情带来的影响，着力推进残疾人社会保障、权益保障以及公共服务体系建设，狠抓残疾人康复、教育、劳动就业等各方面工作的落实，有效促进残疾人事业与经济社会和谐发展，推动残疾人全面小康进程。

根据全国第二次残疾人抽样调查数据推算，全县约有残疾人7200余人，占全县总人口的6.32%。至2020年年末，全县共核发第二代残疾人证5510本。按残疾类别划分：视力残疾719人、听力残疾1408人、言语残疾88人、肢体残疾2460人、智力残疾317人、精神残疾366

人、多重残疾152人。按残疾等级划分：一级残疾535人、二级残疾892人、三级残疾1701人、四级残疾2382人。

【惠残民生】 (一)认真做好“两项补贴”(困难残疾人生活补贴、重度残疾人护理补贴)动态管理。联合县民政局开展残疾人“两项补贴”专项核查工作，对未纳入“低保”(最低生活保障)、“低边”(低保边缘)的1506名残疾人停发困难残疾人生活补贴，对因死亡、服刑、重复享受等原因造成的误发补贴资金进行追回。8月，将困难残疾人生活补贴标准从231元/人·月提高至255元/人·月。至2020年年末，全县共有1470人享受困难残疾人生活补贴、2066人享受重度残疾人护理补贴，全年累计发放补贴资金1067万元。(二)全面落实社保补贴政策。继续为全县持证残疾人缴纳城乡居民基本医疗保险、意外伤害保险和“浙丽保”(丽水市全民健康补充医疗保险)，另有1688名重度残疾人享受城乡居民基本养老保险补助。(三)积极搭建就业创业平台。通过举办残疾人职业技能培训、扶持残疾人自主创业等措施，努力帮助残疾人实现创业就业梦想。2020年，累计举办残疾人职业技能培训2期，培训残疾人111人；发放残疾人自主创业扶持资金28.3万元。(四)不断改善残疾人家居生活环境。联合县慈善总会开展慈善助残危房改造项目，顺利完成3户残疾人危房改造，合计补助资金17.6万元，另新增申请户2户，已完成省残联资助审批。启动实施残疾人“净居亮居”工程，并成功争取省残疾人福利基金会资金50万元，用于改善残疾人家庭居住环境。2020年，累计完成家居改造10户。

【康复服务】 (一)全面落实残疾人辅具适配补贴制度。免费为困难残疾人配发轮椅105辆、助听器80台、盲人智能眼镜6副，装配假肢5条，并完成髋(膝)关节置换手术补助3例、小额辅助器具补助9人、白内障复明手术补贴2人，赠送护理床3张。(二)扎实推进残疾人精准康复服务。联合县卫健局和各乡镇(街道)卫生服务中心开展残疾人家庭医生签约服务，重点做好0—6周岁残疾儿童、精神残疾人以及“三瘫一截”(小儿脑瘫、中风偏瘫、脊髓截瘫、截肢)等成年重度残疾人的签约。至2020年年末，已累计完成残疾人家庭医生签约5102人。此外，还将全县415名精神残疾人纳入免费服药全额保障系统，切实提升残疾人基本康复服务覆盖率和满意度。(三)深入实施残疾儿童康复救助制度。加强县残疾人康复中心的师资队伍建设，新招录康复教师2名、保育员1名。同时，积极组织教师参加线上培训，切实提升康复服务能力。由于县残疾人康复中心位于县人民医院三楼，为降低智力障碍儿童、自闭症儿童出入人员密集场所带来的风险，疫情期间，采取“送教上门”的形式进行授课。此外，还为29名0—6周岁残疾儿童提供康复训练资金补助；自费人工耳蜗补助1人。

【基础建设】 (一)加快推进服务机构建设。2020年，县残疾人托养中心工程、县残疾人康复指导中心工程分别被列入县政府重大投资项目。为确保项目能顺利推进，县残联积极与县发改局、县住建局等部门沟通协调，并形成齐抓共管、通力合作的强大合力。3月18日和4月21日，县残疾人康复指导中心工程、县残疾人托养中心工程分别开工建设。至2020年年末，两个项目均已完成主体工程，进入装修阶段(已完成电梯、空调等采购工作)。同时，积极争取中央、省级项目建设资金，已累计争取上级项目资金2560万元，为项目顺利推进奠定坚实的基础。(二)全力推进“无障碍”环境建设。认真组织实施普光社区“省级无障碍社区”创建工作和城区“无障碍”环境建设情况调查工作，并委托第三方对普光社区周边道路、公共服务单位的“无障碍”设施进行改造。10月，普光社区“省级无障碍社区”创建顺利通过验收。扎实推进残疾人“无障碍”居家环境建设，组织专业人员对有需求的残疾人家庭进行个性化改造，先后完成30户残疾人家庭的“无障碍”改造和辅助器具配发。

【文化助残】（一）开展残疾人节日活动。“全国助残日”期间，在中山广场、普光社区分别举办宣传义诊活动，为残疾人朋友提供义诊便民服务，并向广大市民和过往行人广泛宣传残疾预防相关知识。此外，还联合县政协医卫社保组共同赴联系村程宅村开展“送医下乡暨党员志愿助残”活动，举办“国际残疾人日”文艺晚会、全县第一届残疾人象棋友谊赛、庆祝“国际聋人节”和“国际盲人节”趣味游园等活动，极大丰富全县残疾人的精神文化生活。（二）强化残疾人事业宣传。通过电视和户外大型显示屏滚动播放公益广告、编印分发《云和县扶残助残政策汇编》、在微信公众号设置专栏等方式，全方位、多角度宣传扶残助残相关政策以及涉及残疾人事业的省、市民生实事项目，切实增强全社会对残疾人事业发展的关注，也为云和县残疾人事业持续健康发展奠定坚实的社会基础。

【疫情防控】（一）积极参与疫情防控。自新冠肺炎疫情发生以来，县残联高度重视疫情防控工作，坚定不移打响“疫情阻击战”，第一时间成立疫情防控工作领导小组，并积极组织党员干部参与东门社区、新华社区的疫情防控工作，尤其是党组成员项光朝连续60天坚守厦门抗疫一线，当好疫情防控“守门人”，用实际行动诠释共产党员的初心和使命。此外，县残联还通过手机短信、微信群等平台加强疫情防控知识宣传，发动全县残疾人专职委员深入残疾人群体开展疫情防控宣教工作，累计发放防疫宣传资料5000余份、发送手机短信2万余条，为残疾人服务机构发放防疫物资9万元（折合人民币）。（二）坚持守好“小门”。加强县残联日常管理，做好防控知识宣传与环境消杀工作，建立信息上报制度。同时，将疫情防控纳入日常工作，使疫情防控常态化；对县残疾人小康•阳光庇护中心实行全封闭管理，严密做好防控措施。（三）有效推进复工复产。4月以来，县残联有序推进“残疾人之家”复工复产工作。通过召开专门会议、开展疫情防控和消防安全知识培训等措施，要求各“残疾人之家”严格执行防疫相关要求，一手抓好复工复产、一手抓好疫情防控，做到复工、防疫“两不误”，着力推进“残疾人之家”常态化、规范化运行。

【党建引领】2020年，县残联不断强化党的政治、思想、组织、作风、纪律和制度建设，充分发挥党组织的战斗堡垒作用和党员的先锋模范作用。（一）注重学习，提升素质。制订党组理论学习中心组学习计划，按期开展党组理论中心组学习。同时，通过“三会一课”、主题党日、研讨会、“学习强国”App等途径，采取集中学习和个人自学相结合的方式，深入学习习近平新时代中国特色社会主义思想，进一步增强“四个意识”、坚定“四个自信”、做到“两个维护”。（二）严格标准，有序推进。认真开展谈心谈话，及时了解干部的思想动态、准确掌握干部的生活情况，切实打造勇于担当、干净自律、充满活力的干部队伍。严格落实党风廉政建设“两个责任”，切实加强党员干部廉政教育，努力营造风清气正、创先争优的干事环境。深刻学习领会习近平总书记关于党风廉政建设和反腐败斗争的重要论述，严密筑牢防腐拒变的思想防线。（三）共驻共建，共谋发展。积极与结对帮扶村（社区）党组织对接，合力开展党建结对共建工作，力促结对帮扶村（社区）共发展。（叶伟军）

云和县红十字会

【概况】2020年，云和县红十字会（以下简称县红十字会）坚持秉承人道宗旨、坚持依法治会，大力弘扬“人道、博爱、奉献”的红十字精神，紧抓“三救、三献”（应急救援、应急救护、人道救助，献血液、献造血干细胞、献人体器官组织）工作主线，认真履职尽责，主动服务社会，充分发挥红十字会在人道救助领域的积极作用。

【党建引领】 牢牢把握红十字会是党领导的群团组织这一政治属性，坚持把加强党的全面领导贯穿到红十字会工作全过程。深入学习贯彻中共十九大和十九届历次中央全会精神，学习贯彻中共中央总书记习近平在浙江考察时的重要讲话精神，坚持用习近平新时代中国特色社会主义思想武装头脑。始终把党风廉政建设与业务工作同谋划、同安排、同部署，严格执行中央八项规定，切实营造风清气正的良好工作环境。积极开展警示教育活动，及时学习纪委通报的“四风”问题典型案例，从反面教材中汲取教训，提高自身免疫力。严格落实“三重一大”制度，坚持重大事项决策、重要干部任免、重要项目安排、大额资金使用必须经过集体讨论决定。

【疫情防控】 自疫情发生以来，县红十字会就被列为县疫情联防联控成员单位，主要负责县疫情防控款物募捐工作，并根据省、市、县突发公共卫生事件应急预案及疫情防控工作实际需要，履行相应职责。

（一）规范流程管理，做好捐赠款物接收工作。疫情发生后，县红十字会认真服从县疫情防控指挥部安排，及时成立工作领导小组，制定工作方案，明确全员职责，确保任务落实到人。同时，从捐赠款物接收登记到资金使用、物资出库、确认签收，都做到手续齐全完备；对捐赠单位和个人，统一发放捐赠证书，并开具公益性捐赠统一票据。

（二）加强网络宣传，确保捐赠款物公开透明。自疫情伊始，县红十字会就及时在“童话云和”App上发布《防控疫情，接受社会捐赠的公告》。公告发出后，得到社会各界和爱心人士的大力支持。至2020年年末，累计接收捐赠款48.9万元，支出捐赠款48.9万元；累计接收捐赠物资116.74万元（折合人民币），支出捐赠物资116.74万元（折合人民币），所有捐赠物资（除指定捐赠的物资外）均交由县疫情防控指挥部统一调配和使用，并在“童话云和”App上定期公示捐赠款物接收和使用情况，主动接受社会监督，切实做到公开、透明。同时，还在“慈善中国”网站做好备案，接受审计部门审计，做到依法、依规开展募捐。

（三）积极协调动员，做好疫情防控志愿服务。为打赢疫情“防控战”，县红十字会工作人员取消假期轮休、全员值守，在依法做好捐赠款物接收工作的同时，动员红十字会员、志愿者、救护培训讲师积极投入疫情防控一线，协助相关部门做好卡点值守、人员排查等工作。在市场上购买口罩困难时期，县红十字会又联合县邮政公司等单位推出平价口罩，以每只1元的价格，卖出口罩3万只，所有收入汇入县红十字会捐赠专户，再全部交由县疫情防控指挥部统一调配和使用。

（四）深化“三服务”活动，助力企业复工复产。自疫情发生以来，全县各企业积极通过各种途径争取防疫物资进行捐赠，没有物资的企业就捐赠资金，在收到捐赠物资和资金后，县红十字会逐一对爱心企业予以感谢，并送上捐赠证书。在企业进入复工复产阶段后，县红十字会又联合县工商联，为县内14家企业（商会）送上口罩2万只，全面助力企业复工复产。

【救灾救助】 （一）开展“博爱送万家”走访慰问活动。春节前夕，组织各乡镇（街道）红十字会和红十字志愿者服务队，对76户生活困难家庭进行走访慰问，并送去棉被、大米、食用油等物资共计1.41万元（折合人民币）。（二）开展“困难群众救助帮扶”活动。对因病、因灾等突发事件导致生活困难且递交困难申请书的低收入家庭给予临时资金救助，全年共救助困难家庭47户、发放临时救助资金5.08万元。（三）开展社会善款募集活动。2020年，累计向社会募集善款10万元，用于困难群众人道救助和集体公益项目建设。

【救护培训】 2020年，受疫情影响，救护培训工作延迟开展。按年初制定的培训计划，继续以合作机制、节日契机为主线开展救护培训，深入推进救护培训“五进”（进学校、进社区、进农村、进机关、进企事业单位）活动，突出抓好重点行业、重点人群的救护培训工作，如乡村导游、救援队员、企业安全员等。2020年，累计培训救护员244人，普及救护知识2301人次。

【三献工作】 倡导“关爱生命”理念，积极开展人体器官组织捐献、造血干细胞捐献、血液捐献等生命关爱工作。（一）人体器官组织捐献工作。积极普及人体器官组织捐献相关知识及其重要的社会意义，不断激发社会公众积极参与的热情。2020年，新增人体器官组织捐献志愿者3名，并实现云和县第一例人体器官组织（眼角膜）捐献。（二）造血干细胞和血液捐献工作。持续加强造血干细胞和血液捐献宣传，积极动员适龄人员“采样入库”，不断提高社会公众参与率。2020年，共完成造血干细胞血样入库21份，超额完成市红十字会下达的任务指标。同时，对成功捐献造血干细胞的志愿者进行定期走访慰问，切实营造“爱来爱返”的良好氛围。

【社会宣传】 （一）提高红十字会知晓率。以单位、广场、社区、农村为途径，积极开展红十字知识宣传、应急救护培训、急救知识咨询等形式多样的宣传活动，并通过新媒体及时发布工作动态、急救知识、人道救助情况等相关信息，切实提高红十字会的知晓率。（二）传播红十字相关知识。以“5•8”红十字博爱周、“5•12”全国防灾减灾日、“6•14”世界献血者日等红十字日为契机，广泛宣传防灾避险、自救互救、无偿献血、造血干细胞以及人体器官组织捐献等红十字相关知识，切实增强社会公众对红十字工作的了解。（三）提升红十字社会影响力。加强在《今日云和》、云和电视台、云和县政府网等地方媒体的宣传投放，并利用户外LED显示屏、广告牌、横幅、海报等载体，广泛宣传红十字文化，传播社会正能量，提升红十字社会影响力。 （季海燕）

人力资源和社会保障

人力资源和社会保障

【概况】 2020年，云和县人力资源和社会保障局（以下简称县人力社保局）坚持以习近平新时代中国特色社会主义思想为指导，认真贯彻落实中共十九大和十九届历次中央全会精神，紧紧围绕“六稳”（稳就业、稳金融、稳外贸、稳外资、稳投资、稳预期工作）、“六保”（保居民就业、保基本民生、保市场主体、保粮食能源安全、保产业链供应链稳定、保基层运转）工作要求，服务中心、主动作为、强化担当，各项工作都取得较好成效，并先后获全省无欠薪县（市、区）建设工作先进集体、全省调解仲裁案件处理工作成绩突出单位荣誉称号。

【就业创业提优】 2020年，全县城镇新增就业人数2029人，城镇失业人员实现再就业472人，城镇登记失业率控制在1.79%。（一）做好疫情防控期间企业用工保障，助力复工复产。第一时间组建工作专班、搭建企业用工监测网络，掌握企业用工情况，开展针对性服务。通过市县联动开通“复工专列专车”，组织247名省外企业员工顺利返回云和复工。积极主动开展省际劳务协作，分别与云南省大关县、贵州省榕江县人力社保部门签订劳务协作框架协议。（二）做好援企惠企政策的落实，稳定企业用工。积极落实失业保险稳岗返还政策，返还950家受疫情影响企业社保费1208万元，为8家稳岗企业发放稳岗补贴92万元。（三）做好重点群体就业帮扶，兜住民生底线。开发公益性岗位151个，安置低收入户、残疾人等困难群众90人；及时认定帮扶零就业家庭3户3人，并实现动态清零；推出高校毕业生见习岗位94个，发放见习补贴61万余元；为320名就业困难人员发放社保补贴146万余元；为1650人次失业人员发放失业金220余万元；为1613人次代缴医疗保险费46万余元。（四）做好公共就业创业服务，促进充分就业。搭建线上线下求职招聘平台，通过开发上线“云和就业”小程序、举办余缺调剂系列高校生专场招聘会等方式，为802家（次）企业发布岗位信息9402个，其中初步达成就业意向1693人。搭建创业创新平台，举办“奇思妙想·创赢绿谷”云景庆创业创新大赛，认定创业担保贷款380万元，发放创业担保贷款贴息26万元。（五）做好劳务品牌推广，打造宣传典型。充分运用“云和师傅”这一金名片，深挖品牌价值，提升劳务品牌影响力。2020年，县人力社保局再次受中国就业促进会邀请，参加全国典型劳务品牌交流会并作典型发言，进一步扩大“云和师傅”劳务品牌的知名度和影响力。

【人才队伍提升】 （一）强化人才引进工作。优化招才引智平台，依托线上“云招聘”，引进各类人才1505人。组织78家企事业单位赴哈尔滨、宁夏、兰州等地开展引才活动10场，与福建省闽江县人才服务中心签订人才合作框架协议。（二）创新人才培养模式。将人才培养链向高校和科研院所延伸，加快主导产业与重点领域人才集聚。2020年，通过“政校企”(政府、学校、企业)三方合作，建成云和县首批“学士后工作站”3家。深入开展高层次人才招才引智工作，完成“博士后工作站”1名博士(浙江树人大学博士沈丹尼）进站对接工作，促成浙江和信玩具集团与浙江师范大学博士后科研流动站签订人才联合培养协议。(三)推进职业技能提升行动。联合县财政局发布职业技能提升行动实施方案，积极引导和鼓励广大城乡劳动者参加职业技能提升培训，提高就业创业技能。牵头完成各类职业技能培训2929人次，为854家企业发放以工代训补贴377.3万元。(四)加强各类人才队伍建设。运用“互联网+人社”平台推进专业技术人员职称评审改革，全年新评定专业技术人员200人，其中正高级职称3人、副高级职称17人、中级职称63人、初级职称117人；完成专业技术人才继续教育培训2102人；完成事业单位工作人员招录111人，其中应届毕业生62人；举办第二届“云和工匠”系列技能大赛，培养“云和技术能手”20名。(五)强化人才服务保障。发布《2020年云和县重点领域紧缺人才需求目录(一)》，落实各类人才激励政策，为553名符合条件的人才发放津(补)贴375.4万元；完成首批26名企业精英人才绩效评价，发放培养经费15.6万元。

【社会保险提效】 (一)持续推进养老保险参保扩面工作。发动乡镇(街道)落实参保任务，及时维护全民参保数据库。至2020年年末，全县基本养老保险参保率达98.83%。(二)落细落实阶段性减免企业社保费等稳岗减负政策。全年累计为企业减免社保费7846.9万元。落实失业保险、工伤保险降率延迟政策，为缴费单位优惠失业保险费941.4万元、工伤保险费182.6万元。(三)强化社会保险基金监督。开展社保基金监督专项检查、日常抽查、疑点核查，完成“三个全面取消”(全面取消现金业务、全面取消手工办理、全面取消社银人工报盘)。全面推进服刑人员违规领取养老金追回工作，全年共追回养老金39.95万元。(四)加强工伤预防工作。广泛开展工伤保险政策和安全生产知识宣传，力争从源头上减少工伤案件的发生。2020年，累计受理工伤案件420件，已认定396件。(五)做好养老金待遇调整和社保卡发行等工作。完成全县企业和机关事业单位近1.65万名退休人员的基本养老金待遇调整，共计增发基本养老金2778.2万元。全年新增社保卡持有人4335人，新增电子社保卡激活人数27252人。

【劳动维权提力】 (一)强化政策宣传，全力构建和谐劳动关系。围绕疫情期间劳动关系热点问题，深入开展企业用工指导服务和政策宣传解读。牵头召开全县劳动关系三方会议、举办“双爱”(企业关爱职工、职工热爱企业)宣传周活动，大力宣传《保障农民工工资支付条例》，发放宣传资料2200余份。(二)完善组织网络，全面推进劳动纠纷治理。在全县所有乡镇(街道)建立劳动争议调解组织，实现基层调解组织全覆盖。举办专题培训班，开展线上网络学习，提升基层工作人员劳动争议调解业务能力，初步实现县、乡两级劳动纠纷化解全科受理。2020年，累计处理各类劳动争议案件329件，其中基层调解310件，占比94.22%。(三)坚持依法行政，深化开展劳资纠纷化解。2020年，共立案受理各类劳资纠纷案件15件（其中行政处罚案件8件，处罚总金额4.5万元)，按期结案率100%。全力落实工程建设领域“治欠保支”六项工作机制，畅通24小时电话、网络和窗口三大举报投诉渠道，协调处理各类劳资纠纷84起，涉及农民工227名，涉及金额269.9万元。(四)坚持阳光仲裁，妥善处置劳动人事争议。规范办案程序，严抓办案质量，注重先行调解，实行疑难案件合议制。2020年，共立案受理各类劳动人事争议案件218件，涉及劳动者231人，涉案总金额790.8万元，仲裁结案率98.6%，仲裁调解率93.1%。

【效能改革提速】 (一)推广机关内部“最多跑一次”系统应用。以群众需求为导向，通过业务协同、流程再造、数据共享等手段，实现全县部门之间非涉密事项互通共享，有效提升机关内部办事效能，优化对外服务质量。(二)做好“一件事”联办工作。全面聚焦事业单位工作人员职业生涯全周期“一件事”业务管理，协同开展公务员“一件事”联办，推进5个群众和企业全生命周期“一件事”办理，有效提高“一件事”管理效率。(三)推进基层劳动纠纷综合治理改革。落实“分类流转、协同处置”工作机制，实现劳动者劳动纠纷“最多跑一地”和“一次办满意”。完成欠薪联合预警指挥平台建设，实现市县执法信息实时“线上”互联。推进“互联网+调解仲裁”模式改革和“互联网+监管”掌上执法工作，不断提升工作质量。(四)做好数据系统上线和管理工作。开展数据整理测试和人员培训，实现社保“省集中”系统如期上线运行。全面推进省人事工资系统上线，覆盖全县事业单位正式在编人员，实现人事工资业务“一网通办”。

【干部队伍提振】 (一)加强廉政教育，推进全面从严治党。认真履行全面从严治党主体责任，严格落实党组主体责任、党组成员“一岗双责”责任，配合完成县委巡察工作。针对重点领域存在的风险，进一步完善内控制度和业务经办流程，并常态化开展廉政教育。(二)突出意识形态，强化党建引领。深化巩固“不忘初心、牢记使命”主题教育成果，充分发挥党组织的“红色战斗堡垒”作用和党员的先锋模范作用，以党建引领促进干部队伍素质提升和人力社保工作提质。(三)强化“练兵比武”，提升干部队伍素质。通过业务技能培训、干部业务讲课、系统技能比武等方式，不断提升干部队伍的综合素质。同时，积极推选业务骨干参加省、市组织的“练兵比武”活动，并成功代表浙江队获全国“练兵比武”一等奖。(四)深化基层服务，打通为民服务“末梢”。深入开展“四服务”活动，着力解决群众关心的就业、社保、劳动维权等问题。积极助力省人力社保厅与安溪畲族乡开展结对帮扶，用心当好“联络员”和“服务员”。

(朱美云)

法　　治

县委政法委

【概况】 2020年，中共云和县委政法委员会（以下简称县委政法委）坚持把学懂、弄通、做实习近平新时代中国特色社会主义思想作为首要政治任务，深入学习中共中央总书记习近平在浙江考察时的重要讲话精神以及中共十九届五中全会、中央政法工作会议、中央全面依法治国工作会议等重要会议精神，学深、悟透习近平法治思想和政法思想，贯彻落实《中国共产党政法工作条例》及省委5个配套规定，紧紧围绕打造"全国最平安县"目标任务，全力以赴战疫情、防风险、护安全、保稳定，攻坚克难、砥砺前行，交出了一份政法工作高分答卷。2020年，云和县以全省平安考核第一名的成绩连续十六年被省委、省政府命名为"平安县"。

【夯实平安建设基层基础】 优化平安报表管理，每月开展平安建设自查自评，定期召开平安建设指标分析会，针对结果性指标、专项工作指标、督查暗访指标进行逐条研判和落实，强化对上对接，全力提升平安建设整体水平。组织开展平安建设全面集中督查行动和"迎国庆"消防安全专项整治集中行动，对重点行业领域进行全面自查自纠，并督促相关单位落实责任、强化措施。全力做好省护航复工复产安全生产攻坚行动督查、省第二轮平安暗访、市第二次平安建设督查的迎检及反馈问题整改工作，及时消除重点行业领域弱项短板。2020年，累计完成安全生产、消防、食品、药品等方面问题整改1100余个。持续加大平安创建宣传力度，累计发放宣传品8万余份、发送手机短信及微信300万余条，并通过户外LED显示屏滚动播放、微信公众号信息发布、朋友圈信息推送等方式，进一步夯实宣传效果，浓厚平安创建氛围。

【筑牢社会和谐稳定防线】 开展问题线索动态摸排与化解，有效防止个人极端事件和群体事件的发生。扎实做好重大决策社会风险评估工作，严格做到"应评尽评"，全年累计完成评估项目26个。组织开展"扫黑除恶"督导检查和新一轮线索排查及"固废"（固体废物）回收等重点行业整治，全年累计侦办十类涉黑涉恶案件68起，采取刑事强制措施128人，逮捕59人，移送起诉108人，查扣非法资产1700余万元。出台《关于在扫黑除恶专项斗争中严厉打击干扰破坏全县村（社区）组织换届选举行为的通告》，开展农村"黄赌毒"和"涉黑涉恶"违法犯罪等问题专项整治，为村（社区）换届选举保驾护航。积极开展反邪教宣传，累计发放宣传资料、宣传品3.6万余份，发送短信1万余条。同时，将反邪教和网格巡查相结合，全面抵制邪教渗透。

【创建县域社会治理样板】 结合政府"数字化"转型，推进"基层治理四平台"信息系统升级改造，开展系统数据更新完善、网格日报、统一网格地图绘制和标准地址库建设。组织开展网格员业务培训，全面落实“基层治理四平台”各项指标任务，探索实践“乡事城办”服务新模式，通过在“基层治理四平台”系统中新增“网格云代办”模块，实现网格代办功能线上升级，让群众办理村（社区）证明类服务事项“零次跑”。立足全县70%以上人口集中在县城的实际，打破行政区划壁垒，创新“街乡共治”特色治理模式，通过“街乡”（街道和乡镇）组织共建共管、要事联商联办、矛盾联调联处，着力消除“街乡”二元“隔离墙”。此外，还探索形成白龙山街道“八治合和”、凤凰山街道“公益银行”、赤石乡“三治四定五访”、安溪畲族乡“积分存折”等一批经验做法，基层治理日益多元化、社会化、精准化。

【打造矛调中心示范窗口】 集成信访和矛盾纠纷调处化解、社会治理事件处置、社会风险研判三大平台功能，整合信访接待、公共法律服务、阳光调解等9个平台和政法、信访、司法等8个部门力量，精心打造县社会矛盾纠纷调处化解中心（以下简称县矛调中心），实现群众办事“最多跑一地”。同时，建立分级、分流、分层的“三分”调处法，规范矛盾纠纷化解流程，实现矛盾纠纷“一条链”受理、“一张网”覆盖；探索“哨响云集”响应机制，以制度形式对案件响应时间、办结时限、服务考评等予以明确，倒逼各部门增强服务理念、提高办理效率；创新“约诊+出诊”调解模式，建立“服务详单”“专家名单”“特色榜单”三张清单，方便群众“点单约诊”。此外，还定期组织专家下基层“出诊”，开展纠纷调处，真正实现“服务多跑腿、群众少跑路”。2020年，县矛调中心共受理矛盾纠纷调处1248批2459人次，调处成功率达98.5%，相关经验做法先后被省委办公厅《浙江信息（工作交流）》、省政法委矛调中心建设专班《工作简报》、“平安鼎”微信公众号等刊发。7月和9月，省委常委、政法委书记王昌荣，省委政法委副书记王中毅分别听取县矛调中心汇报，并给予充分肯定。

【建设县级综合指挥平台】 投资1300余万元，在县矛调中心四楼建立县社会治理综合指挥中心，整合原有的案件侦破、应急指挥、社会风险研判管控三大平台功能，集成应急联动指挥中心、“110”指挥中心、信访“12345”中心等16个部门系统信息，实现全网数据互联互通。依托“基层治理四平台”构建上下联通、信息交互、集成处置的社会事件处置和综合指挥体系架构，建立县、乡、村三级应急体系，实现各类案（事）件“一键指挥”。平台每日汇总各类上报信息，定期组织研判会商，对潜在风险隐患问题及时发出预警信息。同时，建立全热线“一网通办”制度，设立话务接线中心统一受理、分流处置；建立全事务“一单派件”制度，设立交办中心统一派单、分类别限时处置。12月8日至10日，全省数字赋能社会治理研讨培训班在云和县举行，与会人员实地参观了县矛调中心和县社会治理综合指挥中心，并听取云和县社会治理“整体智治”工作介绍。

【提升政法队伍核心战力】 强化《中国共产党政法工作条例》及省委5个配套规定的贯彻落实，明确工作责任，细化落实措施，进一步加强党对政法工作的领导。组织政法各部门对照条例和省委配套规定进行全面自查自纠，认真抓好请示报告、决策执行和配合监督。以“执法司法规范化水平提升年”为载体，印发《云和县重大复杂疑难案件会商机制》，重点围绕五个方面目标任务，全面加强对全县政法机关的监督与指导，组织开展问题整改销号工作，通过个案整改、专项治理、建立机制等举措，力保“提升年”活动取得实效。深入推进政法一体化单轨制协同办案工作，制定出台《关于全面推进云和县政法系统单轨制协同办案的实施意见》，进一步健全政法系统分工负责、相互配合、相互制约的工作机制。6月12日，云和县作为全市两个试点县之一在全市现场推进会上作典型发言。7月30日，省委政法委督察组到云和县督察调研，对云和县政法队伍建设工作表示

肯定。（程洪波）

公 安

【概况】 2020年，云和县公安局（以下简称县公安局）认真贯彻落实全国、全省、全市公安工作会议精神，紧紧围绕“争做‘绿色警务、护航两山’最坚定的践行者、争当‘红色铁军、挺进长安’最优秀的排头兵”目标定位，以创建“全县域枫桥警务”为主抓手，积极服务中心大局，全力维护社会稳定，为云和县打造全国山区新型城镇化样板县域“重要窗口”和“全国最平安县”提供坚强的公安保障，先后被省公安厅评为全省公安机关执法质量考评优秀单位（连续6年）、全省公安队伍正规化建设优秀单位（连续3年）、全省公安机关信访工作考评县级优秀单位（连续2年），被市公安局评为全市公安机关综合考评优胜单位（连续5年）、全市公安经文保工作优胜单位、全市公安出入境业务目标管理考核优胜单位等。全年全县公安系统共有4个集体、13人荣立三等功，27人受到嘉奖。

2020年，全县累计发生刑事案件446起，同比下降13.57%，五类案件发生1起、破获1起（强奸案）；破刑事案件140起，同比下降20%；移送起诉286人，与2019年基本持平；查处治安案件915起，同比下降34.78%，行政处罚1323人次，同比下降25.59%；发生并上报道路交通事故33起，死亡9人，受伤17人。

【全力以赴战疫情】 新冠肺炎疫情发生后，县公安局第一时间成立疫情防控工作领导小组，并先后投入警力1万余人次，做好设卡检查、人员核查等工作。同时，依托“双基平台”（基层基础警务工作平台），分析各类数据10余万条，破获违反防疫管理规定案件17起，采取刑事强制措施2人，行政处罚54人，教育训诫134人，为全县实现“零确诊、零疑似”提供坚强的保障。

【勇于亮剑打犯罪】 扎实推进“扫黑除恶”专项斗争，共侦办10类涉黑涉恶犯罪案件72起（其中省督办案件1起、市督办案件2起），刑拘取保129人，提请逮捕60人；高水准办理“5·29”事件，得到省委常委、省军区司令员冯文平，副省长、省公安厅厅长王双全的批示肯定；成功侦办2020年“5·22”非法传教案，并在全国范围发起“集群战”；连续破获2019年“9·11”特大电信网络诈骗案、“3·25”偷越国（边）境案，打出了云和公安的声威和气势。2020年，全县社会治安呈现“四降两升”的良好局面，有效警情同比下降6%，行政受案同比下降31%，刑事发案同比下降21%，电信网络诈骗案同比下降8%，刑事破案率、群众满意率同比上升，特别是在防范和打击新型电信网络诈骗犯罪方面，云和县成为全市唯一发案数下降的县。

【科技赋能固根基】 扎实推进“全县域枫桥警务”模式构建，深入实施“云上公安、智慧警务”大数据战略，迭代升级“双基平台”，借助信息流对原有系统业务流程进行重造，切实为基层民警减负增效。将自主研发的“矛盾纠纷管理模块”与省公安厅的“警综平台派出所模块2.0版”相互补充，做到借势分流警情、借力引流资源，社会治理能力和水平持续提升。成立二级警情分流平台，并将民政、交通等部门信息纳入公安“大数据池”，为警务工作提供多元数据支撑。持续开展“雪亮工程”“智安小区”“智安单位”等项目建设，全域全息智能感知网进一步织密。

【法治引领促规范】 坚持以“12张执法管理报表”为载体，增加8项执法流程专项通报，形成执法办案全要素、全流程动态监督机制。依托《中层领导履行主要执法监督职责工作规定》等制度，压实中层领导履职监督责任，有效破解“提拔一个中层，少一个办案能手”现象。建立涵盖执法办案区、协同服务中心等14个功能区的执法办案管理中心。延伸“最多跑一地”理念，落实中心帮（代）办邮寄送达、前科调取等服务。借助物联网技术，搭建“人脸识别+智能手环+自动采集”

全流程人员管控平台和执法管理全息平台，突出物品管理、轨迹刻画、预警提醒等多项功能，实现全要素智能化监督管理。建立执法办案管理中心与侦查中心“无缝衔接”机制，全天候为办案单位提供轨迹研判、口供突破等保障服务。选任执法经验足、法治理论强的专（兼）职法制员31名、法制辅警20名，充实执法办案部门，强化执法源头监管。创新推行“学法强警”App，深入开展“教科书式执法”活动，制作的《办理涉外案件执法规范》《伤害案件办理要点》教学片被省公安厅推广使用。整合执法办案、执法监督、案件审核等领域的骨干民警20人组建执法人才库，全面打造“执法优师”团队。

【党建统领强队伍】 坚持把“培养人、用好人”作为第一要务，研究制定《云和县公安局人才培养三年计划》，分层级、分梯度培养信息化应用、数据分析、打击破案等多领域技能集一身的复合型人才，并先后聘请马继雄、王火剑、蒋国长等4位国家级或省级专家学者担任警务技术教官，切实提升警务人员对前沿技术手段的学习应用能力。此外，县公安局还以市委提级（交叉）巡察为契机，不断强化“铁腕治警”决心，对市委提级（交叉）巡察组反馈的38个问题，逐一制订问题清单、责任清单，逐一进行整改销号。深入推进“坚持政治建警 全面从严治警”教育整顿，研究制定《全县公安机关“坚持政治建警 全面从严治警”教育整顿工作实施方案》，进一步明确教育整顿的目标措施和任务要求。深入实施《云和县公安局民警日常违规行为记分办法》，从源头上预防违纪违法问题的发生。2020年，累计查纠问题55个，督察通报科室18个，谈话提醒118人次，约谈批评32人次，记大过1人次，诫勉1人次，对57名民警、辅警记分或连带记分。狠抓民警权益维护，提升执法权威，办理民警维权案件15起，有力增强民警对职业的荣誉感、自豪感和归属感。（项德忠）

检　察

【概况】 2020年，云和县人民检察院（以下简称县检察院）高举习近平新时代中国特色社会主义思想伟大旗帜，深入学习贯彻中共十九大和十九届历次中央全会精神以及中共中央总书记习近平在浙江考察时的重要讲话精神，认真对标、对表新时期新任务，全面厉行“丽水之干”，以“浙西南革命精神”赋能、铸魂、立根，统筹推进疫情防控和检察工作，全力服务云和县打造全国山区新型城镇化样板县域“重要窗口”，全年各项工作都取得可喜成效。

2020年，县检察院有2项工作分别受到省委和最高检察院、省检察院主要领导的批示肯定，3个案件入选最高检察院精品（典型）案例，3项工作在全省应用推广，这些成绩在云和检察历史上均属首次。

【服务经济社会发展】 坚持围绕中心、服务大局，充分发挥各项检察职能，努力为经济社会高质量绿色发展保驾护航。

（一）助力打好疫情防控“阻击战”。坚决贯彻疫情防控部署，全体检察干警投身防疫一线，全程参与走访排查、社区值守，筑牢源头防线。立足办案，深度履职，从严从快打击涉疫犯罪，提前介入影响疫情防控案件2件5人，起诉1件1人。深化涉疫公益诉讼案件办理，开展野生动物保护领域等公益诉讼专项行动，发出公益诉讼诉前检察建议4份，督促行政机关依法履职。

（二）决胜“扫黑除恶”专项斗争。贯彻落实“决战决胜年”工作部署，依法严惩黑恶犯罪，坚决打赢“扫黑除恶”收官战。自专项斗争开展以来，共批准逮捕涉恶犯罪嫌疑人19人，提起公诉8人。重点针对办案发现的行业领域监管漏洞、基层社会治理短板等问题，提出检察视角下的对策和建议，并就夏某某恶势力集团犯罪一案所涉的问题，先后发出检察建议2份。

（三）优化营商环境。贯彻落实中央“六稳”“六保”决策部署，深入了解企业司法需求，出台《“一”心守护，服务非公企业系列活动方案》，靶向施策推动复工复产。做好服务民企“贴心人”，率先全市建立《办理涉企案件羁押必要性审查规定（试行）》等一系列机制，切实维护民营企业合法权益。打好木玩知识产权“保护牌”，全方位提升司法保护力度，办理的陈某某非法制造、销售注册商标标识一案被最高检察院评为保护知识产权典型案例。

（四）精准服务“三大攻坚战”。突出对涉众型金融犯罪的打击力度，起诉集资诈骗、非法吸收公众存款等案件3件3人，涉案金额近3亿元。严惩电信网络诈骗犯罪，共批准逮捕45人，提起公诉62人，追回被害人损失达871万余元。深化司法救助服务精准扶贫，对被害贫困家庭开展接力式帮扶，共发放救助金6.15万元。贯彻“绿水青山就是金山银山”理念，对各类破坏生态环境犯罪提起公诉13人。推进“蓝天、碧水、净土、清废”公益诉讼专项活动第三阶段工作，办理生态保护领域公益诉讼案件46件。

【维护社会公平正义】 牢牢把握检察机关监督属性，深入贯彻习近平法治思想，认真落实省委《关于进一步加强检察机关法律监督工作的若干意见》，努力为人民群众提供更加优质的法治产品、检察产品。

（一）加强刑事诉讼和执行监督。依法履行捕诉职能，共批准逮捕各类犯罪嫌疑人120人，提起公诉250人。深化刑事诉讼监督，共监督侦查机关立案16人，追诉漏犯4人；针对侦查过程中出现的问题，发出书面纠正违法通知书11份，采纳率达100%。加强刑事裁判监督，提请抗诉1件。深化刑事执行监督，针对刑罚执行过程中出现的各类问题，发出书面纠正违法通知书8份。加大监外执行罪犯检察监督力度，针对社区矫正人员管理不规范问题发出检察建议3份。紧盯村（社区）换届选举关键时期，对剥夺政治权利刑罚执行问题开展专项监督和专题调研，监督纠正7人，发出书面纠正违法通知书2份。2020年，县检察院护航村（社区）组织换届选举工作得到省委和最高检察院主要领导的批示肯定。

（二）加强民事诉讼和执行监督。办结民事生效裁判监督案件21件，提出再审检察建议5件，再审改判15件，采纳率达100%。探索创新虚假诉讼案件办理的“云和模式”，以法律赋予的调查核实权为依托，积极加强司法机关间的协作配合，严厉打击破坏司法、金融秩序的虚假诉讼行为，相关经验做法受到省检察院主要领导的批示肯定，并在全省应用推广。

（三）加强行政诉讼和执行监督。坚持做实行政检察，办理审判程序违法案件4件、行政执行监督案件6件。联合县法院、县司法局出台《关于共同推进行政争议实质性化解的实施办法（试行）》，着眼各类行政争议特别是持续多年的“老大难”问题，充分发挥检察职能，参与化解监督，办理相关案件7件。

（四）加强公益诉讼检察。紧扣中心大局和公共利益开展监督，共立案68件，其中行政诉前程序案件64件、民事诉前程序案件4件。紧盯办案质量，办理的行政公益诉讼案件，整改到位率达100%。积极稳妥拓展公益诉讼新领域，在公共卫生和公共安全方面办理“等外领域”（存在严重侵害公益、群众反映强烈、普通诉讼又缺乏适格主体的问题，但尚未纳入诉讼范围的其他领域）案件2件。

（五）协同推进反腐败斗争。加强“监检”（县监察委、县检察院）衔接，强化反腐败合力，共同推进“清廉云和”建设，全年共受理县监察委移送审查起诉职务犯罪5人，均依法提起公诉。不断提升办案质效，办理的叶某某、柳某某私分国有资产、贪污、受贿案和黄某某挪用公款案被最高检察院评为精品案例。

【促进社会和谐稳定】 坚持依法履行各项职责，践行为民初心使命，努力提升人民群众的司法获得感。

（一）办好群众身边小案。关注群众反映的热点、焦点问题，严厉打击食品、药品安全领域违法犯罪，办理公益诉讼案件19件，努力保障群众的“菜篮子”和“药罐子”。着眼古树名木保护，办理公益诉讼案件12件，切实守护好群众家门口“一片绿”。落实最高检察院“四号检察建议”(最高检察院向住房和城乡建设部发出的检察建议，也是以最高检察院名义发出的第四份检察建议，内容是“关于推动消除窨井盖安全隐患，切实维护人民群众脚底下安全”)，开展道路窨井盖问题专项整治，推动问题整改15处。

(二)保障特殊群体权益。组织开展无障碍环境建设检察公益诉讼，针对占用盲道、损坏助残设施等问题开展监督，办理公益诉讼案件2件。坚决严惩侵害未成年人犯罪，起诉5人，办理民事、行政和公益诉讼领域监督案件6件。坚持“宽而不纵”，对未成年人犯罪情节严重的，起诉4人；对情节轻微并有悔罪表现的，附条件不起诉5人；对不构成犯罪的，监督撤案4人。

(三)优化便民服务举措。深化“移动检务平台”应用，为律师阅卷、诉讼当事人咨询等提供全方位的“掌上服务”。推进“最多跑一地”改革，推动“12309”检察服务中心入驻县社会矛盾调处化解中心，以一站式服务便利群众来访办事。推动“群众信访件件有回复”落到实处，受理的22件各类信访件均做到“7日内程序回复、3个月内实体答复”，并实现连续多年涉检“赴省进京零上访”目标。

(四)深入推进诉源治理。贯彻“少捕、慎诉、慎押”理念，对犯罪情节轻微的，依法不批捕24人、不起诉71人。深入开展羁押必要性审查，对25人变更强制措施。精准推进“认罪认罚从宽”制度，适用率达90.6%，量刑建议采纳率99.5%，认罪认罚后无一人上诉，司法效率和办案效果得到“双提升”。

【创新检察工作机制】　加大创新、创优力度，立足自身实际，推进“一院一品”建设，引领检察工作高质量发展。

(一)擦亮未成年人保护品牌。创新推行学分制法治教育模式，联合县法院、县公安局等多家单位组建法治讲师团，走进中小学开展专题法治必修课。出台红色管控帮教、橙色临界干预等“四色预警”工作机制，有针对性地推进未成年人帮扶救助、社会帮教等工作。该项工作得到省检察院主要领导的充分肯定，并在全省检察长会议上推广。

(二)加强“生态检察”品牌创建。在选派干警协助梯田景区做好政策处理的同时，把生态保护作为检察履职的着力点和创新点，切实守好绿水青山。以推进“生态检察”与全域旅游的深度融合为导向，加快“白鹤尖补植复绿基地”建设，创新打造“云上公益诉讼检察岗”，该做法受到省检察院主要领导的“点赞”，并在《法治日报》等国家级媒体上刊登。

(三)探索多元矛盾化解模式。立足司法调解职能，进一步完善程序前置化、合力最大化、回访常态化的“三化”调解工作模式，借力县社会矛盾调处化解中心，共同打造群众矛盾纠纷化解的“终点站”。2020年，共促成13起案件达成刑事和解，协议总金额达225万余元。该项工作多年来一直位居全市前列，相关举措被省检察院推广交流。

(四)提升“智慧检务”应用水平。积极推进“智慧办案”“智慧管理”“智慧服务”“智慧支撑”等信息化应用，牵头全县政法系统全面推行“数字卷宗单轨制协同办案”模式，单轨制协同办案比例以及14项指标协同率均达到100%。

【打造过硬检察铁军】　贯彻落实“执法司法规范化水平提升年”活动要求，全面加强素能建设，努力打造一支适应新时期发展需要的高素质“检察铁军”。

(一)强化政治引领。坚持讲政治与抓业务有机统一，认真学习贯彻中共十九届五中全会精神和习近平法治思想，严格落实《中国共产党政法工作条例》，自觉把党的绝对领导贯穿到检察工作全过程、各环节。落实党风廉政建设主体责任，开展“清廉云检”系列主题活动，压实工作责任，确保队伍无违纪违法问题发生。严格落实“三个规定”及重大事项记录报告等制度，为检察权规范运行筑牢“防火墙”。

(二)提升专业素能。以《中华

人民共和国民法典》出台为契机，抓紧、抓实干警教育培训，通过全院轮训、“青年干警课堂”、“检校”（检察院与学校）合作等形式，开展业务培训和岗位练兵200余人次。积极参加上级检察院组织的各类评比，1人入选省“百名检察教官”，1人获评全省检察机关法律监督成绩突出个人，2人获市检察院嘉奖或通报表扬，2篇论文获评全省检察机关优秀理论研究成果。

（三）促进司法规范。落实“执法司法规范化水平提升年”活动要求，以“打铁必须自身硬”的自觉，不断强化内部监督，并建立管案、管事、管人的“三管”工作模式，深化推进日常监管、案件评查、廉政风险防控等工作，力求以最少的诉讼环节和最短的办案时限办结案件。2020年，办案质效核心评价指标“案-件比”（由最高检察院提出的办案质效评价指标体系，指当事人的一个“案子”与该案进入司法程序后所经历的有关诉讼环节统计出来的“件数”之比）从2019年的1:2.72降至1:1.63。

（四）自觉接受监督。牢固树立“监督者更要接受监督”的理念，始终把检察工作置于县人大及其常委会监督之下，主动接受县政协民主监督，自觉接受县监察机关监督和县法院、县公安机关制约。充分利用网络平台开展检务公开，共公开案件程序性信息391件、法律文书193份，开展线上线下阅卷119次，开展远程询问、远程告知73次。坚持以公开促公正、用听证赢公信，就未成年人保护、金融领域治理等问题开展公开听证3次，用看得见的方式，让群众在司法办案中感受到公平正义，进而实现定纷止争、息诉罢访。（徐　阳）

法　院

【概况】 2020年，云和县人民法院（以下简称县法院）坚持以习近平新时代中国特色社会主义思想为指导，深入贯彻落实习近平法治思想和中共十九大、十九届历次中央全会精神以及习近平在浙江考察时的重要讲话精神，忠实履行宪法和法律赋予的职责，坚持服务大局、司法为民、公正司法，各项工作都取得新进展、新成效。全年共受理各类案件3497件，办结3568件（含旧存，下同），同比分别下降16.6%和16.5%。

2020年，县法院在全市基层法院年度综合考核中荣获二等奖；在全省基层法院“八升五降”指标考核中获优秀等次（其中11项指标优于全省均值、5项指标排名全省前十），被省高级人民法院授予“全省突出贡献法院”称号。

【维护社会公平正义】 （一）惩治刑事犯罪，保障“平安云和”建设。全年共受理刑事案件129件，审结132件，当庭宣判率100%，判处罪犯258人。纵深推进“扫黑除恶”专项斗争，移送线索2条，发送司法建议4份，“黑财清底”（涉黑恶案件财产刑执行到位率和追缴违法所得执行到位率）实现100%，微视频《我要举报》在“浙江天平”微信公众号上获10万人次以上点击量。审结贪污、受贿等职务犯罪案件5件7人。创新开展警示教育法治“云课堂”活动，组织全市2.2万余名党员通过直播旁听钟某某受贿案庭审，当天播放量超过30万次。审结故意伤害、“两抢一盗”（抢劫、抢夺、盗窃）、诈骗等犯罪案件52件91人。加强未成年人司法保护，依法从重惩处侵害未成年人犯罪，审结强奸、猥亵未成年人犯罪案件3件5人。深化以审判为中心的刑事诉讼制度改革，推进量刑规范化适用，依法落实“认罪认罚从宽”制度，对20名被告人判处五年以上有期徒刑，对126名被告人适用缓刑、管制、单处罚金等非监禁刑。

（二）妥处民商纠纷，护航“活力云和”建设。全年共受理民商事案件1332件，审结1373件，结案标的额5.19亿元。坚持调解优先、调判结合，力争实现案结事了人和，民商事案件调撤率67.51%。加强劳动者权益保护，在县人力社保局成立劳动人事争议巡回法庭，建立劳动人事争议仲裁与诉讼衔接工作机制，审结劳务合同纠纷、追索劳动报酬等涉民生案件5件。加强民间借贷协同治理，成立虚假诉讼甄别小组，建立“关联案件检索”制度，依法再审改判案件15件，司法拘留虚假诉讼当事人1人，罚款8万元。公布第三批职业放贷人名录共28人，并对其中1人依法征税。完善家事审判方式和工作机制，妥善审结婚姻、继承、赡养、抚养等家事案件156件(其中运用人民观调团审理案件12件)，发出离婚证明书35份。

(三)化解行政争议，助推“法治云和”建设。全年共受理行政诉讼案件22件，办结19件；受理行政非诉审查案件12件，均裁定准予执行。会同县检察院、县司法局出台《关于共同推进行政争议实质性化解的实施办法(试行)》，助推行政争议有效化解。会同龙泉市法院、庆元县法院出台《关于建立异地交叉管辖行政案件司法协作机制的意见》，有效提升行政审判效能。依托相关协作机制，诉前化解行政争议43起，其中，与龙泉市合力化解涉“两直”补助批量行政诉前纠纷取得较好效果，相关工作受到省政府主要领导的批示肯定。会同县政府出台《关于推行行政案件无纸化办案的实施意见(试行)》，相关做法被省高级人民法院印发推广。召开“府院”(县政府、县法院)联席会议，参与法治论坛、疑难问题研讨会，向相关部门发送司法建议8份，全面促进司法与行政良性互动。

【服务经济社会发展】 (一)助力疫情防控和企业复工复产。面对突如其来的新冠肺炎疫情，县法院坚持疫情防控和执法办案并抓、管控风险与服务发展并重，为全县统筹推进疫情防控和经济社会发展提供有力保障。2020年，县法院先后抽调三批干警共57人投身疫情防控一线，配合街道、村(社区)开展联防联控工作，服务时长累计达1174天。严厉打击妨害疫情防控犯罪，审结疫情防控期间开设赌场案件1件。扎实做好“六稳”“六保”工作，出台《关于疫情防控期间为企业健康发展提供司法保障的实施意见》，走访企业和行业协会解答涉疫涉法难题，编发法律服务手册1000余册，综合运用“绿色通道”“活扣活封”等法治方式，助力企业渡过难关。针对疫情带来的打官司难问题，充分运用“移动微法院”等网上平台开展线上办案，实现“审判执行不停摆、公平正义不止步”。2020年，累计网上立案2335件，网上开庭130件，网上调撤84件。

(二)打造一流法治化营商环境。践行“法治是最好的营商环境”理念，审结涉企纠纷608件，结案标的额8852万余元。服务供给侧结构性改革，完善“企业破产、‘府院’联动”机制，加强破产管理人履职管理，共审理破产案件9件，其中“执转破”(执行案件移送破产审查)8件、已审结3件。探索开展与个人破产制度功能相当的个人债务集中清理工作，出台《关于企业破产关联个人债务集中清理的若干规定》，为“诚信而不幸”的债务人重获新生、创造机会。完善金融司法联动机制，与金融部门加强无纸化办案合作，指定专门团队审理金融案件，实现简案快审、多案联审。拓展和延伸审判职能，向金融领域发送司法建议10份，有效推进金融风险防范。出台《关于进一步服务民营企业发展 优化营商环境十项举措》，成立“法官服务企业专家团”深入企业开展“司法助企”系列活动，助力打造一流营商环境。

(三)保障全域AAAAA“童话云和大花园”建设。践行“绿水青山就是金山银山”理念，审结环境资源案件29件。在县“河长制”办公室设立巡回审判点，为提升县域河湖治理和管护水平提供有力司法保障。出台《关于服务保障云和梯田国家湿地公园AAAAA级景区创建工作的意见(试行)》，保障县域重点旅游景区创AAAAA工作。完善生态司法教育基地，修缮环境资源司法保护文化长廊，在云和梯田核心游览区域增设生态司法宣教基地，为云和梯田景区增添法治元素。以巡回开庭、案件调解、普法宣传等形式开展巡回审判100余次。

【深化司法体制改革】 (一)推进诉源治理，多元化解矛盾纠纷。坚持发展新时代“枫桥经验”，积极融入党委政府社会大治理格局，让更多矛盾纠纷化解在基层、消除在萌芽状态。组织诉讼服务团队入驻县社会矛盾调处化解中心，牵头建立诉前调解“五个统一”(工作统一管理、案件统一分流、人员统一考核、资金统一使用、印章统一管理)工作机制，并设立速裁庭，实现立案、诉前调解、司法确认、开庭审判“一站式”司法服务。2020年，累计办结诉前调解案件1395件、司法确认案件609件。坚持党建引领，推行“哨响就到”诉源治理新模式，在青阳门社区成立全市首个“社区微法庭”，并安排全院干警作为诉讼服务联络员覆盖全县15个社区，为群众提供“点单式”诉讼服务，有效促进基层纠纷及时高效化解。2020年，全县民商事案件诉前化解率达到58.27%，同比上升18.99%；民商事案件收案数1332件，同比下降18.73%。加强普法宣传，延伸社会治理触角，依托微信公众号推送普法宣传信息96期，编发“以案释法”宣传手册2本1000余册，开展“法律六进”(法律进机关、进乡村、进社区、进学校、进企业、进单位)活动36次。

(二)构建长效机制，依法保障胜诉权益。全年共受理执行案件1291件，执结1343件，执行到位金额6287万余元。加强“立、审、执、破”兼顾，在全省率先推行执行预告制度，强化执前督促，自动履行率达到56.95%，该项工作得到省高级人民法院领导的2次批示肯定。强化失信惩处力度，开展执行专项行动3次，依法限制消费1225人次，司法拘留2人，罚款183人，以拒不执行判决(裁定)罪判处1件1人。加大失信曝光力度，通过微信公众号、户外显示屏、电视、影院映前曝光等形式施压，敦促被执行人履行还款义务。传递司法温度，依法为经济困难当事人“缓减免”(缓交、减交或免交)诉讼费5.43万余元，发放国家司法救助金6万元。

(三)建设“智慧法院”，加速实现公平正义。开展无纸化办案办公试点工作，探索运用“创新引领”这把“金钥匙”来彰显“司法为民”初心，推动全业务网上办理、全流程依法公开、全方位智能服务。2020年，全面实现立案、审理、执行、归档全流程无纸化办案，其中，法政、法仲、律法、法银建立线上协作“四个一律”(案件材料一律在线流转、专门案件一律在线办理、诉讼文书一律在线送达、涉诉费用一律在线收退)机制等相关做法先后4次得到省、市法院领导的批示肯定，并要求在全市法院推广。积极落实政法一体化单轨制协同办案，实现案件接收、换押、法律援助等事项线上办理，有效促进刑事案件办理更加高效、更加规范。依托“最多跑一次”政务系统，打造“法院执行一件事”流程，实现查询、控制、扣划等高频执行事项线上“一件事”办理，相关做法在省委改革办“竞跑者”平台上刊发。

【锻造过硬法院铁军】 (一)旗帜鲜明讲政治。巩固“不忘初心、牢记使命”主题教育成果，大力弘扬践行“浙西南革命精神”，结合“两个坚持”(坚持党对司法工作的绝对领导、坚持中国特色社会主义法治道路)专题教育和“思想建设年”活动要求，开展覆盖全院的政治大学习、理论大培训、思想大讲堂、认识大讨论活动。班子成员坚持先学一步、学深一层，在党组理论中心组学习会上围绕“两个坚持”中的11个问题进行讨论辨析，在全院干警大会或支部会上讲授专题党课11次。开展“我的初心、我的成长”宣讲活动，42名党员在支部党员大会上围绕“初心”，分享所见、所闻、所想。严格落实重大案件和事项请示报告制度，主动向上级法院和县委、县委政法委请示报告重要决策、重点工作、重大事项30余件次。

(二)固本强基提能力。加强民法典学习宣传，组织线上“大家一起学习民法典”117期，举办民法典知识竞赛1场，开展民法典宣传活动10余场，拍摄普法短视频2个，为全面实施民法典做好准备。每周组织科室自学，每月进行一次集中夜学，并开展钉钉视频培训50余期，切实营造浓厚的学习氛围。实施“全科法官”轮岗进修制度，开展司法警察、司法雇员“岗位大练兵”活动，组织优秀庭审、裁判文书、案例、学术论文、调研课题评选活动，全面提升专业化能力。强化理论指导司法实践，承担或参与省市调研课题15个，24篇调研文章和案例在市级以上刊物发表并获奖。2020年，县法院累计有23个集体和个人获县级以上表彰。

（三）正风肃纪转作风。扎实开展“执法司法规范化水平提升年”活动暨执行不力问题专项治理，认真对照“八查八看”工作要求，查摆并整改各类问题251个。通过开展“以案释德、以案释纪、以案释法”警示教育，“三个规定”及“违规借贷”、虚报冒领补助专项自查，分级“廉洁家访”，前往廉政教育基地参观学习等形式，不断强化干警廉洁自律意识。健全审判监督制约机制，科学界定各类人员审判权力和责任范围，完善人员分类业绩考核评价体系，开展案件质量评查、长期未结案清理专项行动，推动干警规范意识、质量意识明显提升。选聘10名社会人士担任特邀司法监督员，选任15名科室干警为廉政监察员，进一步健全监督体系。常态化开展院风院纪巡查、纪律作风督查，坚持抓早抓小，诫勉1人、约谈提醒3人。

（四）主动全面受监督。坚决贯彻落实县人大及其常委会决议决定，主动向县人大常委会报告法院重点工作，4名法官接受县人大常委会履职评议。自觉接受县政协民主监督，主动通报法院情况，听取意见建议，办理政协提案2件。拓宽代表委员沟通联络渠道，通过上门走访、参加代表小组活动，邀请代表委员旁听庭审、见证执行、担任特邀司法监督员等形式，向代表委员汇报工作。支持和配合检察机关依法履行法律监督职责，邀请检察长列席审委会会议6人次。认真办理检察建议，共同维护司法公正。召开律师座谈会，征求意见建议11条，开展律师与法官在线互评工作，促进律师与法官相互监督、良性互动。以公开促公正，庭审直播率97.53%、裁判文书上网率99.94%、普通程序案件陪审率100%，召开新闻发布会4次，举办公众开放日6场。坚持“公开网拍优先”，累计网拍厂房、土地、住房、汽车等物品84件，成交68件，成交总额4604万余元，为竞买人节省佣金131万余元。

（黄熙延）

司　法

【概况】 2020年，云和县司法局（以下简称县司法局）坚持以习近平新时代中国特色社会主义思想为指导，深入贯彻落实中共十九大和十九届历次中央全会精神，紧紧围绕县委、县政府中心工作，以法治建设为主线，以改革创新为动力，不断提升县域法治化水平，为云和县打造全国山区新型城镇化样板县域“重要窗口”提供坚强的法治保障。

【依法治县工作】 2020年，先后召开县委全面依法治县委员会第二次全体会议、县委全面依法治县委员会守法普法协调小组第一次全体会议、法治云和（法治政府）建设第一次点评会等重要会议，统筹推进全县法治建设工作。同时，率先全市建立法治建设“一专班五制度”，即抽调10个重点单位的业务骨干成立法治云和（法治政府）工作专班，强化法治建设的人才支撑；建立法治建设的五项制度（任务交办制度、通报制度、亮晒制度、点评制度、督查制度），强化重点工作的督促与落实。

【依法行政工作】 推进重大行政决策目录化管理，顺利完成全县10个乡镇（街道）和24个政府部门的重大行政决策目录化、清单化工作。强化文件合法性审查，累计审查各类文件89件，出具合法性审查意见59份，提出审查意见189条。强化文件备案审查，共备案乡镇（街道）和部门的行政规范性文件27件，并对2020年3月31日之前制定的396件县政府行政规范性文件及县政府各部门、乡镇（街道）制发的行政规范性文件进行全面清理，清理后拟修改但暂时保留的文件14件，宣布废止和失效的文件50件。规范行政裁决工作，梳理印发《云和县县级部门行政裁决事项基本清单（第一批）》，并发布《云和县行政裁决办事事项清单、流程及申请书格式文本》。规范政府法律顾问服务，起草《云和县政府法律顾问服务规范》，并经县市场监管局批准发布。加强行政执法监督，先后聘请51名法治监督员、10名特邀行政执法监督员对行政执法单位落实行政执法“三项制度”情况、“证照分离”改革落实情况开展专项执法监督，共发现问题46项，提出纠正意见46条；对全县各行政执法单位开展案卷评查，共评查案卷208卷，发现问题839条，发出行政执法监督通知书3份。加强行政复议规范化建设，在全市率先通过省级行政复议规范化建设评估验收。2020年，共办理行政复议案件17件（上年度结转4件），行政复议案件复议后胜诉率达100%。启动开展行政诉讼发案量和败诉率“双下降”百日攻坚行动，全年全县共发生行政诉讼案件18件，其中裁定撤诉7件、调解结案2件、判决驳回5件、裁定驳回起诉2件、败诉1件、审理过程中1件。

【法治宣传教育】 组织开展“防控疫情、法治同行”专项法治宣传行动，引导广大人民群众增强法治意识、提高法治观念，依法支持和配合疫情防控工作。深化“法治+产业”云和普法模式，将法治与木玩产业、文化产业、旅游产业等有效结合。12月4日至16日，云和法治木玩系列产品在全省“七五”普法成果展中展出。创新举办云和县“五水共治（河长制）”法治论坛，以专题研讨形式破解“五水共治”工作中遇到的涉法难题。深入开展专题法治宣传活动，通过制作普法宣传短剧、召开研讨会、开展社区矫正中心“媒体开放日”主题活动、举办网上有奖知识竞赛等形式，广泛宣传宪法、民法典、社区矫正法等法律法规，切实营造“全社会学法用法”的良好社会氛围。加强法治阵地建设，新创建省级“民主法治村（社区）”3家、市级“民主法治村（社区）”7家、市级“普法农家院”2家。大力实施“法治带头人”“法律明白人”培育工程，累计聘请“法治带头人”170名、“法律明白人”259名。加强领导干部法治教育，印发《云和县县管领导干部任前法律知识考试办法（试行）》，组织5批次43名拟提任县管领导干部参加任前法律知识考试。认真做好“七五”普法总结验收工作，成功通过市“七五”普法检查验收。

【公共法律服务】 （一）开展“法雨春风”法律服务月活动。4月，先后到“七大行业”（木玩行业、阀门行业、建筑行业、滚漆行业、轴承行业、电商行业、家装行业）的103家企业开展法律服务活动，期间累计为企业“法治体检”178次，发放《浙江省民营企业发展促进条例》等法制宣传资料3万余份。创新推出“法治+心理”服务模式，将涉企法律服务与心理疏导深度结合起来，助力企业早日复工复产。（二）提升公共法律服务水平。2020年，云和县公共法律服务入驻县社会矛盾调处化解中心，实现群众办事“最多跑一地，只进一扇门”。畅通法律服务热线、“12348”浙江法网、“浙里办”App、“浙江法律援助”微信公众号等多种法律服务渠道，并从9月起，全部法律援助案件可通过浙江政务服务2.0平台网上办理，真正实现法律援助服务“网上办、掌上办、自助办”。2020年，县法律援助中心共接待法律咨询1200余人次，受理法律援助案件399件，受援助率达100%。深入推进公证领域“放管服”改革和“最多跑一次”改革工作，并率先全市开展“不见面开标”现场监督公证，有效节省投标人的通勤成本和时间成本。2020年，共办理各类公证1374件。启动律师行业“扬帆行动”，先后选派10名律师到县法院、县检察院、县看守所轮流值班，为犯罪嫌疑人或刑事案件被告人提供“一站式”法律服务，并形成“1小时公共法律服务圈”。（三）加强法律服务队伍建设。加大对新执业律师、青年律师的培养和对中小律师事务所的扶持力度，新设浙江万申佳律师事务所云和分所，新增执业律师3人、公职律师4人、基层法律工作者1人、执业公证员 1 人。

【矛盾纠纷化解】 2020 年，共化解矛盾纠纷 1039 件（其中人民调解协议司法确认 584 件），化解成功率 100%，涉及金额 5710.39 万元。创新将调解工作纳入“积分制”基层社会治理模式，推行以“公益银行”“积分存折”等新鲜事物为载体的量化考评方式，有效激发群众参与调解的内生动力。健全行政争议调解制度，联合县法院、县检察院制定出台《关于共同推进行政争议实质性化解的实施办法（试行）》，该办法实施以来，已促成 4 件行政复议案件申请人与被申请人达成和解。增加财政保障资金 48 万元，选聘专职人民调解员 37 名。举办全县人民调解员培训会暨专职人民调解员初任培训会，切实提升人民调解工作法治化、规范化、专业化水平。2020 年，云和县阳光人民调解委员会刘彬调解工作室成功获评省级“金牌人民调解工作室”。

【社区矫正帮教】 （一）规范社区矫正工作管理。召开云和县社区矫正委员会第一次全体会议，会议审议通过《云和县社区矫正委员会工作规则》《云和县社区矫正委员会办公室工作细则》《云和县社区矫正委员会成员单位工作责任清单》3 项制度。扎实开展“阳光矫正”志愿者行动、社区矫正“无再犯罪”县创建等工作，全面提升云和县社区矫正工作水平和质量。至 2020 年年末，全县共有在册社区矫正对象 78 人，其中缓刑 71 人、假释 4 人、暂予监外执行 3 人；在册刑满释放安置帮教人员 488 人。（二）创新建立“云会见”模式。探索运用远程视频系统建立“云会见”模式，并在全市率先组织县政府帮教团与监狱开展“云帮教”活动。2020 年，累计组织家属与监狱服刑人员开展远程视频“云会见”208 人次。此外，县司法局还将“云会见”模式应用到调解、公证等工作中，给群众带来极大便利。

【扫黑除恶斗争】 制定出台《关于进一步开展扫黑除恶专项斗争法治宣传教育活动的通知》，并先后到工业园区、石塘镇、紧水滩镇、赤石乡等地开展“扫黑除恶”专项斗争宣传活动。活动通过摆放宣传展板、张挂宣传横幅、发放宣传资料、播放“三句半”原创视频等多种形式，广泛宣传“扫黑除恶”专项斗争的重要性和必要性，并动员广大人民群众积极投身“扫黑除恶”专项斗争，推动形成全社会对黑恶势力同仇敌忾的社会氛围。加大黑恶势力排查力度，对有黑恶势力犯罪前科的重点人群实施动态管控。持续加强律师代理涉黑涉恶案件的监督、指导与管理，确保律师依法规范执业。

【司法队伍建设】 （一）着力加强思想政治建设。积极引导党员干部利用“学习强国”App、“青年大学习”App 等学习平台，认真学习习近平新时代中国特色社会主义思想、习近平在浙江考察时的重要讲话精神和中共十九届五中全会精神。加强机关党建工作，规范落实“三会一课”、组织生活会、“主题党日”等制度，规范开展党员发展、党费收缴管理等工作。（二）持续改进纪律作风。积极配合县委巡察工作，针对县委第四巡察组反馈的 6 个方面 15 项 34 个问题，逐条进行整改，并做到举一反三，期间，累计教育提醒 36 人次，新建各项制度 9 项。开展“执法司法规范化水平提升年”活动，对局机关各科室可能存在的问题进行全面梳理，其间累计发现问题 23 项，提出整改措施 35 条。（三）全面提升履职能力。组织干部到宁波大学开展政治轮训，促进干部政治能力和业务素质“双提升”。加强公务员队伍建设，有序开展公务员职级晋升工作，完成一般干部职级晋升 16 人次。抓好公证处队伍建设，完成公证处改革后岗位设置，2 名人员取得四级公证员资格。组织参加丽水市司法行政系统“崇尚法典精神、共筑美好生活”民法典微课比赛并获优秀组织奖，参赛的 3 名选手分获一、二等奖和优秀奖。（赵　爽）

军　　事

人民武装

【概况】 2020年，云和县人民武装部(以下简称县人武部)坚持以习近平新时代中国特色社会主义思想为指导，深入学习贯彻习近平强军思想，坚持举旗铸魂不动摇、练兵备战不松劲、主建动员不懈怠、从严执纪不手软、狠抓落实不疲沓、完成任务不含糊，各项工作有序展开、有力推进，全县国防后备力量建设持续保持健康发展的良好势头。

【党管武装】 2020年，县人武部坚持党管武装基本原则和优良传统，完善党管武装制度，落实党管武装部门考核；发挥县委军事部参谋作用，加强武装工作重大问题请示报告，及时汇报上级相关会议精神、指示要求以及落实情况，提出意见建议。

【政治建设】 2020年，县人武部坚持“思想建党、政治建军”原则，把政治工作“生命线”地位凸显出来，提升政治工作对备战打仗的贡献率。强化“四个意识”、坚定“四个自信”、做到“两个维护”，坚决贯彻军委主席负责制。学习贯彻《中国共产党军队党的建设条例》，打牢“维护核心、听党指挥”的政治自觉，牢固树立党对军队的绝对领导和党管武装思想。深入抓好“不忘初心、牢记使命”主题教育，持续推进军队“传承红色基因、担当强军重任”主题教育，结合“每周一学”“每月一讲”等时机，组织单位通学、个人自学、领导领学、重点深学等方式学习，努力推动理论学习末端落实落细。同时，安排每季度党委议教，落实每月不少于2天的党委中心组带机关理论学习，及时传达学习习近平最新讲话精神；利用信息网络“便捷、高效”特点，依托“学习强国”“军职在线”等App，探索“全媒体”学习模式、“微时代”教育模式，坚持用先进文化占领思想阵地；开展“重走红军路”等党日活动，组织观看《金刚川》《大会师》《我和我的家乡》等优秀影片，发动大家谈发展、谈体会、谈愿景，做到“学思用贯通、知信行统一”。

【军事训练】 2020年，县人武部在元旦、春节、“五一”、国庆等重大节日期间，组织开展临机拉动，提升首长机关和值班分队的备战能力。修订完善各类战备预案，开展战备教育，提高战备意识，适时组织战备演练。按照“立足现状、逐步提升、分步实施、全面规范”工作思路，着力探索适应新时代建设发展要求的运行机制，构建条令要求与人武部实际相统一的“四个秩序”，提高人武部正规化建设水平。7月，组织民兵参加军分区组织的第三届民兵岗位比武活动，并获2个单项第一名。11月，组织民兵应急分队骨干暨民兵教练员集训。在抓好民兵训练的同时，兼顾首长机关训练，先后开展军事理论、基本技能、平时业务等科目训练；推动军事职业教育，完成年初制订的在线学习计划，制作上线《征兵工作流程规范》微课。

【队伍建设】 2020年，县人武部全面抓实基层规范化建设，并通过建立常态督导和问题整改机制、采取电话抽问、依靠潜力和方案核查编组、现地督导工作落实、持续跟踪问题整改等方法，形成“检查、整改、反馈”闭合回路，推进民兵建设由“实起来”向“强起来”转型升级。加强首长机关能力建设，开展干部、文职人员、职工之间互帮互训；会同县委组织部做好人员考核，严格规范专武干部提拔使用程序。

【民兵参建】 2020年，县人武部积极发挥民兵“参建、参治”作用，全力助推地方经济社会发展。特别是农历春节以后，面对新冠肺炎疫情，号召全县广大民兵坚决听从指令，主动做好居家隔离。3月，在做好自身防疫的情况下，动员全体机关人员、专武干部和广大民兵积极投身全县抗疫行动。年内，县人武部先后组织民兵参与重大节日安保维稳、疫情防控、抢险救援、山林灭火等非战争军事行动。

【拥军优属】 2020年，县人武部充分发挥“军地桥梁和纽带”作用，加强与驻地部队和地方党委、政府之间的沟通联系，出资为某部队建设图书馆，并依法处理多起涉军维权事件，有效保障现役军人及其家属合法权益。同时，积极做好随军家属安置工作，为1名现役人武干部家属安置工作。

【国防教育】 2020年，县人武部坚持守正创新，在用活传统国防教育方法的基础上，采用“互联网+”思维开展国防教育，并探索出“互联网+国防教育”、国防教育“云”课堂等多种教育方式，有效扩大国防教育的覆盖面，增强国防教育的感染力、吸引力和渗透力。9月，利用全国第20个全民国防教育日、浙江省第9个国防教育宣传周之机，开展“奋进新时代、聚力强军梦”主题国防教育系列宣传活动，积极营造“全社会热爱国防事业、崇尚军人职业”的浓厚氛围。此外，县人武部还通过常态开展清明节和烈士纪念日祭扫烈士陵园活动，组织抗美援朝老兵进校园、进军营宣讲战斗故事，张贴“八一光荣榜”宣扬立功受奖军人先进事迹等方式方法，广泛宣传人民军队优良传统作风，切实增强全社会“爱党、爱国、拥军”的思想意识。在做好全民国防教育的同时，积极用活云和革命老区“红色资源”，有序推进小顺村“军民共建文化村”、王荫山村“中国工农红军挺进师‘云和会议’”旧址、黄家地与严山村“战斗黄家地·忠勇严山村”革命遗址等爱国主义教育示范基地建设。

【正风肃纪】 2020年，县人武部党委、纪委始终保持正风肃纪高压态势，严肃纠治思想积弊，深挖问题根源，通过标本兼治，推动一严到底、一抓到底。开展政治安全形势分析，严格政治纪律和组织纪律，规范领导干部个人事项如实填报，坚决抵制和防范错误政治观点，推动作风建设落到实处。抓实党的组织建设，规范退休职工党员的党费交纳，及时上交机关支部党费。严格财经纪律，落实党委理财制度，重大经费开支、工程建设需经党委会研究，并执行双主官联签制度。

【安全保障】 2020年，县人武部在常态化疫情防控形势下，坚持“守安全、守底线”意识，下好安全工作“先手棋”。在安全教育、制度落实、设施改造等方面，主动抓好人防、物防、技防，在“打基础、管长远”上下功夫、使狠劲。落实《安全工作检查考评实施办法》，对照负面问题清单，常态开展隐患排查治理。抓好条令、条例学习，制定并完善人武部印章管理使用、车辆派遣登记、人员外出请（销）假等各类管理制度。落实党委每月安全形势分析，遇重大活动和演训，须开展风险评估。加强“两个经常性”工作和心理服务，抓好预防犯罪工作，突出“两个以外”人员管理，掌握新招文职人员、职工和退休人员现实情况，及时纾难解困、化解矛盾。8月，开展“军车安全月”教育活动。10月，开展“百日安全”活动，在营区布置安全文化展板，并利用工地挡板、宣传橱窗、楼梯内墙等空间张贴安全标语，让干部、职工在潜移默化中接受安全教育。做好食堂卫生管理，落实食品每天留样、刀具安全管控等制度，并对食堂电气线路、安全设施等进行升级改造。2020年，县人武部被评为省级安全管理先进单位，1名干部获省级安全管理先进个人称号。（楼寿高）

人民防空

【概况】 2020年，云和县人民防空办公室（县民防局）（以下简称县人防办）深入学习贯彻习近平新时代中国特色社会主义思想和全省、全市人防工作会议精神，切实转变工作作风，狠抓工作落实，较好完成年初预定的各项目标任务。

【人防宣传中心建设】 2020年上半年，受疫情影响，人防（民防）宣传教育中心展厅未能正常对外开放。8月，县人防办邀请相关技术人员对展厅所有设备进行大检修，并于9月13日对外开放。

【人防工程项目管理】 2020年，县人防办根据《浙江省实施〈中华人民共和国人民防空法〉办法》规定，严格落实新建工程项目人防设施设置要求。在春节、五一劳动节、安全生产月期间，县人防办先后组织开展3次全县人防工程安全大检查，重点对自建人防工程、结建人防工程和在建人防工程进行全面检查，突出检查人防工程的主体结构、防护设备设施是否完好，消防疏散通道、应急照明、消防系统是否正常运转，有无存储和生产剧毒、腐蚀性、放射性等危险化学品及易燃易爆物品。同时，对检查的每项工程，均做书面、照片等检查记录，对检查发现的人防工程安全隐患当场予以指出，并下发《限期整改通知书》，要求管理单位制订整改方案，限期整改到位。

【人民防空应急演练】 7月30日，县人防办组织开展防空袭应急演练。此次演练模拟云和县第二制水厂在遭受敌方常规空袭后，县人防指挥部联合全县各部门共同消除空袭后果的一系列举措。通过演练，进一步检验县人防指挥部工作机制和指挥员临战决策水平，进而为提升人防应急应战能力、推进人防现代化建设积累丰富的实战经验。

【人防知识宣传教育】 3月1日，县人防办组织开展“3•1”国际民防日主题宣传系列活动，并精心布置1辆疫情防控宣传车在县城街道巡回播放，提醒市民注意卫生、加强疫情防控。同时，利用在各防疫卡点值守机会，向广大市民发放人防宣传资料；利用山水广场大型显示屏，滚动播放自制人防宣传短片，向市民普及防空防灾知识。5月12日，县人防办联合县民防应急救援队、青阳门社区、中山社区、东门社区等单位，先后在嘉和苑、万和小区开展“5•12”全国防灾减灾日主题宣传系列活动。通过活动，进一步提高广大群众应对各种突发事件的能力，营造出“全社会关注民防、重视民防”的良好氛围。

【人防信息化建设】 2020年，县人防办继续做好全县人防警报设施维护和管理工作，结合“5•12”全国防灾减灾日和“九一八”事变纪念日防灾防空警报试鸣，组织开展人防警报设施维护巡查，确保人防警报设施、设备运转正常。年内，先后完成3次警报鸣响任务，分别是4月4日全国性哀悼活动鸣响警报、5月12日全国防灾减灾日鸣响警报、9月18日“九一八”事变纪念日鸣响警报，警报鸣响率100%、警报完好率100%。认真做好全市人防系统通联训练和每周三下午全省人防视频会议通联训练，不断提升人防工作人员遂行组织指挥、综合保障和应急任务的能力。积极组织全体干部职工开展专业培训，使所有工作人员都学会专业技能，进一步提升信息保障能力。

【巡察反馈问题整改】 2020年，县人防办针对县委第五巡察组巡察反馈的28项具体问题，逐条进行研究讨论、逐条落实整改措施，力求从思想上提高认识，防止此类问题再次发生。至年末，28项问题已整改27项，剩余1项已委托县城投公司进行施工改造。（王晓东）

退役军人事务

【概况】 2020年，云和县退役军人事务局（以下简称县退役军人事务局）深入学习贯彻中共中央总书记习近平关于退役军人工作的重要论述，准确把握新时期退役军人工作的方向和定位，坚持把"让广大退役军人和其他优抚对象满意、让军人成为全社会尊崇职业"作为退役军人工作的基本理念，全面有序推进全县退役军人工作高质量、创新发展。

【优抚安置】 2020年，县退役军人事务局严格落实优抚政策，发放优抚对象抚恤、生活、丧葬、医疗门诊等补助，发放重点优抚对象住院医疗补助、基本生活价格补贴。创新优抚举措，率先在全市推行现役军人家属免费健康体检制度，联合县医疗健康集团、宁波市民康医院为现役军人家属提供免费体检服务，激励现役军人在部队安心服役、建功立业。开展困难帮扶，下拨各乡镇（街道）困难退役军人帮扶援助资金，用于帮扶困难退役军人解决实际困难。推进社保接续，把推进部分退役士兵社保接续工作作为落实"六稳""六保"任务的重要内容来抓，严格认真做好全县部分退役士兵社保接续工作，县部分退役士兵社保接续率达100%。

【双拥共建】 2020年，县退役军人事务局在春节和八一建军节期间，走访慰问驻云和部队、县人武部、军休干部、重点优抚对象以及"最美退役军人"获得者，并送去慰问金和慰问品；为立功受奖现役军人上门送喜报，并发放立功受奖奖金。清明节期间，开展"致敬•2020清明祭英烈"代祭扫和"云"祭扫活动，通过手机端、电脑端为烈士献花和祭扫人数达5000余人次。八一建军节期间，广泛开展退役军人大走访活动，通过召开座谈会、上门走访等形式，了解退役军人和优抚对象需求，切实营造"尊军、崇军、拥军、爱军"的良好氛围。"9•30"烈士纪念日，组织开展"缅怀先烈，致敬英雄"祭奠英烈活动，通过向烈士纪念碑敬献花篮、肃立、鞠躬等方式，深切缅怀革命先烈的不朽功勋，深情寄托对烈士的无限哀思。举办云和县首届"最美退役军人"发布仪式，对8名首届"最美退役军人"进行表彰，并通过"线上+线下"双重渠道，广泛宣传"最美退役军人"事迹，激励广大干部群众学习"最美"、争当"最美"。为纪念中国人民志愿军抗美援朝出国作战70周年，县退役军人事务局联合县融媒体中心，对全县21名抗美援朝老兵进行专题采访和事迹宣传，并为每一位抗美援朝老兵送上慰问品。

【精准服务】 2020年，县退役军人事务局成立"三服务"工作领导小组，由局领导班子带头，局机关各科室、局下属各单位全面参与，分别联系烈士遗属、残疾军人12人。通过实地走访、电话联系等方式，每季度联系退役军人不少于1次，动态掌握退役军人的生产生活状况及家庭情况。同时，建立健全问题收集、后续跟进、销号管理等运行机制。年内，共收集问题20个，已全部得到解决。积极了解驻云和部队需求，为部队送去生活及办公用品。疫情防控期间，为部队协调落实口罩，并送去消毒水等防疫物资。

【改革创新】 2020年，县退役军人事务局在元和街道小徐社区率先建立"退役军人+"社会治理新模式，鼓励和引导退役军人积极参与社区治理工作，切实发挥退役军人的示范引领作用。推行"菜单式服务+清单式任务"工作模式，认真梳理困难退役军人、军（烈）属等群体服务需求清单，结合退役军人特点与特长，自行认领相应的志愿服务项目。2020年，共组织开展退役军人志愿服务活动15次，退役军人到社区服务200余人次。推行积分制管理制度，退役军人参加志愿服务活动可按照每小时5分获得积分，计分榜即时更新、公开，通过晾晒实绩，以干促学、以比促优。同时，充分发挥退役老兵"传帮带"作用，在创业就业、帮扶解困等方面为新退役军人提供帮助，切实打通服务退役军人的"最后一公里"，让退役军人回到地方后能第一时间找到归属感。

【就业创业】 2020年，县退役军人事务局携手县“云和师傅”协会成立云和县退役军人农业技术培训中心，为广大退役军人返乡就业创业提供农业技术方面培训。加强与县电大、县职技校、县安泰汽校等单位合作，先后举办退役士兵电大函授教育和汽车驾驶技术培训。通过线上、线下双重途径为退役军人提供岗位，线上通过新闻网站、短信、微信等载体，广泛宣传退役军人招聘信息，结合岗位匹配度，电话通知待业退役军人及时应聘；线下通过开设“退役军人专场招聘会”、在日常招聘会设置“退役军人招聘专区”、为退役军人求职就业开设“绿色通道”等多种方式，积极助力退役军人就业。

【固本强基】 2020年，县退役军人事务局巩固和提升退役军人服务中心(站)建设成果，加快推进示范型退役军人服务中心(站)创建。至年末，全县已建立退役军人服务中心(站)98个，其中县级服务中心1个、乡镇(街道)服务站10个、村(社区)服务站87个。主动向县委退役军人事务工作领导小组和县主要领导汇报工作，推动县级服务中心迁建工作得到落实，新迁建的县级服务中心场地面积350余平方米，服务大厅、文化展厅、接待室、阅览室等功能区一应俱全，该中心将对照工作职责和服务规范，进一步完善工作机制，不断优化服务水平、提升服务质量。通过对各乡镇(街道)、村(社区)退役军人服务站前期摸底调查，结合乡镇(街道)意见，实施并完成9个乡镇(街道)、31个村(社区)示范型退役军人服务站建设，超额完成年度目标任务。由局领导班子分组带头联系各退役军人服务站，实地指导场所建设工作、对台账资料进行集中审阅，先进带后进，统筹推进示范型退役军人服务站创建。规范接待流程，统一服务标准，组织乡镇(街道)分管领导和服务站工作人员开展业务培训4场次，受训人数80余人次。 (梁怡君)

武　警

【概况】 2020年，武警云和中队坚持以习近平新时代中国特色社会主义思想为指导，以《军队基层建设纲要》和《武警部队基层正规化管理规定》为依据，以建设一支“听党指挥、能打胜仗、作风优良”的现代化武装警察力量为目标，不断推进政治建军、改革强军、科技兴军、依法治军，聚力争创“四铁”(铁一般信仰、铁一般信念、铁一般纪律、铁一般担当)先进中队。

【政治建设】 2020年，武警云和中队始终把“听党指挥”作为政治工作的出发点和落脚点，牢固树立“政治工作首位”意识，大力加强思想政治建设。深入学习中共十九大、十九届五中全会和习近平总书记系列重要讲话精神，及时传达学习上级党委扩大会议精神。坚持“日学一观点”制度，利用早、中、晚集合站队和就餐等时机，组织官兵轮流开展“理论观点小解析”活动。同时，灵活运用好报刊、“军职在线”App等载体，推动党的创新理论在战士心中扎根。深入开展“学纲要、背纲要、用纲要”学习教育活动，认真学习《军队基层建设纲要》《军队安全管理条例》《军队保密条例》等法规制度，并坚持每月开展不少于1次的理论考核。针对官兵心理健康问题，武警云和中队定期召开议教会，明确教育重点，发挥官兵主体作用。武警云和中队班长或骨干每月进行一次教育授课，兵讲兵事，不断增强教育的针对性和实效性，有效激发官兵履职尽责的工作热情。严格落实“三互”“双四一”等制度，切实做到知官兵、爱官兵，牢牢掌握官兵思想。深入开展“传承红色基因、担当强军重任”主题教育，对表形势任务、上级要求和官兵思想，突出用习近平强军思想引领、用奋斗强军主基调把控，并组织开展讨论交流、体会交流、微课解读、强军故事会等一系列配合活动，切实引导官兵将主题教育的核心精神内化于心、外化于行，进而凝聚起备战打仗的昂扬斗志和强军兴军的强劲动力。着力丰富官兵文化生活，培养官兵读书看报习惯，并按照“小型、便捷、科学、灵活”的思路，分班组、分场地、分时间开展文娱活动，切实缓解官兵紧张和焦虑情绪。此外，武警云和中队“一队一品”特色文化日趋成熟，进一步丰富官兵业余文化生活。

【训练执勤】 2020年，武警云和中队坚持把练兵备战作为第一要务，树牢备战打仗意识、提升备战打仗能力。牢固树立“随时准备打仗”思想，结合“修方案、学方案、推方案”活动，加强任务研究和拉动检查，完善各种方案和预案。扎实开展“学规定、查隐患、补漏洞、保安全”执勤安全教育整顿活动，结合节日战备、疫情防控等工作，定期检查战备物资、检验战备能力和水平。扎实开展执勤教育，结合典型案例分析与讨论，强化官兵居安思危的意识。抓好勤务“三必讲”(每日点名随机讲、倾向性问题专题讲、发现问题随时讲)，对组勤不正规、登记不规范、警惕性不高、哨兵形象差等“软隐患”进行整治，并对哨兵每日执勤情况进行通报，有效提升执勤质量。牢固树立“战斗力这个唯一的、根本的标准”，坚持实战实训、按纲施训、从严治训，坚持任务、训练一体化，不断提升军事训练“八落实”和“六种组训模式”质量；坚持每周组织召开议战、议训会议，每周五对一周所训科目进行会操，并根据训练成绩进行排名分层，鼓励后进向先进看齐，使各层级有序流动，有效激发官兵训练热情；坚持每周六对下周训练科目进行评教评学，查找教学组训中的问题，创新教学组训方法，并建立备课室，致力提升教练员队伍的教学组训能力。同时，坚持把体能训练作为军事训练的基础，探索研究疫情背景下的体能训练方式与方法，切实提高疫情期间军事训练质量和效果。

【安全管理】 2020年，武警云和中队认真组织学习新修订的《军队基层建设纲要》《军队党的建设条例》，通过授课培训、班组讨论、个人自学等多种方式，学懂弄清新纲要和条例修改了哪些内容、增加了哪些规定、规范了哪些要求，进而准确掌握新纲要和条例的精神实质。认真贯彻落实《武警部队基层正规化管理规定》，通过检查督导、知识竞赛、队列会操、军容风纪检查、内务评比等方式方法，不断提高队伍正规化建设质量。依据“条令年”活动要求，严密组织法规制度学习，通过每日翻安全倒计时牌、呼喊安全警句等方式，切实营造浓厚的活动氛围。同时，深化条令学习，把人人学条令、人人用条令、人人遵守条令贯穿日常工作始终，牢固树立“安全时刻在心中”思想；以学习《安全工作八个规范》为契机，深入开展安全隐患大排查和“七个领域”专项整治活动，切实消除各类安全风险隐患；严格落实上级关于做好疫情防控相关要求，抓好卫生常识教育和健康习惯养成，并建立在外人员管理档案，利用电话每天与在外人员联系，引导他们做好疫情防控措施。2020年，武警云和中队实现全年安全无事故，被省武警总队评为“百日安全竞赛优胜单位”。

【后勤保障】 2020年，武警云和中队坚持党支部理财、重大经费开支需党支部研究决定等制度，克服盲目开支现象。落实疫情期间“错峰就餐”制度，定期收集官兵对伙食的意见和建议，创新主副食搭配花样，确保官兵吃得健康、吃得营养、吃得开心。同时，积极响应上级号召，大力开展“发扬优良传统、强化节约意识、建设节约型部队”活动，引导官兵从自身做起、从小事做起，杜绝“跑、冒、滴、漏”现象发生；注重抓好后勤人员队伍建设，落实每周后勤专业兵训练计划，扎实开展后勤岗位大练兵活动，不断提高后勤人员能力素质。

【班子建设】 2020年，武警云和中队结合“传承红色基因，担当强军重任”主题教育，制定班子成员集中学习计划表和个人自学计划表，有序推进班子队伍学习教育，达到“学干相融、干学相促”的效果，切实提升班子队伍的业务综合素质和抓末端落实的能力。坚持把作风建设作为部队科学发展的“根基工程”，作为取信官兵、赢得支持、树立形象的“信任工程”，大力倡导“树新风正气，刹歪风邪气”思想，牢固树立“靠素质立身、凭实绩进步”鲜明导向，切实营造出“风清气正、创先争优”的良好环境。2020年，武警云和中队班子坚持做到模范带头、履职尽责、甘于奉献，团结推动中队向着“更稳、更强”的方向发展。（杨飞龙）

农村经济·气候

农业农村

【概况】 2020年，云和县农业农村局(以下简称县农业农村局)坚持疫情防控和农业生产“两手抓、两不误”，结合“三联三送三落实”(联村、联企、联基地，送政策、送技术、送帮扶，落实防疫任务、落实生产任务、落实发展任务)活动，大力实施乡村振兴战略，推动农业农村经济平稳健康发展。2020年，全县实现农林牧渔业总产值7.96亿元，比2019年增长2.25%；实现农林牧渔业增加值5.1亿元，比2019年增长2.3%；农村常住居民人均可支配收入22022元，比2019年增长7.6%；低收入农户人均可支配收入13893元，比2019年增长14.6%。

【粮食生产】 制定出台《云和县关于推进粮油生产若干政策(试行)》，鼓励农户种植水稻、玉米等粮食。2020年，全县完成粮食播种面积3483公顷，比2019年增长2.6%；粮食总产量1.81万吨，比2019年增长3.2%。协同推进粮食功能区和高标准基本农田建设，提标改造粮食功能区66.67公顷，新建高标准基本农田476公顷。至2020年年末，全县耕地保有量9160公顷，其中高标准基本农田5243公顷。

【农业主导产业】 根据云和县产业实际，出台《云和县实施乡村振兴战略之产业兴旺政策26条(修订)》，明确以“一果”(水果)、“两茶”(茶叶、油茶)、“一菌”(食用菌)、“一蜂”(蜜蜂)、“一鱼”(淡水养殖)为主导产业，协同推进蔬菜、花卉、中药材等产业发展的新思路。2020年，全县果园面积1255公顷，比2019年增长0.5%，水果总产量8370吨，比2019年增长2.9%；茶园面积2625公顷，与2019年持平，茶叶总产量1205吨，比2019年增长1.3%；油茶种植面积95公顷，比2019年增长3.3%，油茶总产量223吨，比2019年下降15.5%；食用菌种植8317.8万袋，比2019年增长1.08%，食用菌总产量5885吨，比2019年增长5.1%；蜜蜂养殖户数700余户，蜜蜂存栏1.32万箱，比2019增长18.9%；淡水产品总产量1873吨，比2019年增长24.6%；蔬菜种植面积1542公顷，比2019年增长4%，蔬菜总产量2.84万吨，比2019年下降2.7%。

【特色种植养殖】 云和县属中亚热带季风气候区，境内气候温和、雨量充沛、日照充足，很适宜种植、养殖各类特色农产品，如水果、茶叶、食用菌等种植类农产品，蜜蜂、有机鱼等养殖类农产品。近年来，云和县在巩固提升农业主导产业的同时，大力发展多花黄精、云和土蜂(中华蜜蜂)等特色种植养殖业。其中，多花黄精是百合科黄精属的一种草本植物，也是中国特有的一种药食同源植物，其根茎具有养阴润肺、补脾益气、滋肾填精等功效，在云和地方农耕文化中已具有80余年的栽培历史；云和土蜂(中华蜜蜂)是东方蜜蜂的一个亚种，也是中国独有的一个蜜蜂品种，其产的蜜富含葡萄糖、果糖、氨基酸、维生素等多种成分，在云和地方农耕文化中已具有150余年的养殖历史。

【畜牧业生产】 制定出台《关于促进生猪产业高质量发展的实施意见》，鼓励和支持有规模的生猪养殖场通过技术改造，提升生产效能。2020年，先后完成云和嘉泽美丽牧场、云和铠源牧业2个年出栏5000头生猪养殖项目（一期）建设，开工建设云和正邦（伏布）生猪养殖基地年出栏5万头生猪养殖项目。持续深化畜牧业供给侧结构性改革，加快推进畜牧业转型升级，切实提升畜牧产品供给能力。2020年，全县生猪饲养量2.94万头，比2019年增长0.5%；生猪存栏1.34万头，比2019年增长69.6%，生猪出栏1.64万头，比2019年下降23.5%；牛存栏1727头，比2019年下降2.7%，牛出栏532头，比2019年增长33%；羊存栏0.05万只，与2019年持平，羊出栏0.05万头，比2019年下降45.65%；家禽存栏20.24万羽，比2019年增长41.3%，家禽出栏32.51万羽，比2019年增长5.28%；肉类产量1815吨，比2019年下降22.1%；禽蛋产量735吨，比2019年下降57.2%。

【农产品质量安全监管】 全力推进农产品质量安全追溯体系建设，新增追溯主体10家，实现农业龙头企业、专业合作社、家庭农场三类主体可追溯率达96%以上，县级以上180家规模主体全部实现可追溯，主要农产品监测实现全覆盖。狠抓农业“三品”（无公害农产品、绿色食品、有机农产品）建设，大力推进农业标准化生产。2020年，全县新认定农业“三品”10个；累计认定农业“三品”85个（其中无公害农产品34个、绿色食品16个、有机农产品35个），主要食用农产品“三品”比率达58.33%。

【农业农村安全生产】 （一）强化农业行政执法。持续开展“绿剑”系列执法行动，严厉打击制售假冒伪劣农资和使用禁限用农药等违法行为。2020年，累计开展农资市场大检查9次（包括多部门联合检查3次），抽检农资样品61份，总体合格率达95.1%。（二）强化农机生产安全。切实抓好节假日和重大活动期间的农机安全生产工作，先后开展“变形拖拉机”（以拖拉机名义登记上牌的机动运输车辆）专项整治行动，清理整治（公告注销）“变型拖拉机”28台；开展农机安全执法检查20次，发现并整改安全隐患15个。（三）强化动植物检疫。积极开展重大农业植物疫情春、秋防控工作，建立梨树疫病、柑橘黄龙病等疫情监测点9个，植物疫情监测覆盖率达85%以上。紧抓非洲猪瘟防控工作，切实守牢生猪生产、屠宰、运输、销售等关键环节，并在全县各村设立动物疫情监测点。2020年，累计检测生猪（猪肉）5100头（份），其中定点屠宰场（企业）自检3034头（份）、动物卫生监督机构抽检2066头（份），合格率均达到100%。（四）强化渔政执法监管。2020年，累计出动执法人员3846人次，现场制止各类轻微渔事违法行为为725起，立案查处偷鱼、毒鱼、电鱼案件14起，移交公安机关立案查处3起。

【农文旅融合发展】 深化“农文旅”融合发展，立项实施“云和雪梨田垟基地”“云和县后杉缘稻鳖生态养殖观光园”“三门水果基地”等“两山”资金农业产业项目10个，新建海拔600米以上绿色（有机）农林产品基地933.33公顷，建成小微田园综合体4个、休闲农业观光点3个，实现“丽水山耕”农产品销售额8.71亿元。大力发展农家乐（民宿）产业，新增农家乐（民宿）15家，全年全县农家乐（民宿）累计接待游客178.3万人次，实现综合营业收入1.19亿元。积极培育“云和小吃”新业态，制定《推进云和名小吃品牌培育方案》，举办“云和小吃·烹燃心动”美食集市暨“云和师傅杯”油桶饼技艺创新大赛、第三届农民丰收节暨云和雪梨丰收节等活动。2020年，“云和油筒饼”小吃入选“浙江农家特色小吃百强”榜单。

【农业经营主体培育】 深入实施“新型农业经营主体培育提升计划”，不断提升新型农业经营主体适应市场和带动农民增收致富的能力。至2020年年末，全县已累计培育县级以上农业龙头企业39家，其中省级农业龙头企业3家、市级农业龙头企业21家、县级农业龙头企业17家；登记农民专业合作社294家，其中省级示范性合作社2家、市级示范性合作社14家、县级示范性合作社22家；登记家庭农场576家，其中省级示范性家庭农场19家、市级新型示范性家庭农场10家、市级绿色示范性家庭农场8家、市级绿色休闲性示范家庭农场3家、市级生态精品家庭农场98家。

【农业科技服务工程】 (一)聚焦农业科技创新推广。建成云和县“智慧农业”云平台(应急指挥)，已接入应急基点10个。在全县71个行政村建立“益农信息社站点”，探索建立“政府+服务商+运营商”三位一体的运行机制。全面启动“双百”(百技培训现场观摩、百项成果展示推介)行动，依托省农科院和“云和师傅”生产基地，组织开展农业新技术、新品种展示观摩活动20余场次，并编制《云和县农业百项成果推介宣传册》及宣传图版。(二)聚焦农业科技人才队伍建设。制定出台《云和县乡村振兴“两进两回”实施意见》和《加强乡村振兴人才队伍建设的实施意见》，全面推动科技、资金、人才等资源要素向农村流动，进而不断激发乡村发展动能与活力。同时，深入实施“千万农民素质提升”工程，着力培养一批农村实用人才和新型职业农民。2020年，累计完成农民培训11480人，其中农村实用人才培训1747人。(三)聚焦农业“机器换人”。2020年，全县新增农业机械1334台套，增加动力4000余千瓦。全年机耕面积2846.67公顷、机插面积73.33公顷、机收面积686.67公顷，农业机械化率达39.29%，水稻机械化率达50.9%。

【美丽乡村建设】 深入实施“农村人居环境提升行动”，致力推进农村环境“三大革命”(厕所革命、垃圾革命、污水革命)，先后完成坑根村农村生活污水提标改造，改造提升农村公厕20座，新增省级“星级农村公厕”9座，整治菇棚24.2万平方米，新增省级“肥药两制”(化肥、农药购买实行限额制和实名制)改革农资店2家，创成省级农业绿色发展示范区2个。加快推进美丽乡村“三带三园”(“十里云河”“最美梯田”“梨花微雨”3条美丽乡村风景带和安溪、三门、田垟3个田园综合体)建设，同步打造“十里云和”乡村振兴示范带。2020年，先后创成省级“美丽乡村特色精品村”3个、市级“新时代美丽乡村达标村”18个，建成市级“花园乡村”6个、市级“红色乡村振兴示范村”3个；雾溪畲族乡被评为省级“美丽乡村示范乡镇”，“甜蜜古村”风景线被评为省级“美丽乡村风景线”。

【精准扶贫工作】 扎实推进精准扶贫工作，实现“两不愁三保障”突出问题清零、家庭年人均可支配收入8000元以下清零、集体经济薄弱村清零、零就业家庭清零“四个清零”。深入开展低收入农户“一户一策一干部”结对帮扶工作，圆满完成全县低收入农户(共2832户5780人)结对并走访到位。同时，安排低收入农户产业帮扶资金2506万元，用于扶持低收入农户发展特色种植养殖业，并将每户最高补助由3000元提至5000元；创新开展“梨梨养成”“生态跑步鸡”等助农增收项目，带动低收入农户增收脱贫；继续实施扶贫贷款保证保险和扶贫贷款项目补充保险，为52户低收入农户提供贷款237.2万元；依托“联连帮”大救助信息平台作用，收集汇总各部门扶贫惠农政策，最终形成强农惠农的“政策大礼包”。持续推进“消薄”(消除集体经济薄弱村)工作，谋划实施“消薄”项目16个，实现总收益939万元。至2020年年末，在全县71个行政村中，有67个行政村的集体年收入达到20万元以上、且经营性收入达到10万元以上。稳步推进“大搬快聚 富民安居”工程，完成农民异地搬迁 1950 人。

【农业农村改革】 深化农村产权制度改革，探索建立农村宅基地、耕地、林地有偿退出与流转机制，从而进一步激活农村产权要素和市场，提高农民财产性收入水平。同时，还建立全国首创的农村产权抵（质）押融资免担保模式，建成全国首个农村产权（淘宝）网络竞价平台。深化农村财务管理制度改革，率先全省推行农村集体财务收支预决算管理，切实提升全县村级资金管理绩效。深化“最多跑一次”改革，梳理上报改革事项 73 项（含子项），全年累计办理许可事项 5864 件、社员证 959 本，事项“跑零次”实现率、即办率、承诺期限压缩比、网上办事实现率、掌上办实现率、材料电子化率均达到 100%。 （项大圣）

林　　业

【概况】 2020 年，云和县生态林业发展中心（以下简称县生态林业发展中心）坚持以习近平新时代中国特色社会主义思想为指引，深入践行“绿水青山就是金山银山”发展理念，统筹推进全县林业改革发展各项工作，顺利实现“十三五”圆满收官。2020 年，县生态林业发展中心先后被省委、省政府表彰为“森林浙江”建设工作突出贡献集体，被省林业局表彰为“全省林业产业先进集体”。

【机构编制规定】 4 月 30 日，县委机构编制委员会印发《〈云和县生态林业发展中心主要职责、内设机构和人员编制规定〉的通知》（云编〔2020〕26 号），核定县生态林业发展中心事业编制 28 名（设主任 1 名、副主任 2 名，总工程师 1 名，股级职数 11 名），内设综合科、自然保护地科、云和梯田国家湿地公园管理科、林业产业和信息科、公益林和林权科、林业科技推广科、绿化种苗科 7 个职能科室及机关党委，下设县林业陆生动植物保护站、县林场 2 家事业单位。

【生态林业建设】 （一）持续推进国土绿化美化。2020 年，全县累计完成国土绿化 555.07 公顷，完成省下达任务的 126%；完成迹地更新造林 29.8 公顷，完成省下达任务的 149%；建设美丽林相 2266.67 公顷，完成省下达任务的 117%；种植珍贵树 12.1 万株，完成省下达任务的 103%；建成省“一村万树”示范村 3 个、省“一村万树”推进村 21 个。此外，还编制完成《新增百万亩国土绿化建设五年规划》，并顺利通过省级专家评审；完成“彩色健康森林（云上杜鹃花海项目）”杜鹃补植 11867 株；启动实施“百龙绿道”绿化项目苗木种植工作；继续开展“规溪樱花园”樱花抚育工作。（二）全力以赴做好松材线虫病防控工作。制定《云和县 2020—2021 年度松材线虫病防治方案》，成立县松材线虫病防控工作领导小组（下设 4 个督查小组），分别由单位领导带队，分区域、分乡镇（街道）开展督查指导，定期通报工作进展和督查中发现的问题，确保按时保质完成疫木清理工作。至 2020 年年末，4 个督查小组累计出动人员 100 余人次，发放宣传资料 2 万余份，清理病死木 5.71 万株，投入人工 1.35 万工。（三）扎实做好森林资源监测工作。高度重视 2020 年森林督查暨森林资源管理“一张图”年度更新工作，仔细核实中介机构出具的森林资源监测数据，以确保监测数据与核实数据相一致。2020 年，经省林业局核定，云和县森林覆盖率为 81.98%（增幅 0.08%），林木蓄积量为 569.31 万立方米，乔木林单位面积蓄积量为 0.36 立方米/公顷（增长 0.02 立方米/公顷）。

【林业产业提升】 （一）持续推进林权抵押贷款和林地流转工作，推动林业经济可循环发展。2020 年，全县累计发放林权抵押贷款 5311 万元，贷款余额达 4.96 亿元；发放生态公益林未来补偿收益权质押贷款 226 笔 3646 万元；新增林地流转面积 605.6 公顷，其中规模流转办证面积 160 公顷。同时，加快新型林业经营主体培育，新培育新型林业经营主体 8 家；开展公益林收益权证登记工作，发放公益林收益权证115本；成立全县首家林地股份合作社——云和县担布坑林业专业合作社。(二)大力发展特色产业，促进林业增产增效。一方面，继续培育发展油茶基地；另一方面，以“一亩山万元钱”模式培育发展林下经济。2020年，全县新建和抚育改造油茶基地403.33公顷，完成县考核任务的160%；新建和培育“一亩山万元钱”示范基地129.47公顷、辐射推广示范基地357.33公顷、巩固提升示范基地637.33公顷，分别完成市考核任务的102%、101%和101%。(三)加强公益林管护，按时足额发放损失性补偿。建设并管护重点生态公益林5.36万公顷，累计建成重点公益林优质林分4.58万公顷，占全县公益林总面积的85.37%。全年累计发放公益林损失性补偿资金2831.9万元，发放率达100%。

【森林资源管护】 (一)实施古树名木保护。开展“古树名木认养”活动，将10棵古树向社会公开招募认养，努力营造“生态共建共享”的社会氛围。(二)开展森林古道修复。投资197万元，对县重点森林古道之一的“赤梅古道”进行修复。至2020年年末，古道路面修复及休息廊道(亭、驿站)等主体工程均已完工。(三)注重培育文化品牌。在云和梯田湿地公园成功晋升“国字号”之后，又积极向上争取湿地公园项目资金405.6万元，用于建设云和梯田国家湿地公园“科普宣教平台”和公园内存在环保督查发现82个人类活动点位的拍照、记录、建档等工作。至2020年年末，全县共有湿地面积4000公顷，湿地保有率93%。同时，积极推进“森林康养基地”建设，建成市级“森林康养特色村”3个、市级“森林康养基地”1个。

【服务职能优化】 (一)深入推进林业“最多跑一次”改革。2020年，行政服务中心林业窗口共受理各类服务事项294件，其中办理木材运输证50件、办理植物检疫证178件，按时办结率、群众满意率均达到100%。积极推进权力事项库2.0平台升级工作，全面推动林业服务事项“网上办”。2020年，全县林业服务事项网办率达到省定80%以上、好评率达到市定20%以上。(二)积极服务全县重点项目建设。参与全县土地整治项目，协助垦造耕地(含旱改水)、农村土地综合整治等工作，全年累计配合完成82.13公顷土地立项。服务重点项目林地报批，在法定期限内，以最快速度为业主办好相关手续，以确保项目能如期开工。2020年，累计为项目办理林地报批42件，其中重点项目12个；批复林区道路立项18条；配合完成伏布生猪养殖项目土地流转工作。(三)有序推进大庆寺三期区块“棚改”(棚户区改造)工作。成立由单位主要领导挂帅的涉林企业改制历史遗留问题处置领导小组，并抽调3名工作人员组成工作专班，具体负责落实“棚改”有关工作。根据工作计划和安排，工作组在规定时间内圆满完成各项“棚改”任务，期间共组织召开职工座谈会5次，补偿安置原县林业局车队职工13人、原县木材厂职工50余人，涉及补偿资金750万元。

【疫情防控工作】 2020年，疫情防控工作从突发性工作逐渐转化为当前乃至今后较长一段时间的常态化工作，为此，县生态林业发展中心专门成立新冠肺炎疫情联防联控领导小组，并通过定期召开专题会议、发送手机短信、微信等多种途径，及时、准确地将上级有关部署传达到每位干部职工。(一)抓好办公区域的疫情防控工作。要求全体干部职工带头遵守疫情防控要求，严格看管好单位“小门”。每日安排值班人员巡查值守，及时上报疫情防控信息。(二)抓好行业领域的疫情防控工作。利用信息化手段，按时收集、汇总、上报陆生野生动物经营场所及密切接触人员身体状况等信息，为上级及时掌握和研判疫情防控动态提供坚实的信息保障。2020年，累计出动检查人员1395人次，检查农贸市场、超市、农家乐、驯养繁殖场等场所939家，查获野生动物违法案件 4 起，收缴捕网等各类器具 29 件（套），无害化处置病害蓝孔雀 1089 羽（只）。（三）抓好疫情防控服务工作。积极响应县疫情防控指挥部号召，在单位人手紧缺的情况下，抽调 2 名工作人员到县防疫隔离点（君亭酒店）值班，抽调 1 名工作人员到县疫情防控指挥部上班，抽调 6 名工作人员到社区防控点值班。（陈　莉）

气　　候

【2020 年气候特点】 2020 年总体来看，在气候变暖的大背景下，云和县天气气候仍较异常，而且气象要素变幅大，多个时段的气象要素接近或突破历史极值，而且寒潮低温严寒、超长梅汛期降水集中，春季暴雨、春夏季短时强对流天气，秋季大范围暴雨、长时间气候干旱等灾害性天气。全年气温异常偏高、高温日数明显偏多、低温日数明显偏少，降水偏少、暴雨日数略偏多，日照显著偏少。

极端的气候事件有：年平均气温为历年最高；年日照时数为历年最少；冬季平均气温为历年最高；夏季平均气温、最低气温均为历年最高；秋季极端最低气温为历年最高。1 月平均气温与历年最高持平，5 月平均气温与历年最高持平，6 月平均气温为历年最高，8 月平均气温为历年同期第三高，11 月平均气温为历年同期第三高。

【2020 年气候要素实况】 （一）气温：2020 年平均气温 19.3℃，比常年偏高 1.5℃，为历年同期最高。

1 月平均气温 10.3℃，比常年偏高 3.7℃，与历年最高持平；

2 月平均气温 11.6℃，比常年偏高 3℃，为历年同期第三高；

3 月平均气温 14.4℃，比常年偏高 2.2℃，为历年同期第四高；

4 月平均气温 16.9℃，比常年偏低 1℃。

5 月平均气温 24.6℃，比常年偏高 2.4℃，与历年最高持平；

6 月平均气温 27.4℃，比常年偏高 2.3℃，为历年同期最高；

7 月平均气温 28.9℃，比常年

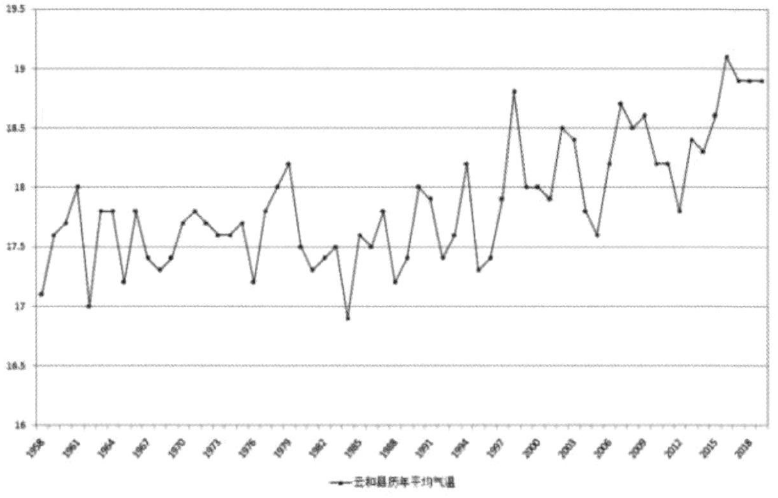

图 1　云和县历年平均气温变化图

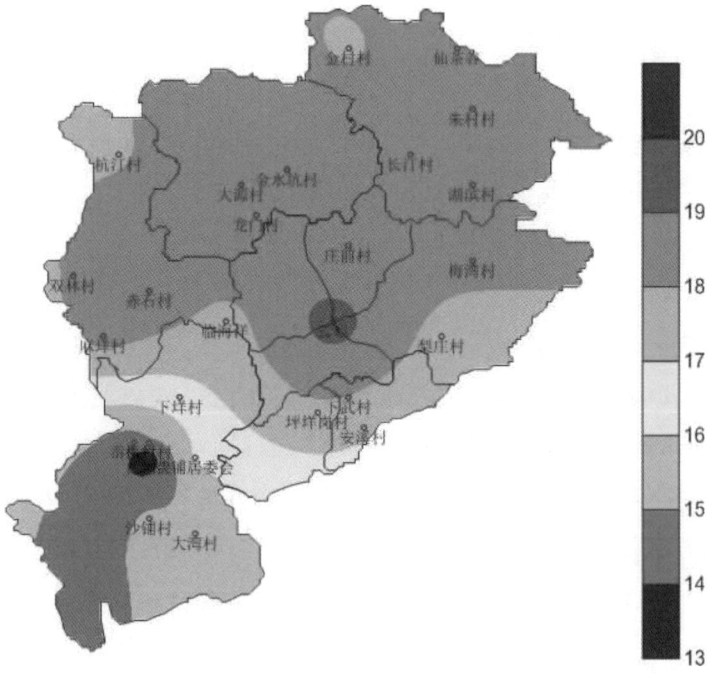

图 2　云和县 2020 年平均气温分布图

偏高 0.4℃；

8 月平均气温 29.7℃，比常年偏高 1.8℃，为历年同期第三高；

9 月平均气温 23.5℃，比常年偏低 0.7℃；

10 月平均气温 19.5℃，比常年偏高 0.4℃；

11 月平均气温 16.2℃，比常年偏高 2.5℃，为历年同期第三高；

12 月平均气温 9℃，比常年偏高 0.8℃。

县城极端最高气温 39.5℃，出现 8 月 14 日；县城极端最低气温 -3.6℃，出现在 12 月 31 日。2020 年，各乡镇平均气温在 13.4℃至19.5℃之间，最高出现在县城，最低出现在白鹤尖；日最高气温最高值为 40.9℃，出现在仙茶谷，最低值为 29.5℃，出现在白鹤尖；日最低气温最高值为-3.1℃，出现在金水坑村，最低值为-13.4℃，出现在白鹤尖。

（二）降水：2020 年降水量 1313.5 毫米，比常年同期偏少 318 毫米，偏少 19.5%。

1 月雨量 64.8 毫米，比常年偏少 5.6 毫米，偏少 8%；

2 月雨量 65.9 毫米，比常年偏少 24.8 毫米，偏少 27.3%；

3 月雨量 213.7 毫米，比常年偏多 48.7 毫米，偏多 29.5%；

4 月雨量 62.1 毫米，比常年偏少 114.5 毫米，偏少 64.8%，为历年同期第三少；

5 月雨量 116.6 毫米，比常年偏少 81.8 毫米，偏少 41.2%；

6 月雨量 269 毫米，比常年偏少 25.1 毫米，偏少 8.5%；

7 月雨量 184.4 毫米，比常年偏多 36.5 毫米，偏多 24.7%；

8 月雨量 61.4 毫米，比常年偏少 106.3 毫米，偏少 63.4%；

9 月雨量 228.1 毫米，比常年偏多 85 毫米，偏多 59.4%；

10 月雨量 11.9 毫米，比常年偏少 51.4 毫米，偏少 81.2%；

11 月雨量 5.1 毫米，比常年偏少 63.3 毫米，偏少 92.5%，为历年同期第三少；

12 月雨量 30.5 毫米，比常年偏少 15.4 毫米，偏少 33.6%。

2020 年降水日数 161 天，比常年同期偏少 16.3 天，其中 6 月、7 月、9 月、12 月雨日较常年偏多，3 月雨日较常年持平，其余月份雨日较常年偏少。月雨日最多为 20 天，出现在 6 月，最少为 4 天，出现在 11 月。

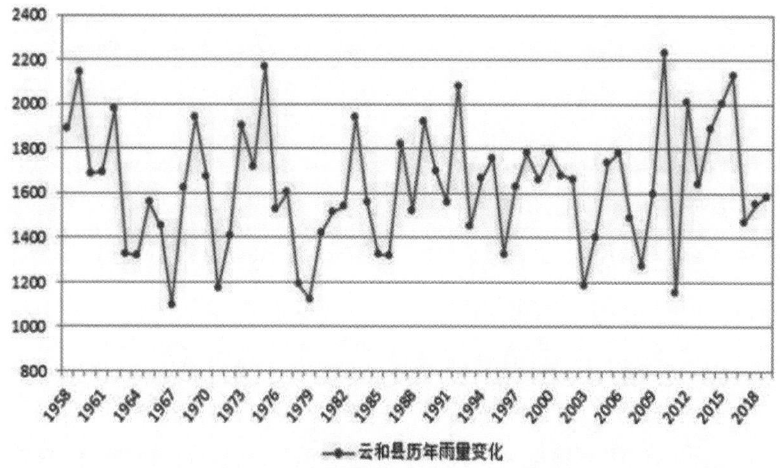

图 3 云和县历年雨量变化图

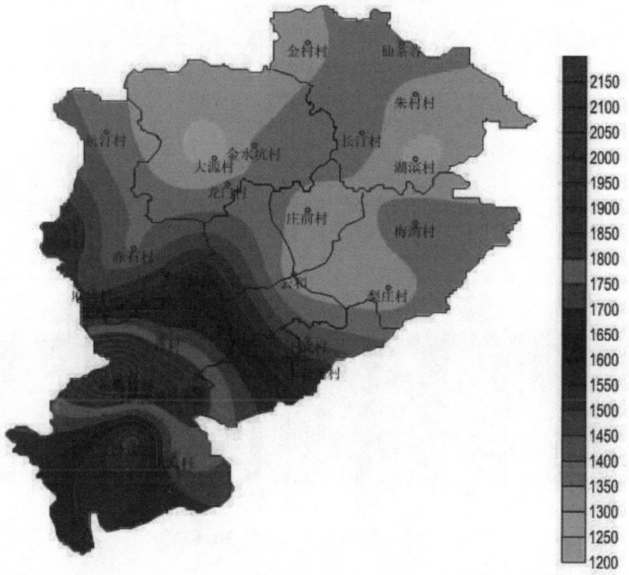

图 4 云和县 2020 年累计雨量分布图

2020年，各乡镇降水量分布不均匀，在1264.8毫米至2048.8毫米之间，最大出现在梅竹村，最小出现在大源村。

（三）日照：2020年日照时数1383.3小时，比常年偏少228.6小时，为历年同期最少。除1月、2月、4月、8月、11月较常年同期偏多外，其余月份月均日照均比常年同期偏少，其中，12月日照最少，为44.7小时，比常年偏少82.7小时；8月日照最多，为200.1小时，比常年偏多1.1小时。

【2020年主要天气气候事件】（一）年均气温历年最高，破历史极值。2020年，全县平均气温19.3℃，比常年偏高1.5℃，为历年同期最高。冬季（2019年12月至2020年2月）为有气象记录以来最暖的冬季；夏季（2020年6月至8月）为有气象记录以来最热的夏季。

（二）日照显著偏少，年日照时数破历年最少极值。2020年日照时数1383.3小时，比常年偏少228.6小时，为历年同期最少。从各月来看，除1月、2月、4月、8月、11月外，其余月份月均日照均比常年同期偏少，其中12月日照时数为历年第三少。

（三）寒潮过程多，年底出现大范围严寒天气。2020年共有4次寒潮天气过程，分别出现在2月14—17日、3月26—29日、12月13—15日、12月29—31日。其中，2月14—17日出现寒潮天气，而且2月15日夜里到2月16日上午，高山地区出现较明显的降雪天气；12月13日强冷空气影响后，12月14日，云和县进入气象意义的冬天，而且12月14—19日出现持续低温雨雪天气（12月14—15日出现雨夹雪或雪，高山地区出现积雪）；12月29—31日出现寒潮天气，12月31日县城最低气温-3.6℃，中部、北部地区最低气温-7℃至-3.1℃，南部地区最低气温-13.4℃至-7.6℃，最低出现在白鹤尖，为-13.4℃，县城出现冰冻，山区出现严重冰冻。

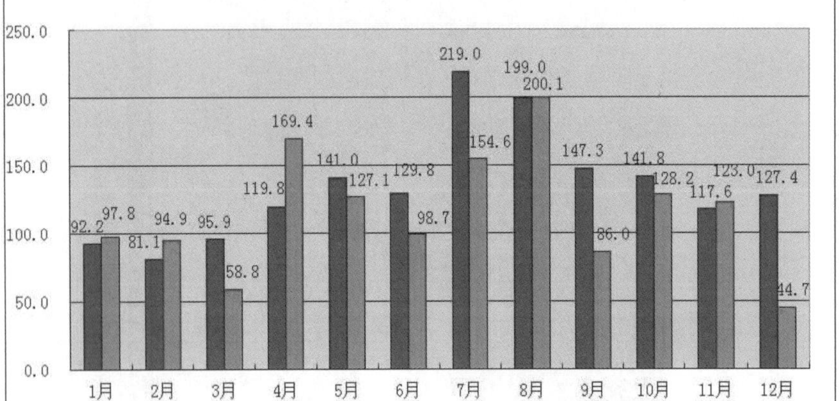

图5　2020年日照时数与历年均值比较图

（四）3月局地暴雨过程多，月底部分地方出现春汛。3月共有6次局地暴雨过程，分别出现在8日、9日、22日、27日、28日和31日，其中以28日的过程暴雨范围最大、强度最强。3月28日，受西南暖湿气流和强冷空气共同影响，西部和南部出现大到暴雨天气过程，共有11个站点累计雨量超过50毫米，最大出现在张家地村，降雨量61.8毫米。受大范围的暴雨影响，春汛突现。

（五）入梅早、出梅迟，降水集中期持续时间长、暴雨强度强。2020年，云和县于5月29日进入梅汛期降水集中期、7月18日出梅，历时50天。梅汛期降水集中期不仅持续时间长，而且部分过程暴雨强度强，给影响地区造成较明显的洪涝灾害。其中，6月30日受梅雨带南压影响，出现大到暴雨，共有16个站点累计雨量超过50毫米，最大出现在仙茶谷，降雨量78.3毫米；7月9日，云和县中部出现暴雨、南部出现大暴雨，共有7个站点累计雨量超过50毫米、12个站点累计雨量超过100毫米，累计雨量最大出现在陈坞村（累计雨量187.2毫米）。

（六）梅中有伏，6月平均气温为历年同期最高。6月平均气温27.4℃，比常年偏高2.3℃，为历年同期最高。特别是6月中旬出现连续高温天气，气温异常偏高，旬平均气温均打破历史极值。

（七）台汛期影响云和县的台风少，7月“空台”（无台风）为中华人民共和国成立以来首次。2020年台汛期，仅4号台风“黑格比”对云和县造成影响，而且处台风活跃期的7月，西北太平洋和南海均无台风生成（常年7月平均有3.7个台风生成，最多年份生成8个，最少年份生成1个，年平均有2个台风登陆中国）。这是自1949年有气象记录以来，首次出现7月“空台”。受少台风和长时间的高温少雨天气影响，8月下旬至9月上旬，云和县北部局部山区出现饮水困难情况。

（八）秋季暴雨范围广、强度强，部分地方出现明显的秋汛。9月19—20日，受西南暖湿气流增强和较强冷空气影响，云和县出现大范围的秋季暴雨过程，平均雨量131.1毫米，共有25个站点降雨量超过100毫米，最大出现在陈坞村，降雨量为197.7毫米。此次暴雨过程不仅范围广，而且累计雨量大，出现较明显的秋汛。

（九）10月以来雨水少，气象干旱范围大、持续时间长。2020年10—12月，云和县降雨持续偏少，累计降雨量47.5毫米，比常年同期（177.6毫米）偏少近70%，为历年同期第三少，其中，10月雨量为11.9毫米，比常年偏少51.4毫米，偏少率81.2%；11月雨量5.1毫米，比常年偏少63.3毫米，偏少率92.5%，为历年同期第三少；12月雨量为30.5毫米，比常年偏少15.4毫米，偏少率33.6%。而且10月6—16日、10月23日至11月19日、11月25日至12月13日不同程度出现长时间的连晴少雨天气。受多晴少雨天气和11月气温异常偏高影响，部分乡镇（街道）出现较明显的气象干旱。直到12月中旬中后期，受强冷空气影响，气温大幅下降，并出现雨雪天气过程，有效缓和秋季以来的气象干旱。

【2020年气候影响评价】 1月以晴雨相间天气为主，气温异常偏高，低温日数少，低温强度弱，有利于春茶萌发，也方便人们清洗、晾晒、出行和购物。上旬天气晴好，无极端低温出现，有利于作物生长发育和农事活动的开展；中下旬晴雨相间，对农作物生长发育较为有利。30—31日，受冷空气影响，出现低温天气，容易引发儿童感冒、老年人心脑血管疾病等。

2月气温明显偏高，有利于春茶萌发，致使早茶开采时间比往年提早一周左右。上半月多阴雨天气，造成稻田积水，影响露地作物发育，也给春茶采摘造成不便，对人们日常生产、生活以及出行等均造成一定影响。下半月晴好为主，温高光足，对各类农作物生长发育、春耕备耕以及油菜等春花作物越冬都比较有利，方便人们清洗晾晒，对人们生产、生活都比较有利。15—17日，受强冷空气影响，出现一次寒潮天气过程，不利于露地作物生长发育，各地春茶、枇杷幼果均受到不同程度的冻害；气温骤降也导致儿童感冒、老年人心脑血管疾病、呼吸道疾病多发。

3月多降雨天气，其中上旬和下旬雨量、雨日明显偏多，日照严重偏少，不利于春播作物生长发育以及田间作业，给人们洗衣晾晒及日常生活带来不便。下旬末，受强冷空气影响，出现大幅降温，山区出现霜或暗霜，部分地区春茶受到冻害；忽冷忽热的天气容易引发呼吸道疾病。

4月以晴雨相间天气为主，天气总体平稳，强对流天气出现少，有利于各类作物生长发育，特别是对春茶采摘、早稻播种育秧、油菜灌浆结荚等较为有利，也有利于人们外出踏青、旅行、晾晒及室外作业。但在10—12日和17—22日，受冷空气影响，出现降温，忽冷忽热的天气容易引发呼吸道疾病。

5月以晴雨相间天气为主，上半月晴多雨少，光照充足，昼夜温差大，对于枇杷、蓝莓、西瓜等水果的品质形成和采摘收获较为有利，对于油菜成熟和收割晾晒也有利；多晴少雨的天气也有利于人们日常生产、生活和外出旅游。下半月雨量雨日明显偏多，持续多雨不利于油菜后期收晒，枇杷、杨梅、桑葚等水果也容易出现落果；月末强降水容易引发山洪，给人们生产、生活带来严重影响。

6月处梅汛期降雨集中期，降雨时空分布不均匀，且降雨持续时间较常年明显偏长，多雨天气不利于杨梅、西瓜等水果的成熟和采收，也不利于人们出行、晾晒及室外作业。12—18日，不同程度出现连续高温天气，降雨明显偏少，有利于杨梅、西瓜、桃子、蓝莓等水果的成熟及采摘上市，但高温高湿天气室外活动容易造成中暑，也容易使病虫害滋生、蔓延。2020年梅汛期降雨集中期持续时间长，且暴雨过程较多，多次暴雨和短时强降水带来洪涝和地质灾害，并造成一定的财产损失。

7月上旬多系统性强对流天气，导致局地暴雨、河水暴涨，容易引发山洪和冲毁、淹没农田，部分地区农作物及农业设施受到损坏，也给人们日常出行、晾晒、室外作业带来不便。中下旬多局地强对流天气，导致部分地区农业设施和农作物遭受损失。中旬起出现阶段性高温晴热天气，但强度较弱，总体有利于农作物生长发育，对瓜果蔬菜品质的形成、成熟和采收以及单季稻大田分蘖均有利，但影响人们日常生活以及身体健康，丘疹性荨麻疹患者和夏季皮炎患者有所增多。

8月上旬后期至下旬前期，持续长时间的高温少雨天气，容易引发中暑，影响人们日常生活以及身体健康，也致使局部地区干旱突显、出现旱情，露地作物出现一定程度热害，但多晴少雨天气有利于西瓜、葡萄、桃子等水果的品质形成及采摘上市，对单季稻分蘖、发棵也相对有利。月底连续出现大范围的雷阵雨天气，有利缓解高温暑热及旱情，但也给农业生产造成一定损失，给市政设施及民众生活带来一定影响。

9月上旬晴多雨少、温高光足，对农作物生长有利，对柑橘果实膨大、着色以及各类露地蔬菜生长较为有利，对葡萄、提子、猕猴桃、雪梨等水果的成熟和采摘上市均较有利，对人们生产、生活以及出行也有利。中下旬降雨增多，出现明显的低温阴雨寡照天气，其中11日、13—15日、18—24日、26—30日出现明显降水过程，特别是19—20日，受西南暖湿气流加强和较强冷空气影响，出现大范围的秋季暴雨和大暴雨过程，导致部分地区晚稻出现倒伏，局部农田受淹，对当地农业生产造成一定的损失。低温阴雨天气也给人们日常生活带来不便。

10月以多晴少雨天气为主，日照充足，对秋收冬种作业以及各类农事活动的开展十分有利，对人们日常生产、生活及外出旅游等也较为有利。但由于持续降水偏少，尤其是6—16日和23—31日，各地出现不同程度的连晴天气，无有效降水，导致土壤墒情及灌溉条件偏差，森林火险等级也持续偏高，对油菜和秋冬菜的育苗、幼苗生长及森林防火均不利，对部分晚熟柑橘的果实膨大也有一定影响。

11月多晴少雨，气温明显偏高。上中旬以晴好天气为主，有利于晚稻晾晒入库，对油菜移栽、柑橘采收、果园清园以及其他农事活动的开展均较有利，对人们生产、生活以及出行也有利，但长时间的干旱少雨，加上气温偏高，部分地方出现不同程度的气象干旱，不利于秋播及各类秋冬作物的生长发育。下旬冷空气活动趋于频繁，随着阴雨天气增多，加上人工影响天气作业，旱情有所缓解，对油菜移栽成活以及各类秋冬作物的播种、出苗均较有利，但气温下降明显，使得呼吸道疾病、心脑血管疾病、支气管炎等疾病多发。

12月上旬至中旬前期，降水持续偏少，秋季气象干旱进一步加剧；中旬中后期持续低温雨雪天气，气象干旱得到有效缓解，但多阴雨寡照天气，特别是在14—19日出现持续低温雨雪天气，对人们生产、生活造成一定影响。下旬多晴少雨，有利于柑橘采收、果园清园等农事活动的开展，对人们日常出行、游玩以及衣物晾晒均较有利。但月底受寒潮影响，出现严重的低温冰冻天气，露地作物不同程度受冻，作物生长发育明显放慢；低温也使得呼吸道疾病、心脑血管疾病、支气管炎等疾病多发。（陈思炼）

水　　利

水　　利

【概况】　2020年，云和县水利局（以下简称县水利局）深入学习贯彻习近平新时代中国特色社会主义思想，坚持“绿水青山就是金山银山”发展理念，按照“节水优先、空间均衡、系统治理、两手发力”治水方针，全力抓好重大水利工程建设、水资源管理、水旱灾害防御、五水共治、水行政执法等重点工作，圆满完成年度各项目标任务，先后获评丽水市河（湖）长制工作先进集体、丽水市“美丽河湖”创建先进单位、云和县“五水共治”工作考核优秀单位等荣誉。云和县获评全国第三批节水型社会建设达标县。

【水利工程建设】　2020年，累计投入水利建设资金2.39亿元，实施龙泉溪治理工程、紧水滩引调水工程、浮云溪流域综合治理工程等11个项目。至2020年年末，紧水滩引调水工程已完成1号、4号施工支洞的开挖支护，3号施工支洞已开挖支护646米，主洞已开挖支护1400米。浮云溪流域综合治理工程黄桥头段已完成施工，累计治理河道1.98千米、建设堤防1.6千米；云章段已完成河道治理1.18千米、建设堤防1.6千米；将军桥至三望栏、狮山、云章下游段已完成河道治理5千米、建设堤防2.4千米。龙泉溪治理二期工程已通过省发改委批复，该工程批复投资0.93亿元，主要治理紧水滩镇青龙潭段、石塘镇长汀段2段河道，并建设步道及护岸13.28千米。

【河道综合整治】　按照“水清、流畅、岸绿、景美”的总体要求，深入推进农村河道综合整治。2020年，计划完成河道综合整治3千米，实际完成河道综合整治5.95千米。整治方式主要还是结合工程建设进行，工程主要以浮云溪流域综合治理工程为主。同时，加强河道管理，加大执法力度，严厉查处非法采砂、占用河道和在河道乱搭、乱建、乱倾倒等涉河违法行为。

【美丽河湖创建】　2020年，成功创建省级“美丽河湖”2条，分别是龙泉溪（紧水滩至长汀段）、浮云溪（城西桥至垄铺段），其中，龙泉溪“美丽河湖”创建通过连通绿道、清淤、修建生态堰坝、完善便民设施等措施，进一步修复河道生态系统，挖掘水文化内涵，扮靓龙泉溪河道，为“童话云和”增添一道靓丽的风景线；浮云溪“美丽河湖”创建通过实施河道清淤、堰坝修复、河岸绿化、坡岸养护等一系列工程，并增设河道护栏、亲水游步道等设施，为当地居民打造出一个休闲、健身的好场所。此外，还先后完成2个“乐水小镇”和16个“水美乡村”建设。

【农村饮用水工程】　2020年，实施并完成农村饮用水达标提标工程55处，其中计划内工程15处、计划外工程40处，受益总人口3.46万人。至此，云和县全面完成农村饮用水达标提标任务，完成进度居全市第一。7月，在全市农村饮用水三年行动销号现场会上，云和县作为全市唯一一个在丰水期和枯水期水质检测合格率均达到100%的县作典型发言。

水利水电安全生产

【概况】 2019年，县水利局以贯彻落实《中共中央国务院关于推进安全生产领域改革发展的意见》为主线，坚持“安全第一、预防为主、综合治理”和“一手抓安全生产、一手抓经济建设”两不误的方针，以防洪安全、水利工程安全为核心，牢固树立“以人为本、安全发展”的理念，加强安全基础建设，强化安全责任落实，严格依法监督检查，有效防范各类事故的发生，确保全县水利生产持续安全稳定。

【水利水电安全生产】 （一）全面落实安全生产责任制。及时调整水利系统安全生产领导小组。局机关与相关科室及下属单位负责人签订安全生产工作目标责任书，并与各水利生产经营单位签订安全生产责任书，把安全责任落实到各责任人。根据“党政同责、一岗双责、齐抓共管”和“管行业必须管安全、管业务必须管安全、管生产经营必须管安全”的要求，各分管副局长为其分管业务领域的安全责任人，严格落实各业务科室专业安全监管职责。年初召开水利系统安全生产监管工作会议，总结2019年度安全生产工作情况，并布置2020年度安全生产工作任务；每个季度定期召开安全生产例会，听取下属各单位的安全生产工作情况汇报，落实上级政府部门的重大工作部署。

（二）加强安全生产宣教培训工作。6月，在全县水利系统开展以“消除事故隐患，筑牢安全防线”为主题的水利“安全生产月”和“安全生产万里行”活动，通过悬挂横幅标语、张贴宣传画、发放宣传资料、发送手机短信等多种方式，广泛宣传水利安全生产知识。其间，还组织党组理论学习中心组专题深入学习习近平总书记关于安全生产的重要论述；组织干部职工参加水利部举办的“2020年全国水利安全生产网络知识竞赛”、省水利厅举办的“‘一把手’谈水利安全生产”等活动；组织水利生产经营单位开展防汛及应急救援演练。

（三）深入开展安全生产大检查。2020年，县水利局先后组织开展水利工程建设施工安全专项治理行动和国庆节前安全生产综合性大检查，检查范围覆盖全县所有水利生产经营单位、水利设施和在建水利工程，检查内容涵盖危险源识别与管控、隐患排查与治理、人员培训与教育、专项施工方案、安全技术交底、施工区域安全管理措施、生产安全事故应急救援预案等各方面。针对检查中发现的问题，及时督促相关单位整改到位，切实把事故苗头和安全隐患消灭在萌芽状态。此外，县水利局还采取“四不两直”（不发通知、不打招呼、不听汇报、不用陪同接待，直奔基层、直插现场）的方式进行不定期抽查，以确保全县水利水电生产安全。

（四）认真履行水利工程质量与安全监管职责。认真贯彻落实《建设工程质量管理条例》（2000年1月30日国务院令第279号）和《水利工程质量管理规定》（1997年12月21日水利部令第7号发布、2017年12月22日水利部令第49号修改），严格按照《水利工程建设质量与安全生产监督检查办法（试行）和水利工程合同监督检查办法（试行）》（水监督〔2019〕139号）开展水利工程质量与安全监督工作，并实现所有受监工程动态管理。2020年，累计开展水利工程质量与安全监督检查40余次，发出监督意见30余份，工程质量与安全状况总体保持稳定。

行政执法

【概况】 2020年，县水利局认真履行“依法治水、管水”职能，着力加强执法队伍建设，切实规范水行政执法行为。同时，以强化水域资源保护、“无违建河道”创建等工作为重点，进一步加大水事违法案件查处力度，确保全县水事秩序正常有序。

【行政执法管理】 （一）水政执法工作再上新台阶。加大巡查执法力度，严厉打击各类水事违法行为。

2020年，累计出动执法人员840余人次、执法车辆200余辆次，巡查河道总长度3500千米、水域总面积60平方千米，现场制止各类水事违法行为29起，下发责令整改通知书4份，拆除涉水违章2处（约150平方米）；立案查处涉水违法案件3起，合计罚没款3.3万余元。（二）“最多跑一次”改革再深化。按照省委、省政府“最多跑一次”改革工作部署，对照省水利厅关于“最多跑一次”事项“八统一”（主项名称统一、子项名称统一、适用依据统一、办事流程统一、业务经办流程统一、表单内容统一、办事时限统一、申请材料统一）标准化工作的要求，对前期梳理的行政服务事项进行再梳理、再核对，并建立“窗口受理、分类审批、统一出件”的“一窗制”工作模式。2020年，累计梳理并优化水利“最多跑一次”改革事项67项。

【水环境保护】（一）强化水资源保护宣教。充分利用“世界水日”“中国水周”以及节水型社会创建活动等有利时机，通过广播、电视、报纸、宣传画、流动宣传车等载体开展水法规宣传。同时，深入企业、学校、社区、农村开展节水宣传，积极营造“全社会节水、爱水、惜水”的良好氛围。（二）落实最严格水资源管理制度。严把取水审批关，进一步规范取水许可申请受理、审查、核验、发证、换证等程序。严把取水调控关，及时下达年度用水计划总量，并作为“红线”严格控制。认真执行水资源有偿使用制度，全年共征收水资源有偿使用费306万余元。（三）推进节水型社会建设。2020年，圆满完成国家级县域节水型社会达标创建工作，并获评全国第三批节水型社会建设达标县。此外，还完成1个节水宣传教育基地、1个节水型单位的标杆创建以及4家企业清洁生产审核工作。（四）深化河湖“清四乱”（清理乱占、乱采、乱堆、乱建）工作。根据《水利部办公厅关于开展全国河湖“清四乱”专项行动的通知》要求，云和县已于2019年全面完成辖区河湖的“四乱”问题清理工作。2020年，县水利局本着“管理精细化、治理长效化”的工作理念，继续开展河湖“清四乱”工作，严密防范和杜绝“四乱”问题再次发生。（五）巩固“无违建河道”创建成果。根据《浙江省水利厅关于开展“无违建河道”创建工作的通知》要求，云和县已于2019年全面完成辖区63.75千米县级河道和20.31千米非县级河道的“无违建河道”创建工作。2020年，云和县虽无“无违建河道”创建任务，但仍然按照“无违建河道”创建工作要求，制订长效管理机制，落实日常巡查制度，对河道新增违建实行“零容忍”，坚决做到“发现一起、处理一起”。

防汛防台抗旱

【概况】 2020年，云和县防汛防旱指挥部（以下简称县防指）严格按照习近平总书记提出的“一个目标，三个不要怕”（不死人、少伤人、少损失目标，不怕兴师动众、不怕劳民伤财、不怕十防九空）要求，认真抓好防汛防台抗旱基础工作，全面落实以行政首长责任制为核心的各项责任制，重点在责任落实、预案编制、防汛检查、问题整改、能力提升、工程措施、制度建设、预警调度和宣传报道等方面下功夫，着力完善基层防汛防台工作体系，提高全县科学防灾救灾能力。2020年，成功抵御4个强降雨期和台风“黑格比”的侵袭，实现连续26年汛期无人员伤亡目标。

【水雨情】 2020年，云和县降水量1313.5毫米，比常年同期偏少318毫米，偏少比率19.5%；降水日数161天，比常年同期偏少16.3天，其中，6月、7月、9月、12月雨日较常年偏多，3月雨日较常年持平，其余月份雨日较常年偏少。月雨日最多为20天，出现在6月。月雨日最少为4天，出现在11月。

【防汛防台抗旱】 2020年，县防指、县水利局立足“防大汛、抗大旱、抢大险、救大灾”思想，认真做好防汛防台抗旱各项工作。

（一）做好防汛检查督查工作。3月2日，县水利局印发《云和县水利局关于开展2020年度水旱灾害防御汛前大检查的通知》（云水〔2020〕13号），要求全县各乡镇（街道）立即组织人员对本辖区内的防汛准备情况以及水库、山塘、河道、在建水利工程、水电站等进行全面自查。随后，县水利局成立由局领导、技术人员组成的5个检查小组，对各乡镇（街道）的防汛准备工作以及近年来防汛工作中暴露出的隐患、“短板”问题进行全面检查。检查工作结束后，立即召开防汛安全检查情况汇总会议，对检查中发现的问题进行认真梳理和汇总，明确存在的主要问题和下一步主要采取的措施，并向责任管理单位发出整改通知书，要求在规定期限内将安全隐患整改到位，确保各隐患点和在建工程安全度汛。

（二）做好防汛防台抗旱工作。2020年，全县上下紧绷“防大汛、抗大旱、抢大险、救大灾”这根弦，继续围绕“不死人、少伤人、少损失”的总目标，做到“警钟长鸣、常备不懈”。自4月开始，县防指实行24小时值班制度，在梅汛期持续强降雨和抵御强对流天气的侵袭过程中，科学指挥，合理调度，及时组织开展防汛抢险救灾和危险区人员转移等工作，为全面赢得2020年防汛防台抗旱工作打下坚实的基础。

（三）做好宣传、培训和演练工作。在“4•15”全省防汛日和“5•12”全国防灾减灾日期间，通过电视、报纸、手机短信等载体，向社会广泛宣传防汛、防台、抗旱、减灾等知识，同时，利用宣传车在全县各乡镇（街道）进行流动宣传，切实增强民众的防汛防灾意识。此外，还依法对全县各级各类防汛责任人员、预警巡查人员进行公示，全面接受社会监督。5月12日，县防指组织县水利局、县应急管理局等65个单位部门共同开展2020年全县防汛防台应急室内综合推演，有效检验县、乡两级防汛防台指挥部的工作效能，提高各单位部门协同应对突发灾害的工作能力。

（四）抓好汛期安全监管工作。在梅雨期和台风期，县防指办、县水利局、县气象局等单位部门24小时监测台风动向和水雨情变化，实时监测各水库和河道水情情况，并建立县水利局、县应急管理局、县气象局、县自然资源与规划局四部门商议预警发布机制，制定联合发布预警章程。水利工程方面，落实以各属地村为业主的安全管理机制，并由各巡查人员进行不定期的巡查，一旦发现管理人员不在岗、值班人员脱岗等情况，立即进行通报。如果遇到台风、强降雨等恶劣天气，县水利局还下派技术工作指导组到各重要水利工程指导安全度汛工作，督促各水利工程全面停工，做好防汛抢险各项措施。（叶晶晶）

工业经济·招商引资

工业经济

【概况】 2020年，云和县经济商务局(以下简称县经商局)全面贯彻落实中共十九大、十九届历次中央全会和中央、省、市经济工作会议精神，深入践行“绿水青山就是金山银山”发展理念，以“丽水之干”担纲“丽水之赞”，全力推进疫情防控期间企业复工复产，推动“六稳”“六保”工作落实落地，为云和县打造全国山区新型城镇化样板县域“重要窗口”贡献力量。

2020年，全县实现工业总产值198.7亿元，比2019年增长9.5%，其中规模以上工业实现产值137.54亿元，比2019年增长12.7%。从全县工业主要行业产值完成情况看，木制玩具行业全年实现产值80.2亿元，比2019年增长0.5%；钢压延加工行业全年实现产值90.7亿元，比2019年增长22.7%；轴承行业全年实现产值7.3亿元，比2019年增长10.6%；阀门行业全年实现产值7.5亿元，比2019年下降1.6%。

2020年，全县工业实现增加值39.16亿元，比2019年增长4.2%，其中规模以上工业实现增加值24.51亿元，比2019年增长8.7%。在规模以上工业中，制造业增加值增长10.2%，电力、热力、燃气及水的生产和供应业增加值增长3.9%，高新技术产业增加值下降3%，节能环保制造业增加值增长21.7%，战略性新兴产业增加值增长17.6%，小微企业增加值增长6.9%。

【企业复工复产】 为减少疫情对企业的影响，支持和帮助企业渡过难关，先后制定出台《关于应对疫情影响 支持企业渡过难关的二十条意见》《关于新冠肺炎疫情防控期间加快规上工业制造业企业开复工工作的相关意见》等惠企政策，并分别从县直各单位抽调65人组成工业企业服务队、抽调67人担任规模以上企业“一对一”驻企服务员，全力帮助企业解决复工复产过程中遇到的实际问题。同时，深化落实“减负降本”、“工业普惠”、“两直资金”(直接到达基层、直接惠企利民的财政资金)补助等政策，全年累计为企业“减负”2.95亿元、为企业间接融资4.76亿元(其中木制玩具企业3.74亿元)，兑现“两直资金”补助5739万元。

【产业转型升级】 开展2019年度“亩均论英雄”绩效评价，将小微企业园和滚漆中心内的企业分为A、B、C、D4类，并实行差别化政策与管理，加快工业经济高质量发展。同时，完成“腾笼换鸟”企业9家、“零地技改”备案企业15家，提升亩均税收1万元以下的低效企业20家，改造旧厂区2.97万平方米，整治“低散乱”企业54家，培育“小升规”(小微企业升级为规模以上企业)企业3家、精细化管理试点企业6家、专精特新企业26家、清洁生产企业5家，新增“上云企业”(以互联网云计算技术实现管理应用的企业)49家、“两化融合”(信息化与工业化融合)试点企业2家，新建和改建5G基站145个。推进木玩与幼教深度融合，完成《“云和木玩"学前教育装备规范化体系建设》课题结题，成功举办2020年"木玩与幼教"高峰论坛。

【全面从严治党】 制定出台《中共云和县经济商务局党组关于印发〈2020年党风廉政建设和反腐败工作组织领导与责任分工〉的通知》《中共云和县经济商务局党组关于印发〈2020年度党风廉政建设和反腐败工作计划〉的通知》等文件，明确责任分工，并逐级签订《党风廉政建设和反腐败工作目标责任书》。每季度召开专题例会，研究部署工作，逐级进行廉政谈话和工作汇报。每半年向县委、县纪委汇报落实全面从严治党主体责任情况。同时，通过组织学习中共十九大、十九届历次中央全会精神和习近平新时代中国特色社会主义思想、党内规章制度以及中央、省、市、县有关违反"四风"问题的典型案例通报，进一步筑牢党员干部廉洁自律思想根基，树牢"红线、底线"意识。全面落实重大事项请示报告制度，常态开展干部作风专项监督检查，并对全体干部职工护照（通行证）进行集中保管，严格出入境管理。结合人事调整，及时做好岗位廉政风险排查、谈心谈话、廉政函询等工作，努力构建"亲、清"的新型政商关系。开展巡察反馈问题"回头看"工作，新发现新建路35号房屋低价出租问题并立即予以整改。

【意识形态工作】 以坚定"四个意识"、增强"四个自信"、做到"两个维护"为目标，全面落实意识形态工作责任制。同时，及时调整意识形态工作领导小组成员及责任分工，坚持每半年召开一次意识形态工作专题例会，逐级做好谈话和汇报工作。制订印发《中共云和县经济商务局党组理论学习中心组2020年学习计划》，依托主题党日、"周一夜学"、"学习强国"、"青年大学习"、专题讲座等载体平台开展常态化学习教育。抓好网络意识形态工作，坚持每季度召开一次网络意识形态领域形势分析研判会。加强信息宣传工作，全年共发布宣传信息50余篇。

【结对帮扶工作】 年初，走访慰问结对村困难党员、群众8户，并与结对村"两委"班子座谈研究村集体经济发展思路，努力为结对村壮大集体经济献计献策。积极落实"一户一策一干部"帮扶工作，成功帮扶结对村2户低收入农户脱贫。开展"不干扰换届选举"承诺，实现全体干部职工全员承诺。做好结对村组织换届指导工作，由"村第一书记"（村指导员）全程参与村组织换届选举，最终实现村书记、主任"一肩挑"。办好"开门一件事"，完成结对村路灯提升工程。

【法治政府建设】 制定出台《云和县经济商务局重大行政决策事项标准》，进一步规范行政决策程序，提升行政决策能力。完善政务信息公开制度，及时清理失效的规范性文件。2020年，累计清理规范性文件3份。规范单位合同管理，合同起草、拟定均需经过法律顾问审核把关。加强领导干部"尊法、学法、守法、用法"教育，制订干部学法计划，组织学习《中华人民共和国宪法》《中华人民共和国民法典》《中华人民共和国行政处罚法》等法律法规。2020年，县经商局行政执法人员持证率达到100%。

【"最多跑一次"改革】 深化"一件事"改革，优化提升网络报装"一件事"，不断提升企业网络报装的便捷度。加快政府数字化转型，推进政务服务2.0平台应用，不断提高政务服务线上办理率。2020年，通过政务服务2.0平台，累计办理事项142件，其中投资项目备案事项118件、对外贸易经营者登记备案事项22件、外商投资项目企业备案事项2件。落实"互联网+监管"工作，完成"双随机"抽查任务27个（其中跨部门事项20个），实现"双随机"事项覆盖率100%，跨部门联合"双随机"监管比例达74%，现场执法的掌上执法率达90%以上。推进机关内部"最多跑一次"改革，建立办事事项动态调整机制，优化提升机关内部协同办事平台。

【其他重点工作】（一）重点项目服务。2020年，重点做好商贸物流城二期、钰易来、星贝诺、电商产业园4个项目的服务工作，其中，商贸物流城二期项目、钰易来项目已完成全部投资；星贝诺项目超额完成投资3400万元；电商产业园项目已完成可行性研究报告编制和规划设计。（二）安全生产工作。全面落实"一岗双责、党政同责、失职追责"安全生产责任制，定期对加油站点、大型商场超市及工业园区外规模以上企业、电商企业开展安全生产监督检查，并与企业签订安全生产责任书。（三）平安建设工作。深入开展"扫黑除恶"斗争和"省平安县"创建工作，广泛宣传"扫黑除恶"斗争与"省平安县"创建的目的和意义，努力为云和县打造全国山区新型城镇化样板县域"重要窗口"营造良好的法治环境和社会环境。（四）"两金"清退工作。开展新型墙体材料专项基金和散装水泥专项资金（简称"两金"）清退工作，顺利在省里规定的时限内（2021年6月底前）完成"两金"清退工作（不可退部分已全部上缴国库）。（五）中央环保督察问题整改工作。认真做好中央环保督察问题整改工作，部署落实木玩行业、阀门行业整治情况报告和"低散乱"企业摸排整治，重点做好赤石乡新林村、浮云街道象山村环保挂牌点"低散乱"问题整治，顺利完成中央环保督察组转办信访件办理并销号。（叶巧丽）

招商引资

【概况】 2020年，云和县经济合作交流中心（以下简称县经合中心）紧紧围绕县委、县政府中心工作，克服宏观经济持续下行压力和新冠肺炎疫情不利影响，坚持"强链补链招商""绿色生态招商""新兴业态招商"，全力打造"山海协作工程"（是浙江省委、省政府为推动省内欠发达地区与全省协调发展的一项重大战略举措）升级版，努力打开招商引资工作新局面，全年各项工作都取得良好成效。

招商引资方面：全年全县实际利用市外内资8.55亿元，完成年度任务的106.88%（年度任务为8亿元）；实际利用外资310万美元，完成年度任务的124%（年度任务为250万美元）；新引进大项目4个，完成年度任务的100%（年度任务为4个）。

"山海协作"方面：全年共承接项目21个，实现产业转移到位资金9.85亿元，完成年度计划的123%（年度计划为8亿元），其中，新项目6个，实现产业转移到位资金4.19亿元；续建项目15个，实现产业转移到位资金5.66亿元。同时，完成劳动力培训12批650人次，完成年度计划的130%（年度计划为500人次）；完成消费帮扶销售1430万元，完成年度计划的110%（年度计划为1300万元）。

产业园方面：省级"山海协作"产业园（云和—北仑"山海协作"生态旅游文化产业园）建设共实施项目15个，总计完成投资6.23亿元，完成年度计划的88.14%（年度计划为7.07亿元），其中，政府性投资项目4个，完成投资3982万元，完成年度计划的71.62%（年度计划为5560万元）；社会性投资项目11个，完成投资5.83亿元，完成年度计划的89.56%（年度计划为6.51亿元）。

【招商项目谋划】 年初，按照全市扩大有效投资"抢时间、补增量"工作要求，成功谋划招商项目5个，总投资额55.5亿元。至年末，5个招商项目已有4个签约落地，分别是木玩产业创新孵化基地项目、伏布智能数字化生猪养殖基地项目、华宏轧钢生产线项目、赤石"康养小镇"项目；剩下1个项目（电商产业园项目）尚在招商。

【招商项目洽谈】 2020年，全县共有在谈招商项目39个。第一产业方面，百年老茶园项目尚在编制设计方案，戎信国要金方项目已完成初步洽谈。第二产业方面，持续与神邦机械、润利模具、易佳乐玩具、中凯游乐设备、格林美孚E-TPU材料、湖南派美新材料等18家企业开展洽谈。第三产业方面，已着手开展小顺区块旅游开发项目、三江口旅游综合体项目、总部经济项目招商洽谈。

【招商要素保障】 （一）强化人员保障。调整设立上海、广州、杭州、温州4个驻外招商部，并抽调11名工作人员到各驻外招商部从事专业招商，其中上海招商部5人，广州、杭州、温州招商部各2人。同时，制定出台《云和县驻外招商部工作管理细则》，进一步规范驻外招商部管理。（二）强化政策保障。召集县财政局、县税务局、县经商局、县市场监管局、县发展和改革局等部门共同研究制定总部经济项目招商政策，并形成《关于加快总部经济招商的若干意见》。（三）强化用地保障。积极协调解决工业用地紧缺问题，争取并完成云和县低丘缓坡开发沙溪区块高胥移民湾地块平整工程。同时，完成杨柳河三期区块土方平整工程和伏牛岭、赤龙山区块综合开发利用研究。

【招商服务优化】 持续深化“最多跑一次”改革，推行“标准地”（明确污染排放、产业导向、单位产出等标准的建设用地）制度改革和企业投资项目承诺制审批改革，实行一般企业投资项目审批“最多80天”，切实提高项目审批效率。持续强化服务企业活动，对引进来的企业进行经常性走访，听取企业意见，了解企业困难，为企业送去“妈妈式”服务与关怀。疫情防控期间，坚持走访星贝诺、冠艺、正宏等招商企业，帮助企业应对疫情和复工复产。

【合作平台创新】 （一）开展新农村建设合作。积极组织“山海协作”援建项目申报与筛选工作。2020年，全县各乡镇（街道）共上报“山海协作”援建项目20余个，其中入选市级“山海协作”帮扶资金项目3个、入选县级“山海协作”帮扶资金项目7个。（二）加强就业培训合作。充分发挥“山海协作”职业技能实训基地作用，利用县职技校木制玩具实训楼、县农民培训中心等“山海协作”项目成果，加强与县农办、县移民工作中心、县应急管理局等部门联系，合作开展各类劳动力培训，有力助推农民增收致富。（三）开展人才培养合作。组织一批优秀教师、优秀医生赴宁波北仑区、嘉兴海宁市等地开展学习，并选派多名教学骨干、医学骨干到外地知名学校、知名医院跟班学习，切实提升云和县人才队伍的专业水平。

【产业项目建设】 （一）继续推进云和—北仑“山海协作”生态旅游文化产业园建设。按照产业园五年发展规划，结合全县重点项目推进计划，编制完成产业园2020年度投资计划，上报新建、续建政府性投资项目4个，计划完成年度投资5560万元；上报社会性投资项目11个，计划完成年度投资6.51亿元。（二）协助推进云北木玩智创空间重大产业合作项目建设。10月15日，云北木玩智创空间一期项目——云和县木制玩具产业创新服务综合体商务中心项目开工建设。该项目总投资4亿元，规划用地面积约2.19公顷，总建筑面积73881平方米，建设内容为产业综合服务中心及相关配套设施。（三）积极推进“飞地”产业园建设。2020年，北仑区“飞地”产业园成功通过省定“消薄飞地”资格认定，累计完成投资2000万元；嘉兴港区“飞地”产业园已完成土地指标调剂等前期工作。 （范小丽）

工业园区

【概况】 2020年，云和工业园区（以下简称园区）紧扣高质量发展主题，以“快、准、实”的工作作风和“严、真、细”的工作姿态，坚决迅速落实县委、县政府各项决策部署，积极应对疫情给经济发展带来的不利影响，在疫情防控常态化条件下抓好项目建设、招商引资、环境整治、安全生产、平安综治、党的建设等各项工作，园区发展持续保持稳中有进的良好态势。

2020年，园区实现工业总产值156.21亿元，比2019年增加16.02亿元，同比增长11.42%；销售产值153.11亿元，比2019年增加16.17亿元，同比增长11.81%；

产销率 98.02%，比 2019 年增长 0.34%。

按规模分类：规模以上工业完成产值 127.78 亿元，比 2019 年增加 17.77 亿元，同比增长 16.15%，占园区工业总产值的 81.8%，占全县规模以上工业总产值的 93%；规模以下工业完成产值 18.43 元，比 2019 年减少 11.75 亿元，同比下降 38.93%，占园区工业总产值的 18.2%。

按行业分类：玩具行业实现产值 47.04 亿元，比 2019 年增加 0.7 亿元，同比增长 1.52%，占园区工业总产值的 30.11%；轴承行业实现产值 4.05 亿元，比 2019 年增加 0.12 亿元，同比增长 3.12%，占园区工业总产值的 2.59%；压延加工行业实现产值 60.26 亿元，比 2019 年增加 9.08 亿元，同比增长 17.73%，占园区工业总产值的 38.58%；阀门行业实现产值 7.25 亿元，比 2019 年减少 0.68 亿元，同比下降 8.66%，占园区工业总产值的 4.64%；其他行业实现产值 37.61 亿元，比 2019 年增加 6.8 亿元，同比增长 22.06%，占园区工业总产值的 24.08%。

【疫情防控】 新冠肺炎疫情发生后，园区党委紧急召开会议，取消全体干部职工春节假期，迅速投入疫情防控一线，勇做全县疫情防控工作的“排头兵”。(一)当好“防疫员”。成立疫情防控领导小组，制定疫情防控工作方案，并落实人员分组开展疫情摸排、值班值守、物资保障等各项工作。同时，通过悬挂宣传横幅、发放宣传资料、发送手机短信等方式，及时发布疫情防控相关信息，坚决筑牢疫情防控“安全网”。(二)当好“指导员”。联合县委组织部抽调 116 名优秀干部组建 24 支工企服务队，由班子成员带队，对园区 774 家中小企业实行“网格化管理、组团式服务”，切实帮助园区企业解决复工复产中的实际问题。其间，还帮助调解和处理矛盾纠纷、劳资用工纠纷 30 余件，指导 300 余家企业成功申领到“两直”补助款。(三)当好“联络员”。严格执行“企业日报告”制度，并按要求及时排查从重点疫区返回人员，全面启动“企业码”申领工作。2020 年，园区 774 家中小企业均按时间节点完成“企业码”申领工作。

【项目建设】 2020 年，园区项目建设重点围绕“四个年”(中央资金抢报申报年、公建项目收尾完善年、企业投资项目攻坚年、工业平台谋划决策年)工作开展。

(一)“中央资金抢报申报年”工作。认真对标中央专项资金、省级专项资金和抗疫特别国债资金项目申报要求，成功申报金龙鱼区块东侧公园(地下车库)、园区公共服务中心综合体、低丘缓坡沙溪区块高胥移民湾地块开发等项目资金 16.03 亿元(其中中央预算内资金 1170 万元)，申报园区未来雨水管网改造、园区“智慧园区”建设等项目资金 6900 万元（其中已落实到位资金 6700 万元)。

(二)“公建项目收尾完善年”工作。2020 年，计划完成政府固定资产投资 6969 万元，涉及项目 12 个，其中，一般续建项目 7 个，一般新建项目 5 个；重点建设项目 1 个，省级考核项目 1 个。在一般续建项目中，杨柳河三期区块土方平整工程(遗留部分)已完工并通过验收，杨柳河区块三期道路工程和沙溪区块一期道路工程全部完工，沙溪区块二期道路工程等其他基础设施配套项目尚在实施。在一般新建项目中，城南西路(城西路至和信路段)拓宽改造工程已完成管网铺设，园区健身广场一期工程已完工，园区零星基础设施(循环化改造)打捆项目已完成和信路与城西路中央隔离护栏安装、道路零星修复等 10 余项工程。在重点建设项目中，金龙鱼区块东侧公园项目已完成广场地面层铺装和绿化种植，累计投入资金 1500 万元。在省级考核项目中，省级工业园区“污水零直排”管网改造工程(公共道路区块部分) 已完成 15 条道路、200 余家商业门店的雨污水管网改造，初步实现“晴天无排水、雨天无污水”目标。

(三)“企业投资项目攻坚年”工作。着力攻坚“省市县长工程”，计划完成固定资产投资1.88亿元，其中，木玩产业创新孵化基地项目已开工建设，华宏轧钢生产线西拓项目已完成一期地块供地，工业驿站(云溪大厦)项目已完成地下室和一层房屋建设。

(四)“工业平台谋划决策年”工作。加快推进“城南城北、一龙一牛区块”[丽龙高速公路以南区块(赤龙山)、中山西路以北区块(伏牛岭)]发展研究工作，并编制报告呈送县委、县政府审议通过。下一步，将与省市对接，争取政策支持。

【招商引资】 (一)严格把好入园关，力争引进高质量项目。2020年，实际利用内资约4.6亿元、外资310万美元，引进大项目1个；新增入园企业11家；出让工业用地6宗，总面积5.56公顷。(二)积极对接“长三角”一体化发展战略。与上海真如铁三角科技园管理委员会签订合作框架协议，努力实现“问海借力”，推动两地各类“飞地”“飞楼”经济扩面升级。(三)开展平台“二次创业”，狠抓低效用地“腾笼换鸟”工作。2020年，累计完成“腾笼换鸟”企业6家，腾出土地13.81公顷(含木玩产业创新孵化基地项目土地)。(四)全力抓好企业精准服务。针对新入园项目，为企业提供审批、建设、竣工等全方位服务；针对“一事一议”项目，起草《关于扶持云和县木玩产业创新孵化基地小微园的相关意见》，并通过县委常委会审议；针对小微企业培育，积极搭建租赁平台。2020年，累计为小微企业提供租赁厂房9幢，总面积2.06万平方米。

【环境整治】 (一)严抓违建整治。加强与园区执法中队的联合巡查，对园区新增违建，做到即查即拆。同时，加强企业走访调查，逐步解决企业存量违建问题。2020年，累计处置企业存量违建4.09万平方米。(二)严抓环境卫生。2020年，重点对杨柳河三期区块、沙溪区块进行环境卫生整治，总面积约20万平方米。同时，通过道路洁化、边坡绿化等多种举措，进一步把园区环境做美。(三)严抓“五水共治”。持续开展雨污水排放口不定期巡查，严厉查处污水偷排、漏排行为。2020年，累计查处漏排污水企业3家。此外，还查到2家企业环保设施未运行，已责令整改。

【安全生产】 进一步完善安全生产工作责任体系，压紧压实班子成员、行业管理、企业主体、行为责任人四方责任，切实把安全生产责任贯通到底、落实到位，初步形成“人人有责、各司其职、各负其责”的安全生产工作格局。同时，常态开展安全生产检查、安全隐患排查、安全宣传教育、安全应急演练等活动，不断提升企业管理人员和从业人员的安全生产意识。2020年，累计开展安全生产检查700余次，开展安全应急演练80余次。

【党的建设】 深入开展党风廉政教育，不断增强党员干部“守纪律、讲规矩、守法纪”的思想意识，切实营造风清气正的良好工作环境。严格落实党内组织生活，着力在完善制度、创新形式、丰富内涵、增强实效上下功夫，不断推动党内组织生活严起来、实起来。2020年，园区各党支部累计开展“三会一课”、主题党日等党内组织生活450余次。加强园区基层党组织建设，顺利完成园区39个党支部换届选举工作。同时，以此次换届选举为契机，撤并党支部2个，新成立党支部3个。至2020年年末，园区共有党支部45个。加快园区党群服务中心建设，全面完成该中心装修并投入使用。 (沈宇庆)

电　力

【概况】 2020年，面对新冠肺炎疫情影响和宏观经济持续下行压力等诸多不利因素，国网浙江省电力有限公司云和县供电公司(以下简称公司)上下齐心、攻坚克难、笃定前行，企业发展继续保持良好态势，并先后获全国“安康杯”竞赛优胜集体(已连续6年)、省AAA级“守合同重信用”企业、省电力公司同业对标第三集团“进步单位”等荣誉。崇头供电所被省电力公司评为“五星级乡镇供电所”。

2020 年，公司完成固定资产投资 8017 万元，比 2019 年增加 165 万元，同比增长 2.1%，其中，配网投资 6547 万元，比 2019 年减少 821 万元，同比下降 11.14%；实现售电量 15.66 亿千瓦时，比 2019 年增加 0.27 亿千瓦时，同比增长 1.75%；最高负荷 34.09 万千瓦，比 2019 年增加 2.76 万千瓦，同比上升 8.81%。综合线损率 0.85%，比 2019 年下降 1.36%；综合电压合格率 99.95%、综合供电可靠率 99.93%，比 2019 年均有所上升。至 2020 年年末，公司实现连续安全生产 5591 天。

【安全生产】 (一)压实安全责任。修订安全责任清单，建立安全管控中心，推行安全积分管理、部门安全述职、班子会每周分析安全问题等机制，开展安全生产专项整治“三年行动”、施工现场“查风险、治违章、抓落实”系列活动。充分运用现场稽查、“四不两直”督查等手段，排查消除各类安全隐患。2020 年，累计开展安全稽查 3329 次，查处违章及问题 463 起，经济处罚 4.8 万元。严格落实安全准入要求，精心组织“安全进班组”“原原本本学安全法规”等活动，加强人员技能培训和取证。开展防汛防台、安保防控等演练，优化“1+28”应急预案体系，加大网络安全宣传与管控力度。认真落实防疫要求，公司疫情防控平稳有序。(二)强化精益运维。率先全市完成高故障线路治理，全市第二家通过 10 千伏分支线直调验收。完成 80 条中压线路设备图实核查及整改，实现 56 条配电线路配电自动化有效覆盖，完成 75 条配电线路无人机巡检及航线建模。强化变电运维基础管理，完成 5 个变电站《典型操作票》修编及设备系统运维更新。推进县、乡两级“供服”(供电、服务)体系建设，进一步畅通“供服”一体化运转。开展基层骨干队伍操作技能竞赛，不断提升基层骨干队伍运维工作水平。充实不停电作业人员、装备，不停电作业次数同比提升 29.92%。

【电网建设】 (一)做好电网规划与建设。统筹电动汽车及 35 千伏专项规划，科学编制云和县“十四五”配电网规划。主动融入地方空间布局，编制新型城镇化样板县域配电网规划，助推实现“多规合一”。全面分析电网发展现状及远景目标要求，形成 5 年电网项目清单。完成 2021 年配网项目“可研、初设”(可行性研究报告、初步设计方案)一体化审查。开工建设 35 千伏云坛变电站。(二)落实主网属地责任。深入推进 220 千伏万象—鹤溪线路、紧水滩电厂—睦田线路属地化工作，并完成 500 千伏丽西变电站及配套送出工程一级林地调整。加快推进 220 千伏云中变电站前期工作，提前取得 110 千伏送出工程核准批复。促成政府解决 110 千伏长田变电站土地平整问题。(三)推进高弹性电网建设。精细谋划并推动 18 个高弹性电网项目实施。初步完成“自动化全覆盖数智图”“电力可开放容量分布图”绘制。有序推进 6 个点位“即插即用”移动电源侧保电应用、5 个村落光伏储能“微电网”试点，并完成 13 座水电站发电信息采集。积极调动“荷”侧资源，推动政府出台多元融合“有序用电”方案及需求响应激励补贴机制，形成高低压用户需求响应资源池(共 426 户)，有效响应 272户，响应电量 32.22 万千瓦时，响应负荷占比远超全市平均水平。

【经营管理】 (一)激发经营管理效能。顺利完成“子改分”(子公司改为分公司)系列工作，全力攻坚不动产所有权转移。促成政府成立电力行政执法联动中心，“警企”(警察与企业)联动查处违约及窃电案件 13 起，超额完成“反窃查违”收益 43.42 万元。积极推广“电土灶”“柴改电”“气改电”等电能替代项目，深挖华宏公司潜能，全年实现替代电量 4491 万千瓦时。推行供电所兼岗技术员、二级绩效考核等管理模式，供电所同业对标水平显著提升。推广应用 HPLC(高效液相色谱)采集器 7600 余台，精细开展线损集中治理，成功入围国家电网公司同期线损管理百强县级公司。高效完成 142 名退休人员社会化工作。(二)加强产业单位管理。推动产业单位综合基地项目建设,完成土地摘牌及宏盛公司注册资本增资。积极开展施工核心外包队伍建设,畅通多重职业发展通道,开展外包人员分级评价及星级评定。狠抓专业人才队伍建设,组织各类技能培训及资格取(复)证183人次。(三)纵深推进"依法治企"。深入开展电费抄表核收专项审计,强化废旧物资盘点抽查、拍卖监审。加强权力运行监督,堵塞风险漏洞,完成"三重一大"决策事项监督70项、问题线索反馈2条、风险预警17次。积极配合省电力公司巡察,并做好问题整改,公司"依法治企"水平进一步提升。

【服务保障】 (一)不断优化营商环境。贯彻落实"电靓地摊经济"十项举措,率先成立"营配融合"(营销与配电相融合)的城区供电中心。大力推行电力业务"网上办",并领先全市完成"网上国网"推广任务。推出"电力直通车"、高压客户接电"零等待"等便捷用电服务,推动客户"获得电力"水平不断提升。认真落实新建住宅小区电动汽车充电桩及配套供电设施建设要求。(二)全力保障复工复产。发布"电力复工指数",向政府部门报送数据83份,助力精准施策。落实阶段性降价政策要求,为用户节省电费支出2747万元。全面实施疫情防控物资生产企业"三零"(零上门、零审批、零投资)服务,提供合理用电建议36条。主动服务疫情防控期间用户暂停业务和恢复用电业务办理,为用户节省基本电费38万元。完成6个转供主体300余户"电费转供码"推广,推动降价红利及时足额传导至终端用户。

【三个建设】 (一)加强党的建设。深入推进"两学一做"学习教育常态化、制度化,深刻领会中共中央总书记习近平系列重要讲话精神。开展"基层党组织提质增效年"活动,完成4个基层站所支部共建和"1+1"结对帮扶。抓实"两个责任"(党委主体责任和纪委监督责任),印发《全面从严治党主体责任和监督责任清单》。实施"'一书两卡三图'打造供电所风险防控廉政网"协同监督项目,进一步完善小微权力管控体系。(二)加强队伍建设。规范干部选拔任用、交流轮换,完成30名岗位调整干部廉政审核及任前廉政约谈。强化干部考核结果应用,严格兑现干部考核奖惩,修订并实施公司绩效考核方案。持续扩大培训规模及专业覆盖面,高质量完成内训师等各类培训。重视青年员工成长,成立"青云工作室",推选4名员工进入市电力公司"小荷计划"培训班、2名员工进入省电力公司挂职锻炼、1名员工对口帮扶西藏那曲市电网建设。(三)加强文化建设。深植"聚百丈豪气、扬千面红旗、亮万家灯火"公司总行为公约,开展"三问三明五增强""思想再解放、实干再奋进"感恩企业主题活动,凝聚发展合力。坚持"小站所、大能量"文化生态,初步形成旗帜鲜明的站所文化体系。开展"幸福云电"、"五小"供电所和"妈咪小屋"建设,实施"千户万灯"、扶贫结对等系列活动,持续做亮公司品牌。全年累计在县级以上媒体发表新闻稿件480篇,其中视频《家电总动员》获省电力公司"电力科普原创作品三等奖"。大力选树先进典型,1名员工获评全国"安康杯"竞赛安全文化宣传先进个人,1名员工获评省电力公司"劳动模范",3名员工获评市电力公司"防疫抗疫、复工复产"先进个人,"叶洪庆劳模创新工作室"获评省电力公司"劳模创新工作室",配检红船党员服务队党支部获评市电力公司"防疫抗疫、复工复产"先进党组织。 (谢景良)

贸　易

国内贸易

【概况】　2020年，全县实现社会消费品零售总额37.89亿元，比2019年增长8.8%，其中限额以上社会消费品零售总额5.38亿元，比2019年增长21.3%。分行业看，批发和零售业实现零售额31.28亿元，比2019年增长7.7%；住宿和餐饮业实现零售额6.61亿元，比2019年增长14.2%。全年全县实现网络零售额31.93亿元，比2019年增长14.6%。

【培育企业"上限"】　着力培育企业"上限"（升级为限额以上企业），全力做好"消费稳增长"工作，紧盯"限上"（限额以上）企业经营情况，针对部分"限上"企业的零售额、营业额增长缓慢或出现下滑现象，主动加强指导和服务。同时，联合县统计局、县税务局等单位部门，对个体工商户底数进行全面排摸，积极引导经营情况稳定且达到限额标准的个体工商户申报"限上"企业。2020年，新培育"限上"电商企业20家，其中个体工商户"上限"7家。全年"限上"电商企业实现零售额3.6亿元，比2019年增长31.8%。　（叶巧丽）

供　销

【概况】　2020年，云和县供销合作总社（以下简称县供销总社）坚持以习近平新时代中国特色社会主义思想为指导，深入学习贯彻中共中央总书记习近平和国务院总理李克强在中华全国供销合作社第七次代表大会上作出的重要指示、重要批示精神，坚持从"三农"工作大局出发，牢记"为农服务"根本宗旨，不断深化供销社和"三位一体"农合联综合改革，加快推进供销社服务"三农"组织体系建设，努力为云和县乡村振兴贡献"供销力量"。

【资金互助】　以密切与农民利益联结为核心，以提升为农服务能力为根本，因地制宜推进农民资金互助会发展，充分发挥农民资金互助会在解决农村金融供给不足矛盾、支持农业生产和促进农民增收等方面的积极作用。至2020年年末，云和县农民资金互助会已吸收会员426名，缴存入会金（互助金）490.9万元，累计为农民发放涉农创业贷款6358.5万元。（一）对农合联会员进行全覆盖授信。根据生产、经营、管理、服务、信用等要素，对全县6家产业农合联会员和农民资金互助会会员进行走访调查，最终确定对660户会员进行授信，授信总额度2.2亿元，其中A类会员（30万元及以上）196户、B类会员（20万元）264户、C类会员（10万元）200户。（二）打造资金互助会专属金融产品。推出"丰收·互助贷"专属金融产品，并根据农合联会员星级评定，分别给予5万元至30万元不等的授信额度（此额度一次授信、三年有效，循环使用，随借随还）。同时，对产业农合联会员实行免缴互助金、免缴贷款保险、贷款利率少上浮75%等优惠措施，有效解决农合联会员贷款难、贷款贵等问题。(三)强化资金互助风险管控。结合资金互助的特殊性,研究制订贷款额度"双管控"、审批"双并联"、贷款担保"双保证"、评审"五协同"、风险分担"五串连"等制度,切实筑牢资金互助安全网。

【山海协作】 坚持把"山海协作"作为推进供销服务的重要推手,深化与"山海协作"城市宁波北仑区的合作,并实现"1+1>2"效果。(一)推动形成产销有序的衔接平台。2020年,县农合联资产经营有限公司先后与宁波北仑区达人旅业、小象商行、洋洋海购等商家签订战略合作协议,仅用3个月时间就销售云和农产品100余万元。同时,该公司还与嘉兴疆浙电子商务有限公司签订年销售100万元农产品的购销合作协议,有力助推云和农业产业发展。(二)推动精准扶贫深入实施。通过赴杭州临安区种植基地实地考察、与宁波北仑区销售商达成意向后,在三门、梅湾等结对村推广种植"小香薯"5公顷,仅此一项,可为结对村增收20余万元。同时,还举办以"小香薯"为主题的首届农民丰收节,全力助推结对村脱贫致富。(三)激发乡村振兴内生动力。一方面,在县农合联乡村振兴综合体项目中设置"强村公司专区",补齐供销社为农服务人员、资源不足短板。另一方面,由县农合联资产经营有限公司和白龙山街道强村公司合作,共同与宁波北仑区签订100万元销售订单,进一步带动乡村振兴和村集体经济发展。

【为农服务】 坚持"为农服务"根本宗旨,着力在服务平台打造上下功夫,不断延伸为农服务的深度和广度。(一)打造县农合联乡村振兴综合体。通过社有资产置换,优化资本布局,投资3200万元,建设面积5851平方米的县农副产品展示展销中心大楼,并作为县农合联乡村振兴综合体打造。该项目建成后,可以把政府委托或购买的公共服务事项和农产品销售等经营性服务职能逐步从相关涉农部门转移到农合联,有效促进"三位一体"农合联改革和供销社综合改革的有机结合。(二)落实山区留守老人"三代公益服务"制度。针对山区青年大量外出、留守老人行动不便等实际,牵头为山区留守老人开展代购服务、代办事项、代送物资"三代公益服务",切实打通服务山区留守老人的"最后一公里"。2020年,累计为山区留守老人开展"三代公益服务"900余次,切实展现供销人的当担和作为。(三)健全完善为农服务网络。一方面,依托参股企业云和县和丰农资有限公司健全完善化肥应急储备机制。另一方面,依托云和县华诚农业发展有限公司打造集产业技术、技能培训、专用农资、生产作业、产品加工、市场信息、现代物业服务等功能于一体的现代农合综合服务中心。同时,还依托产业农合联开展规模化、社会化服务,让农民得到真正实惠。

【社会维稳】 坚持以市场为导向、以稳定为前提,深化推进供销社经济社会健康稳定发展。2020年,县供销总社实现社有房产租金收入150万元。(一)理顺社有产权关系。完成县供销烟花爆竹经营有限公司持股比例调整(由原占股60%调整为40%),并积极引导该公司转型发展;完成县渔夫有机鱼专业合作社资产清算和社有资金竞争性存放、银行账户清理整顿等工作。(二)化解历史遗留问题。有效化解原云和区供销社64名退休职工的不合理利益诉求,进一步明确剥离资产的权属问题。积极化解原石塘区供销社历史遗留问题,及时发放该社4名退休职工和3名遗属相关费用,并通过县政府会议纪要形式将该社房产收归县供销总社所有。(三)深入开展暖心走访。2020年,县供销总社坚持做到"员工住院100%慰问到位、困难家庭100%关爱到位、退休人员100%走访到位",并充分利用主题党日、重阳节等时机开展"敬老、孝老、慈孝"活动,与企业离退休职工广泛交流养生养老知识,畅谈如何做个快乐、健康、幸福的退休老人。 (林　炜)

烟草专卖

【概况】 2020年，云和县烟草专卖局（分公司）（以下简称云和烟草）紧紧围绕“巩固提升‘131’战略”总要求，认真贯彻落实上级烟草专卖局（公司）和地方政府决策部署，聚焦“突破三关、提升三力”工作目标，迎难而上，奋发有为，全力推进云和烟草事业转型高质量发展。

【生产经营逆势而上】 2020年，面对新冠肺炎疫情不利影响，云和烟草坚持疫情防控和生产经营“两手抓”，奋力交出“两战赢”的高分答卷。（一）卷烟销售稳中有进。全年累计销售卷烟5874.76箱，比2019年增长3.25%；销售额2.55亿元，比2019年增长8.82%；单箱销售额4.3万元，比2019年增长5.39%。（二）品牌培育成效显著。顺利完成重点品牌培育目标，七匹狼（1575）上柜率达65.34%，玉溪（创客）上柜率达84.12%，云烟（小云端）上柜率达86.1%。全年累计销售七匹狼（1575）9.78箱，比2019年增长230.27%；销售玉溪（创客）34.92箱，比2019增长35.18%；销售云烟（小云端）4.5箱，比2019年增长31.12%。（三）终端建设稳步推进。不断释放“四全”（全商品扫码、全渠道进货、全方式支付、全店铺管理）数字化门店示范性优势，全年新建“香溢合作店”4户，累计建成9户；新建现代终端41户，累计建成228户，占比24.23%。持续推广“一钉四香”（钉钉、香溢购、香溢通、香溢坊、香溢家），“香溢通”覆盖率达到26.58%。同时，着力加强后续管理维护，及时查漏补缺，不断提升烟草零售客户的满意度。2020年，云和烟草零售客户的综合满意度位列全市第一。

【市场监管成效显著】 持续强化数据监管力度，保持打假打私高压态势，巩固提升“互联网+专卖监管”新模式。（一）打假破网持续发力。全年累计查获案件108起，同比增长20%；查获各类卷烟187.14件，同比增长67.99%，创历史新高。紧盯重点监管对象，查获违法违规大户案件15起，查处率达100%；取缔违法违规大户1户，降级降档大户2户。（二）国标网络案捷报频传。成功破获2019年“8•20”网络销售假烟国标案，连续3年实现国标网络案件新突破，本土追刑人数达4人。（三）构建部门协同作战机制。紧密联系县公安局、县交通局等部门，充分发挥“五眼”效能，在破获专车运假烟案件上取得新突破，全年共查获专车运假烟案件2起、无证运烟案件4起。持续深化法治宣传教育，常态开展烟草市场整治，切实消除“烟票”和“电子烟”乱象。（四）巩固提升“互联网+政务服务”新模式。疫情防控期间，全面推行政务服务网上办、掌上办、预约办。全年共办理许可事项316件，办理零售许可证217本（其中新办123本、续期94本），好评率达到100%。

【从严治党纵深推进】 （一）党的建设不断加强。始终将党的政治建设摆在首位，坚持以习近平新时代中国特色社会主义思想为指导，深入贯彻落实中共十九届四中、五中全会精神，巩固深化“不忘初心、牢记使命”主题教育成果。持续推进“两学一做”学习教育常态化、制度化，不断优化“党员领学—定期测试—专项督导”学习模式，切实抓实、抓细、抓准党员教育。深化推进党员学习平台建设，顺利建成“党建文化长廊”。（二）党建品牌亮点纷呈。持续涵养“精实•山水•先锋”党建品牌文化内涵，积极参与“最美丽烟人”评选活动，全员投入“一户一策一干部”脱贫攻坚，全方位展示云和烟草责任担当。（三）问题整改全面从严。深化落实政治生态突出问题整改以及省市烟草局（公司）巡察反馈问题整改“回头看”工作，切实做到“刀刃向内、动真碰硬”。（四）监督执纪精准有效。坚持以好的作风推动从严治党走深、走实，深入开展“四风”问题专项整治和“酒驾、醉驾”专题警示教育活动，为“突破三关，提升三力”营造风清气正的良好政治生态。

【企业治理精实高效】 (一)科学谋划“十四五”。紧扣上级烟草专卖局(公司)安排部署,调动全员力量,科学编制“十四五”发展规划。(二)绩效考核持续完善。聚焦“突破三关,提升三力”工作目标,强化考核结果运用,充分发挥正向激励作用。(三)创新活力持续迸发。积极探索“智慧党建”,通过深度开发“移动工作流”,实现党员先锋指数考评统计制信息化管理;深入开展“数据驱动品牌培育筛选模型”课题研究,不断强化数据在品牌培育方面的运用;组织开展“分层分级标签化精实管理服务模块构建”课题攻关,着力提升基层营销管理精细化水平。(四) 数字管理持续发力。积极配合市烟草专卖局(公司)开展“财务共享”建设,全流程参与需求梳理、试点运行、内部推广、问题反馈等工作,为市县财务一体化管控提供智慧。(五)队伍建设不断加强。聚焦数字化人才队伍建设,积极参与全市烟草“香溢合作店运营体系的构建”“基于精准画像建立标签化监管模型研究”两大课题攻坚,以点带面引导全体员工投身两大课题试点工作。突出专业化技能人才培养,1 人进入全市技能竞赛(专卖岗位)前7 名。 (钭李夭)

石油经营

【概况】 2020 年,中国石化销售股份有限公司浙江丽水云和石油支公司(以下简称云和石油支公司)牢牢把握“保增长、谋发展、强基础、抓党建”工作主线,不断提升企业竞争力和市场控制力,克服市场疲软、竞争加剧等不利影响,真抓实干,奋力拼搏,各项工作都取得可喜成效。全年累计完成油品零售量 15120 吨, 比 2019 年减少 1270吨,同比下降 7.75%,其中汽油零售量下降 6.68%、柴油零售量下降 10.38%。此外,还完成柴油直分销量 11525 吨,比 2019 年增加 1218 吨,同比增长 11.82%;非油品销售额 600 万元,比 2019 年减少 99 万元,同比下降 14.16%;油卡充值额 2799 万元,区域持卡比 32.78%。全年实现毛利润 160 万元,比 2019 年增长 34.4%。

【产权更正】 因历史遗留问题,云和石油支公司多处房产权利人为股份有限公司,而土地证上权利人为资产管理有限公司, 两证不一致。为此,云和石油支公司多次与县自然资源局沟通,将城东加油站房产用途由住宅更改为商业,并成功办理不动产权证。

【新“一站一策”工作】 在后山加油站增设全自动洗车机和尾气处理液加注机, 将传统单一经营汽(柴)油的加油站转型为集加油、洗车、购物等便民服务于一体的综合功能站。

【加油站迁建】 根据云和县城区整体布局,结合全区加油站分布实际,积极与县自然资源局、县住建局、县发改局等有关部门对接后山加油站迁(扩)建事宜,并于 6 月进场施工、11 月完成主体验收,总工期比原计划提前 26 天。

【市场整顿】 继续加强县内成品油市场的监控,持续净化市场经营环境。2020 年, 配合县市场监管局、县经济商务局工作人员对外来流动加油车进行查处,共查获非法流动加油车 2 辆,并收缴车内余油和售卖账本,有效打击非法贩卖成品油分子的嚣张气焰。

【安全管理】 坚持“安全发展”理念,强化安全管理,努力把“三基”(基层建设、基础工作、基本功训练) 工作与日常工作结合起来,以确保安全生产形势持续保持稳定。在日常管理中,持续加强员工安全教育、全面落实安全管理制度、常态开展安全隐患排查,切实筑牢人防、物防、技防“三防合一”的安全工作防线。此外,还不定期组织员工开展应急演练,不断提升全体员工的应急处置能力。

【党建工作】 深入学习贯彻中共十九大和十九届历次中央全会精神,深刻领悟习近平新时代中国特色社会主义思想,坚持“党要管党、从严治党”这个主线,努力做好党建各项工作。同时，通过党员会议“微党课”、“学习强国”App、中石化“网络学院”等多种途径学习中央各项政策，为企业实现高质量发展提供强有力的思想保证和组织保证。

【疫情防控】 疫情防控期间，由党支部书记带领党员去各加油站点，为各站点送去口罩、手套、额温枪等防疫物资，并为各站点需要办理出入证明的员工办理疫情防控通行证，以保障各站点正常运营。 （季　昕）

对外贸易

【概况】 2020年，全县实现外贸进出口总额13.18亿元，比2019年下降24.1%，其中，出口总额为12.86亿元，比2019年下降23%。按美元计量，全年实现外贸进出口总额1.89亿美元，比2019年下降24.8%，其中，出口总额为1.85亿美元，比2019年下降23.6%。

【稳外贸增长】 疫情期间，对小微出口企业实行出口信用保险“政府联保”政策，全年累计为26家小微出口企业提供出口信用保险。同时，还举办浙江云和出口网上交易会（英国站—玩具专场）；帮助企业解决563万元出口商品的编码问题；兑现2019年度外贸发展专项资金831万元，惠及企业175家；培育出口实绩企业10家，备案登记对外贸易经营者（企业）22家；培育2020年度浙江省外贸综合服务试点企业1家（丽水翰海进出口有限公司，系全市第二家获批企业）。 （叶巧丽）

交　通

交　通

【概况】 2020年，云和县交通运输局(以下简称县交通局)坚持以习近平新时代中国特色社会主义思想为指导，紧紧围绕疫情防控和经济社会发展“双胜利”目标，深入实施“交通强省”战略，全力助推云和县建设成为“全国山区新型城镇化样板县域‘重要窗口’”。2020年，县交通局先后被省委、省政府评为全省抗击新冠肺炎疫情先进集体，被市交通局评为全市交通运输重点工作考核优秀单位(全市第三)，被县委、县政府评为全县综合考核优秀单位。

【疫情防控】 深入贯彻落实习近平总书记关于统筹推进疫情防控和经济社会发展的重要指示精神，严格按照县委、县政府部署要求，做好疫情防控、运输保障、复工复产等各项工作，充分发挥交通部门“先行军”和“排头兵”作用。(一)严管控。新冠肺炎疫情发生后，县交通局第一时间成立疫情防控工作领导小组，制订疫情防控道路设卡检查专项行动方案，并果断暂停营运班车、公交车、出租车、水上渡运等公共交通运输，切实防范新冠肺炎疫情输入与传播。其间，累计出动交通执勤人员300余人次，检查车辆2.1万辆次、人员7.2万人次，移送集中观察9人次，劝返车辆1459辆次、人员2400余人次。(二)保畅通。坚持“人要管住、物要畅通”和“一断三不断”(阻断病毒传播渠道，保障公路交通网络不断、应急运输绿色通道不断、必要的群众生产生活物资运输通道不断)、“三不一优先”(不停车、不检查、不收费、优先通行)原则，科学制订“保通、保畅”行动方案并抓好落实。组建由15台车辆和17名驾驶员组成的应急保障队伍，为31辆疫情防控车辆、13艘应急船舶办理绿色通行证，确保全县疫情防控应急物资和生产生活物资运输畅通。(三)促复工。组织县域所有客(货)运企业在第一时间复工复产，并动员42辆社会货运车辆、调度3辆客运车辆为全县复工复产提供运输服务。其间，累计发送“三返”(返岗、返工、返学)人员专车17班次，免费接送“三返”人员331人次。(四)常防控。坚持底线思维，始终绷紧疫情防控这根弦，以最严的措施管好单位“小门”，慎终如始抓紧、抓实、抓细常态化疫情防控工作。

【项目建设】 (一)项目投资稳步增长。2020年，累计实施交通项目13个，完成项目投资3.33亿元，比2019年增长19.35%。(二)项目建设加快推进。组建项目专班，压实工作责任，细化工作措施，全力以赴加快重点交通项目建设，其中，后交线(崇头至岙头段)改造提升工程、游客中心至后交线(梅源至吴坪公路)工程等一批重点项目已提前完工，云龙公路(新殿垟至龙门段)改建工程已基本完成路基主体工程。(三)项目前期有序开展。235国道云和段改建工程、黄安线提升改造工程、G25长深高速(丽龙段)赤石互通改建工程等5个重大项目前期工作有序开展，有效保障交通项目的可持续性，初步实现“开工一批、建设一批、完工一批、储备一批”的目标。

【行业治理】（一）行业安全形势总体平稳。严格落实安全生产责任，认真履行行业监管职责，定期分析行业安全形势，同步做好安全隐患治理。2020年，累计召开各类安全生产工作会议12次；组织集中检查240余次、出动检查人员1700余人次，排查治理隐患单位270余家次，查出一般安全隐患178项（其中运用交通安全生产事故隐患排查系统查出一般安全隐患96项），已整改178项、整改率达100%。（二）交通综合执法成效凸显。加强与公安、水利等部门的联动，重点打击超载、超限、绕行、驳载、污染公路（水面）等违法违章行为。全年共出动执法人员2550人次、执法车辆（船）1100辆（艘）次，检查车辆、船舶3790余辆（艘）次，整治马路市场24个，查处违法案件139件（其中利用非现场治超平台查处超限违法案件104件），纠正各类违章行为516起。（三）应急救援能力不断提升。深刻汲取浙江温岭“6•13”槽罐车爆炸、山西“10•1”重大火灾等事故教训，举一反三，制订应急预案，健全完善应急体系，并组织开展应急演练，切实提升应急处置能力。全年共组织开展应急演练9次。（四）社会诉求回应更加务实。积极化解社会矛盾纠纷，妥善处理信访举报件111件，按时办结率100%，回访满意率100%。切实解决人民群众关心的问题，圆满完成41件人大代表建议和政协委员提案办理工作，代表、委员满意率达100%。

【民生服务】（一）做好民生工程。牢固树立“为民、惠民”工作理念，扎实做好省、市、县各级民生工程。2020年，累计完成路面大中修80千米，其中国省道大中修36千米、农村公路大中修44千米；完成公路安防工程227.2千米；新建和改建农村公路79.2千米，改造危桥、隧道6座，提升公路服务站7个；新建农村港湾式停靠站14个、村级物流服务点41个，改建公交站点1个；更新清洁能源公交车5辆、农村客运班车2辆，新增微公交线路1条。（二）提升服务效能。以数字化转型为抓手，不断深化“最多跑一次”改革，扎实推动交通服务事项全程网上办，真正实现企业和群众办事“零跑腿”。2020年，累计办理各类服务事项2467件，当场办结2467件，当场办结率100%，即办率100%，网上办实现率84%。（三）加强“法治政府”建设。牢固树立法治思维，深入推进依法行政，创新开设“执法讲堂”，切实用法治方式推动和保障交通运输事业健康发展。2020年，共举办“执法讲堂”4期，开展法治宣传12次。

【从严治党】（一）突出政治建设，从严落实主体责任。一是深化思想认识，提高政治站位。持续开展“不忘初心、牢记使命”主题教育，坚决维护习近平总书记党中央的核心、全党的核心地位，坚决维护党中央权威和集中统一领导，坚决在政治立场、政治方向、政治原则、政治道路上同以习近平为核心的党中央和省委、市委、县委保持高度一致。二是夯实关键环节，压实主体责任。局党组始终把抓好全面从严治党作为首要任务，充分发挥“头雁效应”。同时，建立“一把手负总责、分管领导各负其责、班子成员齐抓共管”的领导机制，切实将管党治党工作同局中心工作同部署、同推动、同落实。三是强化制度意识，严肃党内生活。严格落实《关于新形势下党内政治生活的若干准则》，着眼三级“同热”、上下“同温”，健全体制机制，创新载体抓手，在抓好“三会一课”等“规定动作”的基础上，做亮“自选动作”，切实提高党内政治生活的质量和水平。

（二）聚焦“三不一体”（不敢腐、不能腐、不想腐一体推进），加强清廉机关建设。一是突出以案为鉴，强化“不敢腐”的震慑。通过上廉政党课、观看警示教育片、通报违反中央“八项规定”精神典型案例等多种形式，深入开展党风廉政教育，切实增强干部职工的法律意识和底线意识，让“不敢腐”的思想扎根心底。二是加强监督检查，强化“不能腐”的约束。在全系统范围内推行岗位廉政风险防控，对各岗位的工作职责进行梳理，对行政执法、行政许可、财务、项目建设等重点岗位可能产生的廉政风险进行剖析，并提出切实可行的防控措施。三是营造廉政氛围，强化“不想腐”的自觉。紧扣省委、省政府“以清廉交通建设成果支撑和保障交通强省建设”的要求，坚持“文化倡廉”，以清廉文化引领“清廉交通”建设，大力培育和践行社会主义核心价值观，弘扬“红船”精神、浙西南革命精神和“奋斗、奉献、担当、创新、惠民”的交通精神，切实筑牢信仰之基、补足精神之钙、把稳思想之舵，逐步形成以清为美、以廉为荣的价值导向，营造风清气正、勤政廉明的工作氛围。

（三）强化理论武装，筑牢意识形态阵地。一是落实工作责任，推动工作合力。坚持党管意识形态工作，全面落实党组意识形态工作责任制；成立以党组书记为组长、党组成员为副组长的意识形态工作领导小组，制定下发《云和县交通运输局意识形态工作责任制实施办法》；局党组书记认真履行意识形态工作“第一责任人”职责，班子成员严格按照意识形态工作“一岗双责”要求，抓好分管领域的意识形态工作，形成“一级抓一级、层层抓落实”的有效工作闭环。二是加强理论学习，提高工作本领。制定《云和县交通运输局党组理论学习中心组学习计划》，常态开展政治理论学习。同时，注重个人自学与集中学习相结合、理论知识与岗位实际相结合，切实抓好知识吸收和消化，确保学习不流于形式。

【公路管理】 至2020年年末，全县共有公路里程935.27千米，其中，高速公路50.13千米，普通国省道130.4千米，农村公路798.68千米（含县道151.1千米、乡道172.3千米、村道455.68千米、专用道19.6千米）。（一）国省道养护。2020年，累计完成国省道养护提升工程6个，合计投入资金4497.82万元，其中，普通国省道养护大中修工程投入资金2479万元，普通国省道集中小修保养工程投入资金129.67万元，普通国省道隧道提质升级工程投入资金288.25万元，普通国省道桥梁维修加固工程投入资金207.9万元，G322瑞友线（云和境）路面应急抢修工程投入资金1326万元，G235新海线K1020+300路段应急抢险工程投入资金67万元。（二）农村公路养护。2020年，累计实施四大类农村公路养护工程，分别是农村公路大中修工程、农村公路安全生命防护工程、农村公路提升改善工程、农村公路服务站提升改造工程，合计投入资金2866万元，其中，农村公路大中修工程累计完成路面维修115.65千米，农村公路安全生命防护工程累计完成护栏安装227.2千米，农村公路提升改善工程累计提升改善低等级公路114.12千米，农村公路服务站提升改造工程累计提升改造公路服务站7个。（三）“四好公路”创建。2020年，成功创建市级精品路线1条（百龙线）、农村公路示范乡镇2个（元和街道、崇头镇）。

【运输管理】 至2020年年末，全县共有各类道路运输企业313家，营运机动车辆731辆，其中，客运企业5家，营运机动车辆99辆；货运企业308家，营运机动车辆632辆。（一）做好春运工作。2020年春运，全县共投入客运车辆79辆1346座、公交车辆26辆583座，比2019年减少6辆138座。其间，受疫情影响，累计发送班车3449班（其中加班5班），比2019年下降61%；完成道路旅客运输量5.74万人次，比2019年下降64.8%；旅客周转量216万人千米，比2019年下降65.4%。（二）完成老旧营运货车淘汰工作。根据上级部门下达的指标任务，云和县需在2年内（2019—2020年）完成37辆老旧营运货车淘汰工作。至2020年年末，云和县已累计完成48辆老旧营运货车淘汰工作以及相关道路运输证注销工作，超额完成目标任务。（三）持续推进车辆“智能视频监控报警系统”安装工作。该项工作自2019年启动以来，已累计安装车辆61辆，其中“两客一危车辆”(从事旅游的包车、三类以上班线客车和运输危险化学品、烟花爆竹、民用爆炸物品的道路专用车辆)安装率达到100%。(四)完成公交车驾驶区隔离设施安装工作。2020年，全县共有城市公交车28辆，除2辆“微公交”未安装驾驶区隔离设施外，其余城市公交车均已安装到位。

【港航管理】 至2020年年末，全县共有渡口16个(含景区渡口1个、乡镇渡口15个)、交通码头10对、渡埠29个；登记水(渡)运船舶40艘，其中渡船23艘568客位、客船14艘234客位、水上巴士3艘135客位；水(渡)运企业3家，其中水运企业2家、渡运企业1家。(一)项目建设。以“美丽渡口”创建为抓手，结合“四好农村路(水路)”建设，加快推进渡埠码头和渡船改造提升工作。全年共提升改造渡埠码头2个、渡船2艘。(二)船舶检验。云和县船舶检验所承担着108艘商船的检验工作，其中云和县商船66艘、龙泉市商船42艘，同时还承担着104艘渔船的检验工作。2020年，累计检验商船85艘，其中云和县商船48艘、龙泉市商船37艘；检验渔船100艘。(三)水上搜救。加强水上应急物资储备，建立水上搜救协同机制，并成功开发“水上应急船舶登记软件”。2020年，新增水上应急“厢货”(厢式货车)1辆、橡皮艇1艘、遥控救生圈1只。

【城乡公交】 至2020年年末，全县共有城市公交线路9条(含县际线路2条，分别是云和至景宁、石塘至大港头)，公交车辆28辆(含“微公交”2辆)。客运班线29条，营运车辆49辆，总客位1028座，其中，跨市班线2条，跨市班车2辆；跨县班线6条，跨县班车12辆；县内班线9条，县内班车20辆；康庄小巴班线12条，康庄小巴班车12辆；省际包车3辆。　(叶　玲)

邮　　电

邮　　政

【概况】 2020年，中国邮政集团有限公司浙江省云和县分公司（以下简称云和邮政）深入学习贯彻习近平新时代中国特色社会主义思想和中共十九大、十九届五中全会精神，坚持用“三个视角”（客户视角、竞争视角、行业最佳实践视角）和“三大规律”（行业规律、市场规律、价值规律）找差距、找对策，深化推进“四梁八柱”（普遍服务、寄递业务、金融业务、农村电商是支撑邮政发展的“四梁”；党建、转型、赋能、扁平、平台、协同、活力、作风是支撑邮政发展的“八柱”）战略体系落实落地，并做到重点工作争亮点、常规工作强规范、难点工作求突破、短板工作有提升。

2020年，云和邮政实现业务总收入4005万元，比2019年减少95万元，同比下降2.32%，完成率87.71%；实现利润297万元，比2019年增加49万元，同比增长19.76%，完成率100%。

至2020年年末，全县共有汽车邮路5条、城镇投递道段20条、农村投递道段34条、村邮站91个，直接投递到10个乡镇（街道）、71个建制行政村，通过接转等方式，投递服务覆盖全县各乡村。

【企业更名】 2019年12月28日，中国邮政集团公司改制并更名为“中国邮政集团有限公司”。2020年5月，云和邮政也由原来的企业名称“中国邮政集团公司浙江省云和县分公司”更改为“中国邮政集团有限公司浙江省云和县分公司”。至2020年年末，云和邮政共有在岗职工99人，其中合同制员工66人、派遣制员工33人。

【金融业务】 2020年，云和邮政完成代理金融业务收入1538.33万元，比2019年增加150.36万元，同比增长10.83%。（一）存款业务。2020年，存款日均余额达到8.1亿元，比2019年增加8850万元，同比增长12.27%，增幅居全市第五。（二）保险业务。2020年，保险业务收入增长24.77%，其中，“中邮期交”增长28.62%，“中邮长期险”增长198%，长期险增长85.13%。（三）中间业务。2020年，设立“邮粮赞”助农惠农平台，累计销售各类粮油及生活消费品1343单，销售总额7.7万元。

【寄递业务】 2020年，云和邮政完成寄递业务（包括特快专递包裹业务、国际快递包裹业务、标准快递包裹业务）收入1913万元，比2019年下降15.13%，完成率75.28%；实现利润183万元，完成率114.98%。同时，加强包裹处理场地建设，建成2300平方米的新场地并投入使用。

【传统业务】 2020年，云和邮政完成传统业务收入211.13万元，比2019年增加144.68万元，同比增长217.73%，其中，报刊业务完成收入96万元，完成率100.95%；集邮业务完成收入44.39万元，完成率100.88%；函件业务完成收入70.74万元，完成率101%。同时，还举办全市邮政系统首个图书巡展活动，10天时间销售各类图书11万余元。

【电商业务】 2020年，云和邮政完成分销收入218.98万元，完成率115.25%；完成线上自营批销额228万元，完成率157%；完成自营农产品交易额64万元，完成率100%；完成数字化优质批销站点建设36个，完成率103%。同时，还引入“紧水滩外垟岗鸡蛋”项目，中标“云和县信息进村入户工程市场化运营提升”项目。

【党建工作】 (一)坚持全面从严治党。严格落实全面从严治党主体责任，切实履行党委书记“第一责任人”责任和领导班子成员“一岗双责”责任。认真落实全面从严治党监督责任，切实强化制度管理，加大监督执纪力度，做好廉政风险防控。(二)加强党的思想建设。坚持把理想信念教育作为思想建设的首要任务来抓，切实抓好党员的党性教育。同时，把理想信念教育与弘扬党的优良传统紧密结合起来，教育引导广大党员牢固树立正确的世界观、权力观、事业观。(三)做好党员发展工作。严格按照组织程序发展新党员，切实保障党员队伍的整体质量。2020年，共发展新党员3名。(四)开展党建示范创建。2020年，云和邮政成功创建省邮政分公司“党建示范单位”。

【内部管理】 (一)提升绩效考核效果。针对包裹市场竞争大、业务发展快等特点，每季度制订一次考核办法，以适应包裹业务的发展需求。(二)强化资产管理水平。不定期对分销的库存商品进行盘点核对，重点关注分销产品的生产日期和保质期，确保库存商品安全有效。同时，对企业资产进行细致分类，将低价值的资产分部门录入管理系统，并明确管理负责人和使用人，切实增强资产管理效能。(三)深化零基预算管控。通过预算数据对收入和成本进行重新拼盘，以测算固定成本和浮动成本；对浮动成本按业务需求进行机动配置，以提升使用效率。同时，完善各类管理和考核办法，通过制度提升财务整体管控水平。(四)强化降本增效分析。2020年，云和邮政的“降本增效分析案例”被省邮政分公司采纳，企业的“三项成本”(收寄成本、投递成本、管理成本)均实现下降，位居全市前列。(五)强化安全管理。坚持“党政同责、一岗双责、齐抓共管、失职追责”和“管行业必须管安全，管生产必须管安全，管业务必须管安全”的管理机制，建立健全企业全员安全生产责任制，调整企业安委会工作机构和职责分工，层层签订安全生产责任书，构建起“层层负责、人人有责、各负其责”的责任体系。(六)开展文明创建。2020年，云和邮政成功创建省级“文明单位”。

【疫情防控】 新冠肺炎疫情发生后，云和邮政第一时间成立疫情防控领导小组，全力以赴做好疫情防控各项工作。同时，秉承“人民邮政为人民”的服务宗旨，发挥自身网络资源优势，全力保障党报党刊、机要文件、防疫物资、捐赠物资、医疗物资、民生物资以及快递服务、金融服务等服务持续畅通，切实体现邮政企业作为“国家队”的责任担当和“主力军”的突出作用。 (张静雯)

电　信

【概况】 2020年，中国电信股份有限公司云和分公司(以下简称云和电信)坚持党建引领、强基深耕、经营服务、提质增效“四轮驱动”战略，充分发挥党委“把方向、管大局、保落实”的重要作用，深化实施“抓重点、补短板、提质量、强效果”行动方案，坚守“人民邮电为人民”初心使命，不断强化市场意识，提升市场增量。至2020年年末，云和电信已拥有移动电话用户15452户、互联网宽带用户15872户，年主营收入达2362万元。

【党建工作】 深入学习贯彻习近平新时代中国特色社会主义思想和中共十九届五中全会精神，抓好思想建设，夯实党员队伍，提高政治站位。全面落实从严治党主体责任，抓好党委书记“第一责任人”责任和纪委书记监督责任。严格落实党风廉政建设责任制，层层签订党风廉政建设责任书，压紧压实各级党组织和每个党员的廉政责任。认真落实党内政治生活制度，严格按照要求开展“三会一课”、民主生活会、组织生活会、民主评议党员等活动。开展“哨向就到——在职党员进社区报到”活动，30名在职党员到居住社区报到，服从安排，冲锋在前，主动为社区解难事、为群众办实事，切实发挥党员的先锋模范作用。同时，制订党员服务积分细则，推行党员量化积分管理，要求党员每年服务不少于4次，年度积分不少于60分，对服务积分不达标的，取消评先评优资格。

【市场营销】 持之以恒、稳步推进“百团千人大会战”，全年共组织现场营销6场次，参与人数190人次。营销现场，由部门副职及以上人员担任“政委”，抓现场、抓组织、抓纪律，做好协调工作，单位其他人员与“触点人员”（客户开发人员）一一结对，锁定区域开展营销。同时，通过在工作群“晒单”等方式，切实营造相互竞争、相互激励的良好工作氛围。

【疫情防控】 新冠肺炎疫情发生后，云和电信立即成立疫情防控领导小组，统筹落实疫情防控各项要求，研究部署疫情防控各项措施。同时，组建成立一支“逆行者”队伍，奔波在抗“疫”一线，为政府调度指挥、基层疫情防控、企业复工复产提供坚实的通信网络保障，充分彰显“央企”（中央企业）的责任和担当。

【通信建设】 持续做好5G网络建设和4G网络优化补点工作，加快推进光网提升、效能提升。（一）光网提升方面。加快老旧设备退网，支撑千兆宽带发展，先后完成中心机房4台老旧“OLT”（光缆终端设备）退网；完成城区“烽火MR820型号”电信机顶盒版本升级；完成紧水滩水力发电厂“中兴ZXR10-8905型号”交换机扩容。（二）效能提升方面。先后完成梅源、城西2个机房的直流电源改造，电源电流从100安降至90安；完成4个D类局的6组蓄电池更换；完成监控维护60次、开关电源维护80次、门禁维护10次；完成云和大酒店、县检察院、东塘等22个基站的“BBU”（室内基带处理单元）搬迁工作；完成中梁、九和2个“室分站点”（室内的基站）安装；完成崇头、安溪、紧水滩、阴岩、梓坊、仙牛岛6个基站的1.8G设备拆除和优化工作。（陈时岚）

移　动

【概况】 2020年，中国移动通信集团浙江有限公司云和分公司（以下简称云和移动）坚持以习近平新时代中国特色社会主义思想为指导，深入贯彻中共十九大和十九届历次中央全会精神，坚持党建引领、坚持转型创新、坚持高质量发展，全面推进“创世界一流‘力量大厦’”战略落实落地，努力为云和县全面建成小康社会贡献更大力量。

2020年，云和移动先后被省移动公司评为“三类城区分公司明星县公司”和“企业文化示范单位”。至2020年年末，云和移动已拥有通信用户12.09万户、通话用户11.81万户、有线宽带用户3.21万户，年运营收入超过9100万元。

【疫情防控】 新冠肺炎疫情发生后，云和移动立即召开紧急会议，研究部署疫情防控相关工作，并成立疫情防控领导小组，统筹协调疫情防控相关事宜。同时，要求员工切实加强疫情防控意识，严格落实疫情防控要求，在做好自身防护的基础上，全面推进疫情防控相关产品的拓展工作，成功推动视频彩铃、居家隔离人员视频监控、热成像、务工通、云易报等产品落地应用，有力助推疫情防控和经济社会发展“双胜利”。

【市场服务】 在基于合规运营的前提下，推动个人市场、家庭市场、政企市场、新业务市场“四轮驱动”齐发力。在提升服务意识和服务标准的同时，从多维度、多层次来服务用户，不断增强用户的使用感知。通过网格下沉、多场景产品创新、满意度调研等方式贴近用户，深入了解用户最真实的需求，避免陷入故步自封、闭门造车的困境。

【网络建设】 加快推进网络建设和网络维护，不断提升客户对网络质量的满意度。（一）网络建设方面。新建传输光缆150千米、光交38个；完成251个家庭宽带“DP盒”（分线盒）建设；完成24套5G传输设备“SPN”（切片分组网）建设，组成9个新传输网；建设和改造节点机房3个，整改隐患汇聚机房1个，建设开通疑难站点4个；开通5G二期一阶段站点82个、5G二期二阶段站点6个。（二）网络维护方面。先后完成云和至龙泉、云和至丽水、云和至景宁3个方向C3线路隐患整治；完成9个“ODN”（光分配网络）节点机房整治；完成云和梯田开犁节、环云和湖“铁人三项”国际邀请赛等6个场次大型活动的通信保障任务，保障总人数超3万人；完成各类应急抢修任务，累计出动抢修人员400余人次。

【党建工作】 （一）加强理论学习，提高政治素养。坚持学习教育常态化，并建立“1+5”（以1项常态化学习机制为保障，通过“结合实际学、创新形式学、六好专区学、班组统一学、带着问题学”5条学习路径）学习新模式，着力打造学习型党组织，提升全体党员的政治素养。2020年，累计组织学习20余项内容。（二）加强作风建设，提高廉洁意识。由领导班子带头讲政治、讲学习、讲团结、讲作风、讲廉洁，身先士卒、率先垂范，并通过企业周例会、班组会、夜学会、员工大会等途径开展廉洁宣传，切实提升全体员工的廉洁意识。此外，还定期与部门主管、一线员工开展谈心谈话，深入了解企业和员工发展情况，切实增强员工对企业的归属感。（三）加强“党建和创”，提高发展动能。深入开展“党建和创”活动，先后与县纪委（监委）机关党支部、石塘镇党委建立“党建和创”机制，实现党建工作优势互补、共同提升。同时，把党建工作与生产经营紧密结合起来，牢固树立“围绕生产经营抓党建、抓好党建促生产经营”思想，努力推动党建工作与生产经营融合发展，进而将党建工作成效转化为企业发展动能。 （褚林根）

联　通

【概况】 2020年，中国联合网络通信集团有限公司云和县分公司（以下简称云和联通）坚持以党建为引领，一手抓疫情防控、一手抓业务发展，深化实施中国联通“聚焦、创新、合作”战略，纵深推进浙江联通“1371”工程，致力打造新基因、新治理、新运营、新动能、新生态的“五新”联通。

【班子调整】 2020年，为加强云和联通党组织力量，市联通公司下派胡治滨担任云和联通党支部书记，并兼任副总经理。

【疫情防控】 2020年，面对突如其来的新冠肺炎疫情，云和联通以“国企”（国有企业）的责任和担当，坚决执行地方政府各项防控部署，并利用自身大数据运营能力，为全县疫情防控、企业复工复产提供信息技术支持。

【业务发展】 坚持“践行使命、创优服务、致力和谐”经营理念，秉承“互信、担当、创新、卓越”发展宗旨，以追求领先通信技术和聚焦客户需求导向为核心，全心全意为用户提供最优质的服务，精心铸造中国联通服务品牌。2020年，云和联通先后参与“云和县考试院”“云和县水电站生态流量监测系统”“云和县农村生活污水治理设施运维监管服务云平台”“云和县农业局应急指挥系统”“云和县路长制管理云平台”“云和县公安局接处警现场视音频信息无线传输系统”“云和县教育装备和勤工俭学办公室中小学智慧教室”等项目建设。

【战略合作】 4月21日，市联通公司与紧水滩电厂签订5G技术应用战略合作框架协议，市联通公司党委副书记、副总经理（主持工作）王振华与紧水滩电厂厂长吴俊健代表双方签约。按照协议，未来三年，市联通公司将依托自身

5G 网络技术，与紧水滩电厂建立优势互补、共建共享、深度合作的长效机制，共同探索电力信息化创新，打造“丽水‘5G+智慧电力’行业标杆”，助推全市“智慧电力”建设进程。双方将围绕 5G 网络技术在“智慧电力”场景中的应用、物联网技术应用、大数据开发与运营等科研项目展开攻关合作，合力打造水冷式绿色数据中心，聚力研发大坝监测、水情监测、多功能机器人巡检、5G 网络切片等场景平台应用。12 月 28 日，紧水滩电厂举行 5G 无人驾驶车启动仪式，标志着丽水市首辆 5G 无人驾驶车在云和县正式投入使用。在无人驾驶车研发过程中，云和联通全力支撑网络建设，确保战略合作顺利进行，有效擦亮“数字云和”金名片。

【服务社会】 积极助力云和县“美丽县城”“美丽乡村”“全域旅游”等社会环境建设，对涉及云和联通通信线路的建设点，严格按照规划设计，配合做好线路改造工作。2020 年，先后完成紧水滩“燕庐”文化创作基地光缆迁改、云和梯田梅竹基站迁改等项目，并持续跟进云龙公路(二期)、后交线、城北路等道路通信线路改造。 (赵东游)

城乡建设·环境保护

城乡建设

【概况】 2020年，云和县住房和城乡建设局（以下简称县住建局）认真贯彻落实县委、县政府各项决策部署，坚持以“丽水之干”担纲“丽水之赞”，以打造新型城镇化样板县域“重要窗口”为目标，以夺取疫情防控和经济社会发展“双胜利”为抓手，不断完善城市功能，推进城市有机更新，加快构建城乡一体的美丽县城发展新格局，各项工作都取得可喜成效，先后被市委、市政府授予“丽水之干”模范集体称号，被县委、县政府授予新型城镇化样板县域建设先进集体、县级综合考核良好单位、项目建设工作考核优秀单位等称号。

【城市改造工作】 大庆寺一期区块（华鸿云墅）已完成主体工程的99%，累计结顶房屋31栋（共34栋）。大庆寺三期区块已完成房屋征收补偿款支付（共179户，涉及土地面积4.14公顷）。白水区块已完成全部征迁户签约，签约率100%（共46户，涉及土地面积5.88公顷）。南门东区块已完成61户征迁户签约，签约率达92.4%（共66户，涉及土地面积1.45公顷）。小徐区块已完成区块测量、房屋分类、户籍核实等工作，并初步编制概念性规划方案（涉及征迁户406户，房屋占地面积3.92万平方米，总建筑面积11.01公顷）。下前溪区块（云璟台）已完成主体工程的12.5%。老豆腐厂区块已完成土地出让挂牌、土地平整和规划方案（初稿）编制。

【生态环境建设】 （一）加大污水治理力度。创新采用PPP模式推进城市污水处理厂清洁排放技术改造和城区“污水零直排”工程项目，并列入财政部PPP项目库。2020年，先后开工建设城区“污水零直排”PPP工程项目，编制城市污水处理厂“一厂一策”长效运营机制；完成3个小区“污水零直排”建设，新（改）建污水管网5.41千米；完成21个农村生活污水处理设施（以下简称农村污水设施）的标准化运维，开工建设21个农村污水设施的提标改造项目，新建成5个农村污水设施。（二）推进垃圾分类工作。创新采用跨界清运处置模式推进生活垃圾资源化处置利用特许经营项目，并完成项目签约。同时，制定发布《关于进一步加强建筑垃圾管理的通告》，进一步规范建筑垃圾管理；持续加强垃圾分类点位建设，累计建成垃圾分类点位977个；持续加强垃圾分类示范片区（小区、街、单位、村）创建，累计创成垃圾分类示范片区1个、垃圾分类示范小区3个、垃圾分类示范街2条、垃圾分类示范单位20个、垃圾分类示范村5个。至2020年年末，全县城镇和农村生活垃圾分类处理覆盖面分别达到90.78%和90.14%。

【民生实事项目】 2020年，县住建局共承担省市县民生实事7项，其中省民生实事1项（建成省级高标准生活垃圾分类示范小区1个），市民生实事3项（新增公共停车位75个、加快既有住宅加装电梯、加快老旧小区改造)，县民生实事3项（木玩乐园修缮后免费开放，建成城西广场、大徐三角地等城市微公园、建设农村生活污水处理设施9个点位，完成城区厕所改造提升4座、建设老旧小区停车位100个)。(一)省民生实事方面。顺利完成1个高标准生活垃圾分类小区建设，并已申报省级示范认定。(二）市民生实事方面。加快既有住宅加装电梯和老旧小区改造，并出台《云和县既有住宅加装电梯试行办法》。至2020年年末，已开工建设9座既有住宅电梯加装、3个老旧小区改造。(三)县民生实事方面。木玩乐园已开工建设；城西广场、大徐三角地等城市微公园已完成招投标等工作；9个点位农村生活污水处理设施已完成3个；4座城区厕所改造提升已完成2个；100个老旧小区停车位建设已全面完成。

【美丽乡村建设】 (一)做好农村危房治理工作。2020年，共治理农村困难家庭危房338户，其中，C级危房314户（农村低保户211户、分散供养五保户22户、低保边缘户81户)，D级危房24户（农村低保户14户、分散供养五保户2户、低保边缘户8户)。(二)做好传统村落保护工作。2020年，先后完成沙铺、梅湾、包山、竹子坪、桑岭5个传统村落保护项目建设，其中沙铺、梅湾、包山3个传统村落的保护项目已通过相关部门验收。(三)推进“美丽宜居示范村”建设。2020年，成功申报省“美丽宜居示范村”建设项目1个(赤石乡麻垟村)，并已完成项目规划编制。(四)开展“美丽城镇”建设。根据《云和县“美丽城镇”建设三年行动计划(2020—2022)》，2020年共实施“美丽城镇”建设项目106个，总投资9.88亿元。

【公用事业管理】 (一)实施供排水设施建设。全年新建雨水收集管网3.8千米，清淤排水管网80千米，提标改造管道2.4千米、雨污分流管网2.1千米，新增供水管网7千米，改造供水管网5千米，管网体系不断完善。(二)开展“交通治堵”行动。新增城区及老旧小区停车位300个(其中县住建局负责采真里游客中心100个停车位)，有效解决城区交通拥堵问题。(三)加强市容环卫保洁。新增保洁面积25.54万平方米，城区保洁面积从2019年的203.4万平方米增至228.94万平方米，城区60%以上道路实现18小时保洁，道路机械化清扫率达60.8%，其中主干道机械化清扫率达100%。2020年，累计清运处置生活垃圾5.5万吨，清运处理粪肥0.6万吨，维护修复、更换垃圾桶(果皮箱)1000余个，更换窨井盖600余套。(四)强化住房安居保障。完成2020年度公租房审定工作，共审定符合条件家庭343户(其中低收入家庭268户、中等偏下家庭50户)，实物(公租房)配租330户，发放货币补贴13户23004元。(五)深化“最多跑一次”改革。全面推进全省依申请政务服务事项接入政务服务2.0平台，顺利完成接入事项155项，实现网上受理率95.68%、办事指南准确率100%、“好差评”主动评价率3.18%、依申请办事事项“跑零次”率100%、即办率92.5%、承诺期限压缩比98.42%。深化浙江政务服务网“投资项目在线审批监管平台3.0(工程建设项目全流程审批管理系统2.0)”(以下简称“投资在线审批平台3.0”)应用，全面推行一般企业投资项目全流程审批“最多70天”改革，并实现一般企业投资项目全部在“投资在线审批平台3.0”受理和办结。2020年，通过“投资在线审批平台3.0”共办理项目审批事项159件。

【园林绿化建设】 2020年，新增绿地面积6.85公顷，县城建城区绿地率达到37.12%，公园绿地服务半径覆盖率达到81.9%。同时，完成规溪桥至北溪桥绿道提升工程，累计新增绿道16.32千米；完成采真里游客中心、复兴路“省级优质综合公园、绿化美化示范路”申报；成功创建“恒盛·和润园”省级园林式居住区(单位)、“最美浮云绿道样板段”省级街容示范街；启动国家园林城市创建准备工作。

【建筑业】 2020年，累计完成建筑业总产值16.1亿元，比2019年增长8.05%（2019年为14.9亿元）；开展扬尘治理、安全检查及各项安全隐患排查治理396次，累计检查项目634个，发现并治理隐患问题861条，下发整改通知书63份、停工通知书16份，通报批评企业3家，行政处罚企业1家（处罚金额4.49万元）。扎实推进"智慧工地"综合监管平台建设，建成"智慧工地"指挥中心并投入使用，全年累计入库项目83个，项目入库率、设备安装率、设备完好率均达到100%。

【房地产业】 2020年，全县房地产市场继续保持平稳健康发展，全年累计完成房地产投资8.89亿元，比2019年增加4.79亿元（2019年为4.1亿元），同比增长116.83%；商品房销售面积12.65万平方米，比2019年增加3.54万平方米（2019年为9.11万平方米），同比增长38.86%；商品住宅成交均价9875元/平方米，比2019年减少71元/平方米（2019年为9946元/平方米），同比下降0.71%。至2020年年末，全县共有新建商品房待售住宅486套。 （杜泮峰）

土地与房屋征收

【概况】 2020年，云和县土地和房屋征收工作指导中心（以下简称县征收中心）紧紧围绕县委、县政府中心工作，坚持以"统筹城市建设发展，维护国家、集体、群众利益"为目标，以"依法征收、阳光征收、和谐征收"为原则，公平、规范、有序地推进土地与房屋征收各项工作，有力保障全县重点项目用地需求，为促进经济社会健康快速发展奠定坚实的基础。

【征收工作】 （一）抓好项目征收。2020年，共实施土地和房屋征收项目54个，计划征收土地62.1公顷、房屋40982平方米。至2020年年末，累计完成土地丈量70公顷（其中54.13公顷土地已支付补偿款）、土地清表30.2公顷；完成房屋评估45689平方米（其中27478平方米房屋已签约），拆除房屋14254平方米（不含棚户区改造数据），征收完成率66%。（二）抓好服务保障。加强服务指导，及时帮助实施单位解决征收工作中遇到的困难和问题。健全完善项目联系责任人制度，进一步明确项目联系责任人职责。（三）强化数据管理。积极开发征收业务数据信息管理系统，努力建立土地、房屋、安置一体化的征收档案信息共享平台。5月，确定系统开发服务单位。8月，完成系统初步开发。（四）强化督查考核。修订完善《云和县土地和房屋征收工作考核细则》《云和县土地和房屋征收工作附加分考核细则》，进一步加强征收工作日常管理，细化责任落实、政策执行、程序规范、信息报送、档案管理等各项考核。（五）强化资金管理。加大征收资金管理力度，严格把好征收资金审核关，并按计划、进度和审批程序拨付征收资金。2020年，累计拨入项目征收资金10188.1万元，支付征收资金10435.2万元。同时，制定出台《云和县土地和房屋征收项目档案管理和资金结算实施细则》，进一步优化征收项目资金结算程序。

【征收政策】 开展征地补偿标准区片综合价调整，根据土地管理法有关条款和省政府关于征地片区综合地价最低保护标准，拟定《云和县征地区片综合补偿标准调整方案》，并经县政府常务会议审议通过，于7月31日发文实施。开展历史沿用惯例做法、单个项目（区块）补偿等政策研究，并形成生产用房补偿意见提交县政府审议，进一步健全征收补偿政策体系，夯实征收工作基础。此外，还拟定大庆寺三期A区块、B区块以及白水区块、南门东区块等项目房屋征收补偿方案和安置方案；制定出台《云和县土地测绘和房屋征收评估管理办法》，进一步规范土地测绘和房屋征收评估服务行为。

【征收安置】 （一）加快安置房建设。先后完成城南安置区4—7号楼主体工程、霞晓桥安置区房屋主体工程、处州汽校安置区一期项目工程。（二）谋划"南铂湾"安置区建设。该安置区规划用地面积 9.73 公顷，计划建设安置房 836 套，迁建安置 214 户，总建筑面积 14.2 万平方米。至年末，已完成该安置区规划方案编制、项目立项等前期工作。(三)探索建立市场化安置新模式。率先提出“市场化嵌入式安置”新模式，通过市场商品房(地)“嵌入式”安置，实现房屋征收从“等房安置、等地安置”到“以房等人、以地等人”的转变。2020 年，先后在大庆寺一期区块(华鸿云墅)购买 13 套 1426 平方米产权调换安置房、在下前溪区块(云璟台)购买 19 套 2000 平方米产权调换安置房，并启动处州汽校区块产权调换安置房配建项目建设(拟无偿配建安置房 1 万平方米)。(四)健全安置房管理制度。研究制定《云和县安置房管理办法(征求意见稿)》，下一步将向社会公众征求意见。(五)做好安置房(地)分配工作。2020 年，先后开展安置房(地)抽签分配 4 次，合计分配安置房 124 套、安置地 32 直 26 户(总占地面积 1890 平方米)。

【党的建设】 认真学习贯彻中共中央办公厅印发的《党委(党组)落实全面从严治党主体责任规定》和县委印发的《关于进一步强化党风廉政建设党委主体责任和纪委监督责任的若干意见》精神，严格落实党组“两个主体责任”(全面从严治党主体责任、党风廉政建设主体责任)和纪委监督责任，推动全面从严治党向纵深发展。严格落实党风廉政建设责任制，层层签订党风廉政建设责任书，层层压实党风廉政建设责任。严格落实意识形态工作责任制，牢牢把握意识形态工作主动权，牢牢守住意识形态工作阵地。严格落实党内政治生活制度，坚持把“三会一课”、组织生活会、民主生活会、谈心谈话、民主评议党员、主题党日活动等党内政治生活作为深化全面从严治党的重要抓手来抓，不断提升全体党员的党性意识，增强党员干事创业的责任感。

【巡察整改】 深刻认识县委巡察工作的重要性，针对县委巡察组反馈的 6 个方面 30 个问题，第一时间成立巡察整改工作领导小组，研究制定《关于落实县委巡察组反馈意见的整改方案》，逐条逐项抓好巡察反馈问题整改。同时，建立健全相应的规章制度，严密防范类似问题再发生。 (江　鸣)

环境保护

【概况】 2020 年，丽水市生态环境局云和分局(以下简称市生态环境局云和分局)坚持以习近平新时代中国特色社会主义思想为指导，深入贯彻中共十九大和十九届历次中央全会精神，坚定不移践行“绿水青山就是金山银山”发展理念，坚定不移走高质量绿色发展之路，各项工作都取得可喜成效，先后被省政府授予“浙江生态省建设突出贡献集体(记集体三等功)”荣誉称号，被县委、县政府授予县级综合考核优秀单位、新型城镇化样板县域建设先进集体等荣誉称号。云和县被评为浙江省“清新空气示范区”。

【全县环境状况】 (一)水环境质量状况。2020 年，云和县 10 个地表水常规断面中，二类水质断面 8 个，三类水质断面 2 个，无三类以下水质断面，地表水三类以上水质断面比例达 100%；出境水交接断面水质达标率达 100%，考核结果为优秀；集中式饮用水源地水质持续保持优良，符合集中式生活饮用水一级保护区二类水质要求。

(二)空气环境质量状况。2020 年，云和县空气环境质量优良率达 100%，与 2019 年持平；空气环境质量综合指数为 2.25，排名全市第一。主要污染指标 $PM_{2.5}$ 的年均浓度为 20 微克/立方米，比 2019 年下降 9.09%，优于国家二级标准(35 微克/立方米)，稳居全省前列；可吸入颗粒物(PM_{10})、二氧化硫(SO_2)、二氧化氮(NO_2)、臭氧(O_3)、一氧化碳(CO)的年均浓度达标率均达 100%。

(三)土壤环境质量状况。2020 年，云和县暂无受污染耕地或受污染地块。根据辖区内土壤环境重点监管单位自行监测结果显示，其用地范围内的土壤和地下水环境符合相关标准。

(四)生态资源状况。至 2020

年年末，云和县辖区内共有林业用地面积8.37万公顷，占土地总面积的84.6%，其中，公益林面积5.36万公顷，森林覆盖率81.54%；林木蓄积量569.31万立方米，年净增率5.82%；湿地保有量4000公顷。全县已知植物1996种，其中国家二级以上保护植物38种，珍稀、濒危、特有、新记录植物17种；已知脊椎动物247种，其中国家二级以上保护动物21种；已知昆虫374种，其中珍稀种类7种。

（五）环境风险状况。2020年，全县未发生重特大环境污染和生态破坏事件，未发生因环境问题引发的群体性事件。

【污染防治工作】 （一）高标准打好“治气仗”。印发2020年治气计划，实施工业窑炉综合治理、柴油货车污染治理攻坚、夏秋季臭氧污染阻击、秋冬季大气污染防治攻坚“四大专项行动”。巩固提升以木制玩具行业为重点的特色行业整治成效，并制定《云和县挥发性有机物（VOCs）管控方案》，完成工业园区废气治理，完成1个挥发性有机物（VOCs）治理任务（浙江永安玩具有限公司）、1个臭气异味治理项目（云和县清源环境工程技术有限公司）、1个无组织排放治理项目（浙江优贝尔玩具有限公司）、4个（台）工业窑炉治理项目，建成1个机动车尾气遥感监测系统并投入使用。

（二）高标准打好“治水仗”。印发2020年治水计划，启动“十四五”水生态环境保护规划编制。深入开展“五水共治”，完成云和湖（紧水滩水库）生态安全评估，并制定《云和湖（紧水滩水库）生态环境保护实施方案》；完成农村黑臭水体排查并制订治理工作方案；完成全市首个工业园区污水分质处理站建设并投入使用；完成工业园区“污水零直排区”建设并通过省级验收；完成“千吨万人”（供水人口在1万人以上或日供水在1000吨以上）集中式饮用水水源地及乡镇级以上饮用水水源保护区“划、立、治”（划定、标志设立、环境治理）；完成雾溪水库、玉溪水库饮用水水源保护区调整，并报上级审批。

（三）高标准打好“治土仗”。印发2020年治土计划，出台《云和县畜禽养殖禁养区划分方案》，取消无法律法规依据划定的禁养区10个，涉及面积123.49平方千米；继续开展农用地土壤污染状况详查和重点行业企业用地土壤污染状况调查，进一步完善土壤环境监测网络建设，并完成超标点位“对账销号”，确保受污染耕地和污染地块安全利用率均不低于92%。同时，提请自然资源部对用地性质调整为住宅、公共管理、公共服务的地块开展土壤污染状况调查。

（四）高标准打好“治废仗”。印发2020年治废计划，启动“无废城市”建设，制定《云和县“无废城市”建设实施方案》；完成持久性有机污染物（PoPs）调查；开展危险废物规范化考核；开展医疗废物、废旧铅酸蓄电池、废机油、污泥弃渣“四大专项检查”；推广使用全省固体废物监管平台，引导企业开展工业固体废物产生情况核查和固体废物鉴别，实现特色行业固体废物危险特性鉴别项目“零”的突破。

【生态文明建设】 （一）稳步推进生态文明示范创建。坚持“生态立县、环境优先”战略，先后创成全国节水型社会建设达标县、全省“无违建县”、全省农业绿色发展先行县、全省新时代美丽乡村示范县、全省深化“千万工程”建设新时代美丽乡村工作考核优秀县。至2020年年末，全县累计创成国家生态乡镇（街道）8个、国家卫生乡镇3个、省级新时代美丽城镇建设样板乡镇1个、省级美丽乡村示范乡镇6个、省级卫生乡镇6个、省级美丽乡村特色精品村15个、省级绿色家庭7户、省级绿色学校7所、省级绿色社区3个。

（二）深化推进生态环境与健康管理试点。按照《云和县环境健康风险管理工作方案》，积极探索生态环境与健康管理路径；举办第三届生态环境与健康云和论坛，积极构建生态环境与健康管理信息化平台；制定全国首个康养指数应用实施方案《云和县康养指数应用实施方案》，出台全国首个生态产品政府补偿性采购办法，挂牌出让全国首宗“生态地”，并先后在2020年深入学习贯彻习近平生态文明思想研讨会、第二届中国环博会成都展暨2020中国生态环境产业高峰论坛上作“云和经验”介绍。

（三）着力推广绿色生产生活方式。推进“能源革命”与绿色生产生活方式有机结合，着力推进风电、光伏、太阳能热利用、生物质能等各类可再生能源项目。2020年，云和县风电、光伏的发电量合计达1.34亿千瓦时，可再生能源消耗比重达23%。推进“垃圾革命”，统筹做好生活垃圾分类工作。2020年，云和县城镇、农村生活垃圾分类处理覆盖面分别达到90.04%和90.14%。至2020年年末，全县已建成省级高标准生活垃圾分类示范小区（村）8个、垃圾分类点位（建制村）1041个、农村生活垃圾资源化利用站5座。推进建筑节能工作，城镇新建绿色建筑比例达100%。

【环境执法监管】 （一）保持环境执法高压态势。2020年，累计出动执法人员1250余人次，检查企业600余家次；行政处罚立案14起，处罚总金额106万元；接受处理信访件96件，处理率100%，群众满意率达95%以上。同时，根据上级工作安排，对全县企业开展“双随机”执法检查。全年累计开展“双随机”检查49次（其中跨部门联合执法检查10次），发现并整改问题19个。

（二）做好中央环保督察迎检。成立以县主要领导为组长的迎检工作领导小组，组建工作专班，全力做好第二轮中央环保督察迎检工作。督察期间，累计受理中央督察组交办信访件4批次4件，办理率达100%，圆满完成迎检工作，并成为全省交办信访件最少的县（市、区）。

（三）做好督察反馈问题整改。针对中央和省级环保督察反馈问题整改情况开展专项督查，督促各相关责任单位要从严从速落实问题整改。至2020年年末，中央和省级环保督察反馈的14个问题已全部整改完毕。同时，针对生态环境部华东督察局督导反馈的2个点位问题、3个长江经济带生态环境问题开展全面部署，严肃认真做好各项问题整改。至2020年年末，2个点位问题已完成整改1个，3个长江经济带生态环境问题已完成整改3个。

【环境管理服务】 （一）严格把好环境准入关。严格执行空间、总量、环境准入制度和专家评价、公众评价相结合的评价体系。建立规划环评部门联动机制，强化建设项目环境管理，严格依法依规开展项目环评审批，严把环境准入关。2020年，累计完成环评审批项目68个，完成“区域环评+环境标准”登记表备案22个，完成入河排污口审查2个。

（二）做好排污许可证核发。按照“摸、排、分、清”（摸清情况、排查无证、分类处置、清零销号）4个步骤，分阶段开展全域固定污染源排污许可清理整顿，并提前完成2020年排污许可证核发（登记）工作。2020年，共核发排污许可证42张，累计核发排污许可证794张。

（三）深化“最多跑一次”改革。持续推进“最多跑一次”改革，最大限度精简申报材料、简化审批流程、拓宽办事渠道，努力让办事群众“少跑腿”、甚至“不跑腿”，切实提高群众满意度。 （董喻春）

城市管理

【概况】 2020年，云和县综合行政执法局（以下简称县执法局）认真贯彻落实县委、县政府各项决策部署，在全面做好疫情防控工作的基础上，强力推进“党建引领强服务”“违建治控抓创建”“市容管理提品质”“依法行政促规范”各项工作，全年城市管理继续保持良好势态，并先后被县委、县政府授予全县抗击新冠肺炎疫情先进集体、全县“省无违建县”创建先进集体等荣誉。12月31日，省委办公厅、省政府办公厅印发《关于浙江省第四批“无违建县（市、区）”、第五批“基本无违建县（市、区）”的通报》，云和县名列其中，被评为全省第四批“无违建县（市、区）”。

【党建引领强服务】 （一）抓党建促实干。为保证疫情期间干部政治理论学习不“断档”，将集中学习转为钉钉网上学习，并在钉钉群内不定期转发中央、省、市、县关于做好新冠肺炎疫情防控和全面从严治党工作的决策部署，定期发送节假日廉洁提醒短信等信息。同时，以“两学一做”学习教育活动和“弘扬践行浙西南革命精神”活动为载体，通过“线上、线下”相结合的学习方式，持续深化“三会一课”、主题党日活动等党内政治生活。

（二）抓廉政勇担当。根据全县开展“清廉机关”建设相关要求，完成办公楼廉政墙建设，并收集整理30余本廉政期刊置入廉政读书室；根据全县开展“四风”问题自查自纠工作相关要求，全面开展违规吃喝和“两局”（酒局、牌局）、违规收受礼品和礼金、违规发放津（补）贴和福利、违规配备和使用公务车等“四风”突出问题排查整治，暂未发现相关问题。

（三）抓纪律树形象。起草《云和县综合行政执法局例会制度》，修订《云和县综合行政执法局科室中队绩效考核实施办法（初稿）》，将干部职工考勤、学习、规范着装、文明用语、依法执法等纪律作风表现与年度考核挂钩，并不定期组织督查、点名和通报。2020年，共发布督查通报9期，对7名干部迟到早退、3名干部未按规定请（销）假行为进行通报，合计扣发绩效考核奖10149元。

（四）抓服务强职能。疫情期间，为保障疫情防控和经济发展“两不误”，县执法局先后选派12名干部通过“线上问题咨询+线下上门服务”等方式，帮助园区100余家企业完善防疫措施、打好复工“防疫战”。积极处理来信来访，及时回应群众诉求。2020年，共收到群众信访件301件，办结率100%，群众满意率100%；回复纪委交办件14件，处理“问政直通车”问题15起。

（五）抓宣传重引导。充分运用新媒体“发声”，并安排专人负责微信公众号运营，及时回应群众关切，宣传执法动态。2020年，共发布微信公众号信息42期，上报信息121篇。开展“法制宣传教育进校园”活动，组织人员到云和二中上法制课，讲解《中华人民共和国民法典》《丽水市文明行为促进条例》《丽水市城市养犬管理规定》等法律法规。

【违建治控抓创建】 （一）铁腕控违，即时查处新增违建。一是坚持高频巡查。严格执行农村建房“四到场”制度，落实“双线”巡查，瞄准节假日违建高发期，实行“一日三巡”，并做好巡查记录，确保违建巡查到位。2020年，共开展巡查3862次、部门联合整治525次，发放整改通知书321份、停建通知书16份、限期拆除通知书19份。二是严格即查即拆。紧盯象山留地、睦田村等体量在建房屋及违建高发区，发现违建，即时拆除。2020年，共完成即查即拆25起，拆除面积1371平方米。三是明确控违责任。制定发布《2020年乡镇（街道）违建管控考核细则》，明确防违控违的条块责任，并组织人员每月对乡镇（街道）的防违控违工作进行考核。

（二）严控源头，从严实施前置审查。2020年，共完成违建前置审查6337人（户、次），其中，不动产过户变更、抵押贷款审查4373户，干部选拔任用、职务晋升晋级、评优评先审查407人，省文明单位（村）评选资格审查44次，光伏安装资格审查41户，村（社区）“两委”换届审查874人，农村发展党员审查559人。

（三）勇于碰硬，大力拆除存量违建。2020年，共拆除违法建筑47.06万平方米，成功拆除狮山路、城东路、新建路樟树脚、云雾路等区块“钉子型”违建；办理违法建筑一般程序处罚案件67件，罚没款617.66万元。

（四）技术加持，消除控违信息盲区。推进防违控违系统覆盖应用，组织各乡镇（街道）分管领导及业务人员进行专题培训，并开展“一对一”辅导，确保系统操作无障碍。2020年，防违控违系统共处理“即查即拆”案件12起（均已结案），审批并录入在建房信息49条，上传更新巡查记录2476条，实现控违信息实时掌控。同时，增设5个高空监控，分别安装在狮山塔、崇头镇、西滩头村、后山村、杨柳河工业园区，实现全县建成区范围内监控无“死角”，也为“蓝天保卫战”提供强有力的技术支撑。

（五）集聚力量，迎接“省无违建县”验收。根据“省无违建县”创建要求，积极与省、市“三改一拆”办对接，并抽调10余名业务骨干到县“无违建县”创建办工作，全力迎接“省无违建县”验收。

【市容管理提品质】 （一）开展城乡环境综合整治。2020年，累计整治超店面经营行为1183起，劝导流动摊贩2217起，清理横幅广告720余处、沿街晾晒320余处、人行道乱堆放700余处；行政处罚人行道违章停车1000余辆。市容管理类一般程序行政处罚90起，罚没款总额52590元；市容管理类简易程序行政处罚38起，罚没款总额1070元。（二）开展非机动车乱停放整治。根据城市管理需要，筹建非机动车管理服务中心，并与县水投公司签订非机动车管理外包服务协议。同时，联合县交警大队，对县城区违停导致道路拥堵的所有非机动车依法实施拖移和处罚。2020年，共出动执法人员600余人次，劝导非机动车乱停放行为1200余起，暂扣违停非机动车660余辆，其中共享单车39辆。（三）加强运输车辆“撒滴漏”执法。2020年，共查处运输车辆“撒滴漏”行为7起，罚没款总额21000元。（四）加强建筑垃圾乱倾倒执法。2020年，共查处建筑垃圾乱倾倒行为11起，罚没款总额1770元。（五）强化犬只管理。2020年，共办理养犬登记证23本，捕捉犬只57只（其中协助乡镇（街道）捕捉犬只19只），基本杜绝重点路段出现“三无”犬只。（六）助力“蓝天保卫战”。2020年，累计出动巡查人员1100余人次，出动执法车辆130余辆次，劝导制止秸秆焚烧等露天焚烧行为826起；简易程序立案查处14起，罚没款总额570元；一般程序立案查处3起，罚没款总额1400元。（六）加强外包服务管理。进一步完善外包服务管理制度，并定期对外包服务进行考核，从根本上提高外包服务绩效。

【依法行政促规范】 （一）加强执法培训。继续深化“每日钉钉学法、每周集中讨论、每月点评案例、每季学法考试”的学习模式，不断提高全体干部的法治素养。同时，严格落实集体学法、集体培训等制度，切实提升全体干部的综合执法能力。（二）创新执法方式。以执法现场可视化为前提，以调查取证多元化为保障，综合运用数字化城市管理系统、违章占道识别系统等技术手段获取有关当事人违法事实的证据，探索建立“非接触性”执法新模式。同时，充分发挥“驻队律师”（驻各基层中队律师）作用，确保每一起案件都经得起检验。（三）加大执法案件审核力度。各类行政处罚案件均需经过业务科室法制审核、指导整改及复审，确保案件事实清楚、依据正确、程序合法、处罚适当。2020年，共审查一般程序案件157件，其中市容管理类90件、规划案件类67件。（四）规范各类执法文书。由局法制科统一制定《责令停止违法建设行为通知书》《责令限期改正通知书》《当场处罚决定书》等法律文书格式，并指导各基层中队规范填写和使用文书，确保文书制作格式规范、内容严谨。（五）完善政策依据。制定发布《关于实施活禽集中屠宰“杀白上市”的通告》《关于划定并公布禁止家禽饲养区域的通告》《关于规范设置临时便民摊点的通告》等文件，为今后依法执法提供政策依据。（六）推进行政执法信息化建设。深化“互联网+监管”平台应用，积极认领“浙江省权力事项库（监管库）”事项，并编制事项清单。2020年，运用“浙江省综合行政执法办案系统”和“浙江省统一行政处罚办案系统”累计办理一般程序行政处罚案件95件，办理简易程序行政处罚案件26件。 （张 健）

经济管理

发展和改革

【概况】 2020年，云和县发展和改革局（以下简称县发改局）深入贯彻落实中共中央总书记习近平在浙江考察时的重要讲话精神和省委常委会扩大会议精神，坚持“稳中求进”的工作主基调，高举“发展”的行动旗帜，统筹兼顾、突出重点，科学谋划、狠抓落实，全力做好疫情防控、复工复产、“六稳六保”、创先争优等工作，努力为云和县创新实践“两山”理念、打造全国山区新型城镇化样板县域“重要窗口”贡献“发改力量”。

2020年，全县实现生产总值86.99亿元，按可比价格计算，比2019年增长5.8%（增幅居全市第一），其中，第一产业增加值4.91亿元，增长2%；第二产业增加值43.99亿元，增长3.7%；第三产业增加值38.09亿元，增长9.6%。

【机构改革】 4月29日，中共云和县委机构编制委员会办公室印发《云和县发展和改革局所属县区域建设发展中心等5家事业单位机构编制规定的通知》（云编办〔2020〕18号），明确县发改局所属的县区域建设发展中心、县项目建设服务中心、县服务业发展中心、县综合能源发展中心、县综合交通服务中心5家事业单位为公益一类事业单位，机构规格相当于正股级，并核定县区域建设发展中心事业编制3名（设主任1名）、县项目建设服务中心事业编制4名（设主任、副主任各1名）、县服务业发展中心事业编制3名（设主任1名）、县综合能源发展中心事业编制4名（设主任、副主任各1名）、县综合交通服务中心事业编制3名（设主任1名），原所属股级事业单位核定的机构编制事项不再有效。9月24日，云和县事业单位改革领导小组印发《关于云和县发展和改革局人员划转方案的批复》（云事改〔2020〕22号），将县发改局事业人员全部由原所属股级事业单位划转至上述5家事业单位。

【规划编制与课题研究】 牵头完成《云和县国民经济和社会发展“十四五”规划思路研究》《云和县国民经济和社会发展第十四个五年规划纲要》《云和县引调水工程泛化功能区项目规划研究》等重要规划研究和编制。全年累计安排规划编制76个（其中“十四五”规划体系中的规划32个），合计安排编制经费2235万元。

【经济运行分析】 2020年，面对新冠肺炎疫情带来的严峻考验和复杂多变的国内外环境，准确判断形势、化危为机，精心谋划部署，统筹推进疫情防控和经济社会发展，较好地完成“十三五”规划目标，并交出“两战赢”“双胜利”的高分答卷。年初制定的27项指标，有18项按预期完成，“十大经济指标”得分率首次跃居全市第二，创历史最好成绩，其中生产总值、服务业增加值、社会消费品零售总额、城镇常住居民人均可支配收入4项指标增速位列全市第一，一般公共预算收入、固定资产投资、规模以上工业增加值3项指标位列全市第二。

【项目建设与管理】 （一）助力重点项目复工。制定《云和县重点项目有序开复工和疫情防控工作指导意见》，建立领导联系项目和项目服务员、项目服务队制度，全力助力重点项目复工。2月20日，重点项目全部复工。2月底，一般项目全面复工。（二）有效投资稳中求进。2020年，全县固定资产投资平稳运行，比2019年增长8.3%，增幅位列全市第二，其中民间项目投资下降21.3%，交通项目投资增长15.3%，高新技术产业投资增长62.8%，生态环保、城市更新和水利设施项目投资下降13.8%。（三）资金争取卓有成效。2020年，成功争取中央预算内资金5772万元、政府专项债券额度4.25亿元，获省重点生态功能区小城市培育试点考核优秀奖励资金1000万元。（四）项目建设扎实推进。2020年，共谋划实施重点建设项目45项，其中“县长工程”3项、省重点建设项目1项、市重点建设项目18项、县重点建设项目23项，均圆满完成年度投资任务。（五）项目攻坚成效显著。启动“每周过审”机制，确保县级以上重点项目按计划、按节点开工。开展项目“三提速”（征收提速、开工提速、前期提速）行动，完成征收项目31个，开工新建项目62个，推进前期项目38个。（六）项目管理不断规范。制定出台《局内政府投资项目审批操作指引（暂行）》，进一步规范政府投资项目审批管理。同时，完成“云和县投资项目综合管理平台”建设并投入运行，实现项目谋划储备、项目计划申报、项目进度调度“线上”操作。（七）“绿道”建设初见成效。2020年，累计建成“绿道”54千米，完成投资8804万元，圆满完成年度投资任务，其中“最美浮云绿道”被评为“丽水最美绿道”。（八）交通建设有序推进。2020年，云和县列入市综合交通考核的项目共9项，其中建设类5项、前期类2项、谋划类2项，计划完成投资1.86亿元。至2020年年末，全县综合交通建设项目实际完成投资2.41亿元，超额完成年度投资任务。（九）“小镇”建设加快推进。2020年，“木玩童话小镇”建设累计完成投资6.09亿元，超额完成年度投资任务，并在2019年度省级特色小镇创建和培育对象考核中获“良好等次”佳绩。

【加快服务业发展】 （一）推进政策有效落地。认真落实《云和县人民政府关于进一步加快发展服务业的实施意见（修订）》，加大对服务业企业“上规上限”（上升为规模以上企业或限额以上企业）、提档升级和服务业项目建设的奖励与政策扶持。同时，研究制定《服务业发展专项资金兑现流程》，进一步规范服务业发展专项资金兑现管理。至2020年年末，已累计兑现2019年度服务业发展专项资金143万元。（二）强化发展动态监测。每季度召开服务业运行情况分析会，细致分析服务业各项主要指标，及时准确掌控服务业发展动态，重点关注全县83家“规上”（规模以上）、“限上”（限额以上）企业的发展情况，引导企业做大做强。（三）做好企业培育工作。积极走访营利能力较强的“限下”（限额以下）服务业企业（个体户），特别是电子商务企业，广泛开展政策宣传，鼓励和引导相关企业（个体户）开展“上规上限”和“个转企”申报，努力培育一批新的“规上”“限上”企业。2020年，新培育“规上”“限上”企业20家。

【重点改革工作】 （一）深入推进“最多跑一次”改革。全面普及“浙江政务服务网投资项目在线审批监管平台3.0”应用，实现网上申报率、网上审批率、批文回传率“3个100%”，一般企业投资项目从备案到开工“最多80天”。（二）全力推进省级试点建设。2020年，云和县再次获省级重点生态功能区小城市培育试点考核优秀等次，这是自2014年入选省级试点建设以来连续6年获考核优秀等次（系全省唯一），累计为地方争取资金1.96亿元。5月，“云和梯田”农村产业融合发展示范园被列入第二批省级农村产业融合发展示范园创建名单。(三)持续优化营商环境。以“最多跑一次”改革为牵引,以“10+N”便利化行动为抓手,强化部门合力,不断提升县域营商环境。同时,积极做好营商环境弱项指标整改工作。(四)加快推进生态产品价值实现。出台全国首个生态产品政府补偿性采购办法,挂牌出让全国首宗“生态地”,推出全市首个“信易游”生态守信激励机制,建成全市首个标准化乡村振兴金融服务站,制定全市首个康养指数应用实施方案《云和县康养指数应用实施方案》。

【童话云和“大花园”建设】 (一)建立健全工作体系。完善《云和县大花园(创新区)工作考核办法》,建立高效有力的协调推进机制和赏罚分明的督查考核机制,并实行“月通报、季考评”制度。(二)推进“五大工程”建设。2020年,云和梯田景区顺利通过国家AAAAA级旅游景区景观质量评审,正式列入国家AAAAA级旅游景区创建名单;佛儿岩景区通过国家AAAA级旅游景区景观质量评审,列入国家AAAA级旅游景区创建名单;白鹤尖景区AAAA级创建等项目签订投资合作框架协议;云和梯田“农耕小镇”、黄家畲“清凉无忌小镇”2个“康养600小镇”进入项目前期。(三)推进“大花园”重点项目建设。2020年,“大花园”重点项目建设累计完成投资19.93亿元,完成年度计划的106.57%。(四)开展“人人成园丁、处处成花园”行动。2020年,共开展“人人成园丁、处处成花园”行动23次。

【新能源开发利用】 (一)聚力推进新能源项目建设。顺利完成2座综合供能服务站(复兴站、崇头站)建设和1座综合供能服务站(后山站)改造;新建成光伏“四助”项目36个,总装机容量达602千瓦。天然气“县县通”工程完成丽水—龙游(云和段)、丽水—龙泉(云和段)项目建设,累计完成投资6.68亿元;城市天然气管网工程已铺设管道39千米,并建成气源站1个、储气罐2个,储气总量达11.91万立方米。2020年,云和县城市天然气公司与浙江省能源集团有限公司签订合约,购买、租赁外地天然气储气能力90万立方米。(二)全面推进能源“双控”。加强重点用能企业管控,实施有序用能方案,并建成企业能耗监测系统,实时监测企业用能情况。开展公共场所、公共机构节能检查和宣传教育,提升城市道路路灯、办公场地电器设备的能源使用效率。落实节能降耗长效机制,做好固定资产投资项目节能评估,严格禁止新增高能耗项目产能。2020年,先后与17家重点用能企业签订节能目标责任书;关停产能落后企业6家,腾出用能空间4360吨标煤;完成县府大院内27家单位“节约型机关”创建。(三)开展电力交易工作。根据《2020年浙江省电力直接交易工作方案》总体部署,积极开展电力直接交易工作。2020年,累计确定140家企业可参与电力普通直接交易,其中一类企业(高新技术企业、战略性新兴产业企业、亩产效益综合评价第一档企业、传统产业转型升级企业等)21家、二类企业44家。此外,还有“六大行业”各类企业75家。

【市场价格监管】 完成云和县幼儿园放学后校内托管服务收费标准核定;完成云和县城东幼儿园收费标准核定;完成紧水滩镇供水价格核定。公布云和县管道天然气销售价格。完成云和县2020年度城市供水和城市污水处理定价成本监审。完成云和梯田景区门票、仙宫景区门票定价成本监审。密切监测市场价格,确保市场商品价格保持稳定。在用气、用水、用电等方面落实企业减负措施。

【粮油安全管理】 认真开展粮仓“一符四无”(账目与实物相符,无虫害、无变质、无雀鼠、无事故)检查考核工作,并修订完善储备粮食安全监管机制。认真做好粮食、冻猪肉储备工作,圆满完成2930吨储备粮轮换、25吨冻猪肉储备(最低收储量)任务。此外,还完成县中心粮库迁建项目主体工程和2020年度全省政策性粮食库存大清查任务。

【信用体系建设】 深入推进信用“531X工程”(“5”指聚焦企业、自然人、社会组织、事业单位、政府机构5类主体;“3”指建立健全公共信用指标体系、信用综合监管责任体系、公共信用评价与信用联合奖惩体系“三大体系”;“1”指建设全省一体化公共信用信息平台;“X”指深化信用体系在若干重点领域创新应用),完成云和县“信用村”评定,运用《云和县失信联合惩戒操作规范》开展失信联合惩戒15次,运用“绿谷分”推出“信游梯田”“信游仙宫景区”“两山贷之信农贷”等应用场景。同时,指导15家企业、1个自然人修复信用。

【应急物资储备】 加强应急物资管理,健全完善应急物资分类、生产、储备、装卸、运输、回收、报废、补充等相关制度。做好应急物资统计工作,实时动态掌握应急物资储备情况,并建立应急物资品种目录。密切关注云和县灾害信息,提前做好应急预案和物资调运等各项准备,确保关键时刻能够第一时间将应急物资运抵灾区。 (吴婷婷)

统 计

【概况】 2020年,云和县统计局(以下简称县统计局)紧紧围绕县委、县政府中心工作,坚持以提高统计工作水平和统计数据质量为目标,以服务全县经济工作为宗旨,认真做好统计调查、统计管理、统计服务、统计法治等各项工作,为云和县实现绿色高质量发展提供强有力的统计支撑。

【统计调查】 (一)组织日常统计工作。以数据质量为核心,严把数据采集关、审核关、评估关,按时高质量完成2019年统计年报和2020年定期报表任务。2020年,云和县主要经济指标增势较好,全年实现地区生产总值86.99亿元,同比增长5.8%,增幅居全市第一;实现一般公共预算收入8.14亿元,同比增长26.5%,增幅居全市第二;实现规模以上工业增加值24.51亿元,同比增长8.7%,增幅居全市第二;实现社会消费品零售总额37.89亿元,同比增长8.8%,增幅居全市第一;城镇居民人均可支配收入达46584元,同比增长5.5%,增幅居全市第一;农村居民人均可支配收入达22022元,同比增长7.6%,增幅居全市第六。市级综合考核十项指标得分率居全市第二,创历史最好成绩。

(二)开展城乡住户调查和低收入农户全面小康统计监测调查。全面完成城乡住户调查(共20个调查小区、200户记账户,其中86户为电子记账户)和低收入农户全面小康统计监测调查(共15个调查小区、150户记账户),累计走访记账户250余户次。

(三)开展第七次全国人口普查。自11月1日零时(普查标准时点)正式启动第七次全国人口普查以来,全县累计完成建筑物标绘2.4万幢、住户摸底调查8.1万户、“短表”(简短信息表)调查20.1万人、“长表”(详细信息表)调查5180户1.42万人,动用普查员和普查指导员740人(其中普查员516人、普查指导员224人)。

(四)开展住户调查样本轮换工作。根据国家、省、市关于做好住户调查样本轮换工作的决策部署,认真对标工作要求、紧扣时间节点,联合样本点乡镇(街道)和村(社区)人员走访新抽中户200户,并率先全市完成全部新抽中户问卷填报和录入,初步实现电子记账户比例86%。

【统计管理】 (一)事前研判及时到位。2020年,通过强化“半月度工作例会”机制,各专业人员对统计调查对象运行形势分析的时间关口前移,切实掌握研判县域经济运行态势的主动权。(二)线上审核严格到位。要求各专业人员在“国家统计联网直报系统”月报开网之时即加强对调查对象上报统计数据的线上审核,强化“联表联审、即报即审”。年初以来,每月监测180余家“四上企业”(规模以上工业企业、资质等级建筑业企业、限额以上批零住餐企业、限额以上服务业企业)和重点项目投资异常波动情况(月均查询300次),并要求各专业人员及时了解原因，确保“守网”有责。(三)问题核查认真细致。在报表期内，各专业人员高度重视上级下发的标记查询，要求相关企业做到反馈及时、原因说明真实详细。同时，结合行业特点、同期数分布和部门资料，对增速波动进行精准分类，制订数据核查和执法检查计划，落实数据源头核查常态化机制。

【统计服务】 (一)服务考核盯重点。聚焦全省山区26个县考核、市级综合考核、绿色高质量发展、节能降耗等重点考核，收集各地区资料，强化测算分析和形势预警，提出精准、可操作的对策和建议，及时向县委、县政府报送统计专报，持续不懈推进执行力提升。(二)服务部门强协作。紧盯市级综合考核10项指标，全面对接有关牵头部门和责任部门，精讲统计制度变化、业务操作要点，交流工作动态和工作心得，切实增强各部门对指标趋势的“共商会诊”能力，形成部门间强大合力。(三)服务基层提配合。一方面，针对全省开展“防范和惩治统计造假、弄虚作假”专项行动，指导和帮助企业消除法治盲点、做好原始凭证自查自纠，为企业发展提供清朗的统计环境。另一方面，大力开展“城乡记账户和低收入农户大走访全覆盖”活动，指导和帮助记账户“记好账”，不打折扣、原汁原味反映党委和政府脱贫攻坚成效。

【统计法治】 (一)加强案例警示深度。通过各类会议、学习平台等载体，定期剖析解读国家统计局曝光的统计违法违纪案例，强化自我反省，精准梳理岗位风险点，制定工作负面清单，提升警示效果。尤其是学习省纪委对省统计局查出部分地方统计数据造假问题的处理，提高站位，筑牢防范和惩治统计数据造假的思想防线，确保全县不出现重大数据质量问题。(二)加强执法普法广度。强化统计法权威，按照宣传为主、执法为核的思路，大力营造风清气正的良好统计生态。对全体统计对象开展“双随机一公开”执法检查，紧盯数据波动异常企业、统计人员频繁更换企业、法治意识淡薄统计人员，确保执法检查实现全覆盖。2020年，共开展执法检查33次、宣传教育500余人次。此外，还联合县普法办，组织基层统计队伍及广大群众参加“全国统计法律法规知识竞赛”活动，组织参赛人数居全省前十。2020年，县统计局统计法治工作获市统计局考核优秀等次。(三)加强数据核查力度。以勤核实、严核查为手段，按照《云和县统计局数据质量管控办法》，每月开展统计数据“回头看”工作。同时，按照省统计局新下发的《各专业统计数据质量核查方案》，建立健全“预警数据库”，并把数据核查列入廉政风险防控日常巡查重点，全面压实数据质量。

【队伍建设】 (一)多措并举抓学风。注重业务骨干再升级，每月开展“统计小讲堂”，由专业人员根据实际工作需要拟定学习计划和学习重点，自学消化后上台试讲并接受局领导点评，努力打造全局师资培训升级版。同时，通过“走进名校”(赴苏州大学培训)、“走进先进”(赴全省先进统计部门学习)等方式，不断拓宽统计干部视野、提升队伍综合素质。(二)聚焦问题抓作风。通过半月专业“碰头会”、月度例会“晒进展”等措施，推动各专业统计服务关口前移。同时，抓准主要行业、重点企业(项目)和弱势指标的问题所在，当好“经济医生”、提升“诊断水平”、制定“交办清单”，从业务角度为各专业统计人员提供帮助，真正做到“减负、增效”有机统一。(三)化勤于数抓局风。牢固树立“脚下有数、心中才有数”的行动自觉，深度融合“三服务”(服务企业、服务群众、服务基层)活动和“四分之一月度”(每个月的四分之一时间用于常规统计报表、四分之一时间用于分析研究数据、四分之一时间用于基层走访调研、四分之一时间用于经济形势研判)工作机制，及时掌握全县经济社会发展中新出现的倾向性、苗头性问题，及时掌握统计调查对象的动态信息，为服务全县经济运行

分析以及向党委、政府建言献策提供详实的参考依据。（梅育源）

审 计

【概况】 2020年，云和县审计局（以下简称县审计局）坚持以习近平新时代中国特色社会主义思想为指引，深入贯彻落实中共十九大和十九届历次中央全会精神，认真贯彻落实中共中央总书记习近平关于审计工作的重要指示批示精神以及中央、省委、市委、县委审计委员会相关会议精神，紧紧围绕县委、县政府各项决策部署，充分发挥审计“治已病、防未病”作用，为云和县与全省同步高水平全面建成小康社会、高水平推进县域治理现代化、高水平实现疫情防控和经济发展“两战赢、双胜利”提供坚实的审计支撑，并先后获全市审计系统优秀集体、丽水市文明单位、丽水市规范化数字档案室、云和县节约型机关等荣誉称号。

2020年，共完成审计项目17个，查出违规金额、管理不规范金额合计2.69亿元；向县纪委（监委）等部门移送审计案件线索8件，向县领导报送审计信息专报27份；提出审计建议24条，向社会公告审计结果23篇。

【预算执行审计】 按照审计署对一级预算单位审计全覆盖的要求，首次对县本级62家一级预算单位2019年度财政预算执行情况进行全覆盖审计。同时，聚焦政府“过紧日子”、减税降费等重点工作，通过“1+N”审计模式，把减税降费、就业政策落实情况、财政补助项目管理、油卡管理等专题融入财政预算执行审计中，并先后撰写《审计建议：进一步做好车改“后半篇文章”》《财政补助资金亟待加强管理》等多篇信息报县领导审阅，促进出台《云和县人力资源和社会保障局关于进一步规范创业培训补贴工作的通知》等多项制度。

【民生专项审计】 牢固树立“以人民为中心”的思想，先后开展残疾人社会保障情况、生态产品价值实现机制试点情况、新冠肺炎疫情防控资金和捐赠款物使用情况等事关民生的专项审计（调查），推动各项惠民富民政策落到实处。同时，根据市审计局审计项目计划安排，抽调业务骨干协助市审计局开展扶贫审计，摸清扶贫资金管理使用、扶贫项目绩效等情况，并撰写《集体经济薄弱村“消薄”缺乏持续性问题应引起重视》等3篇信息报县领导审阅，有效促进农村脱贫和解困。

【投资领域审计】 围绕重大基础设施建设，开展重大水利项目、政府投资项目竣工决算情况等专项审计调查，检查重大项目投资、建设、管理情况，及时揭示存在的风险隐患，推动重大项目落地见效。其中，政府投资项目竣工决算情况专项审计调查与县人大特定问题调查组联合实施，重点关注全县政府投资项目竣工决算完成情况、主管部门对项目竣工决算工作监管情况和存在的困难问题，推动政府投资早日形成价值、发挥效益。

【经济责任审计】 2020年，累计对8个单位的10名县管领导干部开展经济责任审计，其中，对浮云街道、凤凰山街道同时开展经济责任审计和自然资源资产离任审计，有效促进领导干部更好地履行自然资源资产管理和生态环境保护责任。同时，根据《党政主要领导干部和国有企事业单位主要领导人员经济责任审计规定》要求，及时对县经济责任审计工作联席会议成员和县经济责任审计工作联席会议办公室组成人员进行调整，并梳理提炼《领导干部履行经济责任和自然资源资产管理及生态环境保护责任风险防范清单》，内容涵盖领导干部履职过程中24个方面87个“多发”“易发”风险点，供领导干部在工作中借鉴，充分发挥审计“治已病、防未病”作用。

【内部审计工作】 加快推进国家审计与内部审计协同机制建设，制定出台《内部审计人员参与国家审计工作管理办法（试行）》，进一步规范参与国家审计工作的内部审计人员管理。同时,“以审代训”(以参加审计实践代替理论知识培训),不断提升内部审计人员的业务水平,提高内部审计质量,切实发挥内部审计的“源头治理”作用。

【审计质量管理】 坚持把审计质量作为审计工作的“生命线”,严格抓好审计项目“全生命周期”质量管控。持续落实“1+N”质量控制制度和“三会一回避”制度,做好做足审计“后半篇”文章,保持审计整改高压态势不放松,努力实现审计风险最小化、审计作用最大化。在2020年全市优秀审计项目评比中,县审计局有2个审计项目被评为全市优秀审计项目。

【审计理论研究】 加强审计理论学习研究,认真总结审计工作经验,并积极向上级报送理论文章、申报科研课题。2020年,共组织申报省审计厅课题6项,参评省审计厅优秀论文(调研文章)6篇、市审计局“青年论坛”优秀论文7篇,其中,2项课题获省审计厅科研课题立项;1篇论文获省审计厅优秀论文(调研文章)三等奖;3篇论文分别获市审计局“青年论坛”优秀论文二、三等奖和优秀奖,并被市审计局评为优秀组织奖。

【审计效能提升】 主动融入“干部大监督”机制,在审计工作列入县委综合考核、党风廉政专项考核、纪委“大数据”监督机制的基础上,将各单位接受审计情况及整改情况列入县委政治生态评价体系,量化评价各单位的政治生态建设情况。同时,健全完善“巡审”(巡察和审计)联动机制、“纪审”(纪委和审计)协作机制,充分发挥审计在构建防腐保廉体系中的重要作用。2020年,先后运用“巡审”联动方式对凤凰山街道、县融媒体中心同步开展经济责任审计和巡察,运用“纪审”协作方式对全县行政事业单位加油卡管理进行专题审计。

【领导机制建设】 健全完善县委审计委员会(以下简称县委审计委)及其办公室运行机制,制定出台《中共云和县委审计委员会成员单位工作协调制度(试行)》和《中共云和县委审计委员会办公室审计工作重大事项督察督办办法(试行)》,强化县委审计委对审计领域重大工作的总体部署以及县委审计委办公室对审计工作重大事项的督察和督办。2020年,累计向县委审计委报送审计报告13份,每份报告均获县长上官国明的批示。

【党风廉政建设】 深入推进党风廉政建设,层层签订党风廉政建设责任书,层层压实全面从严治党主体责任。严格执行审计“四严禁”工作要求和审计“八不准”工作纪律,不断完善正风肃纪常态化监督检查、审计组廉政谈话、审计回访等工作制度。同时,加强警示教育,切实筑牢干部防腐拒变思想防线。2020年,累计召开党风廉政专题会议4次,组织党风廉政课程学习2次,组织观看党员电教片、警示教育片、庭审直播等活动4次。

【干部队伍建设】 持续加强干部教育培训,不断提升队伍综合素质,努力打造一支高素质、专业化的“审计铁军”。同时,以开展“三敢三比”(敢于负责、敢于碰硬、敢于创新,比忠诚担当、比攻坚克难、比工作业绩)活动为契机,着力构建“实干论英雄”的用人导向,促进全体干部在比拼中创业绩、在比拼中提能力;实施审计人员“一对一帮扶”计划,切实发挥业务骨干在工作中的引领和指导作用;持续推荐干部参加巡视(巡察)、同步审计、项目攻坚等工作,推动干部在实践锻炼中成长。

【疫情防控工作】 2020年,面对突如其来的新冠肺炎疫情,县审计局党组坚决扛起政治责任,认真贯彻中共中央总书记习近平关于统筹推进疫情防控和经济社会发展的重要指示精神,全面落实中央和省、市、县各级决策部署,科学安排各项工作,确保疫情防控和主责主业“两手抓、两不误”。其间,还先后组织11名干部建立疫情防控志愿服务队,配合县工业园区做好疫情摸排、值班值守、政策咨询等工作;选派1名干部担任“驻企服务员”，指导和帮助企业复工复产；选派多名干部增援社区防控，重点协助狮山社区对456户1700余名居民（租户）的动态信息进行摸排，并指导居民申领“丽水健康码”。（蓝凯媛）

自然资源和规划

【概况】 2020年，云和县自然资源和规划局（以下简称县自然资源局）高举习近平新时代中国特色社会主义思想伟大旗帜，全面落实中央和省、市、县关于“一手抓疫情防控、一手抓复工复产”的决策部署，坚持以“保护资源、保障发展”为核心，以“规划是第一引擎、保护是第一责任、发展是第一要务、改革是第一动力、法制是第一底线、廉政是第一红线” 六大理念为引领，认真抓好“编制‘大规划’、严格‘大保护’、落实‘大保障’、深化‘大改革’、强化‘大服务’”五大重点工作，全力服务县域经济社会发展。

【编制“大规划”】 基于“山水林田湖草”生命共同体理念，重点编制国土空间规划，已完成国土空间总体规划招投标工作，形成云和县开发保护现状与规划实施评估专题、全域用途分区控制线划定与空间管制等6个专题的初步思路以及规划大纲的初稿。统筹协调生态、农业、城镇三类空间和生态保护红线、永久基本农田保护红线、城镇开发边界三条控制线，其中生态保护红线评估调整“二上”成果已通过省政府审核，并上报自然资源部审查，永久基本农田储备区已划定。组织收集云和县基础测绘“十四五”规划编制基础资料，依申请提供1:2000、1:500 CAD地形图资料22份，并已落实云和县1:500地形图修测更新项目资金。

【严格“大保护”】 （一）严厉打击违法用地行为。牢固树立“生态优先”绿色发展理念，抓好土地矿产卫片执法检查工作。2020年，云和县共领取自然资源部下发的土地卫片遥感影像监测图斑20个，总面积24.46公顷，占用耕地面积4.12公顷。结合内业分析和外业调查，及时对合法图斑进行上报，并对涉及违法用地的图斑进行查处。全力做好违建别墅清查整治工作，按照上级移交的数据和乡镇（街道）排摸两个渠道进行排查，共排查省市下发点位35个，乡镇（街道）和部门共排摸点位89个，确认违建别墅点位2个（分别是云曼酒店违建别墅和符永明户违建别墅），已全部拆除，并通过省级验收，总面积8308.37平方米。深化自然资源领域“扫黑除恶”专项行动，制定印发《关于深化开展扫黑除恶自然资源领域专项整治行动工作方案》，聚焦土地开发利用领域、矿产资源开发利用领域、行政执法领域3个重点领域15个方面开展涉黑涉恶线索排摸，共排摸矿山企业7家、地质灾害治理工程15个、储备地块24宗、土地整治项目79个、土地出让项目17个，未发现涉黑涉恶线索。积极配合做好“省无违建县”创建工作，对全县范围需整治的临时用地、设施农用地等点位进行排摸，共排摸临时用地22个、设施农用地21个，并按要求对全部点位进行整治和整改。全力推进农村乱占耕地建房问题专项整治行动，出台《云和县农村乱占耕地建房问题专项整治三年行动方案》，设立由县政府主要领导为总召集人、分管县领导为副总召集人的农村乱占耕地建房问题专项整治工作联席会议，在召开全县农村乱占耕地建房问题摸排部署会后，依托“三改一拆”工作机制，建立由县自然资源局、县农业农村局、县综合执法局等部门人员组成的工作专班，统筹协调推进全县农村乱占耕地建房问题摸排工作。至2020年年末，共确认上报相关问题143宗（其中图斑内142宗、图斑外1宗），总面积2.95公顷。

（二）加强露天矿山整治与生态环境恢复。开展全县露天矿山专项整治工作，先后对4家露天矿山进行整治、对1家矿山开展“绿色矿山”创建评估。打击非法采矿及违法砂石料加工经营，共打击非法采矿事件3起，拆除违法砂石料加工经营点2处，进一步规范全县砂石料加工经营和采矿环境，确保国有资产不流失。

(三)加强安全生产管理。强化自然资源领域安全生产管理,成立云和县自然资源和规划局安全生产委员会,落实各项安全生产责任。定期对矿山、地质灾害治理工程、土地开发等项目开展安全生产检查,全年共开展安全生产检查30余次。同时,积极配合县应急管理局做好"浙江安全码"赋码工作。至2020年年末,全县地质灾害风险防范区内的246名常住人口已全部完成赋码,覆盖率达100%。

(四)做好地质灾害防治。完成地质灾害风险防范"一张图"编制,并印发500余份分发至全县各乡镇(街道)。开展地质灾害"整体智治"行动,实施石塘镇1:000地质灾害风险调查评价项目,新增普适性地质灾害监测点2处。同时,将地质灾害防范与"地灾智防"App运用结合起来,并对全县113名地质灾害群测群防员及县、乡、村三级地质灾害防治责任人进行专题培训,进一步夯实地质灾害预防能力。做好地质灾害综合治理,完成地质灾害"大搬快治"125名搬迁群众安置(安置在大坪农民公寓三期),完成重河湾泥石流滑坡、柳山头泥石流滑坡、朱源北西侧滑坡、朱源村滑坡4个工程治理点核销,完成新增的2个风险点(共3户14人)避让搬迁。做好地质灾害防治日常工作,完成地质灾害应急调查项目6个,完成"农转用"(农用地转为建设用地)涉及地质灾害风险评估备案监管工作,完成地质灾害汛期巡查20组80余次。同时,积极做好全年地质灾害24小时应急值班工作。

(五)加强野生动植物保护。严密防控新冠肺炎疫情,认真制订"2020雷霆行动"方案、成立领导小组,及时开展专项行动。从春节前即开展每日摸排检查,对城区农贸市场和蓝孔雀、黑斑蛙等驯养繁殖基地进行地毯式清查,暂停各经营摊点的野生动物经营行为。自新冠肺炎疫情防控工作开展以来,共查处5起非法狩猎行政案件,未出现野生动物异常情况。结合县域林权数据实际,依据不动产登记数据库标准进行清理、整合和建库,初步形成不动产林权数据"图、属、档"一体化。严厉打击滥伐林木违法行为,并做好相关法律法规宣传工作。

(六)做好森林防火灭火工作。抓住火源管控、应急处置2个重点,在春节、清明节重要时段,深入开展巡查,积极查处火灾案件和违规野外用火行为。2020年,全县共发生较大森林火灾1起、森林火情13起,受害森林面积11.06公顷,受害率0.13‰,未发生重特大森林火灾和人员伤亡事故;查处失火案1起、违规野外用火案件8起,刑事处罚1人、行政罚款8人。同时,以"森林消防宣传月"活动为抓手,组织开展形式多样的宣传活动,全年累计发送提醒短信40万条次,发放宣传彩旗100面、巡查小红旗500面、车前标识50张;联合县应急管理局开展全县森林消防队伍技能比武及综合演练,进一步提高队伍的扑火战斗力和快速反应能力,并将全县森林消防队员的意外伤害险保额提升至100万元/人·年,切实提升扑火队员的安全保障。

【落实"大保障"】 (一)做好国土空间保障。主动加强与上级的沟通对接,做好"农转用"报批,确保2020年重大基础设施项目、重大民生项目顺利落地。加快盘活"农转用"指标,分4个批次盘活3个村(石浦村、石塘坑村、湖滨村)批而未供土地,新增建设用地指标5.74公顷(其中耕地约0.31公顷),至年末,4个批次"农转用"已组件完成,拟上报审批。2020年,累计向上级争取新增建设用地指标22.77公顷(其中农民建房专项指标2公顷),有效保障县中医医院迁建、棚户区改造、紧水滩水冷式绿色数据中心、处州汽校安置地、后塘农旅融合二期、解放西路、翠屏街及沙溪区块工业用地等项目用地需求。

(二)做好规划审批保障。立足全县大局,优化规划审批。全年共组织召开全县城乡规划管理委员会会议7次,对"大搬快聚"大坪区块和岗头区块控制性规划调整、下前溪云璟台建设方案、县委党校迁建方案等37个议题进行讨论审议。合理出具土地出让规划设计条件,充分发挥土地利用价值。全年共审批建设工程规划设计方案63项、建设项目规划拟选址(用地)方案63项,组织报批局部规划20项,出具规划设计条件26份、规划核实确认书160份。

(三)做好土地供应保障。认真做好国有建设用地供应计划编制工作,对全县批而未供土地和存量土地进行梳理,全年计划供地面积107.8公顷,其中商业服务用地30.07公顷、工矿仓储用地20公顷、住宅用地34.73公顷、公共管理用地20.8公顷、特殊用地2.2公顷。做好“五未土地”(批而未供、供而未用、用而未尽、建而未投、投而未达标的土地)处置工作,继续对全县“五未土地”进行梳理,做好建设用地盘活准备工作,并着重对批而未供土地进行分析,整理出2020年需消化土地,完成杨柳河工业园区内的汇源集团用而未尽工业用地(共13.33公顷)盘活工作,启动云和湖景区供而未用土地处置工作。做好全县低效用地核查工作,牵头完成全县低效用地再开发数据库核查,并于5月向省自然资源厅提交该项工作成果。规范土地审批和供应,全年全县共供应各类建设用地55宗,总面积61.2公顷,其中,公开出让建设用地17宗,面积16.87公顷,出让价款6.87亿元;划拨公共用地38宗,面积44.33公顷。加强土地二级市场管理工作,全年共会审土地估价备案672宗;二级市场办理出让金补缴672宗,收缴土地出让价款3703.8万元,划拨款19.51万元,补缴优惠差价90.18万元;完成土地竣工复核验收38宗。严格把关临时用地和设施农用地备案,配合“省无违建县”创建和卫片执法检查,审批和补批天然气管道工程、引调水工程、云龙公路建设工程等临时用地9宗,面积3.15公顷;备案设施农用地15宗,面积3.43公顷。

(四)做好土地收储保障。完成云和县田径运动场部分国有建设用地收购等项目,全年累计完成土地收储8宗(总面积7.64公顷)、出库土地10宗(总面积12.8公顷)。完成象山畈下城门西侧待征地块绿篱及整治工程、云雾路东侧原农场地块护栏及水泥地破除外运工程、青阳花苑南侧(CN03-04-014-01)地块零星土方外运工程等,累计清运垃圾50余车、外运土方8500立方米、修筑护栏1700余米,投入资金80万余元。加强储备地块日常巡查,确保侵害政府土地行为能够早发现、早制止、早处理,防止国有资产流失。

(五)做好耕地占补平衡保障。积极推动土地整治开发新建项目建设,督促续建项目加快进度。2020年,累计完成垦造耕地现场踏勘113.33公顷,立项和开工耕地垦造60.19公顷、建设用地复垦21.94公顷,并完成53个续建项目县级验收。

【深化“大改革”】(一)开展土地出让领域生态产品价值实现机制试点工作。5月,出台《云和县土地出让领域生态产品价值实现机制试点方案》。6月,推出仙牛岛商业服务用地作为试点地块,并完成挂牌公告(该试点为全省首宗实现生态产品增值的出让地块)。随后,又挂牌3宗生态增值出让地块,分别是紧水滩镇金水坑村JST-X-02地块、紧水滩镇金水坑村JST-X-03地块及安溪畲族乡上村村2019年01号地块、梯田一级游客中心地块,累计获得生态环境资金108万元。(二)深化“多审合一、多证合一”改革。全面梳理优化规划用地审批事项,完善制度机制,推进规划用地“多审合一、多证合一”改革。2020年,顺利完成建设项目规划选址意见与用地预审合并、用地规划许可与建设用地批准合并,将4本证书合成2本。(三)做好自然资源确权登记工作。制定出台《云和县自然资源统一确权登记工作方案》,并完成1宗水流(浮云溪村头桥至黄桥头段)、1宗国有森林(云和县林场龙井林区)的自然资源所有权调查、公告、登记等工作,颁发自然资源所有权证书2本。(四)做好第三次全国土地调查(以下简称“三调”)收尾工作。完成“三调”统一时点更新和初始成果上报，并顺利通过国家核查。同时，还先后完成用地信息补充报备、行政区域界线调整及接边、图斑补充提取等工作，开展“三调”初始成果自查自纠、2019年度土地变更调查等工作。

【强化“大服务”】 (一)深化“最多跑一次”改革。认真梳理不动产登记事项，对原有目录、指南、材料、流程等进行优化，并及时在浙江政务服务网上进行更新，实现全部事项“最多跑一次”。2020年，共颁发不动产权证书4803本(其中农房登记发证262本)、不动产登记证明4821份，办理不动产抵押注销登记2632宗、不动产查档查询5791宗，法院查解封267宗。同时，全面推行二手房及“水、电、气”联动过户业务，全力拓展不动产登记延伸服务，全年共办理二手房及“水、电、气”联动过户业务98宗；全面推行不动产抵押登记“银行受理、登记中心在线审批”工作模式，实现不动产抵押不见面、无纸化登记，全年共办理“银行受理”的不动产抵押登记1563宗。

(二)深化法治建设。强化组织领导，成立依法行政工作领导小组，并制定《云和县自然资源和规划局2020年法治建设工作要求》，明确工作目标、主要任务，落实目标责任。强化宣传教育，组织全体干部认真学习法律法规和规章制度，切实提升干部队伍依法行政的能力和水平。强化信访办理，妥善处理群众来信来访。2020年，共收到信访件105件，其中来电访38件、来人访19件、来信访11件、网上访37件，均在法定时间内完成答复。

(三)深化党建工作。加强理论武装，制定《2020年党委理论学习中心组和干部理论学习计划》，重点组织学习习近平新时代中国特色社会主义思想和工作相关的法律法规、政策文件，不断提升干部队伍综合素质。2020年，共组织党委理论中心组专题学习13次、“周一夜学”13次、党支部专题学习12次。加强组织建设，制定《2020年党建工作计划》，完成机关第一党支部换届选举，完成3名预备党员转正、1名发展对象转为预备党员、1名入党申请人转为入党积极分子。加强党风廉政建设和反腐败工作，制定《2020年党风廉政建设和反腐败工作组织领导与责任分工》，并通过层层签订党风廉政建设责任书、定期召开党风廉政建设和意识形态工作例会、常态开展党性党风党纪和廉政教育等方式，切实将党风廉政建设和反腐败工作落到实处。 (张曼依)

应急管理

【概况】 2020年，云和县应急管理局(以下简称县应急管理局)认真贯彻落实中央、省、市关于安全生产和应急管理工作的系列决策部署，立足“大安全、大应急”工作理念，紧扣“控风险、除隐患、防事故、强应急”工作目标，在工作机制上求突破，在监管方法上求实效，充分发挥应急管理部门“安全生产监管、应急指挥协调、消防管理监督”三大职能，有力保障全县安全生产形势持续保持稳定。

2020年，全县共发生各类生产安全事故2起(含交通事故)、死亡2人，占全年控制指标数(4人)的50%，与2019年同期相比，事故起数下降3起，死亡人数减少3人，实现“双下降”。全年全县火灾形势总体平稳，共发生火灾20起，无人员伤亡，火灾起数同比下降13%。全年全县未发生重大自然灾害突发事件，共发生森林火情17起、森林火灾2起，无人员伤亡。

【机构改革】 4月30日，中共云和县委机构编制委员会办公室印发《云和县应急管理局所属县安全生产监察大队等4家事业单位机构编制规定的通知》(云编办〔2020〕36号)，明确县应急管理局所属的县安全生产监察大队、县防汛防台抗旱指挥中心、县森林防灭火中心、县应急指挥中心(挂县减灾救灾中心牌子)4家事业单位为公益一类事业单位(其中县安全生产监察大队为执法类公益一类事业单位)，机构规格相当于正股级，并核定县安全生产监察大队事业编制11名（设大队长1名、副大队长3名）、县防汛防台抗旱指挥中心事业编制3名（设主任1名）、县森林防灭火中心事业编制3名（设主任1名）、县应急指挥中心（挂县减灾救灾中心牌子）事业编制4名（设主任1名、副主任1名）。

【应急管理体系建设】（一）建立健全应急指挥体系。建立“1+5”应急管理指挥部和专项指挥部组织架构，明确各乡镇（街道）常务副乡（镇）长（常务副主任）分管应急管理工作，切实强化各乡镇（街道）应急管理的协调性。同时，将全年各项考核指标细化分解到全县58个责任单位，切实压紧各单位目标责任。（二）健全完善议事协调机制。县委常委会2次听取应急管理工作情况汇报、县政府常务会议每季度听取应急管理工作汇报，研究解决应急管理领域重大问题。梳理各类议事协调机构组成单位和职责清单，不断完善应急管理的会商研判机制、协调机制、指令机制和落实机制。启动防汛应急响应2次，组织开展防汛、防火等应急处置会商研判45次。牵头修订安全生产、自然灾害、防灾减灾等各类应急预案。组织地下矿山、露天矿山应急救援演练。发挥“安委办”（安全生产委员会办公室）综合协调职能，制定岁末年初安全生产工作检查、森林防火工作检查等方案。

【安全隐患排查治理】（一）部署落实安全生产责任。发挥综合协调职能，发布工贸领域生产安全事故预警5次，召开全县安全生产工作会议4次，部署开展消防、“危化”（危险化学品）、矿山、道路交通、建筑施工等六大领域安全生产排查治理。开展“百镇千村万户”应急入村专项行动，重点对道路交通、消防、建设施工、自然灾害4个领域进行治理。严格落实县政府“八个必须”、乡镇（街道）“十个必须”、村（社区）“六个必须”，全面落实各项安全管控措施。（二）开展安全生产专项整治。推进企业安全生产“灵魂工程”提质扩面，积极开展“战高温、保安全”“小微企业专项整治”等各类安全生产专项整治，推动安全生产社会化服务。（三）开展重大隐患排查治理。完成生产加工类小微企业社会化服务582家，覆盖率达60%以上；“小微企业园”社会化服务3家，覆盖率达75%以上。完成2020年度市级挂牌和县级挂牌的工矿商贸企业重大隐患单位整改销号，并组织开展企业风险普查工作。（四）开展“危化”、矿山安全监管。继续做好“危化”新（改）建项目安全审查，对主管行业企业加大检查频次，并相继开展矿山企业分类分级监管、“危化”经营储存场所专项检查、“危化”道路运输安全专项整治，建立“危化”联席会议制度，有效督促“危化”、矿山企业落实主体责任。（五）开展自然灾害风险普查。启动第一次全国自然灾害综合风险普查工作，并先后完成普查工作动员、普查预算编制、灾害风险清查、部门资料收集等工作。（六）开展安全生产监管执法。2020年，累计办理安全生产行政处罚案件28件，处罚总额103.16万元，其中非事故案件27件、处罚总额60.9万元。

【安全治理能力建设】（一）建立“森林小卫士”火情隐患监测系统。开展“森林小卫士”火情隐患监测系统建设，对林区可能出现的火情隐患进行实时监测预警。同时，开展道路高清监控摄像头建设，全方位守护林区安全。2020年，新建成高清监控摄像头17个、高清热成像摄像头3个，实现全县林区全方位实时监控。（二）开展安全生产巡查。根据2020年度应急管理、安全生产和消防工作巡查方案，召开全县安全生产巡查工作动员会，制定巡查工作方案，督促全县各乡镇（街道）和有关单位全面落实应急管理、安全生产和消防工作的法律法规、方针政策及工作责任制，推动应急管理、安全生产和消防工作各项决策部署落地生根。（三）开展企业安全生产星级评定。对2019年度企业安全生产进行星级评定，共划分一星级、二星级、三星级、四星级、五星级5个等级，以五星级为最高等级、一星级为最低等级。评定结合2019年企业双重预防机制建设、安全生产责任保险、涉爆粉尘整治等情况进行综合考评，最终评出一星级企业7家、二星级企业19家、三星级企业45家、四星级企业12家、五星级企业5家，合计发放奖励金15.1万元。（四）健全社会化救援队伍激励机制。率先全省出台《应急救援队伍激励和资金补助管理办法》，进一步规范森林防火、防汛、地质灾害、矿山、“危化”等各类应急救援队伍的补助资金管理，有效促进应急救援队伍规范化、专业化建设。同时，为全县190名正式救援队员每人购买一份保额100万元的人身意外伤害保险，合计投入资金6.27万元。（五）开展第二轮“安全生产综合治理三年行动”（以下简称“三年行动”）。制订“三年行动”计划总方案和3个专题、9个专项实施方案，成立“三年行动”工作专班，并确定特定场地作为工作专班集中办公地点，按计划召集专班成员开展集中办公、定期分析研判，结合任务清单，制定时间表、路线图，全面推进“三年行动”各专题专项工作。2020年，云和县“三年行动”工作得到市里肯定。

【应急基层基础建设】 （一）做好防汛防台工作。2020年，先后组织全县10个乡镇（街道）开展防汛防台、地质灾害等应急演练，组织蓝天救援队开展集训。开展全市小流域地质灾害综合整治试点工作，及时修编各类防汛抢险应急预案，重新编制全县86个行政村（社区）的防汛防台形势图，并完成3个自然村小流域试点整治。汛期前，全县9个较为明显的隐患点都已积极落实整改，确保安全度汛，全年共紧急转移人员317人，未发生人员伤亡事故，实现连续26年汛期无人员伤亡目标。（二）组织开展综合演练。全年共组织县级防汛防台应急室内综合演练1次、乡镇级防汛防台应急演练10次。（三）提升森林防灭火能力。2020年，先后会同县人武部、县森林公安局等单位开展森林防灭火集训及演练4次，会同县自然资源局等单位开展2020年云和县森林防灭火技能大比武暨扑救森林火灾应急演练。同时，制定《云和县森林火情处置操作手册》，将森林防灭火处置过程形成闭环；定期对自然灾害突发事件进行复盘分析，不断提升应对突发事件的能力和水平。（四）做好灾害风险防范工作。2020年，先后完成10个避灾安置场所规范化建设、13个避灾安置场所可视化建设和浙江省减灾救灾信息管理系统信息录入。同时，加快推进地质灾害风险“一张图”和风险隐患清单成果应用、地质灾害风险防范区排查等工作。（五）做好救援队伍培育工作。至2020年年末，全县已建立救援队伍22支，其中专业骨干救援队伍5支、社会力量救援队伍2支、应急保障队伍4支、基层单位专职队伍11支；救援队员总人数725人，其中专业和半专业救援队员285人、群众性准半专业救援队员440人。

【安全知识宣传教育】 （一）开展“安全生产月”活动。6月，开展以“消除事故隐患、筑牢安全防线”为主题的2020年全国“安全生产月”活动。活动采取“线上、线下相结合，线上为主、线下为辅”的方式进行，切实达到“疫情防控期间，减少人员接触”的目的和“以活动促工作、以活动保安全”的宣传效果，并形成“全社会都关心、关注安全生产”的浓厚氛围。（二）开展防灾减灾宣传。“5•12”全国防灾减灾日和“10•13”国际减灾日期间，相继开展防灾减灾宣传活动，通过在现场摆放宣传展板、发放宣传资料和接受现场咨询等方式，向过往市民和现场群众广泛宣传普及防灾减灾方面的知识。（三）开展森林防火宣传。在春节、清明节、国庆节等重点时段，积极组织开展各种形式的森林防火宣传活动，不断提升城乡居民的森林消防意识。尤其是在清明节期间，全县共签订森林防火责任书2.3万份，签订率达100%；张贴标语1200余张、禁火令2000余张，发放倡议书3.4万份。　（吴　涛）

市场监管

【概况】 2020年，云和县市场监督管理局（以下简称县市场监管局）紧跟县委、县政府步调，紧密结合全县市场发展状况，紧抓重点产业发展趋势，以服从大局为总体目标，以保障安全为工作底线，以贴近民生为服务准绳，不断优化市场发展环境，夯实市场监管基础，维护市场安全有序，有力促进和保障全县市场经济持续平稳健康发展，并先后被省“小微企业三年成长计划”工作领导小组评为2018—2020年浙江省市场环境建设成绩突出集体，被县委、县政府评为县级综合考核良好单位、全县抗击新冠肺炎疫情先进集体、全县农产品转化为旅游地商品工作先进集体等。

【凝聚队伍建设“一条心”】（一）履行监督检查第一要务。制定党风廉政建设责任分工文件和全面从严治党工作计划，召开全局党风廉政建设工作专题会议部署落实，层层签订承诺书，切实落实责任到人。党组会、班子会严格执行“三重一大”制度。坚持定期、不定期对全局进行正风肃纪检查，督促干部职工严守纪律。5月21日至6月29日接受县委第二巡察组巡察，根据县委巡察组反馈意见，对问题进行整改。（二）落实机构改革第一要义。完成县市场监管综合行政执法队和局下属4家事业单位机构改革。（三）做细理论武装第一本领。加强理论学习。领导干部以理论中心组学习和领导干部网络教育学习为“龙头”，将“不忘初心、牢记使命”主题教育总结、习近平总书记系列重要讲话精神、疫情防控专题、网络意识形态专题等作为理论中心组学习的重要内容。以“周一党员夜学日”、主题党日、“三会一课”、“学习强国”平台为载体，及时传达学习中央、省、市、县重要会议精神。充实党员队伍。新发展党员2名，预备党员转正4名，机关党委委员增补3名。党组书记到联系村叶垟村开展“包村走村”活动，机关支部到联系村开展主题党日活动。疫情期间，党员积极参加志愿服务。强化舆情导向。全年共报送舆情信息164篇。积极组织舆情信息员参与“红色浙西南、绿色新丽水”等系列宣传活动。

【盘活疫情防控“一盘棋”】（一）前期迅速响应。第一时间组织加班加点，对全县承接“年夜饭”单位开展摸底排查，禁止30人以上聚会聚餐。约谈县内大中型餐饮单位、酒吧等重点单位，要求停止营业，做好疫情防控工作。春节前夕，根据疫情形势，提前发布《致全县消费经营单位的一封公开信》，呼吁全县消费经营单位与消费者互谅互解、换位思考、共渡难关。（二）关键期严防实控。持续加大对涉疫药品、医疗器械、防护用品和肉、蛋、奶、菜等民生必需品的监管力度。查处防疫物资有关案件2起。围绕疫情期间“水、电、气”价格、企业房屋租金、高速收费等涉企违规收费问题突出领域开展专项检查9次，为企业减负521.16万元。严格落实“健康码”亮码核验和管好单位“小门”工作要求，全县商场超市、零售商店、餐饮单位、农贸市场全面实行“健康码”绿码准入机制。（三）后期保障复产。仅用两周时间，办理全县在册正常营业个体户复工复产8532户。牵头开展小微企业和个体户纾困工作。6月24日开始，全局动员，连续奋战，全力帮扶小微企业和个体户渡过难关、提档升级、增强活力。至7月30日，全县100%完成“两直”资金兑付工作，涉及市场主体1857户，兑付资金1832.4万元，未发生重大群体性上访事件。

【做细市场发展“一本账”】（一）营商环境不断优化。激活市场主体。至2020年年末，全县在册市场主体17216户，其中，新增市场主体3360户，比2019年增长46.46%。全县在册小微企业3299户，其中，新增小微企业552户，比2019年增长33.98%；新增“个转企”29户，比2019年增长38.1%。壮大小微企业。培育省级信用管理示范企业1家，已结束答辩；培育市级信用管理示范企业2家，已通过资料审核；新增列入各级“浙江制造”品牌培育计划小微企业1家。深化机关内部“最多跑一次”改革。8月21日，依托机关内部协同办事平台，成功办结股权冻结事项，实现云和县股权冻结事项"全程网上办",率先实现机关内部办事"零次跑"。梳理全县"证照分离"改革全覆盖试点事项清单344项,其中涉及县级权限事项90项,对应部门21个。加强公平竞争审查。已组织对2019年12月31日前起草、制定的行政规范性文件和其他政策措施文件进行全面清理。共审查清理文件226份,其中,予以保留218份,废止或拟废止2份,修订6份。(二)专利培育量质齐升。扎实推进专利申请工作,积极构建专利质押融资"桥梁",帮助企业解决融资困难。2020年,累计完成发明专利申请113件(其中有效发明专利56件)、发明专利授权15件、PCT国际专利申请2件,新增知识产权贯标认证企业1家;完成专利授权补助605项137.6万元、省级发明专利维持补助39项4.63万元,并为浙江金尔泰玩具有限公司获得专利权质押融资贷款1000万元。(三)检测能力明显增强。免费检定计量器具1820余台件,为企业节省费用15.2万元。以非营利方式对企业开放实验室342批次,为市民开展蔬菜瓜果农药残留检测562批次。完成崇头镇、石塘镇、紧水滩镇等地"计量下乡",共检定各类计量器具269台件,发放宣传单226份,搜集意见建议13条。

【织密经济秩序"一张网"】(一)做好民生实事。2020年,县市场监管局共承担民生实事9项(均为省民生实事),通过科学谋划、自我加压,均提前完成,其中,培育发展放心消费单位、无理由退货承诺单位、"放心工厂"3项已完成系统申报并通过;培育发展放心消费单位、无理由退货承诺单位均超额申报10%以上(后期由于省市督查,可能有个别删减),农村家宴"放心厨房"、中小学和等级幼儿园"智能阳光厨房"分别超额33.3%和12.5%。(二)守牢安全底线。①强食品安全。严格遵循"人物并防"策略部署,开展高风险冷链食品专项行动,激活重点经营主体38家。开展进口生鲜食品和冷冻肉类食品监测抽检工作,完成重点类别食品核酸检测620份、相关从业人员核酸检测745份、重点场所环境监测620份,均未检出新冠肺炎病毒阳性标本。开展流通环节食品安全整治行动,出动执法人员1000余人次,检查销售单位500余家次,通过掌上执法"双随机"发布任务5次,排查各类安全隐患83个(已全部完成整改)。开展保健品相关知识宣传4场,发放宣传单页、折页等资料1200余份,成功调解1起保健食品相关纠纷。深入推进校园食品安全整治、网络订餐食品安全提升、"放心示范餐饮店"创建等工作。②强药品安全。全年共报告药品不良反应93例、器械不良反应26例、化妆品不良反应60例。9月1日起,落实涉疫药品常态化监管,对辖区10家药店每日购买"四大类药物"(退烧药、止咳药、抗病毒药、抗生素药)的总人数和总销售情况进行监测,并通过"浙江省零售药店常态化疫情监测警戒系统"上报。③强特种设备安全。强化特种设备安全风险分级管控和隐患排查治理,检查特种设备使用单位455家、特种设备(含停用设备)1674台,开展企业自查自纠421家,实地检查企业82家。同时,助力云和县老旧小区加装电梯工作。④强网络监管。完成全市唯一的"省级网络市场监管与服务示范区"创建并通过验收。2020年,云和县掌上执法检查率100%、监管事项入驻率100%、"双随机"抽查事项覆盖率100%、"双随机"任务完成率100%,投诉、综治、风险类事件处置率均达100%。(三)加强执法力度。全年共查办木制玩具领域商标侵权案件8起,合计货值近35万元,办结案件8起,罚没款16.2万元;查办假冒专利案件2起,实现县市场监管局成立以来查办假冒专利案件"零"的突破;查处无合法来源成品油案件3起、无合法来源进口化妆品案件1起、无合法来源外国卷烟案件1起,合计货值15万余元,罚没款1.2万元,没收化妆品79套、卷烟7包、走私成品油8吨。

【发力转型升级"一体化"】(一)实现年报全市进位。2020年,云和县企业、农业专业合作社、个体户自然年报率分别为97.25%、100%、98.78%，分列全市第一、第一、第二。（二）实现特色行业提质。以服务企业（木制玩具）“十百千”行动为抓手，部署开展“知识产权创新工程”“普法维权工程”等七大工程，切实提升重点行业发展水平。同时，以木制玩具为重点对象，全面排查整治区域块状产业风险、安全隐患，确保不发生重大区域性产品安全事件。扎实推进“品字标浙江制造”认证和“丽水山耕”品牌认证工作，新增“品字标浙江制造”认证单位1家、“丽水山耕”品牌认证单位5家，并制定发布“浙江制造”标准2项。（三）实现消费维权提效。全年共受理消费投诉186件，调解成功率43%，为消费者挽回经济损失9.11万元。（叶丛丹）

财政·税务

财　　政

【概况】 2020年，云和县财政局(以下简称县财政局)深入贯彻中共十九大精神和习近平总书记在浙江考察时的重要讲话精神，紧紧围绕"打造全国山区新型城镇化样板县域'重要窗口'"的新目标、新定位，坚定不移践行"绿水青山就是金山银山"发展理念，遵循"划清边界、厘清事权、做好蛋糕、集中财力办大事"的理财思路和"保基本、守底线、促均衡、提质量"的理财要求，主动适应经济发展新形势，积极履行财政监管职能，加快推进重点领域和关键环节财政改革，有效确保全县财政收支平稳运行。

2020年，全县实现财政总收入13.31亿元，比2019年增长27.94%，其中，一般公共预算收入8.14亿元，比2019年增长26.48%；税收收入7.45亿元，比2019年增长40.53%。一般公共预算支出32.99亿元，比2019年增长8.52%。全年财政收支平衡。

【组织财政收入】 加强经济运行态势分析，强化与税务征收部门的沟通联系，合理把握组织收入的力度和方向，切实提高收入质量、优化收入结构。2020年，一般公共预算收入占GDP的9.4%、占财政总收入的61.1%，税收收入占一般公共预算收入的91.5%。全县政府性基金收入10.54亿元，各类社保基金收入7.76亿元，国有资本经营预算收入163万元。全年实现非税收入11.23亿元，其中纳入一般公共预算管理的非税收入6900万元。

【服务经济发展】 (一)落实降费减税政策，切实减轻企业负担。坚持把"放水养鱼"、为企业减负摆在突出位置，坚决落实结构性减税和普遍性降费政策，深入开展"五减"(减税、减费、减租、减息、减支)专项行动，累计减免税收5682.64万元，为企业阶段性减免社会保险费7764.82万元，返还950家企业失业保险费1208万元。(二)强化财政政策支持，助力县域经济发展。全面深化"亩均论英雄"改革，大力推进"机器换人"、木玩百亿产业、数字经济等重点工作，累计拨付扶持企业财政资金15971.03万元。积极发挥"两直"资金"压舱石"作用，累计下达"两直"资金3.98亿元。同时，建立特殊转移支付机制，加快资金执行进度，确保资金直达基层、直接惠企利民，有力助推"六稳""六保"工作的落实。(三)优化金融政策扶持，为企业融资保驾护航。利用政策性担保公司平台，为60家小微企业和"三农"提供担保业务，担保金额7159.5万元；为12家受疫情影响的企业提供续保服务，担保金额2976万元；为1家困难企业办理展期业务。利用兴云中小企业发展促进中心，为12家企业提供转贷业务，转贷金额5470万元。发挥财政科技资金引导作用，兑现科技项目专项奖励经费534.75万元。着力开展创新券推广服务，累计发放创新券60万元(已使用创新券33.9万元)，服务企业32家，有效促进科技创新和科技进步。

【保障民生支出】 坚持把保障民生作为财政工作的出发点和落脚点，确保将新增财力的三分之二以上用于民生保障支出。2020年，全县一般公共预算用于民生方面的支出25.17亿元，民生投入占比76.3%，比2019年增加1.81亿元，同比增长7.75%。(一)落细落实农业农村工作。成功申报2020年度第二批“一事一议”财政奖补助推美丽乡村建设项目资金2000万元，投入1300万元实施34个村级公益事业项目建设。整合财政资金发展村级集体经济，助力“消薄”(消除集体经济薄弱村)工作，累计投入财政专项资金1.24亿元，实施“消薄”项目15个；兑现“大搬快聚 富民安居”工程财政资金1308万元，完成872人的搬迁工作。(二)全力支持教育事业发展。2020年，全县教育支出4.57亿元，同比增长13.5%，其中，安排民办教育专项资金1776.97万元，用于支持文元育英学校（民办九年一贯制）发展。（三）全面保障社会民生生活。2020年，全县城乡居民基本养老保险基础养老金最低标准从2019年的155元/人·月提高至180元/人·月，城乡居民医疗保险财政补助标准从2019年的1050元/人·年提高至1100元/人·年，城乡低保人员最低生活保障标准从2019年的770元/人·月提高至850元/人·月。

【保障重点项目】 聚焦新型城镇化样板县域建设、交通基础设施建设、全域旅游等重点工作，多渠道筹集基本建设资金17.48亿元(其中向上争取新增债券9亿元)，拨付资金13.21亿元，有效保障重点基建项目资金需求，进一步彰显财政“要素保障”作用。鼓励县属国有企业持续拓宽融资渠道，为全县各重点项目提供多元化资金保障。2020年，全县各国有企业通过银行贷款，累计筹集资金13亿元，其中，县城投集团“童话小镇客厅”项目、棚户区改造项目分别获银行贷款3亿元；县新农村公司“大搬快聚”项目获银行贷款7亿元。

【强化财政监管】 (一)强化财政支出管理。牢固树立“过紧日子”思想，严格贯彻落实中央“八项规定”和省委“六个严禁”精神，严格按照“五减”工作要求，坚决压缩一般性支出。2020年，累计压减公用经费支出252万元，压减非刚性、非重点项目支出4796万元，统筹用于其他急需资金支持的项目。(二)强化存量资金管理。深化开展存量资金清理整合，对部门结余结转资金2年及以上、县本级当年结余仍未使用完毕的，一律收回由县财政统筹安排。2020年，累计盘活存量资金1.91亿元，统筹用于民生急需领域。(三)强化财政绩效管理。认真组织绩效目标开展自评、抽评及财政重点评价，并先后开展财政存量资金检查、财政扶贫领域作风问题专项治理等专项检查，督促资金主管部门规范财政资金使用，切实提高资金的使用效益。(四)强化公款存放管理。认真开展公款竞争性存放工作，严格落实公款竞争性存放招投标机制。2020年，全县行政事业单位公款竞争性存放总额14.3亿元，国有企业公款竞争性存放总额1.53亿元。

【深化财政改革】 深入贯彻落实新预算法，坚持法治化导向，加快现代财政制度建设。深化政府采购改革，全面推广应用“政采云”(政府采购云)平台，进一步提高政府采购的规范性和透明度。优化预算支出执行进度考核，借力县委、县政府综合考核，强化主体考核，加快执行进度。强化行政事业单位内部控制，建立内部制度审查考核机制，开展行政事业单位内部控制报告编报，定期审查各单位内控制度完善情况和执行情况。

【防范财政风险】 (一)规范地方政府债务管理。严守“三个不得立项”和“六必问责”底线，控制债务增量、消化债务存量。至2020年年末，全县地方政府债务余额39.88亿元，其中一般债务26.68亿元、专项债务13.2亿元，债务风险总体可控。(二)开展隐性债务化解工作。全年共化解隐性债务 1.76 亿元，累计化解隐性债务 7.03 亿元。(三)防范社保基金风险。定期对企业养老保险基金收支情况和滚存结余进行测算，做好支付风险提醒。认真落实社保风险准备金多渠道筹资责任，已累计筹措社会保障风险金 2367.55 万元。(四)兜牢“三保”(保工资、保民生、保运转)支出风险。坚持“政府过紧日子”思想，坚决压缩一般性支出，强化存量资金统筹，优先保障“三保”等急需领域。合理控制库款规模，密切关注库款运行情况，调整优化支出结构，加大库款保障力度，切实兜牢“三保”底线。(五)严控基层财政支出风险。对全县 10 个乡镇(街道)、县工业园区、县职技校等单位开展基层财政资金管理专项检查，发现问题立即要求整改，切实防范基层财务风险。

【深化国企改革】 (一)启动平台母公司市场化改革。积极对接浙商证券、国融证券、新时代证券等证券公司，谋划云和县国有企业评级与债券发行工作。(二)推进国企退休人员社会化管理。认真贯彻落实《浙江省国有企业退休人员社会化管理工作方案》和《关于加快推进省属企业和在浙中央企业退休人员社会化管理工作有关事项的通知》精神，妥善解决国有企业退休人员统筹外费用问题，累计接收 7 家“央企”(中央企业)移交的退休人员 229 名。

【强化国资管理】 (一)开展行政事业性国有资产报告。认真贯彻落实“县政府向县人大常委会报告国有资产管理情况”制度，进一步夯实管理基础，有序开展行政事业单位国有资产报告、公共基础设施报告等行政事业性国有资产报告工作。(二)规范行政事业单位房产出租管理。制定出台《云和县行政事业单位房产出租管理暂行办法》，进一步提高行政事业单位房产出租工作透明度，维护国有资产权益。

【加强队伍建设】 巩固“不忘初心、牢记使命”主题教育成果，开展“一户一策一干部”结对帮扶活动，增强财政干部的宗旨意识和使命担当。围绕“描绘好现代化新蓝图，再创‘中国之治’新奇迹”主题主线，开展党组书记上党课、班子成员上党课以及宣讲团理论宣讲活动，层层传达中共十九届五中全会精神，增强理论学习实效。选派优秀干部投身企业复工复产，组织全体党员干部投身疫情防控第一线，全力确保“两战赢”“双胜利”。通过开展线上线下旁听庭审、财政系统典型案例警示教育等活动，筑牢财政干部廉政防线。 (蔡文婧)

税　务

【概况】 2020 年，国家税务总局云和县税务局(以下简称县税务局)坚持以习近平新时代中国特色社会主义思想为指导，深入贯彻中共十九大和十九届历次中央全会精神，认真落实县委、县政府和上级税务部门各项工作部署，深刻领悟习近平总书记“丽水之赞”新内涵，以“税务之干”勇担“丽水之干”，不断加强党对税务工作的全面领导，统筹抓好疫情防控和税收收入两大重点工作，巩固和扩大国税地税征管体制改革成果，同步高质量推进新时代税收现代化建设。

【税收收入】 2020 年，共组织各项税收收入 13.12 亿元，比 2019 年增加 3.32 亿元，同比增长 33.88%，其中，中央级税收收入 5.51 亿元，比 2019 年增加 1.22 亿元，同比增长 28.43%；省级税收收入 400 万元，比 2019 年减少 2091 万元，同比下降 83.94%；县级税收收入7.57 亿元，比 2019 年增加 2.31 亿元，同比增长 43.91%。各项非税收入 5.97 亿元，比 2019 年减少 0.54 亿元，同比下降 8.29%，其中，社会保险费收入 4.94 亿元，比 2019 年减少 1.13 亿元，同比下降 18.61%。

【减税降费】 减税方面，全年累计减免各项税收 4.02 亿元，其中，企业房产税减免 1690 万元，企业土地税减免 1670 万元，企业所得税减免 3253.39 万元(包括研发费用加计扣除减收企业所得税 699 万元)。降费方面，全年累计减收各类规费1.16亿元，其中，稳岗就业社会保险费缓交、返还、减免共计1.02亿元，残疾人就业保障金减免746万元，文化事业建设费减免25万元，“两教附”(教育费附加和地方教育附加)减免594万元。

【纳税服务】 成立纳税服务团队，引导纳税人和缴费人通过“国家税务总局浙江省电子税务局”办税系统、“浙里办”App、“浙江税务”App等途径进行“非接触”式办税与缴费。2020年，云和县网上综合办税率达96.85%。深化“浙江税务征纳沟通平台”推广应用，实现税务部门与纳税人之间高效沟通。至2020年年末，全县已有3388户纳税人加入“浙江税务征纳沟通平台”，激活率100%，日活跃率超过70%。深化纳税信用等级评价结果运用，将受惠企业范围从纳税信用A级、B级拓展到M级，全年累计为企业新增银行授信6400余万元。

【税源管理】 完成2019年度企业所得税汇算清缴工作，累计汇算清缴申报户2084户，汇算清缴率100%。完成2019年度个人所得税综合所得汇算清缴工作，累计汇算清缴申报人4993人，汇算清缴率90.63%。完成企业所得税征收方式重新核定工作，累计重新核定企业435户，其中有85户企业征收方式由核定征收改为查账征收。2020年，全县共入库土地增值税3606.56万元，比2019年增加346.96万元，同比增长10.64%。

【依法治税】 健全依法治税领导体制机制，制定依法治税(行政)工作领导小组会议制度及议事规则。全面推行“三项制度”(行政执法公示制度、执法全过程记录制度、重大决定法制审核制度)，不断增强税务机关执法的公信力和执行力。认真开展规范性文件清理工作，加大合法性审查和合规性评估力度，确保国家税法得到全面、正确、有效的实施。健全司法处置中税收债权保护协作机制，加强与法院的沟通协调，明确对接责任，探索出一套“企业破产涉税协调联动”机制。2020年，共收回税收债权16.88万元。

【数字管税】 2020年，新购置“税务桌面云”终端50套，进一步充实信息化工作基础，提升数字管税工作能力。加强网络日常监管，做好网络运行维护，定期分析网络风险，不断提高网络安全保障能力。成立电子发票全面上线工作专班，统筹做好对内培训、对外宣传各项工作，有序推进电子发票全面上线。至2020年年末，全县电子发票已占增值税普通发票的70.57%、占全部增值税发票(含增值税专用发票)的56.22%。

【出口退税】 2020年，累计办理出口退税310批次，涉及出口销售额1.8亿美元，比2019年下降3.26%。办理出口退税1.44亿元，比2019年下降15.71%，涉及免抵税额3018万元。平均退税时间1.66天，比2019年提速33.86%。继续开展出口退(免)税无纸化申报工作，同步做好出口退税无纸化申报管理服务。

【疫情防控】 新冠肺炎疫情发生后，县税务局第一时间组织人员做好疫情防控各项工作，并先后选派45名干部参与全县疫情防控，期间还涌现出一批先进典型，其中有2人受到县委、县政府表彰。县委书记叶伯军、县长上官国明、常务副县长饶钦英先后对县税务局的疫情防控工作给予充分肯定。

【党的建设】 坚持以党的政治建设为统领，深入学习贯彻习近平新时代中国特色社会主义思想，不断增强“四个意识”、坚定“四个自信”、做到“两个维护”，切实打造信念坚定、政治过硬的“税务铁军”。坚持“周一夜学”、党员电化教育、“三会一课”、党员活动日、谈心谈话等制度，确保党的组织生活常态化、规范化，切实提升党员干部的党性意识。加强党风廉政建设，通过组织观看廉政警示教育片、学习近年来税务系统违法违纪典型案例通报等方式，不断增强党员干部特别是党员领导干部的廉洁自律意识。强化党内监督，充分运用监督执纪“四种形态”，特别是“第一、第二种形态”，抓早、抓小、防微杜渐。加强作风建设，先后开展中央八项规定精神“回头看”、“四风”突出问题专项整治等多项治理。

【队伍建设】 坚持把教育培训作为队伍建设的首要工作，深入开展干部职工教育培训和“岗位大练兵、业务大比武”等活动，不断提升队伍整体素质。2020 年，累计开展各类教育培训 30 余次，接受培训的干部职工达 1222 人次。此外，还先后选派 6 名优秀干部到县有关部门和企业挂职锻炼；选派 6 名优秀干部参加全县“90 后”副科级后备干部选拔，最终 6 人均以优异成绩入围，其中 4 人经过考察已入选县委组织部后备干部库。

【荣誉表彰】 2020 年，县税务局顺利通过“省文明单位”复评，并被县委、县政府评为“县级综合考核优秀单位”；县税务局纳税服务股（办税服务厅）被团省委评为“省青年文明号”；县税务局凤凰山税务分局及其党支部分别被团市委、县委评为“市青年文明号”和“县级先进基层党组织”。

（陶陈塑）

金融·保险

综　述

【概况】 至2020年年末，全县金融机构人民币存款余额1317402万元，比2019年增加90724万元，同比增长7.4%，其中，住户存款807360万元，比2019年增加111420万元，同比增长16.01%。全县金融机构人民币贷款余额1120866万元，比2019年增加147781万元，同比增长15.19%。

全县保险业实现保费收入18269万元，比2019年增加1401万元，同比增长8.3%，其中，财产险保费收入8813万元，与2019年持平；人身险保费收入9456万元，比2019年增长17.39%。全年保险业各类赔款及给付支出5897万元，比2019年减少93万元，同比下降1.55%，其中，财产险赔款及给付支出4359万元，比2019年减少30万元，同比下降0.68%；人身险赔款及给付支出1538万元，比2019年减少63万元，同比下降3.94%。

【“三权”抵押贷款】 至2020年末，全县“三权”（生态公益林未来补偿收益权、农房流转使用权、土地流转经营权）抵押贷款余额10.9亿元，比2019年增加2512万元，同比增长2.35%，其中，生态公益林补偿收益权抵押贷款余额4.95亿元，比2019年增加769万元，同比增长1.6%；农房流转使用权抵押贷款余额5.34亿元，比2019年增加1199万元，同比增长2.29%；土地流转经营权抵押贷款余额6186万元，比2019年增加544万元，同比增长9.64%。

【“信用社会”创建】 以“信用云和”品牌建设为载体，全面推进信用乡镇（街道）、信用村（社区）创建工作。至2020年年末，已累计创成市级信用乡镇（街道）9个、市级信用村（社区）22个。同时，继续开展“诚信教育进校园”活动，联合县教育发展中心印发诚信教育课本2600册，联合辖区各学校建立“诚信文化教育基地”10家。

【金融改革创新】 （一）建立全市首个标准化“乡村振兴金融服务站”。8月，在崇头镇坑根村建立全市首个标准化“乡村振兴金融服务站”。该服务站作为丽水金融服务站的3.0版，配有银行自助终端、智能POS（销售点终端）机、移动终端等先进服务设备，可为农户提供取款、转账、查询、小面额兑换等金融服务。此外，该服务站还聘有专职的乡村振兴金融联络员，负责日常“两山”转化金融服务，并对农户正负面生态行为进行管理。（二）建立全国首个“生态信用农户培育池”。立足大数据信用信息采集与应用，探索出一套生态信用农户培育模式，并建立全国首个“生态信用农户培育池”，首期授信5000万元。该模式根据农户生态信用分值确定相应的贷款额度，分值越高，贷款额度也越高。具体评定标准以“农户信用等级分值+丽水绿谷分值+农户生态生产总值价值分值+农户生态行为分值”综合计算出农户最终生态信用分值。

【地方金融监管】 持续健全“双支柱”(稳健货币政策和宏观审慎政策两个支柱)调控框架,引导金融机构合理把握好投放总量和节奏,突出对实体经济、小微企业、“三农”等方面的信贷支持,推动辖区经济高质量发展。持续推进金融机构规范化建设,指导督促辖区金融机构做好日常管理和风险防控,不断完善内部管理制度。认真做好金融风险监测和分析,严密防范和打击各类金融违法犯罪,切实维护县域金融秩序和社会稳定。 (练玲玲)

银　　行

【中国工商银行云和支行】 至2020年年末,中国工商银行云和支行各项存款余额19.16亿元,比2019年增加2.24亿元,同比增长13.27%。各项贷款余额15.93亿元,比2019年增加0.83亿元,同比增长5.5%。全年未发生重大风险事件,实现安全运行。

落实“普惠金融”政策,支持地方实体经济发展。根据相关政策,对贷款1000万元以下的普惠客户实行利率优惠;对各类暂无抵押物的企业客户推出“经营快贷”产品,包括结算贷、税务贷、用工贷等信用贷款;对贷款到期的企业客户推出“无还本续贷”业务,减轻企业资金压力;对符合条件的企业客户推出“中长期网络循环贷”业务,节约企业融资成本。 (孙伟燕)

【中国农业银行云和支行】 至2020年年末,中国农业银行云和支行各项存款余额20.17亿元,比2019年增加2.77亿元,同比增长15.92%,存款总量、存款增量均位居全县国有商业银行首位。各项贷款余额15.06亿元,比2019年增加2.55亿元,同比增长20.38%,贷款总量位居全县国有商业银行第二,贷款增量位居全县国有商业银行第一。不良贷款余额398万元,比2019年减少33万元,不良贷款率0.26%,贷款质量继续保持优良。全年无经济刑事案件、无重大违规事项、无重大经营风险、无重大负面舆情,实现连续23年平安经营。 (张　霞)

【中国建设银行云和支行】 至2020年年末,中国建设银行云和支行各项存款余额13.29亿元,比2019年增加2.29亿元,同比增长20.82%,其中,对公存款余额8.41亿元,比2019年增加2.24亿元,同比增长36.3%;个人存款余额4.88亿元,比2019年增加0.05亿元,同比增长1.04%。各项贷款余额14.85亿元,比2019年增加2.47亿元,同比增长19.95%,其中,对公贷款余额4.39亿元,比2019年增加0.1亿元,同比增长2.33%;个人贷款余额10.46亿元,比2019年增加2.36亿元,同比增长29.14%。不良贷款余额409万元,比2019年增加146.48万元,不良贷款率0.27%,贷款质量保持优良。 (万　霞)

【中国农业发展银行云和信贷组】 2020年,因机构改革,中国农业发展银行云和信贷组于10月撤并至中国农业发展银行丽水市分行。至10月末,中国农业发展银行云和信贷组各项存款余额2643万元,日均存款余额3206万元;各项贷款余额6412万元,其中政策指令性贷款余额1629万元、政策指导性贷款余额4500万元、粮食新增财务挂账贷款283万元,日均贷款5277万元。 (钟李晨)

【中国邮政储蓄银行云和支行】 至2020年年末,中国邮政储蓄银行云和支行各项存款余额75355万元,比2019年增加11247万元,同比增长17.54%,其中,公司存款余额39795万元,比2019年增加5902万元,同比增长17.41%;个人储蓄余额35560万元,比2019年增加5345万元,同比增长17.69%。各项贷款余额112217万元,比2019年增加19542万元,同比增长21.08%,其中,中小企业贷款余额22090万元,比2019年增加8072万元,同比增长57.58%;零售信贷余额90127万元,比2019年增加11470万元,同比增长14.58%。不良贷款余额155万元,比2019年增加52.59万元,不良贷款率0.14%。 (何斌瑶)

【浙江稠州商业银行云和支行】 至2020年年末，浙江稠州商业银行云和支行各项存款余额7.42亿元，比2019年增加0.17亿元，同比增长2.34%；各项贷款余额4.58亿元，比2019年增加0.33亿元，同比增长7.76%。

“三权”贷款方面。全年累计发放“三权”抵押贷款4220万元，比2019年增加199万元，同比增长4.95%，其中，生态公益林补偿收益权抵押贷款1400万元，农房流转使用权抵押贷款2150万元，土地流转经营权抵押贷款670万元。（周新晨）

【浙江泰隆商业银行云和支行】 至2020年年末，浙江泰隆商业银行云和支行各项存款余额5.45亿元，比2019年增加1.11亿元，同比增长25.58%；日均存款余额5.08亿元，比2019年增加0.73亿元，同比增长16.78%。各项贷款余额7.5亿元，比2019年增加1亿元，同比增长15.39%；日均贷款余额7.4亿元，比2019年增加1亿元，同比增长15.63%。不良贷款余额186万元，比2019年减少374万元，不良贷款率0.25%。

“三权”贷款方面。全年累计发放“三权”抵押贷款3287万元，比2019年减少52万元，同比下降1.56%，其中，生态公益林补偿收益权抵押贷款565万元，农房流转使用权抵押贷款2637万元，土地流转经营权抵押贷款85万元。（钟晓菲）

【云和农村商业银行】 至2020年年末，云和农村商业银行各项存款余额39.92亿元，比2019年增加2.71亿元，同比增长7.28%。各项贷款余额33.87亿元，比2019年增加5.07亿元，同比增长17.61%，创历史新高。不良贷款余额3383.33万元，比2019年增加568.03万元，同比增长20.18%；不良贷款率1%，比2019年增长0.02%，资产质量稳中有升。

经营效益有所提升。全年实现营业净收入14798万元，比2019年减少104万元；利润总额7342万元，比2019年增加648万元；净利润5501万元，比2019年增加503万元；成本收入比39.73%，同比增长0.59%。

金融业务不断创新。创新推出“护企贷”“护营贷”“护茶贷”“护公贷”“护医贷”“护疫贷”“民宿贷”“支小再贷款”8款抗疫金融产品，以支持全县疫情防控，满足不同行业、不同人群金融需求。

社会形象日益提高。2020年，云和农村商业银行先后获丽水市普惠金融服务乡村振兴改革工作先进集体、云和县抗击新冠肺炎疫情先进集体、云和县银行业综合评价A类金融机构等荣誉。该行党委书记、董事长郑旭勇先后获丽水市普惠金融服务乡村振兴改革工作先进个人、云和县疫情防控突出优秀个人等称号。（陈　燕）

【云和联合村镇银行】 至2020年年末，云和联合村镇银行各项存款余额7.68亿元，比2019年增加0.38亿元，同比增长5.21%，其中，储蓄存款余额5.96亿元，占各项存款余额的77.6%，比2019年增加1.54亿元，同比增长34.84%。各项贷款余额7.72亿元，比2019年增加1.49亿元，同比增长23.92%，其中100万元及以下贷款余额占比77.63%。不良贷款余额863.88万元，比2019年增加413.15万元；不良贷款率1.12%，比2019年增长0.4%。

经营效益稳步提升。全年实现各项营业收入5996.41万元，比2019年增加133.86万元；各项营业支出4257.27万元，比2019年减少1.97万元；利润总额1722.99万元，比2019年增加93.92万元；净利润1292.57万元，比2019年增加59.89万元；成本收入比51.53%，比2019下降6.26%；资产利润率1.4%，比2019年下降0.13%；资本利润率12.58%，比2019年下降0.39%。（钟丽珍）

【温州银行云和支行】 至2020年年末，温州银行云和支行各项存款余额48762万元，比2019年增加7165万元，同比增长17.22%；日均存款余额42604万元，比2019年增加4078万元，同比增长10.59%。各项贷款余额12719万元，比2019年减少1024万元，同比下降7.45%。不良贷款余额112万元，比2019年减少159万元；不良贷款率0.88%，比2019年下降1.09%。理财产品年化销售量14567万元，比2019年减少6984万元；实现营业增加值777万元，比2019年减少281万元。 （饶芳芳）

保　险

【中国人民财产保险股份有限公司云和支公司】 2020年，中国人民财产保险股份有限公司云和支公司实现保费收入5142.24万元，比2019年减少132.76万元，同比下降2.52%，其中，车险保费收入3811.59万元，比2019年减少12.41万元，同比下降0.32%；非车非农业务保费收入1330.65万元，比2019年减少120.35万元，同比下降8.29%。赔款支出总额2428.51万元，比2019年减少133.49万元，同比下降5.21%。实现报表利润847.49万元，比2019年减少132.51万元，同比下降13.52%。 （商良艳）

【中国人寿保险股份有限公司云和支公司】 2020年，中国人寿保险股份有限公司云和支公司实现保费收入6779.15万元，比2019年增加932.35万元，同比增长15.95%，其中，新单保费收入2543.21万元，比2019年增加707.41万元，同比增长38.53%；续期保费收入4235.94万元，比2019年增加224.94万元，同比增长5.61%，继续保持地方寿险业"双领先"地位，市场份额占比71.86%。

业务管理指标方面。保全E化完成率100%，"重疾一日赔"完成率233%，电子账单绑定率39.1%，短险赔付率39.77%，理赔时效63.42天。 （吴云涛）

【中国人寿财产保险股份有限公司云和支公司】 2020年，中国人寿财产保险股份有限公司云和支公司实现保费收入1711万元，比2019年增加142万元，同比增长9.05%；市场份额占比18.44%，位居全县财险业第二，其中，企业财产险市场份额占比45%，位居全县同行业第一。全年全险种综合成本率69.71%，实现利润419万元。

全力支持地方经济建设。先后开展监护人责任险、安全生产责任险、养老机构责任险、小微企业财产险等保险服务，并独家承保云和县农村公路综合保险和全县库区码头财产保险，充分发挥中国人寿作为国有企业的社会支柱作用。 （洪海华）

教育·科技

教　育

【概况】 2020年，是云和县落实教育提质行动、实现教育优质均衡发展的关键之年。一年来，云和县教育局（以下简称县教育局）紧紧围绕县委、县政府和上级教育主管部门中心工作，一手抓疫情防控，一手抓教育提质，自觉扛起“教育担当”，深入推进云和教育提质行动，各项工作稳中有进、持续向好，先后获评丽水市创建星级平安金鼎工作突出贡献集体、丽水市教育提质行动优秀奖、云和县综合考核优秀单位、云和县党建工作考核优秀单位、云和县信访工作考核优秀单位、法治云和（法治政府）建设工作考核优秀单位、云和县政府数字化转型工作考核优秀单位等荣誉称号。

至2020年年末，全县共有电大分校1所，普通高中1所，职业高中1所，初中3所，小学11所，九年一贯制学校1所，特殊教育学校1所，幼儿园17所，区域成人文化技术学校3所〔下辖乡镇（街道）成人文化技术教学点10个〕，社区学校3所，老年教育教学点10个（与县老年电视大学合作设立）。全县共有在校中小学生14872名，其中普通高中1317名、职业高中1734名、初中3775名、小学8014名、特殊教育学校32名；在园幼儿4056名，学前三年幼儿入园率98.58%，等级幼儿园招生覆盖率达100%；小学适龄儿童入学率、残疾儿童少年入学率、初中入学率均达到100%，初中毕业升高中比例达98.36%，高中段教育毛入学率98.13%；九年义务教育完成率100%，十五年基础教育普及率98.22%。全县共有中小学、幼儿园在编教职工1165名，其中普通高中151名、职业高中148名、初中274名、小学498名、幼儿园88名，特殊教育学校6名。

【党建基础更坚固】 始终坚持以习近平新时代中国特色社会主义思想立根铸魂，全系统党员干部的政治素养不断提升。至2020年年末，全县教育系统共有基层党组织51个（其中机关党委1个、党总支6个、党支部44个），党员760名。以“警示教育月”“清廉学校”建设为载体，扎实推进“清廉学校”、规范化党支部、示范型党组织建设。2020年，成功创建“清廉学校”示范校2所，建成规范化党支部9个、示范型党组织12个。启动开展中小学校党组织领导下的校长负责制改革试点工作，首批选定在云和中学、云和二中、县文元育英学校、县古坊小学、县实验幼儿园5所学校开展试点。深入开展党员“三服务”活动，切实发挥党员干部的先锋模范作用。2020年，累计组织开展党员“三服务”活动38次，走访慰问困难群众30余户，发放慰问物资1.5万余元（折合人民币）。

【资源配置更有力】 加大优质学前教育资源供给，强化小区配套幼儿园建设与管理，修订出台《云和县住宅小区配套幼儿园建设与管理实施意见（修订）》（云教〔2020〕22号）。制定出台《学前教育深化改革规范发展的实施意见》《云和县关于开展幼儿园放学后园内托管服务工作的实施办法》，进一步完善学前教育公共服务体系。2020年，县星星幼教集团满天星幼儿园通过省二级幼儿园评审、县城东幼儿园通过省二级幼儿园复核，省一级、二级幼儿园覆盖面达87.26%。实施学前教育“补短工程”，建成县城东幼儿园并投入使用，县实验幼儿园扩招2个班、县童话幼儿园扩招3个班，全年新增学前教育学位540个。加快教育基础设施建设，先后完成云和中学整体改造项目，开工建设大坪小区幼儿园、县实验小学分校、云和三中学生宿舍及功能教室改建工程等项目。

【教育提质更高效】 （一）坚持系统推进抓教育提质。推进学前、小学、初中、高中一体化教育改革，积极探索全域督导评价机制。出台《云和县实施初中“壮腰”工程的指导意见》《云和县教育局关于小学教育“强基”工程的实施意见》，实施“云和木玩游戏”品牌建设、小学“强基”、初中“壮腰”、普通高中多样化特色化建设、职业教育产教融合发展“五大工程”，推进教育现代化水平整体提升。（二）坚持问题导向抓教育提质。针对教育发展不平衡、不充分等问题，创新教育管理方式，制定出台《云和县教育局关于小学阶段集团化办学 建设城乡义务教育共同体的实施意见》（云教〔2020〕28号），实现全县城乡教育共同体全覆盖，“互联网+义务教育”同步课堂教学环境覆盖率达100%，优质资源共享率大幅提升；出台《云和县创新型后备人才早期培养基地建设方案》（云教〔2020〕26号），着力构建创新型人才培养体系，增强云和教育竞争力。（三）坚持降低重心抓教育提质。通过教研员蹲点指导、不定期入校抽查、城乡教研共同体建设等方式，落实落细教学常规，抓早抓小日常监督，教学管理效益明显提升：2020年初中学业考增量位于全市中上水平，梅源中学在全市农村学校中成绩突出；2020年高考，云和中学纯文化一段上线63人，纯文化二段上线356人，本科上线率创历史最好成绩；县职技校213人参加高考，全部上线。

【立德树人更全面】 联合县发改局等9个部门联合印发《关于推进云和县中小学生研学旅行的实施办法》（云教基〔2020〕31号），全面推进中小学生研学旅行和社会实践工作，并成功打造市级“绿谷知行”中小学生实践基地10个、县级“绿谷知行”中小学生实践基地15个。突出劳动教育，创成省级劳动实践教育试点学校4所、市级劳动实践教育学校2所。落实立德树人根本任务，推进云和“365”德育品牌建设，实施“厕所革命”“垃圾分类”“节约粮食”等习惯养成教育，全方位锻造“五育并举”（德育、智育、体育、美育、劳动教育）的育人“链条”。2020年，全县新创成市级文明校园4所、市级书香校园6所，实现县级文明校园全覆盖；全县中小学生近视率53.46%，比2019年下降1.2%；高中段、义务教育阶段学生体质健康合格率分别达95.88%和95.87%；全县中小学生运动技能、艺术特长达标率分别达87.5%和85.2%以上。

【品牌建设更突显】 （一）擦亮“云和木玩游戏”课程品牌。全面推进以“云和木玩游戏”为特色的课程体系建设，出版发行《木玩之旅·云和县实验幼儿园木玩游戏课程的实践探索》一书。积极开展“云和木玩游戏”系列宣传推广活动，成功承办2020年“木玩与幼教”高峰论坛。论坛上，县政府分别与教育部教育装备研究与发展中心发布“云和木玩”学前教育装备规范化体系建设成果，与浙江省教育技术中心、温州大学签订《教育技术工作战略合作协议》和《关于共同推进云和县研学与木玩幼教发展合作协议》，致力做强“云和木玩游戏”特色课程，促进木玩产教融合发展，打造具有云和特色的中小学生研学实践有效路径。（二）唱响“一校一品”学校特色。近年来，全县各校积极打造特色教育品牌，“一校一品”学校特色日益彰显，如：县实验小学的人工智能课程、县江滨实验小学的摄影课程、云和三中的健美操课程、梅源中学的“百草园”劳动教育课程、云和中学的篮球课程等。2020年，县实验小学被评为浙江省人工智能试点校；县江滨实验小学被中央电教馆确定为“在线教育应用创新项目学校”，该校学生周子轩的摄影作品《狭路相逢》获“丝路”国际摄影赛铜奖；云和三中、县实验幼儿园入围“全国足球特色学校”，其中，云和三中还被评为丽水市民族团结进步模范集体，并获2个浙江省健美操锦标赛特等奖；云和中学男篮获浙江省第十四届中学生篮球联赛（丽水赛区）高中组冠军。

【师资队伍更出彩】 （一）抓牢校长、书记队伍。以党组织领导下的校长负责制改革为载体，从党的建设、学校建设、思想建设、队伍建设等方面入手，抓实校长、书记队伍作风转化。调整云和中学、县职技校、云和二中、云和三中领导人员管理体制，推进学校去行政化改革。（二）盘活教师编制。出台《云和县民办学校报备员额教师管理办法（试行）》（云教〔2020〕16号）、《云和县中小学幼儿园后备教师储备库管理办法（试行）》（云教〔2020〕15号），切实解决民办学校公派教师编制管理、中小学和幼儿园教师临时性短缺等问题。（三）激活队伍内驱力。出台《云和县公办义务教育学校综合目标绩效考核奖励实施办法（试行）》（云教人〔2020〕30号）、《云和县教育局关于实行积分制管理 促进教师发展的实施意见（试行）》（云教人〔2020〕33号）等文件，打破原有绩效平均“顽疾”，拉出绩效差距，体现多劳多得，鼓励优秀教师脱颖而出。2020年，县职技校教师季海平被评为浙江省“最美教师”，蓝琴岳、蓝新章2名教师被评为正高级教师。（四）严格选人用人。2020年，成功引进紧缺学科教师7名，选聘事业编制教师8名、后备教师37名，定向委托培养紧缺学科教师23名，遴选名教师、名校长培养对象32名。同时，进一步完善“双培养”（把骨干教师培养成党员、把党员教师培养成教学管理骨干）机制，发展党员19名，按期完成31名预备党员转正。

【智慧教育更灵活】 整体探索与实践省“区域整体推进智慧教育综合试点”项目，助力教育现代化发展，区域教育信息化整体水平居全市前列。课题《“小县大城”教育信息化2.0创新应用模式的探索与研究》被立项为2020年省教育信息化专项课题。（一）持续优化教育信息化基础环境。2020年，全县仅义务教育阶段预算投入就达1700万元（其中省教育信息化专项资金补助1000万元）。至2020年年末，已完成“三大组网”工程、“智慧教室”、中小学学情分析系统、招生系统、新型“教学空间”、人工智能教学设备等项目建设。（二）开展“大数据+教育治理”应用。构建“云和县教育数据应用管理中心”，推进学校督导考核、学生综合素质评价、学校校务管理、中小学及幼儿园招生、教育系统自行采购审批等平台建设，为教育管理、政策制定、精准教学等提供数据支撑和决策依据。（三）加强互联网环境下资源共建与共享。推进省“之江汇教育广场”应用常态化，获省精品“教学空间”三等奖1个、省精品“教学空间”精品2个、省优秀“学习空间”5个。2020年，云和县被评为丽水市“空间应用”优秀区域。在疫情防控期间，全县义务教育阶段共推送线上优质课例1641节，点击收看量123.2万人次，最大程度降低疫情防控对学生学业的影响。（四）加强人工智能师资培养。建立县“教研共同体协同提升试点项目”协同工作机制，成立18个学科教研团队。2020年，云和县先后入选中央电教馆“教研共同体协同提升试点项目”试点县、省中小学教师校本研修工作信息化试点县、省人工智能教育实验区，另有2所小学入选中央电教馆“在线教育应用创新项目学校”、4个课题入选省教育信息化专项课题、8个课题入选市教育信息化立项课题。

【惠民政策更贴心】 （一）落实“阳光招生”政策。学前教育、义务教育阶段，推行“公民同招”和“阳光摇号、阳光分班”政策，依法保障适龄儿童平等接受教育的权利。(二)做实学生资助工作。2020年,累计下达各类资助经费985.09万元。疫情期间,为确保困难学生在家也能喝上“营养奶”,县教育局还积极协调供货商送“营养奶”上门,全年共计发送“营养奶”4060箱(一箱24盒)。(三)做好民生实事。完成县夕阳红“老年学堂”场地改建,并对新增人员进行培训。推行小学、幼儿园“放学托管”服务,切实解决部分小学生和幼儿放学后无人看护的实际困难。

【疫情防控更细致】 (一)健全组织机构,确保疫情防控精准到位。新冠肺炎疫情发生后,县教育局第一时间成立县、校两级防控工作领导小组,并制定相应的应急预案。同时,全面开展摸排工作,做好每日信息报送,切实做到“底子清、措施到位、防控精准”。(二)建立复学保障机制,确保学校顺利开学。制定下发《云和教育局关于规范疫情防控期间线上教学工作的实施意见》《云和县教育局关于规范当前疫情防控的几点工作指南》,全面构建“一案九制”的网格化管理制度;成立开学工作专班,统筹推进疫情防控和开学工作,切实做到防疫、复学“两不误”。(三)提前统筹谋划,做实后勤保障。购置足量的额温枪、消毒水、口罩等防护用品以及洗手液、肥皂等清洁用品,以保障学校开学后15个工作日的防疫需求。出台专项帮扶政策,提前下拨2020年度普惠性民办幼儿园专项补助经费225万元、下拨2020年民办幼儿园疫情期间扶持补助经费170多万元,切实解决疫情期间民办幼儿园办园经费紧缺问题。(四)及时预判研究,做好长效防控。通过每天摸排和报送信息、实施错时到校和错峰离校、规范卡点值班测温筛查、实行校园封闭管理、规范重点人群管控及处置、加强卫生健康教育等举措,筑起学校长效防控网。 (何沈瑶)

科　技

【概况】 2020年,云和县科技局(以下简称县科技局)坚持创新驱动,从疫情之“危”中把握发展之“机”,为企业赋能、为发展聚力,不断提升科技对经济的贡献率,努力为云和县经济社会发展提供强有力的科技支撑。

2020年,全县研究与试验发展经费总支出1.61亿元,比2019年增长18.38%,占全县生产总值的比重为1.85%;地方财政科技投入4333万元,比2019年增长36.4%。至2020年年末,全县共有各类科技企业和科研机构156家(不含专利示范企业),其中国家高新技术企业23家、省科技型中小企业74家、省农业科技企业17家、省高成长科技型中小企业11家、省级高新技术企业研发中心11家、省级企业研究院4家、省农业科技企业研发中心4家、省级创新平台1个、省级众创空间1个、县级民营科研所10家。

【科技创新环境】 (一)完善科技创新政策。修订出台《关于推进科技创新引领高质量绿色发展的若干意见》,围绕企业自主创新能力、研发经费投入、产学研合作、科技创新平台建设等工作,引导企业加大自主研发投入,全面提升创新能力。(二)兑现政策补助资金。根据《云和县人民政府关于进一步加快科技进步的若干意见(修订)》(云政发〔2018〕54号)要求,及时兑现规模以上企业研发投入奖励、规模以上企业研发投入管理奖励等政策补助资金。2020年,共有38家规模以上企业享受政策补助,补助总金额534.75万元。(三)推广使用科技创新券。2020年,累计发放科技创新券60万元(已兑现创新券33.9万元)。(四)深化“最多跑一次”改革。全面落实云和县政务服务2.0相关要求,协助做好“浙里亲清”平台建设,做好省“三服务”小管家协同办理平台维护和梳理。

【创新主体培育】 (一)做好拟申报高新技术企业入库培育工作。深入实施高新技术企业和科技型中小企业“双倍增计划”,建立高新技术企业培育计划名单,引导拟申报高新技术企业进入培育库,推动科技型中小企业加快成长为高新技术企业。（二）做好高新技术企业等申报和复核工作。2020年，新认定国家高新技术企业6家、省科技型中小企业1家、省高成长科技型中小企业2家、省级企业研究院1家、县级民营科研所2家。全年实现高新技术产业增加值4.33亿元，再创历史新高。（三）积极引入科技服务机构。围绕“木玩产业创新服务综合体”创建工作，成功引入杭州2家科技服务机构与云和县的20余家企业开展合作，有力提升云和木制玩具企业的创新能力和水平。

【木玩创意设计大赛】 （一）做好大赛策划工作。为把云和木玩创意设计大赛办成一个品牌，在认真总结前几届经验的基础上，通过多方调查研究，最终确定大赛策划方案。同时，邀请市科技局、市经信局共同主办，有力推动大赛向规模化、品牌化发展。（二）参赛作品质量和水平不断提高。此次大赛以“创意点亮精彩童年”为主题，通过层层宣传发动，共征集到作品750件，涉及木制玩具拼图类、积木类、益智类、音乐类、幼教类等各种类，创意水平高、款式新颖，得到专家的高度认可，最终评选出获奖作品48件，其中金奖1件、银奖2件、铜奖5件、入围奖40件。（三）参赛对象范围不断扩大。此次大赛吸引国内外众多设计爱好者积极参与，影响力大幅提升。通过举办木玩创意设计大赛，不仅推动云和木玩产业与文化创意产业融合发展，也为云和县汇聚了一批优秀的创新设计人才。

【木玩产业创新服务综合体建设】 （一）调整综合体建设实施方案。根据省级产业创新服务综合体管理考核办法要求，及时调整木玩产业创新服务综合体建设实施方案，并上报省科技厅备案。2020年，云和木玩产业创新服务综合体成功入选第三批浙江省产业创新服务综合体创建名单。（二）召开综合体领导小组会议。8月，组织召开木玩产业创新服务综合体建设领导小组会议，会议审议通过综合体建设实施方案及有关合作协议，并与县委人才办、县市场监管局、县经商局等部门共同研究部署下一阶段工作任务。（三）落实与高校院所合作事项。参与综合体建设的高校主要有中国计量大学、浙江大学、浙江工业大学、杭州电子科技大学、丽水学院等高校院所。根据校地合作协议，成功与浙江工业大学、丽水学院签订合作项目4个，其中浙江工业大学3个、丽水学院1个。

【科技合作交流】 2020年，先后与浙江工业大学签订合作协议，开展“木制玩具智能设计研发中心建设”“木制玩具智库中心建设”“省工业设计技术创新服务平台云和分平台建设”等项目合作；与浙江工商大学签订合作协议，开展“共建木玩创新工作室”项目合作；与省林科院签订合作协议，开展“云和木制玩具技术服务中心建设”项目合作；与丽水学院签订合作协议，开展“基于机器视觉检测的木玩零件全自动分选技术研究与应用”项目合作；与宁波市北仑区科技局签订合作协议，开展科技人才等方面合作交流，并建立北仑区—云和县科技人才合作促进中心。

【科技特派员工作】 （一）优化科技特派员队伍结构。围绕云和县木制玩具、现代制造、生态旅游、“云和师傅”四大百亿产业发展实际需求，整合资源，确定新一轮省派科技特派员11名和团队特派员项目2个，内容涉及水果、蔬菜、水产、景观等方面。（二）创新科技特派员激励机制。修订出台《云和县科技特派员工作考核办法（试行）》，进一步规范和加强科技特派员的考核管理，充分调动广大科技特派员的工作积极性。同时，根据《云和县人民政府关于进一步加快科技进步若干意见（修订）》规定，评选并表彰优秀科技特派员3名。（三）纵深推进工业科技特派员工作。加强与科技特派员派出单位的合作，鼓励科技特派员拓宽服务领域，精准对接，发展合作企业。2020年，杭州电子科技大学的科技特派员及其团队在云和县成立米童文化科技有限公司，并与6家云和企业合作开发新产品；省林科院的科技特派员及其团队在云和县组建成立木制玩具技术服务小组，并成功协助云和企业申报高新技术企业1家、科技项目3项、省级新产品12个、企业研发项目3项。（四）精准服务助力乡村振兴。在科技特派员的牵线搭桥下，省农科院植物保护与微生物研究所组织相关专家到崇头镇叶垟村开展蔬菜栽培技术指导，并为该村安装了“小气候监测站”；省农科院园林植物与花卉研究所组织专家团队与崇头镇黄家畲村建立技术帮扶合作关系，助力该村成为云和县“科技乡贤助力乡村振兴”试点村，并为该村举办“纳凉节”活动提供景观布置技术指导。

【科技项目管理】 （一）做好2020年县级科技项目征集工作。坚持“早筹备、早筛选”原则，通过不定期调研走访、座谈交流、征求意见等形式，广泛向各类企业宣传科技项目相关政策，帮助企业挖掘项目申报亮点。2020年，累计立项县级科技项目20个，其中工业类项目9个、农业类项目5个、社会发展类项目6个。（二）做好市级自筹类公益性技术应用研究项目申报工作。2020年，经过公开征集、专家评审、结果公示等程序，最终确定县人民医院的5个项目申报2020年市级自筹类公益性技术应用研究项目。（三）完善项目管理制度。修订出台《云和县科技计划项目管理办法》，进一步规范项目立项、管理、验收等程序，并首次引入有资质的第三方科技服务机构全程参与科技项目评审、监理和验收工作。

【科技成果转化】 （一）认真做好科技成果统计工作。2020年，累计登记各类科技成果35个。（二）积极推进网上技术市场建设。2020年，网上技术市场累计完成合作签约项目31项，合同成交额1034万元、技术成交额948万元，发布技术难题32项，发布在线企业信息20家。（三）开展木玩创意设计大赛获奖作品拍卖。拍卖（竞价）会选取17件获奖优秀作品参加竞拍，起拍金额3.6万元，成交金额4.21万元，溢价率达16.94%。

【科技人才工作】 （一）组织开展省“万人计划”杰出人才、科技创新领军人才和科技创业领军人才推选工作。2020年，经个人申报、资格审查、集中评审等环节，最终确定1人（卜伟绍）申报省“万人科技”创新领军人才。（二）组织开展市“绿谷精英550引才计划”项目申报工作。协同县委组织部人才办成功申报“绿谷精英550引才计划”项目5个，其中创业项目3个、创新项目2个。（三）组织开展外籍专家来华工作许可行政检查。检查主要围绕外籍专家相关证件及材料的真实性、外籍专家聘用程序的合法性等重点事项开展，检查未发现有违反许可规定的情况。

【科技服务宣传】 （一）开展“科技（科普）活动周”活动。2020年“科技（科普）活动周”改变往年的宣传方式，线上、线下同时进行，时间从5月持续到6月，主题为“科技战疫、创新强国”。（二）开展“科技下乡”活动。5月30日是第四个“全国科技工作者日”，县科技局组织部分科技工作者到石塘镇朱村村开展“科技为民、奋斗有我”主题的科技服务活动。活动中，科技工作者对该村种植（养殖）户进行技术指导，并向他们赠送《农业防灾减灾实用技术》等书籍。（三）开展“科技干部走基层”活动。组织科技干部深入企业开展走访调研，了解企业所需，为企业解困。2020年，累计走访企业130家次，为企业解决问题45个。

【结对帮扶工作】 （一）做好结对村帮扶工作。下达结对帮扶资金3万元，用于帮扶结对村小顺村的16户低收入农户“产业脱贫”，并牵头落实省水产养殖团队科技特派员项目落户该村。（二）做好结对社区帮扶工作。积极主动帮助结对社区青阳门社区解决实际工作中的困难和问题，并给予该社区共建经费5000元。

【党的建设】 （一）严格落实党风廉政建设责任制。制订印发《2020年度党风廉政建设和反腐败工作计划》《2020年度党风廉政建设和反腐败工作组织领导与责任分工》《2020年度落实全面从严治党主任责任清单》等文件，并与局党组领导班子成员集体签订2020年全面从严治党责任书，切实强化党组主体责任和领导班子“一岗双责”责任。（二）认真抓好党风廉政教育。持续加强党风廉政教育力度，不断增强党员干部的党性意识、法治意识和廉洁意识，切实筑牢党员干部防腐拒变思想防线。2020年，累计组织党员干部集中学习9次，组织观看警示教育片5次，开展个人谈话提醒13人次。（三）规范开展党的组织生活。坚持“三会一课”制度，定期召开党支部会议、民主生活会和组织生活会，班子成员带头过好党的组织生活、带头讲好党课。同时，创新主题党日活动形式，先后组织党员干部赴小顺村、梅湾村、景宁县大张坑村开展体验式主题党日活动，切实增强党员干部的责任感和使命感。（四）全力做好县委巡察反馈问题整改。针对县委巡察组巡察发现的6个方面33个问题，逐一制订方案，逐一整改销号。至2020年年末，所有问题均已整改到位。

【荣誉表彰】 11月11日，市委、市政府印发《关于表扬在“创新引领”工作中作出突出贡献集体和个人的通报》，通报公布了近年来在“创新引领”工作中作出突出贡献的集体和个人名单，其中，云和县有4家单位获全市“创新引领”工作突出贡献集体称号（分别是县委组织部、县金成木业有限公司、浙江诚创精密机械股份有限公司、丽水华宏钢铁制品有限公司质检部），6名个人获全市“创新引领”工作突出贡献个人称号（分别是县科技局梅莉军、县职技校蓝新章、县人民医院叶志君、县清江生态龟鳖养殖专业合作社卜伟绍、浙江汉威阀门制造有限公司陈庚、浙江智木玩具股份有限公司陈华）。 （罗娟芬）

文化·旅游·体育

文化旅游和体育

【概况】 2020年，云和县文化和广电旅游体育局(以下简称县文广旅体局)以建设“重要窗口”为使命担当，高质量推进全县文化和旅游发展，紧紧围绕“打造全国山区新型城镇化样板县域”总目标，紧扣全域AAAAA建设要求，服务中心、主动作为，实现文旅事业高质量跨越式发展：云和梯田景区顺利通过国家AAAAA级旅游景区景观质量评审，成为改革开放以来全省取得AAAAA级景区创建“入场券”的第22家景区，创AAAAA工作迈出实质性关键一步；梅源芒种开犁节入选第五批“国遗”(国家非物质文化遗产)代表性项目名录，填补了芒种在二十四节气“国遗”目录中的空白；佛儿岩创AAAA级景区顺利通过省级景观质量评审；崇头镇、紧水滩镇、赤石乡创成省AAAA级景区乡镇；云谷山房民宿获全省最高等级民宿“白金宿”称号，成为2020年度丽水市唯一获此殊荣的民宿。

2020年，全县累计接待游客444.3万人次，实现旅游收入43.1亿元，其中，云和梯田景区综合营业收入2916.7万元，同比增长10.8%；云和梯田景区、云和湖仙宫景区在全市高等级景区中率先实现综合营业收入正增长。

【党建引领文旅事业发展】 (一)不断强化党的政治建设。坚持以党建统揽全局，深入学习贯彻习近平新时代中国特色社会主义思想，并将其作为落实推动县委关于打造新型城镇化样板县域的重要理论指导，树牢“四个意识”、坚定“四个自信”、坚决做到“两个维护”。(二)加强意识形态阵地建设。把弘扬社会主义核心价值观放在首位，履行好岗位职责，坚决落实意识形态工作责任制和党管意识形态原则，依托互联网技术开展“云观展”“云刷馆”“云阅读”“云课堂”等文化惠民服务，强化文化产品内容监管和文化活动导向管理，把牢意识形态领域领导权、主导权。(三)提振干事创业精气神。认真落实践行“三服务”(服务企业、服务群众、服务基层)，纵深推进文旅全面融合，在招商引资、“全域AAAAA”、疫情防控等工作中，全体干部积极作为、合力攻坚，全系统作风得到改进、本领得到增强、工作得到落实。

【文旅创建取得历史突破】 (一)云和梯田景区获国家AAAAA级景区创建“入场券”。11月，云和梯田景区顺利通过国家AAAAA级旅游景区景观质量评审，成功入选国家AAAAA级旅游景区创建名单，这也标志着云和梯田景区创AAAAA工作迈过重要的一关，取得实质性进展。

(二)旅游跨越发展“3610工程”建设全面铺开。纵深推进旅游跨越发展“3610工程”(“3”即打造云和梯田国家AAAAA景区、以AAAAA标准建设的木玩童话小镇、云和湖国家级旅游度假区等3个AAAAA及相当于AAAAA级别的景区；“6”即打造仙宫景区、赤石景区、佛儿岩景区、灵潆山景区、白鹤尖景区、小顺景区等6个AAAA及相当于AAAA级别的景区；“10”即打造长汀、梅湾等10个AAA及相当于AAA级别的景区），全面推动县域旅游提质增量。6月，佛儿岩创AAAA级景区顺利通过省级景观质量评审。12月，赤石玫瑰小镇成功创成国家AAA级景区。同年，还创成崇头、紧水滩、赤石3个省AAAA级景区乡镇以及石浦、沈村等11个省级景区村。

（三）文旅产业呈现良好发展态势。出台《云和县“旅游+”产业融合创建实施方案》，切实提高文旅融合专业化、规范化水平，全力推进文化旅游产业融合高质量发展。2020年，云和梯田景区被列入浙江省首批山地休闲度假发展试点单位名单、浙江省大花园耀眼明珠培育对象（高能级景区）名单。

【文旅发展后劲不断增强】（一）坚持规划引领，抓实要素保障。完成《灵潹山AAAA级景区总体规划和重点项目策划》《白鹤尖AAAA级景区项目策划》《云和湖仙宫景区橘山半岛项目策划》等编制工作；启动《云和县文旅体“十四五”规划》《白鹤尖景区总体规划》《龙门片区乡村旅游规划》等编制工作。

（二）抢抓项目进度，全力推进建设。坚持在常态化疫情防控中加快推进生产秩序全面恢复，抢时间、抢进度，全力以赴推进重点项目建设，全年完成纯文旅项目投资3.67亿元。梯田区块：一级游客接待中心项目主体结构已完成80%的工程量；观云索道项目3个站房主体工程全部完工，设备调试顺利；二、三级游客接待中心项目前期有序推进、基础配套工程基本完工。湖上区块：云和东旅游集散中心酒店区块主体已完工；三江口区块继续推进遗留问题处理，同步深化意向投资企业招商对接。燕庐文化创作基地土地已完成挂牌出让；聚仙岛文旅综合体童话城堡主体工程已完工，进入全面装修阶段。县城区块：佛儿岩游客中心项目主体工程已完工；嘉瑞养生文化村独山区块主体已结顶，8幢养生公寓主体工程进入扫尾阶段；温泉度假酒店项目完成土方开挖量的80%；全民健身中心全面完工。

（三）推进招商引资，助力景区发展。配合云和梯田景区精准招商，顺利完成二次招商额1.5亿元，后续的“网红观景台”、“太空体验舱”、梯田滑雪场等“网红”项目将在云和梯田景区逐步落地；与杭州商贸旅游集团二次合作，成功签约白鹤尖AAAA级景区项目投资框架协议；与宏城嘉华集团达成总投资45亿元的云和湖生态康养小镇项目投资意向；统筹推进三江口文旅综合体、灵潹山景区、小顺度假区等旅游项目招商工作。

【公共民生得到有力保障】（一）公共文体服务标准化建设成效明显。认真对照省定公共文化设施建设标准，统筹推进县、乡、村三级公共文化基础设施建设，“县有四馆（文化馆、图书馆、体育馆、博物馆）、乡有一站（文化站）、村有一室（阅览室）”的城乡公共文化设施一体化格局基本形成。乡村文艺团队“三团三社”（合唱团、民乐团、艺术团、文学社、摄影社、书画社）组建覆盖率达100%；人均体育场地面积2.3平方米；全县有线广播联网率、农村应急广播覆盖率均达到100%。省级民生实事项目全部完成，新建笼式足球场1个、游泳池1个、百姓健身房2个、社区多功能运动场3个，提升小康体育村11个。

（二）“书香云和”加快打造。新建乡镇（街道）图书分馆2家（崇头分馆、凤凰山分馆）、社区图书分馆2家（阜安门社区分馆、新华社区分馆）、漫享书屋（民宿书吧）4个（稻生一民宿书吧、朴宿民宿书吧、泊岸汀风民宿书吧、汀海民宿书吧）、悦读吧5个（县市场监管局城西市场监管所悦读吧、崇头人大代表联络点悦读吧、县委党校悦读吧、县新时代文明实践中心悦读吧、智能信用借阅柜）。举办“书香浙里·云享阅读”“阅读TA力量”等系列阅读推广活动百余场，参与人数达11.4万人次。

（三）文化遗产保护不断深入。梅源芒种开犁节成功入选第五批“国遗”代表性项目名录，填补了芒种在二十四节气“国遗”目录中的空白。积极挖掘“非遗”(非物质文化遗产)旅游商品，“中国古典玩具四件套”入选浙江省第二批优秀“非遗”旅游商品名单；完成全县文物“三普”(第三次全国普查)名录核查和历史建筑补充调查工作。

(四)文艺创作演出精彩纷呈。2020年，先后创编《火神与雷神》《感谢你》《将爱传递》等防疫文艺歌曲，用文化的力量筑起云和抗“疫”新战线；大型情景音画诗剧《云和故事》精编版成功上演。全年累计完成送书下乡2.06万册、送戏下乡100场，开展各类公益培训、展览活动共计114场。

【文旅营销活动爆点不断】 (一)瞄准“大活动”，文旅品牌更加响亮。成功举办第十四届云和梯田开犁节、第二届“寻瓯溯源”文旅周等大型文体活动19场，通过线上线下合力互动的方式，联合开展活动品牌营销，展现云和当地生态风貌、风土人情，云和旅游形象和知名度得到进一步提升。(二)依托“大平台”，文旅营销更加精准。紧盯目的地营销，组织在上海、福建、江苏等重点客源市场开展“童话云和·逐梦山海”“童话云和·相约沪上”等各类特色主题文旅推介活动26场，力求点、线、面立体化精准营销，助力旅游市场复苏。(三)借用“大资源”，智慧旅游更有质量。与马蜂窝、携程、美团等平台合作，推出“云和最美旅游线路”“山水康养旅游线路”进行推广宣传。积极探索“云端”(泛指互联网)消费、预约式消费等模式，抢抓“云端经济”发展新机遇。

【行业监管体系日臻完善】 (一)狠抓文化旅游市场监管。严格落实新冠(新型冠状病毒)肺炎疫情防控要求，以疫情为命令，坚持网格化管理，全面管控网吧、KTV、景区景点等文旅经营场所。根据疫情发展态势，指导文旅企业落实疫情防控、健康管理和安全生产主体责任，护航文旅企业复工复产，确保文旅行业健康繁荣。(二)加强执法体制机制建设。主动对接省市相关单位，做好文旅市场综合执法职能梳理工作，制定文化市场综合行政执法队“三定”方案，人员配置到位，机构改革快速、有序、高效推进。(三)抓服务品质提升。开展文化旅游市场整治行动，并委托第三方对全县景区、酒店等文旅企业进行实地暗访检查，切实优化全县文旅市场环境。指导全县酒店、民宿参与星(等)级评定，云谷山房民宿获全省最高等级民宿“白金宿”称号，泊岸汀风民宿、山都雅舍民宿获“银宿”称号。 (廖和燕)

融　媒　体

融　媒　体

【概况】 2020年，云和县融媒体中心（以下简称县融媒体中心）深入学习贯彻习近平新时代中国特色社会主义思想，认真贯彻落实中共十九大和十九届历次中央全会精神，坚持正确的政治方向，坚持党管媒体原则，紧紧围绕县委、县政府中心工作，不断加强传播手段和话语方式创新，唱响主旋律，壮大正能量，做大做强主流思想舆论，为云和县打造全国山区新型城镇化样板县域"重要窗口"营造良好的舆论氛围。

2020年，县融媒体中心先后获浙江省县级融媒体中心建设考核评估优秀单位、浙江在线新闻网站先进支站、浙江广播电视集团"美丽浙江"创作贡献奖、天目新闻客户端"天目号最具传播力创作者十强"以及市广播电视总台电视新闻协作二等奖、广播新闻协作三等奖等荣誉。

【内宣工作】 （一）强化中心工作宣传。围绕县委、县政府中心工作，聚焦社会热点和难点问题，在《云和新闻》电视节目、《今日云和》报纸、新媒体等平台开设《忆峥嵘岁月、铭初心誓言》《"争先创优"赢"两战"》《小康路上》《全民战"疫"》《践行"两山"路、奋进新时代》《争创省级美丽乡村示范县》《云和梯田创AAAAA》《云和、北仑共同打造"山海协作"升级版》等10余个新闻专栏，其中，《云和、北仑共同打造"山海协作"升级版》专栏播出后，受到全国各级媒体的广泛关注。2020年，累计编（播）发各类新闻信息8000余篇（条），其中，《云和新闻》电视节目播出296档，播发新闻信息2000余篇（条）；《今日云和》报纸刊出142期，刊发新闻信息3400余篇（条）；"童话云和""微云和"等新媒体编发新闻信息2600余篇（条）。

（二）加强专题栏目策划。疫情防控期间，在"童话云和"App开设《坚决打赢疫情防控阻击战》专题栏目，下设《众志成城》《权威发布》《疫情通报》《防控一线》《防控小贴士》《温馨提示》等子栏目，每天更新发布防疫信息20条左右。同时，创作推出一批防疫题材的短视频、短音频，研究开发出"新型冠状病毒感染的肺炎——公众预防怎么做"知识竞答小程序，并通过农村应急广播每天半点和整点播放疫情通告、通过电视滚动播放疫情防控知识，积极引导广大群众少外出、不聚集、戴口罩、讲卫生，切实营造"全社会共同抗疫"的良好氛围。此外，县融媒体中心还围绕"走转改"活动主题，策划推出《"小康路上"乡村蹲点采访》专题栏目；围绕"抗美援朝胜利70周年"主题，策划推出《听抗美援朝老兵讲战斗往事》专题栏目。

（三）致力打造精品作品。2020年，累计有20余篇作品获省市各类奖项，其中，作品《云和出让全国首宗附带生态增值土地》获全省县市新闻奖一等奖；作品《"小康路上"乡村蹲点采访》《徐幸艺：妙笔生"画"的乡镇干部》《云和首例眼角膜捐献者，她把光明留在了人间！》《小夏探店》《速度与激情！现场直击第三届船帮文化节暨首届“山海协作”瓯江龙舟邀请赛》获全省县市新闻奖二等奖；作品《民宿“云复工”抢回“好春光”》《云和县首笔生态产品采购资金兑付》《云和与北仑“山海协作”开花结果》《防控知识大闯关，闯关成功有惊喜！》《星空泳池、瓯江龙舟赛……石浦满足你所有想象！8月1日，走起！》《云和美食集市“拍了拍”你，现金券免费送，放开吃！》获全省县市新闻奖三等奖。

【外宣工作】 加强与中央、省、市主流媒体的深入合作，并积极报送有关云和的宣传信息，不断提升云和的知名度和美誉度，为云和实现高质量绿色发展提供强有力的舆论支撑。2020年，累计有2300余篇（条）新闻信息被上级媒体采用，其中，被《人民日报》采用新闻信息8篇（条），被中央电视台采用新闻信息6篇（条），被中国新闻网采用新闻信息17篇（条），被《浙江日报》采用新闻信息37篇（条），被浙江电视台采用新闻信息38篇（条），被“学习强国”App、天目新闻客户端、“美丽浙江”抖音号等新媒体平台采用新闻信息200余篇（条），被市电视台、市广播电台、《丽水日报》等市级媒体采用新闻信息2000余篇（条）。5月31日，《人民日报》头版头条刊登《人民美好生活的法治保障——写在〈中华人民共和国民法典〉诞生之际》一文，文章以安溪村村民洪广平带领群众创业致富的故事为例，着重介绍云和县通过农村集体产权制度改革为百姓创造美好生活和提供法治保障的好做法。9月22日，中国农民丰收节当天，浙江卫视先后6次报道云和县农民丰收的故事。

加强网上宣传，先后在新华网、浙江新闻客户端、浙江卫视“中国蓝”等平台开展“云和雪梨节”“石浦龙舟节”“三门淘薯节”“小顺农民丰收节”等主题直播，累计观看量超过500万人次；创作推出《云和9支龙舟队决胜瓯江》《小香薯玩出新花样！带你玩转云和“淘薯节”》《来看云和雪梨节的“雪梨盛宴”》等短视频作品，每个视频观看量均超过30万人次。2020年，“云和梯田”慢直播成功登上“央视新闻”直播平台，累计观看量超过2000万人次。

加强移动客户端宣传策划，在“童话云和”App中融入“最多跑一次”改革、网络问政、新时代文明实践中心、“云和师傅”系统查询、水电费缴纳、影视资讯、云和景区VR（虚拟纪真影像）、便民服务、交通出行、生活健康、旅游文化、对农服务等37项服务，着力把“童话云和”App打造成县域范围最权威、最全面的新闻资讯平台。同时，加强“童话云和”App应用推广，全年累计推广App应用下载3.7万次。

【事业建设】 （一）深入实施广电“惠民工程”。继续对符合条件的低保户居民有线数字电视用户实行“三免”（免安装费、免入网费、免收视维护费）政策，对符合条件的农村户口居民有线数字电视用户实行基本视听维护费减免30%政策。至2020年年末，“惠民工程”已累计惠及农村户籍用户1.29万户、低保用户1132户。（二）加强日常管理与维护。做好中央广播电视无线数字化覆盖工程的建设与维护，先后完成县中心机房和4个分机房（崇头、石塘、紧水滩、云坛）的动环系统及UPS（备用电源）建设；做好农村应急广播的维护与监管，确保农村应急广播长效发挥作用。（三）提升服务能力与水平。做好县重点工程的网络迁改与建设，先后完成后交线二期、云龙线二期、云和梯田创AAAAA项目等工程的网络迁改与建设；做好农村双向化改造，对36个村868户进行网络双向化改造；做好服务工作，对安装、维护、业务办理实行网格化管理，并建立24小时客户服务热线。

【队伍建设】 （一）强化学习教育。坚持把理想信念教育放在首位，通过理论中心组学习、周一夜学、专家讲座等形式，深入学习中共十九大、十九届历次中央全会精神，学习领悟习近平新时代中国特色社会主义思想和习近平在浙江考察时的重要讲话精神，强化马克思主义新闻观和习近平关于新时代新闻舆论工作的新思想、新观点、新论述学习，不断提升全体工作人员的综合素质和职业素养。2020 年，累计组织理论学习 60 余场次（包括业务技能培训）。

（二）规范队伍管理。实施中层干部“公开竞聘上岗”、一般干部“双向选择岗位”，切实把“想干事、能干事、干成事”的干部选任到合适岗位。2020 年，通过竞聘上岗，确定 10 个部门（科室）正、副主任共 20 名，一般干部全部选岗到位。同时，制定《云和县融媒体中心内部管理制度》，进一步规范会议、财务、考勤等 20 个事项管理；完成“工青妇”（工会、共青团、妇联）组织机构建设和人事岗位设置。

（三）深化业务培训。建立“策采编发提质增效”微信交流群，及时传达上级文件和县委、县政府重点工作，分享各地媒体融合好经验、好做法，促进学习交流、业务提升。制定《云和县融媒体中心媒体深度融合项目分解表》，对新闻专题改版、短视频制作、新媒体创作等 9 项具体工作进行细化分解和分工落实。优化电视新闻的编辑流程，创新电视专题的采编模式，切实解决传统媒体“拖后腿”问题。邀请浙江传媒学院 4 位教授到云和开展“深度新闻策划”“短视频创作”等主题培训，并安排浙江传媒学院 5 名研究生到中心交流学习，切实推进“学士后工作站”建设和“蜂蜜融媒”人才培养项目做深做实。

（四）落实问题整改。针对县委第三巡察组巡察反馈的 3 个方面 11 个大项 29 个具体问题，县融媒体中心党组以高度的政治自觉、真改实改的姿态，第一时间成立整改领导小组，全力抓好巡察反馈问题整改。期间，还多次召开党组会议，研究分析问题根源，查找工作中的短板和漏洞，举一反三，建立健全各项管理制度。

【安全播出】 （一）加强领导，提高认识。利用每周夜学、党员大会、安全播出专题会等有利时机，及时传达学习全国、全省、全市安全播出保障工作会议精神，部署落实好各项安全播出任务。重大节点和重要时段期间，坚持领导带班和“24 小时值班”制度，严密防范安全播出事故发生。

（二）完善制度，抓好落实。不断完善节目审查、值班值守、技术保障、信息通报等相关制度，严把新闻、专题、广告、外来片源等节目审核关、内容关，确保各类节目安全播出。同时，成立新闻编审委员会，以编委会例会、专题会议、新闻选题早会等多种形式开展议事，并实行总编轮班工作制，统一进行主题宣传和重点新闻策划、采编、外联等工作；成立“总编办”指挥平台，编制“融媒体业务流程图”，编发《云和融媒体“四力”50 问》，初步形成“统一报道部署、统一策划主题、统一组织采访、统一编发稿件”的编审体系。

（三）强化“三防”（物防、技防、人防），做好保障。加强安全播出巡检，落实技术防控，对播出系统、非编系统实行专网专用，对传输、供电、演播室灯光、对话系统、广播录音设备等进行提升改造，并修订《云和县广播电视台前端机房安全播出故障分级、信息上报及处置预案》，进一步提升应对安全播出故障的处理能力。同时，积极开展“安全播出（反恐怖）”演练，让员工进一步熟悉和掌握应急预案及操作流程，增强各部门应对和处置突发事件的本领，提高安全播出工作的保障能力和水平，确保安全播出零事故。 （兰根成）

卫生健康·医疗保障

卫生健康

【概况】 2020年，云和县卫生健康局(以下简称县卫生健康局)认真贯彻落实中共中央总书记习近平在统筹推进新冠肺炎疫情防控和经济社会发展工作部署会议上的重要讲话精神，坚持把人民群众生命安全和身体健康放在第一位，在做好常态化疫情防控工作的同时，有序推进卫生健康各项工作，不断提升县域卫生健康服务能力和水平。

至2020年年末，全县共有医疗卫生机构18家(不含村卫生室、门诊部、诊所、卫生所、医务室)，其中，医院5家(县级公立医院2家、民营医院3家)，乡镇卫生院6家，社区卫生服务中心2家，妇幼保健和计划生育服务中心1家，疾病预防控制中心1家，卫生监督所1家，其他卫生机构2家。全县医院实有床位555张，每千人拥有住院床位数4.89张。全社会卫生技术人员合计1107人(不含村卫生室、门诊部、诊所、卫生所、医务室的全社会卫生技术人员917人)，其中，执业医师和助理医师428人(执业医师341人，助理医师87人)，注册护士471人，药师(士)57人，技师(士)39人，其他卫生技术人员116人。

2020年，全县出生人口936人(出生率为8.21‰)，比2019年减少177人(2019年出生人口1113人)，下降15.9%；比"十二五"同期年均出生人数减少233人("十二五"同期年均出生人数1169人)，下降19.93%。全县城乡居民人均期望寿命达到81.36岁，比2019年提高0.28岁，重大慢性病过早死亡率为9.13%，居民健康素养水平达到34.66%。

【疫情防控】 新冠肺炎疫情发生后，县卫生健康局立即组织成立县新冠肺炎疫情防控指挥部，并坚决按照"坚定信心、同舟共济、科学防治、精准施策"总要求，精准实施"动态排查+硬核隔离+精密指控"工作机制，严密防范疫情输入和传播。其间，还主动接收341名青田籍返乡华侨集中隔离观察任务，选派2名业务骨干参加"援鄂"(支援湖北省)医疗队、1人支援新疆新和县开展核酸检测、1人派驻上海空港口岸工作组、10人支援丽水市集中救治和隔离点、22人组建海外健康咨询专家团队。在疫情平稳后，县卫生健康局又组织人员到企业、学校、景区等地入驻，指导各单位在做好疫情防控的同时，早日复工复产、复学复市。在疫情进入常态化防控后，县卫生健康局坚持"外防输入、内防反弹"总策略，统筹做好重点人群核酸检测、全民新冠疫苗接种等工作，为云和县实现疫情防控和经济社会发展"双胜利"发挥重要的作用。

【"健康云和"建设】 以"健康云和"考核为抓手，扎实推进"健康中国"15项专项行动和"健康浙江"26项专项行动。2020年，成功获"健康浙江"考核优秀等次(已连续2年)。开展2019年"健康云和"建设评价工作，研究云和县健康发展水平，及时向社会公布2019年“健康云和”建设情况。9月，在浙江大学城市学院举办“健康云和”专题研修班，进一步提升“健康云和”建设工作水平。同时，围绕“健康云和行动”主题，先后组织开展“全民健康生活方式”主题宣传日暨健康家庭合理膳食大比拼、“健康相伴、幸福同行”健康家庭跳绳比赛、“人人参与控烟、共创无烟环境”无烟单位创建、“心灵相约、健康同行”心理健康进校园团体辅导等活动，并启动实施全市首个“健康浙江合理膳食行动”省级示范试点建设。

【医疗卫生改革】 深化推进县域医共体改革，制定并实施《县域医共体全员岗位管理实施办法》，进一步完善县域医共体管委会及其办公室运行制度，突出强化薪酬制度改革和财务绩效管理，加快推动县域医共体从“初步整合”向“深度融合”提质转变。深化推进医疗卫生领域“最多跑一次”改革，以20项改革措施、15项任务清单为切入点，进一步提升县域医疗环境和服务水平。深化推进医药卫生体制改革“三医联动”“六医统筹”各项工作，有序实施“公立医院三年振兴计划”，全年县域范围内就诊率达到90.24%。同时，继续推进基本公共卫生服务常住地管理改革和基层医疗卫生机构财政补偿机制改革；加快推进卫生健康数字化迭代升级，全面实施“互联网+医疗”“互联网+健康管理”建设，并实现与政府公共数据平台对接共享。2020年，县人民医院在全市率先完成电子健康卡与电子医保卡“两卡融合、一网通办”，电子健康档案也将逐步向居民开放。

【民生实事项目】 2020年，“3岁以下婴幼儿照护机构建设”“重点人群流感疫苗免费接种、高危人群大肠癌筛查”被列为省级十大民生实事项目，“60周岁以上老年人免费接种1针23价肺炎疫苗”被列为市级十大民生实事项目。至2020年年末，省、市民生实事项目均已超额完成，其中，省级民生实事项目“3岁以下婴幼儿照护机构建设”完成2家、新增托位60个，“重点人群流感疫苗免费接种”完成2100人，“高危人群大肠癌筛查”完成9562人；市级民生实事项目“60周岁以上老年人免费接种1针23价肺炎疫苗”完成7592人。此外，还完成2019年市级民生实事项目“低保人群胃癌免费筛查”373人。

【基本公共卫生】 积极推进基本公共卫生精细化管理，加强基层卫生资源优化配置，确保14类56项国家基本公共卫生服务项目得到有效落实，努力构筑与人民群众健康相适应的基层卫生服务新机制。有序推进县、乡、村公共卫生一体化建设，建立“共同管理、分级指导、协同服务、责任同担、效益共享”的公共卫生机构融入“医共体”建设发展模式。同时，继续推进民营医疗机构参与基本公共卫生服务和家庭医生签约服务，并确定云和老百姓中西医诊所为县民营医疗机构参与基本公共卫生服务和家庭医生签约服务试点单位。至2020年年末，全县累计完成家庭医生服务签约49667人，签约率43.49%。

【老龄健康服务】 加快推进老年电视大学建设，增设“云和师傅”协会教学点1个。至2020年年末，全县共设老年电视大学分校1所，教学点37个。同时，建立由34名老年志愿者组成的老年电视大学志愿者服务队；启动“中国长寿之乡敬老养老服务示范城市（县）”建设；组织全县生产老年益智类玩具的企业组团赴广州参加第七届中国国际老龄产业博览会，努力打响“云和老年益智类玩具”品牌；启动石塘镇中心卫生院“医养结合”（医疗和养老结合）试点建设，为失能、失智的老年人提供“医养结合”服务；大力推进“医养结合”的养老康复中心项目招商工作，探索建立“医养结合”服务新模式，力求更大程度满足群众多层次、多样化的健康养老需求。

【人才队伍培养】 进一步完善基层医疗机构绩效工资考核办法，推进医疗卫生机构转变运行机制，强化综合服务功能，调动医务人员积极性，提高服务质量和水平。进一步加强医疗卫生单位人事干部队伍建设，多次邀请省市专家到云和开展继续教育，并赴上海、杭州等地开展干部素质提升培训。同时，深入实施"名医、名护士"培养工程，努力培养一批医德高、造诣深、技术精、有影响的"名医生、名护士"。至2020年年末，已累计评出云和名医生、名护士、医坛新秀、护理新秀158人（云和名医47人、云和名中医1人、云和基层名医2人、云和名护士48人、云和医坛新秀30人、云和护理新秀30人），其中有11人获丽水市"绿谷名医""绿谷基层名医""绿谷名护士"称号，多人获省优秀护士、省医坛新秀、省基层妇幼好医生、省优秀卫生院院长及丽水市"最美医生""最美护士""十佳美德医务人员"等称号。

【基础设施建设】 统筹谋划推进卫生基础设施项目建设，不断提升县域医疗卫生综合服务能力和水平，以满足人民群众日益增长的健康生活需要。2020年，先后完成城南社区卫生服务中心新建工程并投入使用，完成石塘镇中心卫生院扩建工程、崇头镇中心卫生院拆建工程。同时，启动实施县人民医院住院病房扩建工程、县中医医院院区迁建工程、城北社区卫生服务中心新建工程等项目。

【人口家庭服务】 加强出生人口统计、监测和分析，建立健全人口监测体系和网络，完善人口监测预警工作机制。认真落实计划生育特殊家庭扶助政策，确保辖区奖励扶助对象、特别扶助对象都能享受到国家计划生育政策。至2020年年末，全县共有奖励扶助对象806人（新增104人、退出33人）、特别扶助对象126人（新增12人、退出4人），全年累计发放补助资金183.82万元。同时，加快推进母婴设施建设，在县行政服务中心（主厅）和城南社区卫生服务中心各建设母婴室1个，在石塘镇中心卫生院、紧水滩镇中心卫生院、城南社区卫生服务中心分别建立"三优"指导中心。

【卫生监督】 推进"互联网+监管"建设，全面应用"浙政钉掌上执法"系统，推行"全领域'双随机'执法"模式。2020年，共立行政处罚案件242件，罚没款总额54.76万元；受理行政许可事项482件，均在承诺时限内办结。同时，通过浙江省卫生监督综合管理系统和云和县卫生监督智慧监控平台，非现场办理案件9件；通过浙江省医疗废物智慧监管系统，实现对医疗废物的精细化管理和全流程追溯，让每件医疗废物都有自己的"身份证"；通过浙江省医疗机构依法执业自查自律系统，进一步规范全县医疗机构执业行为，提高医疗服务质量。2020年，县卫生监督所承办的《某液化石油气有限公司安排未经职业健康检查的劳动者从事接触职业病危害的作业案》被省卫生健康委办公室评为2020年度浙江省卫生行政处罚十大典型案例。

【疾病防控】 2020年，云和县网络报告法定传染病（按审核时期统计）11种804例，报告发病率为699.14/10万，无甲类传染病报告，乙类传染病报告发病率240.00/10万；无艾滋病死亡病例，无肺结核死亡病例，无手足口病死亡及重症病例报告，未发现狂犬病病人；报告突发公共卫生相关事件2起，其中境外输入性新冠肺炎疫情1起（累计报告病例2例）、水痘疫情1起（累计报告病例15例）。此外，还完成突发公共卫生事件季度风险评估4次、专题风险评估3次；完成加强型PCR（聚合酶链式反应）实验室升级改造，并顺利通过验收。

【妇幼保健】 加强孕产妇管理，全力保障孕产妇和新生儿健康。2020年，全县共有孕产妇768人，活产775人，未发生孕产妇死亡病例，实现连续21年无孕产妇死亡目标。开展婚前医学检查和孕前优生健康检查，有效减少疾病传播、保障母婴健康。2020年，共完成婚前医学检查267对，婚检率

86.44%，完成孕前优生健康检查280对，孕前优生健康检查率85%。开展孕期产前筛查，检出异常9例，其中确诊胎儿畸形4例、终止妊娠4例。加强儿童健康管理，印发《云和县2020年度3岁以下婴幼儿照护服务民生实事项目实施方案》，开展0—3岁婴幼儿标准化发育筛查2203人（其中可疑402人、异常19人）、新生儿耳聋基因筛查421人。继续推进“两癌”（宫颈癌、乳腺癌）筛查工作，全年完成宫颈癌HPV（人乳头瘤病毒）初筛4072例，查出宫颈癌前病变25人、确诊宫颈癌1人，完成乳腺癌筛查4016例、确诊乳腺癌4人。

【爱国卫生】 2020年，石塘镇、雾溪畲族乡成功创建国家卫生乡镇，国家卫生乡镇比例达83%。同时，持续推进“厕所革命”，完成无害化厕所改造122座，无害化厕所普及率、覆盖率均达到100%；开展“整洁家庭”和“最整洁、最脏乱”村（社区、股份经济合作社）、乡镇（街道）评比活动，有力助推“健康云和”建设；开展省级“健康促进县”创建工作，创成健康社区29个、健康示范社区3个、健康单位90家、健康示范单位10家、健康促进学校7家、健康家庭840家、健康示范家庭100家、健康企业14家、健康示范企业3家。12月，云和县顺利通过第五批省级“健康促进县”评估。 （夏张玲）

医疗保障

【概况】 2020年，云和县医疗保障局（以下简称县医保局）坚持以人民为中心的发展思想，聚焦医疗保障领域重点、难点、痛点、堵点问题，一手抓疫情防控，一手抓履职尽责，全力推进云和县医疗保障事业高质量发展。

2020年，全县共有108319人参加医疗保险，全民医保参保率达99.56%，其中，城镇职工医疗保险参保人数24575人，比2019年增加1190人；城乡居民基本医疗保险参保人数83744人，比2019年减少1381人。另有9万余人参加“浙丽保”（丽水市全民健康补充医疗保险），“浙丽保”参保率82.52%。至2020年年末，全县共有定点医药机构86家，其中公立医院2家、私立医院3家、妇幼保健中心1家、基层医疗机构43家、药店17家、民营诊所20家。

【疫情防控】 （一）强化责任担当。落实“哨响就到”工作制度，做到“哨声一响、全员到岗”。同时，积极抽调人员参与全县疫情防控各项工作，指导全县定点医药机构做好疫情防控各项措施。（二）强化政策支持。疫情防控期间，向县人民医院预拨专项资金500万元，用于保障新冠肺炎医疗工作。同时，落实为期5个月（2月至6月）的企业医疗保险费减半征收政策，为1217家企业减缴医疗保险费935万元；落实困难企业医疗保险费缓缴政策，为13家企业办理缓缴手续。（三）强化工作创新。疫情防控期间，创新运用“线上办”“一窗办”“就近办”“特事特办”等方式办理医疗保险业务，切实方便群众和企业办事。同时，还为全县1.1万名抗疫工作者免费提供人身保险。

【医疗保障】 （一）提高医保参保率。通过组织开展形式多样的宣传活动，不断提高全社会对医保的关注度。2020年，全县医保参保率从2019年的99.07%提高至99.56%。（二）完善医疗救助体系，实现困难人群省内医疗救助“一站式”结算。2020年，累计实施医疗救助1.28万人次，救助金额427.64万元，其中通过“一站式”结算1.19万人次，救助金额353.57万元。（三）加速异地直接结算，实现特殊病种“长三角”（长江三角洲地区，包括上海市、江苏省、浙江省、安徽省，共41个城市）全域异地就医直接结算。2020年，全县共有1380人次在省内异地就医直接结算，医疗总费用215.72万元，其中医保基金支出129.6万元；有1140人次在“长三角”省外地区就医直接结算，医疗总费用38.74万元，其中医保基金支出5.16万元。

【基金监管】 （一）加大稽核力度。组织开展全县定点医疗机构规范使用医保基金行为自查自纠工作，进一步规范全县定点医疗机构使用医保基金行为，促进定点医疗机构自律管理。2020年，全县定点医疗机构通过自查自纠，累计退回违规金额150.6万元。组织开展全县医保基金专项监督检查，对辖区所有定点医药机构进行全覆盖检查，期间，累计检查定点医疗机构77家次，发现违规医疗机构42家次，给予书面警告9家次、诚信记分40家次，追回违规金额23.3万元；检查定点零售药店22家次，发现违规零售药店5家次，给予书面警告4家次、诚信记分4家次、暂停医保服务并整改1家次，追回违规金额5744元；核查非正常疾病就医1372人次，发现骗保行为1例（已移送公安部门处理，涉及人数4人），追回医保基金2.47万元；网上审（复）核单据6.2万条，扣除违规金额15.4万元。（二）加强稽核队伍建设。结合"四位一体"医疗保障体系建设，着力构建"服务+监管"的医疗保障格局。同时，举办为期3天的医疗保障能力提升培训班，进一步提升全县医保工作人员的综合能力，推动医保监管服务下沉。（三）加强智能监管力度。推广应用定点医药机构视频监控（人脸识别）系统，顺利完成38家定点医药机构的视频监控（人脸识别）系统安装和调试工作，实现"线上""线下"监管结合，有效提升监管效能。（四）加强基金监管宣传。以开展"医保基金监管集中宣传月"活动为契机，广泛宣传《医疗保障基金使用监督管理条例》《医疗机构医疗保障定点管理暂行办法》《零售药店医疗保障定点管理暂行办法》等法律法规。同时，通过播放自制宣传短片、悬挂宣传横幅、张贴宣传海报等方式，切实营造"全社会共同维护医保基金安全"的良好氛围。（五）加大内部稽核力度。先后组织开展经办业务内控专项检查，对2019年1月以来医疗费用零星报销、医疗救助资金拨付等业务进行抽查，累计核查业务档案300余份；开展规范医疗保障经办机构审核结算专项治理工作。

【医保服务】 （一）提高医保经办能力。认真做好医疗费用报销、医保关系转移接续、特殊病种备案等工作，切实保障参保人员的合法权益。2020年，累计办理医疗费零星报销1986人次，报销金额491.7万元；办理生育津贴报销345人次，报销金额62.51万元；办理医保关系转移接续140人次、特殊病种备案810人次、慢病备案3619人次。（二）优化医保经办服务。加快推进"互联网+医保服务"建设，推动服务事项全程"网上办""掌上办"（除省里已明确不宜网上办理的事项外），切实提升用户体验感。同时，积极落实公务员职业生涯全周期管理"一件事"联办工作，配合做好公务员调出、转任、退休后的医保关系转移接续等事宜。2020年，累计办理公务员医保关系转移接续手续704件，其中调出手续403件、转任手续175件、退休手续126件。（三）创新医保服务方式。充分运用差异化医保支付政策来促进家庭医生签约服务，并在全县签约医疗机构设置"雷锋式服务岗"，重点针对老年人、困难群众开展"上门办"服务。

【医保改革】 （一）推进支付方式改革。按照"以收定支、收支平衡、略有结余"的原则，科学编制2020年度全县基本医疗保险基金总额预算。同时，扎实推进住院医疗按DRGS点数法付费、门诊按人头付费和长期、慢性病住院按床日付费等改革工作。（二）积极推动"政保"（政府和商业保险公司）合作。为参加城乡居民基本医疗保险二档的低收入农户购买补充医疗保险，并依托医保结算平台实现"一站式"结算。2020年，累计为6318名低收入农户购买补充医疗保险，合计支付金额55万元。同时，将城乡居民基本医疗保险一档统筹基金支付额15万元以上的医疗费委托给商业保险公司承办，进一步提高医保经办效率。（三）推广医保电子凭证。坚持把推广医保电子凭证作为医保信息化建设的重要工作来抓，全方位、多渠道推广应用医保电子凭证。至2020年年末，全县所有定点医院、诊所、药店均已实现医保电子凭证结算。(四)推进医疗价格改革。动态调整医疗服务价格，优化医疗服务比价关系，重点提高诊疗、手术、康复、护理、中医等体现医务人员技术劳务价值的医疗服务价格，降低药品、医用耗材以及医疗设备检查治疗等价格，逐步建立以成本和收入结构变化为基础的价格动态调整机制。同时，积极落实国家组织药品集中采购和使用试点工作，顺利完成前四批国家组织药品集中采购中选药品和使用任务。（项宗辉）

社 会 生 活

关心下一代工作

【概况】 2020年，云和县关心下一代工作委员会（以下简称县关工委）认真学习贯彻中共十九大和十九届二中、三中、四中、五中全会精神以及习近平新时代中国特色社会主义思想，紧紧围绕县委、县政府中心工作，以社会主义核心价值体系建设为主线，以加强青少年思想道德建设为目标，充分发挥“五老”（老干部、老战士、老专家、老教师、老模范）的优势和作用，积极为青少年办实事、办好事，全力助推青少年健康成长。

【青少年思想道德教育】 （一）弘扬革命优良传统。清明节前夕，县关工委联合县退役军人事务局、县教育局、县融媒体中心等多个部门，共同开展“致敬·2020清明祭英烈”网上祭扫活动。活动以“浙江英烈网”为平台，通过电脑、手机等途径，分别对全县烈士进行网上献花、鞠躬、留言等，引导全县广大中小学生铭记革命先烈光荣事迹，表达对革命先烈的缅怀与崇敬，持续弘扬英烈精神，传承红色基因。

（二）弘扬社会主义法治精神。12月4日，县关工委组织干部职工和“五老”人员参加云和县第三个“宪法宣传周”暨2020年“12·4”国家宪法日宣传活动，并发放《食品安全与健康成长读本》和《公共卫生安全与健康成长读本》130余本。通过此次活动，进一步增强青少年的法治观念，营造有利于广大青少年健康成长的良好社会环境。

（三）弘扬社会主义荣辱观。5月，县关工委联合县文明办、团县委、县教育局等多个部门，共同开展2020年云和县“新时代好少年”学习宣传活动，广泛发动青少年学生积极参与、发现、挖掘他们眼中的“新时代好少年”。通过此次活动，进一步树牢青少年社会主义荣辱观，为培养“德、智、体、美、劳”全面发展的社会主义接班人打好基础。

（四）弘扬社会主义核心价值观。12月下旬，县关工委联合县教育局，在全县17所中小学开展“决胜小康、奋斗有我”系列巡回宣讲活动，教育引导广大中小学生树立社会主义核心价值观，肩负起民族复兴的历史使命。

【走访慰问活动】 （一）残疾儿童走访慰问。5月25日，县关工委组织“五老”网吧义务监督队队员到县特殊教育学校（云和县慈益残疾人之家）走访慰问残疾儿童，并为他们送去木制玩具、蛋糕、消毒洗手液、口罩等物品，帮助他们解决实际困难。（二）山区儿童走访慰问。5月27日，县关工委联合团县委等部门，深入崇头小学、黄源小学等偏远山区学校，为各校学生送去书包、铅笔盒、笔记本等学习用品，并带去党和政府的关心和问候。（三）“六一”儿童节走访慰问。6月1日，县关工委组织“五老”网吧义务监督队队员冒雨来到云坛小学，为该校133名留守儿童和外来务工人员子女送去节日的问候以及书包、铅笔、铅笔盒等学习用品，鼓励他们努力学习，长大后为建设家乡、建设祖国作贡献。(四)低收入农户走访慰问。7月14日,县关工委联合县文联到结对村崇头镇沙铺村开展实地走访,关心慰问低收入农户家庭,并与结对农户面对面交流,帮助他们出谋划策。(五)贫困生走访慰问。7月24日,市关工委专职副主任留丽萍到结对村白龙山街道泓新村召开贫困生家庭座谈会,会后还对贫困生家庭进行实地走访,为贫困生家庭送去真切慰问与关怀。

【网吧义务监管】 2020年,“五老”网吧义务监督队的队员们冒严寒、顶酷暑,对县城各网吧进行不定期巡查,劝止未成年人上网吧行为,并配合有关部门普及疫情防控相关知识、对未成年人进行宣传教育,共同营造良好的文化环境。特别是3月25日,网吧复业第二天,“五老”网吧义务监督队就组织队员到县城3家网吧进行巡查,在检查网吧是否有未成年人上网、是否有安全隐患后,督促网吧做好“健康码”核验、测体温、戴口罩等疫情防控工作。

【帮困助学工作】 2020年,县关工委先后组织开展“爱心圆梦”中小学生助学活动、“圆梦励志学子”大学新生阳光助学行动,累计帮助困难学生85人,发放助学金33.9万元,其中,大学生47人(包括大学新生42人、历年结对5人),发放助学金25.7万元;中小学生38人,发放助学金8.2万元。 (陈雅婷)

民政工作

【概况】 2020年,云和县民政局(以下简称县民政局)深入贯彻落实中共中央总书记习近平关于民政工作的重要指示精神以及全国、全省、全市民政工作会议精神,以省“民政30条”、市“民政22条”、县“民政20条”为主线,聚焦脱贫攻坚、聚焦特殊群体、聚焦群众关切,全面助力疫情防控,努力打造“幸福颐养、精准保障、和谐自治、暖心服务”的民政标杆。

2020年,云和民政事业成功获得“一先一优一第一”和“两项批示”。“一先一优一第一”是指县民政局先后获全省民政工作先进县(市、区)民政局、全市民政工作目标责任制考核第一名(一等奖)和县级综合考核优秀单位称号。“两项批示”是指云和县救助工作获副省长王文序的批示肯定,云和县“幸福清单”工作做法获市委副书记李锋的批示肯定。至2020年年末,县民政局已连续10年被省民政厅评为“全省民政工作先进县(市、区)民政局”,连续4年被市民政局评为“全市民政工作目标责任制考核第一名(一等奖)”,连续3年被县委、县政府评为县级综合考核优秀单位。

【民生保障不断增强】 (一)试点工作圆满完成。继续巩固全国社会救助综合改革试点成效,圆满完成全省“大救助体系”建设试点和“精准保障标杆区”建设试点。“新市民”(非云和县户籍人员)纳入“低保”(最低生活保障对象)居住时间认定从5年放宽至2年,创新出台失能失智困难群众护理补贴办法和开展无户籍人员救助。优化“联连帮”平台功能,实现救助信息“一网归集”、困难群众“一张清单”。2020年,云和县社会救助工作再次获副省长王文序的批示肯定,并在民政部举办的改革完善社会救助制度专题研修班上作典型发言;云和县“打造‘联连帮’智慧救助平台,实现精准救助”的先进工作经验在国务院“放管服”改革办《政府职能转变和“放管服”改革简报(第63期)》上刊发。

(二)脱贫攻坚兜底到位。持续开展“低保”专项整治,有效遏制漏保、错保、关系保、人情保等问题发生。全年“低保”、“低边”(低保边缘对象)渐退备注73户,新增“低保”208户495人、“低边”237户687人,退出“低保”190户418人、“低边”307户867人。建立县领导联系工作机制和“一户一策一干部”结对帮扶机制,34名县领导每人联系1个村,每月开展“包乡走村”活动;负责联系村的部门干部、乡镇(街道)班子成员带头逐户排查疑似低收入农户,全县4000余名干部结对走访2832户5780人,发放“幸福清单”24669份。全面完成

“两不愁三保障”和“四个清零”目标任务，累计发放特困供养、“低保”、临时救助等各类社会救助资金3923.59万元。2020年，中共云和县委荣获“全国脱贫攻坚先进集体”称号。

（三）儿童事业、慈善事业持续发展。完成50户“低保”家庭儿童居住环境改造，新建“儿童之家”5家（其中省级示范型1家）。配备乡镇（街道）儿童督导员10名、村（社区）“儿童主任”86名。开展“慈善一日捐”活动，共募集善款300余万元。举办“百善行动•孝计划”爱心公益服务沙龙，开展慈善项目。2020年，获丽水华宏钢铁公司捐赠200万元，将用于大病医疗救助项目。

【养老事业取得实效】（一）完成养老民生实事。率先完成44户生活困难老人家庭适老化改造。元和街道、紧水滩镇、赤石乡3个乡镇（街道）居家养老服务中心和沙溪恒益养老照护中心（社区嵌入式养老机构）投入运营。完成130名家庭照护者培训，并实现全县养老护理员职业技能培训全覆盖。

（二）加快养老体系建设。完成市级居家养老和社区养老服务改革试点，编制《云和县社会养老服务设施布局专项规划（2020—2035）》和养老体系五年规划。与县卫健局、县医疗健康集团建立“养医”（养老与医疗）融合发展五年战略合作关系，拟定推行“康养”（康复与养老）融合居家养老服务中心“十个一”和爱心驿站“五个一”为老服务项目，致力打造全国山区特色“康养联合体”养老服务样板县。

（三）提升养老服务水平。制定出台《云和县养老服务资金补助实施办法》，切实强化养老政策引导。建立“党建引领•暖心服务‘零距离’”探访慰问制度，推选“邻里互助长”255名，负责每天对辖区内老年人开展“三服务”。继续推广“爱心驿站”模式和“敬老餐工程”，新增“爱心驿站”（邻里互助点）4家。

（四）探索山区留守老人养老关爱模式。牵头制定《云和县加强山区留守老年人关爱服务改革试点工作方案》，建立山区留守老人“三助”（帮助代购服务、代办事项、代送物资）公益服务制度。实施“督孝”工程，强化山区留守老人子女的赡养义务和责任。鼓励居家养老服务中心建立“长者益智幸福坊”，组织山区留守老人开展来料加工、会餐、娱乐等活动。

【社会治理富有成效】（一）探索建立“社区治理共同体”。6月18日，县委、县政府联合印发《关于进一步加强城市社区治理能力的实施意见》，进一步明确社区治理工作五大方面20条问题。开展“哨响就到•在职党员和干部职工进社区报到”活动，全县6000余名在职党员、干部职工下沉到各个社区，开展助老爱幼、环境整治等志愿服务。做好行政村（社区）规模调整“后半篇文章”和村（社区）“两委”换届工作，并顺利完成浮云社区浮云小区东区、灵际社区河上小区“幸福社区”创建工作。

（二）推进社会组织管理规范化。自2020年起，云和县将逐年委托第三方（丽水市大众社会工作发展中心）对社会组织申报的项目进行审查，进一步规范社会组织公益创投管理。2020年，全县共开展社会组织公益创投项目8个，合计补助资金30余万元。同时，选派社会组织党建指导员16名，引导社会组织把党建工作摆在重要位置。

（三）加强社会工作人才队伍建设。关心关爱社区专职工作者，明确社区工会经费、疗休养、通讯费、体检费等各项标准，3名社区专职工作者因疫情防控表现突出被提拔。面向社区专职工作者招聘事业人员1名，面向社会招聘社区专职工作者16名。举办社区专职工作者暨部分社会组织骨干人才培训班、社工证考前培训班，新增持证社工90余人。完成浮云街道、紧水滩镇社会工作站建设。

（四）落实收养能力评估工作。根据《浙江省收养能力评估暂行办法》规定，自2019年2月1日起，申请收养家庭的评估工作均委托第三方进行。全年累计开展委托评估10例。

【专项事务统筹推进】 (一)深化生态殡葬改革。完成崇头镇、石塘镇、紧水滩镇、赤石乡4个生态节地安葬点建设,生态安葬乡镇覆盖率达100%,节地生态安葬率达67.38%。深入推进移风易俗和殡葬专项治理,发现并制止违规建新坟3起、老坟翻新5起。

(二)推进区划地名专项管理。完成第二次全国地名普查档案整理和扫描,申报第二批“浙江省千年古镇(古村落)地名文化遗产”2个。完成《国家标准地名志》和《浙江省标准地名词典》(下卷)云和县稿件编写上报。完成“龙云景”(龙泉市、云和县、景宁县)三县(市)交会点联检工作。

(三)加快“最多跑一次”改革。推进结婚生育户口“一件事”联办和殡葬“一件事”联办、社会救助“一件事”联办,实现在材料齐全的情况下“最多跑一次”、甚至“一次都不用跑”,全面提升群众的获得感和幸福感。

(四)严格做好疫情防控。严格落实养老机构“四个一律”防控规定,全面实施养老机构封闭管理。坚决把好流浪乞讨人员救助管理关、婚姻登记防控关、殡仪服务处置关。2020年,县慈善总会共收到疫情防控捐赠资金15.26万元、捐赠物资58.4万元(折合人民币)。10个乡镇(街道)全面开通“24小时救助热线”,对疫情期间申请临时救助的,实行特事特办,简化申请认定程序和发放流程。

(五)婚姻和收养登记。继续推行婚姻登记“两免两送”普惠制,持续开展婚姻家庭辅导工作。全年累计办理结婚登记718对、离婚登记349对,补办婚姻登记157对,办理弃婴儿童收养登记9起。加快婚姻登记规范化管理,完成婚姻登记档案数字化转换工作。

【服务效能明显增强】 按照“每个乡镇(街道)一般配备3名左右民政经办人员”工作要求,配备乡镇(街道)民政经办人员27人(工资待遇参照社区专职工作者),并落实培训考核机制。严格落实全面从严治党责任、意识形态工作责任、党风廉政建设工作责任和领导干部“一岗双责”责任,落实“三会一课”、主题党日活动等制度,推动党建、业务、文明创建等工作深度融合。开展“廉洁家庭”创建活动,层层签订党风廉政建设责任书、“廉洁家庭”承诺书,持续深化“四风”纠治。 (张 颖)

移民工作

【概况】 2020年,云和县移民工作中心(以下简称县移民中心)紧紧围绕县委、县政府“三个年”目标定位和打造新型城镇化样板县域“重要窗口”、夺取疫情防控和经济社会发展“双胜利”决策部署,紧盯市移民服务中心提出的“三年建设两样板”工作要求,真抓实干,奋力拼搏,全年各项工作都取得可喜成效。

【落实移民扶持政策】 (一)做好人口复核工作。全年共核减移民直补人口109人,发放直补资金648.96万元,直补资金发放准确率达100%。至2020年年末,全县共有大中型水库后期扶持移民17946人,其中直补到人10816人、扶持到村7130人。(二)做好移民项目编报。2020年,共编报移民项目计划9个,下达移民后扶项目105个,投入移民扶持资金2481.64万元,其中用于生产扶持的资金1268.5万元,占比51.12%。(三)做好移民项目实施。2020年,竣工验收2018年三季度以前的移民后扶项目1888个,累计报结移民后扶资金15166.88万元,竣工验收率、资金报结率均达到100%;竣工验收2018年四季度至2020年的移民后扶项目234个,累计支付移民后扶资金4454.91万元,竣工验收率、资金支付率分别达98.32%和95.4%。(四)做好“十四五”规划编制。在认真总结“十三五”规划编制经验的基础上,结合新时期、新任务、新要求,精心做好“十四五”规划编制各项工作。至2020年末,已顺利完成“十四五”规划初稿编制。

【推动移民创业致富】 (一)强化技能培训,增强移民创业能力。

2020年，累计投入移民培训资金30万元，完成移民培训315人次。(二)发挥生态优势，拓展移民创业途径。依托移民村丰富的资源优势，因地制宜地发展相应产业项目，进一步拓宽移民的就业增收渠道。2020年，累计投入移民扶持资金172.38万元，用于扶持移民发展“农林牧渔”特色产业，其中，用于扶持食用菌、茶叶、板栗等经济作物发展资金98.1万元，用于扶持水果、公益林、毛竹等林(果)业发展资金8.28万元，用于扶持猪、羊、牛等养殖业发展资金15.3万元。

【壮大移民集体经济】 加大经济薄弱移民村产业扶贫力度，制定《云和县2020年水库移民经济薄弱村项目计划》，并投入移民扶持资金802.8万元，专项用于扶持经济薄弱移民村产业发展。同时，继续开展“标准厂房购租扶持重点移民村集体经济”项目，厂房出租收入作为移民村壮大集体经济的专项资金；通过帮助移民村联合购买标准厂房、入股水电站、购置渔业养殖设备等方式，全面助力移民村集体经济发展。

【建设移民美丽家园】 2020年，先后安排资金1400余万元，用于移民村基础设施建设，重点对移民村的道路设施、卫生设施、旅游设施、文化设施等进行提升改造，切实发挥移民资金在美丽家园建设中的助推作用，努力将各个移民村打造成宜居、宜业、宜游的“和美移民村”。

【维护移民群体稳定】 结合“四服务”(服务企业、服务项目、服务基层、服务群众)活动，持续开展“入千村、访万户，问需求、建档案、办实事”活动。2020年，累计为288户461名低收入移民“建档立卡”；投入移民专项资金288.31万元，帮扶低收入移民340余人；摸排风险点、重点对象各1个。同时，坚持“摸实情”和“破难题”相结合，先后3次到结对村双源村走访32户低收入农户，并为其中8户低收入农户购买鸡苗400只(价值7000余元)，助力低收入农户脱贫致富。 (刘　薇)

住房公积金工作

【概况】 2020年，丽水市住房公积金管理中心云和分中心(以下简称县公积金中心)深入贯彻习近平新时代中国特色社会主义思想和中共十九大、十九届历次中央全会精神，坚持以“为人民服务”为己任，全力推动住房公积金事业向“服务更优质、发展更稳健”目标迈进，全年各项工作都取得可喜成效。

至2020年年末，全县共有460个单位9393人缴存住房公积金。全年共归集住房公积金2.56亿元，累计归集总额19.86亿元、归集余额5.94亿元。全年共提取住房公积金4425笔2.17亿元；发放个人住房贷款265户9068万元，累计贷款总额12.41亿元；尚有贷款户数1736户，贷款余额5.52亿元。贷款余额占归集余额的比率为92.94%；个人贷款逾期率为0，低于市住房公积金中心下达的0.04%指标要求。全年实现增值收益1114.33万元，比2019年增加48.57万元，同比增长4.56%，增值收益率2%。全年累计计提廉租住房建设补充资金140.65万元。

【推进缴存业务扩面】 (一)制定政策，紧盯扩面，夯实公积金发展基础。制定出台针对受托银行承办住房公积金的业务考核办法，充分调动各受托银行的积极性和主动性。同时，积极寻求公积金扩面新思路，努力推进公积金业务全面发展；积极开展公积金“催建催缴”行动，切实维护广大职工合法权益。(二)强化宣传，深化服务，提升公积金知晓率和使用率。开展“公积金宣传月”活动，利用报纸、网站、微信公众号等载体广泛宣传公积金惠民政策。同时，结合“三服务”活动，深入企业开展宣传，现场解读公积金助力疫情防控和复工复产相关政策，并指导和帮助企业渡过难关。

【规范提取业务流程】 严格执行公积金提取业务操作规程，在办理业务过程中强化审核，规避骗提骗贷公积金行为发生。同时，加强人员培训，特别是加强重要岗位人员的培训。严格执行公积金贷款操作规程，在落实贷前调查、贷中审查、贷后管理的基础上，对有可能发生逾期的贷款进行催收，及时消除风险隐患。同时，加强征信管理，对贷款人个人失信记录实行“一票否决”，有效降低个人贷款逾期率。

【强化内部风险防控】 立足资金安全，不断强化制度机制建设，努力筑牢内部风险防控的“制度防线”。2020年，先后对多项内部管理制度进行梳理调整，明确经费、固定资产、政府采购等内部财务管理制度；修订完善住房公积金归集和使用办法、住房公积金逾期贷款和贴息贷款管理办法以及资金管理、运作等业务内控管理制度；制定信访投诉管理办法、绩效考核办法等内部管理制度，切实增强“以制度管人管事”的约束力。同时，常态开展岗位风险排查和权力风险自查，不断提升全体工作人员的安全意识、规矩意识。

【优化便民服务举措】 疫情期间，县公积金中心依托基础信息完善、“网厅”(网上服务大厅)普遍推广、信息数据共享、乡镇(街道)业务全覆盖等优势，深化推进“最多跑一次”改革，推动各项业务全程“网上办”“掌上办”。一是对“网上办”材料信息、操作指南进行完善，修正存在漏洞的事项环节，进一步优化办事服务流程；二是全面启用“浙江政务服务2.0”平台，并认真做好“一件事”“好差评”等“最多跑一次”改革重要事项，不断提升群众对政务服务的满意度；三是提升公积金缴存单位的“网厅”使用率，对涉及公积金缴存单位开户、封存、启封、转移、合户、基数变更、查询等多项业务，全面实行“网上办”。

【深化党风廉政建设】 (一)落实主体责任。坚持把党风廉政建设工作与业务工作同部署、同落实、同检查、同考核，从严、从实落实党风廉政建设主体责任。(二)强化学习教育。坚持“周一夜学”“党员夜学日”等学习制度，严格落实“三会一课”“党员民主生活会”等制度，努力以学习成效推动各项工作、以工作成效检验学习成果。(三)开展警示教育。以违法违纪典型案件为例开展剖析，以案为戒，深入挖掘问题根源、查找自身风险，坚决遏制违法违纪问题发生。(四)完善监督机制。严格落实民主集中制和“三重一大”集体决策、“一把手七不直接分管”、“一把手末位表态”等党内监督制度。同时，开展“廉洁家访”活动，倡导“文明、清廉”家风，督促家庭成员做好“廉内助”。

【加强意识形态工作】 (一)加强思想政治教育。2020年，共组织政治理论学习33次，邀请县委宣讲团开展意识形态专题讲座2次，切实提升全体党员干部的思想素质和政治理论水平。(二)加强网络舆论宣传。全面落实党务政务公开制度，认真做好党务、政务信息公开，及时公布重大决策、重要人事任免、财务决算等相关信息，适时做好政策发布和政策解读，增进全社会对住房公积金行业的了解、理解和支持，为公积金事业发展营造良好的舆论氛围。

【配合全县重点工作】 积极配合做好“三改一拆”、“五水共治”、乡村振兴、城乡环境综合整治等全县重点工作，为云和县打造“全国山区新型城镇化样板县域‘重要窗口’”贡献“公积金力量”。同时，认真做好“一户一策一干部”结对帮扶工作，每月定期到结对村开展走访帮扶，帮助群众解决实际困难。 (谢宜谓)

乡镇街道

浮云街道

【概况】 浮云街道地处云和县城东北部，浮云溪以北、新建路以东，是云和县人民政府驻地，也是云和县政治、经济和文化中心。区域总面积 40.53 平方千米，有耕地面积 127.13 公顷、林地面积2880 公顷。至 2020 年年末，街道共下辖 4 个行政村、4 个社区、93 个村民小组，户籍总人口 6856 户 16261 人。辖区有驻区行政事业单位 70 余家、工业企业 58 家、个体工商户 3000 余户。

2020 年，浮云街道紧紧围绕县委、县政府“三个年”目标定位和打造全国山区新型城镇化样板县域“重要窗口”、夺取疫情防控和经济社会发展“双胜利”等决策部署，以决战、决胜的勇气，奋力打响“疫情防控保卫战”和项目攻坚、城乡环境、基层治理、基层党建、脱贫攻坚“五大决胜战”，用实际行动推动县委、县政府各项决策部署在浮云街道“落地生根”。

【疫情防控保卫战】 (一)疫情防控及时有力。第一时间成立疫情防控领导小组和指挥部，搭建“1+19”临时党组织架构，健全疫情防控体系，以最快速度压紧压实防控责任。街道(社区)565 名党员、112 名抽调干部、4000 余名志愿者昼夜无歇奋战一线，设置管控卡口 41 个，划分微网格 113 个；发挥楼栋长、网格员、志愿者队伍作用，实现防控无“死角”。累计居家管控 230 户 432 人，最高峰值近 130 户同时在管；实施“1+3”服务体系，确保在管对象不漏管，兼顾好管控对象的生活服务需要。(二)复工复产扎实有效。组建复工复产服务专班，全力打通企业复工复产“绿色通道”；做好出行政策咨询讲解、通行证审核发放、复工人员信息审核等工作，累计办理离乡返乡通行证 1420 张，办理企业复工复产人员审核 4100 余人次；党员巡逻队每天走街入户指导居民申领“健康码”，仅用 3 天就完成辖区“企业安全码”推广安装工作。(三) 常态防控常抓不懈。在疫情进入常态化防控后，坚持防控意识不能丢，持续加强村(社区)基层防控能力建设和物资储备，持续落实“亮码+测温+口罩”防控措施，加强精密智控，动态监测各时段中高风险区域来乡返乡人员。同时，结合城乡环境综合整治、垃圾分类等工作，深入开展爱国卫生运动，启动水镜佳苑“高标准生活垃圾分类示范小区”和解放东街“示范街区”创建，以点带面改善人居环境。

【项目攻坚决胜战】 (一)棚改攻坚再创佳绩。大庆寺棚改(三期)征收是 2020 年度最重要的项目攻坚，涉及 A、B 两大区块，总户数 179 户，红线内用地面积约 4.13 万平方米，建筑面积约 3 万平方米。为此，浮云街道提早谋划、开篇布局，挑选精锐干部组建 8 个攻坚小组，开展多轮入户走访，积极正面做好政策宣传、全面摸清产权，顺利完成测绘评估，进入集中签约期。期间，B 区块仅用 9 天就完成 80%签约任务，A 区块用时 25 天完成 80%签约任务。至签约截止日，A、B 两大区块累计签约率分别达到 100%和

98.9%，“三年棚改攻坚战”取得“三连胜”。（二）项目建设加快推进。狠抓重点项目开工和全年工作谋划，克服复工之初人力、物力紧缺等困难，云章小区污水处理项目、局村土地开发项目、庄前高标准农田项目、庄前（国有划拨）安置小区项目、大徐“杀白点”（活禽集中屠宰点）项目等县级重点项目加快推进。（三）政策处理强力推进。2020年，共实施征收项目12个，涉及耕地10.46公顷、林地0.71公顷、房屋37805平方米。至年末，已完成城东新云玩具实验厂0.73公顷工业用地、6800平方米房屋征收并拆除；完成城北卫生服务中心0.17公顷土地、2759平方米房屋征收；完成龙泉溪治理一期（三潭、溪口、局村段）1.07公顷土地政策处理；完成浮云溪综合治理工程（云章段）7.47公顷土地征收和云章段二期2.39公顷土地征收；完成县城市污水处理厂清洁排放工程0.47公顷土地征收；完成县纪委办案点0.02公顷土地征收并完成道路拓宽建设；完成县人民医院扩建工程0.41公顷土地丈量工作；完成县委大院2栋居民楼征收工作。

【城乡环境决胜战】 （一）拆违控新力度不减。在“无违建县”创建迎来验收之时，坚持标准不退、力度不减，拆除龙兴制罐厂、梅家源沿线旱厕、局村大徐砂场、局村米厂违建、省道沿线废弃菇棚等一批典型点位，以实际行动助力“无违建县”创建。全年累计拆除违章建筑5万余平方米，拆除交办点位152个，完成率100%；自查点位销号600余个，控新率保持在100%。（二）环境整治成果丰硕。以城乡环境综合整治、“五水共治”、垃圾分类等组合推进城乡环境换新颜，清理点位400余个，清运水岸垃圾60余吨；每月开展交叉检查、“两最”评比，并张榜公示；各村（社区）对评出的“最美家庭”进行表彰，推动群众积极落实“门前三包”、垃圾分类等制度。（三）美丽乡村提标推进。对标溪口“花园乡村”建设要求，谋划提升溪口环湖绿道和村标广场、局村老码头休憩区建设，同步推进云章安置小区截污纳管工程、庄前幸福村工程、云章村上官至局村村木垟段路灯亮化工程、局村污水处理提升工程等美丽乡村建设基础工程，为美丽乡村筑好根基。

【基层治理决胜战】 （一）共建机制高效运行。强化“党建引领城市基层治理”，依托社区“大党委”共建机制，有效推动“在职党员干部进社区报到”制度落到实处；2261名在职党员干部分赴4个社区报到，协助社区开展疫情防控守“小门”、“五水共治”垃圾分类宣讲、社区卫生服务、城乡环境整治等活动150余次，切实增强在职党员干部与居住地社区的融入。（二）网格治理彰显成效。将疫情防控期间探索出的“微网格+楼栋长”治理模式进行全面提升，切实发挥社区网格员、楼栋长“人熟、地熟、街面熟”的优势。136名楼栋长在城乡环境综合整治、垃圾分类、“无违建县”创建、社区共建等工作中发挥重要作用，进一步提升网格化服务管理水平。（三）社会大局平安稳定。加强苗头性、倾向性问题研判，抓好重点人群信访维稳，实现重要时段、重要节点“零进京赴省非访”。全年共调处矛盾纠纷23起，受理信访件35件，处置率、回复率均到达100%。同时，结合全国第十九个“安全生产月”活动，全面开展高层建筑（出租房）消防安全检查和“低小散”企业安全整治。2020年，累计开展高层建筑（出租房）消防安全检查15次，查出消防隐患40余个；整治“低小散”企业2家。

【基层党建决胜战】 （一）拓宽选人用人视野。坚持在疫情防控一线和重点工作推进中考察、识别、挑选干部，鲜明“干事创业”用人导向，火线提拔2名在疫情防控工作中表现突出的社区干部，为担当有为的干部撑腰鼓劲。同时，结合干部实绩表现和工作需要，提任6名干部到中层岗位历练。（二）推进村（社区）换届工作。按照县委对村（社区）换届工作的新要求，特别是任期“三改五”、书记主任“一肩挑”等要求，迅速组建工作专班，深入村（社区）开展走访调查。同时，结合疫情防控、项目推进等重点工作表现，对在职村（社区）干部工作能力、班子队伍综合能力进行全面考评，并根据各村（社区）实际情况制定招贤榜，鼓励乡贤能人、大学生青年回归参选，明确各村（社区）“一肩挑”人选，优化调整村（社区）党支部其他成员人选。11月9日，全面完成8个村（社区）换届工作，书记主任“一肩挑”实现率达100%。

【脱贫攻坚决胜战】 （一）提升服务阵地。建立3个“枫桥式退役军人服务站”（其中街道级1个、村级2个），为4个社区退役军人服务站配备办公电脑、高拍仪、文件柜等硬件设施；投资50余万元，建设庄前村文化礼堂，已完成主体结构等工程。（二）完善服务载体。2020年，全街道共有低收入农户136户242人。结合部门联系帮扶，建立健全低收入农户“一户一策一干部”结对帮扶机制，所有低收入农户全部纳入结对帮扶；每季度开展上门走访，了解低收入农户家庭困难，并根据不同情况，制定帮扶措施、张贴“幸福清单”；成功申报产业帮扶32户，落实补助资金3.71万元。同时，还完成118户220人涉“四类人员”（低保对象、特困供养人员、低保边缘家庭、支出型困难家庭）的住房安全排查工作。（三）提升服务举措。继续优化“最多跑一次”服务，落实首问责任制和一次性告知服务，让群众少跑“冤枉路”。继续强化驻村服务，发挥联系村（驻村）干部、网格员的“联络、代办”作用，解决群众急难诉求。（宋陈洪）

元和街道

【概况】 元和街道地处云和县城东南部，浮云溪以南、新建路以东，由原云坛乡全部和原云和镇部分组建而成。区域总面积118.11平方千米，有耕地面积637.4公顷、林地面积1.03万公顷。至2020年年末，街道共下辖8个行政村、3个社区、130个村民小组，户籍总人口5388户13625人。

2020年，元和街道坚持疫情防控与经济社会发展“双线”作战，深刻领会县委十四届十二次全体（扩大）会议精神，坚定信心，凝心聚力，争先创优，有力推动辖区经济社会稳定发展。

【疫情防线全面牢筑】 坚持疫情防控和经济社会发展“两手抓”，最大限度减少疫情对经济社会发展的影响。（一）打好疫情“阻击战”。2020年，面对突如其来的新冠肺炎疫情“大考”，街道第一时间成立疫情防控工作协调小组，实施每日研判、每日报告、动态监测机制，形成“纵向到底、横向到边”的疫情防控格局。同时，凝聚乡贤会等各方力量，组织筹措防疫物资，共收到捐款3万余元、口罩2万余个。广大党员干部把疫情防控作为压倒一切的政治任务，率先垂范、冲锋陷阵、无私奉献，团结带领人民群众构筑群防群治严密防线。（二）打好防疫“查控战”。创新实施“六个一”工作法，制作“一图一册一本”，规范工作流程，做到严查、严防、严控。累计排查本土人员3050人，排查境外输入人员186人，居民居家观察162户344人。累计推送防疫常识等信息2200余条，发放疫情防控公告、通告及宣传单等5万余张，悬挂宣传标语2000余条，确保辖区实现“零疑似、零确诊”。（三）打好企业“复工战”。深入辖区企业开展调研服务，形成问题台账、需求台账；对企业开展线上申报审核、线下现场查验和开工后监督检查，主动为56家企业安装“企业码”，查改隐患11处，全力保障辖区企业复工复产。

【发展后劲稳步增强】 坚持把项目建设摆在突出位置，咬定项目建设不放松，不断增强经济高质量发展的后劲和动能。（一）项目征迁全面发力。坚持“依法公平拆迁、阳光透明征收”，持续深入推行“班子领衔”机制，明确时间表、作战图，高效完成各项征收任务。全年共征收土地15.17公顷、房屋6185平方米，先后完成古坊小学西侧道路工程、沿溪柿树岭农村道路拓宽改造工程、人民医院扩建工程、祥云路第一标段工程等5个征收项目“清零销号”，完成2个项目历史遗留问题扫尾工作,全力为项目建设打下“地基”。(二)治危拆违强势推进。深入实施“三改一拆”,打好治危拆违“攻坚战”。坚持拆违、控新、治危多管齐下,加快去除存量违建,严控新增违建,做到应拆尽拆、即查即拆。全年累计拆除违法建筑3.6万平方米,拆违面积位居全县各乡镇(街道)前列。(三)重点项目落地见效。2020年,睦田城中村改造项目有序推进,有土安置区块居民顺利入住,公寓区块开工建设。仙宫小区等3个“污水零直排工程”通过市级“污水零直排区”验收,沈村村等3个村污水提标改造工程圆满收官。“梨花微雨”风景带建设点面提升,梨庄村“苏坑梨园综合体”项目全面完工,“雪梨文化广场”基本建成,沈村村历史文化重点村及“美丽宜居示范村”等项目稳步推进。

【治理能力不断提升】 坚持和完善“共建、共治、共享”的社会治理制度,通过体制机制创新,广泛动员各方力量参与基层社会治理,努力建设“人人有责、人人尽责、人人享有”的社会治理共同体。(一)文化引领深入人心。坚持培育和践行社会主义核心价值观,积极弘扬践行“浙西南革命精神”,倡导社会文明风尚。创新启动“不梨不弃、元和有礼”文明实践项目,凝聚群众、引导群众,以文化人、成风化俗,有力推动基层社会治理。建立“1+12”乡贤参事团组织体系,实现组团式服务、网格化管理,切实发挥乡贤在基层社会治理中的独特作用。(二)美丽乡村建设全面落实。扎实打好蓝天、碧水、净土、清废“四大战役”,深化推进农村垃圾、污水、厕所“三大革命”,全面改善农村居住环境。2020年,累计开展环境卫生综合整治300余次,投入人力2500余人次、资金120余万元,整改点位1200余处,清理各类垃圾500余吨,制止秸秆焚烧1000余起,处理环保类投诉举报32起,督促整改店铺20家。(三)平安建设深化推进。以完善“打、防、控、管”一体化工作为抓手,深入开展平安综治创建工作。全年共收到信访件79件(其中来访7件、来电49件、来信7件、网上投诉11件、领导信箱5件),已全部办结,办结率100%。以“老郑调解室”筑牢矛盾纠纷化解“第一道防线”,成功化解矛盾纠纷50余起。全面加强食品安全、安全生产、消防安全等工作,日常安全防控体系进一步完善。

【民生福祉持续改善】 坚持把“群众对美好生活的向往”作为工作根本,扎实推进乡村振兴、脱贫攻坚和其他民生实事,切实改善民生福祉、提高群众幸福感。(一)产业发展释放活力。聚焦重点产业和资源要素,培育产业发展新动能,为乡村振兴提供坚实支撑。围绕产业兴旺目标,引导雪梨、杨梅等优势农产品向规模化、品牌化发展,新增和改造优质雪梨基地47公顷,完成苏坑与沈庄雪梨绿色农业核心示范基地建设。新增茶叶种植基地6.67公顷、黑木耳50万袋、良种蜜蜂50箱,有力促进农业增效、农民增收。成功举办第三届农民丰收节暨云和雪梨采摘节,助力农户销售雪梨2500余公斤。(二)脱贫攻坚落到实处。不折不扣落实“一户一策一干部”结对帮扶、“两不愁三保障”等工作要求,坚决夺取“脱贫攻坚战”全面胜利。街道、村(社区)两级党员干部对270户低收入户进行“全覆盖”走访,户户送达“幸福清单”,并抓好产业帮扶和项目扶贫政策宣传,落实低收入农户产业帮扶资金23.33万元。坚持“不落一户、不落一人”,全年共发放低保金222万余元、临时救助金23万余元,切实做到应保尽保、应助尽助。全面完成“消薄”(消除集体经济薄弱村)工作,辖区各村经营性收入和总收入分别达10万元以上和20万元以上。(三)民生实事全面完成。全面实施农村饮用水达标提标工程,为37个饮用水水池及水源地安装护栏。深入实施“大搬快聚富民安居”工程,完成4个自然村整村搬迁(合计搬迁农户300余人),启动沈岸安置小区建设。积极扩大社会保险覆盖面,完成全民医疗保险参保1.07万人,参保率99.32%,其中“浙丽保”参保率95.22%,切实提升人民群众的获得感、幸福感和安全感。

【党的建设纵深推进】 坚决贯彻落实新时代党的建设总要求，充分发挥党建引领作用，统筹抓好意识形态、统一战线、人民武装等工作，抓好工会、共青团、妇联等群团工作，夯实基层组织基础，推进全面从严治党向纵深发展。（一）村（社区）换届圆满完成。组建15个工作专班，实行换届选举全过程“一村一档”制度，做深做细选情分析研判、选举组织、纪律宣传、开门“一件事”等工作。圆满完成11个村（社区）组织换届工作，所有村（社区）均实现书记、主任“一肩挑”，村（社区）干部年龄、学历等结构进一步优化。（二）党建引领成效明显。创新“一网到底、三线并行、五级联动”的党建引领基层治理新模式，开展“云认领”“云议事”“云晾晒”，解决便民实事136件，有效促进“村改居”（村改为社区居委会）后“村居”融合。创新“支部建在网格上”党建品牌，按照“地域相近、楼栋相邻”的原则，建立网格支部28个，并将社区报到的在职党员干部编入网格支部，共同开展各类服务活动，有效推动“哨响就到”在元和街道落实见效。（三）管党治党更加严格。严格落实全面从严治党主体责任，狠抓纪律作风建设，全年共核查信访举报件及违纪违规问题线索11件次，党纪处分4人，诫勉谈话1人。强化干部队伍管理，全面推行街道与村（社区）干部精细化管理，实现制度精细化、考评科学化、职责标准化、运行规范化、奖惩实效化。开展“三比三不比”活动，实施“青蓝结对、助力攻坚”专项行动，凝聚敢想、敢拼、敢闯的团队力量和干事创业的良好氛围。（诸葛概珂）

白龙山街道

【概况】 白龙山街道地处云和县城西南部，浮云溪以南、新建路以西，东邻元和街道，南接安溪畲族乡、雾溪畲族乡，西靠崇头镇，北连凤凰山街道，区域总面积35.16平方千米。至2020年年末，街道共下辖5个行政村、4个社区、83个村民小组，户籍总人口5580户13840人。

2020年，白龙山街道深入贯彻习近平新时代中国特色社会主义思想和中共十九大、十九届历次中央全会精神，紧紧围绕县委“三个年”目标定位和“六个聚焦”工作部署，以打造“童话之窗、活力白龙”为目标，大力弘扬“新时代白龙山扛旗攻坚精神”，全面开展“2020翻身决胜十大战役”，统筹推进新冠肺炎疫情防控和经济社会发展，街道各项事业都呈现持续健康发展的良好态势。

【防疫复产统筹推进】 （一）疫情防控及时有效。2020年，面对突如其来的新冠肺炎疫情，白龙山街道高度重视、积极响应，坚决把疫情防控作为压倒一切的重大政治任务来抓，街道上下鼓足干劲、担当作为，全面开展网格管理、宣传排摸、物资保障、志愿服务等各项工作，严格落实外来人员管控措施，全年累计落实管控692人（其中居家观察645人、集中隔离47人），所有管控人员无一确诊，取得阶段性胜利。（二）复产复工井然有序。组建企业复工复产服务专班，累计帮助200余家企业复产复工。及时协调解决县重点企业返工人员入住村（社区）难问题，累计帮助1130余名返工人员解决入住村（社区）问题。高效完成“两直”补贴核查工作，累计核查企业12家、个体工商户200户。（三）常态管理持续在线。建立疫情防控常态化管理制度，协助做好重点区域流入人员核酸检验工作，专人管理对接服务，确保流入人员零风险。同时，在商场、宾馆、农贸市场等公共场所设立防控服务点，严格执行“亮码+扫码+戴口罩”通行制度，切实守好“小门”。

【发展动能不断聚积】 （一）项目征收加快推进。小厨娘区块收储、华宏轧钢生产线西拓、云和电商产业园等重点征收项目完成前期摸底；华宏东拓项目、新建村农旅融合试点项目、浮云溪流域综合治理工程项目（黄桥头段）续征土地完成政策处理；云和工业园区平台拓展项目（高胥移民湾）完成房屋征收签约28户。（二）项目建设有序推进。高胥狮山岭脚4.27公顷土地垦造完成验收；高胥西大旱地改水田完成立项；岗头安置小区、云雾桥拓宽工程等历史遗留问题得到解决；城东南路、云和县迁建安置区（原处州驾校地块）等项目完成清表交地。大坪社区党群服务中心顺利完工。大坪盆景园、三门田园综合体等农旅项目顺利推进。（三）棚改工作顺利推进。8月，正式启动南门东区块棚改工作。该区块涉及征收房屋66户，其中国有出让住宅35户、集体性质住宅28户、工业用房3户。至2020年年末，已完成房屋征收签约59户，完成率89.39%。

【城乡颜值持续提升】 （一）环境整治深入开展。全力推进城乡环境综合整治，着力解决乱堆乱建、门前“三包”、垃圾分类等问题。全年累计开展环境整治行动80余次，整治点位420余处，张贴门前“三包”责任牌7000余块；开展“最整洁村庄、最脏乱差村庄”评选2次，评出“整洁家庭示范户”500余户，有效激发全民参与环境整治的热情。（二）污染治理常态推进。强势推进企业污染整治工作，全年累计整治污染企业10家，培育入园企业1家。紧盯环保督查问题整改，第一时间完成“沙溪兴农食用菌”环保督察信访交办件问题整改。深入推进“河长制”工作，全年河道巡查不间断，各级河长巡河完成率100%。（三）治危拆违保持高压。全力护航“无违建县”创建迎检工作，对沙溪路、云雾线、黄安线、三门、高胥村等区域违章建筑及废弃菇棚进行全面拆除，并完成高胥村海洋玩具厂、长田、河上村工业园区一侧重点点位拆除整治工作，累计拆除县交办点位194个（完成率100%），拆除自查点位904个，拆除总面积超过12万平方米；完成存量违建没收与回购218户，涉及面积4.68万平方米，有效解决历史遗留问题。严格落实控新要求，审批农村建房21户，并全面落实“四到场”和“挂牌施工”制度，有效遏制新增违建发生。高度重视“三类人群”（五保户、低保户、贫困残疾人家庭）住房安全问题，完成危旧房修缮8户。

【民生事业稳步推进】 （一）脱贫攻坚全面发力。全力做好“两不愁三保障”专项工作，认真落实“一户一策一干部”结对要求，全面开展产业帮扶、教育扶贫等各项工作，全年共发放各类社会救助补助资金120余万元。同时，按要求完成城乡居民养老保险、医疗保险参保和适龄妇女“两癌”筛查等民生工作，切实保障人民群众切身利益。（二）民生项目持续推进。2020年，票决的5个民生项目进展顺利，其中，箬溪社区文化家园项目已完成验收，长田文化礼堂项目已完成主体工程，食用菌（冰库）交易市场项目已破土开工，南门区块等6个“截污纳管工程”项目已完成前期工作。（三）集体经济发展成效显著。大坪盆景市场、高胥电商综合体项目前期顺利推进，三门分布式屋顶光伏项目已并网发电。成功举办白龙山街道第一届“淘薯节”，“灵潦山优品”电商品牌初步打响。深入开展“山海协作”，与宁波北仑区小港街道建立合作关系，合力推进“农产品销售窗口建设”“百万元农产品认购订单”等合作项目，为集体经济发展再添新动力。

【基层治理有效探索】 （一）社会治理更加有效。深入推进“街乡共治”“党建联盟”等试点工作，探索构建乡村治理体系有效路径，构筑大坪社区“大党委战斗堡垒”和沙溪片区“党群共同体”，引领华宏钢铁、崇头、雾溪等片区服务党支部及其党员共同参与基层治理工作，形成“街乡共治”合力，提升治理效能。（二）社会稳定常抓不懈。深入开展“扫黑除恶”专项工作，累计开展不稳定因素和矛盾纠纷排查32次，不断夯实基层综治基础。同时，积极化解群众矛盾纠纷，回应群众诉求，全年累计调处各类矛盾纠纷126起、调处成功率98.4%，受理来信来访96件、办结率98.6%，解决历史遗留重大疑难信访件2件。（三）安全生产紧盯不放。紧盯“低散乱”企业、出租房、危旧房、香菇棚等安全生产薄弱环节的安全生产检查和安全隐患整改落实工作，全年共开展安全生产检查14次，整改安全隐患42处。认真开展防汛抗台、森林防火等应急工作，顺利完成清明节、“黑格比”台风等重点时段应急值守任务。挂牌成立白龙山街道应急指挥中心，并抽调各村精干力量60余人组成应急救援队，做到突发情况召之即来、来之能战、战之必胜，切实保障群众生命财产安全。

【党的建设全面加强】 (一) 做大“党建联盟”品牌。以“新时代白龙山打旗攻坚精神”为核心，以“四个千万精神”(跑遍千山万水、走进千家万户、说上千言万语、吃尽千辛万苦)为抓手，以“红旗支部大擂台”“青年先锋大比武”等为载体，将党建引领落到实处。同时，继续健全完善党建引领基层治理格局，不断丰富“党建引领•八治合和”党建品牌内涵和外延，打造“平和大坪”“温和箬溪”“融和灵际”“合和黄水碓”社区党建品牌，推动“党群共同体”建设。(二)配强村(社区)干部队伍。精心部署村(社区)换届工作，坚持用“八过关”标准进行考察比选，确定9个村(社区)“一肩挑”人选。提前做好“三引”，通过多种措施，保持高压态势，严格把好资格审查关、选举程序关、人员结构关，牢牢掌握选举主动权。强化后备人才储备，通过届末考评、群众走访、座谈交流等方式，从年龄结构、能力匹配、担当意识等方面进行深入考察，为各村(社区)储备“两委”班子后备人选5人以上。同时，建立“一村一库”，将后备人才库做大做深，确保村(社区)换届“优中选优”。至2020年年末，街道下辖的9个村(社区)已储备“两委”班子后备人选61人，为换届工作提供人才支撑，进一步营造“能者上、庸者下”的浓厚氛围。(三)抓严党风廉政建设。落实全面从严治党主体责任，督促领导班子落实“一岗双责”，支持纪工委履行监督责任。组织干部开展党风廉政建设培训2次，提高党员干部的廉洁自律意识。完成扶贫领域专项督查反馈的24个问题整改，补齐短板，为决胜脱贫攻坚做好政治保障。全力配合县委巡察组对街道党工委、各村(社区)开展政治巡察，针对巡察组反馈的47个问题，逐一研究对策，逐一落实整改。至2020年年末，已完成村级项目遗留问题、村集体资金规范管理与使用、村干部分工制度等方面39个问题整改。 (程可欣)

凤凰山街道

【概况】 凤凰山街道位于云和县城西北部，浮云溪以北、新建路以西，东邻浮云街道，南接白龙山街道，西靠赤石乡、崇头镇，北连紧水滩镇。区域总面积45.07平方千米，有耕地面积225.47公顷、林地面积3573.34公顷。至2020年年末，街道共下辖5个行政村、4个社区、91个村民小组，户籍总人口6335户17353人。辖区有驻区行政事业单位20余家；初级中学1所，教师101人，在校生1450人；小学2所，教师183人，在校生3000人；幼儿园5所，教职工211人，入园幼儿1738人。

2020年，凤凰山街道高举习近平新时代中国特色社会主义思想伟大旗帜，认真贯彻落实县委、县政府各项决策部署，坚持以“丽水之干”担纲“丽水之赞”，奋力推进辖区经济社会高质量发展，在建设“智汇凤凰山”的实践中又迈出坚实一步。

【疫情防控】 2020年伊始，新冠肺炎疫情来袭，街道上下团结一心、众志成城，1400余名工作人员、志愿者全身心投入疫情防控，采取各种“硬核”措施，外防输入、内防扩散，用责任和担当筑起疫情防控的坚实防线，全力打好疫情防控和复工复产“双线战役”。(一)细管理，强宣传。将全街道各村(社区)划分为58个基层红色网格，在利用上门走访、“农民信箱”、微信等方式进行宣传的同时，还利用流动宣传车、手提喇叭每天在大街小巷、村头村尾开展宣传，切实提高广大群众对疫情防控的正确认识和自我防护能力。全年累计发放宣传资料1.1万份，张贴公告2000余张；开展地毯式摸排3轮，建立“一户一档”健康档案3142户8464人。(二)硬管控，软服务。前期规范设立卡点26个，严把出入关口，给每户居民发放通行证，严格把控人员出入，按要求对出入人员进行登记、测量体温，卡点人员坚持24小时值守。对居家医学观察对象坚决实行“硬管控”“软服务”，全力当好“暖心服务员”“温馨代办员”“心理疏导员”“卫生消毒员”。全年累计管控居家医学观察对象277人，自行居家观察705人。同时，凝聚乡贤力量，支援抗疫前线，街道乡贤会主动带头捐赠口罩2万余只以及消毒液、防护服、食品等物资，价值共计56万元。(三)抓复产，提效能。为各地返工返岗人员开具复工证明1000余份，用时9天完成辖区企业全面复工，并指导企业有序开展生产；成立“华宏复工复产专班工作组”，用时3天护送120余名华宏公司员工返回云和复工。同时，在辖区村(社区)、企业全面推广使用“健康码”，推行“亮码+测温+戴口罩”制度，确保群众生产生活平稳有序。(四)严防范，保安全。动态调整中高风险地区来云和人员的防控措施，建立完善《疫情防控应急操作流程》，协调做好疑似人员转运工作，完善闭环管理操作流程，毫不动摇抓好常态化疫情防控，确保各项工作安全有序开展。

【经济发展】 (一)工业经济平稳发展。至2020年年末，辖区共有工业企业205家(不包括工业园区企业)，其中规模以上企业18家。全年实现规模以上工业总产值85.51亿元，同比增长12%；整治“低散乱”企业(作坊)49家，其中入园发展13家、停产停业36家；落实“天金·云溪府”续建项目，获续投资金1137万元，超额完成任务。(二)农业产业持续优化。全年完成粮食作物播种面积156公顷，发展食用菌1152万袋，新增茶叶种植面积13.87公顷(验收面积)、蔬菜连片种植面积10.6公顷(连片种植3亩以上验收面积)、蜂蜜养殖102箱。(三)集体经济持续增长。完成华臻木业光伏联建等项目，健全街道农村集体经济公司相关制度，5个村集体经济总收入195.63万元，增幅达13.52%，其中经营性收入99.39万元，增幅达7.26%，全面完成年度“消薄”任务。积极筹备后山村便民服务中心村级“消薄”项目、工业园区木玩产业创新孵化基地标准厂房购买项目，预计可获取年收益56万元。(四)脱贫攻坚精准实施。完成重点扶贫村项目建设，对低收入农户数据库进行调整；开展低收入农户“一户一策一干部”结对帮扶，已结对132户293人，帮扶干部122名，覆盖率达100%。每季度开展入户走访，累计走访255人次，走访率98.5%。对67户低收入农户进行产业帮扶，累计发放帮扶资金15.41万元。对11名职业技术学校学生进行帮扶，累计发放“雨露计划”助学金3.3万元。组织农民培训1129人，完成年度任务数的105.9%。

【项目攻坚】 (一)有序开展重点项目建设。2020年，先后完成县中医医院迁建、解放西路(城西路—老解放街)道路改造、云龙公路(新殿垟至龙门段)改建、紧水滩引调水、后山村八一加油站等项目征收工作；伟玲砖瓦厂区块已完成房屋评估3086.6平方米；城北路道路改造工程(二期)已完成房屋征收，土地征收尚在进行中；白水区块棚改项目已完成房屋征收1.34万平方米，全部46户房屋、19户生产加工棚均已腾空。(二)全力冲刺“无违建县”创建。对非法占用土地和乱搭、乱建行为进行专项整治，全面清理卫片图斑、“大棚房”、违建别墅、设施用地、逾期临时用地和临时建设区域，累计处置违法建筑41处，整改拆除省级交办点位6个、县级点位240个、自查点位800余个，拆违总面积达3.04万平方米。(三)扎实推进民生保障项目。完成垦造水田立项4.13公顷，竣工验收2.2公顷；完成建设用地复垦立项1.23公顷，竣工验收0.57公顷；完成历年续建项目3个；排查鉴定困难群众危房户5户、一般家庭危房户8户，全部为C级危房，均完成治理改造，并验收合格；办理私人建房申请16户。全力推进“大搬快聚”工作，针对实施整村搬迁的际上自然村、零星搬迁的源头岗自然村等，扎实做好思想工作，稳步推进搬迁工作。至2020年年末，已拆除19户，完成率达86%。

【环境治理】 (一)打好环境整治攻坚战。通过建立“和大姐”“活力助跑团”“巧妇评分团”等志愿服务队伍，从解决群众反映强烈的痛点、堵点、热点、难点问题入手，实施“2+2+2”工作制度，完善“1+1+X”保洁员监督考核机制，将村（社区）划分为11个交叉检查组，500余名干部群众投入环境综合整治行动，完成整治点位1502个，清运垃圾65吨。利用微信群、宣传栏发布宣传公告36条，张贴、发放倡议书5000余份，形成村居环境共建、共治、共享的良好风气，在第二季度比拼中荣获“最整洁街道”称号。（二）打好蓝天碧水保卫战。推进“全域覆盖、城乡联网”污水处理设施建设，实施“污水零直排区”工程7个，其中2个已完成、5个尚在施工。逐步落实农村饮用水提升工作，梅垄村自来水工程已完工，后山村重河自来水工程、木路至烧基段应急水毁修复工程已基本完工。（三）打好应急联动突击战。强化应急队伍建设，实现所有村（社区）应急消防队伍全覆盖；开展常态化维稳巡查、应急消防演练，确保“拉得出、冲得上、打的赢”；加大基础设施投入，为贵溪村消防宣传示范体验点、叶培武警务室以及老城区、城郊接合部等应急基础薄弱区块配备防火作战服、灭火器、水带等设备，全面提升抵御重大灾害事故的能力。2020年，贵溪村应急救援队成功灭火5次，解放街区块居民自发组织灭火2次。做好辖区内地质灾害、小流域山洪、危房等5类风险点人员的转移，开展基础信息排查及系统录入264人，并完成审核、赋安全码。

【民生保障】 （一）民生服务不断完善。以社区“微治理”模式，打造“一社一品”志愿服务特色品牌，根据群众需求，细分出9大类27个板块的志愿服务清单，建立“菜单式”服务平台，打通基层治理“最后一公里”。2020年，“老李帮忙团”共开展志愿服务622次，参加志愿者7120人次，受益群众达2.6万人次，被省委宣传部、省文明办、省民政厅评为“2020年度浙江省志愿服务最美（最佳）典型之最佳志愿服务组织”。配合推进省市县民生实事建设项目42项，已全部完成。加快推进“最多跑一次”改革，落实村级代办员37人，通过代办服务，打造“移动受理窗口”。（二）社会保障不断夯实。全年累计发放各类社会救助补助资金222万元；完成城乡居民医疗保险新参保62人，“浙丽保”参保人数5860人，参保率达79.74%；完成企业养老保险退休认证2705人、城乡养老待遇生存认证1653人；调解劳动人事争议65件，涉及金额67.68万元。稳步推进“健康云和”建设，新增计划生育奖扶对象15人、特扶对象5人；发动142人参与无偿献血；超额完成居民健康体检任务。（三）文化活动亮点纷呈。春节前夕，巧云村、勤俭村、贵溪村、新岭村分别举办“乡村春晚”，村民自编自导的文艺节目生活气息浓郁，充分调动群众积极性，丰富群众精神生活。端午节、中秋节、重阳节、国庆节等节日期间，各社区相继开展“粽情端午”主题文化活动、举办2020年“迎国庆、共团圆、庆丰收”暨多民族“敬老礼仪”民俗文化活动。2020年，阜安门社区率先创成全县首个“社区文化家园”。（四）平安建设扎实推进。以“和文化”治理模式为导向，构建具有云和特色的矛盾纠纷调解中心、反邪教警示教育基地各1个；成功办理并答复信访件167件，回访满意度99.4%；市、县两级信访积案全部签订息访承诺书，化解率达100%。强化落实“扫黑除恶”专项工作任务，彻底处理自查线索1条。

【固本强基】 （一）联动构建网格组织体系。扎实推进“红网工程”，建立“红色网格、联片连网、联户连心”的网格组织体系，并实现“三个全覆盖”；将街道分为12个大网格、58个小网格、75个微网格、379个细胞网格，坚持推进“党委+网格支部+党小组+党员+志愿者”五位一体的党建组织体系建设；定期开展层级网格“红色圆桌会”，为村庄建设出谋划策。扎实推进“哨响就到——在职党员、干部职工进社区报到”工作，全年共有45名街道干部进社区报到，报到率100%；4个社区共有740名在职党员和干部职工完成报到，其中党员394人、非党干部职工346人；组织开展活动166次，参加人数3935人次，累计时长376小时。坚持“流动党员学习和报告”制度，切实强化党员记实管理。(二)高质量完成村(社区)组织换届。坚持聚焦组织先行、程序先行、责任先行，全面做好选前、选中、选后工作。精心安排，严密组织，利用张贴公告、电子屏、微信群、横幅标语等多种形式，宣传基层组织换届工作重要意义。9个村(社区)、2个股份经济合作社共选出班子成员88人，平均年龄44.31岁；大专以上学历50人，占比56.82%；新进班子人员35人，占比39.77%，班子成员呈年轻化、素质化；“一肩挑”人选均一次性当选，且平均得票率高达97.08%。召开新一届村(社区)干部就职仪式暨集体培训会，促使新任村(社区)干部尽快进入岗位。(三)扎实推进“开门一件事”。村(社区)组织换届后，开展“实战练兵”、以项目论英雄，后山村、新岭村自来水管网和污水管网改造，贵溪村清廉广场(健身公园)建设，河坑村、梅垄村公厕和停车场修建等项目如火如荼开展，实现“开门红”，形成想干事、会干事、干成事的良好氛围。(四)强化党管武装工作力度。针对新时期武装工作的新特点、新要求，在“管武装、建武装、用武装”3个方面下功夫，动员适龄青年参与兵役登记，完成基干民兵政治考核、体格检查、编队编组和军事训练，参与山林火灾扑救2起，锻造一支“服从指挥、来之能战、战之能胜”的民兵队伍。

【队伍建设】 (一)强化政治理论修养。始终把政治理论学习摆在突出位置，开展全体党员集中学习与交流研讨、领导干部上党课等10余次，深入学习领会中共十九届五中全会、省委十四届八次全会和市委四届九次全会精神。同时，以“学习强国”、党员电教片为载体，做到线上线下同时学习。(二)把稳意识形态导向。严格把牢意识形态工作主动权，每季度召开意识形态分析研判会，并将意识形态工作列入年度考核。对各科室干部加强思想政治教育，组织基层宣讲小分队开展宣讲活动30余场。(三)坚守党风廉政底线。常态化开展监督检查，每月对干部上下班、值班、作风纪律等进行专项督查，全年共开展正风肃纪督查22次。在春节、五一等节假日前夕，均发送廉政提醒短信，并开展违规吃喝、公车使用等违规违纪问题检查9次，未发现相关问题。认真办理群众信访件和投诉举报件，调查核实举报件4件，党纪处理3人，留党察看1人，开除党籍2人，尚在立案审查4人，初核问题线索1件。(四)狠抓巡查问题整改。针对县委巡察反馈的3个方面33个问题，逐一制定整改措施，逐一落实问题整改。至2020年年末，已完成20个问题整改；其间，累计教育提醒52人次，修改完善制度3项，收回违规资金23.72万元。 (董柳娟)

崇头镇

【概况】 崇头镇位于云和县城西南部，东邻白龙山街道、雾溪畲族乡，南接景宁畲族自治县，西靠龙泉市，北连赤石乡、凤凰山街道。区域总面积228.2平方千米，有耕地面积1866.67公顷、林地面积1.58万公顷。至2020年年末，全镇共下辖18个行政村、1个居委会、269个村民小组，户籍总人口7496户22136人。

2020年，崇头镇坚持以习近平新时代中国特色社会主义思想为指导，全面贯彻中共十九大和十九届历次中央全会精神以及中共中央总书记习近平在浙江考察时的重要讲话精神，认真落实县委、县政府各项决策部署，统筹推进疫情防控和经济社会发展，交出一份“两战赢、双胜利”的高分“答卷”，并先后被评为省新时代美丽城镇建设样板乡镇、省AAAA级景区乡镇等，崇头镇党委被评为“丽水之干”模范集体。在2020年度全县各项考核中，崇头镇再次以全县乡镇(街道)第一名的成绩获县级综合考核优秀单位和党管武装、乡村振兴等10余项工作优秀单位称号。

【经济社会企稳回暖】 (一)疫情防控科学有效。迅速响应抗击疫情，从严落实“四早、四集中”举措，精准实施“动态排查+硬核隔离+精密智控”，严格执行“一码一测一口罩”，并成功组织大规模人群核酸筛查演练。依托村组网格化管理开展群防群控，动员广大党员干部一线抗疫，组织多轮拉网式排摸筛查。累计排查人员2万余人，完成237个重点监管对象管控，未出现一例确诊病例和疑似病例，疫情防控取得阶段性胜利。（二）经济社会疫后重振。坚持以保促稳、稳中求进，准确把握时机调整战略，疫情防控和经济社会发展两手抓、两促进。成立多支党员干部服务队伍，保障群众生活必需品供应，协助285家小微企业和个体工商户申领“两直”补助，保障云和梯田景区、商店、农家乐（民宿）等复工复产，全年主要产业收入逆势上扬。（三）项目攻坚稳步推进。深入实施“抢时间、补增量”行动，加快推进梯田创AAAAA项目政策处理，成功破解梯田公社、栈云山庄等历史遗留问题。加快项目建设进度，4条景区公路全线通车，梯田观光塔、观云索道全面建成，一级游客接待中心主体工程顺利结顶，基本完成梯田创AAAAA项目土地征收，全面完成所有项目房屋征收工作，33个重点项目开工率达85%，全年累计完成投资12.1亿元。

【镇村面貌明显提升】（一）镇区品质不断优化。整合资金8.5亿元，保障专项用地27公顷，完成苦枝墩基建、“云想家”停车场新建、镇区道路改造、管线序化等基础工程，完成入镇景观驿站、新时代文明实践广场、小镇客厅、景观公园、环镇绿道等项目建设，镇区配套设施不断完善，便民功能、人文气息不断丰富。（二）乡村颜值提档升级。深化农村环境综合整治，强势推进“三改一拆”，销号拆除违章点位231个，拆除存量违法建筑2万平方米。深入推进“最美梯田风景带”建设，完成36个景观提升项目，打造“梅源老街”“坑根青苔墙”等重要节点，并开展下垟村整村改造，建成3个景区村和2个特色精品村。强化古村落保护利用，沙铺村被列为国家级传统村落，黄家畲村、坑根村通过省级历史文化重点村验收。（三）镇村环境全域改善。扎实推进农村“三大革命”（垃圾革命、污水革命、厕所革命），全面推行“门前三包”和垃圾分类，完成2735个环境点位整治，垃圾资源化利用站投入使用，全县首创“垃圾分类督导员入户收集”机制，梅源村创成省级“高标准生活垃圾分类示范村”，新增2座省级示范性农村公厕和星级公厕。深化“五水共治”工作，完成镇区和3个景中村污水管网改造，污水处理厂加快建设，成功创成“污水零直排区”。加快完善基础设施，修缮提升村庄公路45.7千米，建设公路防护工程53千米，“四好农村路”逐步形成，综合供能服务站投入运行。

【生态产业提质增效】（一）生态旅游业稳中向好。云和梯田景区全年接待游客105万人次，实现营业收入3056万元；全镇149家农家乐（民宿）实现营业收入2900余万元。云和梯田景区顺利通过国家AAAAA级旅游景区景观质量评审，正式列入国家AAAAA旅游景区创建名单，并入选“诗画浙江”耀眼明珠培育对象（高能级景区）、全省首批山地休闲度假发展试点和“乡村氧吧”；下垟村入选浙江省首批“农文旅”融合开发培育民族村；坑根村、梅竹村创成省级“农家乐集聚村”；“云谷山房”民宿被评为全省最高等级民宿“白金宿”。（二）生态农业强基提质。加快推进农业转型升级，新增粮食生产功能区3个、高标准农田建设项目6个，完成崇云省级农业绿色发展先行区建设。云和梯田入选省级农村产业融合发展示范园创建名单，梯田稻米荣获浙江“好稻米”金奖，“云和鳖”正式纳入全国名特优新农产品名录，农特产品品牌影响力显著提升。（三）生态产品价值实现创新示范。探索开展镇域GEP（生态系统生产总值）核算，全镇GEP上升至80.31亿元，其中云和梯田GEP 7.2亿元。以梯田生态强村公司为重要载体，聘请职业经理人开展农产品销售、“红绿”培训、生态修复等业务，公司资产达到1500余万元，年收入400余万元，并获得政府专项采购资金297.8万元。建立生态信用管理应用体系，全市首推“信易游”“生态信用农户贷”等信用激励机制，建成坑根村金融服务平台，全年发放信用贷款850余万元。

【民生福祉不断增进】 （一）脱贫攻坚如期完成。聚焦“两不愁三保障”，对建档立卡的897户1972人低收入农户开展“一户一策一干部”结对帮扶。强化政策、资金保障，全年发放保障金（供养金）91.33万元、救助金368人次83.89万元、产业帮扶资金471户77.76万元，并全面完成C、D级危房治理以及家庭医生签约、“雨露计划”、曙光助学等保障工作。大力推进“大搬快聚·富民安居”工程，完成10个自然村整村搬迁（搬迁人数633人）。实施“消薄巩固提升行动”，集体经济年收入20万元且经营性收入10万元以上的村达到15个。（二）社会事业全面发展。持续推进社保扩面提质，全面完成基本养老保险、医疗保险和“浙丽保”参保等县定任务。公共服务设施日渐完善，云丰居家养老服务中心投入运营，镇卫生院综合楼顺利结顶，下垟村、叶垟村文化礼堂完成建设。农村饮用水达标提标工程顺利完成，水质合格率达100%。全面动员、多方联动，顺利完成第七次全国人口普查登记工作。扎实开展“教育提质行动”，梅源中学中考平均分和高中录取率均获历史最好成绩，并被评为全市教育提质先进集体。文化事业繁荣发展，成功举办第十四届开犁节、云端纳凉、谷雨茶事和梯田自行车赛等文体活动，梅源芒种开犁节入选第五批国家非物质文化遗产代表性项目名录。（三）社会秩序和谐稳定。深化“平安崇头”建设，持续推进“扫黑除恶”专项斗争，治安环境持续净化。探索乡村治理新模式，首创“乡贤+”社会治理体系，建立“一厅一坛一联盟”工作模式，引导乡贤参与乡村治理。推行矛盾纠纷化解“最多跑一地”，建立镇级一站式矛盾纠纷调解中心，成功调处矛盾纠纷90余起。全面落实安全生产责任，深入开展安全生产、消防安全等隐患排查200余次，消除各类隐患100余处，建成微型消防站1个。改造提升食品安全监管所，群众食品安全得到有效保障。

【政府建设全面加强】 （一）政务服务不断优化。深入推进“最多跑一次”改革，依托镇人大城区联络站，建立群众事项县城代办点，并在县行政服务中心开设“乡事城办”综合窗口，梳理推出群众常办事项16项，派驻干部专职服务，做到一窗受理、内部流转、集成服务。加快推进政府数字化转型，强化政务信息公开，推行“网上办”“掌上办”等网络便民措施，更好服务群众办事。（二）治理能力全面加强。加快“法治政府”建设，推进重大行政决策目录化管理，强化行政规范性文件合法性审查。自觉接受镇人大监督，主动接受监察监督、群众监督、舆论监督，强化审计监督，高质量完成11件人大代表建议办理。强化基层民主法治，落实“一村一法律顾问”，培育“法律带头人、明白人”，逐步提升乡村自治水平。（三）作风建设持续深入。严格落实党风廉政建设责任制、中央八项规定及其实施细则，切实抓好县委巡察反馈问题整改，持续整治形式主义、官僚主义。大力整治“文山会海”，全年发文、办会均明显减少。加强财政预（决）算管理，严控“三公经费”支出。支持纪检监察机关开展监督执纪，坚决惩治和查处侵害群众利益的不正之风及腐败问题。此外，老干部、关心下一代、青少年、工会、妇女儿童、人民武装、气象、移民、统计、史志、科普、民族宗教、红十字和慈善等各项工作均取得新进展。 （程　硕）

石塘镇

【概况】 石塘镇位于云和县城东北部，地处莲都、云和、松阳三县（区）交界处，是云和的“东大门”、丽水的“后花园”。镇政府驻地石塘村西滩头自然村，距云和县城24千米，距丽水市区34千米。区域总面积178.9平方千米，有耕地面积866.67公顷、林地面积1.67万公顷，其中重点生态公益林0.88万公顷。至2020年年末，全镇共下辖13个行政村、202个村民小组，户籍总人口5375户13361人。

石塘镇是丽水市饮用水源保护地，境内有石塘、玉溪两大人工湖。石塘镇是移民大镇，全镇共有移民2000余人，主要是石塘电站、玉溪电站后靠移民。石塘镇是茶叶之乡、板栗之乡、油茶之乡，全镇共种植茶叶2033.33公顷、板栗1200余公顷、油茶4000余公顷。

石塘镇有行政编制29个（在编26人、缺编3人），事业编制34个（在编31人、缺编3人）。辖区有小学2所（石塘小学、朱村小学），共有师生270人；幼儿园2所（朱村幼儿园、规溪幼儿园），共有师生100余人；派出所、卫生院、供电所、信用社各1家。

2020年，面对新冠肺炎疫情带来的巨大冲击，石塘镇紧紧围绕“疫情防控和经济社会发展‘两手抓、两手硬’”总体要求和高质量发展目标，扎实做好“六稳”“六保”各项工作，交出一份“两战赢、双胜利”的满意“答卷”，先后获国家卫生乡镇、省农业绿色发展示范区、市红色旅游示范乡镇、全市创建星级平安金鼎工作突出贡献集体、县级综合考核优秀单位及10项单项工作先进集体等荣誉称号；石塘村被评为省美丽乡村特色精品村、省垃圾分类示范村；小顺村被评为市红色旅游示范村；“甜蜜古村”风景线被评为省美丽乡村风景线。

【经济发展态势良好】（一）复工复产成效明显。组建“1+1”暖心结对服务小分队，累计开展各类服务300余人次，实现辖区内企业、农家乐、在建项目复工率100%。制定《石塘镇疫情防控期间茶叶生产工作实施方案》，落实“五加强”保障措施，加大信用贷款贴息等金融扶持力度。特别是年初，克服疫情叠加“倒春寒”对茶叶产业的影响，在最短时间内实现茶叶加工经营点复工150余家，茶青日加工量达到9吨，最大限度地降低茶农的经济损失。（二）特色产业不断壮大。“农文旅”（农业、文化、旅游）深度融合步伐不断加快，新增和改造茶叶基地26.67公顷、油茶基地33.33公顷、板栗基地10公顷，新养殖中蜂300箱；新增农产品转化为旅游地商品2个，实现石塘镇“帆影渔歌”区域品牌农产品销售额60万元。保障优质绿色农产品供给，完成农产品抽样检测400组，合格率达100%。（三）重点项目扎实推进。树牢、紧盯“项目为王”理念不放松，全面聚焦重点项目建设，长汀高端民宿、石塘小学迁建配套道路工程等项目完成前期工作；云和东部旅游集散中心（一期）、天然气“县县通”（二期）、石塘交通码头（二期）、石塘镇“大搬快聚”安置小区、小顺军民融合训练基地（二期）、大坑电站“消薄”项目、金山下村和石塘坑村省级历史文化村落保护等一批重点项目加快推进；大坑底定岗庵整村搬迁土地复垦、龙石至长汀通景公路提升改造、长汀村古道修复与配套景观、小顺皮划艇“消薄”项目、规溪至莲都绿道连接线、朱村茶廊及茶叶加工点等工程顺利完工。有效投资不断扩大，超额完成招商引资工作目标任务。

【农村面貌持续改善】（一）生态环境不断优化。深入开展城乡环境综合整治行动，累计出动干部群众4000余人次，清理垃圾点位500余处。全面落实“整洁家庭”月评比制度，累计开展“最美家庭、最脏家庭”评比活动12次，评出“最美家庭”460户、“最脏家庭”300户。加大垃圾分类力度，建成垃圾分类收集房（亭）37座，安装垃圾分类宣传牌72块，发放家用分类垃圾桶2000只；开展西滩头农家乐及镇下属单位垃圾分类上门收集、终端处理工作，建成石塘镇垃圾分类教育基地。持续推进“五水共治”，完成小微水体点位整改90余处，细化村规民约，将小沟、小渠、小溪、小池塘等列入村庄长效保洁范围，进一步落实“河长制”工作机制，镇、村级河长巡河任务完成率100%。全面加强玉溪水资源保护工作，处置倾倒建筑垃圾事件5起，完成玉溪水库二级饮用水源地环境污染（生活面污染、农业面污染）整治工作。全力打好蓝天保卫战，全年共劝阻扑灭焚烧点156处。顺利完成第三轮中央环保督查迎检工作。（二）基础设施不断完善。建成污水管网项目7个，总长4.8千米。改造提升农村公厕3座。完成农村饮用水达标提标工程8个，受益总人口6000余人。长汀、小顺2个村“省AAA级景区村改造提升工程”顺利完工。长汀、小顺、滩下3个村“花园村庄”创建顺利通过验收。此外，还完成7座污水终端改造提升工程、10个自然村“饮用水工程”。（三）拆违控新不断加强。完成违建点位销号201个，顺利完成“省无违建县”创建验收迎检工作。严格落实建房“四到场”制度，持续加大拆违控新力度，全年共拆除违法建筑5.4万平方米，继续保持对新增违建“零容忍”高压态势。2020年，石塘镇美丽城镇创建行动方案被评为浙江省第二批样板创建城镇行动优秀方案。

【社会事业蓬勃发展】 （一）疫情防控常抓不懈。严格贯彻执行疫情防控有关规定，制定石塘镇疫情防控“十项制度”，组建党群志愿服务队13支，吸纳志愿者184人常态参与疫情防控，全年累计参与防疫服务600余人次；设立疫情防控卡口28个，登记检查10263人；居家隔离101户265人，动态管控县外返乡人员332人；张挂横幅标语120条，发放宣传手册1.1万份，发送疫情防控短信1.8万条；指导“健康码”申领11482人次，成功实现“零感染”。（二）民生保障提档升级。石塘小学新校园正式启用，朱村小学萎缩性管理、规溪幼儿园撤并工作加快推进。深入实施“低保”动态管理，累计复核低收入户854户1476人，发放救助金324.21万元。积极开展“产业帮扶促增收”行动，全面落实“一户一策一干部”结对帮扶机制，累计发放产业帮扶资金40万元。顺利完成农医保、养老保险、“浙丽保”参保工作。“大搬快聚”工作取得实质性成果，完成整村搬迁2个（共58户177人）、零星搬迁申报89户247人，“大搬快聚”安置小区项目完成“三通一平”（通水、通电、通路和地面平整）并全面启动房建工作。加强养老助老工作，建立山区留守老年人“三助公益服务”制度，实施“医养结合+”老年人关爱计划，切实关注老年人健康。（三）文化基础不断夯实。完成文化礼堂提升项目3个，建成“瓯江船帮文化”展示馆。依托“我们的节日”“春泥计划”“农民丰收节”等载体，开展“粽叶飘香、情满端午”、长汀中秋夜、金秋板栗节、“送戏下乡”等群众文化活动34场次。开展“小二”系列志愿服务活动23场次，累计服务群众4万余人次。同时，认真做好“云和好人”培育推荐、道德楷模事迹宣讲等工作，积极引领乡村文明风尚，不断提升村民综合素养。

【基层治理有力有序】 （一）改革创新成果丰硕。加快推进城乡产权制度改革，顺利完成全部行政村资源资产清查和小顺村、朱村村财务预（决）算试点工作。加大便民服务力度，建立“村级便民服务中心前台综合受理+县乡后台分类办理+村统一窗口出件”服务新模式，推出赶集日服务、上门服务、预约服务等特色服务，切实打通服务群众“最后一公里”。深化“最多跑一次”改革，加强代办员队伍建设，让“有事找网格员”成为常态，全年累计代办事项305件，办结率100%。完善《石塘镇全科网格员管理考核办法》，强化网格员日常管理。（二）社会治理更加有效。制定实施《云和县石塘镇加快推进乡村治理体系建设实施方案》，探索构建政治、自治、法治、德治、智治相结合的乡村治理体系。抓好日常信访问题处置，全年共处理各类信访件176件，办结率、回复率均达到100%。建立石塘镇社会矛盾纠纷调处化解中心，组建专业调解员队伍，创新推出“六头五特”矛盾纠纷化解工作方法，全年共开展矛盾纠纷调解50余次，成功化解矛盾纠纷30余起，化解成功率达95%。（三）安全生产保障有力。认真贯彻落实安全生产各项任务要求，组织开展安全生产重大事故警示教育和消防安全演练，落实企业安全生产巡查、安全生产责任书签订等各项措施，完成辖区23家企业“企业码”申领工作，完成双港避灾安置场所提升工程，建成石塘镇镇级消防宣传示范体验室以及小顺村、金村村、竹子坪村3个村级消防宣传示范体验点。高度重视森林消防安全工作，加强护林员队伍技能培训，开展森林防灭火技能大比武活动，并制止野外用火行为60余起、派员驰援其他乡镇(街道)完成灭火任务2起。

【党的建设纵深推进】 (一)政治建设持续加强。全面落实“第一议题”制度，坚持把学习习近平新时代中国特色社会主义思想和习近平总书记总书记最新指示批示精神作为党委会、支委会、党员大会等会议的第一议题，第一时间学习传达、研究部署、推动落实，全年共组织“第一议题”学习23次。全面落实意识形态主体责任，党委主要负责人做到“三个亲自”“三个带头”，班子成员认真履行“一岗双责”职责，相关工作做到有安排、有部署、有督查、有反馈。(二)党建基础不断夯实。圆满完成村级组织换届工作，全镇13个行政村共选出新一届村班子成员128人，其中党组织班子62人、村委会班子65人、村监会班子39人、社管会班子39人、交叉任职77人。此次换届选举党员群众参选率高、候选人得票率高、组织意图人选全部顺利当选，班子结构得到进一步优化。全面落实“三会一课”、主题党日、组织生活会等党内基本制度，并创新推行“二评一定”(群众评、党员评、党委定)考核机制，切实优化细化村党组织班子考评方式。2020年，共评出五星级基层党组织6个、四星级基层党组织7个，基层党建基础进一步夯实。(三)党员管理从严从紧。严格落实农村发展党员“三四五”工作法，新吸收入党积极分子28名，新发展党员11名，党员后备队伍不断厚实。全面开展“党员进社区”活动，累计开展党员服务491次。加强党风廉政建设，全年共梳理排查线索10起，立案审查党员违规违纪案件6起，处理违纪党员7人。大力实施“红色领航、村格联心”工程，组建党小组，构建党员责任区，创新建立“1+1+1+N”工作模式。用活各村远程教育设备，推动农村党员学习教育常态化、规范化、制度化。 (赵海斌)

紧水滩镇

【概况】 紧水滩镇位于云和县城北部，东临石塘镇，南依浮云街道、凤凰山街道，西与赤石乡毗邻，北与松阳县大东坝镇接壤，区域总面积147.65平方千米。至2020年年末，全镇共下辖7个行政村、128个村民小组，户籍总人口2528户7163人。

紧水滩镇于1987年建成紧水滩水力发电厂而设置建制镇，境内环境优美、生态优良，有山林面积1.2万公顷，森林覆盖率达85%；有水域面积10余平方千米，受库区调节，气温冬暖夏凉；境内没有污染工业(工业主要是水电业)，负氧离子常年保持在3000个/立方米以上，空气自然清新。

紧水滩镇文化多元，有船帮文化、客家文化、红色文化、抗战文化，其中“汀州吹打”被列入浙江省非物质文化遗产名录。紧水滩镇旅游资源丰富，有国家AAAA级景区——云和湖仙宫景区，还有九潭十八湾、千年古刹益经堂、王一卿墓插花殿、牛头山等名胜古迹。

2020年，面对新冠肺炎疫情影响和宏观经济持续下行压力，紧水滩镇坚持以习近平新时代中国特色社会主义思想为指导，认真贯彻落实县委、县政府关于打造全国山区新型城镇化样板县域“重要窗口”、奋力夺取疫情防控和经济社会发展“双胜利”等决策部署，团结带领全镇干部群众勠力同心、共克时艰，战疫情、稳经济、保生态、惠民生，各项工作都取得可喜成效，全镇经济社会继续保持良好的发展态势。

【疫情防控有力有序】 自新冠肺炎疫情发生以来，紧水滩镇始终坚持“人民至上、生命至上”原则，坚决贯彻县委、县政府各项决策部署，第一时间进入战时工作状态，建立战时指挥体系，以最快速度、最大密度对返乡人员展开拉网式反复摸排，并协助做好仙宫度假村医学留观点工作。全年累计排摸重点对象325人次，完成居家隔离90余人。同时，在全县率先开展“24小时设卡服务”，制定“卡口工作守则”，组建党员爱心接力服务队和基干民兵抗疫突击队，为群众提供物资代购、义务接送等志愿服务；广泛动员村“两委”干部、党员、网格员参与群防群治，严密织牢防控网。在疫情进入常态化防控后，广泛开展爱国卫生运动和公共安全知识宣传，进一步加强管理服务、突出精密智控，严格落实重点场所“一码一测一口罩”通行制度，严格落实人、物、环境同防，严格管控重点区域返乡人员，严格规范推进重点人员疫苗接种和核酸检测，在全体镇村干部和广大群众的共同努力下，防控工作取得阶段性成效，实现零确诊、零疑似、零输入。

【项目建设扎实推进】 (一)推进项目政策处理。全面完成云龙公路二期、燕庐文化创作基地、仙宫景区扩容、龙泉溪治理二期(青龙潭段)、石浦至上官坑绿道、石浦便民服务中心等项目征收政策处理工作，全年累计完成土地征收17.73公顷、青苗征收65户、房屋征收9户5500平方米。动态处理好各类矛盾纠纷，确保无障碍施工。(二)推进重大项目建设。燕庐文化创作基地项目完成土地挂牌出让，云龙公路二期路基工程全线贯通，天然气管道工程基本完工，聚仙岛“童话城堡”精品酒店、紧水滩库区水上服务站完成主体工程建设，总投资额15亿元的紧水滩水冷式绿色数据中心项目顺利开工。(三)推进镇村重点项目建设。实行镇领导班子成员“1+1”重点项目联系推进机制，完成菖蒲垄入镇口公园、石浦至莲塘公路提升、双垟知青茶园、百龙线四季绿道、大源文化礼堂、田铺美丽宜居村等重点项目建设；完成金水坑村停车场、龙门村消防水池等14个移民村项目建设；完成大南山通村公路等5个村财政“一事一议”项目建设，各村农业综合开发项目顺利实施。积极破解资金短缺、工期紧张等难题，仅用3个月时间，就在石浦村原先的乱石荒滩全新打造出“星空泳池”，并成为全市“网红”景点，乡村发展之基不断夯实。

【生态环境明显改善】 (一)治危拆违强力推进。加强日常治理和动态管理，确保群众居有所安。全面排摸农村住房安全问题，加大困难群众危旧房治理力度，完成50户C、D级危旧房修缮工作。严格建房审批，加大控违拆违力度，全年累计整治各类违建点位853个，拆除旱厕100余座，拆除违章建筑1万余平方米，圆满完成年度“省无违建县”创建工作任务。(二)“五水共治”常抓不懈。全面落实“河(湖)长制”，巩固提升“污水零直排镇”创建成果，镇、村两级河长全年开展河道巡查529次。同时，完成石浦、金水坑2个村污水治理项目，完成镇区集中供水和8个村供水点水表安装，完成镇级“美丽水厂”提标改造工程，完成外垟、龙门2个村级“美丽水厂”创建。(三)环境整治纵深推进。深入实施城乡环境综合整治，持续开展“两最村庄”(最整洁村庄、最脏乱村庄)和“整洁家庭”评比，深化“大嫂评分团”乡村环境自治机制，并率先全县各乡镇(街道)推行市场化保洁模式，全镇环境品质不断提升。圆满完成“省美丽乡村示范县”创建工作任务，并获乡村振兴、城乡环境综合整治等多个县级单项工作考核优秀单位称号。金水坑村、石浦村创成全市首批花园乡村。

【产业经济提速发展】 (一)“消薄”工作亮点纷呈。持续推进“全域订单农业”项目，全年共完成玉米、雪梨、山茶油等农产品销售185吨；完成订单500余笔，实现农民增收75万元、村集体增收78万元；完成龙门小木屋、知青茶园、金尔泰屋顶光伏发电站等联建“消薄”项目建设。2020年，镇强村公司实现营业收入244万元、利润106.5万元，排名全市第四、全县第一，为农民增收和村集体增收注入强劲动力。(二)生态农业提质增效。完成140公顷高标准农田提升工程；完成粮食播种面积284公顷，新增雪梨种植7.93公顷、茶叶种植4公顷、中药材种植20.13公顷、蜜蜂养殖260箱；完成石浦水产养殖绿色发展先行区、田垟田园综合体等农业项目建设。建成大源百亩生态玉米示范园。建成年出栏6000头生猪的养殖示范基地。加大“仙宫湖有机鱼”品牌营销力度，清江鳖入选第二批全国名特优新农产品。(三)旅游产业提档升级。成功举办第三届瓯江船帮文化艺术节暨云和湖首届龙舟邀请赛,协助举办第四届环云和湖铁人三项挑战赛、云和野梨音乐节等重大活动。高端民宿“归野民宿”入选“丽水山居”精品民宿示范项目。至2020年年末,全镇共有农家乐(民宿)56家,床位数1100余张,餐位数3990个;县劳模(职工)定点疗(休)养接待站增至15家。2020年,紧水滩镇创成省AAAA级景区乡镇,石浦村创成省AAA级景区村。

【民生福祉持续增进】 (一)决战决胜脱贫攻坚。紧盯“两不愁三保障”,全面落实“一户一策一干部”帮扶机制,深化打好脱贫攻坚战,全年累计开展入户走访2100余次、政策宣讲1200余次。同时,落实民生实事补助,完成低收入农户房屋老旧电线改造99户、农户水稻种植补助120户;完成267户低收入农户产业帮扶项目申报审核,累计发放补助资金53.2万元;完成7个偏远自然村72户279人“大搬快聚”整村搬迁任务,累计发放安置补助1580万元。落实“零就业家庭”动态清零工作,确保全面小康路上“不落一户、不漏一人”。(二)着力完善社会保障。完成大源村居家养老照料中心建设,推动养老服务健康有序发展。2020年,全镇实现基本养老保险参保率98.5%,基本医疗保险参保率99.2%。深化妇女“两癌”筛查,强化大病保险力度,全年“浙丽保”参保率达到81.9%,排名全县第二。全面开展“低保”审核工作,建档“低保”户214户469人、“低边”户193户516人。全覆盖办理残疾人“两项补贴”,常态开展优抚对象、退役军人走访慰问以及困境儿童帮扶,全年累计临时救助44户96人,发放救助资金22万元。(三)抓紧抓实平安建设。严格落实安全生产管理责任,坚决遏制各类安全事故发生。强化应急安全工作保障,完善应急力量配置,加强应急物资储备,完成全镇8个防汛救灾物资仓库和7个避灾安置场所提升工作。认真办理信访投诉件。2020年,累计办理信访件122件(其中来信9件、来访4件、来电12件、网上投诉98起),办结率100%;化解信访积案2件,成功调处矛盾纠纷14起,完成安置帮教走访160余人次。(四)深化基层治理改革。深入推进“最多跑一次”改革,不断完善“一站式”服务中心建设,全年共办理事项510余件(其中“一站式”办理50余件),办结率100%;镇下辖的7个行政村全部实现网上签章办事。全面开展村级代办员、全科网格员业务培训,不断提高队伍业务能力和服务水平,全年“四个平台”共办结信息9654条,办结率100%。积极推进“乡事城办”改革试点,并在县行政服务中心设置办事窗口,梳理并入驻服务事项16项,进一步提升进城农民的归属感和幸福感。

【政府效能不断提升】 (一)强化忠诚意识。坚持保持对党绝对忠诚的政治品质,深入学习习近平新时代中国特色社会主义思想和中共十九大、十九届历次中央全会精神,牢固树立“四个意识”,坚定“四个自信”,做到“两个维护”;坚决贯彻落实中央、省委、市委、县委各项决策部署,坚持在政治原则、政治立场、政治观点和路线、方针、政策上始终与党中央保持高度一致。(二)深化依法行政。深入学习贯彻习近平法治思想,坚持把依法行政贯穿政府工作全过程,不断提升依法行政水平。认真听取各方面意见,主动公开政府信息,自觉接受人大和社会监督,全年累计公开政府信息113条;办理人大代表建议和意见18件,办结率、答复率均到达100%。(三)优化政务服务。加快政府数字化转型,推进“最多跑一次”改革向基层延伸。同时,依托“浙江政务服务网”和“浙里办”App,大力推行政务服务“网上办”“掌上办”,真正让数据“多跑路”,让群众“少跑路”,甚至“不跑路”,群众获得感和满意度不断提升。(四)净化政治生态。坚持把纪律和规矩挺在前,严格落实中央八项规定及其实施细则,严格管控“三公经费”,强化机关内部管理,提高办事服务效率。

全面落实党风廉政建设责任制，完善廉政风险防控长效机制，严格工程招投标管理，强化审计监督，做到用制度管住权力、为人民用好权力。此外，民族宗教、人民武装、史志档案、工会、共青团、妇女儿童、关心下一代、红十字、慈善等各项工作都取得新成绩。（洪 樱）

赤石乡

【概况】 赤石乡地处云和县城西部，东邻紧水滩镇、凤凰山街道，南靠崇头镇，西南与龙泉市安仁镇毗连，西接龙泉市道太乡，北连松阳县大东坝镇。区域总面积121.54平方千米，有耕地面积205.47公顷、林地面积1.1万公顷、水域面积1000公顷。乡政府驻地赤石村黄岗自然村，距云和县城12千米。至2020年年末，全乡共下辖6个行政村、93个村民小组，户籍总人口1875户5313人。辖区有小学1所（赤石小学），教职工14人，在校生165人；卫生院1家、村级卫生室2家、农商银行1家、邮政所1家；党组织15个，其中农村党组织14个，党员总数376人。

2020年，赤石乡坚持以习近平新时代中国特色社会主义思想为指导，全面贯彻中共十九大和十九届历次中央全会精神，坚决落实县委、县政府各项决策部署，紧紧围绕“夺取疫情防控和经济社会发展‘双胜利’”目标，扎实做好“六稳”“六保”各项工作，全乡经济社会继续保持良好的发展势头。

2020年，赤石乡先后获省新时代美丽城镇建设达标乡镇、省AAAA级景区乡镇、县级综合考核良好单位及“省无违建县”创建、统战、平安综治维稳等多项工作考核优秀单位（先进集体）荣誉称号；赤石乡“玫瑰小镇”被评为省AAA级景区；赤石乡乡村振兴乡贤会被评为全县抗击新冠肺炎疫情先进集体；赤石村被评为省民主法治村；杭汀村（南洞自然村）被评为省A级景区村、市森林康养特色村；麻垟村被评为市民主法治村；杭汀村（店子自然村）、双源村（建源自然村）被评为市“一村万树”推进村。

【勠力同心防疫情】 2020年，面对突如其来的新冠肺炎疫情，赤石乡坚持“人民至上、生命至上”原则，严格执行上级指令，迅速进入战时状态，打出一套有力、有效、有序的防控“组合拳”，进行一场惊心动魄的“抗疫大战”。面对疫情，全乡干部挺身而出、逆行出征，关闭宗教和民间信仰场所、文化礼堂等人员密集场所，在高速公路出口、临海垟山洞口、麻垟国道交界和各村村口设置卡点，定时对公共场所进行消杀，常态开展巡防巡查，主动劝退库区垂钓人员，认真抓好返乡人员、外来人员摸排管控，落实“扫码+测温+口罩”等措施守好“小门”，构筑起精准防控、精密智控的坚固防线，在大战中践行初心使命，在大考中交出合格答卷。2020年，全乡共排摸县外返乡人员703人，居家医学观察31户111人，全部落实“硬隔离”措施。组织开展防疫防控知识和防护措施宣传教育96次，悬挂横幅150余条，发放宣传海报260余张、宣传单9000余份。面对疫情，全乡干部群众风雨同舟、众志成城，组建党员志愿服务队，为居家隔离对象、留守老人提供“红色代办”服务，代买生活必需品、药品，累计代办事项112件；348名党员干部群众积极为疫情防控捐款，合计捐款金额5.53万元；广大乡贤积极行动，在疫情防控最紧张、最关键的时刻捐赠最紧缺的口罩、测温枪、消毒水等防护用品，为一线抗疫人员送去牛奶、饼干、泡面等爱心物资，共同谱写出一曲同甘共苦、共克时艰的伟大赞歌。在此过程中，还涌现出一批先进典型，全乡共上报先进党员干部15名、县级抗击新冠肺炎疫情先进个人2名，其中，杭汀村退休医生邱孔文事迹在人民网、丽水电视台、“丽水先锋”等媒体上报道，并被评为“丽水市疫情防控事迹突出党员”；滨湖村网格员周培武被评为“市疫情防控工作优秀网格员”；乡贤李伟文被评为全国抗击新冠肺炎疫情先进个人（全市仅2名）；滨湖村党总支部书记周培兄被评为全县抗击新冠肺炎疫情先进个人。

【多措并举稳发展】 全乡上下切实增强夺取疫情防控和经济社会发展“双胜利”的思想自觉和行动自觉，坚持一手抓疫情防控、一手抓复工复产，确保“两手抓、两手硬、两战赢”。坚持以“最多跑一次”改革、“四服务”、“三亮”机制为主要载体，有序推动企业和重点产业项目发展，按下疫情“暂停键”，启动发展“快进键”。农业种养殖规模稳步扩大，新增中蜂300箱、家禽2000余羽、水稻26.67公顷，创建省级新型示范家庭农场1家。精品民宿快速发展，云栖民宿二期、南山湖田园综合体项目稳步推进，新增“稻田民宿”“归一”“山草小墅”等5家精品民宿，合计新增房间35个、床位52张、餐位202个。“五一”小长假期间，全乡农家乐（民宿）共接待游客6900余人次，实现经营收入37万余元，有效提振农家乐（民宿）业主的发展信心。重点项目扎实推进，建立项目领办“三亮”工作机制，推行“工作亮相、进度亮榜、考核亮剑”，开工建设赤石村“一事一议助推乡村振兴”、麻垟村“美丽宜居示范村”等项目，新建滨湖村黄垟、双林村坳头2座公厕，完成小隐赤石、紧水滩引调水工程（赤石乡）土地征收工作，形成“大抓项目、比学赶超”的良好氛围。“网红赤石”热度不减，全市首家乡村咖啡馆——“拾花云栖”咖啡馆落成开业，成功举办双百行动暨“8·9”云和师傅节、“相约浪漫赤石·助力乡村振兴”网红打卡节等活动，有力助推企业复工复产，全力打造赤石特色品牌；开办农产品营销技能培训班，联合县委宣传部、团县委等单位开展公益助农直播活动，吸引22.5万人次关注赤石。

【整治环境创美景】 始终坚持全乡“一盘棋”工作理念，围绕党委中心、服务发展大局，积极配合相关部门工作，大力推进城乡环境综合整治，按照集中攻坚、阶段整治、长效巩固、全年治理的目标，统筹“五水共治”等工作，举全乡之力，全面整治农村乱搭乱建、乱堆乱放、乱丢乱扔等“脏乱差”现象，每月开展“整洁家庭”及“最整洁村庄、最脏乱村庄”评比。形成以“建设‘家禽小区’、解决鸡鸭散养，开展‘田园拆围’、还原生态面貌，实行‘网格轮值’、引导全员保洁”为主要内容的环境综合整治“麻垟模式”，麻垟村连续3个季度被评为全县“最整洁村”。2020年，累计完成县级环境整治交办点位139处，开展各类整治36批次，发动党员、干部、群众500余人参与整治，清理“脏乱差”点位200余处，清运垃圾150吨。狠抓“无违建县”创建“整乡推进”工作，集中力量对滨湖、赤石、双林、麻垟、双源等村公路沿线及重点区域进行整治，全面推进存量违建“清零”工作，按时完成县督办任务13件、省交办任务2件，清理拆除乱搭乱建违章建筑1.1万平方米。认真做好中央环保督察问题整改，督促双林村6个加工点自行停业进行整治提升，同时举一反三，对全乡“低小散乱”企业（作坊）进行全面排查整改。扎实做好美丽林相建设和松材线虫病防控工作，完成“一村万树”示范村、推进村各1个，无害化清除处理枯死松木241株。

【以人为本谋福祉】 加大脱贫攻坚力度，突出“两不愁三保障”，大力推进“大搬快聚 富民安居”工程，实施“消薄”提质行动，全面落实强农惠农政策，打赢精准脱贫攻坚收官之战，确保低收入农户收入增长10%以上。着力补齐基础设施短板，基本完成建林至麻垟、建林至滩头通村公路和杭汀村店子至松阳联网公路建设，谋划启动建源至建升连村道路、南山湖农村道路改造提升项目建设。健全社会救助体系，完善最低生活保障制度，做好农村社会救助兜底工作。加快赤石乡居家养老服务中心、滨湖小康体育村和临海垟、垟田、双林便民服务中心建设，更好满足群众需求。2020年，全乡基本养老保险、全民医保二档参保率分别达98.7%和99.74%；建档低保对象121户263人，发放特困供养救助金16.56万元；发放困难残疾人生活补贴26.72万元，发放重度残疾人护理补贴25.16万元，改造无障碍卫生间2户；全面推进“敬老餐”工程，为27位90岁以上老人每月提供一份敬老餐；开展“福彩暖万家·点亮梦想”专项资助活动，为6名孤困少年儿童每人资助2000元。深入推进危旧房治理工作，实施治理23户（其中低收入农户16户），完成治理23户，完成率100%。扎实推进“大搬快聚 富民安居”工程，完成杭汀村邱家自然村整村搬迁及滨湖村碗窑自然村、杭汀村何家自然村等零星搬迁，搬迁人口150余人。

【改革创新强治理】 坚持和发展新时代“枫桥经验”，深入推进“平安赤石”“法治赤石”建设和“扫黑除恶”专项斗争，认真做好村级组织换届工作。深化“三治四定五访”机制，推进乡级社会矛盾纠纷调处化解中心（以下简称乡矛调中心）规范化建设，组建赤石乡专职调解委员会，聘用2名专职调解员；推行赤石乡平安网格“三色预警”机制，实现“平安绿、重点黄、难点红”网格评定、分析研判、专班化解一体化推进。全年共摸排矛盾纠纷隐患问题12个，及时调处12个，调处率100%；乡矛调中心自6月成立以来，一次性成功调解矛盾纠纷5件，调解率100%。从严抓好安全生产和食品安全工作，常态开展“安全巡查日”（每月9日）巡查。全年共排查各类安全隐患问题35个，化解35个，化解率100%。大力引导乡贤参与乡村治理，组建以“议事、帮事、和事”为主要功能的乡贤参事团，制定《赤石乡乡贤参事团重大项目认领制度》。乡贤参事团自成立以来，已领办赤石“美丽城镇”、麻垟“美丽宜居示范村”等项目政策处理难题7个，完成7个；一对一结对帮扶低收入农户17户，开展慈善慰问2批次17人，发放资助金2万余元；参加乡矛调中心工作例会4次、平安维稳形势研判会3次，参与矛盾纠纷调解5起、化解5起。

【持之以恒提效能】 坚持“以人民为中心”的发展思想，深化“最多跑一次”改革，着力打通便民服务“最后一公里”。高标准完成“七五”普法总结验收工作，不断提升政府服务效能；完成“枫桥式”退役军人服务站规范化建设，开展“最美办公室”“最美办事大厅”评比活动，积极打造“玫瑰办事大厅”。强化应急能力建设，组织全乡民兵集中训练12天、应急拉动演练3次；加强森林消防队伍建设，配备专职森林消防巡查员14人，组建一支46人的乡级应急扑火小分队。自觉接受人大监督，坚持重大事项向人大报告，办理人大代表议案10件，办结率100%。认真落实3件乡级民生实事，建林至麻垟、建林至滩头通村公路和杭汀村店子至松阳联网公路等项目有序推进；农村饮用水达标提标三年行动基本实现预期目标；“四位一体”医疗保障服务（监管）体系建设加快推进，基本实现“办理医保不出乡、代办咨询不出村”。

（陈慧芳）

安溪畲族乡

【概况】 安溪畲族乡位于云和县城南部，东邻元和街道，南接景宁畲族自治县，西靠雾溪畲族乡，北连白龙山街道。区域总面积33.5平方千米，有耕地面积139.4公顷、林地面积2800公顷（其中生态公益林面积780公顷，森林覆盖率达86%）。乡政府驻地安溪村后塘自然村，距县城7.5千米。至2020年年末，全乡共下辖3个行政村、40个村民小组，户籍总人口971户2713人。安溪畲族乡是浙江省18个少数民族乡镇之一，畲族文化世代传承。境内环境秀美、旅游资源丰富，有叮当岩、佛儿岩等奇峰异石，还有一线天、蛙石等自然景观，更有泗洲岭古道（浙闽古道）等历史遗迹。2020年，安溪畲族乡坚持疫情防控和经济社会发展“两手抓”，时刻对标县委、县政府关于“打造全国山区新型城镇化样板县域‘重要窗口’”新目标、新定位，坚定“奋力走在全省民族乡镇乡村振兴前列”兴乡目标，以干得助、以干图强，全乡各项事业都取得可喜成效，并先后获市红色旅游示范乡镇和县统战、扶贫、殡葬等多项工作先进集体荣誉称号；下武村被评为省民主法治村和市红色旅游示范村。

【疫情防控严抓不怠】 新冠肺炎疫情发生后，安溪畲族乡第一时间成立疫情防控指挥部，并做到“一把手”挂帅、全员压上。在疫情进入常态化防控后，坚持“外防输入、内防反弹”原则，严格实行“健康码+测体温”管理，有序推进复工、复产、复学等工作。同时，不断完善疫情防控机制，深入开展爱国卫生运动。2020年，全乡累计登记检查5000余人，实行居家隔离51户97人，撤卡后动态管控县外返乡人员126人。强化宣传引导，张贴疫情防控宣传标语、横幅67条，发放宣传手册8000份，发送疫情防控短信2700余条。全乡“健康码”申领人数2164人，申领率达80%。及时宣传抗疫先进人物，凝聚人心，鼓舞士气，一批抗疫典型事迹3次在《丽水日报》刊登。积极动员全乡力量下沉一线，3个行政村共有34名村干部、202名党员、24名网格员、346名志愿者参与疫情防控，成立党群志愿服务队15支共计150人，自愿捐款22378元，开展巡查劝导、代购代办等各类好事实事685件。

【项目建设扎实推进】 坚持“项目为王”工作理念，强力推进全乡重点项目建设。(一)佛儿岩创AAAA项目有序实施。6月，佛儿岩景区顺利通过国家AAAA级旅游景区景观质量评审，顺利拿到国家AAAA级旅游景区创建入场券。景区配套工程快速推进，景区游客接待中心项目如期完成主体工程，后塘至佛儿岩游步道项目已完成一期工程，泗洲岭古道修复项目已完成验收。(二)山水田园综合体项目快速推进。投资1.5亿元的招商引资项目——后塘农旅融合项目落地建设，并已完成土地流转93.33公顷、云和雪梨种植20公顷、建设用地挂牌出让1.01公顷以及项目区下武至隔溪4.4千米农村道路建设；森泉山庄改造提升项目已完成1500平方米土地出让，并启动接待住宿综合楼建设。(三)民生项目有序推进。2020年，先后完成安溪自来水厂、上村粮食生产功能区农耕道路、下村便民服务中心、黄处茶楼及土特产店、下武畲族山歌馆等10余个民生项目，群众生产生活条件得到较大改善。

【社会治理日益深化】 (一)全力探索乡村治理新模式。在下武村开展“党旗引领‘五治融合村’”创建试点工作，实行政治、自治、法治、德治、智治“五治”融合的乡村治理新模式，努力构建“党旗引领下的共建、共治、共享”社会治理格局。深入推进“红色微网格”“民情茶室”“五治融合积分存折”“红色娘子军门厅大比拼”等创建工作，相关经验做法被《丽水市创建全国市域社会治理现代化试点城市工作简报》和《云和县新型城镇化样板县域专刊》刊登发表。(二)深入推进“最多跑一次”改革。推出“最多跑一次”服务事项128项，实现“零次跑”事项15项，累计办理事项1328件。完成“四个平台”办事大厅和综合指挥室建设，办事窗口规范化建设有序推进。大力推广“网上办”“掌上办”，全年累计受理网络申请信息5520条，办结率100%。以各村便民服务中心为延伸，全乡3个行政村、23名代办员全面实行“现场办、上门办、远程办”，真正做到乡、村无缝对接。(三)加强社会综合治理。深化“扫黑除恶”“扫黄打非”专项斗争，积极化解信访积案，全年共排查各类矛盾纠纷隐患问题30余起，调处成功率100%，成功处理来信来访10次，率先全县实现信访积案“清零”。全年全乡治安状况平稳，未发生重大恶性治安案件及刑事案件。

【民生福祉持续改善】 (一)决战决胜“精准脱贫攻坚战”。深入开展低收入农户“一户一策一干部”结对帮扶工作，认真做好低收入农户建档立卡和认定工作。至2020年年末，共认定低收入农户60户133人，发放低收入农户产业帮扶资金39户6.53万元、“雨露计划”帮扶资金7户2.1万元。全面开展农村危旧房改造工作，累计完成困难家庭危旧房改造9户、一般家庭危旧房改造5户。深入推进“大搬快聚 富民安居”工程，努力让山区群众都能享受到政策红利。(二)顺利完成农村饮用水达标提标工作。将全乡17个单村供水点位全部纳入县统管点位，由饮用水管理人员专门负责管理，定期进行维护和检测。有序推进农村饮用水水厂项目建设，水厂一期工程已于12月建成并投入使用，彻底改变以往单村供水、群众饮水困难等现状。（三）村集体经济实现创新性持续增收。通过集体联建茶山水电站、光伏发电等有效举措，不断增强村集体经济自我“造血”能力，顺利完成“消薄”工作任务。8月19日，全国首个民族乡村振兴“飞地”产业园“嘉兴港区—云和县‘山海协作’民族乡村振兴‘飞地’产业园”（以下简称产业园）正式落地嘉兴港区，该产业园是由云和县人民政府、嘉兴港区管委会、省人力社保厅三方共同打造，每年可为安溪畲族乡扶贫结对村带来“消薄”收益90万元。

【政府效能不断提升】 进一步增强制度意识，系统优化“三重一大”集体议事决策、合同管理、财务报销管理等14项制度。推出“三敢三比”争当“苔花”大比拼活动，鼓励乡干部上台晒成绩，进一步提升干部的工作积极性。坚持依法行政，自觉接受人大法律监督、工作监督以及社会舆论监督。积极回应人大代表关切，圆满完成10件人大代表议案和建议办理，办结率、满意率均达到100%。加强廉政建设，打造廉洁政府，完成扶贫领域腐败和作风问题专项督查整改工作，督察组反馈的13个问题已全部整改到位。强化专项督查，开展廉政风险、公车私用、基层减负、“扫黑除恶”等专项督查78次，党纪处分1人，通报批评1人，批评教育9人次。 （叶利军）

雾溪畲族乡

【概况】 雾溪畲族乡是浙江省18个少数民族乡镇之一，地处云和县城西南部，距县城8千米，东邻安溪畲族乡，南接景宁畲族自治县，西靠崇头镇，北连白龙山街道。区域总面积33.25平方千米，有耕地面积66.33公顷、林地面积3253.33公顷。至2020年年末，全乡共下辖2个行政村、29个村民小组，户籍总人口732户2012人。

雾溪畲族乡素有“生态之乡”“笋竹之乡”“药材之乡”“水电之乡”之美誉。境内风光秀丽、自然资源丰富，森林覆盖率达84.6%，有笋竹林933.33公顷、野生药材176科632种、中药材基地166.67公顷，有猕猴、黄腹角雉、白鹳、白鹇等国家一、二类保护动物，还有始建于1959年的雾溪水库（库容1170万立方米），是云和县饮用水源保护地。

雾溪畲族乡是浙西南畲民的发祥地和迁徙驿站，畲族文化传承历史悠久，畲族“三礼二文化”（行礼、婚礼、葬礼、图腾服饰文化、歌舞文化）至今较为完整保存原有民族特色，传统节日文化“三月三”、乌饭节、畲族歌会等民俗活动精彩纷呈。

2020年，雾溪畲族乡坚持以习近平新时代中国特色社会主义思想为指引，全面贯彻中共十九大和十九届历次中央全会精神，认真落实县委、县政府关于“打造全国山区新型城镇化样板县域‘重要窗口’”、奋力夺取疫情防控和经济社会发展‘双胜利’”等决策部署，满怀豪情地以“丽水之干”创新实践“两山”理念，抢抓机遇，拼搏进取，聚力推动生态产品价值转化，坚决守护“生态底色”，全面推进乡村振兴，致力改善民生福祉，全乡经济社会继续保持安定和谐、平稳健康发展的良好态势。

2020年，雾溪畲族乡先后获全国文明乡镇、省美丽乡村示范乡镇、全市民族团结先进集体、全市征兵优秀单位、县平安乡镇、县无森林火灾乡镇以及城乡环境综合整治（含垃圾分类）、农民培训转移就业、养老等多项工作先进集体荣誉称号。雾溪村成功创建“全国文明村”。

【新冠疫情防控】 年初，面对突如其来的新冠肺炎疫情，全乡党员干部众志成城、主动担当，奋勇战斗在防控一线，用行动展现出共产党人的初心与使命。（一）一线值守，分类防控。第一时间在水库坝、坪垟岗村坛门等重要节点设置防控卡点6处，安排人员24小时值守，认真守护乡域及大坪安置点群众的安全。同时，全面启动“1+10+100”工作机制，发动党员干部、网格员开展排摸，切实掌握返乡人员动态信息；开展人员集聚巡查劝导，最大限度减少人员聚集，全力保障群众生命健康安全。（二）巡逻劝导，强化管控。组建保护野生动物巡逻队，在双港自然村入口设置“禁止捕杀野生动物”告示牌及劝返点，由乡、村党员干部和志愿者值守，对过往车辆、行人进行逐一排查，共劝返可疑人员50余人次，发现违规捕捉野生鸟类行为3起，均移交相关部门处理。（三）强化举措，常态防控。坚持抓好疫情常态化防控，不断加大宣传力度，引导广大群众养成“一米线”、勤洗手、戴口罩、公筷制等卫生习惯和生活方式；积极开展爱国卫生运动、城乡环境综合整治、病媒生物防制等工作，城乡环境得到明显改善；引导群众自觉遵守体温检测、信息登记、“健康码”核验等规定，加强疫情常态化防控意识，为全乡经济社会快速恢复奠定良好基础。（四）着力做好冬春季疫情防控工作。利用各类会议、微信群等载体，及时发布疫情动态和上级相关要求，加强宣传动员，积极构建全民抗疫新体系；全力抓好节前返乡人员的管控，对排摸出来的109名节前返乡人员，采取“五包一”网格化管理，落实党员、干部联系负责制，实时掌握人员返乡时间、出行方式等，抓实上报备案和相应管控措施；按照“一个月储备”和600人大型核酸检测的防控物资储备要求，落实落细工作，完成相关物资采购配置任务。

【生态价值转化】 围绕“生态产品价值实现典型示范乡”创建目标，深入推进生态信用积分应用体系建设，力争做到发展、保护“两不误”。（一）完善生态信用体系建设。围绕“正负面清单”和“城乡环境综合整治工作清单”，组建“畲娘找茬团”等4个积分评价团队，围绕环境卫生等开展“户比互评”活动，将保护生态行为与个人信用积分挂钩，在全市率先建立起“个人生态信用积分评价系统”，积极探索基层社会治理体系现代化、生态化建设。（二）首创生态积分金融应用。与县农商银行合作，首推与个人生态信用挂钩、无需实物抵押、贷款利率优惠的“两山贷”，实现生态保护与价值实现“双赢”。2020年，共发放“两山贷”114笔3709万元，年平均向群众让利100万元。（三）强化生态积分使用价值。由乡强村公司牵头，推出“两山兑”门店，群众可凭生态信用积分到“两山兑”门店兑换油、盐、米等生活物品，切实提升群众保护水源、保护环境的获得感。2020年，“两山兑”门店累计完成群众积分兑换5.2万分，兑现价值5.2万余元。“两山贷”“两山兑”等创新工作多次被新华网、人民网、《浙江日报》、《丽水日报》等媒体报道，并得到省、市、县各级领导的充分肯定。

【饮用水源保护】 紧扣“饮用水源保护地”主题定位，认真抓好人口转移、“三大革命”（污水革命、垃圾革命、厕所革命）、环境卫生综合整治等工作，不断优化水生态环境。（一）加快实施人口转移。按照县委、县政府制定的《云和县县城饮用水源地（雾溪）保护人口转移实施方案》和相关政策要求，加快推进人口转移工作。至2020年年末，全乡已累计转移人口434户1495人，人口转移率达74.3%。（二）全力推进“三大革命”。加快推进雾溪、坪垟岗2个村的农村生活污水治理工程建设，其中，雾溪村已完成总工程量的88%，坪垟岗村已完成总工程量的96%。加快实施农村饮用水达标提标工程，全力保障群众饮用水安全。加快推进生活垃圾分类处置和农村公厕改造提升工作，全年累计改造垃圾收集处置设施5处、农村公厕6座。（三）全面开展环境卫生综合整治。启动“违法建筑百日攻坚”专项行动，全年共拆除违建点位61处，拆除违章建筑3667.95平方米。同时，发动全乡党员、志愿者集中开展环境整治行动17次，参与人数700余人次；将环境卫生工作纳入《村规民约》、生态信用积分和党员“先锋指数”考评，充分发挥党员、干部和村民代表的作用。2020年，在全县环境卫生“两最”（最整洁、最脏乱）评比中，雾溪畲族乡获“最整洁乡镇”称号，坪垟岗村获“最整洁村”称号。

【经济社会发展】 围绕疫情防控与经济社会发展“两手抓、两手硬”

目标，深化抓好农业增效、农民增收以及村集体经济发展壮大工作。（一）拓宽农产品销路。通过乡强村公司拓宽农产品销售渠道，以解决受疫情影响的农产品滞销问题；通过保底价收购老茶750千克，帮助农户销售蜂蜜150余千克、春笋150余吨，促进农民增收70余万元；组织乡强村公司赴省卫健委、宁波北仑区戚家山街道等地销售农产品。2020年，乡强村公司实现经营性收入121万元，同比增长229%。（二）发展特色种养业。根据乡情实际，发展贝母、黄精、玉竹等中药材种植20余公顷；开展“生态跑步鸡”助农增收项目，69户低保户凭生态信用积分换购鸡苗500余只，并交由乡强村公司统一养殖，可为低保户增收3万余元。（三）提升来料加工。在大坪转移点、水竹垟村等地开设来料加工点3个，为大坪转移小区和水竹垟村留守群众创造家门口就业机会，实现群众增收50余万元。（四）实施精准培训。在开展电商、雪梨种植、厨师培训的基础上，引导农民参加电工培训和企业新兴技术培训，全年完成农民培训471人次。（五）联建项目创收。成功出租店面3间（其中淘宝公寓店面2间、仙宫大道店面1间）和“蜜蜂小镇”场地，每年可为村集体增加收益14.98万元。

【民生福祉提升】 坚持把“人民群众对美好生活的向往”作为工作奋斗目标，持续抓好民生福祉保障，不断提升群众的幸福感和安全感。（一）健全完善社会保障体系。做好“最多跑一次”改革事项办理，全年共办理事项145件；做好低收入农户结对帮扶工作，全乡共有在册低收入农户125户271人（其中低保户70户137人、低边户49户128人、特困户6户6人），全部实现结对帮扶。（二）全面落实民生实事项目。完成60周岁以上老人23价肺炎疫苗接种135针剂，累计接种率达100%；完成直肠癌筛查（问卷+潜血）筛查221人（其中筛查结果阳性40人）。（三）加快推进民生项目建设。扎实有序推进农村危旧房治理工作，全年共完成低收入户C类危房鉴定6户，完成改造6户；整合统战、移民、交通等资金420万元，完成坪垟岗文化广场24平方米的高清显示屏安装，完成大岗道路提升、“藏枪洞古道”修复、坪垟岗至佛儿岩游步道建设及“革命树遗址”修复等项目。

【基层社会治理】 （一）建立健全基层治理网格。全力打造“横向到边、纵向到底”的全能型基层治理网格，全年共收集群众反映的各类问题和建议54条（已经解决35条）。进一步完善“四个平台”建设，不断强化网格员的业务能力，全年网格员通过手机终端共上报信息2631条，办结率达100%。（二）全力保障社会安全稳定。加强应急队伍建设，开展防火、防汛等应急培训3次，切实提高应急能力。狠抓安全生产工作，组建平安志愿者队伍，开展平安巡查535次，发现并消除安全隐患30余处。加大矛盾纠纷排查化解力度，全年共排查出矛盾纠纷3起，成功调解3起，调解成功率达100%。强化信访积案化解，妥善化解王木菊信访积案。（三）全面推进文明村居建设。注重畲族文化传承和保护，积极开展畲歌、养生、生态保护、垃圾分类等方面培训。成功举办乡村春晚，组织开展文化礼堂民俗文化活动7场次，开展移风易俗宣传6场次。全面落实文化站（馆）免费开放政策，并利用“两山学堂”开展研学活动12场次，开展“扫黄打非”宣传活动9场次。（四）着力打造文明阵地。2020年，雾溪畲族乡、雾溪村分别创成全国文明乡镇、全国文明村，坪垟岗村顺利通过全国文明村复评。至此，全乡实现乡、村两级“国家文明系列”全覆盖（系全县唯一）。此外，民族宗教、教育、妇女儿童、工会、国防动员、档案、关心下一代、青少年、残疾人、移民、统计、文体等各项工作都取得新进展，群众的幸福感和获得感进一步增强。 （邱长棋）

文 件 选 编

中共云和县委
关于高水平推进新时代人大工作和建设的意见

云委发〔2020〕3 号

为深入贯彻习近平新时代中国特色社会主义思想和党的十九大精神，认真落实省委、市委《关于高水平推进新时代人大工作和建设的意见》（浙委发〔2019〕21 号、丽委发〔2019〕30 号）精神和人大工作会议部署要求，推进人民代表大会制度在云和的生动实践，现就高水平推进新时代我县人大工作和建设提出如下意见。

一、加强党对人大工作的全面领导

1. **切实增强人民代表大会制度自信。**人民代表大会制度是坚持党的领导、人民当家作主、依法治国有机统一的根本政治制度安排，是支撑中国国家治理体系和治理能力的根本政治制度。习近平总书记关于坚持和完善人民代表大会制度的重要思想，科学阐述了国家根本政治制度的历史必然、特点优势、实践要求，明确提出了做好新时代人大工作的重大原则、思路举措、重点任务，是习近平新时代中国特色社会主义思想的重要组成部分。要以习近平总书记关于坚持和完善人民代表大会制度的重要思想为指导，树牢“四个意识”，坚定“四个自信”，做到“两个维护”，切实增强责任感使命感，高质量高水平推动云和人大工作和建设，为践行“两山”理念，打造新型城镇化样板县域提供有力的民主法治保障。

2. **牢牢把握推进新时代人大工作和建设的总体要求。**推进新时代人大工作和建设，必须坚持以习近平新时代中国特色社会主义思想为指导，深入学习贯彻习近平总书记对地方人大及其常委会工作的重要指示精神，认真落实党中央和省委、市委关于人大工作的要求，把加强人大工作和建设纳入党委工作总体部署，每届至少召开一次人大工作会议和一次人大宣传工作会议，及时研究解决人大工作和建设中的重大问题。把党委领导人大工作、党委工作部门支持人大工作、“一府一委两院”自觉接受人大监督的情况纳入领导班子和领导干部年度综合考核。把习近平总书记关于坚持和完善人民代表大会制度的重要思想、人大制度理论、宪法及相关法律知识作为各级党委（党组）理论学习中心组学习的重要内容，纳入党校（行政学院）主体班次教学计划，列为领导干部网络学院的必修课。有计划对人大及其常委会选举任命干部开展人大制度理论和宪法知识培训，将宪法学习贯彻情况纳入领导干部年度述职述法的重要内容。宣传部门要把人大工作的宣传纳入年度计划，定期研究、统筹部署。加大主流媒体和新兴媒体对人大工作的宣传报道力度。党委、政府召开的重要会议、组织的重大活动和干部民主推荐方面，人大及其常委会专门委员会、工作机构、办事机构主要负责人，与其他党政领导干部同等对待。

3. **推进人大党的建设。**人大常委会党组要发挥把方向、管大局、保落实的领导作用，确保党的主张通过法定程序转化为国家意志和广大人民群众的自觉行动。严格执行《中国共产党党组工作条例》和《中国共产党重大事项请示报告条例》，人大工作中的重大问题、重要事项、重要情况，都要及时向同级党委请示报告。

二、支持和保证人大依法行使职权

4. **增强监督刚性和实效。**支持和保障人大及其常委会行使监督职权，以"盯住法""管好钱"为关键，综合运用监督手段，使人大监督更为精准、更有力度、更具权威。加强对法律法规实施的监督，改进执法检查工作，利用暗访、抽查、第三方评估等方式，增强检查的针对性和有效性，发挥好执行检查"法律巡视"利剑作用。加强政府预算全口径审查、全过程监督，加快推进预算联网监督。加强预算绩效审查，推进人大预算审查监督重点向支出预算和政策拓展。建立健全人大国有资产监督制度，推进国有资产监督深化拓展、提质增效。加强政府性债务的审查监督，建立健全政府债务管理情况向人大定期报告制度。加强审计工作监督，促进审计查出问题全面整改。加强空间总体规划及相关专项规划编制和实施的监督，保障规划的科学性、严肃性、有效性。依法履行备案审查职责，坚持有件必备、有备必审、有错必纠，推进规范性文件合法性审查。积极探索运用质询、特定问题调查等法定监督方式，推进专题询问常态化。支持人大常委会开展工作评议，改进审议意见形成和交办机制，强化跟踪督促落实。推进人大监督与党内监督有机结合，干部考察任用注重运用人大监督成果。

5. **推进讨论决定重大事项工作常态化。**健全人大讨论决定重大事项制度，及时对本行政区域内的重大事项进行审议，作出决议决定。县人大常委会及各乡镇人大要善于运用重大事项决定权。各级政府要严格落实重大决策出台前向本级人大报告的规定，加快制定相关工作制度。政府重大决策出台前向本级人大报告的事项，除需要由人民代表大会或人大常委会讨论决定的以外，可由人大相关专门委员会、人大常委会相关工作机构依照法律法规提出意见和建议，经主任会议研究后向政府反馈。严格落实重大行政决策责任追究制度，对违法违规决策造成重大损失、产生严重负面影响的，要严格追究相关领导人员和责任人员的纪律责任和法律责任。

6. **保障人大依法行使选举任免权。**坚持党管干部原则，做好人大选举任免工作，保证党组织推荐的人选通过法定程序成为国家机关领导人员。保障人大代表和常委会组成人员对提请选举、任免干部的任前知情权。做好人大代表选举工作，继续实施三分之一连任代表由人大常委会党组和乡镇人大主席团向同级党委提出建议人选的做法。对人民法院、人民检察院提请人大常委会任命的审判员、检察员，在其所在工作单位或系统内公示的同时，通过人大媒体向社会进行公示。认真实施宪法宣誓制度，人大及其常委会选举和任命、"一府一委两院"及政府部门任命的国家工作人员，就职时要进行宪法宣誓。鼓励和支持人大常委会加强对任命干部的任后监督，开展对人大常委会任命的政府工作部门负责人的履职评议。

三、推动人大工作创新发展

7. **依法加强对机构改革后政**

府相关工作的监督。重视和支持人大对归口党委职能部门领导或管理的政府部门开展监督，强化对行政权力的制约和监督。归口党委职能部门领导或管理的政府部门要主动向人大报告工作，切实增强接受人大监督的意识。政府垂直管理部门、派出机构要自觉接受人大及其常委会或所在地人大工作机构的监督。

8. 重视和加强对监察和司法机关工作的监督。支持人大常委会依法听取和审议同级监察委员会的专项工作报告、组织执法检查等工作，积极稳妥推进对监察委员会的监督。深化对司法机关工作的监督。注重对人民法院、人民检察院的监督与司法人员任免工作相结合，规范提升法官和检察官履职评议工作。探索建立涉法涉诉信访件交办机制。

9. 深化民生实事项目人大代表票决制工作。县乡人大要认真总结实践经验，推动票决制工作制度化、规范化、常态化。县政府要完善项目征集机制，广泛听取人民群众意见，做好民生实事项目实施的资金保障，单列资金保障乡镇（街道）民生实事项目的实施并逐步提高。在街道党工委的领导下，依托街道居民议事会，全面开展街道民生实事项目票选工作。各级政府要在次年人代会上报告民生实事项目完成情况，人大要组织开展满意度测评。

10. 加强和规范乡镇（街道）人大工作。重视开好乡镇人民代表大会会议，规范会议程序，完善议事规则，提高会议质量。一般每年举行 2 次乡镇人民代表大会会议，会期不少于 1 天。强化乡镇人大监督尤其是审查监督财政预决算职能，推进乡镇人大代表参与村民自治和基层治理等工作。加强街道人大工委组织建设，浮云、元和、白龙山、凤凰山 4 个街道设立街道人大办公室，配备专职工作人员，支持和保证街道人大工委开展工作、发挥作用。贯彻落实《浙江省街道人大工作条例》，进一步完善人大街道工委会议和工作制度，健全县级人大常委会交办人大街道工委工作机制，加强街道预算审查监督，探索建立基层议事组织制度。

11. 探索开展工业园区人大工作。探索在云和工业园区设立人大常委会工作委员会，作为县人大常委会的工作机构，协助开展监督、组织代表活动等。

四、充分发挥人大代表主体作用

12. 密切同代表和人民群众的联系。深化人大常委会组成人员联系代表、代表联系人民群众机制，加强与代表的直接联系，建立列席人大常委会会议的代表座谈机制。加强规范化代表联络站建设，进一步拓展功能、丰富形式、提升成效。领导干部人大代表每年至少一次进代表联络站开展活动，地方国家机关及工作人员要主动到代表联络站听取意见、推进代表建议办理，健全代表反映群众意见处理反馈机制，推动解决群众最关心最直接最现实的利益问题。

13. 加强代表建议办理和督办工作。按照内容高质量、办理高标准的要求，完善代表建议审核和分类提交程序，落实代表建议办理单位“一把手”责任制。坚持政府领导领办重点建议制度，完善对办理单位的年度考核制度。坚持人大常委会主任会议成员和人大专门委员会（常委会工作委员会）督办重点建议工作制度，通过代表合议、办理工作评议、满意度测评、跨年度跟踪督办等形式，切实提高建议办理面商率、问题解决率。重视闭会期间代表建议的收集和交办。

14. 强化代表履职保障和管理。人大代表和人大干部培训要纳入县委组织部门的整体培训计划，重视加强乡镇人大代表和街道居民议事员培训。加强和规范代表活动经费管理，分级完善和逐步提高代表活动经费标准，明确经费使用范围。代表联络站工作经费实行单列并列入县财政年度预算，乡镇人大代表活动经费、街道居民议事会活动经费纳入本乡镇（街道）预算。建立健全代表联系人民群众的工作补贴制度，对无固定收入的代表执行代表职务，根据实际情况由本级财政给予适当补贴。代表所在单位要支持和保障代表依法履职。建立健全人大代表向原选区或原选举单位报告履职情况制度。完善代表履职约束机制，建立健全代表履职档案，逐步向社会公开履职情况。完善代表届中调整和退出机制，对不称职或因身体等原因不能履职或因工作变动不适宜继续执行代表职务的代表，由代表本人及时提出申请，按法定程序辞去代表职务。

五、切实加强人大自身建设

15. 优化人大常委会组成人员结构。提高具有法律、财经、科技等专业知识背景的组成人员比例。专职人大常委会组成人员至少三分之一能在换届时连任，其中有部分人员能任满两届，保持人大工作的连续性稳定性。担任人大专门委员会主任委员、工作委员会主任一般能干满一届。注重从本级人大及其常委会工作机构、办事机构负责人中考虑人大常委会组成人员人选。建立和完善人大常委会专家咨询工作机制，充分发挥人大智库作用。

16. 加强人大及其常委会工作力量建设。规范完善人大专门委员会及常委会工作机构的设置，加快人大社会建设委员会建设。加强预算审查和国有资产监督等工作，明确相关工作机构，按规定配齐配强相关工作力量。逐步落实"人大常委会主任、副主任和专职委员不占人大机关和原所在部门的编制，在地方总编制中单列"的规定。尽力解决好人大常委会组成人员中离岗未退休占人大机关编制的问题。乡镇人大主席和人大街道工委主任应把主要时间和精力放在人大工作上，享受同一职务层次党政干部的同等待遇。同一乡镇(街道)的乡镇人大主席、副主席或人大街道工委主任、副主任不得同时抽调。按照一线工作要求，加强人大干部队伍建设，逐步缓解人大机关干部队伍老龄化、梯次结构出现断层等问题，加大人大常委会机关干部培养、使用和交流力度，有计划有重点地安排人大机关干部对外交流任职，重点选拔培养中青年干部，使人大机关形成进出有序的干部流动机制。

17. 加强同乡镇(街道)人大的联系指导和对外交往。充分发挥全县各级人大的整体作用，密切工作联系，加强工作指导，增强人大工作整体实效。结合数字云和建设，整体推进人大系统信息化建设。加强和改进人大对外交流，人大及其常委会要加强与兄弟县市人大的交流，提高对外交往实效。尊重基层首创精神，及时交流推广经验做法，推动全县人大工作创新发展。

中共云和县委

2020 年 2 月 16 日

中共云和县委
关于认真学习贯彻党的十九届四中全会精神
高水平推进县域治理现代化的决定

云委发〔2020〕5号

（2020年1月17日中国共产党云和县第十四届委员会第十一次全体会议审议通过）

中国共产党云和县第十四届委员会第十一次全体会议，认真学习贯彻党的十九届四中全会精神，按照省委十四届六次全会、市委四届七次全会的部署要求，紧密结合云和实际，研究了高水平推进县域治理现代化问题，作出如下决定。

一、高水平推进县域治理现代化的重要意义和总体要求

1. 重要意义。党的十九届四中全会是在新中国成立70周年、在“两个一百年”奋斗目标的历史交汇点上召开的一次具有里程碑意义的重要会议。全会通过的《中共中央关于坚持和完善中国特色社会主义制度推进国家治理体系和治理能力现代化若干重大问题的决定》，深刻回答了中国特色社会主义制度和国家治理体系需要“坚持和巩固什么、完善和发展什么”的重大政治问题，是开辟“中国之治”新境界的政治宣言和行动纲领，为实现我们党长期执政、国家长治久安和中华民族伟大复兴中国梦提供了根本制度保障。省委十四届六次全会就认真学习贯彻党的十九届四中全会精神进行全面部署、作出重要决定，提出“争当省域治理现代化排头兵，成为展现中国特色社会主义制度优越性的重要窗口”的目标。市委四届七次全会就认真学习贯彻党的十九届四中全会精神进行专题部署，提出要“形成‘制度设计更趋完备、制度运行更加有效’的市域治理制度体系，以制度建设现代化推动实现市域治理现代化”的目标。推进县域治理现代化是国家治理体系和治理能力现代化在基层的具体实践。当前，云和正处于大有可为而且必须大有作为的重要战略机遇期，迎来了与全省同步高水平全面建成小康社会的攻坚期、决胜期，国家治理的新任务、时代变革的新形势、全县人民的新期待，对县域治理提出了新的更高要求。全县各级党组织和广大党员干部要切实把学习贯彻党的十九届四中全会精神作为重大政治任务，按照省委十四届六次全会、市委四届七次全会的部署要求，提高政治站位、拉高工作标杆，高水平推进县域治理现代化，奋力书写新时代县域治理精彩答卷。

2. 总体要求。以习近平新时代中国特色社会主义思想为指导，全面贯彻党的十九大和十九届二中、三中、四中全会，以及省委十四届六次全会、市委四届七次全会精神，坚持全面加强党的领导，坚持国家总体部署与地方治理创新相结合，坚持深化“小县大城”发展战略，把握制度建设这个根本，聚焦治理效能这个关键，协同推进高水平县域治理和高质量绿色发展，切实把制度优势转化为治理优势，把治理优势转化为发展优势，走出一

条具有鲜明云和特色的县域治理现代化路子，为云和打造全国山区新型城镇化样板县域、加快高质量绿色发展提供有力保障。

3. 主要目标。不断健全县域治理制度体系，高水平打造县域治理现代化云和样板。到我们党成立一百年时，在县域治理上积累形成一整套更加完备的制度体系，为与全省同步高水平全面建成小康社会提供更有效能的坚实保障；到二〇三五年，现代化的县域治理制度体系全面形成，并充分转化为治理效能，基本实现县域治理现代化。到新中国成立一百年时，高水平全面实现县域治理现代化，形成与全省同步高水平全面建设社会主义现代化的强有力制度保障。

4. 基本原则。坚持党的领导，坚定制度自信，把牢正确政治方向，把党的领导落实到县域治理实践各方面各环节。坚持以人为本，充分体现人民意志，保障人民权益，激发人民创造，让人民成为县域治理现代化的直接参与者、最大受益者、坚定支持者。坚持制度为纲，强化制度建设，构建全领域覆盖、全方位协同、全要素联动的县域治理制度体系。坚持改革创新，以“最多跑一次”改革撬动县域治理各领域改革，把改革创新成果更好转化和定型为制度规范。坚持效能导向，统筹运用系统治理、依法治理、综合治理、源头治理的思路和方法，提高治理科学化、精细化、智能化水平。

二、完善党的领导制度体系，加强党对县域治理的全面领导

贯彻新时代党的建设总要求，进一步完善党的领导制度体系，加强党对县域治理各方面各环节各领域的全面领导。

1. 落实保障“两个维护”的制度机制。构建“不忘初心、牢记使命”的制度，健全学习教育、调查研究、检视问题、整改落实的长效机制，教育引导广大党员干部用习近平新时代中国特色社会主义思想武装头脑，增强“四个意识”、坚定“四个自信”、做到“两个维护”，在思想上政治上行动上同以习近平同志为核心的党中央保持高度一致。完善党委（党组）理论学习中心组、党员夜学等学习制度，加强习近平新时代中国特色社会主义思想的学习研究，深化“两山”理念的创新实践。完善党中央和省委、市委重大决策部署贯彻落实机制，严格执行请示报告制度。加强政治建设，压紧压实管党治党政治责任，严明政治纪律和政治规矩，完善党内政治生态评估制度，提高各级党组织和党员干部的政治能力。优化党的组织设置，推动党的组织体系与治理体系有机衔接，确保党的领导上下贯通、执行有力。完善严格执行党内法规的机制，加强党内法规制度建设。

2. 完善党委统筹治理工作制度。严格落实民主集中制，健全党委议事决策等工作制度，加强重大决策的调查研究、科学论证、风险评估，提高把方向、谋大局、定政策、促改革的能力。加强党委对重大工作的领导，发挥党委议事协调机构职能作用，完善议事规则，提高议事能力和协调水平，强化党委职能部门统一归口协调管理职能。坚持总揽全局、协调各方，完善党领导人大、政府、政协、监察机关、审判机关、检察机关、武装力量、人民团体、企事业单位、基层群众自治组织、社会组织等各项制度，健全党委（党组）工作制度，确保党在各种组织中发挥领导作用。坚持党委领导人大工作、党委工作部门支持人大工作、“一府一委两院”接受人大监督的制度，健全人大依法讨论决定重大事项制度和各级政府重大决策出台前向本级人大报告机制，完善人大组织制度、选举制度和议事规则。完善行政决策、执行、组织、监督体制，推进行政机构职能优化协同高效，构建职责明确、依法行政的政府治理体系，建设人民满意的服务型政府。健全党对政协工作全面领导的制度机制和组织体系，制定政协协商工作实施办法，完善协商于决策之前和决策实施之中的落实机制，完善支持民主党派和无党派人士履行职能的方法，更好发挥人民政协专门协

商机构作用。健全政党协商工作机制,完善民主党派直接向县委提出建议制度,支持民主党派、工商联和无党派人士参政议政。完善大统战工作格局,健全同党外知识分子、非公有制经济人士、新的社会阶层人士的沟通联络机制,健全民族宗教工作体制机制,创新完善新时代侨务工作机制。坚持党管武装原则,大力支持和加强国防、军队和后备力量建设,完善双拥共建工作机制,推进军民融合深度发展。完善统筹领导县乡工作的制度,激发各乡镇(街道)、各部门创造性开展工作。

3. 构建"四服务"长效机制。践行全心全意为人民服务的根本宗旨,把群众观点、群众路线贯穿和落实到县域治理的具体行动之中。深化"大学习大调研大抓落实"工作,改进蹲点调研、专题调研等常态化调查研究机制,完善县领导牵头主持重点调研课题、牵头领衔重大改革项目、牵头落实重要工作、牵头领办重大项目制度。建立全覆盖、全过程、全天候的"服务企业、服务项目、服务群众、服务基层"长效机制,健全党员干部直通群众的机制,完善基层联系点、基层走亲连心、结对帮扶等群众工作模式,创新互联网时代群众工作机制。健全联系广泛、服务群众的群团工作体系,凝聚和激发全社会的创造活力和发展动力。

4. 完善风清云和建设制度。严格落实党委(党组)主体责任、党委(党组)书记"第一责任"、班子成员"一岗双责"、纪委监督责任"四责协同"机制。推进清廉单位建设,完善权力配置和运行制约机制,防止权力滥用。加强警示教育,弘扬清廉文化,筑牢思想防线。深化纪检监察体制改革,健全党统一领导、全面覆盖、权威高效的监督体系,完善纪律监督、监察监督、派驻监督、巡察监督"四个全覆盖"的监督网络和统筹衔接工作机制,推进纪委监委专责监督同审计、统计等各类监督融会贯通。完善作风建设长效机制,深化"大数据"+"大脚板"精准监督机制,持之以恒纠治形式主义、官僚主义。深化标本兼治,更好运用监督执纪"四种形态",构建一体推进不敢腐、不能腐、不想腐体制机制,巩固发展反腐败斗争压倒性胜利,努力打造干部清正、政府清廉、政治清明、社会清朗的风清云和。

三、完善现代化法治体系,建设高水平法治云和

坚持人民主体地位,坚定不移走中国特色社会主义法治道路,统筹推进严格执法、公正司法、全民守法,不断提高法治能力和水平。

1. 完善依法行政体制机制。深化机关效能建设,强化部门协调配合,推进简政放权、放管结合、优化服务,全面实现群众和企业全生命周期"一件事"全流程"最多跑一次"、机关内部"最多跑一次"。优化行政决策、行政执行、行政组织、行政监督体制,执行重大行政决策目录清单、重大行政决策执行情况第三方评估、"开门决策"等制度,加强重大行政决策合法性审查。全面落实行政执法公示、执法全过程记录、重大执法决定法制审核制度。深化综合行政执法体制改革,整合优化执法事项、执法力量,完善执法联动机制,严格规范公正文明执法,规范执法自由裁量权,加大关系群众切身利益的重点领域执法力度。严格执行部门"三定"规定,推进机构、职能、权限、程序、责任法定化。巩固提升机构改革成果,探索扁平化行政管理体制。深化事业单位改革,推进事业单位清理规范整合,提高服务能力和水平。

2. 完善政府数字化转型制度。将数字化变革性力量融入法治政府建设,推进职能重塑、流程再造、业务协同、效能提升,促进政务公开,提高依法行政水平。深度参与建设多级联动的政务服务体系,加快推动"浙里办"平台本地化和更多办事办公"掌上化",全面实现"一网通办"。加大党政机关、公共服务组织、金融机构等信息系统整合力度,依托县大数据平台构建全县统一的县域治理专题数据库、自然资源和地理空间信息库。拓展深化经济调节、市场监管、公共

服务、社会治理、环境保护、政府运行等领域数字化应用，形成即时感知、高效运行、科学决策、主动服务、智能监管的新型治理形态。谋划建设“智慧云和”“花园云”“城市大脑”，提高政府治理智能化、精细化水平。加强与省一体化政务服务平台的衔接贯通，提高数据共享和数字化治理水平。探索建立运用互联网、大数据、人工智能、区块链等技术手段进行行政管理的制度。

3. 完善公正司法体制机制。深化司法体制综合配套改革，完善司法人员职业保障制度和司法辅助人员管理制度，构建立体化多元化精细化的诉讼体系。优化“分调裁审”工作制度，建立有效解决执行难体制机制。全面落实司法责任制，完善司法权运行管理监督机制，提高司法质量、效率和公信力。加强对法律实施的监督，完善刑事、民事、行政、公益诉讼等监督体系，强化生态环境司法保障。推进政法数字化协同工程建设，推广应用刑罚执行一体化办案系统，充分运用司法大数据资源，推进应用智慧法院、移动微法院建设，更好解决异地诉讼难问题。构建“大普法”格局，强化普法与执法、司法相融合，完善融媒体公益普法阵地。强化领导干部带头尊法学法守法用法，完善领导班子和领导干部述法制度。加快建设“覆盖城乡、便捷高效、均等普惠”的山区公共法律服务体系，引导全社会办事依法、遇事找法、解决问题用法、化解矛盾靠法。

四、完善高质量绿色发展制度体系，增强县域科学发展新优势

坚持和完善社会主义基本经济制度，全面贯彻落实新发展理念，加快建设以“生态经济化、经济生态化”为基本特征的现代化生态经济体系，有效破解制约发展的深层次矛盾和体制性障碍，增强县域治理和发展新优势。

1. 构建推动 GDP 和 GEP“两个较快增长”的制度。落实 GDP 和 GEP 双核算、双评估、双考核机制和各层级联动的生态产品价值核算评估机制。建立绿色发展财政奖补制度，制定生态产品政府采购目录，探索建立根据生态产品质量和价值确定财政转移支付额度、横向生态补偿额度的体制机制。健全生态产品市场交易机制，培育一批从事生态保护修复和治理的专业化企业和机构，打造生态产品交易平台。健全完善生态信用管理制度体系，建立企业与自然人的生态信用档案、正负面清单和信用评价机制，建立生态信用行为奖惩机制。全面拓展生态产品价值实现路径，大力发展以生态产品为核心要素的新型产业，实现生态赋能溢价。落实生态产品标准体系和质量认证体系，提升“云和师傅”“云和云居•六头民宿”等生态产品区域公用品牌影响力，开展标准制定、人才培养等国际交流合作，推进“云和标准”国际化。完善财政、金融服务生态产品价值实现机制，推行“两山银行”，设立绿色产业基金。

2. 构建跨山统筹、创新引领、问海借力的机制。主动融入市域“一带三区”发展新格局，创新跨县组团发展、协调联动的体制机制，打造县域发展整体规模优势和特色差异化品牌，加快建设云景特色风情聚落区。深化“小县大城”发展战略，优化县域“一城一湖一梯田”发展格局，加快构建“1570”城镇村体系，优化产业空间集聚平台体系，通过资源要素优化重组、产能布局优化调整，实现空间布局优化。完善区域交通先行发展的体制机制，谋划推进温武吉铁路、丽水至云和高铁、G235、G322 等项目，构筑互联互通、支撑有力的综合交通体系。大力实施创新驱动发展战略，深化科技创新体制机制改革，推动以科技创新领军的全面创新，完善创新制度环境、政策体系和科技金融服务体系，不断优化区域创新生态系统。加快木玩产业创新服务综合体等平台建设，建立健全大力培育高新技术企业和科技型中小企业的机制。完善产学研协同发展体系，深化与高校、科研机构合作机制，加强科创、人才等多类型“飞地”建设，

建立“星期天工程师”柔性引才机制，完善“高精尖缺”人才、青年创新人才、工匠型技能人才等引育机制。强化“云和师傅”劳务品牌建设，大力实施“云和五匠”、百家新型农业经营主体等培育工程，发掘培养一批“田秀才”“土专家”“乡土客”。积极对接“一带一路”和长江经济带、长三角一体化等重大国家战略，深入实施全方位深度接轨上海、高质量融入长江三角洲区域一体化发展行动，构建与上海理念接轨、科创接轨、产业接轨、市场接轨机制，深化与上海普陀区的紧密型合作机制，更好地借上海之势、扬云和之长，推进更大范围、更宽领域、更深层次的开放合作。全面深化与宁波北仑、嘉兴港区等地的交流合作，推动“山海协作”从单向扶贫输血向双向合作造血转变、从传统产业梯度转移向创新成果转化落地转变，实现优势互补、互惠互利、共同发展。聚焦干部培训、产业合作、平台共建、“飞地”经济和民生帮扶等领域“问海借力”，形成全方位、多层次、立体化的“山海协作”新格局，打造“山海协作”升级版。

3. 打造“营商环境最优县”。对标国际国内先进水平，健全持续优化营商环境的工作机制，深入开展优化营商环境“10+N”行动，以市场化、法治化、便利化、国际化为导向，全面打造审批最简捷、流程最优化、成本最低廉、服务最贴心、体制最合理的“营商环境最优县”。持续推进“精准服务企业、振兴实体经济”专项行动，健全支撑中小企业发展制度和服务体系。深化投资审批制度改革，最大限度破除市场准入限制，使各类市场主体依法平等享受支持政策，经营自主权、财产权、知识产权等合法权益得到有效保护。推广企业对标竞价“标准地”制度。完善企业上市梯度培育机制。健全企业家参与涉企政策制定机制和涉企政策公开机制。

五、完善生态文明制度体系，打造童话云和“大花园”

坚持以习近平生态文明思想为指导，全面加强生态保护和建设，持续提升生态环境质量，走生产发展、生活富裕、生态良好的文明发展道路。

1. 健全最严格的生态保护制度。健全源头预防、过程控制、损害赔偿、责任追究的生态环保体系，以更高标准保护绿水青山。坚持多规合一，严格划定生态红线、永久基本农田红线、城市开发边界线，建立健全县域国土空间规划体系和监管机制，完善用途统筹协调管控制度。坚持主体功能区和环保“三线一单”生态空间管制制度，高标准建设国家重点生态功能区。认真落实生态保护和修复制度，实施重要生态系统保护和修复重大工程，完善生物多样性的调查、科研、监测、观光等工作机制。完善绿色生产和消费的法律制度和政策导向，推进市场导向的绿色技术创新，以更大力度推动绿色循环低碳发展。发挥排污许可制的核心作用，构建固定污染源“一证式”环境管理体系，完善污染防治区域联动机制。完善地下水污染防治、监测与修复机制。持续推进温室气体减排，实现大气污染物和温室气体协同控制。

2. 健全科学高效的生态利用制度。坚持节约资源和保护环境的基本国策，加快建设自然资源资本强县。推进自然资源统一确权登记法治化、规范化、标准化、信息化，落实资源有偿使用制度，实行资源总量管理和全面节约制度。完善绿水青山的产权制度、保护制度、交易制度，健全林权、水权、碳汇权、排污权、用能权等各类产权交易机制，促进生态红利释放。持续推进垃圾、厕所、污水三大革命，普遍实行垃圾分类和资源化利用制度。深入开展能源“双控”“减煤”工作，加快推广应用天然气，推进能源革命，构建清洁低碳、安全高效的能源体系。统筹推进生态环境基础设施建设，全面提升生态治理效能。

3. 健全美丽云和建设机制。创新城乡空间优化、功能重构、形象再造、品质提升、融合发展的体制机制，全面落实美丽乡村、美丽城镇、美丽城市建设标准，深化“千村示范、万村整治”工程，实施“百镇样板、千镇美丽”工程，构建公用设施集约建设、高效利用、长效运维机制，深化城乡环境综合整治，持之以恒推进乡村景区化建设，努力打造美丽和谐宜居的城乡环境。全面实施河长制、湖长制、林长制，健全治水治气治土治废长效机制，统筹山水林田湖草整体保护和系统修复。高水平推进国土绿化美化，推动森林资源提质增量，筑牢绿色生态屏障。

4. 健全权责分明的生态环境保护责任制度。完善政府为主导、企业为主体、社会组织和公众共同参与的环境治理体系，形成权责分明、共治共享的生态治理格局。完善生态文明建设目标评价考核制度，强化环境保护、自然资源管控、节能减排等约束性指标管理，严格落实企业主体责任和政府监管责任。严格落实领导干部自然资源资产离任审计制度。推进生态环境保护综合行政执法，落实生态环境保护督查制度。健全生态环境监测和评价制度，探索实行市场化、差别化生态补偿模式，健全瓯江上下游横向生态补偿机制。完善生态环境损害赔偿制度，严格落实环境损害责任终身追究制。

六、完善先进文化制度体系，巩固人民团结奋斗的共同思想基础

坚持守正创新，坚定文化自信，举旗帜、聚民心、育新人、兴文化、展形象，奏响新时代人民团结奋斗的主旋律。

1. 全面落实意识形态工作责任制。坚持马克思主义在意识形态领域指导地位的根本制度，加强党对宣传思想工作的全面领导，落实党委（党组）意识形态工作主体责任，完善组织领导、责任传导、考核督查等机制。持续加强理论武装，深入学习宣传贯彻习近平新时代中国特色社会主义思想，完善党委（党组）理论学习中心组等各层级学习制度，开展以“百场宣讲进基层”为载体的分众化特色化宣传，推广用好“学习强国”、干部网络学院等网络学习平台，以党的创新理论武装头脑、指导实践。加强新闻媒体、网络、学校、文化礼堂等意识形态阵地的建设和管理，维护意识形态领域安全。

2. 健全社会主义核心价值观引领文化发展的制度。深化新时代文明实践中心建设，制定出台新时代文明实践礼遇制度等系列保障激励措施，统筹建设“1+X”文明实践阵地，全面构建县、乡、村、点四级网络体系，形成凝聚共识、多元共治、全民共享的开放体系，打造“地域文化+文明实践”的先行样板，推动习近平新时代中国特色社会主义思想更加深入人心。深入开展文明程度指数测评，推动社会主义核心价值观融入法治建设和社会治理，体现到国民教育、精神文明创建、文化产品创作生产全过程。以“和”文化为引领，深化“云和封面”“云和好人”品牌建设，加强道德模范、先进典型的学习宣传，完善未成年人思想道德齐抓共管机制。深入实施公民道德建设工程，持续推进移风易俗，深入整治道德领域突出问题，强化道德教化力、实践力、约束力。完善“诚信云和”建设长效机制，健全覆盖全社会的征信体系。

3. 健全弘扬践行浙西南革命精神长效制度。大力弘扬践行“忠诚使命、求是挺进、植根人民”的浙西南革命精神，使其成为云和干部群众干事创业的强大精神支撑。完善学习教育、文艺宣传、基地建设等常态化教育体系，完善浙西南革命精神理论研究机制，挖掘整理“周恩来烽火小顺行”“梅湾第一个农村党支部”等革命史料，形成一批高质量、有影响的浙西南革命精神研究成果。创新载体路径，将弘扬践行浙西南革命精神与“和”文化研究、“云和精神”提炼等有机结合，更好凸显文化引领作用。统筹推进红色资源保护、传承与利用，加快红色资源价值转换，打造一批红色旅游经典景区、建设一批红色旅游研学示范基地、开展一批红色旅游特色节庆纪念活动，形成以红色文化为引领、红色旅游经典景区为核心、“红与绿”融合发展为特色的红色产业发展体系，努力打造“红绿”融合发展

县域样板。

4. 健全文化云和建设制度。坚持以人民为中心的工作导向，完善城乡公共文化服务体系，优化城乡文化资源配置，推动图书馆、文化馆、文化礼堂、文化站等县乡村三级公共文化服务阵地的建管用育，推动基层文化惠民工程扩面增效。完善“文化订制”精准服务机制，健全文化产品创作生产传播的引导激励机制，鼓励社会力量参与文化公共服务体系建设，推出更多群众喜爱的本土文化精品。健全历史文化和优秀传统文化保护传承机制，推进传统村落保护暨拯救老屋行动，以文化振兴助推乡村振兴。完善文旅融合发展机制，结合木玩文化、梯田文化、船帮文化、抗战文化等本土特色文化，主动融入瓯江山水诗路和瓯江文化创意产业带建设，努力构建文化热、旅游火、百姓富的新格局。

5. 健全坚持正确导向的舆论引导工作制度。坚持党管媒体原则，巩固壮大主流思想舆论，构建网上网下一体、内宣外宣联动的主流舆论格局。强化媒体融合发展，深化融媒体中心建设，打造“童话云和”APP 特色品牌和全媒体传播体系，改进和创新正面宣传，做大做强主题宣传。深入开展网络综合治理体系建设，实施网络生态“瞭望哨”工程，推动建立部门协调、属地监管、企业履职、行业自律、社会监督的网络综合治理格局。

七、完善民生保障制度体系，满足人民日益增长的美好生活需要

坚持以人民为中心，完善基本公共服务制度体系，加强普惠性、基础性、兜底性民生建设，更充分地满足人民多层次多样化需求。

1. 创新促进群众增收致富的体制机制。完善“大搬快聚富民安居”工作机制和“八个万元”富民增收模式，实施低收入农户高水平全面小康计划，形成更加精准有效可持续的增收富民政策体系，使群众收入增速快于经济增速、位居全省前列。健全“人口双向流动”工作机制，制定出台“两进两回”实施意见和《乡村人才新政 20 条》，推动科技进乡村、资金进乡村、青年回农村、乡贤回农村，促进城乡要素自由流动、平等交换和公共资源合理配置。创新生态农业提升发展机制，推进“一果两茶一菌一蜂一鱼”优势主导产业优质高效发展，打响“云味十二道”品牌，加快推进农村“三权分置”改革、集体土地入市、林权制度改革以及优化完善城乡产权交易平台和城乡产权交易制度，盘活农村沉睡资源，因地制宜发展农耕体验、来料加工、民宿经济、农村电商、乡村旅游等新业态，不断增强乡村振兴和群众增收致富的内生动力。

2. 构建教育提质发展的体制机制。坚持教育优先发展，围绕全国义务教育优质均衡发展县创建，深入开展教育提质行动，加快补齐教育发展短板，努力与全省同步高水平实现教育现代化，加快打造全域优质教育新样板。深化教育领域综合改革，建立基础教育提质减负机制，完善教育资源供给保障体系，实施初中“壮腰”工程，健全立德树人“五育并举”落实机制。统筹推进学前教育特色品牌发展、义务教育均衡优质发展、普通高中多样化特色化发展、职业教育产教融合发展，打造“云和木玩”学前教育品牌和“国际木玩学校”特色职业教育品牌。深化集团化办学模式、“互联网+义务教育” 结对帮扶机制，探索全域督导评价机制，缩小城乡差距，推进技术与教学深度融合。改进教师管理体制机制，探索教师队伍成长新机制，着力提升教师队伍整体素质。弘扬尊师重教的社会风尚，切实提升教师地位待遇。

3. 强化提高人民健康水平的制度保障。深入实施健康云和 2030 行动，围绕生命全周期、健康全过程，不断完善政策体系，为人民群众提供更高水平的优质健康服务。深化医疗、医保、医药联动改革，推进县域医共体深度融合，建立科学、高效、智能型医疗健康集团，构建整合型医疗卫生服务体系。深化基层医疗卫生机构综合改革，创新

“政府购买和委托服务”模式，探索民营医疗机构参与基本公共卫生服务，实现现居住地管理的基本公共卫生服务网格化全覆盖。加强公共卫生和重大传染病防控，健全重特大疾病医疗保险和救助制度。健全慢性病防控工作协调机制和综合防治体系，完善慢性病防治服务网络，提高慢性病综合防治能力。加强优生优育，提高人口质量。建设居家社区机构相协调、医养康养相结合的养老服务体系，推进老年人宜居环境建设。聚焦增强人民体质，完善促进全民健身制度性举措。推进卫生健康数字化转型升级，加强医院信息化和现代化管理制度建设。积极推进“流动医院”建设，努力打通乡村医疗服务“最后一公里”。完善公共体育服务体系，构建全民健身服务网络。

4. 健全更加充分的就业和社会保障体制机制。实施就业创业提质工程，健全就业公共服务和终身职业技能培训制度，完善重点群众就业支持体系。建立促进创业带动就业、多渠道灵活就业机制，加强就业困难人员托底帮扶工作。营造公平就业的制度环境，全面构建和谐劳动环境。坚持应保尽保原则，完善新型社会保障体系，推进全民参保计划，建立城乡居民基本养老保险待遇确定和基础养老金政策调整机制，稳步提高保障水平。依托全国社会救助综合改革试点和省社会救助大体系建设试点，深化“联连帮”救助平台建设，探索建立失能失智低保对象、低边对象机构托养补贴制度，实现救助对象大覆盖、救助资源大统筹、救助方式大转变。统筹完善社会福利、慈善事业、优抚安置制度，保障妇女儿童权益。健全退役军人服务保障体系，完善困难退役军人帮扶机制。健全残疾人帮扶制度。创新养老服务机制，探索形式多样的爱心驿站(邻里互助点)养老服务模式，打造具有云和特色的“医养结合”养老服务体系。完善多主体供给、多渠道保障、租赁并举的住房保障制度。

八、完善社会治理制度体系，打造“全国最平安县”

加强和创新社会治理，完善党委领导、政府负责、民主协商、社会协同、公众参与、法治保障、科技支撑的社会治理体系，提高社会治理社会化、法治化、智能化、专业化水平，打造“全国最平安县”，推动云和从“平安”迈向“长安”。

1. 完善高效顺畅的社会治理工作机制。完善党委领导下的社会治理体制机制，做到责权明晰、高效联动、上下贯通、运转灵活，提升县域社会治理统筹协调能力。将云和“和”文化融入社会治理，建立务实高效的“和”治理模式。深化县乡两级社会矛盾纠纷调处化解中心建设，加强数据资源整合，增强社会治理分析研判、预测预警和管理决策功能。加强乡镇(街道)“基层治理四平台”规范化建设，推进“全科网格”建设规范提升，实施“党建统领基层治理精准化提升”工程，构建“一中心四平台一网格”上下联动、左右协调的社会治理新模式，完善县乡村三级联动的社会治理链条。

2. 完善协调联动的矛盾纠纷化解机制。坚持和发展新时代“枫桥经验”，建立健全有机衔接、协调联动、高效便捷的矛盾纠纷多元化解机制，全面推进矛盾纠纷化解“只进一扇门、最多跑一地”。健全以人民调解为基础的大调解工作体系，支持“老李帮忙团”等志愿者团队参与大调解，探索跨区域、跨行业联调模式，大力推进诉源治理，加强调解、仲裁、行政裁决、行政复议、诉讼等有机衔接，及时有效防范、化解各类矛盾纠纷。加强矛盾纠纷多元化解平台建设，推动线上线下联动、网络实体互补。推广“走出去”的心防工作模式，健全社会心理服务体系和危机干预机制。坚持和完善领导干部下访接访和包案化解制度，推行信访代办制，发挥“两代表一委员”在倾听民意、反映诉求、疏导情绪上的作用，健全主动为民维权机制。建立完善群众表达诉求制度和反馈制度，引导群众以理性合法的形式表达利益诉求，有效保障群众民主权利。落实“新任必理旧账、离任不留坏账”

的信访交接制度。

3. 完善共建共享的平安建设长效机制。坚持平安为民，拓宽群众参与平安建设的制度化渠道，建设人人有责、人人尽责、人人享有的社会治理共同体，确保人民安居乐业、社会安定有序。坚持专群结合、群防群治，完善立体化、法治化、专业化、智能化的社会治安防控体系，推进问题联治、工作联动、平安联创，深入开展扫黑除恶专项斗争，严厉打击盗抢骗、食药领域违法犯罪行为，坚决扫除黄赌毒等丑恶现象。完善社会公共安全体系，建立健全全天候、全方位的自然灾害防治体系和防灾减灾救灾工作机制，严格落实安全生产责任制度，推进消防安全、道路交通安全、食品药品安全综合治理。创新网络综合治理体系，强化网民合法权益保护，完善网络纠纷人民调解机制、网络行政执法体制机制。深化应急处置规范化建设，构建统一指挥、专常兼备、反应灵敏、上下联动的应急管理体制。全面贯彻总体国家安全观，把维护国家政治安全特别是政权安全、制度安全放在第一位，全面落实防范化解重大风险各项举措，坚决打赢防范化解重大风险攻坚战。完善平安报表管理法，构建更加科学的平安建设责任体系。

4. 完善多治融合的基层社会治理格局。健全党建统领的政治、自治、法治、德治、智治相结合的城乡基层治理体系，深入开展全国首批乡村治理体系建设试点，推动社会治理和服务重心向基层下沉，突出群众自主管理，实现政府治理和社会调节、居民自治良性互动，夯实基层社会治理基础。深化乡镇（街道）管理体制改革，强化党的建设和公共管理、公共服务、公共安全职能。创新新时代行政服务制度，加强乡镇（街道）便民服务中心、村（社区）代办点建设，创新推出“乡事城办”措施，将下山农民需“回乡办”“两头跑”的事项，全部在县城“一窗办理”，真正实现“最多跑一次”“最多跑一地”。建立部门职责事务下沉到乡镇（街道）、到村（社区）、到网格准入制度。推进基层整合审批服务执法力量，实现“一支队伍管执法、一枚印章管审批（服务）”。

九、加强治理能力保障，凝聚县域治理现代化强大合力

高水平推进县域治理现代化是一项重大战略任务。全县各级党组织和广大党员干部要秉持高度的政治自觉，主动担当作为，带头克难攻坚，合力推动县域治理各项目标任务落到实处。

1. 强化组织领导。县委坚决肩负起县域治理现代化的全面领导责任，高标定位、科学谋划，突出重点、把牢方向，整合力量、系统推进，推动各项治理工作全面落实。县委全面深化改革委员会要深入研究高水平推进县域治理现代化的重大举措，更加注重系统集成、协同高效，及时把治理的成熟经验上升为制度规范。县人大、政府、政协和监委、法院、检察院及有关部门要履职尽责，落实好各方面各领域制度和治理规定，合力推进县域治理现代化。

2. 强化制度执行。各级党委和政府以及领导干部要强化制度意识，带头维护制度权威，深入纠治形式主义、官僚主义，营造风清气正的良好政治生态。坚持新时代好干部“20 字标准”，把制度执行力和治理能力作为干部选育管用全链条的重要依据，注重提拔使用政治素质好、制度意识和治理能力强、工作实绩突出的干部。加大干部教育培训力度，加快建设忠诚干净担当的高素质专业化干部队伍，大力选拔优秀年轻干部，推动干部在治理现代化的重大实践中锤炼提高治理能力和水平。扩大视野选贤任能，畅通高素质治理人才进入党政机关的渠道，健全治理人才政治引领政治吸纳机制，充分汇聚各类人才的智慧和力量。完善“两个担当”良性互动机制，健全容错纠错、澄清正名、精准问责等机制，持续打好激励干部担当作为“组合拳”，激发干部精气神。

3. 强化治理合力。立足云和实际，创新运用报刊、电视、广播以及“三微一端”等各种载体和平台，加

强制度自信宣传教育，教育引导全县干部群众深刻认识中国特色社会主义制度的本质特征和巨大优越性，坚定中国特色社会主义制度自信，以主人翁的姿态积极参与县域治理现代化实践，推动全社会自觉尊崇制度、严格执行制度、坚决维护制度，打造协同合作推进高水平县域治理共同体，凝聚起以县域治理现代化推动高质量绿色发展的磅礴伟力。

全县上下要更加紧密地团结在以习近平同志为核心的党中央周围，高举中国特色社会主义伟大旗帜，坚定信心、勇担使命，高水平推进县域治理现代化，为加快打造全国山区新型城镇化样板县域、推动高质量绿色发展作出新的更大贡献！

中共云和县委

2020 年 2 月 26 日

中共云和县委
关于新时代加强和改进人民政协工作的实施意见

云委发〔2020〕7号

为全面贯彻落实习近平新时代中国特色社会主义思想和党的十九大、十九届二中、三中、四中全会精神，深入贯彻落实习近平总书记关于加强和改进人民政协工作的重要思想，根据中央和省委、市委政协工作会议和《中共中央关于新时代加强和改进人民政协工作的意见》（中发〔2019〕40号）、《中共浙江省委关于新时代加强和改进人民政协工作的实施意见》（浙委发〔2019〕25号）、《中共丽水市委关于新时代加强和改进人民政协工作的实施意见》（丽委发〔2019〕31号）精神，现提出如下实施意见。

一、总体要求

新时代加强和改进人民政协工作，要以习近平新时代中国特色社会主义思想为指导，增强"四个意识"、坚定"四个自信"、做到"两个维护"，把坚持和发展中国特色社会主义作为巩固共同思想政治基础的主轴，把发挥专门协商机构作用作为新时代的新方位新使命，把服务新型城镇化样板县域建设作为工作主线，坚持团结和民主两大主题，加强思想政治引领、广泛凝聚共识，提高政治协商、民主监督、参政议政水平，担负起把党中央和省委、市委、县委决策部署及对人民政协工作要求落实下去、把各党派团体和各族各界人士的智慧力量凝聚起来的政治责任，发挥人民政协在国家治理体系和治理能力现代化中的重要作用，大力弘扬践行浙西南革命精神，奋力干出人民政协的新样子，为加快打造全国山区新型城镇化样板县域作出新的贡献。

二、发挥专门协商机构的作用

（一）明确协商重点。县党代会和县委全会作出的重要决策部署；国民经济和社会发展中长期规划、行政区划和城市建设总体规划及其重大调整、生态文明建设规划及其重大举措、重要基础设施和公共服务设施建设规划；政府工作报告、国民经济和社会发展计划报告、财政预决算报告；重大建设项目；事关经济社会发展和民生的重大问题；党委、政府机构改革和重要体制改革方案；人民法院、人民检察院工作报告，推进司法体制改革、司法公开等重要问题；推进依法治理和县域治理现代化建设的重大举措；应对重大突发事件和公共危机处置预案。其他需要协商的重要事项。积极推进协商式监督，围绕贯彻落实党委、政府重要决策部署情况开展民主监督，重点民主监督议题纳入年度协商计划，应有一定比例。

（二）丰富协商形式。发挥政协组织及其协商平台、机制程序等作用，加强专门协商机构制度建设，坚持建言资政和凝聚共识双向发力，促进决策优化，推动决策实施，在协商中促进广泛团结，画出最大同心圆。完善以全体会议为龙头，以专题议政性常委会会议、主席会议、专题协商会、提案办理协商等为重点的协商议政格局。开好政协全体会议，发挥这一协商履职最高形式的作用。县政协一般每年举行6次“请你来协商”，其中县委、县政府主要负责同志原则上各参加1次协商活动，分管负责同志根据县政协年度协商计划，结合工作分工，各参加1次协商活动。积极推进政协协商与基层协商有效对接，探索政协协商同社会治理相结合，拓展政协协商参与面，扩大界别群众工作覆盖面。创新协商形式，大力推进政协履职“互联网+”，构建有效的网上履职平台，丰富网络议政、远程协商新形式。

（三）健全协商制度。坚持县委会同县政府、县政协制定年度协商计划制度，坚持县政府主要负责同志在县政协会议上通报经济社会发展情况，县委、县政府分管负责同志在政协重要协商会上通报工作情况和有关部门重要情况通报等制度。县纪委监委、县法院、县检察院每年向县政协通报工作情况。落实党政部门与政协专委会、界别的对口联系制度。对政协报送的协商成果明确有办理要求的，县委办、县府办和有关部门应在3个月内以书面形式反馈办理结果；对建议案、民主监督建议书的办理情况要向县政协常务委员会或主席会议通报；围绕“一府两院”工作报告形成的协商成果，县府办、县法院、县检察院在县政协全体会议结束后1个月内以书面形式向县政协办反馈采纳情况；健全提案“三见面”制度，县政府每年年终要向县政协通报提案办理及落实情况。将县政协重点协商活动纳入县委和县政府总体部署，实施情况列入督查事项，促进协商成果的采纳、落实和反馈。坚持问题导向，加强具有政协特色的应用型智库和参政议政人才库建设，为全面提高政协协商能力和水平提供支撑。

三、把握政协履职中心环节

（一）加强思想政治引领。把坚持和发展中国特色社会主义作为巩固共同思想政治基础的主轴，落实习近平总书记提出“重要阵地、重要平台、重要渠道”的要求，坚持双向发力。强化正面引领，在做好经常性思想政治工作的同时，强化对一些敏感点、风险点、关切点问题的正面引领，推动各党派团体和各族各界人士在事关道路、制度、旗帜、方向等根本问题上统一思想和步调。弘扬斗争精神，在重大原则问题上理直气壮、敢于亮剑、激浊扬清，划清是非界限。坚持求同存异，正确处理好一致性和多样性的关系，把民主集中制的优势运用好，通过耐心细致的工作，推动各党派团体和各族各界人士实现思想上的共同进步。

（二）创新凝聚共识载体。发挥人民政协作为统一战线组织的功能作用，把凝聚共识融入视察考察调查研究、协商履职活动中，在建言成果、思想收获上一体设计、一体落实。建立健全谈心谈话、联系走访约谈委员、接待和处理委员及群众来信来访等制度。开展以自我教育自我提高为主旨的委员学习座谈，夯实“委员会客厅”“委员工作室”等平台，拓展团结联系各族各界人士新渠道，通过影响有影响力的人，把更多的人团结凝聚在党的周围。利用网络科技技术，组织委员主动发声，把党的主张转化为社会各界的共识，把政协制度优势转化为社会治理的效能。

（三）汇聚团结奋斗合力。建立健全各党派参加人民政协工作的共同性事务情况交流机制。畅通党外知识分子、非公有制经济人士，新的社会阶层人士意见诉求表达渠道。密切同少数民族界和宗教界代表人士的经常性联系，做好界别委员专题学习考察、反映社情民意等工作。广泛团结联系海外侨胞，加强同云和籍海外华人华侨联络联系。完善扩大政协对外交往机制，宣介习近平新时代中国特色社会主义思想，讲好中国故事、云和故事。

四、更好发挥政协委员主体作用

（一）强化政治责任。政协委员要旗帜鲜明讲政治，深入学习习近平新时代中国特色社会主义思想，深刻理解党的基本理论、基本路线、基本方略，增进“四个认同”，增强“四个意识”、坚定“四个自信”、做到“两个维护”，始终在政治立场上不含糊、政治原则上不动摇。发挥好政协在推进社会治理体制创新中的重要作用，把尊重人民政协制度、维护好人民政协制度、展现人民政协制度生机活力的要求，落实到凝心聚力、政协协商、国家治理第一线的具体实践中。

（二）深化履职要求。落实“懂政协、会协商、善议政，守纪律、讲规矩、重品行”要求，准确把握履职方式方法，全面增强履职本领。自觉遵守宪法法律和政协章程，积极践行社会主义核心价值观，锤炼道德品行，严格廉洁自律，主动接受监督，坚定不移反对腐败，在构建亲清新型政商关系上发挥积极作用。强化团结引导界别群众责任，主动联系服务界别群众，自觉做党的政策宣传者、群众利益维护者、社会和谐促进者，发挥好委员在本职工作中的带头作用、在政协工作中的主体作用、在界别群众中的代表作用。

（三）优化服务管理。完善委员推荐提名办法，突出政治标准，坚持道德品行要求，真正把代表性强、议政水平高、群众认可、德才兼备的优秀人士吸收到委员队伍中来。健全政协委员退出机制，对不履行职责的委员，视情节给予提醒、约谈或责令其辞去委员；对严重违反政协章程或全体会议和常委会会议决议或决定的委员，依据情节给予警告或撤销委员资格处分。优化委员构成，在以界别为主协商推荐委员人选基础上，根据履职需求，政协委员名额的安排应合理覆盖到各主要单位和部门，尽可能覆盖到每个乡镇(街道)。优化委员履职服务，加强委员学习培训，将政协委员和政协机关干部培训纳入县委组织部的整体培训计划。完善委员履职考评，委员年度履职情况以适当方式向县委组织部、县委统战部和委员所在单位及本人通报反馈，考评结果作为拟继续提名委员的重要依据。

五、健全人民政协工作制度

（一）发挥新型政党制度优势。发挥人民政协作为实行新型政党制度重要政治形式和组织形式作用，做好政协协商同政党协商有关活动在协商议题、时间等方面的衔接工作。支持和保障各民主党派和无党派人士参与政协履职活动，对各民主党派以本党派名义在政协发表意见、提出建议等作出机制性安排。完善民主党派和无党派人士在政协开展经常性工作的机制，为民主党派和无党派人士更好履行职责、发挥作用创造条件。

（二）加强政协履职制度建设。建立健全会议组织、履职活动等规则。加强政协专委会工作制度建设，更好发挥其在政协工作中的基础性作用，通过专委会平台作用，组织政协委员走访党政部门、举办情况通报会等形式，为委员知情明政、履行职责提供支持和保障。实行党委、政府领导牵头领办、政协领导牵头督办重点提案制度，县委、县政府主要负责同志和分管负责同志要带头领办重点提案。强化提案工作质量导向，提高提案的精准度和办理的实效性。实行大会发言、重点社情民意信息的落实反馈制度。健全视察调研、反映社情民意、新闻宣传、文史资料、对外交往等经常性工作制度。坚持县委、县人大常委会、县政府办公室主任，县政协秘书长联席会议制度。

（三）健全政协工作联系机制。强化政协组织接受同级党委领导、接受上级政协的指导制度，完善沟通联系机制。积极参与省市县三级政协协同履职，落实重点履职议题协同调研、联动监督、联合协商机制。推动政协履职信息资源共享。建立完善政协全体会议、常委会会议以及专题协商活动邀请政协参加单位、群众代表列席制度。鼓励工作创新，推选报送创新案例，推动政协工作创新发展。

六、加强党对人民政协工作的全面领导

（一）各级党委要高度重视政

协工作。切实把加强和改进人民政协工作纳入县委工作总体部署。坚持县委常委会会议听取政协党组工作、政协常委会工作情况汇报制度，对政协党组织执行党的路线方针政策等情况进行督促检查，每届召开1次政协工作会议。将县政协机关列为县委统战工作领导小组成员单位，县委统战部部长兼任县政协党组副书记。县委主要负责同志要带头参加政协重要会议活动，带头做党的统战政协工作，带头广交深交党外朋友。探索政协工作向基层延伸的相关机制，乡镇（街道）党（工）委应明确1名班子成员负责联系政协工作。要把加强对政协的领导、支持政协开展工作的情况纳入领导班子和领导干部综合绩效考核评价体系。县委、县政府召开的重要会议、组织的重大活动，县政协及其专门委员会主要负责人与其他党政领导干部同等对待。

（二）充分发挥政协党组核心作用。县委要善于通过政协党组实施对政协工作的领导，政协界别设置与调整、专委会设置及其负责同志的安排、委员和常委人选的协商推荐等重要问题，应注重听取政协党组的意见。政协党组要肩负起实现党对人民政协领导的政治责任，发挥好把方向、管大局、保落实的领导作用，确保政协的一切工作都在县委领导下开展，所有活动都紧紧围绕党政决策进行。严格执行重大问题请示报告制度。落细落实全面从严治党主体责任，严格执行中央八项规定及其实施细则精神，坚决反对“四风”。落实政协党组按程序对拟继续提名的政协委员人选提出意见的责任。

（三）扎实推进政协系统党的建设。深入贯彻落实新时代党的建设总要求，实现党的组织对党员委员的全覆盖、党的工作对政协委员的全覆盖。加强政协党组、机关党组和基层党组织建设，重视履职过程中发挥临时党组织作用。推进政协机关党的建设，着力深化理论武装、夯实基层基础、加强日常监督、推进正风肃纪。巩固“不忘初心、牢记使命”主题教育成果，推进“两学一做”学习教育常态化制度化。党员委员要带头深入学习党的创新理论，严格执行党章党规和政协各项规章制度，强化做好党的统战工作和群众工作的责任担当，切实发挥先锋模范作用。

（四）积极为政协工作创造良好条件。选优配强政协领导班子，不断优化班子结构。专委会主任一般安排为政协常委，注重从本级政协及其常委会工作机构、办事机构负责人中考虑政协常委会组成人员人选。加大推进政协机关和党政部门、乡镇（街道）之间的干部双向交流力度，有计划有重点地安排政协机关干部对外交流任职，注重选配一定数量的中青年干部。县委编办要逐步解决政协人员力量薄弱的问题，加强专委会工作力量配备，确保专委会有工作人员落实日常事务。继续落实政协领导、专职常委不占政协机关编制的规定，尽力解决政协常委会组成人员中离岗未退休人员占政协机关编制的问题。完善和逐步提高委员活动经费标准，明确经费的使用范围。县政协“委员会客厅”“委员工作室”经费等列入县财政年度预算。

（五）进一步形成加强和改进人民政协工作的合力。县纪委监委、组织、宣传、统战等部门，要在政协党的建设、委员队伍建设、干部队伍建设、新闻宣传等方面提供支持和保障。县政府及其有关部门要密切同政协及其专委会的沟通协作，积极参加政协协商活动，并在知情明政、转化履职成果等方面提供支持和帮助。加强人民政协理论研究，把人民政协理论列入县委理论学习中心组学习的重要内容，纳入党校的教学内容。政协委员所在单位要支持其参加政协活动，在时间、经费、工作条件等方面给予必要保障，并计入工作量，努力营造全社会支持人民政协工作的良好氛围。

中共云和县委
2020年2月21日

中共云和县委　云和县人民政府 关于加快集聚科技创新创业人才 打造新型城镇化样板县域的实施意见

云委办发〔2020〕23号

为深入实施人才强县战略，积极推进人才科技政策创新，加快集聚各类人才，高质量发展木制玩具、现代制造、生态旅游、“云和师傅”四大百亿产业，构建现代化生态经济体系，积极打造新型城镇化样板县域，推动云和高质量绿色发展，现提出如下意见。

一、实施更加积极的人才引进培育政策

1. 大力集聚领军型创新创业团队。聚焦四大百亿产业扩量升级，面向国内外高校院所、知名企业和政府机构特聘一批高端人才，担任县委、县政府首席科学家或首席顾问。引进带动效果明显的创新创业团队，对我县申报入选的省、市领军型创新创业团队，在为期3年的首个资助期内，按照省、市资助标准落实资助。对我县自主引进的国际一流团队和顶尖人才领衔的重大项目，实行“一事一议”，资助额度上不封顶。

2. 优化升级高精尖创新创业人才引进政策。按照丽水市“绿谷精英•创新引领行动计划”项目资助标准，落实新入选的创新创业人才项目资助资金。对拥有自主知识产权且技术成果在国内领先的创业项目，但未入选“绿谷精英”创业项目的，给予最高不超过80万元的项目资助；对我县企业全职引进的高层次人才，研发水平和成果达到国内领先水平，但未入选“绿谷精英”创新项目的，按引进人才年薪的40%给予企业引才补助，每年最高补助不超过20万元，期限不超过5年。

3. 落实国家、省级重点人才奖励资助。对我县申报新入选的国家、省级重点人才项目，分别参照“绿谷精英•创新引领行动计划”A类、B类创新创业人才项目资助标准落实资助。对市外全职引进的国家、省级重点创新类人才，分别参照“绿谷精英•创新引领行动计划”B类、C类创新人才长期项目资助标准予以资助。

4. 实施重点领域紧缺人才支持计划。动态编制发布云和县重点领域紧缺人才需求目录。对纳入目录的新引进人才发放人才津贴，发放标准为：博士研究生或正高级专业技术职务资格人员3年内给予每人每年3万元，硕士研究生、副高级专业技术职务资格人员或高级技师3年内给予每人每年1.2万元，全日制本科生、中级专业技术职务资格人员或技师3年内给予每人每年6000元，全日制大专生、高级工3年内给予每人每年3600元。本意见出台后，对纳入目录且新取得高级工及以上职业资格证的，并在我县企业从事职业资格证相关工作的高技能人才，经审定可享受人才津贴，发放标准为：高级技师每人每年9600元，技师

每人每年4800元，高级工每人每年2400元，发放3年。在享受人才津贴期间，人才类别发生变化的，自次年起享受相应标准。自2021年1月起，取消其他高层次人才津贴。对代表本县参加国家级、省级、市级职业技能竞赛的参赛人员，经审定可申请500—1500元一次性补助。我县企业在其他地区或国家设立的研发机构全职聘用的人才可参照执行。

5. 加大国内外智力柔性引进力度。实施"海外工程师"计划，对企业聘请外籍高端人才，符合条件的，根据企业实际支付薪酬的30%给予补助，最高不超过50万元，单个"海外工程师"资助期限最长不超过3年。实施四大百亿产业及教育卫生等重点领域应用型专家团队引进计划，对县外高层次人才专家团队(3名以上)非全职来云和工作或在县外完成具体科研项目，由用人单位报主管部门审批后，经审定给予每个团队每年最高不超过30万元补助，期限不超过3年。用人单位对专家团队进行绩效考核管理。在资助期内，对取得明显成效或重大技术突破的，实行"一事一议"，给予每个团队一次性奖励，最高不超过20万元。

6. 加大对本土人才的培育支持。落实省、市本土人才培育支持政策，建立健全本土人才培养体系，制定我县教育、卫生、规划设计等重点领域人才培养支持计划。大力实施"云和师傅"领军人才提升计划和木制玩具产业"515人才"计划，选拔培养一批研发设计、经营管理、技术技能等方面的本土高级人才，支持本土人才开展技术研发、科技成果转化、学习深造等创新创业活动。

7. 实施青年创新人才引培计划。实施"青年人才储备计划"，从国内外院校遴选一批优秀在校生，与我县企业建立人才信用合同，约定毕业后来云和就业，用人单位给予一定学费、生活及实习补贴，财政给予企业实际支付费用50%、最高不超过3万元的补助。建立青年人才举荐制度，省级领军人才及以上层次专家署名推荐优秀青年人才来云和创新创业的，经审定可享受县级人才及以上待遇。鼓励在校大学生来云和岗位实习和社会实践，在交通、食宿等方面提供便利，对在云和岗位实习的给予每人每月1000元生活补贴，对每个重点社会实践团队给予5000元补助。

二、建立更加完善的创新创业支撑体系

8. 加强木玩产业创新服务综合体等平台建设。整合国内外高校院所人才资源，组建或引进各类创新创业团队，助推木玩产业创新服务综合体等平台建设，经审定给予每个团队最高不超过300万元科研经费；科研项目成果显著的，给予所在团队最高不超过50万元一次性奖励。对全职引进的专家团队负责人和第一、第二核心成员，经审定分别给予每人每年20万元和10万元工作补助，对符合条件的其他成员，经审定给予每人每年最高不超过5万元工作补助。

9. 强化人才创业贷款支持。鼓励金融机构或地方金融组织对人才创办企业提供信贷支持，设立高层次人才创业企业信贷风险资金池，对为人才企业提供信用贷款及采用股权、知识产权、商标权等质押贷款，给予金融机构或组织风险分担支持；高于基准利率获得贷款的，对高出部分给予高层次人才创业企业贴息补助。高层次人才创业企业自成立5年内，对银行、小额贷款公司等合法放贷机构以信用贷款方式发放的贷款，按贷款本金实际损失的40%予以补偿；对以专利权、商标权等无形资产抵质押发放的贷款，按贷款本金实际损失的30%予以补偿；鼓励和支持政策性融资担保机构为高层次人才创业企业提供信用担保服务；对上述补偿单家金融机构或地方金融组织最高不超过200万元，对单家高层次人才创业企业贴息补助最高不超过100万元。探索设立人才服务银行，对我县申报新入选的国家、省级重点人才分别给予最高1000万元、500万元的平价信用贷款。

10. 拓宽创新创业直接融资渠道。探索设立县人才创新创业基金，通过股权投资、可转债等方式，主要投向高层次人才创办的企业，重点支持种子期、初创期项目。鼓励高层次人才创办企业对接多层次资本市场，对企业实现A股上市的给予700万元奖励，实现境外上市的给予500万元奖励，实现新三板挂牌的给予200万元奖励；提高直接融资比重，企业（含境外）首次公开发行股票按募集资金实际投资在云和辖区内资金总额的1%给予奖励，对上市公司、新三板挂牌公司通过资本市场实现再融资的，按其募集资金实际投资在云和辖区内资金总额的1%、单次最高不超过100万元给予奖励；引进国内外私募股权（含创业）投资机构，在政策执行期内，对符合条件的法人投资（管理）类企业、投资类合伙企业的奖励，按“一事一议”政策执行。

11. 实行人才动态支持政策。设立创新创业评价指标体系，对高层次人才创办企业或核心成果转化情况进行动态跟踪支持，其企业或成果在三年内实现年营业收入首次超过2000万元、5000万元、1亿元的，综合质量效益情况分别给予最高60万元、150万元、400万元奖励。在政策执行期内年营业收入首次超过2亿元、3亿元、5亿元的，分别奖励500万元、600万元和1000万元。

三、完善更具优惠的服务保障政策

12. 实施人才安居工程。未来五年筹集不少于200套人才住房。采用租赁补贴、购房补贴、租住人才公寓等方式，为各类人才提供安居保障。对新引进符合条件的顶尖人才、国家级、省级、市级领军人才、高级人才，对纳入我县重点领域紧缺人才需求目录新引进的县级人才中硕士研究生（副高级专业技术职务资格人员或高级技师）和全日制本科生（中级专业技术职务资格人员或技师）在我县购买商品房的，经审定分别给予每人350万元、100万元、80万元、65万元、50万元、10万元和5万元的购房补贴；或分别给予为期5年每年35万元、10万元、5万元、4万元、3万元、1万元和0.6万元的租房补贴。新引进符合条件的人才可申请入住人才公寓，从引进之日起享受5年。对全县10强工业企业及重点商贸服务业企业，根据贡献给予购房补贴指标，用于支持企业骨干实用人才（不受学历、职称及户籍限制），每人享受5万元至20万元的购房补贴。

13. 鼓励支持高端学术交流和人才中介服务。鼓励支持国内外知名学术机构、专业组织和各类创新主体，在云和举办或永久性落地具有影响力的学术会议、专业论坛、技术研讨会等活动，对符合条件的给予实际支出50%、最高100万元资助。加快人力资源产业园区建设，出台孵化和奖励政策，支持引导人才中介服务机构集聚发展。

14. 优化升级公共服务保障。以“最多跑一次”改革为牵引，为人才在落户、工商登记、税收、子女入学等方面提供全方位服务。制定人才子女入学实施办法，从“有书读”向“读好书”升级，为高层次人才子女入园和就读义务、高中教育阶段提供保障，非本县户籍的人才子女在义务和高中教育阶段可享受户籍学生待遇；建立统筹协调机制，妥善解决我县骨干企业、重点企业和重大项目高管子女和重点产业紧缺人才子女入学问题。搭建高层次人才医疗保健服务平台，为高层次人才及直系亲属开辟绿色通道，每年组织高层次人才进行健康体检。协助做好高层次人才配偶在云和就业的联系协调工作。建立一批高层次人才疗休养基地，吸引各类高端人才来云和休闲养生，为我县经济社会发展提供智力服务，每年为来云和的高端人才和1—3名随行人员提供一次国内城际间往返交通补助，并可在指定宾馆酒店、高端民宿享受免费食宿一周的待遇。谋划建设人才服务先锋站和人才主题公园，进一步完善人才评价激励机制和服务保障体系。探索建设“人才社区”“人才驿站”“游学基地”，鼓励和支持社会机构面向高层次人才提供多元化、个性化服务。

15. 营造更加浓厚的社会氛围。深入开展“弘扬爱国奋斗精神、建功立业新时代”活动，引导广大人才矢志爱国奉献、勇于创新创造。开展重才爱才选树活动，树立先进典型，营造引才育才良好环境，对为我县经济社会发展作出重大贡献的“卓越人才”，视贡献程度给予每人最高10万元奖励，符合条件的，纳入我县高层次人才目录管理，并享受相应人才待遇。

本意见由县委、县政府负责解释，具体工作由县委办公室、县政府办公室会同县委人才科技工作领导小组办公室承担。原有政策与本意见不一致的，以本意见为准。已依据原人才政策启动奖励资助程序，但未兑现完毕的，按原政策继续执行。同一人才涉及多项待遇的，按“从高、不重复”原则执行。

本意见自发布之日起施行，适用范围为云和县属机关企事业单位、乡镇（街道）以及行业协会、家庭农场等法人单位。各职能部门结合实际制定具体操作细则。

中共云和县委办公室

2020年7月7日

云和县人民政府办公室
关于印发云和县违法建筑处置办法的通知

云政办发〔2020〕2号

各乡(镇)人民政府、街道办事处,县政府直属各单位:

《云和县违法建筑处置办法》已经县第十六届人民政府第38次常务会议审议通过,现印发给你们,请认真贯彻执行。

云和县人民政府办公室

2020年1月19日

云和县违法建筑处置办法

第一条 为进一步规范违法建筑的处置工作,深入推进违法建筑的防控和治理工作,根据《中华人民共和国行政处罚法》《中华人民共和国行政强制法》《中华人民共和国土地管理法》《中华人民共和国城乡规划法》《浙江省城乡规划条例》《浙江省违法建筑处置规定》《浙江省城市管理相对集中行政处罚权条例》等有关法律法规规定,结合本县实际,特制定本办法。

第二条 本办法适用于云和县行政区域范围内违反土地管理及城乡规划等法律法规建设的违法建筑的处置。

违反水利、交通运输、自然保护地、生态环境保护等法律法规建设的违法建筑,应当由有关部门依照有关法律法规的规定进行处置。

第三条 本办法所称违法建筑,是指未依法获得城乡规划、土地管理方面相关行政许可或者未按照城乡规划、土地管理方面相关行政许可内容建设的建筑物、构筑物或者设施,以及超过城乡规划行政许可期限未拆除的临时建筑物、构筑物或者设施,包括城市、镇规划区内的违法建筑(以下简称城镇违法建筑)和乡、村庄规划区内的违法建筑(以下简称乡村违法建筑)。

第四条 违法建筑处置坚持统一领导、统筹兼顾、尊重历史、依法处置、属地为主、综合整治的原则。

第五条 县"三改一拆"行动领导小组办公室负责全县违法建筑处置的组织协调工作,负责牵头研究拟定全县违法建筑处置政策,协调解决处置工作中遇到的相关疑难问题;各乡(镇)人民政府、街道办事处负责本行政区域内违法建筑的防控治理工作;云和工业园区管委会负责工业园区范围内违法建筑的防控治理工作;乡(镇)人民政府以及县自然资源和规划(林业)、农业农村、水利、交通、生态环境保护和综合行政执法等部门按照法定职责承担违法建筑处置相关工作;宗教场所违法建筑的认定和处置,由县民宗局提出处置意见报县“三改一拆”行动领导小组办公室同意后依法实施。

街道范围内的乡村违法建筑由县综合行政执法局依照法定权限处置。

第六条 城镇违法建筑有下列情形之一的,应当认定为城乡规划法律法规规定的无法采取改正措施消除影响,由城乡规划主管部门责令限期拆除(含局部拆除,下同),依法处以罚款:

(一)未依法取得建设工程规划许可证且不符合城镇控制性详细规划的强制性内容或者超过规划条件确定的容积率、建筑密度和建筑高度的。

(二)超过建设工程规划许可证确定的建筑面积(计算容积率部分)或者建筑高度,且超出规定的合理误差范围的。

(三)侵占城镇道路、消防通道、广场、公共绿地等公共设施、公共场所用地的。

(四)在已竣工验收的建设工程用地范围内擅自新建、搭建,或者利用建设工程擅自新建、搭建的。

(五)存在建筑安全隐患、影响相邻建筑安全,或者导致相邻建筑的通风、采光、日照无法满足国家和省有关强制性标准的。

(六)严重违反风景名胜区、历史文物、历史建筑等保护规定的。

(七)临时建筑未依法取得临时建设工程规划许可或不按许可内容建设,以及超过批准期限不拆除的。

(八)法律法规规定应当拆除的其他情形。

第七条 乡村违法建筑有下列情形之一的,依法予以拆除:

(一)农村村民未经批准或采取欺骗手段骗取批准,非法占用土地建住宅的。

(二)违反农村宅基地“一户一宅”政策规定,情节严重的。

(三)占用基本农田建设的。

(四)未取得或未按照乡村建设规划许可证进行建设,且严重影响乡、村庄、集镇建设规划实施的。

(五)占用道路、消防通道、广场、公共绿地、学校、医院等乡村公共设施用地、公共场所用地以及公益事业用地的。

(六)影响供电、供水、供气、消防、防汛、防台等公共安全的。

(七)严重违反风景名胜区、历史文物、历史建筑、生态、水系等保护规定的。

(八)沿河、沿路等不符合乡村规划,影响整体环境和村容村貌,以及存在建筑安全隐患、影响相邻建筑安全的。

(九)法律法规规定应当拆除的其他情形。

第八条 对依法应当拆除但拆除后可能对无过错利害关系人利益、公共利益造成重大损失,或者可能严重影响相邻建筑物的安全而不能实施拆除的城镇违法建筑,由县综合行政执法局依法没收实物或者违法收入,并处以罚款。

第九条 城镇违法建筑依照法律、法规、规章和有关规定,具有下列可以认定为“尚可采取改正措施消除对规划实施影响的”情形之一的,责令当事人限期补办、变更手续或者采取改建、回填等措施,达到与许可内容一致或者恢复到违法建设前状态,处建设工程造价百分之五以上百分之十以下的罚款:

(一)未按照相关规划许可规定进行建设,但是可以通过改建、回填等措施达到与许可内容一致或者恢复到违法建设前状态的。

(二)已进入规划审批程序,符合审批条件,并取得建设工程设计方案,且按照规划审批文件的内容进行建设,但尚未获得工程规划许可的。

(三)未取得相关规划许可证,但是按照规定可以补办、变更相关规划许可证的。

(四)以危房修缮实施违法拆改建,通过改建、部分拆除能够不改变原建筑占地面积、原建筑高度、原建筑面积、原建筑层次的。

(五)因公共利益需要,整体拆迁安置尚未完成规划审批手续的。

(六)经县政府同意依法采取改正措施的其他情形。

（七）法律法规规定可以改正的其他情形。

第十条 乡村违法建筑有下列情形之一的，由乡（镇）人民政府责令当事人限期改正：

（一）取得乡村建设规划许可但未按照许可规定进行建设的农村村民住宅，在限期内采取局部拆除措施后符合土地利用规划、乡村规划等要求，且不影响房屋结构安全和相邻房屋安全的。

（二）原有居住房屋因属危险房屋被拆除、火灾等原因灭失，但当事人未经批准在原址按原面积建设且符合当地政府规定的建房条件，拆除后当事人无房居住且所建房屋符合土地利用规划和乡村规划等要求的。

（三）属国家建设需要的安置对象，或由于旧村改造、地质灾害搬迁等政府原因，未能及时办理相关审批手续，在用地范围内建设且符合规划条件和建房条件的。

（四）经县政府同意依法采取改正措施的其他情形。

（五）法律法规规定可以改正的其他情形。

第十一条 除法律法规和本办法规定应当拆除的情形外，属下列情形之一的，可暂缓拆除：

（一）乡村原有住房属危房或因自然灾害灭失，原址重建或易地新建的违法建筑当事人，其违法建筑拆除后无房可提供居住，且属于无法改正情形的。

（二）属于农户唯一住房的乡村违法建筑（不超过宅基地审批最高标准）。

（三）符合县政府关于农村违法附属用房相关暂缓拆除处置政策的。

（四）虽然不符合“一户一宅”，但违法建筑与合法建筑在建筑结构上具有整体性，拆除将严重影响合法建筑安全的，由村（社区）股份经济合作社收回土地使用权，条件成熟后予以拆除。属历史遗留、确具有保护价值的建筑，经文保部门认定的。

（五）乡村用于处置公共卫生、自然灾害、事故灾难、社会安全等突发事件应急工作的违法建筑，按照实际需求，在乡（镇）人民政府依法作出相关决定前的。

（六）经县政府依法批准暂缓拆除的其他情形。

对拟暂缓拆除的违法建筑，乡（镇）人民政府、县综合行政执法局应当征求利害关系人意见，并在一定范围内进行公示，报县“三改一拆”行动领导小组办公室备案。

第十二条 对违法建筑拟进行拆除的，按下列程序进行处置：

（一）城镇违法建筑由县综合行政执法局负责制发限期拆除通知书，乡村违法建筑由乡（镇）人民政府负责制发限期拆除通知书，违反土地管理的违法建筑由县自然资源和规划局、县农业农村局按各自职能制发限期拆除通知书。

（二）对应拆除的违法建筑，乡（镇）人民政府、街道办事处及相应的违法建筑执法机关应督促本行政区域内违法建筑当事人在限定的期限内自行拆除。

（三）违法建筑当事人在法定限期内不申请行政复议或提起行政诉讼，又不自行拆除，也不委托代为拆除的，依法强制拆除。

第十三条 对城镇的违法建筑拟进行没收实物并处罚款的，按下列规定办理手续：

（一）由县自然资源和规划局作出无法采取改正措施消除对规划影响的认定，移交县综合行政执法局处理。

（二）县综合行政执法局召集县自然资源和规划（林业）、农业农村、住建、水利、交通、生态环境、消防等行政主管部门召开联席会议进行审查，各职能部门在审查中应当对违法建筑是否实施拆除出具明确的意见；对会议讨论确定不实施拆除的违法建筑，由县自然资源和规划局根据规划并结合现状，出具没收建筑的建议用途；需办理用地手续的，应当在地形图上标明用地范围。

（三）县综合行政执法局对不实施拆除拟作没收实物处置的违法建筑进行公示。

（四）县综合行政执法局应当将违法建筑不能实施拆除的认定意见报县人民政府批准。

（五）县综合行政执法局依法

对违法建筑作出没收实物并处罚款的行政处罚决定后，应当责成当事人腾空依法没收的违法建筑，没收后的违法建筑，属国有土地上的违法建筑移交县国有资产管理单位处理，属集体土地上的违法建筑移交乡（镇）人民政府、街道办事处处理。移交时出具没收违法建筑移送单，并同步移交该违法建筑的相关资料。

第十四条 对城镇违法建筑拟进行没收违法收入并处罚款的，按下列程序进行处置：

（一）由县自然资源和规划局作出无法采取改正措施消除对规划影响的认定，移交县综合行政执法局处理。

（二）县综合行政执法局召集县自然资源和规划（林业）、农业农村、住建、水利、交通、生态环境、消防等行政主管部门召开联席会议进行审查，各职能部门在审查中应当对违法建筑是否实施拆除以及规划、用地、建筑安全、消防安全、环境保护等手续办理出具明确的意见。

（三）县综合行政执法局委托有关机构对拟作没收处置的违法建筑进行测绘和房屋质量安全鉴定。

（四）县综合行政执法局对不实施拆除拟作没收违法收入处置的违法建筑进行公示。

（五）县综合行政执法局应当将违法建筑不能实施拆除的认定意见报县人民政府批准，依法对违法建筑作出没收违法收入并处罚款的行政处罚。

第十五条 对已取得建设工程规划许可证但未按照许可证的内容进行建设且尚未竣工规划核实的违法建筑，由县自然资源和规划局按批后管理有关规定提出处理意见，移交县综合行政执法局处理。

第十六条 县“三改一拆”行动领导小组办公室应当建立健全违法建筑处置工作信息共享平台和沟通机制，相关部门及时将违法建筑处置决定及其执行情况，书面告知市场监管、税务、文旅、应急管理、公安等部门和供电、供水、供气等单位。

第十七条 单位或者个人以违法建筑作为生产、经营场所申请办理相关证照、登记或者备案手续的，违法建筑处置决定执行完毕前，发改、经商、市场监管、农业农村、住建、生态环境、文旅、税务、公安等部门不得办理。已办理的，依法作出撤销、变更等处理。

单位或者个人就违法建筑申请办理供电、供水、供气、通信、有线电视等手续的，违法建筑处置决定执行完毕前不得办理。供电、供水、供气等单位如违反法律法规规定办理供电、供水、供气等手续的，由职能部门依法处罚。

建设工程设计、施工单位不得承揽明知是违法建筑项目的设计或者施工作业。

第十八条 不动产登记机构不得在违法建筑处置完毕前为违法建筑或存在违法建筑的房屋办理不动产权登记。对已登记的房屋、土地上存在的违法建筑，处置完毕前暂停办理不动产抵押登记、变更登记和转移登记等。

本办法实施前，经没收后购回保留使用的房屋，保留使用部分的建筑面积不予确权登记、不分摊土地面积。带有保留使用面积的房屋（户室）面积不予补缴土地出让金，不得办理转移登记，并在产权证书中注明。

以房屋、土地或者在建工程作为抵押物申请贷款的，金融机构应当向违法建筑执法机关查询是否存在违法建筑。经违法建筑执法机关确认存在违法建筑的，不予发放抵押贷款；经确认无违法行为的，方可发放贷款。

第十九条 本办法自 2020 年 3 月 1 日起施行。

云和县人民政府办公室
关于印发云和县实施乡村振兴战略之产业兴旺政策26条(修订)的通知

云政办发〔2020〕62号

各乡(镇)人民政府、街道办事处,县政府直属各单位:

《云和县实施乡村振兴战略之产业兴旺政策26条(修订)》已经县第十六届人民政府第49次常务会议审议通过,现印发给你们,请认真贯彻执行。

云和县人民政府办公室

2020年9月29日

云和县实施乡村振兴战略之产业兴旺政策26条(修订)

产业兴旺是乡村振兴的基础。为加快推进农业供给侧结构性改革,发展高质高效生态精品农业,推动农村一二三产融合发展和主导产业全产业链建设,构建现代农业产业体系,努力把“绿水青山”蕴含的生态产品价值转化为“金山银山”,助推乡村振兴,结合我县实际,特制订本政策。

一、做强优势产业,彰显云和特色

第一条 做强雪梨产业

1. 新建早中晚熟雪梨基地连片面积达3亩以上的,给予1200元/亩的补助;连片面积达50亩以上,给予1500元/亩的补助。

2. 鼓励雪梨基地实施三年一轮的抚育改造,连片面积达3亩以上的,给予400元/亩的补助。新建基地需满3年方可申报。

3. 加强雪梨产业配套设施建设。新建雪梨基地防风棚架或防雹设施,为水泥柱结构的,单项给予3000元/亩的补助,两项联建的,给予4000元/亩的补助;为钢架结构的,单项给予4000元/亩的补助,两项联建的,给予5000元/亩的补助。鼓励新建保鲜冷库,50立方米以下的给予400元/立方米的补助,51—100立方米的给予300元/立方米的补助,101—200立方米的给予200元/立方米的补助,200立方米以上的,给予150元/立方米的补助。

4. 加强云和雪梨种质资源保护,建设种质资源圃,通过选优等模式,培育优良品种。推进云和雪梨良种壮苗,对培育1万株以上的农业主体,给予2万元的补助。鼓励开展古梨树管护工作,经申报后达到要求的,每年给予400元/株的补助。

5. 加大对云和雪梨产业的保险支持力度，对参加雪梨产业政策性保险的农业主体，给予保费70%的补助。

第二条　做大茶叶产业

1. 新建茶园或实施原有低产低效“老茶园”换种改植连片面积达3亩以上（含连户）的，给予1000元/亩的补助。

2. 新建茶叶育苗基地面积达3亩以上，且每亩育苗20万株以上的，给予2000元/亩的补助。

3. 加大对茶叶产业的保险支持力度，对参加茶叶产业政策性保险的农业主体，给予保费70%的补助。

第三条　鼓励发展木本油料产业

1. 在年度计划内，对连片面积达10亩以上的油茶良种基地实施三年一轮抚育改造的，给予300元/亩的补助；对8年生（2009—2020年新发展）以上且连片面积达10亩以上的油茶良种基地实施三年一轮的树体整形修剪技术措施的，给予100元/亩的补助；以村集体或规模种植主体申报油茶低产林改造项目的，给予400元/亩的补助。

2. 在年度计划内新建良种油茶基地连片面积达5亩以上的，给予800元/亩的补助；对油茶良种基地中部分品种单一、授粉品种配置不足或不当的斑块，补植良种油茶容器苗（3年生）的，给予20元/株的补助。

3. 鼓励发展香榧产业。在年度计划内，用“2+4”等6年以上（地径大于1.5厘米）品种纯正嫁接苗造林，每亩造林密度25株以上且连片面积达3亩以上的给予1800元/亩的补助，连片面积达50亩以上的给予2300元/亩的补助。

第四条　做深食用菌产业

1. 新建代料黑木耳基地连片达3万棒以上的，给予0.8元/棒的补助。

2. 在允许发展区，新建红托长裙竹荪、灵芝等珍稀菌类连片面积达5亩以上的，分别给予2500元/亩的补助。

3. 加快推进食用菌产业转型升级，逐步实现食用菌产业美观化、效益化、生态化发展。在允许发展区，对新建或就地改造菇棚的，按市级标准进行改造，给予不超过50元/平方米的补助；新建香菇规模化示范基地10亩以上的，给予5万元的补助。

第五条　振兴蜜蜂产业

1. 新增蜜蜂养殖存栏20箱以上的，给予200元/箱的补助；新组建中蜂养殖新型主体，且中蜂饲养量达500箱以上的，给予300元/箱的补助。

2. 成功创建省级以上中蜂遗传资源保种场的，给予10万元的补助。

3. 常年饲养量达100箱以上、年度累计为非主要蜜源植物授粉面积超过1000亩，且连续服务3年以上的，给予5万元的补助。

第六条　加快发展生态畜牧业

1. 常年存栏牛10头以上、羊20头以上、兔300只以上的，分别给予1万元的补助；常年存栏牛20头以上、羊40头以上、兔600只以上的，分别给予2万元的补助。

2. 利用林地、果园、茶园等放养生态家禽，常年存栏1000只以上的，给予1万元的补助；常年存栏2000只以上的，给予2万元的补助。

第七条　鼓励发展中药材产业

1. 新发展黄精连片面积达3亩以上的，给予1500元/亩的补助；新发展浙贝母、元胡、温郁金连片面积达3亩以上的，分别给予800元/亩的补助。

2. 鼓励发展林下经济，新发展铁皮石斛活树附生连片面积达2亩以上的，给予5000元/亩的补助；种植多花黄精连片面积达5亩以上的，给予1500元/亩的补助。

3. 对能形成全产业链发展但未列入扶持政策的中药材（保健品）种植基地给予专项补助，采用一事一议方式解决。

第八条　鼓励发展生态渔业

在池塘、稻田新发展名特优水产品养殖连片面积达5亩以上的，给予300元/亩的补助。水库生态洁水有机鱼养殖（鲢鳙鱼）按苗种投放数量给予2元/斤的补助，单个主体补助最高不超过15万元。

第九条　鼓励发展蔬菜产业

种植蔬菜连片面积达3亩以上的，给予300元/亩的补助，种植区域在海拔600米以上的，连片面积达3亩以上的给予400元/亩的补助。

第十条　鼓励发展水果产业

新建甜橘柚、桃、杨梅、枇杷、猕猴桃、百香果、葡萄等水果基地连片面积达3亩以上的，给予1000元/亩的补助。新建甜橘柚基地连片面积达50亩以上的，给予1500元/亩的补助。

第十一条　扶持发展林业种苗产业

扶持林业苗圃建设，当年新裸根育苗的，给予1000元/亩的补助；采用容器育苗的，给予小容器0.3元/株、大容器1元/株的补助。

第十二条　积极发展农产品加工业

1. 建立农产品精深加工项目优先制度，采用一事一议的方式重点保障主导产业和新兴产业农产品精深加工项目用地，在用地指标、资金安排上给予政策倾斜。

2. 通过租赁方式取得加工场所（厂房），且获得食品生产许可的农业主体，连续三年给予租金50%的补助。

第十三条　加强农业品牌培育和营销

1. 在大、中城市依法登记注册，设立云和农产品营销门店，主营云和特色农产品，经营门店面积在30平方米以上，且使用云和区域公共品牌的农业主体，按省会城市（包括副省级城市）5万元、地级城市3万元的标准给予补助。

2. 由主管部门组织参加政府主办的农产品、农家乐（民宿）、云和小吃展览展销会，对参展主体按县内500元、县外市内1000元、市外省内3000元、省外国内6000元的标准进行补助。由主管部门推荐并经县政府批准赴境外参展的，摊位费少于10万元的给予全额补助，高于10万元的限额补助10万元；参展人员生活费、交通费，亚洲地区（除西亚地区外）补助2万元/人、其他地区补助3万元/人，每家企业每次限2人。来料加工业参照执行。

3. 新入驻国内外营销网站的农产品电商，农产品销售额在注册之日起6个月内达1万元以上的，给予补助设备购置费5000元。电商年销售农产品达10万元以上的，给予年总销售额10%的补助，一年内最高补助不超过5万元。

4. 鼓励农业主体使用“丽水山耕”和“云和师傅”区域公共品牌。进行农产品旅游地商品包装设计开发，使用“丽水山耕”和“云和师傅”区域公共品牌的农产品包装，给予设计、印刷费用30%的补助，每个主体当年享受补助不超过10万元。通过“丽水山耕”产品认证的，给予3万元的补助，同一企业同时申报多个产品的，每增加1个产品，补助0.5万元；“丽水山耕”产品认证复审换证的，给予1万元的补助；采信有机产品认证证书转换为“丽水山耕”产品认证证书的，给予1万元的补助。

5. 持有农产品区域公共品牌的农业主体或社会团体，获得“中国驰名商标”(不含司法认定）的，给予一次性100万元的补助。

6. 大力培育云和小吃经济。扶持创办“云和小吃”品牌形象示范店，在大、中、小城市和机场、高速公路、国家级风景名胜区等特定区域开设“云和小吃”示范店的，采用一点（店）一议方式补助。鼓励餐饮店、农家乐（民宿）等经营主体开办“云和小吃”餐饮档口，场所规模达到3平方米以上并符合特定要求的，给予0.5万元的补助。扶持个体农户在景区、特色街巷经营“云和小吃”示范餐车，符合特定要求的，给予0.5万元的补助。鼓励发展“云和小吃”餐饮公司或配送中心，年销售额达到10万元以上的，给予年总销售额10%的补助，一年内最高补助不超过10万元。

二、拓展农业功能，推进农文旅融合

第十四条　重点实施休闲农业与乡村旅游精品工程

1. 有计划创建农文旅融合示范园（点），整合资源要素，有序推进创建一批设施完备、功能多样、产业基础扎实的农场、农庄、蜂旅融合观光点等中小微田园综合体，扶持政策另行制定。

2. 各相关职能部门要充分发挥政策优势，创新机制，融通资源要素，破解难题，合力保障农文旅融合项目用地。

3. 农文旅融合项目采用竞争性方式立项，对列入实施计划的项目，给予规划、方案设计等前期费用补助，补助标准不超过5万元。

4. 鼓励开展农业产业重点示范基地创建，具体采用一事一议的方式进行补助。

5. 推进农业农村经济社会数字化转型升级，加快数字乡村建设。对乡村新型数字基础设施、农业信息化平台运用和数字化改造的重大项目，采用一事一议方式进行补助。

第十五条　鼓励发展森林康养休闲旅游产业

1. 获得国家行业主管部门命名的森林康养基地、生态文化基地，分别给予10万元的奖励。

2. 获得省级行业主管部门命名的森林康养小镇、森林康养基地、生态文化基地、森林人家、森林氧吧，分别给予6万元、5万元、5万元、4万元、4万元的奖励。

3. 获得市级行业主管部门命名的森林康养特色小镇、森林康养特色村、森林康养基地，分别给予3万元、2万元、2万元的奖励。

4. 同一年度获得两个层级同一称号命名的，按高层级标准奖励，不重复奖励。低层级晋升为高层级的，按高层级奖励补差。

第十六条　积极推进农家乐(民宿)规范提升发展

1. 农家乐（民宿）被评为三、四、五星级的，分别给予1万元、3万元、5万元的奖励。低星级升为高星级的，按高星级奖励补差。

2. 农家乐(民宿)被评为标杆、精品“云和云居·六头民宿”的，分别给予10万元、5万元的奖励。低层级升为高层级的，按高层级奖励补差。该奖励与市级“丽水山居”农家乐综合体(单体型)和“丽水山居”精品民宿示范项目(钻级民宿)补助，不重复享受，实行补差。

3. 新增农家乐(民宿)客房，按标间3000元/间、单人间2500元/间、套间4000元/套的标准给予补助；多人间(3人及以上)按标间标准给予补助。

4. 重点扶持省、市级农家乐(民宿)特色乡镇、集聚村、精品村、精品示范区、农家乐(民宿)产业带(集聚区)、特色点创建项目的公共基础设施建设。达不到集聚村要求，但连片3户以上的农家乐(民宿)聚集点，给予相应的公共基础设施建设项目补助。

5. 在农家乐(民宿)设置农产品旅游地商品营销网点的，按照面积20平方米以内、21—50平方米、51平方米以上，分别给予0.5万元、1万元、2万元的奖励。

6. 享受上述奖励和补助的农家乐(民宿)，应当充分融入云和雪梨文化元素；农家乐(民宿)集聚区内的公共基础设施建设，要将梨树作为绿化、美化的重要树种。农家乐(民宿)在房前屋后种植云和雪梨，离地面30厘米处直径在5厘米以上的，给予1000元/株的补助。每户享受补助不超过10株。

7. 每年安排专项资金用于开展全县农家乐(民宿)公共责任安全保险。

第十七条　支持开展农事节庆活动

按计划开展各类农事节庆活动，视活动规模给予补助。村级组织开展的，原则上每场补助不高于5万元，乡镇(街道)组织开展的，原则上每场补助不高于10万元。

三、坚持高质高效，强推质量兴农

第十八条　强化农产品质量安全建设

1. 年度内农业主体通过无公害农产品认证的，首个农产品补助1万元，每增加一个补助0.5万元，每个主体当年补助不超过3万元；通过绿色食品认证的，首个农产品补助3万元，每增加一个补助2万元，每个主体当年补助不超过5万元；通过有机产品认证的，首个农产品补助3万元，每增加一个补助2万元，每个主体当年补助不超过5万元。正常续证的无公害农产品、绿色食品、有机产品，每个产品分别补助0.5万元、1.5万元、1.5万元。成功申报农业农村部地理标志农产品的，每个地理标志农产品补助30万元；通过良好农业规范（GAP）认证的农业主体，给予5万元的补助，正常续证的给予3万元补助。

2. 鼓励初级农产品生产主体推行农产品产地准出管理与追溯体系建设（一证一码），创建达标的，给予2万元的奖励。

3. 农业主体制定企业标准并报行业主管部门备案的，每个标准补助1万元。

4. 新获得食品生产许可的农业主体，给予3万元的补助；原有农业主体新增单元或品种的，每个单元或品种补助0.5万元；原有QS农业主体延续换证的，给予0.5万元的补助。

5. 推进农作物秸秆综合利用。秸秆肥料化利用，直接还田利用大田秸秆达3亩以上的，给予200元/亩的补助；离田利用大田秸秆达3亩以上的，给予400元/亩的补助。开展秸秆饲料化利用，秸秆年利用量达50吨以上的，给予2万元的补助。

第十九条　鼓励生态精品农产品参与评比活动

获得国务院组成部门主办的国家级金奖，每个产品补助5万元；获得国务院组成部门主办的国家级银奖和省政府（包括省级行业主管部门）主办的省级金奖，每个产品补助2万元。获得国务院组成部门主办的国家级优质奖，每个产品补助1万元；获得省政府（包括省级行业主管部门）主办的省级优质奖，每个产品补助0.5万元。

第二十条　提高农业科技创新水平

1. 通过省级以上品种审定委员会审（认）定的农业新品种，给予选育单位或个人5万元的补助；通过专家评审，取得省级以上科技成果登记证书的新技术，给予完成单位或个人3万元的补助。

2. 鼓励农业优势主导产业新品种、新技术推广应用，经主管部门认可的，每个项目给予2万元的补助，对重大试验和推广技术另行规定。

3. 农业主体创建农业类科技示范基地，通过省级认定的每个补助10万元，通过市级认定的每个补助5万元，通过县级认定的每个补助2万元。低层级升为高层级的，按升级高层级标准补差。

4. 农业项目获省政府科技成果进步一、二、三等奖的，分别给予课题组5万元、3万元、2万元的补助；获市政府科技成果进步一、二、三等奖的，分别给予课题组2万元、1.5万元、1万元的补助；获县政府科技成果进步一、二、三等奖的，分别给予课题组1万元、0.7万元、0.5万元的补助；获省农业技术进步奖或丰收奖一、二、三等奖的，分别给予课题组1.5万元、0.8万元、0.5万元的补助；获市丰收奖一、二、三等奖的，分别给予课题组1万元、0.5万元、0.3万元的补助。

第二十一条　大力提升农业设施装备应用水平

1. 对主导产业关键环节的先进机械进行补助，进入省购机补贴和新产品目录的，按中央补贴资金（或省级补贴资金）1:1的标准进行叠加补助。

2. 引进首台（套）技术含量较高的农业机械的，按购置价格的60%进行补助，最高补助不超过30万元。

第二十二条　加大有机肥推广力度

鼓励推广应用商品有机肥，在本县范围内从事农作物种植生产面积达3亩以上的，给予400元/吨的补助。每亩推广量原则上不得超过1吨，单个主体享受商品有机肥补助不得超过300吨。

四、培育新型主体，增强发展后劲

第二十三条　大力实施农业经营主体培育工程

1. 获得国家、省、市、县级农业龙头企业称号的，分别给予20万元、10万元、3万元、0.5万元的补助；市级以上农业龙头企业通过监测评定合格的，给予0.5万元的补助。

2. 获得国家、省、市、县示范性农民专业合作社称号的，分别给予10万元、6万元、4万元、1万元的补助。市级以上示范性农民专业合作社通过监测评定合格的，给予

0.5万元的补助。

3. 获得省、市级示范性家庭农(林)场称号的,分别给予3万元、2万元的补助。市级以上示范性家庭农(林)场通过监测评定合格的,给予0.5万元的补助。

4. 通过省级认定的生态循环(绿色)农业主体,给予3万元的补助。获评省、市级农业示范基地的,分别给予5万元、3万元的补助。

5. 积极开展农业产业化联合体组建工作,经主管部门审核,对牵头完成组建的核心企业,给予10万元的补助。

6. 被认定为县级农(林)创客的,给予2万元的补助。

第二十四条　继续扶持来料加工业发展

1. 村集体积极发展来料加工产业,固定加工场所面积达100平方米以上、固定从业人员达20户以上的,给予5万元的补助。

2. 年支付加工费20万元以上的经纪人,以银行转账凭证为依据,按年支付加工费总额的2%给予补助。

五、创新体制机制,激活要素融通

第二十五条　有序推进荒芜耕地翻耕复垦

农业主体利用荒芜耕地进行农业生产种植,给予600元/亩的翻耕复垦补助。

第二十六条　创新农村承包地经营权流转工作制度

1. 在云和县核心区22平方公里以外,农户自愿退出土地承包经营权、宅基地资格权,或农户将承包的耕地、林地、农房(宅基地)流转给村集体的,按村集体实际支付交易金额的10%、5%分别补助给村集体和农户。第三方经营者通过交易平台取得经营权(使用权),按实际支付交易金额的5%给予补助,产生的相关中介费用给予全额补助,中介费单笔补助不超过3万元。

2. 村集体组建土地股份合作社,或公司制、非公司制企业法人、县乡级村集体经济发展公司,吸纳农户入股耕地面积达50亩以上的,按100元/亩的标准给予补助;吸纳农户入股林地面积达200亩以上的,按50元/亩的标准给予补助。同一主体最高补助不超过5万元。

六、其他

1. 组建一事一议工作小组,由县府办农口副主任任组长,县农业农村局、县财政局、县自然资源和规划局、县水利局、县文广旅体局等部门及相关乡镇(街道)为成员单位。一事一议事项由主管部门提请工作小组研究决定。

2. 同一项建设内容,已得到县级以上(包括县级)政策扶持的,按照就高原则给予补助,不重复享受。在粮食功能区内从事粮食作物种植的,可享受省市县粮食生产补助。农业产业项目建设造价审核费由主管部门承担。本政策中“农业”涵盖农、林、牧、渔业,所称“以上”包括本数或本级。木制玩具产业不列入本政策扶持范围。农业主体应对申报材料数据真实性负责,如有弄虚作假等违法违规行为,应依法承担相应责任。

3. 各主管部门应根据本政策在各自职责范围内制定相应的实施细则。本政策自2020年9月29日起开始执行,2020年1月1日至本政策实施前新实施的项目参照本政策执行。2019年12月31日前实施项目仍按原政策(云政办发〔2018〕139号)执行。

云和县人民政府办公室关于印发云和县农村困难家庭危房治理改造实施办法的通知

云政办发〔2020〕64号

各乡(镇)人民政府、街道办事处,县政府直属各单位:

《云和县农村困难家庭危房治理改造实施办法》已经县第十六届人民政府第49次常务会议审议通过,现印发给你们,请认真贯彻执行。

云和县人民政府办公室

2020年10月9日

云和县农村困难家庭危房治理改造实施办法

第一章　总　则

第一条　为扎实推进我县农村困难家庭危房治理改造工作,及时有效治理改造动态出现的农村困难家庭危房,确保农民群众住有所安。根据《关于做好全省农村困难家庭危房改造即时救助工作的通知》(建村发〔2018〕347号)、《关于做好农村危房常态化长效治理改造工作的通知》(浙建村〔2020〕28号)和《关于决战决胜脱贫攻坚 高水平做好农村困难群众危房改造工作的通知》(浙建村〔2020〕39号)等相关文件精神,结合我县农村困难家庭危房治理改造工作实际,制定本实施办法。

第二条　坚持"动态清零、一户不落、长效治理、走在前列"工作目标,进一步健全完善农村危房常态化发现和治理改造长效机制,继续采取即时救助方式,做到发现一户、及时鉴定和治理改造一户,确保农村困难家庭基本住房安全。

第三条　本办法适用于本县行政区域内合法建设的农村困难家庭危房的解危与应急处置工作。

作为宗教活动场所或者被依法认定为不可移动文物、历史建筑的房屋,有关法律、法规对其使用安全管理有特别规定的,适用其规定。

房屋消防、抗震、防雷安全和电梯、供电、供水、供气等设施设备的使用安全管理,依照有关法律、法规和规定执行。

第四条　本办法所称农村困难家庭是依据民政部门提供的农村低保户、分散供养特困人员、低保边缘户(困难残疾户已包含在以上三类对象中)三类对象。

对经过认定的农村低保户、分散供养特困人员、低保边缘户中的无房户和危房户实施危房改造即时救助,列入异地搬迁、地质灾害点搬迁等计划或已享受上述相关政策的不再补助。

第五条 各乡镇(街道)负责实施,负责常态化、网格化日常巡查,及时发现危房和协助配合组织实施危房改造、应急处置等工作,确保农村危房动态清零,并负责“一户一宅”审核工作。

县住建局负监管责任,督促指导各乡镇(街道)做好农村危房治理改造工作。

县民政局、县残联负责农村困难家庭三类人员资格审查工作。

县财政局负责保障危房治理改造专项资金,并纳入财政预算。

县农业农村局、县自然资源和规划局及属地乡镇(街道)按照法定职责负责危房拆除重建的建房审批、监督管理和不动产权属证办理工作。县自然资源和规划局编制或者修改国土空间规划时应当统筹考虑危房治理改造的需求,负责对农村困难家庭列入地质灾害点搬迁等计划或已享受上述相关政策情况进行审核。县农业农村局负责对农村困难家庭列入异地搬迁等计划或已享受上述相关政策情况进行审核。

县执法局负责危房治理改造建设的监督管理工作。

县应急管理局负责监督“浙江省安全码”落实情况,会同县住建局和属地乡镇(街道)做好危房安全事故相关处理工作。

第二章 解危处置

第六条 经排查发现的农村困难家庭疑似危房,原则上应在发现之日起一个月内完成鉴定,在确认之日起六个月内完成治理改造。治理改造完成前,一律不得用于出租、经营农家乐、民宿及其他商业活动。经鉴定为D级和涉及公共安全的C级危房应立即采取腾空防控措施,其他C级危房仍有人居住的要严加监测,一旦出现险情应立即启动应急预案并撤离人员。

第七条 经鉴定为C、D级危房的房屋产权人为危房解危第一责任人,负责改造资金的筹措和具体实施。根据实施改造对象住房实际状况及改造对象的意愿,采取新建、重建、维修加固、租用等方式实施改造。

各乡镇(街道)要认真落实属地责任,督促房屋产权人认真落实解危措施,确保人员和房屋安全。房屋产权人拒不落实解危措施的,乡镇(街道)应提请有关部门按照《浙江省房屋使用安全管理条例》第五章的规定办理。

第八条 农村危房治理改造必须严把质量标准关,强化竣工验收,确保改造完成后的住房达到规定的质量安全要求、使用功能要求和基本居住面积标准。

第九条 经鉴定为D级的危房原则上采取拆除或重建方式改造。选择以重建方式进行改造的,根据《云和县农村居民建房审批管理办法(试行)》(云政发〔2018〕36号)进行审批建房。

经鉴定为C级的危房应以维修加固为主,维修加固时应根据鉴定报告载明的危险点及维修加固相关指导意见有针对性地开展改造,达到实质性解危,禁止单独进行粉刷、装饰等与提升安全性无关的改造行为。

1. 拆除重建:指房屋拥有合法产权,经鉴定为D级危房且属房屋产权人唯一住宅,符合拆除重建条件的。房屋产权人自行拆除重建后,按重建建筑面积800元/平方米补助,每户补助上限不超过40000元/户。

拆除(仅限只拆不建的):房屋产权人自行拆除后,按危房所有权证所载建筑面积,一次性给予50元/平方米的补助,按每户补助不低于3000元,且上限不超过10000元,补助资金由县级财政保障。

2. 维修加固:指房屋拥有合法产权,经鉴定为C级的危房和具备维修加固条件的D级危房且属房屋产权人唯一住宅。仅对解决农房整体安全性问题所产生的实际工程量进行补助,对农房其他功能提升、装饰等改造不予补助。补助资金按户均22500元拨付至属地乡镇(街道),再由属地乡镇(街道）根据每户改造的实际工程量统筹安排。补助资金超出22500元的，须由属地乡镇（街道）集体研究决定。

对确无收入来源无力自筹资金实施危房治理改造的或存在其他特殊情况的，经属地乡镇（街道）集体研究决定，可采取“一户一议”方式，多途径灵活解决住房安全，确需利用县级财政兜底保障改造费用的，有关情况须报县财政局、县住建局备案。

3. 租赁房屋：通过租赁房屋方式解危，且符合以下两种情形之一的，凭5年以上长期房屋租赁合同，给予租金补助每户1500元/年，一年一补，补助资金由县级财政保障，补助期限至退出农村困难家庭三类人员或其他规定情形为止：

(1) 房屋拥有合法产权，经鉴定为C、D级危房且属房屋产权人唯一住宅，只拆不建的。

(2) 无房户是指无私房，以不动产登记中心档案查询结果为准。

农村困难家庭人员与无法定赡养、抚养关系的亲戚朋友或社会爱心人士一起居住安全房屋内，可在属地乡镇（街道）见证下，由困难家庭人员与接纳人签订房屋租赁合同的，享受租金补贴。

第十条 因各种因素造成农村困难家庭无法自己实施改造的，经危房改造救助对象同意，属地乡镇（街道）通过集体研究确定合理的危房解危方案，并报县住建局批准。属地乡镇（街道）可统一组织实施或者属地乡镇（街道）监管下由村级集体经济组织统一实施，县财政局将补助资金直接拨付至实施主体。

第十一条 处于连体房的农村困难家庭基本住房和住房安全问题，暂时难以通过改造解危的，属地乡镇（街道）必须按规定时间和要求采取异地重建、安排借租等途径解决困难家庭的住房安全问题。

第十二条 已修缮房屋出现新的安全隐患点，无法满足基本居住要求，经鉴定确需进行治理改造的，经属地乡镇（街道）核实和集体研究决定后，报县住建局备案，补助资金按第九条中规定标准核减已享受的金额，由县级财政保障。

第十三条 各乡镇（街道）应切实加强危房源头管理，存在“一户多宅”情况的，在确保其基本住房安全的同时，依法依规对“一户多宅”进行清理。

第十四条 各乡镇（街道）应按照人员转移精准管控基础信息排查及“浙江安全码”应用要求，动态掌握危房人员居住情况并及时赋码，做好危房内人员转移精准管控工作。

第三章 补助程序

第十五条 申报危房改造补助资金前应及时更新《浙江省农村房屋信息管理系统》内房屋改造状态，确保申报材料与系统内信息一致。

第十六条 农村困难家庭危房改造补助按以下程序逐级申报审批。

1. 申请：符合改造条件的家庭，按有关要求向村民委员会提出书面申请，并提供相关材料。

2.审查：村民委员会对收到的改造申请，通过召开村两委会议或村民代表会议的方式进行评议，经评议符合改造条件的改造对象，在村公示栏内公示7日。公示无异议的，村民委员会签署意见后报乡镇（街道），由所在乡镇（街道）审查后公示7日，公示无异议后确定改造对象，报县住建局核准。

3.验收：在改造实施完毕后，需第三方房屋安全鉴定机构进行复核鉴定，安全等级达到B级及以上的，由乡镇（街道）组织验收。档案资料由乡镇（街道）负责收集整理，按“一户一档”要求建立危房治理改造档案，并上报县住建局备案。

4.资金拨付：采取“当年改造、次年补助”方式，经核准的补助对象总户数的补助资金款，原则上通过“一卡通”账户转账发放到位。

第四章 附 则

第十七条 集体土地上不符合“一户一宅”规定的危房，不适用本办法。

第十八条 本办法“户”的划分以房屋所有权证、集体土地使用权证等权属证明为基本单位。

第十九条 坚决杜绝形式主义、官僚主义，严防发生漠视、侵害群众利益和其他消极腐败问题。对履行责任不到位、工作进度滞后、完成任务质量不高的，将予以通报批评，性质严重的将严肃追责。

第二十条 本实施办法自2020年10月11日起施行。《云和县农村困难家庭危房改造补助实施意见（试行）》（云政办发〔2017〕34号）同时废止。

云和县人民政府办公室
关于进一步规范最低生活保障救助工作的通知

云政办发〔2020〕81号

各乡（镇）人民政府、街道办事处，县政府直属各单位：

根据《中共中央办公厅 国务院办公厅关于改革完善社会救助制度的意见》和《中共浙江省委 浙江省人民政府关于推进新时代民政事业高质量发展的意见》（浙委发〔2019〕27号）精神及《浙江省社会救助条例》《浙江省最低生活保障办法》等规定，为巩固我县"全国社会救助综合改革试点"成果，加快推进社会精准保障标杆区建设，经县政府同意，现就进一步规范我县最低生活保障救助工作通知如下。

一、下放低保审批权限

为进一步推进我县城乡最低生活保障审核审批制度改革，提高低保救助的精准度和时效性，将最低生活保障家庭、最低生活保障边缘家庭审批权限下放至乡镇（街道）。

二、建立"新市民"低保制度

将救助对象由户籍人口向常住人口拓展，对持有我县公安局制发的居住证且居住2年以上、生活困难的非本县户籍人员，实施"新市民"低保制度。"新市民"可向居住地乡镇（街道）申请最低生活保障救助，申请程序、审核程序、审批条件、救助标准与本县户籍居民相同。

三、规范认定程序

县民政局按照《浙江省最低生活保障办法》（附件1）相关要求，指导各乡镇（街道）优化切合实际和便于操作的低保申请、审核和审批环节，完善操作流程，确保规范化运行，提高低保对象认定工作水平和效率。各乡镇（街道）由分管负责人牵头组织申请人所在村（社区）的联系领导、驻村干部（联系社区干部）和民政助理员开展入户调查、经济状况报告核查工作，对申请人的低保资格进行评审、审核和认定［具体可参照《浙江省社会救助家庭经济状况认定办法》（附件2）］。符合条件的，由分管负责人予以签字批准，并确定保障金额；对不符合条件不予批准的，应书面告知申请人。

四、明确职责分工

（一）县民政局承担低保监管主体责任。负责制定低保相关政策，组织低保工作人员进行业务培训；指导乡镇（街道）开展低保工作和救助申请家庭经济状况核查核对工作；指导乡镇（街道）执行低保申请审核审批程序，督促乡镇（街道）做好年度复核工作；同时，按照乡镇（街道）审核批准的低保对象名单拨付低保金，并会同县财政局、县审计局等部门做好监督检查，加强对低保资金管理使用监管。

（二）各乡镇（街道）承担低保受

理审核审批主体责任。负责本乡镇（街道）低保工作的受理审核审批工作，包括申请受理、组织入户调查、发起核对、组织民主评议、审核和审批，以及公示监督（民主评议结果公示、拟审批公示，以及低保对象长期公示）、政策宣传、档案管理、上报备案等。

（三）村（居）民委员会协助乡镇（街道）做好低保救助申请及审核工作。协助进行家庭经济状况入户调查、审批结果公示、材料收集上报和救助对象动态管理工作。协助做好社会救助政策宣传工作。协助做好社会力量参与社会救助有关工作。

五、附则

本办法自 2020 年 12 月 24 日起施行。

附件：1. 浙江省最低生活保障办法

2. 浙江省社会救助家庭经济状况认定办法

云和县人民政府办公室

2020 年 12 月 23 日

附件 1：

浙江省最低生活保障办法

第一章　总　则

第一条　为了健全最低生活保障制度，保障公民的基本生活，根据《社会救助暂行办法》和《浙江省社会救助条例》等有关法规规定，结合本省实际，制定本办法。

第二条　本省行政区域内的最低生活保障工作，适用本办法。

第三条　最低生活保障工作应当遵循以下原则：

（一）公正、公平、公开、及时；

（二）国家保障与社会帮扶、劳动自救相结合；

（三）保障水平与经济社会发展水平相适应。

第四条　县级以上人民政府应当将最低生活保障资金和工作经费纳入财政预算。

第五条　县级以上人民政府民政部门负责最低生活保障管理工作。县级以上人民政府财政、教育、公安、人力资源和社会保障、住房和城乡建设、卫生和计划生育、审计、统计、物价等部门，应当按照各自职责做好最低生活保障有关工作。

乡镇人民政府、街道办事处负责最低生活保障的申请受理、调查核实等工作。

村（居）民委员会协助做好最低生活保障有关工作。

第六条　最低生活保障标准由设区的市人民政府按照《浙江省社会救助条例》规定的当地居民生活必需的费用确定并公布。根据县（市、区）的实际情况，可以确定差异化的标准。

设区的市人民政府确定最低生活保障标准应当征求县（市、区）人民政府和省人民政府财政、民政部门的意见。

第七条　各级人民政府和有关部门可以通过购买服务，组织社会力量从事最低生活保障政策宣传、家庭情况核对和就业指导等工作。

鼓励社会组织和个人通过捐赠、志愿服务等帮扶方式参与最低生活保障工作。

第二章　最低生活保障对象

第八条　最低生活保障对象为共同生活的家庭成员人均月收入低于当地最低生活保障标准，且符合当地最低生活保障家庭财产状况规定的本地户籍家庭。

第九条　共同生活的家庭成员（以下简称家庭成员）是指以下人员：

（一）配偶；

（二）未成年子女以及虽已成

年但不能独立生活的子女；

（三）共同居住的父母；

（四）其他具有法定赡养、扶养、抚养关系且共同居住的人员。

第十条 家庭成员的人均月收入按照提出最低生活保障申请当月前6个月内家庭月均收入除以家庭成员数计算。

家庭收入包括扣除缴纳的个人所得税和社会保障性支出后的工资性收入、经营性收入、财产性收入、转移性收入和其他收入，但是以下收入除外：

（一）政府给予优抚对象和其他享受特殊照顾人员的抚恤金等待遇；

（二）政府、有关单位给予有重大贡献的人员的奖励；

（三）人身伤害赔偿中生活补助费以外的部分；

（四）因重大疾病、自然灾害等原因获得的社会救助；

（五）其他特殊收入。

第十一条 在法定就业年龄段内有劳动能力及条件的人员未就业的，按照当地月最低工资标准计算其收入。但是，有怀孕、哺乳、照护重大疾病患者或者重度残疾人、单亲抚养学前儿童等情形的除外。

第十二条 家庭成员根据法定义务向非共同生活的人员支出的赡养费、扶养费、抚养费，在计算家庭收入时相应扣除。

第十三条 家庭财产主要包括银行存款、有价证券、机动车辆等。

第十四条 家庭收入和财产状况认定的具体办法由省人民政府民政部门会同有关部门制定，经省人民政府同意后公布执行。

第三章 最低生活保障申请和认定

第十五条 申请最低生活保障，应当向户籍所在地的乡镇人民政府、街道办事处书面提出；在同一县（市、区）范围内经常居住地与户籍所在地不一致的，可以向经常居住地的乡镇人民政府、街道办事处提出。

乡镇人民政府、街道办事处和村（居）民委员会应当加强最低生活保障政策宣传和走访调查，帮助符合条件的家庭申请最低生活保障。

第十六条 申请最低生活保障，应当提供家庭成员身份证，填写申请表，并在申请表上签字同意接受有关部门对其家庭经济状况进行调查核实。

第十七条 依靠家庭供养的成年重度残疾人和三级、四级精神、智力残疾人申请最低生活保障的，可以按照国家和省有关规定享受优待。

第十八条 乡镇人民政府、街道办事处应当自受理最低生活保障申请之日起15个工作日内，通过入户调查、邻里访问、信息核查、信函索证等方式，对申请人的家庭人口、收入和财产状况进行调查核实。

第十九条 有以下情形之一的，乡镇人民政府、街道办事处应当组织民主评议：

（一）申请人家庭情况较为复杂的；

（二）申请材料的真实性、准确性存在异议的；

（三）申请人主动要求进行民主评议的。

民主评议人员由乡镇人民政府、街道办事处工作人员和申请人所在村、社区的村（居）民委员会成员、村（居）民代表等组成。

第二十条 乡镇人民政府、街道办事处应当根据调查核实结果出具初审意见，并在申请人所在村、社区公示7日。公示期满后3个工作日内，将初审意见和相关材料报送县（市、区）人民政府民政部门。

第二十一条 县（市、区）人民政府民政部门应当自收到初审意见之日起5个工作日内，对申请人的最低生活保障资格进行认定。符合条件的，予以批准并确定保障金额；不符合条件的，不予批准并书面告知申请人理由。

第二十二条 乡镇人民政府、街道办事处和村（居）民委员会应当将最低生活保障对象名单、保障金额等信息在乡镇人民政府、街道办事处有关办公场所和申请人所在村、社区长期公布。

第四章 最低生活保障待遇和监督管理

第二十三条 最低生活保障金的数额按照最低生活保障对象

家庭人均月收入低于当地最低生活保障标准的差额确定，从作出认定之日的次月起按月发放。

第二十四条 建立物价指数和最低生活保障待遇联动机制。物价水平涨幅达到规定条件的，按照国家、省有关规定给予最低生活保障对象临时价格补贴。

第二十五条 符合条件的最低生活保障对象可以依法申请其他相关社会救助。

第二十六条 县（市、区）人民政府民政部门和乡镇人民政府、街道办事处应当按照一户一档的要求，建立最低生活保障对象档案，及时更新最低生活保障对象相关信息。

县（市、区）人民政府民政部门和乡镇人民政府、街道办事处应当定期对最低生活保障对象进行复核，并根据需要进行随机走访调查。对家庭人口、收入和财产状况较为稳定的家庭，应当每年至少复核1次；对家庭成员有劳动能力及条件的家庭，应当每季度至少复核1次，并且定期进行走访调查。

第二十七条 县（市、区）人民政府民政部门应当根据最低生活保障对象家庭人口、收入和财产状况的变化，及时调整保障金额。保障金额的调整从作出决定的次月起执行。

最低生活保障对象有以下情形之一的，县（市、区）人民政府民政部门应当取消其最低生活保障资格：

（一）家庭收入和财产状况不符合规定条件的；

（二）拒绝接受对其家庭人口、收入和财产状况进行调查核实的；

（三）家庭成员有劳动能力及条件，无正当理由多次拒绝接受有关部门介绍的与其健康状况、劳动能力相适应的工作的；

（四）有与其收入水平不相符的高消费行为的。

县（市、区）人民政府民政部门调整保障金额或者取消保障资格，应当作出书面决定并告知理由。

第二十八条 最低生活保障对象家庭成员实现就业的，在核定其家庭收入时，对就业收入按照有关规定予以扣减。

第二十九条 县（市、区）人民政府民政部门和乡镇人民政府、街道办事处应当设立咨询电话、网上信箱等联系方式，加强最低生活保障工作的社会监督。

第三十条 县级以上人民政府财政、审计部门应当对最低生活保障资金的使用情况依法实施监督。

第五章 法律责任

第三十一条 县（市、区）人民政府民政部门、乡镇人民政府、街道办事处及其工作人员有以下情形之一的，由上级行政机关或者监察机关责令改正；对直接负责的主管人员和其他直接责任人员依法给予处分：

（一）不按照规定条件受理最低生活保障申请的；

（二）不按照规定条件作出最低生活保障认定的；

（三）不按照规定对最低生活保障相关信息进行公示、公布的；

（四）收受最低生活保障申请人或者最低生活保障对象财物的；

（五）有其他滥用职权、玩忽职守或者徇私舞弊行为的。

第三十二条 最低生活保障申请人通过虚报、隐瞒、伪造等手段骗取最低生活保障资格的，由县（市、区）人民政府民政部门取消其资格，追回骗取的最低生活保障金和其他社会救助金，依法将其行为记入个人征信系统；情节严重的，处骗取的最低生活保障金数额1倍以上3倍以下的罚款；构成犯罪的，依法追究其刑事责任。

第六章 附 则

第三十三条 《浙江省社会救助条例》规定的最低生活保障边缘家庭，其申请和认定适用本办法第三章的规定。

第三十四条 对因患大病等原因导致生活必需支出超出家庭承受能力，家庭实际生活水平低于当地最低生活保障标准的本地户籍家庭，根据《浙江省社会救助条例》给予基本生活救助，具体办法由设区的市、县（市、区）人民政府制定并公布。

第三十五条 本办法自2017年12月1日起施行。

附件 2：

浙江省社会救助家庭经济状况认定办法

第一章 总 则

第一条 为规范社会救助家庭经济状况认定工作，保障困难群众的基本生活，促进社会公平公正，根据《社会救助暂行办法》《浙江省社会救助条例》《浙江省最低生活保障办法》等规定，结合实际，制定本办法。

第二条 实施社会救助需作家庭经济状况认定的，适用本办法。

第三条 本办法所称的家庭经济状况指家庭收入、财产状况和刚性支出状况。

第四条 本办法所称的认定是指社会救助管理部门根据信息核对和实地调查等方式所掌握的社会救助家庭情况，对社会救助家庭申报的经济状况进行确定的活动。

第二章 家庭经济状况核算

第五条 共同生活的家庭成员包括：

（一）配偶。

（二）父母和未成年子女。

（三）已成年但不能独立生活的子女，包括在校接受本科及以下学历教育的成年子女。

（四）其他具有法定赡养、扶养、抚养义务关系并长期共同居住的人员。

下列人员不计入共同生活的家庭成员：

（一）连续 3 年（含）以上脱离家庭独立生活的宗教教职人员、与家庭失去联系的人员。

（二）在监狱内服刑的人员。

（三）县级以上人民政府根据有关规定认定的其他人员。

第六条 下列情况可视为单人户：

（一）依靠父母和兄弟姐妹供养的成年重度残疾人，三、四级精神、智力残疾人以及困难家庭中符合条件的重病患者。

（二）脱离家庭、在宗教场所居住 3 年（含）以上的生活困难的宗教教职人员。

第七条 家庭收入是指申请人及其共同生活的家庭成员在一定期限内拥有的全部可支配收入，主要包括扣除缴纳的个人所得税及缴纳的社会保障性支出后的工资性收入、经营性收入、财产性收入和转移性收入等。核算按照以下规定执行：

（一）申请社会救助的家庭收入，按申请之日起前 6 个月内的家庭可支配收入总和计算。

（二）工资性收入：因任职或者受雇而取得的工资、薪金、年终加薪、劳动分红、津贴、补贴以及与任职或者受雇有关的其他所得；劳务报酬所得。依据申报收入和家庭经济状况核对系统信息查询结果按孰高原则推算。

1. 在劳动年龄段内，有劳动能力，无社保或公积金数据且未失业登记的对象，按当地最低工资标准计算其收入；人力资源社会保障部门推荐就业，无正当理由拒绝就业的，按当地最低工资标准计算；人力资源社会保障部门推荐就业，本人服从安排但未实现就业的，按实际收入计算。

2. 在劳动年龄段内，有劳动能力，符合下列情况的，按实际收入计算：

⑴ 重残重病家庭：家庭中有肢体、精神、智力重度残疾人的，有患重病且生活不能完全自理的，照护人员 1 人。

⑵ 单亲家庭：抚养学前儿童的，照顾人员 1 人。

⑶ 孕产家庭：在怀孕、哺乳或照顾 2 周岁以下婴儿期间，妇女 1 人。

（三）经营性收入：个体工商户、私营业主从事生产、经营及有偿服务活动所得，根据其完税数据进行推算；个人承包经营、承租经营以及转包、转租所得，包括从事种植、养殖、捕捞、采集及加工等农林牧渔业的生产经营的净收入所得，参照农村农业部门提供的收入标准进行计算。

（四）财产性收入：利息、股息、红利及投资账户增值所得，房屋、车辆、土地等租赁及转让所得，按照实际数据计算；著作权、专利权、专有技术知识产权收入，按照有效的租赁、转让合同或协议计算。

（五）转移性收入：离退休金、失业保险金及各类养老保险金，被征地人员及下岗职工的基本生活费、土地征用一次性安置费，精减退职职工生活困难补助费、遗属生活困难补助费、计划外长期临时工晚年生活补助费、人身伤害赔偿中的生活补助费，继承性所得、赠予所得、偶然所得，按照实际数据和有效协议计算；赡养费、扶养费、抚养费根据《浙江省社会救助家庭供养费核算办法》有关规定计算。

第八条 以下各项不计入家庭收入范围：

（一）政府、政府部门及有关单位对工作、学习优秀者颁发的非报酬性奖励；政府给予见义勇为的人员和对国家、社会、人民作出突出贡献的一次性奖励金；省级以上劳动模范退休后享受的荣誉津贴。

（二）优抚对象及政府给予特殊照顾的其他人员所享受的抚恤优待金、特殊照顾待遇。

（三）建国前入党的农村老党员、老游击队员、老交通员享受的定期补助。

（四）因劳动合同终止（包括解除），职工依照国家和本省规定所获得的经济补偿金、生活补助费或一次性安置费。

（五）其他丧葬费、抚恤金。

（六）人身伤害赔偿中生活补助费以外的部分。

（七）各级党委政府、工青妇组织的困难帮扶慰问款，因病、因灾、因学困难而得到政府救济款和社会捐赠款中用于治病支出、住房修复、学业开支部分。

（八）计划生育夫妇奖励扶助金。

（九）按规定发放的残疾人各类福利补贴和慈善捐助。

（十）精神、智力和重度肢体残疾人辅助性就业取得的收入不超过最低工资部分。

（十一）大中型水库移民后期扶持资金。

（十二）60周岁以上老年人打零工、自给自足种植（养殖）的劳动所得。

（十三）长寿老人高龄津贴。

（十四）城镇住房保障家庭租赁补贴。

（十五）规定期限内城乡居民基本养老保险基础养老金。

（十六）原唯一住房被征收（拆迁）获得的安置补偿款本金（直至新建或新购房止）。

（十七）低保、低保边缘对象首次就业，第一年所取得的收入，第二年当地最低工资标准50%的部分。

（十八）低保家庭残疾人初次就业、再就业，3年内所得就业收入。

（十九）经县级以上人民政府确认的其他特殊收入。

第九条 家庭刚性支出费用主要指医疗、教育的必需费用，刚性支出按下列方式计算：

（一）医疗费用是指在提出申请之月前6个月内，家庭成员在家庭经济状况核对系统数据中可查询的个人承担费用。

（二）教育费用是指家庭成员就读于幼儿园和全日制中等职业学校、普通高中、高等学校，在开学时所缴纳的学费（保教费）。原则上按当地教育部门提供的标准定额认定，就读民办学校（幼儿园）的，按当地同类公办学校（幼儿园）学费（保教费）标准认定。

第十条 家庭财产是指共同生活的家庭成员拥有的全部动产和不动产，主要包括：银行存款、债权、有价证券、房产、车辆、船舶和其他财产等。

第十一条 家庭财产的认定按照以下规定执行：

（一）银行存款等货币财产按账户实际价值认定；债权、有价证券、股票类金融资产按照股票市值和资金账户余额或净值，做货币财产认定。

（二）房产依据产权证、使用证等，按照登记人认定。

（三）机动车辆、船舶等，按照登记人认定。

（四）企业所有权按照市场监督管理部门登记信息认定。

第十二条 复核在册救助对象时下列财产不计入申请人家庭财产范围：

（一）来源于不计收入部分形成的银行存款。

（二）属于公益慈善等社会组织对困难家庭及个人捐助所形成的银行存款。

（三）法律法规规定不计入家庭财产的其他财产。

第三章 认定标准

第十三条 申请社会救助家庭经济状况同时符合以下情形的，认定为最低生活保障家庭：

（一）家庭人均收入低于当地同期最低生活保障标准。

（二）家庭人均货币财产低于当地同期 4 倍年最低生活保障标准。

（三）家庭成员名下无生活用机动车辆、船舶等，普通二轮摩托车和残疾人用于功能性补偿代步的机动车辆除外。

（四）家庭成员名下无非居住类房屋（如商铺、办公楼、厂房、酒店式公寓等），但有“居改非”房屋兼做家庭唯一居住场所的除外。

（五）家庭成员名下仅有 1 套住房或无房，或者有 2 套住房且人均建筑面积不高于统计部门公布的上年度当地人均住房建筑面积。住房包括产权住房、公（廉）租房、宅基地住房等。

（六）家庭成员在各类企业中认缴出资额，累计不得超过 10 万元（含）。

（七）县级以上人民政府规定的其他符合的情形。

第十四条 申请社会救助家庭经济状况同时符合以下情形的，认定为最低生活保障边缘家庭：

（一）申请之日起前 6 个月内，家庭人均收入超出当地最低生活保障标准，但低于当地同期低保标准 1.5 倍（含）之内的家庭。

（二）家庭人均货币财产，低于当地同期 6 倍年最低生活保障标准。

（三）家庭成员名下无非居住类房屋（如商铺、办公楼、厂房、酒店式公寓等），但有“居改非”房屋兼做家庭唯一居住场所的除外。

（四）家庭成员名下仅有 1 套住房或无房，或者有 2 套住房且人均建筑面积不高于统计部门公布的上年度当地人均住房建筑面积。住房包括产权住房、公（廉）租房、宅基地住房等。

（五）家庭成员名下无生活用机动车辆，或仅有 1 辆车且车辆价格低于当地同期 8—15 倍年最低生活保障标准。

（六）家庭成员在各类企业中认缴出资额，累计不超过 20 万元（不含）。

（七）县级以上人民政府规定的其他符合的情形。

第十五条 申请社会救助家庭经济状况同时符合以下情形的，认定为支出型贫困家庭：

（一）家庭人均收入超过当地同期最低生活保障标准但低于当地上年度人均可支配收入。

（二）申请之日起前 6 个月内，家庭人均收入扣减认定的刚性支出低于当地同期最低生活保障标准的。

（三）家庭财产符合当地最低生活保障边缘的标准。

（四）县级以上人民政府规定的其他符合的情形。

第十六条 申请社会救助家庭经济状况同时符合以下情形的，认定为特困供养人员对象：

（一）无劳动能力。有下列情形之一的，可认定为无劳动能力：

1. 60 周岁以上的老年人；

2. 未满 16 周岁的未成年人；

3. 残疾等级为一、二级的智力、精神残疾人，残疾等级为一级的肢体残疾人；

4. 县级以上人民政府规定的其他符合的情形。

（二）无法定赡养、抚养、扶养义务人，或者其法定义务人无履行义务能力。有下列情形之一的，可认定为无履行义务能力：

1. 具备特困人员条件的；

2. 60 周岁以上或者重度残疾

的最低生活保障对象；

3. 无民事行为能力、被宣告失踪的人员；

4. 县级以上人民政府规定的其他符合的情形。

（三）无生活来源。申请之日起前 6 个月内，收入低于当地同期低保标准，且家庭财产符合当地最低生活保障的标准，认定为无生活来源。

第十七条 申请社会救助家庭符合以下情形之一的，认定为临时救助对象：

（一）因生活必需支出突然增加、超出家庭承受能力，导致基本生活暂时出现严重困难的最低生活保障家庭和最低生活保障边缘家庭。

（二）因患大病、教育等特殊原因导致实际生活水平低于当地最低生活保障标准的家庭或个人，并且财产条件符合最低生活保障边缘家庭的标准。

（三）急难型临时救助。对遭遇突发事件、意外事故情况特别紧急，需立即采取救助措施的户籍人口、持有浙江省居住证人口和困难发生在本省的外来人口。对急难型临时救助对象，简化家庭经济状况核对，直接予以救助。

（四）县级以上人民政府规定的其他情形。

第十八条 申请住房、教育、医疗、就业、自然灾害等救助的家庭，救助条件和标准由主管部门制定，报同级社会救助联席会议备案。

第四章　附　则

第十九条 农村最低生活保障、最低生活保障边缘和特困人员供养对象作为低收入农户，同时享受扶贫政策。

第二十条 本办法自 2020 年 1 月 1 日起施行。原《浙江省社会救助家庭经济状况认定办法》（浙民助〔2015〕13 号）即行废止，其他规定与本办法不一致的，以本办法为准。各市、县（市、区）可以根据本办法，制定实施细则。

附　　录

2020年度先进名录

【全国先进集体】

云和县：

全国第三批节水型社会建设达标县

中共云和县委：

全国脱贫攻坚先进集体

县委党校：

全国文明单位

云和中学：

全国青少年校园篮球特色学校

县第二中学：

全国青少年校园篮球特色学校

县实验小学：

中央电教馆"在线教育应用创新项目学校"

县江滨实验小学：

全国校园大课间啦啦操推广实施单位

中央电教馆"在线教育应用创新项目学校"

石塘镇：

国家卫生乡镇

雾溪畲族乡：

全国文明乡镇

雾溪村：

全国文明村

梅源芒种开犁节：

国家非物质文化遗产代表性项目

【全国先进个人】

县交警大队　黄叶银：

全国公安系统抗击新冠肺炎疫情先进个人

县老李帮忙团服务中心　李光亮：

全国关心下一代工作先进工作者

浙江静远电力实业有限公司　叶石云：

全国优秀共青团员

浙江汉威阀门制造有限公司　陈庚：

全国青年岗位能手

【全省先进集体】

云和县：

省"无违建县"

省健康促进县

省清新空气示范区

省农业绿色发展先行县

省新时代美丽乡村示范县

省深化"千万工程"建设新时代美丽乡村工作考核优秀县

县委网信办：

全省网评工作成绩突出集体

云和民盟：

省民盟"抗击新冠肺炎疫情先进集体"

县人武部：

省安全管理先进单位

团县委：

省文明单位

县公安局：

全省公安队伍正规化建设优秀单位

全省公安机关执法质量考评优秀单位

全省公安机关信访工作考评县级优秀单位

县法院：

全省突出贡献法院

全省法院"六专四室"规范化建设优秀单位

县人力社保局：

全省无欠薪县（市、区）建设工作先进集体

全省调解仲裁案件处理工作成绩突出单位

县民政局：

全省民政工作先进县（市、区）民政局

县交通运输局：

全省抗击新冠肺炎疫情先进集体

县自然资源局：
全省地质灾害隐患综合治理“除险安居”三年行动成绩突出集体
县市场监管局：
2018—2020 年全省市场环境建设成绩突出集体
市生态环保局云和分局：
浙江生态省建设突出贡献集体(集体三等功)
县税务局纳税服务股(办税服务厅)：
省青年文明号
县融媒体中心：
浙江在线新闻网站先进支站
全省县级融媒体中心建设考核评估优秀单位
天目新闻客户端“天目号最具传播力创作者十强”
县生态林业发展中心：
全省林业产业先进集体
“森林浙江”建设工作突出贡献集体
县住房保障和房屋服务中心：
全省白蚁防治先进单位
县农行：
全省“民企最满意银行”
县邮政公司：
省文明单位
省邮政公司“党建示范单位”
县农业综合开发有限公司：
全省林业产业先进集体
县图书馆：
省文明单位
云和中学：
省文明校园
省“三育人”岗位建功先进集体
县职技校：
省绿色学校
省高水平中职学校
2019—2020 年省节约型公共机构示范单位
县城西小学：
省国防教育工作成绩突出单位
县实验小学：
省现代化学校
省数字家长学校
县实验幼儿园：
省先进教研组
崇头镇：
省 AAAA 级景区乡镇
省新时代美丽城镇建设样板乡镇
石塘镇：
省农业绿色发展示范区
紧水滩镇：
省 AAAA 级景区乡镇
紧水滩派出所：
全省公安派出所“百个好故事”
赤石乡：
省 AAAA 级景区乡镇
省新时代美丽城镇建设达标乡镇
赤石乡“玫瑰小镇”：
省 AAA 级景区
雾溪畲族乡：
省美丽乡村示范乡镇
梅源村：
省美丽乡村特色精品村
黄家畲村：
省美丽乡村特色精品村
石塘村：
省垃圾分类示范村
省美丽乡村特色精品村
石浦村：
省文明村
省 AAA 级景区村
赤石村：
省民主法治村
杭汀村：
省 A 级景区村
下武村：
省民主法治村
县老李帮忙团：
省最佳志愿服务组织
省社会化大普法“六优”培育行动计划优秀公益性组织
县阳光人民调解委员会刘彬调解工作室：
省“金牌人民调解工作室”
浙江兴昌轴承公司：
省“隐形冠军”企业
资圣寺：
省宗教法治宣传教育基地
“甜蜜古村”风景线
省美丽乡村风景线
浮云溪(城西桥—垄铺段)
省“美丽河湖”
龙泉溪(紧水滩—长汀段)
省“美丽河湖”
“最美浮云绿道”样板段：
省街容示范街
恒盛•和润园：
省园林式居住区(单位)

【全省先进个人】

县委统战部　金海伟：
全省民族团结进步模范个人
县公安局　徐晓军：
全省抗击新冠肺炎疫情先进个人

县司法局　陈丽玲：
全省公共法律服务体系建设成绩突出个人
县人力社保局　朱美云：
全省劳动人事争议案件处理成绩突出仲裁员
县农业农村局　梅海燕：
全省扶贫开发工作成绩突出个人
县农业农村局　毛必田：
全省消除集体经济薄弱村工作成绩突出个人
县自然资源局　卢文斌：
省自然资源厅“2020年度业务能手”
县税务局　周世祥：
省税务局“个人嘉奖”
县气象局　陈思炼：
省气象局“综合气象业务工作先进个人”
县气象局　蓝建华：
省气象局“个人嘉奖”
县融媒体中心　兰根成：
省广播电视局“信息先进个人”
县生态林业发展中心　温莉娜：
“森林浙江”建设工作突出贡献个人
县生态林业发展中心　刘传达：
全省林业产业先进个人
县生态林业发展中心　蓝呈荣：
全省森林生态保护突出贡献个人
云和中学　梅林峰：
省“三育人”岗位建功先进个人
县职技校　季海平：
省“最美教师”
县第三中学　钟华燕：
“最美浙江人”
省“万名好党员”
县实验小学　林满锋：
省优秀辅导员
盼盼幼教集团　陈敏英：
省社会组织领军人物
县人民医院　尹春：
全省抗击新冠肺炎疫情先进个人
县人民医院　马燕琴：
全省抗击新冠肺炎疫情先进个人
县疾控中心　林康丽：
全省抗击新冠肺炎疫情先进个人
浮云街道　李长海：
“森林浙江”建设工作突出贡献个人
元和街道　柳晔：
全省森林生态保护突出贡献个人
石塘镇　梁雅倩：
全省森林生态保护突出贡献个人
石塘派出所　吴应杰：
“最美浙警”
全省公安派出所“百个好民警”
县老李帮忙团　李光亮：
全省新冠肺炎疫情防控志愿服务突出贡献奖

【全市先进集体】

云和县：
全市文化产业重点县
全市乡村振兴优胜县
全市“大搬快聚 富民安居”工程示范县
县政府：
全市大花园建设先进集体
县委组织部：
全市创新引领工作突出贡献集体
县信访局：
“丽水之干”模范集体
全市创建星级平安金鼎工作突出贡献集体
县公安局情指联勤中心：
全市抗击新冠肺炎疫情先进集体
县发改局：
全市大花园建设先进集体
县审计局：
市文明单位
县民政局：
全市民政工作考核优秀单位
县卫健局基层和公共卫生科：
全市抗击新冠肺炎疫情先进集体
县农业农村局社会发展科：
全市实施乡村振兴战略工作突出贡献集体
县农业综合行政执法队：
全市抗击新冠肺炎疫情先进集体
县水利局：
全市河（湖）长制工作先进集体
全市“美丽河湖”创建先进单位
县住建局：
“丽水之干”模范集体
县行政服务中心：
市文明单位
县工业园区机关党支部：
全市抗击新冠肺炎疫情先进集体
县新冠肺炎疫情防控指挥部：
“丽水之干”模范集体
县人民医院感染科：
全市抗击新冠肺炎疫情先进集体
县疾控中心党支部：
全市先进基层党组织
全市抗击新冠肺炎疫情先进集体
浮云街道：
全市征兵工作成绩突出单位

全市创建星级平安金鼎工作突出贡献集体
浮云街道人武部：
全市先进基层武装部
全市五星级基层规范化建设单位
浮云街道青阳门社区：
全市抗击新冠肺炎疫情先进集体
元和街道云岸村：
全市民族团结进步模范集体
白龙山街道：
全市创建星级平安金鼎工作突出贡献集体
白龙山街道党工委：
全市先进基层党组织
全市抗击新冠肺炎疫情先进集体
白龙山街道大坪社区党支部：
“丽水之干”模范集体
崇头镇党委：
“丽水之干”模范集体
石塘镇：
市红色旅游示范乡镇
全市创建星级平安金鼎工作突出贡献集体
安溪畲族乡：
市红色旅游示范乡镇
雾溪畲族乡：
全市征兵工作优秀单位
全市民族团结进步模范集体
县人行：
市平安单位
县农商行：
全市普惠金融服务乡村振兴改革工作先进集体
云和中学：
市文明校园
县第三中学：
全市民族团结进步模范集体
金水坑村：
市花园乡村
石浦村：
市花园乡村
小顺村：
市红色旅游示范村
杭汀村：
市“森林康养特色村”
麻垟村：
市民主法治村
双源村：
市“一村万树”推进村
下武村：
市红色旅游示范村
浙江诚创精密机械股份有限公司：
全市创新引领工作突出贡献集体
云和县金成木业有限公司：
全市创新引领工作突出贡献集体
丽水华宏钢铁制品有限公司质检部：
全市创新引领工作突出贡献集体

【全市先进个人】

县委宣传部 林建文：
“丽水之干”先锋人物
县委政法委 梅明明：
全市抗击新冠肺炎疫情先进个人
县信访局 宋治平：
全市创建星级平安金鼎工作突出贡献个人
县公安局 赖建平：
“丽水之干”先锋人物
县公安局 李凌霄：
“丽水之干”先锋人物
县法院 邱贵娟：
全市创建星级平安金鼎工作突出贡献个人
县发改局 袁杨芳：
“丽水之干”先锋人物
县发改局 兰林俊：
全市大花园建设先进个人
县财政局 浦中原：
全市抗击新冠肺炎疫情先进个人
县自然资源局 曹刚毅：
“丽水之干”先锋人物
县农业农村局 毛必田：
“丽水之干”先锋人物
县农业农村局 任伟春：
全市实施乡村振兴战略工作突出贡献个人
县农业农村局 刘谦周：
全市实施乡村振兴战略工作突出贡献个人
县农业农村局 季炜琴：
全市实施乡村振兴战略工作突出贡献个人
县水利局 何苗苗：
全市河（湖）长制工作先进个人
县科技局 梅莉军：
全市创新引领工作突出贡献个人
县文广旅体局 朱振华：
“丽水之干”先锋人物
县文广旅体局 邱柯烨：
全市大花园建设先进个人
县民政局 王晓燕：
“丽水之干”先锋人物
县退役军人事务局 周乐飞：
全市抗击新冠肺炎疫情先进个人
县交通运输局 练建东：

全市交通运输行业安全先进个人
县交通运输局　林建云：
全市交通运输行业安全先进个人
县交通运输局　张定谷：
全市实施乡村振兴战略工作突出贡献个人
县卫生健康局　郑剑：
全市抗击新冠肺炎疫情先进个人
县医疗保障局　王长荣：
全市优秀共产党员
全市抗击新冠肺炎疫情先进个人
市生态环境局云和分局　吴芳：
全市大花园建设先进个人
县税务局　王艺：
全市大花园建设先进个人
县经商局　毛昌财：
全市抗击新冠肺炎疫情先进个人
县市场监管局　潘东海：
全市抗击新冠肺炎疫情先进个人
县融媒体中心　俞海友：
全市抗击新冠肺炎疫情先进个人
县经合中心　杜欢欢：
全市大花园建设先进个人
县木玩童话小镇指挥部　李健康：
全市大花园建设先进个人
县农商行　郑旭勇：
全市普惠金融服务乡村振兴改革工作先进个人
县人民医院　叶志君：
全市创新引领工作突出贡献个人
县人民医院　蓝丽芳：
全市抗击新冠肺炎疫情先进个人
县人民医院　陈巧燕：
全市抗击新冠肺炎疫情先进个人
县中医医院　陈菲：
全市抗击新冠肺炎疫情先进个人
县疾控中心　周美娟：
全市抗击新冠肺炎疫情先进个人
县职技校　蓝新章：
全市创新引领工作突出贡献个人
县文元育英中学　杨勇：
全市优秀校长
元和街道　周世福：
"丽水之干"先锋人物
元和街道古竹股份经济合作社廖士伟：
全市优秀共产党员
全市抗击新冠肺炎疫情先进个人
凤凰山街道　蓝菲：
"丽水之干"先锋人物
凤凰山街道　张文军：
丽水市见义勇为先进分子
凤凰山街道阜安门社区　季伟华：
全市抗击新冠肺炎疫情先进个人
崇头镇　彭珍：
全市抗击新冠肺炎疫情先进个人
崇头镇　肖静：
全市大花园建设先进个人
崇头镇中心卫生院　陈光海：
全市优秀共产党员
全市抗击新冠肺炎疫情先进个人
石塘镇　叶金宝：
"丽水之干"先锋人物
石塘镇　江成：
全市抗击新冠肺炎疫情先进个人
石塘镇小顺村　陈小明：
"丽水之干"先锋人物
赤石乡　梅浩：
全市实施乡村振兴战略工作突出贡献个人(文化振兴方面)
浙江汉威阀门制造有限公司　陈庚：
全市创新引领工作突出贡献个人
浙江智木玩具股份有限公司　陈华：
全市创新引领工作突出贡献个人
县清江生态龟鳖养殖专业合作社卜伟绍：
全市创新引领工作突出贡献个人

【县级先进】

2020 年度新型城镇化样板县域建设先进集体和先进个人名单

表彰单位：县委　县政府
(云委发〔2021〕3 号)

一、新型城镇化样板县域建设先进集体(33 个)

1."五大样板组"先进集体(12 个)
县委政法委
县发改局
县民政局
县自然资源和规划局
县住建局
县交通运输局
县水利局
县农业农村局
县文广旅体局
市生态环境局云和分局
白龙山街道
崇头镇

2. 云和县抗击新冠肺炎疫情先进集体(16 个)
县卫生健康局
县医疗健康集团
县发改局
县经商局
县教育局

县市场监管局

县执法局

元和街道狮山社区党委

凤凰山街道新华社区党委

崇头镇崇头村党支部

石塘镇金村村党总支

紧水滩镇金水坑村党支部

杭州云和商会

云和县农村商业银行股份有限公司

云和县老李帮忙团服务中心党支部

云和县赤石乡乡村振兴乡贤会

3. 省"无违建县"创建先进集体（5个）

县自然资源和规划局

县执法局

元和街道

崇头镇

赤石乡

二、新型城镇化样板县域建设先进个人（177人）

1. "五大样板组"先进个人（58人）

季文云（县委办）

王育信（县府办）

陈龙飞（县委组织部）

孙佳平（县委宣传部）

梁超炜（县委统战部）

柳奕红（县委政法委）

季伟忠（县信访局）

沈荣伟（县深改中心）

陈兆松（县发改局）

雷叶佳（县经商局）

陈仕辉（县教育局）

陈　烨（县教育局）

叶国荣（县科技局）

梅　灵（县公安局）

林吴英（县公安局）

刘育亮（县民政局）

吴桥英（县财政局）

罗庆伟（县人力社保局）

马健强（县自然资源和规划局）

叶世秋（县住建局）

周华健（县交通运输局）

余　霖（县水利局）

彭石伟（县农业农村局）

蔺武超（县文广旅体局）

练美芬（县市场监管局）

符杰明（市生态环境局云和分局）

刘　敏（云和工业园区管委会）

洪跃根（县大数据中心）

魏利伟（县行政服务中心）

王永俊（县征收中心）

华美霞（县生态林业发展中心）

王丽华（县国资办）

郑益平（县国资公司）

江丽云（县跑改办）

钟　骅（县城乡环境综合整治办）

毛晓伟（县美丽乡村创建办）

徐正华（县美丽乡村创建办）

钱松伟（县乡村治理办）

李建康（县童话小镇指挥部）

陈　杰（县全域AAAAA办）

蓝伟忠（县大花园办）

毛芳鑫（浮云街道）

刘伟清（浮云街道）

陈胜文（元和街道）

罗俊青（元和街道）

陈晓华（凤凰山街道）

官新荣（凤凰山街道）

李宏杰（白龙山街道）

杨鑫鸿（白龙山街道）

张　霞（崇头镇）

叶永明（崇头镇）

马叶俊（石塘镇）

叶伟林（石塘镇）

李　伟（紧水滩镇）

吴　杰（紧水滩镇）

朱哲勇（赤石乡）

柳林静（安溪畲族乡）

曹海平（雾溪畲族乡）

2. 云和县抗击新冠肺炎疫情先进个人（88人）

毛剑锋（县委办）

刘岩燕（县府办）

林　海（县纪委县监委）

林志龙（县委组织部）

邱　婷（县委宣传部）

金海伟（县委统战部）

梅海波（县公安局）

刘　杰（县公安局）

吴妍妮（县发改局）

叶媛媛（县经商局）

蓝华生（县教育局）

陈必礼（县教育局）

杨亨钦（县财政局）

刘　海（县财政局）

李沂蔓（县人力社保局）

李永贵（县住建局）

季明波（县交通运输局）

江少雄（县农业农村局）

陈励耕（县文广旅体局）

叶明霞（县市场监管局）

江则勇（县卫生健康局）

周　源（县卫生健康局）

杨　雅（县卫生健康局）

徐红丽（县卫生健康局）

褚夏燕（县卫生健康局）
吴　东（县执法局）
叶　玲（云和工业园区管委会）
何　彬（云和工业园区管委会）
王素梅（县税务局）
阙苏凭（县机关事务中心）
占大鲸（县大数据中心）
宋韶峰（县红十字会）
潘瑾璟（县卫生监督所）
梅亦峰（县卫生监督所）
叶佳佳（县疾控中心）
张志豪（县疾控中心）
石伟娟（县妇计中心）
徐红梅（县人民医院）
林秋琴（县人民医院）
陈　亮（县人民医院）
刘伟仙（县人民医院）
刘剑文（石塘镇中心卫生院）
邱伟章（城北社区卫生服务中心）
刘伟彪（县疫情防控指挥部）
张永明（县疫情防控指挥部）
叶府平（县疫情防控指挥部）
江佳杰（县疫情防控指挥部）
魏　毅（县疫情防控抽调干部）
梅明勇（县疫情防控抽调干部）
吴　雨（县疫情防控抽调干部）
王　凯（县疫情防控抽调干部）
王永俊（县疫情防控抽调干部）
方子华（县疫情防控抽调干部）
蓝智军（县疫情防控抽调干部）
吴知醒（浮云街道）
梅邱宁（浮云街道）
余伟红（浮云街道青阳门社区）
张雪莲（元和街道）
吴　涛（元和街道）
吴　婕（元和街道元和社区）
叶文伟（白龙山街道）
项海香（白龙山街道）
刘伟忠（白龙山街道黄水碓社区）
蓝　菲（凤凰山街道）
胡柳燕（凤凰山街道）
林霞慧（凤凰山街道解放社区）
金凤美（崇头镇）
朱胜华（崇头镇三垟村）
蓝夏薇（石塘镇）
叶春冬（石塘镇朱村村）
李燕萍（紧水滩镇）
颜元成（紧水滩镇龙门村）
马婷婷（赤石乡）
周培兄（赤石乡滨湖村）
安　蔚（安溪畲族乡）
罗剑飞（雾溪畲族乡）
陈　玲（疫情防控志愿者和爱心人士）
董益杰（疫情防控志愿者和爱心人士）
徐利伟（疫情防控志愿者和爱心人士）
范君华（疫情防控志愿者和爱心人士）
周金艳（疫情防控志愿者和爱心人士）
饶文斌（疫情防控志愿者和爱心人士）
王海平（疫情防控志愿者和爱心人士）
刘垚俊（疫情防控志愿者和爱心人士）
林丽芳（疫情防控志愿者和爱心人士）
李　林（疫情防控志愿者和爱心人士）
陈　华（疫情防控志愿者和爱心人士）
林　森（疫情防控志愿者和爱心人士）

3. 省“无违建县”创建先进个人（31 人）

吴伟勇（县“无违建县”创建领导小组办公室）
林海飞（县“无违建县”创建领导小组办公室）
叶瑶瑶（抽调干部）
章云丽（抽调干部）
刘广力（县公安局）
徐　冲（县公安局）
刘海波（县司法局）
陈伟军（县自然资源和规划局）
吴政霖（县自然资源和规划局）
范曾琛（县住建局）
王庆敏（县交通运输局）
毛连清（县水利局）
吴岩课（县农业农村局）
柳伟方（县执法局）
黄　剑（县执法局）
王宇慧（县执法局）
吴清科（云和工业园区管委会）
季时长（浮云街道）
朱锡煌（浮云街道）
黄俊毅（元和街道）
李　波（元和街道）
李　丹（白龙山街道）
邱正贵（白龙山街道）
陈　捷（凤凰山街道）
周　卿（凤凰山街道）
叶伟真（崇头镇）
陈庆和（石塘镇）
夏　阳（紧水滩镇）
潘利安（赤石乡）
叶利军（安溪畲族乡）
雷龙斌（雾溪畲族乡）

2020 年度县级综合考核和单项工作考核先进集体名单

表彰单位：县委 县政府
（云委发〔2021〕4 号）

一、县级综合考核优秀单位(20个)

白龙山街道
崇头镇
石塘镇
县交通运输局
县财政局
市生态环境局云和分局
县文广旅体局(含旅发中心)
县农业农村局
县卫生健康局
县民政局
县教育局
县执法局
县统计局
县信访局
团县委
县委党校
县税务局
县供电公司
县气象局
县农行

二、县级综合考核优胜单位(2个)

元和街道
县自然资源和规划局

三、县级综合考核良好单位(33个)

浮云街道
凤凰山街道
紧水滩镇
赤石乡
县发改局
云和工业园区管委会
县水利局
县住建局
县经商局
县应急管理局
县人力社保局
县市场监管局
县大数据中心
县融媒体中心
县司法局
县医疗保障局
县退役军人事务局
县审计局
县供销总社
县移民工作中心
县委编办
县妇联
县档案馆
县残联
县总工会
县红十字会
县移动公司
县工行
县邮储行
县邮政局
县建行
县农商行
县农发行

四、县级综合考核合格单位(18个)

安溪畲族乡
雾溪畲族乡
县征收中心
县生态林业发展中心
县科技局
县经合中心
县行政服务中心
县人行
县公积金中心
县工商联
县关工委办
县文联
县科协
县联通公司
县电信公司
县人保财险公司
县烟草局
县人寿公司

五、县级单项工作考核优秀单位(92个)

1. 落实全面从严治党主体责任工作考核优秀单位(6个)

浮云街道
崇头镇
石塘镇
县卫生健康局
县交通运输局
县执法局

2. 党建工作考核优秀单位(6个)

白龙山街道
石塘镇
紧水滩镇
云和工业园区管委会
县卫生健康局
县教育局

3. 意识形态工作考核优秀单位(6个)

元和街道
崇头镇
石塘镇
县交通运输局
县融媒体中心
县委党校

4. 统战工作考核优秀单位(5个)

元和街道
赤石乡
安溪畲族乡

云和工业园区管委会
县财政局
5. 平安综治维稳工作考核优秀单位（6个）
白龙山街道
石塘镇
赤石乡
县财政局
县交通运输局
县民政局
6. 信访工作考核优秀单位（6个）
浮云街道
凤凰山街道
崇头镇
县教育局
县人力社保局
县执法局
7. 党管武装工作考核优秀单位（3个）
浮云街道
崇头镇
石塘镇
8. 项目建设工作考核优秀单位（9个）
崇头镇
紧水滩镇
县财政局
县自然资源和规划局
县住建局
云和工业园区管委会
县征收中心
县文广旅体局
县交通运输局
9. 征收工作考核优秀单位（3个）
浮云街道
元和街道
白龙山街道
10. 法治云和（法治政府）建设工作考核优秀单位（6个）
浮云街道
崇头镇
紧水滩镇
县发改局
县应急管理局
县教育局
11. 乡村振兴（含美丽乡村示范县创建）工作考核优秀单位（6个）
崇头镇
石塘镇
紧水滩镇
县自然资源和规划局
县交通运输局
县民政局
12. 三改一拆（“无违建县”创建）工作考核优秀单位（5个）
元和街道
白龙山街道
石塘镇
县执法局
县自然资源和规划局
13. “五水共治”工作考核优秀单位（6个）
浮云街道
白龙山街道
崇头镇
县住建局
县水利局
云和工业园区管委会
14. 政府数字化转型工作考核优秀单位（5个）
元和街道
石塘镇
县发改局
县财政局
县教育局
15. 常态化疫情防控工作考核优秀单位（6个）
浮云街道
元和街道
石塘镇
县发改局
云和工业园区管委会
县大数据中心
16. “大搬快聚富民安居”工程工作考核优秀单位（5个）
元和街道
崇头镇
石塘镇
县自然资源和规划局
云和工业园区管委会
17. 城乡环境综合整治（含垃圾分类）工作考核优秀单位（3个）
浮云街道
紧水滩镇
雾溪畲族乡

2020年度平安乡镇（街道）

表彰单位：县委　县政府
（云委发〔2021〕7号）
浮云街道
元和街道
白龙山街道
凤凰山街道
崇头镇
石塘镇
紧水滩镇

赤石乡

安溪畲族乡

雾溪畲族乡

云和县优秀共产党员、优秀党务工作者、先进基层党组织名单

表彰单位：县委

（云委发〔2021〕12 号）

一、优秀共产党员（100 名）

许峥嵘（浮云街道经济商务服务中心干部）

项万华（浮云街道社会治理办公室主任）

宋陈洪（浮云街道党政综合办公室副主任）

金建忠（浮云街道庄前村党支部书记、村委会主任）

周传荣（浮云街道大徐股份经济合作社党支部书记）

王碧红（浮云街道中山社区党委书记、居委会主任）

张　倩（元和街道纪工委副书记、监察办副主任）

郭凯翔（元和街道农业农村指导中心干部）

叶国梅（元和街道公共财政服务中心副主任）

魏晓玲（元和街道社会治理办公室副主任）

吴　婕（元和街道小徐社区党委副书记、居监会主任）

陈雄茂（元和街道陈前村党总支委员、村委会副主任）

王海锋（元和街道睦田股份经济合作社党支部书记）

梅显平（白龙山街道大坪股份经济合作社党支部书记）

周加华（白龙山街道沙溪村党支部书记、村委会主任）

陈美庆（白龙山街道黄水碓股份经济合作社党总支书记）

严卫荣（白龙山街道河上股份经济合作社党支部书记）

吴林飞（白龙山街道团工委副书记）

周慧仙（凤凰山街道新华社区党委书记、居委会主任）

杨李荣（凤凰山街道后山村党支部书记、村委会主任）

阙伟胜（凤凰山街道勤俭股份经济合作社党总支书记）

张永青（凤凰山街道河坑村党总支书记、村委会主任）

张伟杰（凤凰山街道党工委委员、三级主任科员）

宋欣怡（凤凰山街道团工委副书记、纪工委委员）

张　霞（崇头镇党委副书记、三级主任科员）

吴鑫慧（崇头镇组织干事）

陈元伟（崇头镇南山村党支部书记、村委会主任）

蓝忠华（崇头镇岩下村党支部书记、村委会主任）

雷建英（崇头镇下垟村党支部委员）

刘家永（崇头镇梅竹村党支部书记、村委会主任）

叶继宝（崇头镇大垟村党总支书记、村委会主任）

罗庆锋（崇头镇张家地村党总支书记、村委会主任）

沈庭有（崇头镇王荫山村党总支书记、村委会主任）

朱国林（崇头镇沙浦村党总支书记、村委会主任）

叶挺利（崇头镇大湾村党总支书记、村委会主任）

李小霞（石塘镇村镇建设服务中心干部）

留唯荐（石塘镇经济商务服务中心干部）

徐一春（石塘镇乡村振兴服务中心干部）

蓝克明（石塘镇长汀村党总支书记、村委会主任）

林小伟（石塘镇金村村党总支书记、村委会主任）

叶春冬（石塘镇朱村村党总支书记、村委会主任）

谢伟林（石塘镇桑岭村党总支书记、村委会主任）

王　哲（石塘镇湖滨村党支部书记、村委会主任）

李柏青（石塘镇双港村党总支书记、村委会主任）

王晓为（紧水滩镇党委委员）

曾国海（紧水滩镇村镇服务中心副主任）

季时伟（紧水滩镇经济商务服务中心主任）

李乾平（紧水滩镇大源村党总支书记、村委会主任）

叶雄峰（紧水滩镇双垟村党总支书记、村委会主任）

江　影（赤石乡党政办副主任）

叶燕峰（赤石乡妇联主席）

张兆伟（赤石乡双林村党支部书记、村委会主任）
周永文（赤石乡赤石村党总支书记、村委会主任）
滕　霄（安溪畲族乡党政办主任、人武部副部长）
王璐瑶（安溪畲族乡卫健专干）
雷龙斌（雾溪畲族乡社会治理办公室主任）
宋建金（雾溪畲族乡雾溪村第三党支部党员）
叶　瑜（县友协中心主任）
王俊俊（县人大办综合科科长）
董益涛（县政协办综合科科长）
魏方平（县纪委县监委派驻第六纪检监察组副组长、四级主任科员）
徐展鹏（县党员教育中心副主任）
叶彬彬（县委政法委政治处主任）
刘晓惠（县委编办监督检查科一级科员）
吴晓明（县人民法院审判委员会委员、行政审判庭〈综合审判庭〉庭长）
卢进斌（县发展和改革局党组成员、副局长、三级主任科员）
袁杨芳（县发展和改革局党组成员、县项目建设服务中心主任）
郭丽莉（县经济商务局党组成员、副局长、三级主任科员）
何沈瑶（县教育局办公室干部）
高　峰（县职技校办公室副主任）
卜广友（县江滨实验小学党总支书记）
蓝陶凌云（县城西小学副校长）
蓝晓仙（县古坊小学教师）
宋有华（县公安局交通警察大队办公室主任、四级高级警长）
高晓凤（县公安局机关党委副书记、政治处副主任、二级警长）
阙伟春（县财政局机关第二党支部书记、企业科科长、三级主任科员）
潘月平（县自然资源和规划局党委委员、副局长）
周传良（县自然资源和规划局自然资源行政执法队副队长、二级主任科员）
王荣启（县住房和城乡建设局党组成员、副局长、三级主任科员）
林　伟（县交通运输局交通运输综合行政执法队副队长）
廖晶晶（县水利局机关党委副书记）
陈　晟（县农业农村局社会发展科科长）
蔺武超（县文化和广电旅游体育局规划科副科长）
周伟梅（县医疗健康集团第四党支部副书记）
石伟娟（县卫生健康局妇计中心党支部书记、主任）
吴炜烽（县退役军人事务局服务中心主任）
徐见月（县审计局法规和审理科副科长〈主持工作〉）
季岩水（县市场监督管理局行政许可科科长、一级主任科员）
刘　巍（市生态环境局云和分局党组成员、总工程师、二级主任科员）
吴巧媛（浙江云和工业园区管委会党委副书记、管委会副主任、三级主任科员）
徐丽霞（浙江云和工业园区管委会综合办公室干部）
刘　宁（县供销总社机关支部书记、办公室一级科员）
林应凯（国家税务总局云和县税务局一级行政执法员）
潘深村（县老干部服务中心离退休党支部党员）
李光亮（老李帮忙团服务中心党支部书记、团长）
黄伟琴（浙江坚韧机械有限公司党支部书记、副总经理）
刘海华（云和县绿林幼教装备股份有限公司行政副总、党务干事）
吴利平（浙江诚创轴承有限公司党支部书记、副总经理）
吴莉莉（县水务投资有限公司财务部经理）
叶奇峰（县城市建设投资集团有限公司技术办主任）

二、优秀党务工作者（50名）

孔祥丰（浮云街道党工委副书记、办事处主任）
林丽芳（浮云街道党政办主任）
陈胜文（元和街道党工委副书记、政法委员、三级主任科员）
梅丽萍（元和街道元和社区党委书记、居委会主任）
季王冰（白龙山街道党建办副主任）
雷海香（白龙山街道灵际社区党委书记、居委会主任）
杨丽萍（凤凰山街道党建办副主任、团工委书记）
陈俏俏（凤凰山街道机关党支部委员、城乡建设服务中心副主任）
马晓玲（崇头镇党委委员）
徐海平（崇头镇纪委副书记、监察办副主任）
练良贤（崇头镇叶垟村党总支书记、村委会主任）

蓝张蔚（石塘镇党委委员、三级主任科员）
雷　燕（石塘镇乡村振兴乡贤会〈优秀外出青年〉党支部书记、社会治理办公室副主任）
蓝　钦（石塘镇宣传干事）
蓝伟林（紧水滩镇牛头山村党支部书记、村委会主任）
吴士和（紧水滩镇石浦村第三党支部书记）
马婷婷（赤石乡党建办副主任）
叶海艳（赤石乡党政办主任）
安　蔚（安溪畲族乡党委委员）
蓝陈高（安溪畲族乡下武村党支部书记、村委会主任）
曹海平（雾溪畲族乡党委委员、三级主任科员）
蓝小湖（雾溪畲族乡雾溪村党总支委员、雾溪村第四党支部书记）
李玲玲（县府办第一党支部副书记、政务服务中心主任）
李德荣（县委宣传部党支部委员、办公室副主任）
宋治平（县信访局机关党支部委员、统一政务投诉举报中心副主任）
叶　敏（县人民法院机关综合后勤党支部书记、后勤服务中心副主任）
邹玲莉（云和中学党务工作者）
胡坐景（县第二中学党务工作者）
陈丽芳（县实验小学第三党支部委员、教科室副主任）
张小慧（县公安局第十三党支部委员、城南派出所教导员、一级警长）
严珊珊（县民政局机关党支部书记、婚姻登记处主任）
汤玉和（县医疗健康集团党委副书记）
刘婷婷（县卫生健康局机关党支部委员、计生协一级科员）
潘晓萱（县统计局党总支委员、信息中心副主任）
叶　景（县医疗保障局党支部委员、办公室主任、四级主任科员）
卓炳良（县综合指挥和大数据中心党支部委员、综合指挥科副科长）
应梦婕（县行政服务中心党支部委员、行政审批业务科干部）
王益鸣（县土地和房屋征收工作指导中心党支部书记）
张根伟（县生态林业发展中心党支部委员、绿化种苗科副科长）
王一兰（县旅游发展中心党务工作者）
李　俐（县总工会党组成员、副主席、三级主任科员）
季柳贵（团县委机关党支部委员、青少年宫副主任）
季　璐（县科协党支部书记、办公室副主任）
郑　华（县公安局退休干部党支部书记）
林　森（云和县半球实业有限公司党支部书记、总经理）
柳世平（云和县和一实业有限公司党支部书记、董事长）
廖明林（云和师傅协会党总支书记、副会长）
崔　兵（浙江丹妮婴童用品有限公司党支部书记、董事长）
李嘉琪（县国有资本运营有限公司党务工作者）
陈　伟（县交通投资有限公司党支部委员，云和顺通建设有限公司副总经理）

三、先进基层党组织（50 个）

浮云街道东门社区党委
浮云街道局村村党支部
元和街道白垟墩股份经济合作社党总支
元和街道梅湾村党总支
白龙山街道黄水碓社区党委
白龙山街道大坪社区党委
凤凰山街道新岭村党支部
凤凰山街道阜安门社区党委
崇头镇崇头村党支部
崇头镇三垟村党支部
崇头镇黄家畲村党支部
崇头镇坑根村党支部
石塘镇小顺村党支部
石塘镇长汀村党总支
石塘镇金村村党总支
紧水滩镇龙门村党总支
紧水滩镇大源村党总支
赤石乡机关党支部
赤石乡麻垟村党支部
安溪畲族乡下武村党支部
雾溪畲族乡坪垟岗村党支部
县纪委县监委机关第三党支部
县人民法院机关党委
县经商局机关第一党支部
县第三中学党总支
县梅源中学党支部
县实验幼儿园党支部
县公安局第十二党支部
县司法局机关党支部
县财政局机关第一党支部
县自然资源和规划局第一党支部
县住房和城乡建设局机关党支部
县水利局机关党支部
县农业农村局机关第一党支部

县文化和广电旅游体育局机关党支部
县卫生健康局卫生监督所党支部
县市场监督管理局第一党支部
县老干部服务中心机关党支部
县供销总社机关党支部
国家税务总局云和县税务局凤凰山税务分局党支部
县气象局党支部
中国电信股份有限公司云和分公司政企网运党支部
中国邮政集团有限公司浙江省云和县分公司行政党支部
县人民法院机关退休党支部
云和师傅协会党总支
浙江云和工业园区第六联合党支部
盼盼幼教集团党支部
浙江和信玩具集团有限公司党支部
浙江汉威阀门制造有限公司党支部
县水务投资有限公司党总支

2020 年度云和县首届“最美退役军人”通报表扬名单

表彰单位：县委　县政府

（云委发〔2020〕12 号）

毛荣理　孙育民　李岩宝
宋治平　陈礼富　练巧平
赵君山　颜元良

2020 年度云和县农业农村工作先进集体和先进个人名单

表彰单位：县政府

（云政发〔2021〕3 号）

一、乡村振兴工作先进个人

高启龙（浮云街道）
周世福（元和街道）
高时圣（白龙山街道）
雷春华（凤凰山街道）
董存富（崇头镇）
廖景涛（石塘镇）
李海芳（紧水滩镇）
张　勤（赤石乡）
赵雪华（安溪畲族乡）
刘　伟（雾溪畲族乡）
徐再玲（县财政局）
范曾琛（县住建局）
张定谷（县交通运输局）
吴丽萍（县生态林业发展中心）
曹刚毅（县自然资源和规划局）
陈　晟（县农业农村局）
刘伟华（县乡村振兴办）

二、扶贫工作先进集体和个人

1. 先进集体：

凤凰山街道
崇头镇
紧水滩镇
安溪畲族乡
县农业农村局
县民政局

2. 先进个人：

罗俊青（元和街道）
官新荣（凤凰山街道）
刘　锋（崇头镇）
马叶俊（石塘镇）
李　伟（紧水滩镇）
梅　浩（赤石乡）
刘育亮（县民政局）
王建阳（县财政局）
洪丕有（县农业农村局）

三、“大搬快聚”工作先进个人

刘伟清（浮云街道）
雷文斌（元和街道）
高　幸（白龙山街道）
叶红伟（凤凰山街道）
刘海金（崇头镇）
金　雷（石塘镇）
徐　韵（紧水滩镇）
何　俊（赤石乡）
江　浩（县大搬快聚办）
王秋红（县农业农村局）
马广杰（县新农村公司）

四、农村饮用水工作先进集体和个人

1. 先进集体：

凤凰山街道
崇头镇
县水利局
县水投公司

2. 先进个人：

孔祥丰（浮云街道）
黄俊毅（元和街道）
雷良云（石塘镇）
夏　阳（紧水滩镇）
徐　益（县卫生健康局）

五、消除集体经济薄弱村工作先进集体和个人

1. 先进集体：

浮云街道
元和街道
白龙山街道
紧水滩镇

2. 先进个人：

叶　璐（浮云街道）
吴林飞（白龙山街道）
官新荣（凤凰山街道）
蓝少荣（崇头镇）
凌益春（石塘镇）
金叶剑（紧水滩镇）
钟鼎春（安溪畲族乡）

陈龙飞(县委组织部)
黄育金(县财政局)
洪永波(县水投公司)
毛必田(县农业农村局)

六、农产品质量安全工作先进集体和个人

1. 先进集体:
白龙山街道
凤凰山街道
崇头镇
2. 先进个人:
郑宇涵(凤凰山街道)
马细敏(崇头镇)
赵雪华(安溪畲族乡)
方成铭(县农业农村局)

七、农产品转化为旅游地商品工作先进集体、企业和个人

1. 先进集体:
县农业农村局
县市场监管局
县财政局
县供销总社
2. 先进企业:
浙江采真里农业科技有限公司
云和县卜卜头农业有限公司
云和县鹤顶农业科技开发有限公司
云和县苏坑农产品专业合作社
云和县紧水滩农村集体经济发展有限公司
3. 先进个人:
徐再玲(县财政局)
胡君鸿(县文广旅体局)
练美芬(县市场监管局)
刘传达(县生态林业发展中心)
吴春红(县农业农村局)

八、动植物疫病防控工作先进集体和个人

1. 先进集体:
浮云街道
崇头镇
紧水滩镇
2. 先进个人:
王芳芳(浮云街道)
徐　韵(紧水滩镇)
王锡丰(县农业农村局)

九、农民培训转移就业工作先进集体和个人

1. 先进集体:
白龙山街道
凤凰山街道
雾溪畲族乡
2. 先进个人:
罗俊青(元和街道)
许爱玮(白龙山街道)
官新荣(凤凰山街道)
蓝少荣(崇头镇)
蓝张蔚(石塘镇)
艾月娥(雾溪畲族乡)
李旭敏(县农业农村局)
周圣成(县职技校)

十、粮油生产工作先进集体和个人

1. 先进集体:
元和街道
崇头镇
紧水滩镇
2. 先进个人:
刘兴宝(白龙山街道)
雷　婷(崇头镇)
张　勤(赤石乡)
毛金华(县农业农村局)

十一、农产品营销大户

云和县一清农产品专业合作社(孙云松)
云和县鹤顶农业科技开发有限公司(张建芬)
云和县农产品专业合作社(洪海平)
云和县卜卜头农业有限公司(李小飞)
云和县百寿泉酒业酿造厂(李哲明)
云和县清江生态龟鳖养殖专业合作社(卜伟绍)
云和县民丰雪梨专业合作社(蓝小健)
云和县兴农食用菌专业合作社(石余凤)
云和县恒益生态农业发展有限公司(王澎潇)
云和县蜜源家庭农场(李洪旺)

十二、松材线虫病防控工作先进集体和个人

1. 先进集体:
浮云街道
白龙山街道
崇头镇
赤石乡
2. 先进个人:
吴世东(浮云街道)
邱正贵(白龙山街道)
颜得华(崇头镇)

十三、无森林火灾乡镇(街道)

浮云街道
崇头镇
石塘镇
紧水滩镇
赤石乡
雾溪畲族乡

十四、新增百万亩国土绿化先进集体

浮云街道

元和街道

石塘镇

十五、耕地保护工作先进集体

元和街道

崇头镇

石塘镇

十六、社会救助工作先进集体和个人

1. 先进集体：

浮云街道

元和街道

石塘镇

2. 先进个人：

郑云美（元和街道）

李　丹（白龙山街道）

林陈平（凤凰山街道）

项宗进（崇头镇）

吴秋丽（石塘镇）

胡琪琪（县民政局）

十七、殡葬工作先进集体和个人

1. 先进集体：

白龙山街道

紧水滩镇

安溪畲族乡

2. 先进个人：

陈妙娟（浮云街道）

陈遗飞（崇头镇）

郑柳敏（石塘镇）

刘化伟（紧水滩镇）

袁　敏（赤石乡）

华罗京（安溪畲族乡）

十八、养老工作先进集体和个人

1. 先进集体：

崇头镇

赤石乡

雾溪畲族乡

2. 先进个人：

叶海龙（浮云街道）

董星花（元和街道）

蓝夏薇（石塘镇）

杨恒贵（紧水滩镇）

杨亨忠（安溪畲族乡）

胡　灵（县民政局）

十九、残疾人工作先进集体和个人

1. 先进集体：

元和街道

石塘镇

赤石乡

2. 先进个人：

董星花（元和街道）

刘晓东（凤凰山街道）

蓝夏薇（石塘镇）

刘化伟（紧水滩镇）

江礼胜（赤石乡）

叶慧慧（县残联）

2020 年度县长特别奖企业名单

表彰单位：县政府

（云政发〔2021〕8 号）

丽水华宏钢铁制品有限公司

云和县绿林幼教装备股份有限公司

浙江新云木业集团有限公司

云和县协诚混凝土有限公司

云和县金成木业有限公司

第一届“云和慈善奖”获奖名单

表彰单位：县政府

（云政发〔2021〕10 号）

一、慈善楷模奖（3 个）

丽水华宏钢铁制品有限公司

云和县老李帮忙团服务中心

云和县蓝天救援队

二、慈善之星奖（13 个）

王万成（云和县金成木业有限公司董事长）

徐利伟（杭州花期科技有限公司董事长）

廖复新（浙江新云木业集团有限公司董事长）

董凌宇（云和县绿林幼教装备股份有限公司董事长）

王　斌（杭州能工科技有限公司董事长）

李柏青（浙江多元纺织科技〈集团〉有限公司董事长）

何　炜（浙江友鹏工艺品有限公司董事长）

陈可云（丽水毅行电子商务有限公司董事长）

胡东海（浙江汉威阀门制造有限公司总经理）

陈　华（浙江智木玩具股份有限公司董事长）

练巧忠（浙江忠协工艺品有限公司董事长）

浙江云和农村商业银行股份有限公司

国网浙江省电力有限公司紧水滩水力发电厂

三、慈善项目奖（2 个）

百善行动计划（云和县慈善总会）

绿色梦想计划（浙江绿色共享教育基金会）

四、志愿服务奖（5 个）

云和县慈善总会

云和县公益救援促进会

浙江绿色共享教育基金会

云和县医疗保健操协会

云和县青年志愿者协会

五、最美志愿者(14个)

吴应聪(云和县应泰电器销售部经理)
何　敏(浙江卫视首席主播)
汪哲梅(云和县凤凰山街道解放社区居民代表)
蓝伟明(云和县优衣裤洗衣店负责人)
曹　正(中国青年政治学院社会工作系硕士研究生)
林丽芳(云禾润餐饮有限公司总经理)
柳忠平(云和县浮云街道红光股份经济合作社社长)
王建明(云和县石塘镇"残疾人之家"负责人)
陈永俊(云和县蓝天救援队成员)
严夏山(云和县公益救援促进会成员)
邱世杰(国网云和县供电公司紧水滩供电所综合事务员)
叶丽慧(云和县来料加工经纪人行业协会会员)
赵君山(国家税务总局云和县税务局离休干部)
廖巧仙(云和县老年书画研究会副会长兼秘书长)

六、邻里互助奖(5个)

陈孟贵(云和县崇头镇坑根村)
刘淼勇(云和县石塘镇龙河村)
黄育山(云和县紧水滩镇渡蛟源村)
阙发文(云和县赤石乡杭汀村)
宋建金(云和县雾溪畲族乡雾溪村)

2020年度云和县建筑业优秀企业和开拓市场优胜企业

表彰单位:县政府
(云政发〔2021〕14号)

一、优秀企业

丽水艺树市政园林有限公司
丽水宏盛电力有限公司

二、开拓市场优胜企业

浙江银河建筑工程有限公司

县政府授予个人三等功人员名单

表彰单位:县政府
(云政发〔2020〕27号)
叶文顺　邱伟生

2020年度建议提案办理工作先进单位和先进个人名单

表彰单位:县委办　县人大办　县府办　县政协办
(云委办发〔2021〕1号)

一、建议提案办理工作先进单位(6个)

县经商局
县民政局
县住建局
县交通运输局
县文广旅体局
县医疗保障局

二、建议提案办理工作先进个人(10人)

胡康雨(县人大办)
李玲玲(县府办)
吴　浩(县府办)
刘洪澈(县政协办)
祝海杰(县经商局)
余　芳(县民政局)
陈建云(县住建局)
蓝　靖(县交通运输局)
余勇涛(县医疗保障局)
周　磊(县文广旅体局)

2020年度全县党委、政务信息工作优秀单位和优秀个人名单

表彰单位:县委办　县府办
(室字〔2021〕10号)

一、党委信息工作优秀单位和优秀个人

(一)优秀单位(13个)

1. A类:
县委组织部
县农业农村局
县市场监管局

2. B类:
县委党校
县教育局
县民政局

3. C类:
县档案馆
县审计局
县退役军人事务局
县供销总社

4. 乡镇(街道):
凤凰山街道
石塘镇
紧水滩镇

(二)优秀个人(19人)

裘　索　项大圣　王锦丽子
徐见日　叶　清　严珊珊
朱小宇　阙佳妮　梁怡君
刘　宁　张天宇　蓝慧中
汤文言　钟超众　方正华
吴婷婷　吴林飞　刘　松
叶小川

二、政务信息工作优秀单位和优秀个人

(一)优秀单位(13个)

1. A类:

县财政局

县人力社保局

县市场监管局

2. B 类：

县司法局

县税务局

县医疗保障局

县人行

3. C 类：

县退役军人事务局

县经合中心

县生态林业发展中心

4. 乡镇(街道)：

浮云街道

崇头镇

安溪畲族乡

(二)优秀个人(19 人)

留　箫　张梅珍　王　俊
赵　爽　王　艺　叶　景
刘　松　梁怡君　陈　莉
练淼根　杜李芳　陈兆松
毛昌财　方晓俊　刘春炜
方正华　项大圣　张曼依
罗春蕾

2020 年度云和县专利示范企业名单

表彰单位：县府办

(云政办发〔2020〕68 号)

浙江明森玩具有限公司

浙江奇创玩具有限公司

浙江优贝尔玩具有限公司

浙江智木玩具股份有限公司

云和县 2020 学年中小学(幼儿园)教育教学年度奖获奖单位和个人名单

表彰单位：县府办

(云政办发〔2021〕37 号)

一、小学内涵建设综合评估获奖单位(7 个)

1. 一等奖：

县实验小学

2. 二等奖：

文元育英小学

江滨实验小学

3. 三等奖：

城西小学

古坊小学

崇头小学

石塘小学

二、教育管理奖(6 人)

陈春伟(云和中学校长)

陈伟华(县职技校校长)

王伟锋(云和二中校长)

饶小丽(县实验小学校长)

戴良斌(文元育英小学校长)

吴晓东(县实验幼儿园园长)

三、教学质量奖(92 人)

王月平　周荣阳　毛慧敏
王　诒　吴建平　张敏红
王厚荣　林金娟　梅澄芳
徐文康　廖梅燕　李海龙
邱　露　王建西　汤刘珍
蓝红芳　张丽萍　胡嘉琪
杨　芬　陈　颖　毛海玲
钟丽琴　刘　瑾　卜广庭
蓝淑红　方　文　袁伟芳
王　芬　林　黎　毛加兴
祝海娟　杜　瑞　沈佩湄
黄海云　吴伶俐　张景霞
翁校花　麻胡静　戴建华
郑慧芬　刘中华　王定有
陈　洁　梅　勇　陈小青
王桂林　蓝海燕　吴广武
李红霞　刘少娟　徐美君
刘伟芳　许利红　叶小燕
叶玉梅　梁伟华　陈川莲
陈丽红　卜广友　罗兰娟
梅　俏　颜锦华　严宇雯
胡小琴　曾雯雯　余秀方
吴广燕　罗岩生　沈明娥
林晓雅　马晓琴　刘丽慧
张雅慧　李玲玲　王丽燕
李伟英　易香菊　姚培灵
赵若晨　林　芳　钟华燕
叶晓俊　林东东　王　艳
潘　宏　张　岩　徐金金
刘丹萍　刘裕龙　吕周亮
周景跃　张慧芳

四、优秀班主任(86 人)

王　诒　陈丽珍　陈　颖
伍哲楠　骆叶飞　梅澄芳
张军标　黄玖红　张建荣
郑巧君　徐玉莉　陈　敏
陈　帆　陈汉朗　卓雅倩
王林平　毛海玲　蓝海燕
刘　瑾　许　静　任玉娟
王明金　王　蒙　潘建丽
叶　颖　沈佩湄　熊慧敏
翁校花　雷云霞　王红艳
林慧琴　雷　莉　周　燕
刘伟玲　陈秀红　叶玉梅
吴珍珍　叶　丽　季海燕
何静敏　柳　涵　郑海姑
胡小琴　叶岳英　陈丽芳
刘红萍　吴海红　徐松燕
刘晶鸿　雷丽娟　黄金霞
邱　琪　张　燕　余秀方
蓝珊梅　吴广燕　王锡军

刘梦莎　雷紫微　李婷婷
柳梦薇　徐媚媚　蓝晓红
黄小英　叶伊涵　张雅慧
高云飞　吴　君　吴伟燕
林桂芬　张　健　吴露雯
虞玲珍　何楚芳　陈宇娟
刘荣燕　刘　晓　吴培美
叶　莹　夏飞飞　项海燕
陈　霞　叶　慧　张丽萍
雷丽燕　陈艳芳

五、教育科研奖（14 人）

刘迎春　林红萍　陈丽芳
王燕琴　吴　莲　陈伟华
张敏红　钟顺荣　周　军
蔡媛媛　刘　蓉　周敏娟
刘中华　季海平

2020 年云和县党政群团机关及企事业局（部门）、乡镇（街道）领导人名录

【中国共产党云和县委员会】

书　记：叶伯军
副书记：上官国明　蒋璟璟
常　委：施锦华（1 月止）　杨伟业
　　饶钦英　吴新立（11 月止）
　　徐志雄　林建文　胡　坚
　　黄伟杰　袁　波（11 月止）
　　李　巍（1 月始）
　　叶建辉（11 月始）
　　孙开用（11 月始）

【云和县人民代表大会常务委员会】

主　任：叶晓勇
副主任：黄文伟　柳春华　谢云生
　　彭招平　叶晓伟　魏启勤
党组书记：叶晓勇

人大常委会办公室

主　任：叶毅夫（9 月止）
　　雷长育（9 月始）
副主任：王伊健
机关党组书记：叶毅夫（8 月止）
　　雷长育（8 月始）
机关党组副书记：李建宁（8 月止）
　　邱伟荣（8 月始）

人大财政经济委员会

主任委员：黄文伟
副主任委员：任乐群　梁必武
　　邢春苗（11 月始）

人大法制（内务司法）委员会

主任委员：谢云生
副主任委员：王思罢
　　符达利（9 月止）
　　夏达旦（9 月止）
　　叶毅夫（9 月始）
　　李建宁（9 月始）

人大社会建设委员会

主任委员：彭招平
副主任委员：张慧丽（4 月始）

人大常委会法制（内务司法）工作委员会（2020 年更名为人大常委会法制和监察司法工作委员会）

主　任：王思罢
副主任：高文胜

人大常委会代表与选举任免工作委员会

主　任：李建宁（9 月止）
　　韦望荣（9 月始）
副主任：季岳英（9 月止）
　　王维健（9 月始）

人大常委会教育科技文化卫生工作委员会

主　任：邱伟荣

人大常委会财政经济工作委员会

主　任：任乐群
副主任：戴建英

人大常委会农业与农村工作委员会

主　任：王志铨（1 月止）
　　李林平（1 月始）
副主任：贺　凌（5 月始）

人大常委会城乡建设与环境资源工作委员会

主　任：李水平
副主任：王伟荣

人大常委会社会建设工作委员会

主　任：王永春（3 月始）
副主任：刘伟峰（5 月始）

【云和县人民政府】

县　长：上官国明
副县长：饶钦英　袁　波（11 月止）
　　孙开用（11 月始）　周　坚
　　叶时扬　陈伟忠　吴新志
　　雷绍丽（11 月止）
　　王　涯（9 月止）
　　缪磊磊（9 月始）
党组书记：上官国明
党组副书记：饶钦英

【中国人民政治协商会议云和县委员会】

主　席：王新荣
副主席：王沿伟　陈　岑　叶长火
　　刘伟玲
党组书记：王新荣
党组副书记：杨伟业（1 月始）

秘书长:蓝永平
副秘书长:廖景涛(6月止)
　　　　谢　勇(9月始)
　　　　周　誉
机关党组书记:蓝永平
机关党组副书记:谢　勇(8月始)
政协办公室
主　任:蓝永平
副主任:廖景涛(5月止)
　　　谢　勇(9月始)
政协提案委员会
主　任:包群伟
副主任:褚伟军(7月止)
政协委员工作委员会
主　任:董士林
副主任:周　朵(5月始)
政协经济委员会
主　任:陈吉望
政协农业和农村委员会
主　任:周春波(9月止)
　　　刘伟华(9月始)
副主任:胡承兄　周春波(9月始)
政协人口资源环境委员会
主　任:柳　源
副主任:雷汉雄(9月始)
政协教育科技卫生体育委员会
主　任:叶　俊
副主任:梅显平(9月止)
　　　吴兆江(7月止)
政协社会法制和民宗港澳台侨委员会
主　任:蓝丽芳
副主任:黄蔚芳(9月止)
政协文化文史和学习委员会
主　任:邱长书

【其他县处级领导】
保留正县级待遇:雷一坤
保留副县级待遇:彭平生　林李平
　　　　　　　余高进

【中国共产党云和县纪律检查委员会】
书　记:胡　坚
副书记:唐　欣　颜柏林(11月止)
　　　叶志明(11月始)
常　委:叶铭亮　吴丰元　余建林
监察委员会
主　任:胡　坚
副主任:唐　欣　颜柏林(11月止)
　　　叶志明(11月始)
委　员:叶铭亮　吴丰元
　　　蓝志方(9月止)
　　　叶汝健(9月始)
　　　林上泉(11月始)
办公室
主　任:林　海
干部室
主　任:叶金钦
宣传教育室
主　任:黄海丽
党风政风监督室
主　任:杨菲菲(9月止)
信访室
主　任:徐　会
机关专职副书记:褚夏斌(8月始)
第一纪检监察室
主　任:叶汝健(8月止)
　　　沈昺丞(8月始)
第二纪检监察室
主　任:无
第三纪检监察室
主　任:无
第四纪检监察室
主　任:吴建飞
案件审理室
主　任:练和云
案件监督管理室
主　任:刘小春
派驻纪检监察组
派驻第一纪检监察组
组　长:林伟兵
副组长:陈　红(1月止)　雷光斌
　　　叶发水(4月始)
派驻第二纪检监察组
组　长:张成通
副组长:柳益平　叶发水(4月止)
　　　刘　君(4月始)
派驻第三纪检监察组
组　长:无
副组长:吴爱红　柳　敏
派驻第四纪检监察组
组　长:方有德
副组长:张菲菲
派驻第五纪检监察组
组　长:官玉和
派驻第六纪检监察组
组　长:杨进寿
派驻县委组织部纪检监察组(县委直属机关纪检监察工委)
组　长(书记):雷永东
派驻县公安局纪检监察组
组　长:王雪梅
派驻县人民法院纪检监察组
组　长:洪广斌
派驻县人民检察院纪检监察组
组　长:钱松伟

【云和县人民法院】

院　长:叶爱英

常务副院长:黄绍林

副院长:杨剑琼　李益红

政治部主任:黄为民

执行局局长:蔡　勇

审判委员会专职委员:于伟东

刘　婵

党组书记:叶爱英

党组副书记:黄绍林

【云和县人民检察院】

检察长:吴剑锋

常务副检察长:胡　煜(9月止)

副检察长:余良伟

李佳妮(9月始)

政治处主任(2020年更名为政治部):

蔡平平

检察委员会专职委员:

刘金树　雷丽梅

党组书记:吴剑锋

党组副书记:胡　煜(8月止)

【县委工作部门】

县委办公室(台湾工作办公室〈县政府台湾事务办公室〉)

县委办公室

主　任:潘吉文

副主任:邱德锋　江佳杰(1月始)

余　媛　张小伟(兼,1月止)

张　毅(兼,1月始)

台湾工作办公室(县政府台湾事务办公室)

主　任:潘吉文

副主任:张小丽

保留副科级干部:陈善军

组织部

部　长:黄伟杰

常务副部长:林志龙

副部长:刘伟彪(1月止)

叶府平(1月始)　徐伟俊

叶亚飞(兼)

蓝晓荣(兼,1月止)

刘伟华(兼,9月止)

项宗荣(兼)

陈　俊(兼,9月始)

县委人才工作领导小组办公室

专职副主任:季国林(6月止)

杜梅斌(8月始)

县委新经济与新社会组织工作委员会

书　记:刘伟彪(1月止)

叶府平(1月始)

副书记:林　燕(8月止)

李晓鹏(兼,1月止)

梁伟华(兼,6月始)

余　芳(兼)

吴巧媛(兼,4月始)

直属机关工作委员会

书　记:黄伟杰(4月始)

常务副书记:叶府平(4月始)

专职副书记:林　燕(8月始)

宣传部

部　长:林建文

常务副部长:陈婧伊

副部长:朱登峰(4月止)

项丽芳

叶小平(6月始)

社会科学界联合会

主　席:项丽芳(4月始)

副主席:彭慧慧

统一战线工作部

部　长:杨伟业

常务副部长:雷长育(8月止)

梁超炜(8月始)

副部长:梁超炜(8月止)

梁伟华(兼,6月始)

张彦良　徐宇波(8月始)

民族宗教事务局

局　长:张彦良(6月始)

副局长:无

县政府侨务办公室

主　任:梁超炜

归国华侨联合会

主　席:梁超炜

专职副主席:吴　汛(6月始)

政法委员会

书　记:蒋璟璟

常务副书记:颜元祖(1月止)

张小伟(1月始)

副书记:饶钦英(兼)　吴新志(兼)

练奕万　柳奕红

政治处主任:叶彬彬

巡察工作领导小组办公室

主　任:叶志明

副主任:陈晓波

县委巡察组:

组　长:韦望荣(8月止)　张盼星

王少艳　朱林宝

副组长:叶　敏　饶　威　张平仙

叶洪伟　蓝志方(8月始)

副科级巡察专员:阙祖飞

郑成文(11月止)

彭　飞(4月始)

黄法金(4月始)

李丽红(11月始)

县委机构编制委员会办公室

主　任:刘伟华(9月止)
　　陈　俊(9月始)

副主任:贺　凌(4月止)　吴巧红
　　黄小琴(6月始)

县委、县政府信访局

局　长:张小伟(1月止)
　　张　毅(1月始)

副局长:姜　轸　刘　蓉

信访督查专员:刘海鑫(8月始)

【县政府工作部门】

县政府办公室

主　任:徐建明

副主任:杨恒斌
　　雷春华(9月止)
　　赵志军　项大伟　王建平
　　徐雪飞(5月始)
　　俞伟良(7月始)
　　李云伟(9月始)
　　叶臻阳(9月始)

党组书记:徐建明

发展和改革局

局　长:任军伟

副局长:徐　琳(6月止)　张盛武
　　卢进斌
　　柴之罡(挂职,11月止)
　　雷魏芳(7月始)

总工程师:阙祖元

党组书记:任军伟

经济商务局

局　长:季伟忠

副局长:王明友　郭丽莉
　　吴小军(挂职,12月始)

总经济师:练　飞(7月始)

党组书记:季伟忠

教育局

局　长:刘定华

副局长:唐　毅(9月止)
　　吴林辉(2月始)
　　杨恒勇(2月始)
　　邹永文(11月始)
　　詹惠淇(挂职,12月始)

教育督导员:叶永信

党组书记:刘定华

科技局

局　长:肖飞龙(9月止)
　　官军军(9月始)

副局长:咸德征　潘　峥(10月止)

党组书记:肖飞龙

公安局

局长、督察长:吴新志

政　委:饶小平

副局长:周仁礼　赖建平
　　张　毅(2月止)　俞海波

副政委:陈小平

党委书记:吴新志

党委副书记:饶小平

政治处主任:邱寒冰

交警大队大队长:黄叶银

交警大队教导员:项　明

看守所(拘留所)所长:王　骏

国保大队大队长:徐晓军(9月止)

治安大队大队长:林德法(9月止)
　　徐晓军(9月始)

刑侦大队大队长:周丽荣

禁毒大队大队长:林德法(9月始)

保留副科级干部:毛作其

民政局

局　长:王晓燕

副局长:余　芳　杨建飞(10月止)
　　高　诚(10月始)

党组书记:王晓燕

司法局

局　长:王永春(1月止)
　　颜元祖(1月始)

副局长:刘海波　卢永波

政治处主任:王　芳

党组书记:王永春(1月止)
　　颜元祖(1月始)

财政局

局　长:柳成东

副局长:黄育金
　　黄金娟(10月止)
　　陈　东(9月止)
　　吴林娟(9月始)

总会计师:吴林娟(9月止)

党组书记:柳成东

党组副书记:黄育金

党组专职副书记:黄金娟(9月始)

财政监督局局长:舒　瑾

国有资产管理委员会办公室党委

书　记:柳成东

副书记:黄金娟

人力资源和社会保障局

局　长:项宗荣

副局长:金建明(10月止)
　　蔡　礼
　　邱荣宴(10月始)

党组书记:项宗荣

自然资源和规划局

党组书记:方伟清(9月止)
　　周华伟(9月始)

局　长:曹刚毅

副局长:魏伟明　王存宝(5月止)

潘月平　雷魏芳(7月止)
总规划师:马健强
森林公安局(森林警察大队)
局长(大队长):宋有芝
保留副科级干部:陈伟军
住房和城乡建设局
局　长:王燕梅
副局长:吴祖培(7月止)　叶世秋
王荣启　易健敏
总工程师:范曾琛
党组书记:王燕梅
交通运输局
局　长:邱发强
副局长:杨伟兵　叶永平　张定谷
总工程师:江林峰
党组书记:邱发强
交通运输综合行政执法队
队　长:邱发强
专职副队长:王庆敏(5月始)
水利局
局　长:汤建飞
副局长:傅根明(7月止)　李向军
毛连清
党组书记:汤建飞
总工程师:官剑锋
农业农村局
局　长:王兰夏
副局长:雷汉雄(10月止)
刘　君(5月止)　彭石伟
董益禄(7月止)
杨环锋(7月始)
赵丽萍(10月始)
总农艺师:余伟丽
党组书记:王兰夏
农业综合行政执法队
队　长:王兰夏
专职副队长:董益禄(7月始)
文化和广电旅游体育局
局　长:朱振华
副局长:季绍斌
唐聪丽(挂职,11月止)
张启水(3月始)
项洪飞(挂职,12月始)
总工程师:胡凌凌
党组书记:朱振华
文化市场综合行政执法队
队　长:朱振华
专职副队长:陈励耕(7月始)
卫生健康局
局　长:高洪波(1月止)
刘伟彪(1月始)
副局长:徐金玲　郑　剑
党组书记(1月改党委):
高洪波(1月止)
刘伟彪(1月始)
党组副书记(1月改党委):
张安守(1月始,6月止)
专职副书记:张晓东(6月始)
退役军人事务局
局　长:武　燚
副局长:叶晓波(9月止)
林建明(9月始)　阙陈通
党组书记:武　燚
应急管理局
局　长:叶通海
副局长:徐志强　董盛强　秦　志
总工程师:邱荣宴(10月止)
党组书记(4月改党委):叶通海
党组副书记(4月改党委):徐志强
审计局
局　长:邢春苗(11月止)
颜柏林(11月始)
副局长:魏唐华　易火伟
总审计师:夏俊燕(11月止)
郑成文(11月始)
经济责任审计联席会议办公室
主　任:无
党组书记:邢春苗(11月止)
颜柏林(11月始)
市场监督管理局
局　长:陈　俊(9月止)
吴广丰(9月始)
副局长:肖建伟　吴王焕　叶雪芳
总工程师:叶明霞
党组书记:陈　俊(9月止)
吴广丰(9月始)
市场监管综合行政执法队
队　长:陈　俊(10月止)
吴广丰(10月始)
专职副队长:王　伟(9月始)
城西市场监管所
所　长:彭金生
统计局
局　长:蓝雪飞
副局长:王燕萍(5月止)
季　剑(5月始)
总统计师:颜　青
党组书记:蓝雪飞
医疗保障局
局　长:王长荣
副局长:张启华(10月止)　董春虹
杨建飞(10月始)
党组书记:王长荣
综合行政执法局
局　长:毛华锋

副局长:吴　东　柳伟方　林友平
党组书记:毛华锋
丽水市生态环境局云和分局
党组书记:郑福平(8月止)
　　　　廖海英(8月始)
局　长:吕　明
副局长:徐　斌(7月止)　项文平
总工程师:刘　巍
生态环境保护综合行政执法队
队　长:吕　明

【事业单位】
浙江云和工业园区管理委员会
主　任:魏　斌
副主任:吴巧媛(5月始)
　　　李晓鹏(2月止)
　　　蔡志林(2月始)
　　　练　飞(7月止)
　　　李朝阳(7月始)
　　　季　剑(5月止)
总工程师:余建军(7月止)
　　　　徐　斌(7月始)
党委书记:魏　斌
党委副书记:李晓鹏(1月止)
　　　　　吴巧媛(4月始)
党　校
校　长:黄伟杰
常务副校长:黄克洈
副校长:王丽琴　叶跃平
教育长:骆递宾
校务委员会主任:黄克洈
行政学校
校　长:饶钦英
常务副校长:黄克洈
社会主义学校
校　长:杨伟业
常务副校长:黄克洈
全面深化改革服务中心
副主任:朱玉杰(主持工作)
　　　张钦炜　柳盼盼
档案馆
馆　长:洪广美
副馆长:雷云中(1月止)　魏世荣
　　　宋世明
党组书记(2020年党组撤销):
　　　洪广美(6月止)
老干部服务中心
主　任:叶亚飞
副主任:刘伟峰(4月止)　李成东
党组书记:叶亚飞(6月始)
离退休干部工作委员会
书　记:叶亚飞
专职副书记:李彩凤
融媒体中心
主　任:叶　俊(4月止)
　　　朱登峰(4月始)
总　编:叶小平(6月止)
副主任:阮宏波　邹永文(11月止)
副总编:陈伟飞(4月止)
　　　严晶晶
　　　徐松青(8月始)
党组书记:叶　俊(4月止)
　　　　朱登峰(4月始)
党组副书记:叶小平(6月止)
综合指挥和大数据中心
主　任:江佳杰(2月止)
　　　占大鲸(2月始)
副主任:董伟平　吴伟勇
总工程师:周　朵(5月止)
　　　　洪跃根(9月始)
党组书记:江佳杰(1月止)
　　　　占大鲸(1月始)
行政服务中心
党组书记:饶钦英(6月止)
　　　　邱向明(6月始)
主　任:官军军(10月止)
　　　潘　峥(10月始)
党组副书记:张晓东(6月止)
副主任:张晓东(7月止)　林久旺
　　　魏利伟
机关事务保障中心
主　任:吴广丰(10月止)
副主任:田　颖　陈伟飞(5月始)
党组书记:吴广丰(9月止)
经济合作交流中心
党组书记:李建康(8月止)
　　　　王燕萍(8月始)
党组副书记:王燕萍(4月始)
主　任:王燕萍(5月始)
副主任:钱　瑾　贺加贝(挂职)
　　　张丽华(9月始)
　　　张凌云(挂职,12月始)
土地和房屋征收工作指导中心
主　任:周华伟
副主任:齐荣军(5月止)　雷兰军
　　　王华军(11月止)
　　　周　琳(11月始)
党组书记:周华伟
党组副书记:齐荣军(4月止)
生态林业发展中心
主　任:徐向前
副主任:曾秋敏　蓝振荣
总工程师:吴丽萍(5月始)
党组书记:徐向前
旅游发展中心

主　任：穆晓通（5月始）
副主任：赵丽萍（10月止）
　　杨伟华（2月止）　毛根伟
　　徐见化（5月始）
　　吴奔细（9月始）
　　项光朝（10月始）
总规划师：穆晓通（5月止）
党组书记：朱振华（4月止）
　　穆晓通（4月始）

移民工作中心

主　任：项文伟

供销合作总社

主　任：蓝利华
副主任：石黎明（10月止）
　　钟　骅（10月始）
党组书记：李叶平

丽水市住房公积金管理中心云和分中心

主　任：桑旭婷（10月止）
　　张　莹（10月始）
副主任：张　莹（10月止）
　　李丽红（12月止）

【民主党派】

中国民主同盟云和县基层委员会

主　委：陈　岑
副主委：叶　峰　贺　凌

【部分群众团体】

总工会

主　席：毛晓伟（8月止）
　　桑旭婷（8月始）
副主席：李　俐　周新余
党组书记：毛晓伟（6月止）
　　桑旭婷（6月始）

团县委

书　记：张　悦（6月止）
　　季国林（6月始）
副书记：郑琳健（8月止）
　　张金华（8月始）
　　叶佳卉（8月始）
党组书记（2020年党组撤销）：
　　张　悦（6月止）
　　季国林（6月始，12月止）

妇女联合会

主　席：练晓锋
副主席：廖海英（9月止）　梅伟琴
　　黄　娅（9月始）
党组书记：练晓锋
党组副书记：廖海英（8月止）

科学技术协会

主　席：朱伟文
副主席：无
党组书记：李双喜（8月止）
　　李建康（8月始）

文学艺术界联合会

主　席：钟晓松
副主席：练云伟
党组书记：钟晓松

残疾人联合会

理事长：邱伟生
副理事长：徐剑琴　练　涛
党组书记：邱伟生

红十字会

会　长：雷绍丽（12月止）
专职副会长：宋韶峰

工商业联合会

主　席：王伟友
副主席：彭季伟（4月止）
党组书记：梁伟华（6月始）

关心下一代工作委员会办公室

主　任：王阶才

【中央、省和县双重管理部门】

国家税务总局云和县税务局

局　长：刘伟君
副局长：叶明伟（7月止）
　　孟学军（7月止）　徐　军
　　颜茂毅（7月止）　周淋伟
纪检组长：李小光
党委书记：刘伟君

凤凰山税务分局

局　长：王素梅

国网浙江省电力有限公司云和县供电公司

执行董事：黄祖金
总经理：朱利锋（8月止）
纪委书记：谢嘉旺（8月止）
　　赵利挺（8月始）
副经理：陈丽明（1月止）
　　陈俊仕（1月始）
　　刘海俊
党委书记：黄祖金
党委副书记：朱利锋（11月止）
　　金华芳（11月始）

气象局

局　长：刘海英
副局长：朱　科（9月止）　罗骏华
　　刘银峰（9月始）
党组书记：刘海英

烟草专卖局（分公司）

局　长（经理）：章建军
副局长：杜　桦
纪检组长：杜　桦
副经理：梅振中

党组书记：章建军

中国邮政集团有限公司浙江省云和县分公司

总经理：廖铁铮

副总经理：雷伟军（1 月止）

　　　　杜巧森（1 月始）

纪委书记：雷伟军（1 月止）

　　　　杜巧森（1 月始）

党委书记：廖铁铮

中国人民银行云和县支行

行　长：王培林

副行长：彭秋伟（4 月止）

　　　连明富（12 月止）

　　　黄文云（4 月始）

　　　李勇敏（12 月始）

纪检组长：彭秋伟（4 月止）

　　　　黄文云（4 月始）

党组书记：王培林

中国工商银行云和县支行

行　长：葛建华

副行长：刘春霞　陈娟英

中国建设银行云和县支行

行　长：江　舟

副行长：齐爱民　郑玲红（7 月止）

中国农业银行云和县支行

行　长：王　锐（6 月止）

　　　陈　晟（6 月始）

副行长：张庆伟

纪委书记：吴俊晖

党委书记：王　锐（6 月止）

　　　　陈　晟（6 月始

中国农业发展银行云和信贷组

主　任：黄丽东（4 月止）

　　　朱志鹏（4 月始）

浙江云和农村商业银行股份有限公司

董事长：郑旭勇

行　长：季晓伟

副行长：刘李锋　李中铝

监事长：毛益平

纪委书记：毛益平

党委书记：郑旭勇

中国邮政储蓄银行云和县支行

行　长：徐　健（9 月始）

副行长：徐　健（9 月止）　潘小明

中国电信云和分公司

总经理：无

副总经理：唐　亮（主持工作）

　　　　林祖伟

党委书记：无

党委副书记：唐　亮（主持工作）

中国移动云和分公司

总经理：周绍友

副总经理：官丽芬（1 月止）

　　　　吴雪琴（1 月始）

中国联通云和分公司

总经理：无

副总经理：李　彦（主持工作）

　　　　胡治滨（1 月始）

中国人保财险公司云和县支公司

经　理：蔡伟荣

中国人寿保险公司云和县支公司

经　理：吴云涛

云和广播转播台

台　长：邹启明

【部分事业企业单位】

金融发展中心

主　任：凌益菲

党支部书记：凌益菲（6 月始）

新闻网络中心

主　任：徐松青（8 月止）

社会保险事业服务中心

主　任：蓝国华

党支部书记：蓝国华（6 月始）

交通运输发展中心

党支部书记：王庆敏（4 月止）

　　　　　徐建平（6 月始）

主　任：徐建平

乡村振兴指导服务中心

主　任：李云伟（9 月止）

　　　徐仙娥（9 月始）

党支部书记：

　　　李云伟（6 月始，8 月止）

　　　徐仙娥（8 月始）

云和中学

校　长：陈春伟

副校长：吴建平（9 月止）　张伟琴

　　　张成友

党总支书记：陈春伟

党总支副书记：柳伟忠

第二中学

校　长：吴林辉（2 月止）

　　　王伟锋（2 月始）

党总支书记：吴　汛（1 月止）

　　　　　练蓓蓓（1 月始）

第三中学

校　长：徐立民

党总支书记：林伟琴

中等职业技术学校

校　长：陈伟华

副校长：张华燕　吴根荣　王柳娟

党总支书记：陈伟华

党总支副书记：陈剑和

浙江广播电视大学云和分校

校　长：刘智育

党支部书记：苏立群

医疗健康集团

院　长：陈　岑

党委书记：邱向明（6月止）

毛晓伟（6月始）

副院长：潘晓峰　洪广秋　官兴荣

蓝文广

党委副书记：汤玉和

人民医院

院　长：陈　岑

党总支书记：邱向明（6月止）

毛晓伟（6月始）

执行院长：赵军飞（2月止）

周崇斌（2月始）

副院长：潘晓峰　官兴荣　蓝文广

周崇斌（2月止）

中医院

院　长：陈　岑

副院长：潘晓峰　洪广秋　官兴荣

蓝文广

党支部书记：汤玉和

国有资本运营有限公司

董事长、总经理：无

副总经理：赫英涛

城市建设投资集团有限公司

董事长、总经理：吴孔平

副总经理：石余福（1月始）

蒋晓付（9月始）

瓯上旅业投资有限公司

董事长、总经理：张启水（2月止）

杨伟华（2月始）

比照副科管理：蓝彦青（4月始）

水务投资有限公司

董事长、总经理：洪永波

副总经理：刘根明

交通投资有限公司

董事长、总经理：刘　海

【乡镇、街道】

浮云街道

党工委书记：梅显云（11月止）

党工委副书记：蒋　浩（1月止）

孔祥丰

张　悦（6月始）

党工委委员：林上泉

高启龙（6月始）

杨环锋（6月止）

陈励耕（6月止）

叶　俊　蓝　敏

吴永贵

徐雨欣（6月始）

办事处主任：蒋　浩（2月止）

孔祥丰（2月始）

办事处副主任：杨环锋（7月止）

高启龙（7月始）

张全敬（10月止）

季时长　叶海龙

纪工委书记：林上泉

人大工委主任：徐松荣

人大工委副主任：吴知醒

人武部长：叶　俊

元和街道

党工委书记：周世福

党工委副书记：黄俊毅

谢　勇（8月止）

陈胜文（8月始）

党工委委员：陈胜文　李旭波

马芳芳　张媛媛

叶海丰（9月止）

李宏杰（6月止）

肖珂珂（6月始）

杨菲菲（9月始）

续晓峰（9月始）

办事处主任：黄俊毅

办事处副主任：陈胜文（9月止）

马芳芳（10月始）

徐雨欣（7月止）

吴小峰

罗俊青（7月始）

王华军（11月始）

纪工委书记：李旭波

人大工委主任：占大鲸（1月止）

袁石忠（5月始）

人大工委副主任：刘裕林（1月止）

项仁来（7月始）

人武部长：叶海丰（9月止）

续晓峰（9月始）

白龙山街道

党工委书记：叶晓彬

党工委副书记：高时圣

徐宇波（8月止）

毛作跃（8月始）

许爱玮（挂职）

范成成（挂职）

党工委委员：毛作跃　雷华兴

蓝卫国（6月止）

刘　卿　严海虹

蓝　涛

李宏杰（6月始）

许少王（9月始）

梅海波（兼）

办事处主任：高时圣

办事处副主任：毛作跃（9月止）

刘　卿（10月始）

李朝阳（7月止）

叶文伟　李　丹

王思雄(9月始)

纪工委书记:雷华兴

人大工委主任:张慧丽(5月止)

黄亚飞(11月始)

人大工委副主任:蓝呈清(7月止)

蓝卫国(7月始)

人武部长:刘　卿(10月止)

许少王(9月始)

凤凰山街道

党工委书记:李禄伟

党工委副书记:梁伟华(6月止)

雷春华(8月始)

陈晓华

李　榕(挂职)

党工委委员:林　政　黄伟堂

蓝　菲　章首林

张伟杰　刘晓东

阙夏波(兼)

办事处主任:梁伟华(7月止)

雷春华(9月始)

办事处副主任:蓝　菲

徐见化(5月止)

陈　捷　官新荣

纪工委书记:黄伟堂

人大工委主任:张文军

人大工委副主任:魏刘仙

人武部长:刘晓东

崇头镇

党委书记:谢岩伟

党委副书记:刘　锋

李海芳(1月止)

卢　飞

张　霞(4月始)

戚伟伟(挂职)

练琼苗(挂职)

徐龙平(挂职,4月止)

党委委员:林海波

王继东(6月始)

马晓玲

何　俊(6月止)

肖　静

陈　平(6月始)

陈玉荣(兼)

镇　长:刘　锋

副镇长:张　霞(5月止)

王继东(7月始)

高　诚(10月止)　陈　炜

董存富(10月始)

纪委书记:林海波

人大主席:林华勋

人大副主席:程泽华(10月止)

董存富(10月止)

徐正忠(10月始)

蓝少荣(10月始)

人武部长:何　俊(6月止)

陈　平(6月始)

阳光便民服务分中心(黄源)主任:

刘海斌

阳光便民服务分中心(云丰)主任:

罗俊青(7月止)

阳光便民服务分中心(沙铺)主任:

林永红

阳光便民服务分中心(大湾)主任:

徐正忠(10月止)

石塘镇

党委书记:叶金宝

党委副书记:马叶俊

巧　媛(4月止)

廖景涛(4月始)

党委委员:卢　春　叶　萌

凌益春

高启龙(6月止)

叶臻阳(8月止)

蓝张蔚

郑琳健(8月始)

叶海丰(9月始)

梅　灵(兼)

镇　长:马叶俊

副镇长:叶　萌　傅绍康　陈庆和

蓝夏薇

纪委书记:卢　春

人大主席:袁石忠(5月止)

齐荣军(10月始)

人大副主席:陈　烽

人武部长:高启龙(6月止)

叶海丰(9月始)

紧水滩镇

党委书记:叶府平(1月止)

郑云良(1月始)

党委副书记:郑云良(1月止)

李海芳(1月始)

林珊珊

丁　毅(挂职,12月始)

党委委员:陈德明　李奕均

黄　娅(8月止)

卢春芳　王晓为

金叶剑

严　沁(8月始)

华　栋(兼)

镇　长:郑云良(1月止)

李海芳(5月始)

副镇长:李奕均　夏　阳

蓝彦青(5月止)　赵劲松

纪委书记:陈德明

人大主席：李　伟

人大副主席：杨恒贵

人武部长：金叶剑

阳光便民服务分中心主任：

江礼胜（10 月止）

赤石乡

党委书记：张安守（1 月止）

蒋　浩（1 月始）

党委副书记：邢决功

刘　鑫

党委委员：王继东（6 月止）

何　俊（6 月始）

项德华　宋志明

钟　骅（9 月止）

潘利安　严伟芳

乡　长：邢决功

副乡长：王继东（7 月止）

何　俊（10 月始）

王　伟（9 月止）

王思雄（9 月止）

梅　浩　江礼胜（9 月始）

张　勤（9 月始）

纪委书记：项德华

人大主席：叶挺凡

人大副主席：余火亮

人武部长：潘利安

安溪畲族乡

党委书记：何子僋（11 月止）

党委副书记：钟鼎春

黄亚飞（9 月止）

夏俊燕（11 月始）

王运峰（挂职）

舒建伟（挂职，8 月止）

季建荣（挂职，8 月始）

党委委员：夏俊燕（11 月始）

刘海鑫（8 月止）

蔡志林（1 月止）

林　煊（8 月始）

杨亨忠

安　蔚（6 月始）

柳林静

张全敬（9 月始）

乡　长：钟鼎春

副乡长：赵雪华

柳林静（10 月始）

纪委书记：刘海鑫（8 月止）

林　煊（8 月始）

人大主席：林建明（9 月止）

叶晓波（10 月始）

人大副主席：楼海东

人武部长：杨亨忠

雾溪畲族乡

党委书记：鲍　艳（7 月止）

黄立君（8 月始）

党委副书记：蓝建军　叶建军

党委委员：林敏春　蓝伟忠

曹海平　艾月娥

许少王（9 月止）

叶　盛（9 月始）

乡　长：蓝建军

副乡长：蓝伟忠　刘　伟

纪委书记：林敏春

人大主席：王永春

人大副主席：项仁来（7 月止）

温伟斌（10 月始）

人武部长：许少王（9 月止）

叶　盛（9 月始）

（县委组织部提供）

社区居委会领导人名录

社区名	书记　主任
浮云社区	朱锡煌（兼居委会主任）
中山社区	王碧红（兼居委会主任）
青阳门社区	余伟红（兼居委会主任）
东门社区	雷建梅（兼居委会主任）
小徐社区	彭伟红（兼居委会主任）
元和社区	梅丽萍（兼居委会主任）
狮山社区	王　欢（兼居委会主任）
箬溪社区	蓝陈华（兼居委会主任）
大坪社区	刘　燕（兼居委会主任）
黄水碓社区	刘伟忠（兼居委会主任）
灵际社区	雷海香（兼居委会主任）
新华社区	周慧仙（兼居委会主任）
解放社区	林霞慧（兼居委会主任）
普光社区	王旭芳（兼居委会主任）
阜安门社区	季伟华（兼居委会主任）

行政村领导人名录

浮云街道

村名	书记　主任
局村村	陈伟明（兼村委会主任）
溪口村	项宗华（兼村委会主任）
云章村	叶克敏（兼村委会主任）
庄前村	金建忠（兼村委会主任）

元和街道

村名	书记　主任
山脚村	雷余田（兼村委会主任）
霞晓桥村	杨克标（兼村委会主任）
云岸村	蓝伟军（兼村委会主任）
陈前村	王善宗（兼村委会主任）
梅湾村	潘叶伟（兼村委会主任）
竹里村	蓝堂昌（兼村委会主任）

沈村村　雷岩聪(兼村委会主任)
梨庄村　叶长法(兼村委会主任)

白龙山街道

村　名	书　记	主　任
程宅村	程良邱(兼村委会主任)	
沙溪村	周加华(兼村委会主任)	
高胥村	林乐文(兼村委会主任)	
三门村	吴元西(兼村委会主任)	
泓新村	邵建全(兼村委会主任)	

凤凰山街道

村　名	书　记	主　任
梅垄村	雷剑锋(兼村委会主任)	
贵溪村	严建友(兼村委会主任)	
后山村	杨李荣(兼村委会主任)	
新岭村	徐美阳(兼村委会主任)	
河坑村	张永青(兼村委会主任)	

崇头镇

村　名	书　记	主　任
崇头村	项宗平(兼村委会主任)	
梅源村	杨恒平(兼村委会主任)	
南山村	陈元伟(兼村委会主任)	
三垟村	朱胜华(兼村委会主任)	
岩下村	蓝忠华(兼村委会主任)	
栗溪村	钟刘玲(兼村委会主任)	
下垟村	陈方伟(兼村委会主任)	
坑根村	叶家云(兼村委会主任)	
梅竹村	刘家永(兼村委会主任)	
叶垟村	练良贤(兼村委会主任)	
陈坞村	钟海涛(兼村委会主任)	
黄家畲村	叶志袁(兼村委会主任)	
大垟村	叶继宝(兼村委会主任)	
张家地村	罗庆锋(兼村委会主任)	
王荫山村	沈庭有(兼村委会主任)	
后垟村	毛伟明(兼村委会主任)	
沙铺村	朱国林(兼村委会主任)	
大湾村	叶挺利(兼村委会主任)	

石塘镇

村　名	书　记	主　任
龙河村	陈　锦	兰军波
小顺村	陈小明(兼村委会主任)	
联合村	雷丽军(兼村委会主任)	
湖滨村	王　哲(兼村委会主任)	
金村村	林小伟(兼村委会主任)	
长汀村	蓝克明(兼村委会主任)	
朱村村	叶春冬(兼村委会主任)	
竹子坪村	叶　盛(兼村委会主任)	
桑岭村	谢伟林(兼村委会主任)	
双港村	李柏青(兼村委会主任)	
规溪村	金界伟(兼村委会主任)	
石塘村	余良兴(兼村委会主任)	
叶高坪村	蓝加龙(兼村委会主任)	

紧水滩镇

村　名	书　记	主　任
金水坑村	叶端伟(兼村委会主任)	
石浦村	彭永生(兼村委会主任)	
牛头山村	蓝伟林(兼村委会主任)	
双垟村	叶雄峰(兼村委会主任)	
龙门村	林宗平(兼村委会主任)	
渡蛟源村	孙克宝(兼村委会主任)	
大源村	李乾平(兼村委会主任)	

赤石乡

村　名	书　记	主　任
滨湖村	周培兄(兼村委会主任)	
赤石村	周永文(兼村委会主任)	
双林村	张兆伟(兼村委会主任)	
麻垟村	沈根明(兼村委会主任)	
双源村	马伟平(兼村委会主任)	
杭汀村	马珊花(兼村委会主任)	

安溪畲族乡

村　名	书　记	主　任
安溪村	洪广平(兼村委会主任)	
下武村	蓝陈高(兼村委会主任)	
黄处村	赖建伟(兼村委会主任)	

雾溪畲族乡

村　名	书　记	主　任
雾溪村	郑伟明(兼村委会主任)	
坪垟岗村	蓝忠华(兼村委会主任)	

统计资

县情综合

表一

指标名称	单位	1978年	1980年	1985年	1990年	1995年	2000年	2005年
土地面积	平方公里	978	978	978	978	978	978	978
年末总人口(户籍)	人	103101	106601	111513	109121	108444	109251	110376
其中:男	人	55488	58081	60244	57932	57357	57825	57988
女	人	47613	48520	51269	51189	51087	51426	52388
其中:乡村人口(农业人口)	人	91058	92466	91455	92972	93389	91384	90876
城镇人口(非农业人口)	人	12043	14135	20058	16149	15055	17867	19500
其中:0–17岁	人							20691
18–34岁	人							30018
35–59岁	人							43476
60岁及以上	人							16191
人口出生率	‰	17.15	13.91	14.42	9.97	10.6	10.96	10.92
人口死亡率	‰	5.3	5.82	5.95	5.58	5.83	5.77	7.10
人口自然增长率	‰	11.85	8.09	8.47	4.39	4.77	5.19	3.82
年末常住人口	万人	10.31	10.66	11.15	11.15	10.65	10.33	10.71
年末从业人员	人	35200	38600	47701	62500	64100	70500	78500
第一产业	人	24500	24800	34074	39542	38600	39400	23000
第二产业	人	6659	9369	8151	15786	12400	11500	23900
第三产业	人	4041	4431	5476	7172	13100	19600	31600
职工人数(不含私营)	人	7700	10800	9321	10783	9832	7655	9498
国有经济单位	人	5400	8300	6276	8231	8372	5970	5770
城镇集体经济单位	人	2300	2500	3045	2552	1460	680	151
其他经济单位	人	—	—	—	—	—	1005	3577
城镇个体私营从业人员	人				2613	3371	9750	15435
在岗职工工资总额(不含私营)	万元	383	614	990	2344	5291	7934	25061
在岗职工平均工资(不含私营)	元	494	571	1088	2185	5371	10524	26463
农村劳动力	人	27500	27800	38380	48634	53900	55200	50752
生产总值(当年价格)	万元	2761	3819	7116	18777	59359	80062	165413
第一产业	万元	1180	1405	2640	5170	16660	19690	23625
第二产业	万元	1024	1501	2679	8461	28842	33514	77645
第三产业	万元	557	913	1797	5146	13858	26858	64143
生产总值指数(1978年=100)	%	100	136.89	217.53	342.32	609.21	803.989	1456.13
户籍人均生产总值(当年价格)	元	268	361	638	1717	5431	7322	15036
常住人均生产总值(当年价格)	元	268	361	638	1699	5504	7717	15495
折合美元常住人均生产总值(当年平均汇率)	美元	170	234	217	360	659	932	1892

注:⑴1978年至1990年,紧水滩、石塘两大电站先后建成发电,库区移民外迁,使部分年份总人口下降;1995年年底,新华机械厂搬迁至德口分为乡村人口和城镇人口,以前年份为农业人口与非农业人口。⑶2008年后,职工人数调整为在岗职工平均人数。⑷2008年后职工工始紧水滩电厂归省电力公司统计。⑸从2014年开始,在岗职工平均工资包含劳务派遣。⑹生产总值(包括第一、二、三产业)和人均生产业划分规定》(国统字〔2012〕108号)。⑻2016年起R&D经费支出折算成增加值计入地区生产总值,后表同。⑼2004—2017年数据根

料选辑

情况表

2010年	2011年	2012年	2013年	2014年	2015年	2016年	2017年	2018年	2019年	2020年
978	978	978	978	978	978	978	984	989.6	989.6	989.6
112785	113460	113469	113530	113597	113271	113680	114025	114093	114203	113777
58578	58842	58759	58782	58753	58543	58658	58750	58706	58691	58429
54207	54618	54710	54748	54844	54728	55022	55275	55387	55512	55348
91962	92854	93180	93266	92626	66974	67038	66850	66446	63219	63040
20823	20606	20289	20264	20971	46297	46642	47175	47647	50984	50737
20334	20561	20727	19845	20138	19939	20003	20304	20335	20351	19972
26162	25371	24841	24971	23480	23190	22755	22137	21588	20971	20483
48419	49153	49097	49091	49232	48626	48666	48644	48743	49157	49137
17870	18375	18804	19623	20747	21516	22256	22940	23427	23724	24185
9.09	12.86	10.53	9.32	11.51	8.36	9.56	13.29	10.74	9.75	8.21
8.38	6.55	6.68	6.70	6.87	7.14	6.18	9.52	7.63	6.90	7.37
0.71	6.31	3.85	2.62	4.64	1.22	3.38	3.77	3.11	2.85	0.84
11.16	11.49	11.56	11.7	11.89	12.14	12.41	12.55	12.71	12.80	12.92
76900	78700	79100	79200	78900	79300	80600	80400	80200	81800	83500
—	—	—	—	—	—	—	—	—	—	—
—	—	—	—	—	—	—	—	—	—	—
—	—	—	—	—	—	—	—	—	—	—
9384	8928	10075	11430	11060	11720	11808	10141	9799	9580	—
6072	5863	5635	6571	6630	6637	6582	6740	6452	6131	—
130	208	603	706	501	655	665	812	346	138	—
3182	2857	3837	4153	3929	4428	4561	2589	3001	3311	—
20393	20754	23528	28102	32304	32958	37248	39849	—	—	—
43659	45625	48156	52318	53368	65491	71863	74895	86376	88491	—
46525	51104	47797	51082	53109	62556	71123	79254	89551	100677	—
59163	61982	62301	56698	56557	55538	54485	56319	55503	54006	53700
336447	393964	440018	475529	494914	540252	586585	622286	732768	827869	869947
32385	36586	38864	40041	41992	42765	44861	46169	48246	48471	49084
175444	207168	235748	257151			302978	308363	378711	439190	439949
128618	150210	165406	178336	188015	206974	238746	267754	305811	340208	380914
2534.63	2776.03	3112.12	3412.57	3535.73	3840.90	4169.28	4438.16	4999.56	5675.19	6002.15
29853	34826	38780	41897	43580	47627	51693	54657	64245	72526	76318
30270	34787	38179	40888	41960	44965	47787	49863	58018	64905	67648
4471	5386	6048	6602	6831	7219	7194	7385	8768	9409	9808

清县武康镇，1995年全县各有关数据除人口当年迁出外，其他均包括新华机械厂。(2)根据城乡户籍制度改革，从2015年开始，全县户籍人资总额名称变更为在岗职工工资总额，职工平均货币工资名称变更为在岗职工平均工资，口径均指不含私营单位；根据法人原则，从2012年开产总值，从1993年开始根据经济普查已作调整。(7)从2013年开始，GDP分产业数据执行《国民经济行业分类》(GB/T4754-2011)和《三次据第四次经济普查数据修订。

续表一

指标名称	单位	1978年	1980年	1985年	1990年	1995年	2000年	2005年
固定资产投资	万元	294	1095	13302	5658	8861	27963	112972
其中:国有及国有控股企业投资(全民所有制)	万元	292	1011	12891	4731	3791	22615	73108
非国有投资(集体所有制+城乡私人建房)	万元	2	84	411	927	2655	1562	34104
财政总收入	万元	501	638	479	740	2452	6466	19250
一般公共预算收入	万元					1474	4259	11391
一般公共预算支出	万元	653	900	916	2383	5539	11536	28447
金融机构人民币年末存款余额	万元	1392	2415	3365	10791	41570	79722	169617
城乡居民储蓄存款余额	万元	132	353	1923	5639	22293	42715	81977
金融机构人民币年末贷款余额	万元	1446	1856	4753	9857	29584	47959	111472
保险业务收入	万元				182	790	730	2269
邮电业务收入	万元	22	29	57	185	799	2791	5308
耕地面积	公顷	5673	5653	5083	4875	4800	4315	4176
农村用电量	万千瓦时	298	102	454	852	2889	880	1537
农林牧渔业总产值(当年价格)	万元	1911	1983	3498	6871	24880	31030	37476
其中:农业(种植业)	万元			1646	2730	8412	7739	27488
林业	万元			665	1489	12116	17786	3914
牧业	万元			690	1638	3013	3349	2856
渔业	万元			44	117	220	467	1661
农林牧渔服务业	万元			453	897	1119	1689	1557
主要农产品产量								
粮　食	吨	32839	35392	34242	36024	38998	33124	25371
油　料	吨	160.1	71	201	315	302	268	339
茶　叶	吨	88	97	87	100	135	123	217
蔬　菜	吨				13667		29811	40763
水　果	吨	36	90	173	1167	2560	4218	8300
香　菇	吨			15	46	2632	5148	3292
黑木耳	吨			32.5	33	148		1023
水产品	吨	11	11	111	196	304	624	2520
猪牛羊等肉	吨	766	1036	2204	2811	3186	2513	2029

注:(1)从2011年开始固定资产投资仅指限额以上固定资产投资,2011年以前固定资产投资指全社会固定资产投资,包括限额以上、限额以算内收入和预算内支出,其中1978—1983年为云和、景宁分县前的合计数;1989—1993年为财政决算收入与决算支出;1994年开始实行分税制财地方财政支出更名为一般公共预算支出。(4)1978—1983年金融机构人民币年末存、贷款余额为云和、景宁分县前的合计数;(5)保险业保费电计费业务总量,1992年开始为邮电业务总量,2012年起邮电业务总量为邮电业务收入,从2014年开始邮电业务收入中的邮政业务收入包含快管部门。(8)从1995年开始,农村用电量包括紧水滩和双港,在此之前属地区电力部门管辖统计。(9)农林牧渔业统计范围2001年及以前2000年及以前计入林业产值,2001年及以后调整计入农业产值,其中2001年计入种植业产值;1996年农林牧渔业分行业数据暂缺;2007—2015

2010 年	2011 年	2012 年	2013 年	2014 年	2015 年	2016 年	2017 年	2018 年	2019 年	2020 年
204477	216280	270526	332878	360282	417238	465712	498065	—	—	—
114851	109035	147367	163252	208843	242142	311772	294684	—	—	—
76619	107245	123159	169626	151439	175096	153940	203381	—	—	—
34583	43256	52209	62713	68232	75806	76213	83607	94882	104053	133124
20312	24471	28696	33630	36598	42899	46640	51800	58890	64330	81363
82262	95880	104122	124583	132922	161741	207528	234295	250235	303991	329890
391077	466875	552634	629203	725336	810287	908598	997621	1080991	1226678	1317402
209739	244804	295558	336154	379931	431016	496255	540303	605115	695940	807360
262467.52	303022	370543	477144	545653	619450	684367	783057	856532	973085	1120866
7310	8397	9483	11656	11573	14142	18760	17502	18128	16868	18269
9381	9917	9634	10293	12556	9842	10852	11872	12232	13416	14361
8283	8399	8443	8505	8536	8907	9057	9252	9292	9292	—
1683	1683	1683	1683	1683	1657	1686	1728	1721	1726	1674
50780	55975	59998	63537	66598	67920	71414	73914	77021	78214	79559
39757	44091	46623	49491	52815	53635	55621	57768	59143	58149	58149
3204	3864	4618	4750	5068	5380	5814	6225	6391	6702	7308
4283	5092	6212	6687	5965	5997	6954	6650	7097	8583	8830
1816	1178	775	810	809	877	844	937	1829	1872	2074
1720	1750	1770	1799	1941	2031	2181	2334	2561	2908	3198
25754	24604	23658	24115	23494	21871	20747	15300	16038	17541	18107
379	384	341	310	309	353	366	132	147	264	223
691	803	873	870	826	860	907	1135	1196	1190	1205
31118	29164	29545	30108	30299	27360	26862	29384	28622	29194	28400
9628	8844	8709	8268	8859	8597	7999	8119	7538	8134	8370
3638	4431	3555	2524	4815	5017	4841	4226	3800	3225	3366
1798	1590	2342	2464	1244	1200	1230	1523	1885	2070	2185
3500	1850	1303	1335	1395	1604	1617	1206	1459	1828	1873
2111	2028	2452	3017	3416	3128	3135	2582	2613	2330	1815

下固定资产投资以及农户投资。2018 年因投资统计制度改革，不出数。(2)从 1995 年开始统计财政总收入。(3)1978—1988 年为地方财政预政体制改革，为财政总收入（分为上划中央收入和地方财政收入）和地方财政支出；从 2012 年开始，地方财政收入更名为一般公共预算收入，收入 2003 年及以前数据来自云和县人民保险公司《业务统计年报表》；2004 年开始，数据来自市保险协会全口径统计。(6)1992 年以前为邮递业务收入；1990 年以前用 1980 年不变价，2000 年以前用 1990 年不变价，从 2001 年开始用当年价格。(7)2008 年后耕地面积资料来源于土年分为种植业、林业、牧业、渔业及副业，2002 年及以后调整为农业、林业、牧业、渔业及农林牧渔服务业；食用菌产业（香菇、木耳）产值年农林牧渔业产值及其中分项数据根据 2016 年三农普普查结果进行相应修订，但主要农产品产量不进行相应修订。

续表一

指 标 名 称	单位	1978 年	1980 年	1985 年	1990 年	1995 年	2000 年	2005 年
年末生猪存栏数	头	35000		38925	49149	50293	29932	25421
年末牛存栏数	头	6000	149	7996	8494	7616	3971	3438
工业总产值(当年价格)	万元	2104	4227	3437	14338	103567	87251	215791
其中:规模以上工业总产值(当年价格)			5.23				48260	154029
公路线路长度	公里		907		194	245	245	270
客运量	万人	109	1711	247	138	213	188	289
客运周转量	万人公里	3245	140	8624.86	4272	10274	7405	12451
货运量	万吨	6.53		22.08	35	183	123	250
货物周转量	万吨公里	920	15643	3772.79	3184	15952	8961	
社会消费品零售总额	万元	1155	5018	3333	5438	20167	33774	59723
自营出口	万美元	70		125	1117	822	1545	3021
幼儿园幼儿数	人			1300	1541	1279	2090	3327
小学在校学生数	人	15966		12327	9096	8521	7131	7911
普通中学在校学生数	人	4983	18	5350	5683	5200	5747	4872
学龄儿童入学率	%		212	97.22	99.68	99.8	99.98	100
小学专任教师数	人		139	536	398	400	492	447
普通中学专任教师数	人		1285	261	315	308	337	344
医院数	个	17	895	20	20	22	20	20
医院床位数	张	171	107	199	218	216	241	224
医生数	人	121		144	167	162	173	172
全社会用电量	万千瓦时		105	1588	4463	5684	7921	18910
工业用电量	万千瓦时			1177	3601	3919	5984	13713
居民生活用电量	万千瓦时				600	1404	1449	2792
城镇常住居民人均可支配收入	元							11860
农村常住居民人均可支配收入	元	95		300	465	695	1989	3360
城镇常住居民人均生活消费支出	元							8559
农村常住居民人均生活消费支出	元							2854

注:(1)1971 年以来,全部工业总产值含浙南制药厂,1987 年开始又增加紧水滩电厂和新华机械厂;从 2011 年开始,规模以上工业总产值统
局不发布工业总产值数据,采用经商局年度统计数据;由于国家统计制度改革,对 2017 年规上工业总产值进行修订,修订后结果与往年数据难
运周转量统计口径:1987 年开始为全社会;2008 年开始为交通部专项调查数据口径;2009 年开始采用营业性统计口径。(4)社会消费品零售
位为万元;1995 年开始为自营出口总额,计量单位为万美元。(6)医生数根据市统计局数据将 1998—2005 年数据作调整;2009 年开始医生
县农业局《农村经济收益分配和效益统计表》年报资料;从 2002 年开始为农村居民人均纯收入,数据来自县统计局城乡住户抽样调查结果。(9)
数据按照新口径发布。

2010 年	2011 年	2012 年	2013 年	2014 年	2015 年	2016 年	2017 年	2018 年	2019 年	2020 年
21184	18934	22374	22100	19100	17600	18300	17700	16700	7864	13400
2229	1754	1806	2000	2185	2065	2017	1040	1710	1775	1527
541876	737527	922796	1080438	1130017	1031000	1114200	933500	1415000	1813000	1987000
419283	484706	595477	731630	707639	636606	742765	510059	938394	1196144	1375412
332	858	866.077	870.6	886.3	886.3	887.811	891.345	891.75	905.35	929.043
250	236	238	238	191	190	188	152	143	171	78
7882	7115	7153	7255	6439	6344	6267	5153	6390	6965	2173
195	145	163	167	183	187	192	198	292	336	607
15278	13329	15810	15917	16413	16814	17246	18156	47737	51917	93995
113846	136376	153883	175088	196442	218613	246807	276062	314746	344709	370430
6588	6407	7833	9632	12516	14496	15923	17894	24043	24387	18467
4546	4464	4607	4584	4621	4606	4556	4522	4193	4120	4056
7486	7572	7584	7773	7882	8157	8033	8053	8183	8011	8014
5448	5229	4920	4778	4684	4566	4488	4601	4778	4893	5092
100	100	100	100	100	100	100	100	100	100	100
446	448	471	468	474	480	500	500	526	517	531
378	384	369	377	377	379	369	398	381	386	385
20	20	12	12	10	11	11	11	10	10	10
255	320	348	430	400	480	545	593	549	553	555
234	278	284	310	309	324	364	406	437	458	428
33079	50154	67580	78870	74603	88235	112430	62090	118373	158415	159314
24407	40034	56550	67073	62129	74471	96715	45650	99721	136972	137172
5275	5888	6530	7016	7188	7582	8826	9303	10870	12065	12688
20131	22549	25188	27933	28726	31053	33785	36691	40177	44155	46584
6370	7570	8580	9704	12789	14108	15420	16900	18573	20467	22022
12629	13847	15252	16775	18746	20190	21644	23256	25126	27488	27888
4322	5143	5744	6684	10874	11806	12836	13963	15139	16440	16712

计范围调整为年主营业务收入 2000 万元及以上工业企业；2012 年开始紧水滩电厂产值不纳入统计，归省电力公司统计；从 2015 年开始，统计以衔接。（2）2011 年公路管理局统计口径调整，公路线路长度中包括村道线路长度，2011 年以前不包括村道线路长度。（3）旅客周转量和货总额从 1993 年开始根据经济普查已作调整；从 2010 年开始采用法人所在地原则口径统计。（5）1978—1994 年为全社会外贸收购总额，计量单数为全社会口径。（7）从 2003 年开始我市才开展城镇居民人均可支配收入抽样调查。（8）1978—2001 年为农村居民人均所得收入，数据来自根据城乡住户一体化调查改革，从 2014 年开始，农村常住居民人均纯收入更名为农村常住居民人均可支配收入，城乡常住居民人均可支配收入